文化中国书系

中国社会科学院中国文化研究中心

总主编◎王立胜 李河

论文化强国建设（上）

冯颜利◎著

本书为国家社会科学基金重点项目
《科学发展与社会和谐双重视阈中的中国特色社会主义文化强国建设研究》
（12AZD001）结项成果

中国书籍出版社
China Book Press

图书在版编目（CIP）数据

论文化强国建设：上下册 / 冯颜利著. –– 北京 :中国书籍出版社,2021.1
（中国社会科学院中国文化研究中心·文化中国书系/王立胜,李河主编）
ISBN 978–7–5068–8096–1

Ⅰ.①论… Ⅱ.①冯… Ⅲ.①文化事业—建设—研究
—中国 Ⅳ.①G12

中国版本图书馆CIP数据核字(2020)第221036号

论文化强国建设（上、下册）

冯颜利　著

图书策划	牛　超
责任编辑	牛　超
项目统筹	惠　鸣　孙茹茹
责任印制	孙马飞　马　芝
封面设计	程　跃
出版发行	中国书籍出版社
地　　址	北京市丰台区三路居路 97 号（邮编：100073）
电　　话	（010）52257143（总编室）　　（010）52257140（发行部）
电子邮箱	eo@chinabp.com.cn
经　　销	全国新华书店
印　　刷	三河市顺兴印务有限公司
开　　本	787毫米×1092毫米　1/16
字　　数	716千字
印　　张	42.5
版　　次	2021 年 1 月第 1 版　2021 年 1 月第 1 次印刷
书　　号	ISBN 978–7–5068–8096–1
定　　价	128.00 元（全二册）

序一

　　在人类社会发展进程中，文明是现代化国家的显著标志，而文化是现代国家最重要的"软实力"。党的十九大报告指出："文化是一个国家、一个民族的灵魂。文化兴国运兴，文化强民族强。没有高度的文化自信，没有文化的繁荣兴盛，就没有中华民族伟大复兴。"人们常说，一流国家出口文化，二流国家出口标志，三流国家出口产品。自党的十七届六中全会审议通过《中共中央关于深化文化体制改革、推动社会主义文化大发展大繁荣若干重大问题的决定》以来，特别是党的十八大以来，党中央高度重视文化建设，把文化建设摆在非常重要的位置，建设中国特色社会主义文化强国成为整个中国特色社会主义建设布局中十分重要甚至关键的任务。文化体制改革全面推进，文化创作能力增强，文化走出去战略深入实施，文化实力显著增强，中国特色社会主义文化建设成效显著，成绩斐然，文化强国建设迈入一个新阶段，人民普遍感到精气神足了，对社会主义文化更自信了。

　　2020年9月22日，习近平总书记在教育文化卫生体育领域专家代表座谈会上讲话强调，没有社会主义文化繁荣发展，就没有社会主义现代化，必须把文化建设摆在更加突出位置。习近平总书记给出了新时代文化建设的科学定位：统筹推进"五位一体"总体布局、协调推进"四个全面"战略布局，文化是重要内容；推动高质量发展，文化是重要支点；满足人民日益增长的美好生活需要，文化是重要因素；战胜前进道路上各种风险挑战，文化是重要力量源泉。从一定意义说，新时代文化强国建设到了新的阶段，理论研究和实践工作都责任重大，使命光荣。

　　立足新时代，文化强国建设要有新使命，新任务，新要求，新气象，就要坚持马克思主义在意识形态领域的指导地位，坚守中华文化立场，坚持以社会主义核心价值观引领文化建设，紧紧围绕举旗帜、聚民心、育新人、兴文化、展形象的使命任务，加强社会主义精神文明建设，繁荣发展文化事业和文化产业，不断提高国家文化软实力，增强中华文化影响力，发挥文化引领风尚、教育人民、服务社会、推动发展的作用。

《论文化强国建设》（上、下册）即将由中国书籍出版社出版发行。该书聚焦社会主义文化强国建设主题的系统思考、内涵特征的全面分析、文化走出去战略战术的深度剖析，文化安全特别是意识形态安全对文化强国建设的影响以及国外文化发展的经验教训总结，重点分析了文化强国建设的主要成绩与发展有利条件、文化强国建设面临的挑战和存在的问题，对文化强国建设的可行性实践路径进行了系统阐释和哲学思考，体现出文化强国主题研究厚重的理论底蕴、清晰的逻辑理路、鲜明的问题意识和系统的对策建议，具有重大的理论价值和实践指导意义。首先，该书的研究具有跨时空的宏大的全球视野，对我们在理论、历史和实践三重视野下审视中国特色社会主义文化建设事业的极端重要性提供了重要的参考。其次，该书系统总结了党的十七届六中全会特别是党的十八大以来社会主义文化强国建设取得的成绩、目前还存在的困难和问题，并且进行了深刻分析，这对做好新时代文化强国建设工作具有重大的理论与现实意义。再次，本书在研究过程中突出了"建设"二字，在动态发展中辩证分析新时代文化强国建设的使命任务，为应对当前西方炮制"锐实力"等词汇掀起针对我国文化建设的意识形态"冷战"进行回应提供了重要参考，也为坚定文化自信和社会主义文化发展方向，推进文化强国建设取得新胜利提供了重要资源和启示。

该书是国家社科基金重点项目的最终成果，项目研究由中国社会科学院哲学研究所纪委书记、副所长冯颜利研究员领衔，该书是近年来有关文化强国建设重大问题研究的一部力作。书中不乏许多闪耀着理论价值的创新性观点，比如对文化强国建设进行战略战术层面的比较分析，将文化强国建设与意识形态安全、文化安全进行关联性解析，对国外特

别是苏联文化建设经验教训的系统总结分析等。实践方面也有许多具有
重要工作指导性的方法策略，比如，对可行性实践路径进行哲学研究，
着力实现"解释世界"与"改变世界"的统一，提出了完善文化要素市
场和产品市场，建立文化产业中介机构，发展现代流通组织和流通方式，
培育有利于刺激文化消费的市场环境等具有操作性的措施等。党的十九
届五中全会高度重视文化建设，作出了新的战略和总体规划设计，明确
提出到 2035 年建成社会主义文化强国的目标。这是党的十七届六中全
会提出建设社会主义文化强国以来，党中央首次明确了建成文化强国的
具体时间表。本书的出版发行，无疑对推动文化强国建设具有一定的理
论与实践价值。

　　是为序！

王伟光

2020 年 12 月

序二

　　文化是民族发展的价值根基，文化强国是真正的现代化强国。实践在发展，时代在进步，文化也在与时俱进。文化所蕴含的经济效益、社会价值以及意识形态属性在当今时代得到了前所未有的释放，但文化的形成与演变从来不是孤立的，通常要受制于一定社会经济、政治的制约。新中国成立初期，相对匮乏的物质条件限制了中国文化的发展。改革开放以来，伴随中国经济和政治格局的巨大变化，中国文化进入了一个快速发展期。中国特色社会主义进入新时代，生产力水平总体上显著提高，已经稳定解决了 14 亿人的温饱问题，全面建成小康社会，意味着中国从整体上基本走出了物质匮乏时代，中国人民的精神需要得到极大提升，对更加多元、更高层次、更为优质的文化的需要更加迫切。伴随进入新时代人们精神文化需要的显著升级，中国文化发展必然会迎来一个发展高峰期，文化的重要性在新时代得到了更为突出的体现，建成文化强国也前所未有的紧迫和重要。

　　高度重视文化建设是中国共产党百年史成功实践形成的一大优势。"文化是一个国家、一个民族的灵魂。历史和现实都表明，一个抛弃了或者背叛了自己历史文化的民族，不仅不可能发展起来，而且很可能上演一幕幕历史悲剧。"[①] 中国共产党历来重视社会主义文化建设，早在1942年延安文艺座谈会中，毛泽东就提出"应该容许各种各色艺术品的自由竞争"；邓小平提出了物质文明和精神文明两手抓，两手都要硬的发展战略；党的十五大明确提出文化建设命题后，文化建设愈发得到全社会重视；党的十六届四中全会提出了"解放和发展文化生产力"，

---

　　① 《习近平谈治国理政》第二卷，北京：外文出版社，2017年版，第349页。

有效释放了文化建设的活力；党的十七届六中全会强调"深化文化体制改革、推动社会主义文化大发展大繁荣"，提出"文化强国"战略，更加凸显了文化强国建设的战略地位；党的十八大指出要"扎实推进社会主义文化强国建设"，我国文化建设迎来了更高水平的发展；党的十九大进一步强调要"坚定文化自信，推动社会主义文化繁荣兴盛"，文化强国建设在新时代迎来了更加广阔的发展机遇。在党和国家对繁荣社会主义文化的高度重视下，文化强国建设进入了前所未有的繁荣发展时代。

《论文化强国建设》一书是中国社科院哲学所纪委书记、副所长冯颜利教授主持的国家社科基金重点项目的最终研究成果，全书在分析建设中国特色社会主义文化强国的重要性、紧迫性和科学内涵与重要特征基础上，系统研究了文化产业与文化事业相关问题，并就综合国力提升与国家文化形象塑造、文化走出去的战略与战术、文化强国建设与意识形态安全和文化安全等相关问题进行了深入剖析。与此同时，该书立足国外比较视域，就苏联、美国、英国、日本等国文化建设的经验和教训进行了详细分析总结，在此基础上分析了中国特色社会主义文化强国建设取得的成效和存在的问题以及实践路径。

真正的哲学是自己时代精神的精华，《论文化强国建设》一书的显著特色是紧紧围绕马克思主义哲学视野系统分析相关问题，不仅系统反思了促进文化产业和文化事业发展与繁荣的相关问题，而且从马克思主义哲学高度思考了提升国家文化软实力和国际形象的深层问题。具体说来，一是从马克思主义哲学层面厘清了文化自信与文化强国建设之间内在的逻辑关系，回答了探索文化强国建设何以可能，以及如何建设的深层哲学理论问题；二是研究了文化建设的发展规律，增强文化强国建设的理论自觉和自信的哲学问题；三是有利于进一步增强文化自信，为学懂弄通做实习近平新时代中国特色社会主义思想提供学术资源。

《论文化强国建设》一书的另一显著特色是坚持理论与现实高度对接，始终立足现实思考相关问题，力戒理论的抽象空洞、泛泛而谈，将深刻的哲学思考与具体的现实生活紧密结合，围绕国家大政方针进行系统的阐述、论证、分析、研究，围绕新时代人民群众日益增长的精神生活需要，追本溯源剖析，围绕新时代我国文化发展的不平衡不充分问题深入探究和科学解答，围绕 2035 年建成社会主义文化强国的战略目标提出可行性实践路径，等等。理论与现实的高度对接性凸显了该书深刻性和现实针对性的有机统一，使该书具有很强的理论参考价值和现实指导意义，不失为一部精品力作。

是为序！

任平

2021 年 1 月

前言：坚定文化自信　建设文化强国

党的十九大报告指出："文化是一个国家、一个民族的灵魂。文化兴国运兴，文化强民族强。没有高度的文化自信，没有文化的繁荣兴盛，就没有中华民族伟大复兴。要坚持中国特色社会主义文化发展之路，激发全民族文化创新创造活力，建设社会主义文化强国"①。这是在新时代，党和国家对文化自觉的清醒认识，是大力进行文化建设中文化自信与文化自强的时代宣言。中华民族的伟大复兴，中国梦的实现离不开文化自信、自强与自觉的强国建设，而文化强国建设有赖于我们对自身文化的自觉意识，自觉发展，自我强大，只有文化的强大才能激发中国特色社会主义更大的发展自信，才能具有更大的感召力和吸引力。

"文化自信，是更基础、更广泛、更深厚的自信"，这种自信不是盲目的自信，是对5000年来在中国大地孕育出来的中华优秀传统文化的自信，是对党和人民在争取民族独立与解放过程中孕育的革命文化的自信，是对社会主义建设过程中积累的先进文化的自信。因此，在当前日益竞争激烈的国际形势下，我们要有文化强国建设的自觉，善于向后看，在历史中确认自己，思考我们的优势在哪里，劣势又在哪里，哪些是需要坚守的，哪些是需要扬弃的，而不是如海中浮萍，随波逐流，"跟在别人后面亦步亦趋"。同时，中国特色社会主义文化强国建设要求我们在认清自己的同时，不能固步自封，裹足不前，认清自己，是为了更好地发展。时代在发展，社会在进步，人们的思想观念与文化需求也在不断地改变与提高。因而，文化强国建设是新时代经济社会发展的理论

---

① 习近平：《决胜全面小康社会 夺取新时代中国特色社会主义伟大胜利——在中国共产党第十九次全国代表大会上的报告》，人民出版社，2017，第40-41页。

与实践需求，既是满足人民美好生活向往的客观需求，更是中华民族伟大复兴、屹立于世界民族之林的客观需求。

"坚定中国特色社会主义道路自信、理论自信、制度自信，说到底是要坚定文化自信"。因而，中国特色社会主义文化强国建设既是对中国特色社会主义道路、理论、制度的坚守，也是对以马克思主义为指导的中国特色社会主义文化的弘扬与发展，是对坚持马克思主义在意识形态领域指导地位根本制度的完善与发展。当今时代发展瞬息万变，国与国之间的竞争既是硬实力的比拼，更是文化软实力与制度的较量。文化既是一国的硬实力又是软实力。因而，文化强国建设既要重视文化产业发展也要重视文化事业建设，既要虚怀若谷善于包容吸收域外优质文化资源，又要立足根本善于发展自身并敢于走出去讲好中国故事，让世界认识中国、了解中国、从而不断提高国家的文化形象和中华文化的国际影响力和吸引力。

"历史只会眷顾坚定者、奋进者、搏击者，而不会等待犹豫者、懈怠者、畏难者。"[①] 社会主义文化强国之路不会是一帆风顺的，会面临这样那样的各种挑战，但是只要我们不畏艰难，奋勇向前，在中国共产党的坚强领导下，坚持和完善繁荣发展社会主义先进文化制度，巩固全体人民团结奋斗的共同思想基础，必将实现中华文化繁荣兴盛的自觉、自信、自强和中华民族的伟大复兴。

[①] 习近平：《决胜全面建成小康社会 夺取新时代中国特色社会主义伟大胜利——在中国共产党第十九次全国代表大会上的报告》，人民出版社，2017，第69页。

目录

第一章　文化强国建设重要性和紧迫性的理论与实践之思

　　党的十九大报告强调，要坚持中国特色社会主义文化发展道路，激发全民族文化创新创造活力，建设社会主义文化强国。中国特色社会主义文化，源自于中华民族五千多年文明历史所孕育的中华优秀传统文化，熔铸于党领导人民在革命、建设、改革中创造的革命文化和社会主义先进文化，植根于中国特色社会主义伟大实践。发展中国特色社会主义文化，就是以马克思主义为指导，坚守中华文化立场，立足当代中国现实，结合当今时代条件，发展面向现代化、面向世界、面向未来的，民族的科学的大众的社会主义文化，推动社会主义精神文明和物质文明协调发展。建设文化强国就要坚持为人民服务、为社会主义服务，坚持百花齐放、百家争鸣，坚持创造性转化、创新性发展，不断铸就中华文化新辉煌。[①]中国特色社会主义文化强国建设是中国特色社会主义现代化强国建设的重要内容和深厚基础，要顺利实现社会主义现代化强国建设的宏伟目标，文化强国建设具有极其重要的理论与实践意义。

第一节　文化强国建设重要性的理论与实践之思

　　所谓社会主义文化强国，就是社会主义核心价值体系建设深入人心，公民道德素质全面提高，人民精神文化生活丰富，文化整体实力和竞争

---

　　① 本书编写组：《党的十九大报告学习辅导百问》，党建读物出版社、学习出版社，2017，第32—33页。

力强。^① 不难看出，这一概念突显的是一种"社会主义文化强国"的建成预设目标指向，即我们要建成一种什么样的"文化强国"。这种预设目标指向主要包含三层意思：一是我国自身文化具有很强的内在凝聚力和向心力，同时这种文化对公民的"化人"作用甚大；二是国家文化的建设有效达到了服务人民的目的，充实了人们的精神生活；三是国家文化整体实力和竞争力强，在国际舞台竞争中影响力和辐射力大。那么，在具体层面来讲，一个国家达到的文化强国如何在理论层面衡量呢？万希平认为这种衡量标准包含三个层面："一是从观念层面上，意味着该民族国家生成的文化内容相对于其他文化形态和内容而言具有强大的魅力，具体表现为对内形成的文化自信，对外形成文化吸引和影响；二是从实践层面上，意味着该民族国家自身具有强大的文化创造、生产和传播的能力；三是从评价标准上，意味着在满足国民需要上显著地提升了全民族的文明素养。"^② 显然，上述三重衡量标准与十八大精神所指向的"社会主义文化强国"的概念有着一致性，均指向的是一种根本一致的即成目标。当然，在这些衡量标准中，一个国家自身所具备的强大的文化创造、生存和传播能力是核心所在，一个民族，一个国家，只有建立在强大的自我创造能力基础上，才能使该国文化得到他国认同和接纳，从而在全球文化竞争中占据优势。同时，就具体层面进一步细化而言，"社会主义文化强国建设"这一概念主要突显着以下几个方面：就方向而言，社会主义文化强国建设有着明确的社会主义性质，"必须走中国特色社会主义文化发展道路，坚持为人民服务、为社会主义服务的方向"；^③就作用而言，文化对我国综合国力的提升越来越重要，文化可以强国；就主体而言，建设社会主义文化强国的主体是全体中国人民；就目的而

---

① 胡锦涛：《胡锦涛文选·第三卷》，人民出版社，2016，第 638–639 页。

② 万希平：《增强文化自觉提高文化自信建设文化强国》，《求知》，2011 年第 11 期，第 7 页。

③ 胡锦涛：《胡锦涛文选·第三卷》，人民出版社，2016，第 637 页。

言，旨在把我国建设成为文化强国，最终实现中华文化大发展大繁荣；就途径而言，社会主义文化强国建设是一个实践的动态过程，需要从观念层面转向实践层面。

一、从道路自信、理论自信、制度自信到文化自信凸显文化强国建设的重要性

党的十九大报告指出，实现伟大梦想，必须推进伟大事业。中国特色社会主义是改革开放以来党的全部理论和实践的主题，是党和人民历尽千辛万苦、付出巨大代价取得的根本成就。中国特色社会主义道路是实现社会主义现代化、创造人民美好生活的必由之路，中国特色社会主义理论体系是指导党和人民实现中华民族伟大复兴的正确理论，中国特色社会主义制度是当代中国发展进步的根本制度保障，中国特色社会主义文化是激励全党全国各族人民奋勇前进的强大精神力量。全党要更加自觉地增强道路自信、理论自信、制度自信、文化自信，既不走封闭僵化的老路，也不走改旗易帜的邪路，保持政治定力，坚持实干兴邦，始终坚持和发展中国特色社会主义。建设中国特色社会主义现代化强国，必须牢牢 坚持道路自信、理论自信、制度自信的基础上进一步坚定文化自信，不断推进新时代中国特色社会主义文化强国建设。

（一）"四个自信"揭示中国特色社会主义的历史理论底蕴与实践价值

中国特色社会主义是实践、理论、制度、文化紧密结合的，既把成功的历史实践经验上升为理论，又以正确的理论指导新的实践，还把实践中已见成效的方针政策及时上升为党和国家的制度，由此形成了中国特色社会主义道路、理论体系、制度与文化。中国特色社会主义道路是实现途径，中国特色社会主义理论体系是行动指南，中国特色社会主义制度是根本保障，中国特色社会主义文化是最深厚的基础，四者统一于中国特色社会主义伟大实践。这是中国特色社会主义的最鲜明特色。在

当代中国，坚持和发展中国特色社会主义，就是真正坚持科学社会主义。在庆祝中国共产党成立95周年大会上的讲话中，习近平同志号召全党和全国各族人民"更加充满信心朝着实现全面建成小康社会奋斗目标、实现中华民族伟大复兴的中国梦胜利前进"①，同时提出"坚持不忘初心、继续前进，就要坚持中国特色社会主义道路自信、理论自信、制度自信、文化自信"。② 习近平总书记的重要讲话，通篇闪耀着马克思主义真理的光辉，是全党在新的历史条件下进行具有许多新的历史特点的伟大斗争的政治宣言，是指引我们党奋力推进中国特色社会主义伟大事业、全面推进党的建设新的伟大工程和全面从严治党的纲领性文献。同时，这也是我们党第一次明确将坚持文化自信与坚持中国特色社会主义道路自信、理论自信、制度自信并置，用"四个自信"来表达中国共产党所具备的坚定信念。"四个自信"的提出，标志着中国共产党在治国理政理念上的创新，这对我们党在新的历史时期坚定自身信念，创造美好生活，实现中华民族的伟大复兴，建设社会主义文化强国，具有重大的理论和现实意义。

习近平总书记在党的十九大报告上指出，中国特色社会主义进入新时代，意味着近代以来久经磨难的中华民族迎来了从站起来、富起来到强起来的伟大飞跃，迎来了实现中华民族伟大复兴的光明前景；意味着科学社会主义在二十一世纪的中国焕发出强大生机活力，在世界上高高举起了中国特色社会主义伟大旗帜；意味着中国特色社会主义道路、理论、制度、文化不断发展，拓展了发展中国家走向现代化的途径，给世界上那些既希望加快发展又希望保持自身独立性的国家和民族提供了全

---

① 习近平：《在庆祝中国共产党成立95周年大会上的讲话》，《人民日报》，2016年7月2日，第1版。

② 习近平，《在庆祝中国共产党成立95周年大会上的讲话》，《人民日报》，2016年7月2日，第2版。

新选择，为解决人类问题贡献了中国智慧和中国方案。[①]

从"三个自信"到"四个自信"并不是一个简单的数字叠加，而是一个由特定文化背景与理论语境催化下生发的中国特色社会主义理论逻辑结构的演化与发展过程。文化自信提出的背后是中华民族五千年不间断的文明历史，以及由于中华文化自身所特有的包容性而不断容纳的大量的优秀异域文化资源。强调文化自信既是中华文化与世界文化交流、交锋和交融的基本前提，是应对当前沉渣泛起的历史虚无主义所带来的全新挑战的非替代性路径选择，也是批判历史虚无主义自信的基础。从"文化自信"的角度来诠释中国特色社会主义的根基性、主体性和总体性，强调文化自信是更基本、更深沉、更持久的力量，是党的十八大以来习近平总书记的重要理论创新。这一理论创新的意义在于：只有把握了中国特色社会主义的文化自信本质，坚定文化自信，我们对中国特色社会主义的道路自信、理论自信和制度自信才能获得更基本、更深沉、更持久的力量之源。而之所以说它更基本，就在于文化本质的把握与阐明关乎中国特色社会主义的发展方向和价值前景，关乎中国特色社会主义能否在人们的精神实践领域获得信念扎根与牢固认同；之所以说它更深沉，就在于文化本质的把握与阐明关乎中国特色社会主义能否坚实地走向广大人民群众的日常生活世界并获得最广泛的社会基础和群众基础；之所以说它更持久，就在于文化本质的把握与阐明关乎中国特色社会主义能否成为担当并兑现"人民对美好生活的向往就是我们的奋斗目标"这一庄严承诺的历史进程。

1. 中国特色社会主义道路

习近平总书记反复强调，道路问题是关系党的事业兴衰成败第一位的问题，道路决定命运，道路就是党的生命。一个国家实行什么样的主

[①] 本书编写组：《党的十九大报告学习辅导百问》，党建读物出版社、学习出版社，2017，第8-9页。

义，关键要看这个主义能否解决这个国家面临的历史性课题。鞋子合不合脚，自己穿了才知道[①]；一个国家的发展道路合不合适，只有这个国家的人民才最有发言权。不说更早的时期，从苏联解体、东欧剧变以后，唱衰中国的舆论就在西方不绝于耳，各式各样的"中国崩溃论"从来没有中断过。但是，中国非但没有崩溃，反而综合国力与日俱增，人民生活水平不断提高，风景这边独好。只有社会主义才能救中国，只有中国特色社会主义才能发展中国，这是党和人民从历史和现实中得出的不可动摇的结论。坚持和发展中国特色社会主义是一篇大文章，我们这一代共产党人的任务，就是要继续谱写好这篇大文章的新篇章。党的十八大以来，以习近平同志为核心的党中央牢牢把握中国特色社会主义这个主题，统筹推进"五位一体"总体布局、协调推进"四个全面"战略布局，党和国家事业发生历史性变革、取得历史性成就，中国特色社会主义进入了新时代，中国特色社会主义道路更宽阔、前景更美好。

中国特色社会主义道路是中国特色社会主义的实践表达，它规定了中国特色社会主义的发展方向和途径，明确了坚持和发展中国特色社会主义的根本遵循、基本内容和宏伟蓝图。中国特色社会主义道路是实现我国社会主义现代化强国的必由之路，是创造人民美好生活的必由之路。中国特色社会主义道路，既坚持以经济建设为中心，又全面推进经济建设、政治建设、文化建设、社会建设、生态建设以及其他各方面建设；既坚持四项基本原则，又坚持改革开放；既不断解放和发展社会生产力，又逐步实现全体人民共同富裕、促进人的全面发展，这是我们在道路上获得自信的实践基础。中国特色社会主义道路既不是"传统的"，也不是"外来的"，更不是"西化的"，而是我们"独创的"，是我们党团结带领全国各族人民经过长期实践探索开辟出的一条正确道路，是植根

---

① 中共中央宣传部：《习近平系列重要讲话读本》，学习出版社，2016，第28页。

国情、顺应潮流、符合民意的强国之路、富民之路、幸福之路。

党的十八大以来，以习近平为总书记的党中央，坚持不忘初心、继续前进，带领全党全国各族人民积极应对前进道路中的困难和挑战，大力推进国家治理体系和治理能力现代化，将党的基本路线看作是国家的生命线、人民的幸福线，把以经济建设为中心作为兴国之要、把四项基本原则作为立国之本、把改革开放作为强国之路，统筹推进经济建设、政治建设、文化建设、社会建设、生态文明建设"五位一体"总体布局，协调推进全面建成小康社会、全面深化改革、全面依法治国、全面从严治党"四个全面"战略布局，把实现"两个一百年"奋斗目标不断推向前进，使中华民族迎来了实现伟大复兴的光明前景。由上可见，"中国特色社会主义，承载着几代中国共产党人的理想和探索，寄托着无数仁人志士的夙愿和期盼，凝聚着亿万人民的奋斗和牺牲，是近代以来中国社会发展的必然选择，是发展中国、稳定中国的必由之路。"①

因此，完全可以说，中国特色社会主义道路是实现国家富强、民族振兴、人民幸福、社会和谐的崭新道路，是实现"中国梦"的必经之路，也是一条代表最广大人民根本利益的无比正确的道路。党的十七大就曾指出："中国特色社会主义道路之所以完全正确、之所以能够引领中国发展进步，关键在于我们既坚持了科学社会主义的基本原则，又根据我国实际和时代特征赋予其鲜明的中国特色。"② 在党的十九大报告中，习近平进一步指出，站立在九百六十多万平方公里的广袤土地上，吸吮着五千多年中华民族漫长奋斗积累的文化养分，拥有十三亿多中国人民聚合的磅礴之力，我们走中国特色社会主义道路，具有无比广阔的时代

---

① 习近平：《习近平谈治国理政》，外文出版社，2014，第 98 页。
② 中共中央党校中国特色社会主义理论体系研究中心：《中国特色社会主义道路是唯一正确的道路》，《人民日报》，2011 年 10 月 10 日，第 7 版。

舞台，具有无比深厚的历史底蕴，具有无比强大的前进定力。①新时代，中国共产党人根据时代特色、民族特色、实践特色，在坚持科学社会主义的基本原则的基础上，将中国特色社会主义道路与文化强国建设紧密结合，开创一条中国特色社会主义的文化发展之路。

中国特色社会主义道路与文化强国建设内容互通。"五位一体"中的文化建设即"建设社会主义先进文化"与文化强国建设的"推动社会主义文化大发展大繁荣"的实现目标有着内容上的互通。坚持走中国特色社会主义道路，高扬社会主义先进文化伟大旗帜，其本质上就是为了推动文化大发展大繁荣，不断推进文化强国建设。建设社会主义先进文化是推动文化大发展大繁荣的必然要求和必要结果。"只有高扬社会主义先进文化旗帜，让社会主义文化居于社会思潮的主流和主导地位，清除一切腐朽思想文化，为社会主义文化建设营造良好的发展环境，才能为实现社会主义文化大发展大繁荣奠定基础。只有高扬社会主义先进文化旗帜，坚持马克思主义的指导地位，实行'百花齐放、百家争鸣'的方针，尊重差异、包容多样，才能真正形成社会主义文化大发展大繁荣的崭新局面。"②同时，建设社会主义先进文化与文化强国建设是承前启后的关系。建设社会主义先进文化是文化强国建设的前提和基础；文化强国建设是建设社会主义先进文化的目标与结果。因此，坚持中国特色社会主义道路是不断推进文化强国建设的重要途径。

中国特色社会主义道路继承发展了源远流长的社会主义历史实践。新中国成立后，毛泽东领导我们探索建设社会主义的道路，为新时期开创中国特色社会主义提供了宝贵经验、理论准备、物质基础。十一届三

---

① 《党的十九大报告学习辅导百问》，党建读物出版社、学习出版社，2017，第 56 页。

② 国防大学中国特色社会主义理论体系研究中心：《社会主义先进文化是马克思主义政党思想精神上的旗帜》，《人民日报》，2011 年 11 月 15 日，第 7 版。

中全会以后，我们党在邓小平领导下，作出了改革开放的历史性决策，开创了中国特色社会主义道路。中国近现代历史发展为中国特色社会主义道路的开辟提供了经验与智慧。总之，中国特色社会主义道路是党和人民党领导人民进行长期奋斗的历史实践，是在不懈的探索和艰苦奋斗中一步一个脚印踏出来的。

"江河万里总有源，树高千尺也有根"。"中国特色社会主义道路，既不是天上掉下来的，也不是地底下冒出来的，而是中国共产党人带领全国各族人民通过不懈探索和接力奋斗，披荆斩棘开拓出来的。"[①] 习近平总书记在十二届全国人大一次会议闭幕会上发表重要讲话时指出："实现中国梦必须走中国道路。这就是中国特色社会主义道路。这条道路来之不易，它是在改革开放 30 多年的伟大实践中走出来的，是在中华人民共和国成立 60 多年的持续探索中走出来的，是在对近代以来 170 多年中华民族发展历程的深刻总结中走出来的。"[②]

中国特色社会主义道路承载着厚重的文化底蕴。习近平在十二届全国人大一次会议闭幕会上发表重要讲话时强调指出："中国特色社会主义道路是在对中华民族 5000 多年悠久文明的传承中走出来的，具有深厚的历史渊源和广泛的现实基础。"[③] 中国特色社会主义道路传承了 5000 多年生生不息的悠久中华文化，产生了深厚的中华文化积淀，使得中国特色社会主义道路充满生命力、活力和凝聚力。中华文化是中国特色社会主义道路形成和发展的文化沃土，是我们极其重要的文化软实力。正如习近平总书记所指出的，"独特的文化传统、独特的历史命运、

---

① 单冬，佘可源：《全面深化改革必须增强政治定力》，《红旗文稿》，2014 年第 4 期，第 11 页。

② 习近平：《在第十二届全国人民代表大会第一次会议上的讲话》，人民出版社，2013，第 3 页。

③ 习近平：《在第十二届全国人民代表大会第一次会议上的讲话》，人民出版社，2013，第 3 页。

独特的基本国情，注定了我们必然要走适合自己特点的发展道路"①。中华民族有五千多年的文明历史，创造了灿烂的中华文明，为人类作出了卓越贡献，成为世界上伟大的民族。② 当然，中华传统文化作为中国特色社会主义道路的文化资源，对中国特色社会主义道路的建设具有重要的价值追求和实践意义。如以爱国主义为核心的中华民族精神为中国道路提供了思想指引；"中庸""和而不同"的思维方法为构建和谐社会提供了辩证的思维方式；诚信为本的价值观为建设社会主义市场经济提供了有益的价值取向。两者紧密结合，开创一条了中国特色的文化发展之路。党的十八届三中全会《决定》指出，"建设社会主义文化强国，增强国家文化软实力，必须坚持社会主义先进文化前进方向，坚持中国特色社会主义文化发展道路"。③ 面对日趋激烈的国际文化与制度竞争，我们要赢得主动，绝不能照搬别国的文化发展与制度模式，必须有自己独特的文化与制度设计，选择符合自身实际的文化与制度发展路径，努力构筑我们的文化与制度优势。新时代，我们将中国特色社会主义道路与文化软实力建设相结合，开创一条中国特色的文化发展之路。只有坚持中国特色社会主义文化发展道路，才能传承中华文化源远流长、博大精深的深沉内涵，包含中华民族最根本的精神基因与价值追求，找到正确的方向和目标。只有坚持中国特色社会主义文化发展道路才能迎合经济社会发展的要求，焕发文化创造的活力，满足人民群众对丰富精神文化生活的需求。实践表明，中国特色社会主义文化发展道路是一条历史传承、科学发展、文化自信之路，是社会主义文化强国建设的现实需要

---

① 中共中央宣传部：《中国特色社会主义学习读本》，学习出版社，2013，第15页。

② 本书编写组：《党的十九大报告学习辅导百问》，党建读物出版社、学习出版社，2017，第11页。

③ 《中共中央关于全面深化改革若干重大问题的决定》，《人民日报》，2013年11月16日，第1-2版。

和不断推进的重要途径。

2. 中国特色社会主义理论体系

中国特色社会主义理论体系是中国特色社会主义的理论表达，包括邓小平理论、三个代表重要思想、科学发展观和习近平新时代中国特色社会主义思想。这一理论体系彰显了科学社会主义的时代新版本，是深深扎根于中国大地、符合中国实际的当代中国马克思主义、21世纪马克思主义。它同马克思列宁主义、毛泽东思想是坚持、发展和继承、创新的关系。在当代中国，坚持中国特色社会主义理论体系，就是真正坚持马克思主义。作为中国特色社会主义道路的经验总结、逻辑概括和思想升华，中国特色社会主义理论体系是我们在理论上获得自信的精神源泉。党的十八大以来，以习近平同志为核心的党中央站在时代发展和战略全局的高度，在实践基础上勇于理论创新，提出了一些列治国理政的新理念新思想新战略，形成了习近平新时代中国特色社会主义思想，深刻系统回答了我们要"进行什么样的国家治理"以及"怎样进行治理"，深刻系统回答了新时代坚持和发展什么样的中国特色社会主义、怎样坚持和发展中国特色社会主义等一系列重大理论和实践问题，这是中国特色社会主义理论体系的最新成果，是马克思主义中国化的最新成果，是指导我们进行具有许多新的历史特点的伟大斗争的鲜活的马克思主义。在当代中国，坚持中国特色社会主义理论体系，就是真正坚持马克思主义，我们必须坚定这样的理论自信。理论来源于实践，同时又高于实践。没有理论指导的实践是盲目的，伟大的事业需要以科学理论指导实践，并将实践上升为经验，从经验中凝练形成正确的理论，用于指导新的实践。中国共产党要领导民族复兴的伟业同样需要有强有力的理论指导。正如习近平指出，"没有先进理论的指导，没有用先进理论武装起来的先进政党的领导，没有先进政党顺应历史潮流、勇担历史重任、敢于作出巨大牺牲，中国人民就无法打败压在自己头上的各种反动派，中华民族就无法改变被压迫、被奴役的命运，我们的国家就无法团结统一、在社会主义道路上走向繁荣富强。"① 从理论探索方面来说，中国特色社会主义理论体系是立于时代前沿、与时俱进的科学理论，其形成和发展是中国特色社会主义最为显著的标志。"中国特色社会主义，是科学社会主义理论逻辑和中国社会发展历史逻辑的辩证统一，是根植于中国大地、反映中国人民意愿、适应中国和时代发展进步要求的科学社会主义。"②

"中国特色社会主义理论体系，集中体现了当今世界和当代中国发展变化对党和国家工作的新要求，集中体现了全党全国各族人民的意志，集中体现了当代中国马克思主义的实践特色、民族特色、时代特色，是我们党励精图治、开拓进取、探索真理、把握规律的结果。"③ 今天，国内外环境复杂多变，改革发展任务艰巨繁重，我们要想更加实践好、维护好中国特色社会主义事业新局面，就必须深入学习贯彻中国特色社会主义理论体系。

"纸上得来终觉浅，绝知此事要躬行"。马克思主义中国化最新成果具有鲜明的时代性与实践性，它是推进中国特色社会主义伟大事业、武装全国各族人民思想的理论武器。我们党的理论创新每推进一步，党的理论武装就要跟进一步。要练就"金刚不坏之身"，必须用理论武装头脑。著名学者王国维曾在《人间词话》中论述过治学有三种境界：一是"昨夜西风凋碧树，独上高楼，望尽天涯路"；二是"衣带渐宽终不悔，为伊消得人憔悴"；三是"众里寻他千百度，蓦然回首，那人却在灯火阑珊处"。领导干部学习理论也要有这三种堤界。"首先，理论学习要

① 习近平：《在庆祝中国共产党成立95周年大会上的讲话》，《人民日报》，2016年7月2日，第1版。

② 中共中央文献研究室：《十八大以来重要文献选编（上）》，中央文献出版社，2014，第118页。

③ 中共中央宣传部：《中国特色社会主义理论体系学习读本》，学习出版社，2009，第56页。

有'望尽天涯路'那样志存高远的追求，耐得住'昨夜西风凋碧树'的清冷和'独上高楼'的寂寞，静下心来通读苦读；其次，理论学习要勤奋努力，刻苦钻研，下真功夫、苦功夫，即使'衣带渐宽'也'终不悔'，'人憔悴'也心甘情愿；再次，学习理论贵在独立思考，学用结合、学有所悟、用有所得，在学习和实践'众里寻他千百度'，最终'蓦然回首'，在'那人却在灯火阑珊处'领悟真谛。"① 因此，我们"要按照建设马克思主义学习型政党的要求，把系统掌握马克思主义基本原理作为看家本领，推动党员干部深入学习掌握马克思列宁主义、毛泽东思想，真如学习和掌握中国特色社会主义理论体系，不断增强贯彻落实这一理论体系的自觉性和坚定性。"②

"事非经过不知难，实践才能出真知"。"理论的价值在于指导实践，学习的目的全在于运用。中国特色理论体系不是教条，不是标签，而是行动的指南。"③ 中国特色社会主义理论体系也"是一个实践、认识、再实践、再认识，循环往复，以至无穷的辩证过程，而我国现阶段仍处在并将长期处在社会主义初级阶段，我们在前进道路上社会情况不断发生变化，新矛盾和问题肯定会不断出现，新经验必将不断积累。"④ 江泽民指出："解放思想、实事求是，是我们的思想路线"⑤，是马克思列宁主义、毛泽东思想的精髓和中国特色社会主义理论体系的灵魂，是中国共产党人探索中国特色社会主义道路全部实践活动的科学原则和求实态度。这一思想路线要求我们秉承实践的观点，"在马克思主义指

① 习近平：《之江新语》，浙江人民出版社，2013，第77页。

② 中共中央宣传部：《中国特色社会主义理论体系学习读本》，学习出版社，2009，第30页。

③ 中共中央宣传部：《中国特色社会主义理论体系学习读本》，学习出版社，2009，第31页。

④ 贺全胜：《中国特色社会主义理论体系述略》，《观察与思考》，2014年第4期，第27页。

⑤ 江泽民：《江泽民文选》（第2卷），人民出版社，2006，第99页。

导下打破习惯势力和主观偏见的束缚，研究新情况，解决新问题。"①这就要求我们大力弘扬理论联系实际的马克思主义学风，紧密结合思想和工作实际学习运用中国特色社会主义理论体系，努力掌握贯穿其中的马克思主义立场、观点，自觉加强客观世界观和主观世界的创造，提高运用科学理论解决实际问题的能力。大力弘扬实事求是，深化改革开放，推动科学发展，促进社会和谐，全面建成小康社会，满怀信念在实践中进一步丰富和发展中国特色社会主义理论体系。

"林无静树，川无停留"。实践没有尽头，理论创新也不会停顿。"中国特色社会主义理论体系，既展现了当代中国马克思主义的勃勃生机，又为我们继续进行理论创新打开了广阔空间。发展中国特色社会主义，是一项前无古人的创造性事业，是一篇必须长期谱写下去的'大文章'。中国特色社会主义理论体系也必须随着中国特色社会主义理论实践的发展而发展，不断谱写'新篇章'。"②目标已经确定，道路已经拓开。中国共产党在90多年的风雨历程中带领人民战胜了无数惊涛巨浪、克服了无数艰难险阻，开创了实现中华民族伟大复兴的新局面。在新的征程上，我们必须昂首阔步，努力奋进，勇敢地担负起时代赋予的使命。面对前所未有的机遇和挑战，要坚持解放思想、实事求是、与时俱进、求真务实，不断深化对中国特色社会主义规律性的认识，不断把党带领人民创造的成功经验上升为理论，让当代马克思主义射放出更加灿烂的真理光芒。同时，结合文化发展实际，我们也要坚持以中国特色社会主义理论体系为指导，大力培育爱国主义精神，增强民族自尊心、自信心、自豪感；大力弘扬改革创新精神，始终保持与时俱进、奋发有为的精神状态。大力弘扬中华传统美德，引导人民明荣辱、知廉耻，增

---

① 邓小平：《邓小平文选》（第2卷），人民出版社，1994，第278页。

② 中共中央宣传部：《中国特色社会主义学习读本》，学习出版社，2013，第31页。

强道德判断力和道德荣誉感，在全社会形成讲正气、作奉献、促和谐的良好风尚。

"路漫漫其修远兮，吾将上下而求索"。历史长河奔流不息，社会巨轮滚滚前进，中国特色社会主义道路漫漫长远。随着实践深入发展，中国特色社会主义理论体系必定会越来越具体、越来越完整，达到中国化马克思主义创新理论的更高境界，推动中国特色社会主义道路越走越宽、越走越广。用我以我血荐轩辕的勇气，以自己的微薄之力为中国特色社会主义事业做出一份自己的贡献，这是历史赋予中国共产党人的政治责任，也是人民寄托时代骄子的殷切希望。

3. 中国特色社会主义制度

中国特色社会主义制度是以马克思主义为指导、植根中国大地、具有深厚中华文化根基、深得人民拥护的制度，是具有强大生命力和巨大优越性的制度[①]，是由一系列根本制度、基本制度和重要制度组成的制度体系。中国特色社会主义制度具有多方面的显著优势：第一，坚持党的集中统一领导，坚持党的科学理论，保持政治稳定，确保国家始终沿着社会主义方向前进的显著优势；第二，坚持人民当家作主，发展人民民主，密切联系群众，紧紧依靠人民推动国家发展的显著优势；第三，坚持全面依法治国，建设社会主义法治国家，切实保障社会公平正义和人民权利的显著优势；第四，坚持全国一盘棋，调动各方面积极性，集中力量办大事的显著优势；第五，坚持各民族一律平等，铸牢中华民族共同体意识，实现共同团结奋斗、共同繁荣发展的显著优势；第六，坚持公有制为主体、多种所有制经济共同发展和按劳分配为主体、多种分配方式并存，把社会主义制度和市场经济有机结合起来，不断解放和发展社会生产力的显著优势；第七，坚持共同的理想信念、价值理念、道

---

① 《中共中央关于坚持和完善中国特色社会主义制度推进国家治理体系和治理能力现代化若干重大问题的决定》，人民出版社，2019，第3页。

德观念，弘扬中华优秀传统文化、革命文化、社会主义先进文化，促进全体人民在思想上精神上紧紧团结在一起的显著优势；第八，坚持以人民为中心的发展思想，不断保障和改善民生、增进人民福祉，走共同富裕道路的显著优势；第九，坚持改革创新、与时俱进，善于自我完善、自我发展，使社会始终充满生机活力的显著优势；第十，坚持德才兼备、选贤任能，聚天下英才而用之，培养造就更多更优秀人才的显著优势；第十一，坚持党指挥枪，确保人民军队绝对忠诚于党和人民，有力保障国家主权、安全、发展利益的显著优势；第十二，坚持"一国两制"，保持香港、澳门长期繁荣稳定，促进祖国和平统一的显著优势；第十三，坚持独立自主和对外开放相统一，积极参与全球治理，为构建人类命运共同体不断作出贡献的显著优势。[①] 这些显著优势，是我们坚定中国特色社会主义文化自信、建设社会主义文化强国的基本依据和深厚基础。

中国特色社会主义制度，坚持把根本政治制度、基本政治制度同基本经济制度以及各方面体制机制等具体重要制度有机结合起来，坚持把国家层面民主制度同基层民主制度有机结合起来，坚持把党的领导、人民当家做主、依法治国有机结合起来，符合我国国情，既坚持了社会主义的根本性质，又借鉴了古今中外制度建设的有益成果，集中体现了中国特色社会主义的特点和优势，是中国发展进步的根本制度保障。中国特色社会主义制度作为中国特色社会主义科学的制度表达，集中体现了鲜明中国特色、明显制度优势和强大自我完善能力。这是我们在制度上获得自信的现实保障。中国特色社会主义制度，是对长期以来我们党推进社会主义制度自我完善和发展，在经济、政治、文化、社会、生态建设等各个领域形成的一整套相互衔接、相互联系的制度体系的高度概括。

---

① 《中共中央关于坚持和完善中国特色社会主义制度推进国家治理体系和治理能力现代化若干重大问题的决定》，人民出版社，2019，第3-4页。

在新的历史条件下，坚持制度自信，必须立足于新的伟大实践，以改革开放和社会主义现代化强国建设的实际问题、以我们正在做的事情为中心，着眼于新的实践发展，充分尊重人民群众的伟大实践和创造，不断坚持和完善中国特色社会主义制度，为人类对更好社会制度的探索提供中国方案和中国智慧。

制度自信来自于中国特色社会主义制度所具有的明显制度优势。中国特色社会主义制度的建构，激发了世界关于制度的丰富想象，是人类最伟大、影响最深远的变革，是对人类制度文明建设的卓越贡献，与包括资本主义制度在内的一切人类社会制度相比较，具有明显的比较优势。习近平同志指出，通过不断改革创新，"中国特色社会主义在解放和发展社会生产力、解放和增强社会活力、促进人的全面发展上比资本主义制度更有效率，更能激发全体人民的积极性、主动性、创造性，更能为社会发展提供有力条件，更能在竞争中赢得比较优势。"[①] 这样一套制度安排，能够有效保证人民享有更加广泛、更加充实的权利和自由，保证人民广泛参加国家治理和社会治理；能够有效调节国家政治关系，发展充满活力的政党关系、民族关系、宗教关系、阶层关系、海内外同胞关系，增强民族凝聚力，形成安定团结的政治局面；能够集中力量办大事，有效促进社会生产力解放和发展，促进现代化建设各项事业，促进人民生活质量和水平不断提高；能够有效维护国家独立自主，有力维护国家主权、安全、发展利益，维护中国人民和中华民族的福祉。

4. 中国特色社会主义文化

中国特色社会主义文化，"源自于中华民族 5000 多年文明历史所孕育的中华优秀传统文化，熔铸于党领导人民在革命、建设、改革中创造的革命文化和社会主义先进文化，植根于中国特色社会主义伟大实践。

---

① 中共中央宣传部：《习近平系列重要讲话读本》，学习出版社，2016，第 71—72 页。

发展中国特色社会主义文化，就是以马克思主义为指导，坚守中华文化立场，立足当代中国现实，结合当今时代条件，发展面向现代化、面向世界、面向未来的，民族的科学的大众的社会主义文化，推动社会主义精神文明和物质文明协调发展。"① 发展中国特色社会主义文化，就要坚持为人民服务、为社会主义服务，坚持百花齐放、百家争鸣，坚持创造性转化、创新性发展，不断铸就中华文化新辉煌。

中华民族优秀传统文化的创造性转化和创新性发展，为我们的文化自信和文化强国建设注入了更多的活力。中华文化历史悠久、底蕴深厚，能够为我们培育社会主义文化提供极大丰富的养分，也能够使我们更有底气、更有自信地与世界文化进行交流和相互借鉴，吸收人类文明的成果。2016 年，习近平总书记在"七一"讲话中指出："在五千多年文明发展中孕育的中华优秀传统文化，在党和人民伟大斗争中孕育的革命文化和社会主义先进文化，积淀着中华民族最深层的精神追求，代表着中华民族独特的精神标识。我们要弘扬社会主义核心价值观，弘扬以爱国主义为核心的民族精神和以改革创新为核心的时代精神，不断增强全党全国各族人民的精神力量。"② 可以说这是习近平总书记对文化自信内涵的深刻概括。文化自信应该包括中华传统优秀文化，更要包括近代以来形成的革命文化和社会主义文化。实现中华民族伟大复兴的中国梦，途径之一就是弘扬中国精神，也就是弘扬以爱国主义为核心的民族精神和以改革创新为核心的时代精神。由此可见，社会主义文化和中华传统文化正在发生着深度的融合。③

① 习近平：《坚定文化自信建设社会主义文化强国》，《求是》，2019年第 12 期。

② 习近平：《在庆祝中国共产党成立 95 周年大会上的讲话》，《人民日报》，2016 年 7 月 2 日，第 2 版。

③ 冯鹏志：《从"三个自信"到"四个自信"——论习近平总书记对中国特色社会主义的文化建构》，《政策》，2016 年 9 月，第 7 页。

习近平总书记强调，"增强文化自觉和文化自信，是坚定道路自信、理论自信、制度自信的题中应有之义"。①习近平总书记把文化自信同中国特色社会主义的道路自信、理论自信、制度自信联系在一起、融合为一个整体来论述，不仅明确指出文化自信是"三个自信"的题中应有之义和力量支撑，并着重强调其基础地位、根本作用、深远影响，具有十分深刻的思想内涵和深远的战略考虑。文化自信，从根本上说，就是对以马克思主义为指导的社会主义先进文化的自信。由道路、理论体系、制度三位一体构成的中国特色社会主义，是在马克思主义指导下形成的，是马克思主义与中国实际相结合的成果和产物，既有马克思主义先进文化的思想根基，同时又有中华优秀传统文化的深厚底蕴。因此，当前讲文化自信，就是要对马克思主义及中华优秀传统文化有坚定的自信。90多年来，中华民族正是凭借着对以马克思主义为指导的先进文化的高度自信，独立自主地探索中国革命、建设、改革的道路，开创了中国特色社会主义，不断夯实中国特色社会主义的文化根基，使中国特色社会主义展现了生机和活力，在世界社会主义运动中站稳了脚跟。可以说，没有马克思主义与中国实际相结合，没有中国共产党创造的中国化马克思主义，就不可能有中国特色社会主义道路、理论体系、制度的形成与发展。

习近平总书记指出："坚定中国特色社会主义道路自信、理论自信、制度自信，说到底是要坚定文化自信。"②"文化自信，是更基础、更广泛、更深厚的自信，是更基本、更深沉、更持久的力量。"③因为一个国家、一个民族的强盛，总是以文化兴盛为支撑的，中华民族伟大复兴需要以

---

① 习近平：《在文艺工作座谈会上的讲话》，《人民日报》，2014年10月16日，第1版。
② 中共中央宣传部：《习近平新时代中国特色社会主义思想三十讲》，学习出版社，2018，第194页。
③ 习近平：《坚定文化自信建设社会主义文化强国》，《求是》，2019年第12期。

文化的发展繁荣为条件。没有精神力量的民族难以自立自强，没有文化支撑的事业难以持续长久。传承中华文化，坚守属于自己国家和民族的一脉相承的精神追求、精神物质、精神脉络，才会有不忘初心、继续前行的精神动力。在5000多年文明发展中孕育的中华优秀传统文化，在党和人民伟大斗争中孕育的革命文化和社会主义先进文化，是中华民族不断创造积累的宝贵精神财富，维系了广大人民群众团结一心的精神纽带，夯实了中华民族屹立于世界民族之林的精神根基。在当代中国，只有繁荣以马克思主义为指导、传承中华民族精神命脉的中国特色社会主义文化，才能有力地推动中国特色社会主义的发展。习近平总书记强调："历史和现实都表明，一个抛弃了或者背叛了自己历史文化的民族，不仅不可能发展起来，而且很可能上演一场历史悲剧。"[①] 在世界社会主义运动处于低潮时期，社会主义国家一旦失去自己的精神独立性，跟在西方国家背后亦步亦趋，最终只能导致在政治、思想、文化、制度等成为资本主义国家体系的附庸。中国特色社会主义，无论是道路的选择与坚持、理论的传承与创新，还是制度的形成与完善，都离不开马克思主义先进文化的引领和指导，也离不开中华优秀传统文化的滋养。只有人们清醒地认识到这一点，并毫不动摇地加以坚持，才能有效应对西方的挑战，迎来中华民族伟大复兴的光明前景，才能从根本上坚定中国特色社会主义道路自信、理论自信、制度自信与文化自信。

任何思想的产生和发展总是以时代发展和社会实践为支撑的。我们党之所以能够在中国特色社会主义实践中提出"三个自信"、拓展到"四个自信"，一方面源于新中国70年来尤其是改革开放近40多年的成功实践，使我们党、我们国家和我们中华民族具有了当今的自信。这正如习近平总书记所强调的：当今世界，要说哪个政党、哪个国家、哪个民

---

① 习近平：《在哲学社会科学工作座谈会上的讲话》，《人民日报》，2016年5月19日，第2版。

族能够自信的话，那中国共产党、中华人民共和国、中华民族是最有理由自信的。另一方面来自于我国发展的迫切需要。经过数十年发展和改革开放，我国已经站在了由世界大国成为世界强国新的历史起点上。从以往的历史经验看，任何一个国家要完成迈向现代化强国的历史转型，不仅需要正确道路的选择和雄厚经济实力的支撑，还必须有强大的文化软实力，而文化软实力中最为核心的要素就是民族文化自信。习近平总书记指出，中国有坚定的道路自信、理论自信、制度自信，其本质是建立在5000多年文明传承基础上的文化自信。在5000多年文明发展中孕育的中华优秀传统文化，在党和人民伟大斗争中孕育的革命文化和社会主义先进文化，积淀着中华民族最深层的精神追求，代表着中华民族独特的精神标识。正是这种源远流长的深层次的精神追求，才使中华民族历经磨难始终保持了多民族统一的中华文明，才使我们党领导各族人民创造了近现代中国惊天动地的发展奇迹。当然，我们也应当清醒地看到，当代中国追求的中华民族伟大复兴的中国梦，既不是近代以前的中华民族的历史辉煌，也不是美国等西方发达国家那样的资本主义现代文明，而是以马克思主义为指导、以人民为中心的中国特色社会主义现代化强国。目标越是崇高、越是伟大，就越需要文化自信，进而也对强化中国特色社会主义文化自信提出更高更为迫切的时代要求：既要坚定不移地坚持以马克思主义为指导，又要立足中国实际进一步推进马克思主义与中国文化的有机融合。[①]

"四个自信"的提出，为开辟当代中国马克思主义、21世纪马克思主义打开了广阔的空间。由于我们以往的社会主义理论研究主要在道路、理论、制度的框架内进行，因而在对接社会主义与中国文化研究上显得不足，进而对相关领域的许多深层次问题至今缺乏有说服力的解答。

---

① 蔡常青：《中国特色社会主义"四个自信"并列提出的重大价值》，《红旗文稿》，2016年（18），第9页。

比如，马克思主义作为一种西方产生的科学思想，为什么能够在中国这样一个落后的东方大国生根开花结果？为什么能够长期成为中国的主流意识形态？按照马克思主义的基本观点，这当然是有其赖以存在和发展的经济社会背景和深厚文化土壤的，也就是说马克思主义与中国文化应当具有一定的内在契合性。那么这种内在的契合性，是因为中国没有像西方或其他东方国家那样的具有统治力的宗教文化，而马克思主义能够弥补中国需要的这种"空间"吗？还是因为中国的讲仁爱、重民生、守诚信、尚和合、求大同、兼容并蓄等优秀传统文化与马克思主义的科学理论具有内在的契合性呢？对此，以往我们的研究是不够的，处于"两张皮"的隔层状态，还有待突破。事实上，就中国社会而言，一旦打开这样的思考空间，必将会迎来这方面研究的根本性突破，也必将更为有力地批判和回击历史虚无主义、文化虚无主义、"去马克思主义化"等等错误思潮，有力地提升中国话语构建和走向世界的底气和能力。因此，习近平总书记在三个自信的基础上提出"四个自信"，其首要价值就在于超越了对社会主义内涵认识的传统思维定式，进而为我们深入破解马克思主义中国化的文化基因，进一步创新发展中国特色社会主义理论体系，开辟21世纪马克思主义的新境界，打开了一个广阔的新天地。"四个自信"并列提出，将对推进马克思主义时代化、中国化、大众化、提升中国文化软实力都产生深远二广泛的影响。

"中国特色社会主义是改革开放以来党的全部理论和实践的主题，全党必须高举中国特色社会主义伟大旗帜，牢固树立中国特色社会主义道路自信、理论自信、制度自信、文化自信，确保党和国家事业始终沿着正确方向胜利前进。"[①]习近平总书记这段重要论述，既高屋建瓴又言简意赅地阐明了在新的历史条件下，我们党应该举什么旗、走什么路、

① 省部级主要领导干部《"学习习近平总书记重要讲话精神，迎接党的十九大"专题研讨班开班式上的重要讲话》，《人民日报》，2017年7月28日，第1版。

以什么样的精神状态、担负什么样的历史使命、实现什么样的奋斗目标等重大问题，是我们党在新的历史起点上不忘初心、继续前进的行动纲领，充分体现了我们党准确把握时代大势、毫不动摇坚持和发展中国特色社会主义的坚定信念和强大定力。中国特色社会主义进入新的发展阶段，可以从三个维度来理解：从中华民族自身发展的维度看，经过建党90多年来几代中国共产党人的不懈奋斗，近代以来久经磨难的中华民族实现了从站起来、富起来到强起来的历史性飞跃；从世界社会主义发展的维度看，经过新中国成立70年特别是改革开放40年的不懈奋斗，社会主义在中国焕发出勃勃生机并不断开辟发展新境界，为世界社会主义发展蹚出了一条中国道路；从人类走向现代化的维度看，经过改革开放40年特别是党的十八大以来的不懈奋斗，中国特色社会主义不仅引领中国走上了现代化的正确道路，而且拓宽了发展中国家走向现代化的途径，为人类解决发展问题贡献了中国智慧、提供了中国方案。

二、文化兴则国兴，文化强则国强

习近平总书记指出："文化兴国运兴，文化强民族强。"[①] 文化是人类所特有的存在方式，是人类社会思想和行为的结晶，也是揭示人类社会存在和发展的重要依据。但是，文化绝不仅仅是对人类存在和活动方式的被动反映，它还主动适应社会发展，引领社会风尚，推动社会发展。因此，文化绝不仅仅是过去时，还是现在时和将来时。在人类文明发展的历程中，不同国家和地区形成了不同的文化种类和风格，有的甚至千差万别，影响力和发展势头也有强弱之分，但是，历史反复证明：任何强盛的国家和民族，都离不开强有力的文化力支撑。进入21世纪以来，这样的共识伴随美国著名学者约瑟夫·奈（Joseph Nye）提出软实力的

---

① 习近平：《坚定文化自信建设社会主义文化强国》，《求是》，2019年第12期。

论断而得到空前的强化。通过提升软实力促进社会发展和民族振兴的方式，既符合文明崛起的思路，又符合我国由来已久的"内圣外王"的理念。因此，在经济全球化竞争日趋激烈的今天，在中国特色社会主义事业需要继往开来的当下，建设文化强国，提升我们的文化整体实力和竞争力，是实现国家富强和民族振兴的根本要求。

（一）文化强国建设是实现中国梦的应有之义

中华民族伟大复兴的中国梦内含了社会主义文化强国的建成，也就是说，中华民族的伟大复兴不仅是经济、政治、社会、生态等方面的极大发展，更是内含了文化的伟大复兴，没有文化的大发展大繁荣，中华民族的伟大复兴是不健全的，中国梦的实现也是难以达到的。因此，从这一层面而言，社会主义文化强国建设不仅是中国梦的重要抓手，而且是实现中国梦的应有之义。仅就文化的经济功能而言，文化有着巨大的经济价值和推动作用，未来世界各国间综合国力的较量很大部分就是由以文化为核心的软实力的组成，一个国家的物质文化产业、文化贸易直接可以跟其他国家进行交易，从而增加一国经济实力。同时，我们更应意识到："文化建设是中国特色社会主义事业五位一体总体布局的重要组成部分。没有社会主义文化繁荣发展，就没有社会化建设放在党和国家全局工作重要战略位置，推动我国文化建设取得了巨大成就，为坚持和发展中国特色社会主义提供了强大精神力量。经过这些年的发展，我们越来越深刻地认识到，无论是推动经济社会又好又快发展，还是改善民生、促进社会和谐，都要求我们必须加快文化改革发展步伐，提高国家文化软实力，兴起社会主义文化强国建设新高潮，建设社会主义文化强国。"[1] 同样，一个国家的精神文化可以凝聚人心、化解社会矛盾、促进社会文明发展，从而最终促进一国综合国力的提升。就文化的政治

---

[1] 本书编写组：《十八大报告学习辅导百问》，党建读物出版社，2012，第101页。

功能而言，社会主义文化强国建设必须要坚持中国特色社会主义道路，这就要求中华民族在进行文化强国建设时，要积极构建中华文化的当代形态，即建设中国特色社会主义文化。因为建设中国特色社会主义文化全国，是建设中国特色社会主义伟大事业的重要组成部分和必然要求，而中国特色社会主义文化的形成和发展也仅有在坚持和发展中国特色社会主义道路中实现，这一文化既是社会主义文化在中国发展的目标，也是中华文化在当代发展的目标。而这种发展目标从根本上说是中华文化的现代转换与中国特色社会主义文化的建构，是中华文化复兴不可分的两个方面。同时，我们进一步放宽视野思考，不难想到中华民族伟大复兴中国梦的实现还包含着其他的诸如政治文化、经济文化、社会文化、制度文化、生态文化、法治文化、教育文化等方面文化的实质性突破和提升，而这些均是文化强国中需要彻底解决的。此外，文化在其所涵盖的范围内和不同的层面发挥着整合、导向以及维持秩序等方面的作用，为中国梦的实现发挥着不可替代的作用。因而文化强国建设是中国梦的重要组成部分之一，是实现中国梦的应有之义。诚然，中华民族伟大复兴的中国梦的实现是对一个国家各个方面的综合要求，但如果不强调文化强国建设而只强调中国梦，就会没有根基与动力，因为文化强国建设是实现中国梦的重要组成部分之一和重要支撑，而建成社会主义文化强国同样是中华民族伟大复兴的重要标志。

众所周知，文化是一个复杂的体系，既包括文化的物化形态，也包括文化的价值形态，两者密切联系又相互区别，其中，文化价值形态是建设文化强国的根本任务，也是实现中国梦的重要支撑。中国梦内含着文化强国建设的文化底蕴和文化力量，凝聚着中国特色社会主义现代化建设的根本动力，汇集着中国特色社会主义现代化建设的思想源泉，推动着社会主义文化强国建设的迅速发展，从而从根本上确保了中国梦的前进和发展。进一步细化而言，就中国梦所体现的中华民族的文化底蕴和文化力量而言，不仅书写着在中国共产党领导下中国人民昂扬阔步取得的成就，而且在与时俱进中规划着中国未来社会发展的宏伟蓝图，在加速中促进着中华民族的伟大复兴。

回首历史，中华民族在人类历史舞台上曾经书写过无数辉煌的篇章，甚至几度成为人类历史上经济、政治、文化中心，为人类文明发展进步做出了巨大贡献。然而，鸦片战争之后，由于清政府未能坚持与时俱进，在闭关锁国中一度与世界隔绝，以其井底之蛙的视野和夜郎自大的态度对待世界文明发展，不仅断送了清王朝命运，而且中断了中华民族的发展，也为此付出了沉重的代价。而这种沉重代价最典型的是中国经济的飞速下滑和中国文化底蕴的加速流失，这种损失严重削弱了中国的综合国力，尤其是中国文化底蕴的无形损失更是为中国社会未来的发展带来了灾难性的毁灭。庆幸的是，在历史的紧要关头，中国共产党开始领导中国，也正是在中国共产党的领导下，中国人民不仅取得了民族独立和民主解放，而且中华民族开始向世界优秀民族学习，并不断挖掘和发扬中华民族优秀传统文化，进而用先进文化重塑了国魂，正因如此，2010年中国一跃成为世界第二大经济主体国，让全球为之惊叹，中华优秀文化同样在世界上再次开始愈发瞩目，中国文化底蕴的发展开始迎来了千载难得的时机。在这种大好形势下，中国共产党领导中国人民紧跟时事、攻坚克难、乘势而上，为中国的发展规划了更加清晰的宏伟蓝图。尤其是习近平总书记提出了中华民族伟大复兴的中国梦，并兼顾了社会、国家、个人三个层面。中国梦的这种现实定位和理想追求鼓舞着每一位中国人民的斗志，指引着中国发展的方向，也进一步描绘了中国未来发展的美好前景。正是在这种理想与现实的结合下指引着中国未来发展的方向，决定了中国始终不渝走中国特色社会主义道路的必然选择，因为实现中国梦必须走中国道路，是在中华人民共和国成立70多年的持续探索中走出来的，是在对近代以来170多年中华民族发展历程的深刻总结中走出来的，是在对中华民族5000多年悠久文明的传承中走出来的，具有深厚的历史渊源和广泛的现实基础。而这，正是中国梦内含的促进文化强国的文化力量，因为这种力量是一种看似无形却力量巨大的文化"软"力量，是一种民族集体共识，即便这种力量是隐性的，却又是无比强大的。同时，中国梦是每个中国人的梦，每个中国人在为自己的梦想、家庭的梦想、单位的梦想、民族的梦想、国家的梦想而兢兢业业恪守自我职业本分，不断在自我职业中殚精力竭之时，中国梦就悄然无声地慢慢接近，中国梦凝聚的这种共同梦想和共同合力，其实质依旧是一种文化，这种文化随着时间的推移也必将形成为一种民族习惯和民族性格，进而成了民族文化底蕴的结晶，从而不断促进着中国的发展，世界的进步。这种由文化底蕴内含的文化力量是任何其他力量所无法代替的，它必将构成中华民族软实力的核心要素。在这种文化底蕴和文化力量的推动下，中国势必会迎来新一轮的诸如文化事业、文化产业、文化贸易、文化服务业等方面的大发展大繁荣，中国的国家软实力也必将迈向一个更高的台阶，中华文化的辐射力和影响力也必将力度更强、范围更广、影响更大。而这一切，恰恰是中国综合实力的集中组成部分，综合实力的强大也必将推动着中国梦的早日实现。

（二）文化强国建设是实现中国梦不可或缺的组成部分和动力基础

中国梦的内涵十分丰富，它由中国共产党人提出，但是却不仅仅是共产党人的梦。从本质上看，它是在中国共产党领导下实现国家富强和民族复兴的梦，而文化强国既是这个梦想的深刻蕴含，也是全面实现这个梦想的动力基础。正如李君如所说的："'中国梦'是中国共产党人提出的，但不是为了中国共产党人自己，而是造福国家、民族、人民的崇高追求。"[1]在十二届全国人大一次会议的闭幕会上，当选为国家主席的习近平同志在全面阐述"中国梦"的内涵和实现这一

---

[1] 李君如：《中国梦的意义、内涵及辩证逻辑》，《毛泽东邓小平理论研究》，2013年第7期，第15页。

梦想的道路、精神、力量等问题时深刻地指出："实现全面建成小康社会、建成富强民主文明和谐的社会主义现代化国家的奋斗目标，实现中华民族伟大复兴的'中国梦'，就是要'实现国家富强、民族振兴、人民幸福'。"① 这精辟地揭示了"中国梦"对于国家、民族、人民的意义，展示了中国共产党人对于国家、民族、人民的自觉责任和担当。文化强国建设之所以称为实现中国梦不可或缺的组成部分和动力基础，可以从以下几个方面进行审视和解读：首先，从文化本身具有的基本功能进行考察，建设文化强国是重视文化功能和作用的必然要求，也是国家发展的广泛共识和共同举措。唯物史观告诉我们：文化作为一定社会的观念上层建筑，由经济和政治上层决定并反映和反作用于经济基础和政治上层建筑。从现实社会生活来看，文化在社会生活中的作用是非常重要的。在一个社会中占统治地位的文化，具有维护、巩固和发展这种社会制度，调控并保持其正常运转的功能；人类社会的进步体现在，每一代人都是以前一代人所取得的成就为基础不断发展的，而文化则起着把每一代人在实践中获得的知识不断传承下去的作用，换言之，文化具有知识传承的功能。文化对人具有教化功能，即人创造文化，文化又塑造人。②

对于一个民族而言，文化的这种功能，集中表现为建构民族心理，造就民族性格，形成民族传统，塑造民族精神，而民族精神是一个民族赖以生存和发展的精神支撑。一个民族没有振奋的精神和高尚的品格，不可能自立于世界民族之林，更难以繁荣兴盛。当代社会，文化的上述功能不是弱化了，而恰恰是加强了。在当前日趋激烈的国际竞争之中，文化的地位和作用越来越凸显，已经成为综合国力的重要组成部分，成

---

① 习近平：《在第十二届全国人民代表大会第一次会议上的讲话》，《人民日报》，2013 年 3 月 18 日，第 1 版。

② 李秀林等：《辩证唯物主义和历史唯物主义原理》，中国人民大学出版社，2005，第 120 页。

为软实力的核心要素。因此，建设文化强国并不是中国的独有之举，相反，它已经成为当今世界各国特别是世界大国的共识，也成为各国发展战略中的先导性战略。中国作为具有五千多年文明历史的大国，作为世界上最大的发展中国家，成为世界第二大经济体，成为对世界经济和政治产生重要影响的大国，制定并实施文化强国战略是一种必然，也是一种历史使命，更是其他战略举措得以落实的重要基础。其次，制定和落实文化强国建设根本目标是要为社会发展和人的发展创造更好的条件，而这与中国梦的内在精神和目标要求是一致的。中国梦不是某一个人的梦，而是全体人民的梦；中国梦不是虚幻的，而是现实和具体的。文化元素是贯穿中国梦的一种精神性要素，也是一种具体的、实践性的要素。我们制定和落实文化强国战略，从根本上说就是社会全面协调和可持续发展的需要，就是实现人的全面发展的需要。文化发展要依靠人民，更要为了人民，文化发展必须借助全体人民的力量，文化发展成果也要为全体人民所共享。这是习近平新时代中国特色社会主义思想以人民为中心发展要求在文化层面上的体现，更是文化强国建设的根本原则和立足点。通过实施文化强国战略，实现文化的大发展大繁荣，最终也必将惠及人民，其本质体现中国梦的旨归。最后，实现文化强国也是中国特色社会主义的本质需要，这同中国梦是中国特色社会主义指导下的梦，是当代中国国家富强和民族振兴的梦的本质要求是一致的。在中国特色社会主义现代化强国建设的过程中，文化强国建设是一个极其重要的方面。在当代中国，文化强国建设实际上就是发展先进文化，而发展先进文化就是发展社会主义文化，从而不断丰富人们的精神世界，塑造社会主义信任；而要发展社会主义文化，就必须立足于改革开放的实践，着眼于世界文化发展的前沿，继承民族文化的优秀传统，进行文化创新，从而不断增强中国特色社会主义文化的吸引力和感召力。文化的力量，深深熔铸于民族的生命力、创造力和凝聚力之中，而先进文化预示着社会未来发展的方向。① 总之，新世纪世界各国都对提升文化竞争力予以高度重视。文化已经成为中国特色社会主义事业建设中体现国家综合国力的重要组成部分。文化功能的作用贯穿于人类历史始终，国家发展和民族进步与文化功能发挥具有正相关的关系。因此，从本质上看，建设社会主义先进文化，实现文化强国的努力，本身也就是实现中国梦的重要过程和路径，而文化强国取得的每一点进步，在一定程度上都是在为实现中国梦增砖添瓦。

（三）文化整体实力和竞争力决定国家发展能力和国际地位

翻开人类发展的历史，我们可以清晰地看到，文化与国家发展和国际地位密切相关。在中国 5000 多年文明史之中，秦始皇统一六国开始建立封建大一统的中央政权，结束六国分裂带来的战乱的同时，也结束了春秋战国时期思想文化的"百家争鸣"，逐步开创封建文化发展的"新局面"。当然，这种状况仅就思想文化本身而言，不能说都是好的、有利的方面，它迈出了封建文化限制和禁锢人们思想自由的第一步，但是，我们不得不承认随着封建文化逐步形成体系，特别是汉唐以来经济强盛之下所带来的封建文化的博兴，才奠基了中华文化的基本构架，开创了封建时代中华文化享誉中外的局面。因此，从这个意义上说，中国自秦朝开始实现了国家的统一，也就迈开了文化的统一，提升中华文化在世界上的整体实力、竞争力和影响力的第一步。汉唐延续了这种大一统的体制和文化繁荣发展的态势，而文化的繁盛反过来也促进了社会的稳定和发展，更提升了中华民族在世界的影响力，由此，中国一度成为世界经济、政治和文化的中心之一，受到世界人民的敬仰，这当然是中国国际地位确立的有力证据。不仅如此，中国近现代历史也从反面说明了这

---

① 李秀林等:《辩证唯物主义和历史唯物主义原理》，中国人民大学出版社，2005，第 120 页。

样一个基本道理：文化落后伴随经济落后成为"挨打"的重要原因。当历史的钟声在十九世纪敲响，西方国家已经迈入资本主义的发展大道，走上国家富强、民族振兴的重要征程的时候，中国清王朝的统治者还在陶醉于封建王朝的过去时态，做着天朝帝国的美梦，殊不知西方国家早就超越了中国，而且帝国主义的坚船利炮已经瞄准了中国。曾经盛极一时的封建文化在历史的车轮下已经远远落后于现代资本主义文化。然而，我们却仍然陶醉于封建文化的自大美梦。尽管有魏源等人的呐喊，但是，在"东学西渐"的僵化文化思维模式之中，我们的文化远远落后了。没有思想的解放，文化的创新，近代中国就成为"一潭死水"，富国强兵只不过成为一些有识之士抱憾终身的空想。惨痛的历史换来的教训就是落后就要挨打，而这个落后当然包括思想文化的落后，而且思想文化的落后首当其冲。事实上，不仅仅中国如此，如果我们对世界上的许多国家由盛到衰、由强到弱或者相反的发展历史予以分析，都可以看到文化的整体实力和竞争力对国家强盛和民族复兴的重大作用，远远超出了文化本身影响力的范畴，成为国家富强或软弱，振兴或落后的重要缘由。欧洲文艺复兴造就了西方文明新境界。当今世界唯一的超级大国美国，在富国强兵的发展历史之中，不仅高度重视经济和科技，也高度重视文化的创新和发展。当然，这种文化已经具有了更多的形态，而且自始至终贯穿其价值观。比如好莱坞的大片，就不仅仅是商业的运作，实质贯穿了资本主义的价值观，成为美国文化的一个品牌。进入现当代社会以后，重视文化的历史经验和教训仍然应该为我们所牢记。我们不仅要发展经济，推动科技创新，也要重视文化的创新发展，重视国家文化整体实力的提升，重视文化竞争力和创造力在国家富强和民族振兴之中所发挥的不可替代的重要作用。正是对上述基本规律和经验进行了深刻的总结，面对新世纪新阶段的世情、国情和党情的新变化，党的第十七届六中全会专题研究如何发展社会主义文化的问题，认为总结我国文化改革发展的丰富实践和宝贵经验，研究部署深化文化体制改革、推动社会主义文化大发展大繁荣，进一步兴起社会主义文化建设新高潮，对夺取全面建设小康社会新胜利、开创中国特色社会主义新局面、实现中华民族伟大复兴具有重大而深远的意义。①

（四）以文化为核心要素的软实力是当今时代国际竞争的关键要素

习近平总书记指出："文化是一个国家、一个民族的灵魂。""没有文化的繁荣兴盛，就没有中华民族伟大复兴。"② 文化实力和竞争力是国家富强、民族振兴的重要标志。一般情况下，在分析一个国家的综合国力的构成要素时，我们通常可以把它分为有形力量与无形力量。美国哈佛大学教授约瑟夫·奈就将综合国力分为硬实力与软实力两种形态。在约瑟夫·奈看来，硬实力包括基本资源、军事力量、经济力量和科技力量等要素，而软实力往往包括国家的凝聚力、文化被普遍认同的程度和参与国际机构的程度等要素，可概括为一个国家在发展过程中的导向力、吸引力和效仿力，是一种同化式的实力。简言之，软实力就是一个国家思想的吸引力和政治导向的能力，是一个国家依靠政治制度的吸引力、文化价值的感召力和国民形象的亲和力等释放出来的无形影响力。通常情况下，"软实力"包括这几方面内容：一是文化的吸引力和感染力。二是意识形态和政治价值观的吸引力。三是外交政策的道义和正当性。四是处理国家间关系时的亲和力。五是发展道路和制度模式的吸引力。六是对国际规范、国际标准和国际机制的导向、制定和控制能力。七是国际舆论对一国国际形象的赞赏和认可程度。由上分析可见，在当今时代，软实力的作用和影响一点也不逊色于硬实力，而文化是软实力

---

① 本书编写组：《中共中央关于深化文化体制改革推动社会主义文化大发展大繁荣若干重大问题的决定》，《党的十七届六中全会〈决定〉学习辅导百问》，党建读物出版社，2011，第1页。

② 习近平：《坚定文化自信建设社会主义文化强国》，《求是》，2019年第12期。

构成的核心要素。在 20 世纪的地缘竞争和国际局势中，影响最大的莫过于苏东剧变。近 30 年过去了，人们对这个影响世界格局的大事件的分析林林总总。事实上，苏东剧变的确有多重因素，但是，我们不能忽视其中以文化为核心要素的软实力竞争在诸多原因之中所居的重要地位。以美国为首的西方国家对前苏联和东欧国家实施的"和平演变"，实质就是进行一场无硝烟的文化软实力"战争"。在高度集中的计划经济体制的深刻影响下的苏东国家，虽然坚持了马克思主义的指导地位，但是，却没有与时俱进地推动马克思主义的发展，要么一成不变地僵化地将马克思主义作为教条，形成僵化和保守的思想文化，要么受西方民主自由思想的影响，抛弃了马克思主义，大张旗鼓地鼓吹西方的思想文化自由。这两种倾向不仅导致了苏东国家思想文化的分裂，最终使这些国家在文化现代化过程中丢掉了传统，失去了社会主义核心价值观的"主心骨"，最后必然导致了人心的迷茫、涣散，导致了人民对共产党的抛弃，对社会主义的抛弃。苏东剧变的悲剧不能不说是世纪之交以文化为核心要素的软实力竞争在资本主义和社会主义两大阵营之中的"精彩上演"，对社会主义阵营，是惨痛教训，对资本主义阵营，则是成功经验。事实上，是否重视以文化为核心的软实力的提升，不仅影响着这个国家自身的稳定和发展步伐，而且深刻地影响到这个国家外在形象的打造和内在人心的凝聚。20 世纪中期以后腾飞的"亚洲四小龙"，不仅在经济上的发展成就令人惊叹，而且始终贯穿着以中国传统文化为底蕴的思想文化对整个国家巩固和民族进步发展的正面的、积极的导引作用，甚至有不少专家学者将其归结为儒学在管理上的成功。当然，同一时期，在世界的另一端，则出现了另一种忽视文化价值观，忽视软实力提升而陷入现代化泥潭的景象，那就是所谓的"拉美陷阱"。以巴西为代表的部分拉美国家在思想文化上推行欧美国家倡导的新自由主义，在经济领域实施自由市场经济模式，在政治领域实行多党竞争，在文化领域实行多元化的民主价值导向。虽然短时间内取得了经济发展的一些成就，但是，相伴而来的是贫富差距的急剧扩大，自身文化的衰落，犯罪率的快速攀升，人心的涣散和社会的分裂，等等。这种情况被总结为"中等收入陷阱"或"拉美陷阱"。事实上，"中等收入陷阱"的说法很大程度上就是针对经济增长与政治、文化、社会发展脱节而言的，针对经济社会发展与人的全面发展不协调发展而言的，就是针对经济发展过程中忽视文化建设，硬实力增强的同时软实力式微的状况而提出的。

上述几个方面的例子深刻地告诉我们，以文化为核心要素的软实力已经成为现代国际竞争的重要甚至是关键性的决胜因素。没有经济和科技的发展，国家没有地位和影响力，没有文化的发展和繁荣，形不成强大的软实力，国家也不可能有较高的国际地位和影响力。"当今综合国力竞争的一个显著特点是文化的地位和作用更加凸显，越来越多的国家把提高文化软实力作为发展战略的重要内容。从一定意义上说，谁占据了文化发展制高点，谁拥有了强大文化软实力，谁就能够在激烈的国际竞争中赢得主动。"[1]

当今世界正经历百年未有之大变局，中国要跻身现代化强国行列，就必须高度重视文化强国建设，统筹推进文化建设和经济建设、政治建设、社会建设以及生态文明建设，在社会进步的基础上全面提高人民思想文化素质，在思想文化方面，不仅要做足"量"，更要大力推进思想解放和文化创新，下足"质"的功夫，从而真正形成强大的文化软实力和精神生活的凝聚力。当然，中国文化软实力并不是简单的京剧脸谱、全聚德烤鸭。这些只是传统文化的一些符号，而真正的软实力要求对传统文化的创造性转化和创新性发展，要求国家的内外的行为以及顺畅的全球传播渠道和新闻框架。软实力不仅要求有文化上的吸引力，也包括对内对外政策上的吸引力，更重要的是价值体系的吸引力，这是为什么

① 李长春：《关于〈中共中央关于深化文化体制改革推动社会主义文化大发展大繁荣若干重大问题的决定〉的说明》，《人民日报》，2011年10月27日，第2版。

我们要强调加强社会主义核心价值体系建设、强调培育和践行社会主义核心价值观作为引领和推动中国特色社会主义文化发展的重要原因。但是，我们也不得不承认，中国软实力目前还存在诸多困境：中国的价值观念还在受到来自全球性思想观念的围堵，受众心理还存在难以穿越的障碍，在国际文化市场上还缺乏竞争力，在全球传播中还缺乏议程设置的能力，甚至也包括一些对外传播中的技术性障碍。提升中国的文化软实力，既要积极培育和践行社会主义核心价值观，不断完善中国发展的理念和模式，提高全民族的思想道德素质和文明程度，也要大力发展文化产业，加强媒体传播能力建设，积极开展公共外交，提升中国品牌竞争力，积极推动和用好新媒体；还要积极推动和实施文化"走出去"战略，扩大中国文化的世界影响。当然，这个过程既要党和国家的高度重视并采取针对性强的对策措施，也需要发挥民间、学界的资源和才智，为国家各项政策的合理制定和实施，建言献策，实实在在地大力推动文化强国建设。

（五）文化是传播友谊的纽带和桥梁与国家形象的重要标志

在世界历史发展的进程中，国家与民族之间的交往离不开文化元素，而国家与民族间交往也是文化发展的重要途径。当今世界，国际交往日益密切，文化作为传播友谊的桥梁和纽带的作用越来越凸显。文化搭台，经济唱戏成为国家与国家间合作共赢的重要模式。不仅如此，对一个国家特别是具有一定影响力的大国而言，文化还担当着外塑形象的重要角色。"综合国力竞争的一个显著特点，就是文化的地位和作用更加凸显，经济较量中的文化因素日益突出，越来越多的国家把提高文化软实力作为重要发展战略。……加强国家文化软实力建设，对内增强民族凝聚力和向心力，对外增强国家亲和力和影响力，是全面增强我国综合国力的必然要求，也是实现我国和平发展的战略之举。"① 这些年，我们在推进经济、政治、文化、社会和生态这"五位一体"的现代化建设过程之中，文化强国建设取得了显著成效，不仅国内的文化建设呈现勃勃生机，而且文化的国际交流与合作日益增多，实施文化"走出去"战略效果显著。为了传播中国文化和其他先进的思想，自 2004 年 1 月 21 日在韩国首尔成立第一个孔子学院以来，截至 2018 年 12 月，中国已在 154 个国家和地区建立 548 所孔子学院和 1193 个中小学孔子课堂 ②，2020 年 7 月，孔子学院品牌由"中国国际中文教育基金会"全面负责运行 ③。孔子学院及其类似国际交往行为的开展，不仅是中国对外传播先进文化的需要，更是在世界上对中国文化的强烈需要。据最新统计，海外华人华侨总数已达 6000 多万人，分布在 198 个国家和地区 ④。6000 多万的华人华侨分布在世界各地，其中四分之三在东南亚。

这些华人华侨分布在各国的各行各业，有的甚至是该领域的领军人物。他们的存在，为中华文化的传播发挥了重要作用，使得中华文明能在世界上被认识、熟悉和接受。早在 2009 年 10 月，习近平在视察柏林中国文化中心时就指出："文化是一个国家软实力的重要组成部分，对促进不同民族之间心灵沟通有着不可替代的作用。中国拥有 5000 年的灿烂文明史，应该充分利用好文化中心这个平台，向德国和欧洲人民介绍博大精深的中华文化，促进中德、中欧交流与合作，增进彼此的了解

---

① 胡锦涛：《在全国宣传思想工作会议上的讲话》，《人民日报》，2008 年 1 月 23 日，第 1 版。

② 贺劭清：《全球已建 548 所孔子学院遍布 154 个国家和地区》，2018 年 12 月 5 日，中新网（http://www.chinanews.com/hr/2018/12-03/8691543.shtml）。

③ 马海燕：《孔子学院未更名改由基金会运行符合国际惯例》，2020 年 7 月 7 日，中新网，（http://www.chinanews.com/gn/2020/07-06/9230535.shtml）

④ 中国网 2014 年 3 月 5 日，（http://www.china.com.cn/news/2014lianghui/2014-03/05/content_31685623.htm）。

与信任，为推动中德、中欧关系发展作出积极贡献。"① 《中华人民共和国国民经济和社会发展第十二个五年规划纲要》也明确提出，要"构建以游戏民族文化为主体、吸收外来有益文化的对外开放格局，积极开拓国际文化市场，创新文化'走出去'模式，增强中华文化国际竞争力和影响力，提升国家软实力。"② 十年过后，习近平在党的十九大报告上，再一次深刻指出，要推进国际传播能力建设，讲好中国故事，展现真实、立体、全面的中国，提高国家文化软实力③。

当前，我们要按照党的十九大报告关于"坚持对外开放的基本国策，坚持打开国门搞建设，积极促进'一带一路'国际合作，努力实现政策沟通、设施联通、贸易畅通、资金融通、民心相通，打造国际合作新平台，增添共同发展新动力"④ 的要求，开展多渠道多形式多层次对外文化交流，创新对外宣传方式方法，实施文化走出去工程，培育一批具有国际竞争力的外向型文化企业和中介机构，开拓国际文化市场，支持海外同胞积极开展中外人文交流，推动中华文化走向世界，增强中华文化在世界上的感召力和影响力。总之，要在日益开放的世界中，在对外交往和合作中，既利用各种条件传播和推广中华文化，使之能够成为提升国家形象和国际影响力的重要渠道，也要充分吸收和借鉴其他国家、地区和其他民族的文化的精髓，促进中国特色社会主义文化创新发展，建设更加充满生机和活力的新时代文化，更好地服务于国家富强和民族振兴的大业，早日实现中国梦。

---

① 王伟：《习近平视察柏林中国文化中心》，《人民日报》，2009 年 10 月 12 日，第 1 版。

② 《中华人民共和国国民经济和社会发展第十二个五年规划纲要》，人民出版社，2011，第 119 页。

③ 本书编辑组：《党的十九大报告学习辅导百问》，党建读物出版社，2017，第 35 页。

④ 十八大报告文件起草组：《中国共产党第十八次全国代表大会文件汇编》，人民出版社，2012，第 31 页。

第二节　文化强国建设紧迫性的理论与实践之思

文化强国建设对顺利建成社会主义现代化强国，对实现中华民族伟大复兴的中国梦具有极端的重要性，这就凸显了建设中国特色社会主义文化强国的时代紧迫性。

一、把握文化强国建设助推实现中国梦紧迫性的理论与实践坐标

对于一个民族、一个国家而言，文化以其无声无息的"软性"力量发挥着令人难以想象的巨大力量，从而与以经济为核心的"硬实力"构成了全球公认的一国综合国力中最重要的因素。正因如此，各国都千方百计地促进着自己国家文化的繁荣发展，并在当今国际舞台上挖空心思地扩大着自己民族文化的影响力和辐射力。在这种大背景下，建设文化强国面临诸多挑战，但我们清楚，文化强国建设决不能停步，因为停步甚至小的进步都意味着退步，退步就会落后，落后只能挨打。这也显得文化强国建设助推中国梦愈发紧迫，而这种紧迫性综合起来主要体现在三个方面：一是文化强国建设助推中国梦的重要性与当前文化强国建设助推中国梦的现状昭示了文化强国建设助推中国梦的紧迫性；二是中国梦内含文化成分的应然与实然间的巨大反差进一步凸显了文化强国建设助推中国梦的紧迫性；三是中国梦与文化强国建设间的互促共进理想状态与当前各种现实阻力间的矛盾更加强化了文化强国建设助推中国梦的紧迫性。

（一）何谓社会主义文化强国

扎实推进社会主义文化强国建设不仅是现实要求，更是时代主题。人们对社会主义文化强国的认识，随着中国特色社会主义伟大实践的不断探索和创新发展而深化。要对"社会主义文化强国"有个全面而准确的理解，首先要准确把握"文化强国"的本质内涵。

我国学界对文化强国内涵的界定见仁见智，有的立足语义学角度，认为"文化强国"由"文化"和"强国"两个词组成，并通过对"文化"和"强国"两个概念的分析，指出文化强国表示文化在这个国家的综合国力中占重要地位和作用，表明这个国家不仅在经济、军事、政治等硬实力上过硬，而且文化实力也较强；[①]有的出于对社会主义核心价值体系角度的理解，指出建设社会主义文化强国的关键在于增强社会主义核心价值体系的凝聚力和感召力、提升国家文化软实力和国际影响力、激发文化创新活力；[②]还有的基于建设文化强国的目的和手段双重角度，认为文化强国包含"靠文化强国"（把文化作为手段）和"建成文化强国"（把文化作为目的）两层意思，并指出文化强国的主导手段和实现目的的主体均是人民，因此，建设文化强国必然要求文化强民；[③]此外，有的从观念层面、实践层面以及评价标准三个角度理解文化强国，进而指出文化强国是文化自觉与文化自信从观念层面到实践层面的转向。[④]通过总结分析，不难发现当前国内学者对文化强国的界定主要围绕以下几方面展开：其一，就作用而言，文化对一国综合国力的提升越来越重要，文化可以强国；其二，就主体而言，建设文化强国的主体是人民；其三，就目的而言，旨在把我国建设成为文化强国；其四，就途径而言，文化强国建设是一个实践过程，需要从观念层面转向实践层面。可见，要对社会主义文化强国做一准确的把握，需要在结合上述文化强国核心要义基础上，并充分把握社会主义文化强国自身特色，即把握住"社会主义"这一前提。

---

① 洪晓楠：《文化强国之路：科学文化与人文文化的协同发展》，《文化学刊》，2012年第1期，第5页。

② 陈晋：《如何建设文化强国》，《学习月刊》，2012年第2期，第9页。

③ 周文彰：《文化强国重在文化强民》，《人民日报》，2012年1月4日，第07版。

④ 万希平：《增强文化自觉，提高文化自信，建设文化强国》，《求知》，2011年第11期，第7页。

所谓社会主义文化强国，就是社会主义核心价值体系建设深入人心，公民道德素质全面提高，人民精神文化生活丰富，我国文化整体实力和竞争力强。① 可见，这一概念除了具有上述关于文化强国基本概念要义的基本特点之外，还提出了自身鲜明的指导思想、根本任务以及出发点和落脚点，也进一步明确了社会主义文化强国建设"该走什么路""朝着什么样的目标迈进"的问题，这就对社会主义文化强国的社会主义属性和本质特性有了一个清晰的界定。需要指出的是，社会主义文化强国有着自身内在规律和本质特征，即民族性和政治性、时代性和创造性、大众性和共享性，因此，对这一概念的全面把握和深刻理解，必须要立足于上述基本特征。

1. 民族性和政治性

民族性不仅是不同文化的天然属性，而且是不同地区文化建设的重要表征。一定区域的文化，必然是该区域民风习俗的重要反映。同样，一定区域的文化建设，必然是该区域人们的生活习惯、个性特征、劳作方式等方面的综合反映，是在继承发扬该区域原有文化的基础上不断发展创新的。建设社会主义文化强国立足中华优秀传统文化，是无数中华儿女一代接一代共同继承和创新的结晶。我国是一个多民族的国家，加之建设社会主义文化强国是 56 个民族在不同区域、不同时间段共同努力的过程，因而其具有鲜明的民族性，反映着不同区域、不同民族的风格和气派，更加凸显了社会主义文化强国建设独有的民族性。

建设社会主义文化强国是"社会主义"强国建设的重要组成部分之一，这就进一步明确了其带有一定的政治性，要始终围绕社会主义的本质特征和具体要求来进行文化建设，正如党的十八大报告所指："建

---

① 胡锦涛：《坚定不移沿着中国特色社会主义道路前进为全面建成小康社会而奋斗——在中国共产党第十八次全国代表大会上的报告》，《人民日报》，2012 年 11 月 18 日，第 01 版。

设社会主义文化强国，必须走中国特色社会主义文化发展道路"。[①] 同时，社会主义建设以马克思主义为指导思想，以为人民服务为出发点和立足点，其本质是"消灭剥削，消除两极分化，最终达到共同富裕"，[②] 这也进一步明确了社会主义文化强国建设必须要以马克思主义为指导思想，以为人民服务为核心、以集体主义为原则。只有围绕这一大前提，才能真正称得上是社会主义文化强国建设，才能真正体现社会主义强国建设的独特性和优越性，才能真正赢得人民群众的支持。

2. 时代性和开放性

"一定的文化（当作观念形态的文化）是一定社会的政治和经济的反映，又给予伟大影响和作用于一定社会的政治和经济。"[③] 各个地区、国家、民族文化的形成无不留有时代的烙印，总是受制于一定时代的制约。同样，一定时代的文化建设，总是受当时具体时代的影响和制约，并反映着时代的特征。当前，我国正处于全面建成小康社会，积极构建社会主义和谐社会的关键时期，改革开放和社会主义现代化建设是时代的最强音。在这一时代背景下建设社会主义文化强国，必须要彰显时代精神、赋予时代内容、突显时代要求、表达时代心声，要始终立足中国实际，把脉时代潮流，紧跟时代步伐。唯此，才能有效把握变动的思想流向，创造出更多优秀的文化作品和产品，从而不断满足人民大众时刻变化的精神文化需求。

众所周知，当今世界，经济全球化、政治多极化、文化多元化的发展已成不可逆转的时代潮流。在经济全球化过程中，不同地区、国家、民族的文化相互激荡和交融，在相互取长补短的同时，也时刻威胁着彼

---

① 胡锦涛：《坚定不移沿着中国特色社会主义道路前进为全面建成小康社会而奋斗——在中国共产党第十八次全国代表大会上的报告》，《人民日报》，2012年11月18日，第01版。

② 邓小平：《邓小平文选》（第3卷），人民出版社，1993，第373页。

③ 毛泽东：《毛泽东选集》（第2卷），人民出版社，1991，第663～664页。

此各自文化安全。为回应这一现状，各种打着保护民族文化的旗帜相应而生，他们认为为了更好地保护和传承本民族文化，就不应去接纳和吸收异族优秀文化。实质上，这种观念是典型的文化割据主义，持有这种观念进行文化建设，不可能适应现实需要，只会使自己民族文化更难创新和发展。反观社会主义文化强国建设，党的十八大明确提出要"建设面向现代化、面向世界、面向未来的，民族的科学的大众的社会主义文化。"① 可见，社会主义文化强国建设，始终放眼全球，着眼未来，立足在时代最前沿，要求广泛吸收国外一切优秀的文化成果，具有鲜明的开放性。也正是在坚持开放中自觉主动吸收借鉴各国优秀文化，建设社会主义文化强国"不仅给我国经济、政治和社会建设带来所需的先进技术、观念和人才资源，而且也为自身发展不断注入新的活力，增添新的内容，具有世界性的交流平台和前沿阵地。"②

3.大众性和共享性

马克思主义认为，物质决定精神，社会生活是精神文化发展的源泉。对此，毛泽东进一步指出："人民生活中本来存在着文学艺术原料的矿藏……它们是一切文学艺术的取之不尽、用之不竭的唯一的源泉。"③ 追溯文化的起源，无论是穿着打扮、生活习惯、劳动器具，还是思维习惯、道德情操、价值理念，都来源于人民群众的现实生产生活。人民群众的生产实践活动是文化发展的唯一源泉。这也决定了建设社会主义文化强国始终要依靠于人民、服务于人民，而不能把中华文化的繁荣昌盛寄托于少数精英阶层手中，更不能以服务于少数精英阶层为社会主义文

① 胡锦涛：《坚定不移沿着中国特色社会主义道路前进为全面建成小康社会而奋斗——在中国共产党第十八次全国代表大会上的报告》，《人民日报》，2012 年 11 月 18 日，第 01 版。

② 蒋乾麟：《谱写中国特色社会主义文化大发展大繁荣的时代篇章》，《马克思主义研究》，2012 年第 1 期。

③ 毛泽东：《毛泽东选集》（第 3 卷），人民出版社，1991 年版，第 860 页。

化强国建设的目的。对此，党的十八大明确指出："建设社会主义文化强国，必须走中国特色社会主义文化发展道路，坚持为人民服务、为社会主义服务的方向，坚持百花齐放、百家争鸣的方针，坚持贴近实际、贴近生活、贴近群众的原则"。[①] 这就从根本上规定了社会主义文化强国建设的方向，也进一步明确了社会主义文化强国建设的原则，从而规范和引导各级政府在具体实践中始终坚持"为人民服务、为社会主义服务的"大政方针，始终"坚持贴近实际、贴近生活、贴近群众的原则"，在立足于人民大众现实生活中，充分服务于人民群众现实需要，最大化做到大众性，从而有效反映和服务人民大众的文化需求、民主意识和民族精神，真真切切体现社会主义文化建设的大众性和优越性。

与此相应，既然"人民是推动社会主义文化大发展大繁荣最深厚的力量源泉"，[②] 人民群众的生存实践是文化发展的唯一源泉，那么，扎实推进社会主义文化强国建设，就应该始终坚持"以满足人民精神文化需求为出发点和落脚点。"[③] 要始终做到社会主义文化强国建设的成果是为了同人民群众共享。事实上，在具体实践中社会主义文化强国建设很好地做到了其文化建设的共享性，这不仅是由建设社会主义文化强国必须依靠于人民群众决定的，更是由社会主义的本质所决定。社会主义进行的文化建设同资本主义、封建主义进行的文化建设的本质区别在于其始终站在人民群众的立场上，始终服务于人民，即社会主义文化强国充分体现着人民大众的根本利益，始终践行着建设文化强国必须依靠人

---

① 胡锦涛：《坚定不移沿着中国特色社会主义道路前进为全面建成小康社会而奋斗——在中国共产党第十八次全国代表大会上的报告》，《人民日报》，2012年11月18日，第01版。

② 中国共产党第十七届中央委员会第六次全体会议：《中共中央关于深化文化体制改革推动社会主义文化大发展大繁荣若干重大问题的决定》，《人民日报》，2011年10月26日，第01版。

③ 中国共产党第十七届中央委员会第六次全体会议：《中共中央关于深化文化体制改革推动社会主义文化大发展大繁荣若干重大问题的决定》，《人民日报》，2011年10月26日，第01版。

民，必须为了人民，其建设成果必须由人民共享。

二、文化强国建设对社会主义现代化强国建设意义重大紧迫

文化是一个国家经济社会发展的重要支撑。历史和经验证明，一个国家的繁荣昌盛不仅要靠经济等"硬实力"支撑，也要注重对文化等"软实力"的充分利用，只有同时兼顾"硬实力"与"软实力"，该国整体实力才能在相互促进中得到有效发展。当前，随着我国经济的飞速发展，文化发展显得相对滞后，无形中成为阻碍中国特色社会主义伟大事业和我国人民全面发展的重要因素，扎实推进社会主义文化强国建设显得更加重要和紧迫。

（一）社会主义文化强国建设与我国未来发展

1. 落实党中央文化强国建设精神之思

文化工作在革命、建设、改革各个时期都发挥着不可替代的作用，中国共产党历来高度重视文化工作，改革开放以来，中国共产党始终把文化建设放在党和国家工作的重要位置，探索出了中国特色社会主义文化发展道路。新时代，国际国内形势发生了深刻变化，社会主义文化强国建设必要性更加凸显。因而，坚持社会主义文化强国建设、不断推进中华文化大发展大繁荣的重要任务，历史性地落到了全党全国人民身上。党和国家基于对国际国内形势的深刻认识，以及建立在我党领导文化工作丰富经验基础上，在党的十七大报告中就提出了推动社会主义文化大发展大繁荣的总要求，指明了文化发展的重要性，并对建设社会主义核心价值体系、建设和谐文化、弘扬中华文化以及进行文化改革和创新等方面作出了重要部署。在党的十七届六中全会上，党中央进一步明确了文化大发展大繁荣的战略部署，起草了建设社会主义文化强国的战略目标，为进一步兴起社会主义文化建设新高潮以及社会主义文化强国建设指明了方向，提供了坚强思想保证和强大精神力量，为进一步繁荣发展

社会主义先进文化，增强中国国家文化软实力提供了良好条件。

党的十八大报告中，胡锦涛同志代表党中央介绍了过去五年的工作和十年的基本总结，并强调"要坚持社会主义先进文化前进方向，树立高度的文化自觉和文化自信，向着建设社会主义文化强国宏伟目标阔步前进。"①党的十八大的召开，标志着我国社会主义文化发展进入了一个新阶段。坚持中国特色社会主义文化发展道路扎实推进社会主义文化强国建设是新时期文化发展的重大战略目标，为社会主义文化大发展大繁荣提供了坚实基础。2017年，党的十九大从社会主义文化强国建设必须坚持的道路、方向、方针、原则以及关键等方面作出了新形势下推进社会主义文化强国建设的一系列重要战略部署，进一步明确了建设社会主义文化强国"该走什么路""朝着什么样的目标迈进"，具有很强的国家战略性和建设指导性，是当前和今后我国文化发展的纲领性文件，深刻影响着中国特色社会主义文化强国建设和国家文化发展的前景。因此，认真学习、宣传和贯彻党的十九大精神和习近平新时代中国特色社会主义思想，是认识当前社会主义文化强国建设必要性的头等重要任务。广大党员干部和群众只有认真学习十九大精神和习近平新时代中国特色社会主义思想，才能加深对文化建设重要地位作用的精辟论述的理解，深刻领会社会主义文化强国建设面临的形势，认清社会主义文化强国建设该走什么路、朝着什么样的目标迈进，从而切实把思想和行动统一到社会主义文化强国建设的重要决策部署上来。

2. 推进新时代中国特色社会主义全面发展与全面建成小康社会之思

习近平总书记在党的十九大报告中指出："全党全国各族人民要紧密团结在党中央周围，高举中国特色社会主义伟大旗帜，锐意进取，埋头苦干，为实现推进现代化建设、完成祖国统一、维护世界和平与促进

---

① 胡锦涛：《坚定不移沿着中国特色社会主义道路前进为全面建成小康社会而奋斗——在中国共产党第十八次全国代表大会上的报告》，《人民日报》，2012年11月18日，第01版。

共同发展三大历史任务，为决胜全面建成小康社会、夺取新时代中国特色社会主义伟大胜利、实现中华民族伟大复兴的中国梦、实现人民对美好生活的向往继续奋斗！"[①] 实现这一目标，不仅要大力发展我国经济和政治，且要繁荣发展社会主义文化。因为文化与政治经济有着紧密联系。经济、政治决定文化，文化反映经济、政治；同时，文化具有相对独立性，对经济、政治具有反作用。当前，文化、经济、政治互融共进发展已成为社会发展的一种趋势。文化与经济政治相互交融、相互渗透、相互推动。文化越来越具有经济价值，文化已经进入到了社会生产各个领域，文化产业成为社会生产力的重要组成部分。文化与政治更是不可分割，文化已经成为世界各国进行政治竞争的重要形式，只有通过文化市场才能保持政治优势，才能逐步增强国家政治影响力。

中国特色社会主义事业是由经济建设、政治建设、文化建设、社会建设和生态建设等方面构成的，是一个全面发展进步的社会。在中国特色社会主义建设伟大事业中，经济建设是物质基础，政治建设提供着可靠政治保障，文化建设则是精神动力和智力支撑。改革开放四十多年来，中国特色社会主义经济有了长足发展，但文化发展相对滞后，严重影响着社会主义强国建设，成为全面建成小康社会不可回避的问题。因此，如何在经济发展工作中融入文化建设，自然成为摆在党和国家面前的一个全新课题。解决好这个问题，对于促进国家经济发展、政治发展，以及全面建成小康社会具有重要意义。因而，我们必须在社会经济有好又快发展的基础上，不断加强文化建设，将文化强国建设有效融入经济政治建设之中，不断以文化强国建设推动政治经济发展，从而促进全面建成小康社会的步伐。全面建成小康社会的目的是更好地服务于人民群众，让人民享受更加美满幸福的物质和文化生活。加强社会主义文化强国建

---

① 本书编写组：《党的十九大报告学习辅导百问》，党建读物出版社、学习出版社，2017，第56页。

设，就是要从国家战略高度保障我国文化建设有效促进全面建成小康社会的步伐。文化强国建设就是要在全国范围内形成积极健康的文化氛围，从而激发全民族的积极性和创造性，最大限度地挖掘人民群众的潜力，引导人们树立社会主义共同理想，以更加饱满的热情投身于中国特色社会主义伟大事业建设之中。这些都是全面建成小康社会的必要前提和重要保证。因此，加强社会主义文化强国建设是促进社会经济政治发展和全面建成小康社会的客观要求。

3. 社会主义文化强国建设的现实问题之思

改革开放以来，党和国家致力于中国特色社会主义文化建设，已取得的巨大成就，但与经济社会发展的要求还不适应，与人民群众的愿望还有一定差距，束缚社会主义文化全国建设的一些问题还没有得到根本解决。如对文化强国建设的认识有的存在较大误区，主要集中在文化强国建设过程中政府和市场谁为主导有的走向极端化、在对待中西文化方面有的走向极端化、在对待文化建设主体方面有的走向极端化等。再如国家文化安全问题也较突显，维护国家文化安全任务艰巨。文化贸易逆差较大，文化走出去还面临不少挑战，中华文化国际影响力需要进一步增强。在文化产业建设格局、发展模式、政策制度等方面存在不少问题。基层公共文化服务体系有的不健全，城乡、区域文化发展不平衡，如公共文化服务尚未形成比较完善的体系，且城乡、区域间差距也较大，基层公共文化服务资源建设和管理缺乏规范性和科学性，以人民群众文化需求为导向的公共文化服务模式尚未形成。文化人才储备不足，且缺乏具备高素质的文化创意和管理人才，文化人才队伍结构不合理，尚未建成与社会主义文化强国建设相适应的人才发展机制和人才管理体制，文化人才分布以及供给矛盾较尖锐，文化人才队伍建设急需加强。一些地方政府在文化建设中问题突出，文化建设形式化、政绩化、庸俗化严重。而上述诸多问题的有效解决，必须要始终立足社会主义文化强国建设，必须要加快推进我国文化体制改革和创新，切实解决束缚社会主义文化建设发展的突出问题，不断解放发展文化生产力，推动社会主义文化大发展大繁荣，顺利实现全面建成小康社会的奋斗目标，也只有坚持这一根本发展路线，才能在发展中解决上述问题。

4. 满足人民群众日益增长美好生活需要之思

众所周知，步入现代文明，一个健康的社会不仅要有比较丰厚的物质文明，更要有比较健康的精神文明。的确，"物质贫乏不是社会主义，精神空虚也不是社会主义。"[①] 可见，没有文化的健康发展，没有人民精神世界的极大丰富和人民精神力量的充分发挥，就没有中国特色社会主义的勃勃生机。而摆在我们面前的现实是随着社会经济的不断发展和人民物质生活的逐步提高，当前我国人民精神文化需求与物质文化生活水平还存在较大差距，加强社会主义文化强国建设成了不断满足人民群众日益增长的精神文化需求的迫切要求。社会主义文化强国建设要求国民精神境界的普遍提升，要求全面提升国民文化素质，不断发挥社会主义文化建设作用，提高人民群众思想道德素质和科学文化素质。文化强国建设提出要用社会主义核心价值体系引领社会思潮，有利于弘扬社会正气，培育文明风尚，塑造民族精神，促进社会人际和谐。只有这样，我们才能使得人民精神生活水平不断提高，精神财富不断增长。

随着社会的发展，文化的重要性日益凸显，创造丰富多彩的精神文化生活越来越成为全体人民的热切愿望。而社会主义文化强国建设不仅是要通过文化市场去促进经济增长，而且要通过文化建设凝聚人心、汇集力量、聚集才智，打牢人民群众坚定走中国特色社会主义道路的思想基础。人民群众既是文化发展的主体，又是文化消费的主体。建设社会主义文化强国不仅要体现文化发展有良好氛围，文化建设成果丰厚，而且归根结底要保障人民群众良好的文化消费水平，满足人

---

① 中共中央文献研究室：《十七大以来重要文献选编》（上），人民出版社，2009，第 802 页。

民基本文化需求，使人民群众日益呈现出积极精神风貌和健康的文化形象。因此，建设社会主义文化强国，就要自觉贯彻党的群众路线，牢固树立为人民服务的发展理念，做到文化发展"贴近实际、贴近生活、贴近群众"①，切实维护人民群众的文化权益，最大限度满足人民群众的基本文化需求；要充分尊重人民的首创精神，发挥人民文化创造主体作用，激发全社会文化创造活力；还要不断满足人民群众多层次、全方面的文化需求，切实做到文化发展为了人民，文化发展依靠人民，文化发展成果由人民共享。

5.不断发展中国特色社会主义，实现中华民族伟大复兴之思

中国作为四大文明古国之一，在工业革命之前不仅是经济大国，更是文化强国。随着西方近代文化兴起，中国开始逐步落后，中华民族经历了文化地位的下降，文化近代一直处于弱势状态。尽管中国文化一直连续发展，但随着国际国内形势的变化，中国人的文化观发生了剧烈变动，如何建设中华民族新文化，建成社会主义文化强国成为每一个中国人必须思考的问题。从鸦片战争开始，中国人民就一直在探讨中华民族复兴之路。从向西方学习转向马克思主义的学习，我国文化建设前景才日益光明。尤其是在改革开放之后，以邓小平为核心的中国共产党人，大力推进精神文明建设，培养"四有新人"；随后江泽民同志提出了先进文化建设；胡锦涛同志提出了和谐文化建设；十七届六中全会又把文化强国建设纳入到国家战略规划中，党的十八大进一步明确了建设社会主义文化强国必须坚持的道路、方向、方针、原则、关键以及具体要求，为社会主义文化强国建设绘制了宏伟蓝图，使我国文化建设上升到一个新的高度。尤其是党的十八大指出的"建设社会主义文化强国，必须走中国特色社会主义文

---

① 胡锦涛：《坚定不移沿着中国特色社会主义道路前进为全面建成小康社会而奋斗——在中国共产党第十八次全国代表大会上的报告》，《人民日报》，2012年11月18日，第01版。

发展道路"①，为中国文化建设实现新发展，中华民族实现伟大复兴指明了方向，奠定了基础。新时代，加强社会主义文化强国建设，成为发展中国特色社会主义，实现中华民族伟大复兴的必然之路。中国特色社会主义文化发展是中国特色社会主义建设的重要组成部分。中国特色社会主义文化发展具有鲜明的中国特色和实践特色，不仅反映了党的性质和宗旨，体现了我国文化发展的方向，更凝结着中华民族优秀传统文化，吸收了人类文明有益成果，适应了社会主义文化强国建设的战略需要。然而，我们同时也要清醒地看到，目前文化上仍然是西强我弱，要想国家强盛，民族复兴，一定要发展中国特色社会主义文化，建设文化强国，才能在激烈的国际竞争中占据文化发展的制高点，赢得主动权。建设社会主义文化强国，不仅为中华民族伟大复兴培育出共有精神家园，更为人类文明进步作出巨大贡献。只要我们沿着中国特色社会主义文化发展道路，向着社会主义文化强国的奋斗目标，我们坚信，中华文化的大发展大繁荣必然促进中华民族的伟大复兴。

6. 有效避免西方文化霸权，增强文化整体实力和竞争力之思

当今世界，国际的竞争不仅仅体现在经济实力的较量上，更体现为文化的竞争上，文化已经成为一个国家以综合国力参与国际竞争的重要因素。无论哪个国家要想在国际竞争中赢得优势，首先要占领文化发展制高点，增强自身文化竞争力。在国际较量中，西方国家认识到以强权政治和军事冒险为手段难以继续实行下去，而文化不仅具有合法性、隐蔽性，且渗透力极强，于是一些西方国家开始利用文化作为新的侵略扩张工具，并通过实行文化霸权主义，向世界推广传播自认为优秀的西方文化价值观，并且强调西方文化价值观的普适性和全面胜利性。他们认为只有让西方文化中的意识形态以及价值观念为人们普遍接受并内化，

---

① 胡锦涛：《坚定不移沿着中国特色社会主义道路前进为全面建成小康社会而奋斗——在中国共产党第十八次全国代表大会上的报告》，《人民日报》，2012 年 11 月 18 日，第 01 版。

才能将其转化为西方国家的重要国际政治资源，才能用来维护和巩固西方国家和集团的霸权地位。无疑，西方国家的用意在于达到和平演变的目的，从而最终达到变相侵略的目的。

面对来势汹涌的西方文化霸权威胁，党和国家站在战略的高度进行了深刻思考并作出正确的战略抉择。不仅提高了对维护国家文化安全重要性和紧迫性的认识，还把继承和发扬中华民族优秀传统文化与吸纳人类社会其他优秀文明相结合，用以抵御西方文化霸权主义和强权政治。此外，党和国家进一步强调要让中国文化"走出去"，促使中国文化国际化、世界化，不断扩大影响力和辐射力。提倡中国在提升自身综合国力的同时，应注意加大对外文化的交流与合作，要让中国文化登上国际舞台，取得国际社会认可。要利用中国文化的"和平"因子，推动建立和平、平等、公正、合理的国际新秩序，倡导构建人类命运共同体，使国家自觉主动承担更加重要的世界责任。而上述目标的实现，要求我们必须走社会主义文化强国建设道路，必须增强中国国家文化软实力，提升中华文化国际影响力和竞争力。

三、社会主义文化强国建设是实现中国梦的精神支柱

（一）文化强国建设助推中国梦的现状与要求之思

文化强国建设助推中国梦的重要性与当前文化强国建设助推中国梦的现状昭示了文化强国建设助推中国梦的紧迫性。实现中华民族的伟大复兴，是中华民族近代以来最伟大的梦想。实现这个伟大的中国梦，一个重要方面就是要努力建设社会主义文化强国，从而借助文化的力量促进中国梦的早日实现，因为中国梦的实现不可能脱离文化强国建设，而文化强国建设对中国梦的实现发挥着不可替代的作用，这种作用集中体现在文化强国建设助推中国梦从根本上符合中国当前社会发展的客观规律，从而能极大地凝聚中国力量、有效推进中国特色社会主义全面发展，最终为中华民族的伟大复兴做出更大且更多的贡献。也正是文化强国助

推中国梦存在的这种重要性，进一步突显了当前中国在努力奋斗中国梦的过程中文化强国建设的不可或缺性，中国梦的实现必须要借助文化强国建设这股强大动力，中国梦的完美展现也必须有中华民族文化的大发展大繁荣作为最为重要的构成要素之一。

然而，遗憾的是，在现实中文化强国建设助推中国梦并非是一种和谐有力的景象，而是面临不少挑战。数据显示，当前我国文化产业增加值只占 GDP 比重的 2.75%，严重落后于西方发达国家。2011 年国际知识产权联盟（IIPA）的报告显示，2010 年美国核心版权业增加值达 9318 亿美元，占美国经济的 6.36%。位居全球 500 强的娱乐媒体企业前十行列中，美国占据了 7 家。另据日本神户大学的有关研究：尽管自 2009 年以来日本贸易顺差在不断缩小，但日本媒体产业的国内市场规模依旧高达 12.1 万亿日元（居全球第二位），相关产业市场规模达到 55 万亿日元，而海外销售额为 1.6 万亿日元（居全球第三位）。此外，在全球文化贸易竞争中，发达国家的文化产品集中在高科技领域，占全球试听产品和音乐出口额的 89.2%、占出版和印刷出口额的 82.6%，占视觉艺术出口额的 70%，占新媒体出口额的 53.8%。反观中国文化产品贸易，据海关公布的数据显示，2010 年，虽然我国核心文化产业进出口总额 143.9 亿美元，出口电影票房收入 35 亿元人民币，但输出引进比仍高达 1：3。以演艺产品为例，引进和派出的文艺演出每场收入的比约为 10：1，我国全部海外商业演出的年收入不到 1 亿美元，不及国外一个著名马戏团一年的海外演出收入。醒目的数据警示我们：实现民族伟大复兴的中国梦文化强国建设显得严重滞后，在当前中国经济在取得举世瞩目成就的同时，文化建设已严重阻碍着中华民族的伟大复兴。中华民族伟大复兴中国梦的实现是一个综合全面的整体，是政治、经济、社会、文化、生态等方面的全面协调综合发展，暂且撇开其他方面，仅文化建设方面就已严重滞后了。这种不争的事实与文化强国建设助推中国梦的重要性形成了鲜明对比：一方面是文化强国建设对推动中国梦的实现非常重要，甚至可以说这种重要性具有不可替代性；另一方面却是现实展现的文化强国建设助推中国梦出现严重短板，甚至已成为当前中华民族伟大复兴的"沉痛"。这种残酷的现实也进一步突显了在当前中华儿女奋斗中国梦的过程中文化强国建设的紧迫性，这种紧迫性也促使我们必须正视这一现实，从而以更加务实的态度来推进社会主义文化强国建设，最终为中华民族伟大复兴中国梦的早日实现奠定扎实基础。

（二）中国梦内含文化成分的应然与实然间巨大反差之思

社会学家费孝通提出"社会问题起于文化失调"。毋庸置疑，文化是人类社会不可或缺的重要组成部分，更是整个人类心理、生理特征以及行为习惯等方面的集体影射，只不过不同地域和不同民族的人所影射出的这种心理、生理特征以及行为略有差异而已。因此，可以毫不夸张地说，一部人类发展史就是一部人类文化史，这部人类文化史是人类文化的创造和传承史。中华民族是人类历史上最古老的民族之一，在中华民族五千多年的历史文化长河中，各族人民紧密团结、自强不息，共同创造出源远流长、博大精深的中华文化，特别是中华优秀的传统文化，为中华民族的发展壮大提供了强大的精神动力、智力支持以及思想保证，为人类文明作出了不可磨灭的重大贡献。

时至今日，中华民族以其博大精深的文化凝聚着亿万中华儿女，为中华民族伟大复兴的中国梦汇集着最广泛的力量。对于这一点，中国共产党始终十分清楚，对此也十分重视文化强国建设。可以这样说，自中国共产党成立之日起，中国共产党就开始肩负起了民族文化发展的重担：既是中华优秀传统文化的忠实传承者、弘扬者，又是中国先进文化的积极倡导者、开拓者、发展者、完善者、传播者。回顾历史，中国共产党对中华民族文化的发展是十分重视的，尤其是自十七届六中全会提出"弘扬中华文化，努力建设社会主义文化强国"以来，越发高度重视文化软实力的引领作用、凝聚作用和团结作用，紧随其后，党的十九大放眼全局，立足长远，并制定了繁荣中华文化的宏伟蓝图，从而充分体现了党对建设社会主义文化强国及实现"中国梦"的决心和信心。而对民族伟大复兴的中国梦的具体践行策略上，党的十九大明确提出了我国未来的发展目标，即 2020 年是全面建成小康社会决胜年。要按照党的十六大、十七大、十八大提出的全面建成小康社会各项要求，紧扣我国社会主要矛盾变化，统筹推进经济建设、政治建设、文化建设、社会建设、生态文明建设，坚定实施科教兴国战略、人才强国战略、创新驱动发展战略、乡村振兴战略、区域协调发展战略、可持续发展战略、军民融合发展战略，突出抓重点、补短板、强弱项，特别是要坚决打好防范化解重大风险、精准脱贫、污染防治的攻坚战，使全面建成小康社会得到人民认可、经得起历史检验。[①] 这一具体奋斗目标充分体现了中国梦的具体性和以人为本性，充分展现了中华民族生生不息的蓬勃生机，而这种生机也必将融入到了中国人民的内心中，进而形成一种民族文化，推动着中国梦的早日实现。

当今世界，文化在一国综合国力中的重要作用不言而喻，一个民族若失去自己的文化，那么这个民族离消失就不远了。同时，作为一国软实力的核心，文化除了凝聚人心、鼓舞斗志、促进和谐、维护稳定等作用外，还能转化为实体经济，进而形成实实在在的文化产业、文化贸易，从而促进生产力的发展，推进一国经济的快速发展。因此，中华民族伟大复兴中国梦的实现必须要借助文化强国来推进，因为只有在中华文化和中国经济共同协调发展的前提下，中国的综合国力才能喷发出最大能量，我们也才能真切地触摸到"中国梦"的脉搏，体会到"中国梦"的真实感和幸福感。中国梦内含文化成分的应然与实然间的巨大反差进一步突显了文化强国建设助推中国梦的紧迫性。中国梦并不是孤立的单个体，中国梦最大的特点就是把国家、民族和个人作为一个命运的共同体，

---

① 本书编写组：《党的十九大报告学习辅导百问》，党建读物出版社、学习出版社，2017，第 22 页。

从而把国家利益、民族利益以及每个中国人民的具体利益紧紧联系在一起，这也使得中国梦必然承载着炎黄子孙的美好憧憬，内含着五千多年中华文化的优秀成分。民族伟大复兴的中国梦必然是一个经济实力雄厚，政治环境民主，社会氛围和谐，生态环境美好，文化发展繁荣的景象。暂且撇开其他部分，单论文化成分，中国梦包含着文化的多样性和多元化，让不同层次的民众享受着不同的文化，满足着人民群众多方面的需求。进一步而言，中国梦的实现必将是中华文化得到了大发展大繁荣——社会主义核心价值观必将深入人心，文化体制改革取得了良好成效，公共文化服务体系健全，文化产业成为国民经济支柱性产业，文化创作生产十分繁荣，人民精神文化生活丰富多彩，中华文化在国际舞台上有着巨大的影响力和辐射力……唯有这种景象的文化，才能称得上中华文化实现了大发展大繁荣，中国梦内含的文化成分才能称得上真正合格。

然而，上述方面只是中国梦内含文化成分的应然场景，换句话说是中华民族伟大复兴的中国梦对文化建设的一种具体要求，但现实展现的是我们正在努力建设中国梦中，正在全方位多维度努力推进着中国的政治、经济、社会、文化、生态等方面的加速发展，而其中的文化建设显得严重滞后和尤为紧迫，这也进一步突显了当前进行社会主义文化强国建设的必要性和紧迫性。再看现实，立足人民角度而言，改革开放以来，受当时具体历史条件限制，我们把重心主要放在了发展经济方面，这也让人民群众切切实实解决了温饱，过上相对宽裕的生活，但当人们在享受物质文明的同时，精神文化建设的相对滞后严重削弱了人民群众的幸福感，人民群众对精神文化的需求显得更加迫切。另一方面，立足国家层面而言，当前我国文化建设存在着诸如认识方面、文化安全、文化贸易、公共文化服务体系、文化人才队伍建设等主要问题，严重阻碍着中国梦的实现。而这些问题的出现也迫切要求我们进行社会主义文化强国建设，这种需要不是笔者的主观臆断，而是我国生产力发展到一定阶段社会实践的需要，这种实践需要不仅体现在我国经济得到较好发展后人民群众对精神文化需求的更加迫切，而且体现在文化所具有的"引领风尚、教育人民、服务社会、推动发展"①的作用是经济、政治等无法代替的。换个角度从哲学意义而言，当前我们文化建设中存在的问题构成着各种矛盾，是推动建设中国梦的重要动力，这一问题的根本原因是我国生产力发展到一定阶段与生产关系间的矛盾，这对矛盾的直观呈现则是我国经济发展到现阶段同社会实践需求间的失衡。有效处理这一矛盾，或者说解决这种失衡状态，是我国生产力发展到现阶段的必然选择。因此，当前进行文化强国建设是中华民族伟大复兴的必然选择，是符合历史潮流的智慧决策，同时，这一选择也真真切切突显了文化强国建设助推中国梦的紧迫性。时不待人，抓住当前大好时机，全面推进社会主义文化强国建设，才能为中国梦的早日实现奠定铺平大道。

（三）中国梦与文化强国建设的理想与现实张力之思

当代中国，中国梦具体实现形式就是推进中国特色社会主义社会高效发展，从而实现中华民族的伟大复兴。因而，以文化强国建设助推中国梦必然能够有效推进中国特色社会主义的全面发展与进步。综观世界历史，任何国家的兴盛发展都离不开文化的积极引领与强力支撑。中华文化有 5000 年的历史，有许多引以为傲的精神因子，它使中华民族在人类历史的长河中傲然屹立而不倒。虽然我们也经历过挫折，苦难，但是我们总能在危难之时化险为夷，找到一条适合中国人民的历史之路。说到底，这是文化的力量。现在，在中国共产党的正确领导下，中华民族进入了中国特色社会主义建设新时代。当前任务，是要攻坚克难，深化改革开放，全面建成小康社会，实现中华民族的伟大复兴。为实现这一目标，需要凝聚全党，全国各族人民的精神意志，努力推动社会主义文化繁荣兴盛，只有这样，才能更好地凝聚起应对重大挑战、抵御重大

---

① 胡锦涛：《坚定不移沿着中国特色社会主义道路前进为全面建成小康社会而奋斗——在中国共产党第十八次全国代表大会上的报告》，《人民日报》，2012 年 11 月 18 日，第 01 版。

风险、克服重大阻力、解决重大矛盾的强大力量。同时，中华民族的伟大复兴，中国梦的实现又能够使中华文化在世界上再放异彩。

中国梦与文化强国建设间的互促共进理想状态与当前各种现实阻力间的矛盾进一步加速了文化强国建设助推中国梦的紧迫性。文化强国建设与中国梦间并非彼此孤立的，而是存在着密切关系，相互促进着，共同发挥着最巨大作用。从总体而言，中国梦范围更大，包含着文化强国建设，中国梦各方面的有序发展为文化强国建设提供了良好条件，奠定了扎实基础，从而从根本上促进着文化强国建设。同时，中国梦的提出也为文化强国建设提供了良好的政治环境，党的十八大提出"全面推进社会主义文化强国建设"就是中国梦的具体要求，为文化强国建设提供了千载难逢的绝佳机会。此外，文化强国建设并非一个孤立的个体，需要经济建设、生态建设、社会发展等方面提供协助，而中国梦是一个浩大的工程，内含着政治、经济、生态、社会等方面的建设，在努力实现中国梦的过程中，政治、经济、生态、社会等方面的全面协调发展必然有利于文化强国建设。同样，换个角度而言，文化强国建设作为中国梦不可缺少的部分，甚至在中国梦的整体中充当着核心地位，为中国梦的实现发挥着不可替代的作用。中国梦的实现，不仅需要民主的政治、发达的经济、和谐的社会、良好的生态作为支撑，而且需要文化建设参与其中，文化建设以及精神层面的建设也不可少，加强文化体制改革，促进社会主义文化强国建设，有助于中国梦的实现，能让人们感受生活的美好，也会使现代化的中国更加美丽。同时，文化以其特有的巨大能量为中国梦发挥着特殊的作用，加强文化建设，对政治、经济、社会和生态文明建设有着巨大的促进作用，这种促进作用是不可忽视和不容低估的。就政治维度而言，通过发挥民主文化，可以促进民主政治的发展，为社会主义政治文明发挥积极作用；就经济维度而言，文化产业、文化贸易可以直接促进经济的发展，成为国民经济的支柱产业；就社会维度而言，文化在精神层面可以满足人民精神需求、引领社会思潮，从而有效化解社会矛盾，促进社会和谐发展；就生态文明维度而言，通过宣扬主流文化和道德文化，可以促进人们更加珍惜环境，从而形成保护环境的理性意识和科学态度，促进生态文化建设。

总之，中国梦与文化强国建设并非孤立甚至对立的，而是相互促进，共同发展的关系，离开任何一方中华民族的伟大复兴不可能实现。

但是，现实呈现在我们面前的并非两者之间的和谐共进的状态，面临更多的是挑战与短板。具体以中国梦内含的经济、政治、社会、生态等方面内容加以分析：以经济与文化的现状而言，一方面是中国经济在世界历史舞台上取得了举世瞩目的成就，一方面却又是很多中华文化面临着岌岌可危的困境，经济与文化之间存在在严重失衡状态，从而严重阻碍着经济的发展；以政治与文化的现状而言，当前中国政治文明建设存在的诸如腐败、机构繁冗、个别领导滥用职权等问题严重阻碍着政治文明的实现，而文化发展却在解决这些问题上关注度、可行性等方面都显得很乏力，彼此之间没形成良性促进的状态；以社会与文化的现状而言，一方面是人民群众在物质方面得到极大满足后对精神文化需求愈加强烈，一方面却又是文化发展的严重滞后不能满足人民群众的精神需求，两者间存在的差距犹如一道巨大的裂痕，急需加快解决；以生态与文化间的关系而言，面临当前越演越烈的生态恶化问题，生态文明已成全球发展的必然选择，然而，在现实中国，却没能很好形成一种保护生态的良好氛围，养成保护环境的科学态度和习惯已成为不争的事实，这就需要全社会形成保护生态的文化氛围，从而更好地促进生态文明建设。

上述种种问题的存在无疑阻碍中国梦的实现，也急需我们去解决，唯有不断解决好这些问题，中华民族伟大复兴的中国梦才能顺利实现，从这方面看，文化强国建设的滞后性进一步突显加强文化建设愈发紧迫。

（四）以文化强国建设助推中国梦与社会发展规律之思

规律是事物发展的内在本质的必然联系，决定着一事物发展的必然趋势，同时规律是客观的，不管人们承认不承认它的存在，它都会以铁的必然性发挥着作用，因此规律是不以人的意志为转移。当然，即便规律是客观的，但这不代表人们在规律面前是完全消极被动的，人们可以在具体实践中发现和认识规律，从而更好地利用规律以便开展实践活动，最终服务于人们的现实需要。中国社会发展的客观规律就是指中国社会发展的必然趋向和推动中国社会向前发展的动力。中国特色社会主义发展过程是由一系列复杂的环节和系统所构成的普遍趋势，中国特色社会主义实践揭示了中国特色社会主义发展过程中各种现象之间普遍的、本质的、必然的联系，丰富和深化了我们对中国特色社会主义规律的认识。而对中国特色社会主义规律的认识，是全体中国人民集体智慧的结晶，是符合人类社会生产力发展要求和人类社会发展规律的，也正是对这一客观规律的清晰认识，中国人民才立足当下国情，在尊重中国社会发展规律的基础上积极开展着具体实践活动，更好地朝着服务于中国人民利益需求的趋向中发展着。具体而言，我国是社会主义国家，由于受现阶段生产力发展的限制，其基本国情是处于并将长期处于社会主义初级阶段。在社会主义初级阶段，社会的基本矛盾是人民日益增长的物质文化需求同落后的生产之间的矛盾。这一基本矛盾决定了我们社会发展的趋向就是要满足人民的物质文化等各方面最基本的需求。因此中国特色社会主义的发展就是在尊重这一规律的基础上迈向共产主义，因而现阶段表现出的这种对我国自身发展规律的尊重集中体现在国家社会的发展归根到底就是要不断满足人民的需要。新时期，中国梦就是在深刻把握民族、国家、社会以及人类历史发展规律的基础上提出的，是对中国人民集体梦想以及个人梦想的充分兼顾，也就是说，"国家富强、民族振兴、人民幸福"既是中国梦的深刻旨归，反映着中国特色社会主义实践的发展趋向，也是人民的共同需要与愿景，其旨归终将是一切为了人民群众。由此可见，中国梦与中国社会发展的方向具有内在一致性和相互促进性。同时我们也可以看到的是人民的需要有物质利益的需要，更有精神文化的需要，因而可以说以文化强国建设助推中国梦是符合中国现阶段社会基本矛盾运动规律的，是符合中国社会发展规律的。

当然，中国社会的发展除了有正确的方向保证，还需要有强劲的社会推动力。中国特色社会主义先进文化是以马克思列宁主义、毛泽东思想和中国特色社会主义理论体系为指导，牢牢把握社会主义先进文化的前进方向，紧紧围绕实现全面建设小康社会宏伟目标和构建社会主义和谐社会的要求，弘扬以爱国主义为核心的民族精神和以改革创新为核心的时代精神，树立新的文化发展观，不断在与时俱进中满足着人民群众日益增长的精神文化需求。因此，中国特色社会主义先进文化归根到底是关于中国社会文化本质及其规律的正确反映，能够为中国社会发展提供重要的文化支撑和智力保障，是推动中国社会发展的强大动力。中国特色社会主义先进文化的这种强大动力一方面以间接乃至直接方式转化为文化经济生产力，从而推动着中国社会的快速发展，如先进文化产业和事业的繁荣发展能够不断推动社会经济的发展与进步，再如旅游文化、饮食文化、服装文化等可以直接转化成现实实体经济。另一方面中国特色社会主义先进文化团结着人民大众，凝聚着民族力量，促进和激励着中国人民的爱国主义精神，为中国经济社会的全面发展和进步提供着强大的精神动力。可见，文化发展与经济发展紧密相联，共同推动着社会主义现代化建设的发展。从这一层面而言，没有文化的大发展和大繁荣就没有社会主义的现代化，中华民族伟大复兴的中国梦的实现离不开文化强国建设。

需要注意的是，梦想会不会成为现实取决于多种因素的合力作用，但有一点是最为核心的，那就是要看这个梦想是否符合人民的真正需求和社会的实际发展，其最终落脚点就是是否符合社会发展的客观规律。中国梦的建设主体是中国人民，同时中国人民也是中国梦的享有者、传承者。建设中国特色社会主义文化，实现民族伟大复兴的中国梦，归根到底是为了满足人民群众日益增长的精神文化需要，不断丰富人们的精神世界，增强人们的精神力量，最终促进中国人民的全面发展。中国梦的提出，适逢其时，它符合当代中国社会发展的现实需求和人民的共同心声，因而是符合中国社会发展的客观规律的。当前，以文化强国建设助推中国梦核心就是要遵循社会文化发展和建设规律，为中国梦的实现提供巨大推动力。因此，我们要不断加强文化强国建设，以高度的文化自觉和文化自信来推动中国梦的实现。具体而言，就是要坚持中国特色社会主义文化发展道路，把握为人民服务和为社会主义服务的方向，始终坚持"双百"方针和"三贴近"原则，把社会主义文化发展和建设的具体政策作为我们文化建设助推中国梦实现的思想指南，从而树立高度的文化自觉和文化自信，不断推动社会主义物质文明和精神文明的全面发展，向着中国梦的目标不断迈进。

以文化强国建设助推中国梦能够凝聚更加广泛的中国力量。力量包括人力、物力、财力等各种要素资源，这些要素资源的合理配置和有机组合就能构成强大的促动力，最终推动事物的高效发展。广泛的中国力量是中国社会不断发展的最为重要的基础性和根本性推动力。中国梦的实现离不开中国特色社会主义各种力量资源的共同支撑，以文化强国建设助推中国梦正是凝聚广泛的中国力量的重要方式。事实上，中国力量是不同主体力量的有机结合。首先是国家、社会、个人力量的有机结合。这三者作为实现中国梦的三重主体有着不同的地位。当然，文化强国建设也离不开这三者的有机协调与配合。因此，以文化强国建设助推中国梦，正是集国家、社会、个人于一体而不断推动中国梦的过程。另一方面，中国力量是人民个体力量与整体力量的有机结合。"中国梦是民族的梦，也是每个中国人的梦。"[1] 社会由无数个人组成，国家和社会的发展离不开个体人的发展。人的发展首先是"个人关系和个人能力的普

---

① 习近平：《实现中国梦必须走中国道路》，《党建》，2013年第4期，第4页。

遍性和全面性"。① 只有个体得到充分发展，个人理想得以良好实现，中国梦才能成为现实。因此，"中国梦归根到底是人民的梦，必须紧紧依靠人民来实现，必须不断为人民造福。"② 因为中国梦的力量源泉就是广大的中华儿女，中国梦的最终旨归就是实现中华民族的伟大复兴，从而更好地服务于中华儿女，让中国人民过上更好的生活，能够得到自由全面的发展，因此实现中国梦的中国力量也是人民个体力量和整体的有机结合。

以文化强国建设助推中国梦首要的就是要凝聚广大人民群众的力量，脱离这个真理，不顾人民群众意愿，抛弃人民群众这个力量源泉，中国梦只能永远成为梦，中华民族的伟大复兴终将难以到来。历史和现实也已经证明，中华民族之所以能实现民族独立、人民解放、社会发展，归根到底就在于中国共产党从一开始就紧紧依靠广大人民群众，调动一切积极因素，凝聚全民族的力量。因此，没有中国共产党领导下的统一战线和中国各族人民团结的力量，就没有中华民族的今天，就没有中国特色社会主义的辉煌成就。人民群众是历史的创造者，更是历史发展的根本决定主体，要实现中华民族伟大复兴的历史使命，就必须尊重人民群众意愿，始终践行一切为了群众，一切服务于群众的使命，从而聚集各族人民大团结的力量，更好地促进中国特色社会主义的发展。中国梦归根到底是人民群众的梦，与广大人民群众的福祉息息相关。以文化强国建设助推中国梦就是要让广大人民群众享受到发展的成果、感受到生活的幸福，这也是中国梦的一个基本价值取向。所以，凝聚中国力量，就要汇集来自中国特色社会主义事业各个领域、战线和行业的力量，团结一切可以团结的力量，形成合力，不断为广大人民群众造福，从而让

① 马克思，恩格斯：《马克思恩格斯全集》（第 30 卷），人民出版社，1995，第 112 页。

② 习近平：《在第十二届全国人民代表大会第一次会议上的讲话》，《人民日报》，2013 年 3 月 18 日，第 1 版。

人民群众生活得更加幸福。所以，凝聚中国力量必然体现在凝聚广大人民群众的力量这一文化强国基点上。

凝聚广泛的中国力量是以文化强国建设助推中国梦的必然为前提。因为凝聚中国力量主要取决于以下几个因素，一是要始终坚持中国道路，即始终坚持中国共产党的领导，坚持中国特色社会主义道路。历史和现实证明，只有中国共产党才能救中国，只有中国共产党才能发展中国。唯有高举中国特色社会主义伟大旗帜，以马克思列宁主义、毛泽东思想和中国特色社会主义理论不断武装全党全国人民，才能真正意义上坚持党的领导，沿着中国特色社会主义道路前进。二是要真正做到坚持人民的主体地位。人民群众中蕴含着无穷的智慧和力量，永远是我们克敌制胜、推进事业的力量源泉。人民群众越是有身为国家主人的认同感，对民族复兴伟业的担当就越自觉。只有坚持人民主体地位，尊重人民群众的首创精神，汇聚人民群众的聪明才智，才能把实现中国梦这一伟大事业不断推向前进。三是要充分维护社会公平正义，不断改善民生。只有切实维护和实现社会公平正义，改善民生，才能为广大人民群众提供良好的社会环境，才能充分发挥人民群众的主动性和积极性，自觉投身现代化建设。而文化强国建设恰恰能更好地践行上述因素，从而更好地凝聚更加广泛的中国力量，从而为中华民族伟大复兴的中国梦提供更大的动力支持。

第二章　文化强国建设的科学内涵、重要特征与主要内容

建设中国特色社会主义文化强国是新时代中国特色社会主义发展逻辑链条中的重要一环，是新时代中国特色社会主义繁荣发展的最新探索。实践性是中国之治的根本特性，实践不断发展，改革也就需要不断深入，在中国的发展实践中出现了两大变化：一是文化在社会中的地位不断提升，二是长期以来文化发展没有得到应有的重视，这一消一长之间文化在实践中就走到了前台，而文化强国建设只是这一实践的理论表达或曰模式表达。站在中国特色社会主义发展模式的历史演进和提升中，才能深刻理解和把握文化强国建设的内涵、特征和主要内容等基本要素。

第一节　文化强国建设的科学内涵

作为中国特色社会主义发展逻辑演进环节的文化强国建设，应从两个维度来理解，这两个维度也是构成其科学内涵的维度。一是在"过程中"理解，文化强国建设的含义是指通过"文化"来发展国家，即"强化"国家，这里的"强"是个动词，是强大、壮大、提升、增强的意思。二是在"结果或状态"中来理解，文化强国意味着"文化"的水平很高，达到了强国的层次，这里的"强"是个形容词，意思是"强大的""发展水平高"的国家。前一个角度强调了文化的重要作用，后一个角度强调了文化的发展水平。二者是辩证统一的：文化的发展水平越高在助推国家发展中的作用就越大，反之亦然。

一、中国特色社会主义文化强国建设的科学内涵："过程"解读

从过程中解读文化强国建设的话，意味着文化在国家强大的过程中发挥着重要的作用，任何一个真正的大国强国在崛起的过程中都离不开文化的巨大推动作用。文化的需求是更高层次的需求，是随着社会的发展而逐渐产生和提升的需求，文化需求的提升就需要文化生产水平的提升，文化发展／生产随着文化需求的提升地位不断提升，这是中国实际发展水平逐渐提升的必然结果。发展进入新时代的中国更是如此：伟大复兴的"中国梦"，需要文化和文化自信的强大支撑。

一个民族、一个国家的复兴首先是物质文明的复兴或经济的现代化，而引领这种物质文明或经济现代化的则是某种伦理精神和价值引擎，"就经济的性质或意义论来，经济就是为人力所决定的东西，是由人类的理智和道德的努力创造而成的东西。由此足见一切经济或一切金钱，其背后皆有道德的观念和意识的作用在支配它"[①]，离开了与之相应的伦理精神和价值支撑，真正的振兴不可能实现，"争得胜利的既不是臂膀的强壮，也不是武器的精良，而是心灵的力量"[②]。一个伟大的民族、国家的复兴必然需要精神和价值的建构，唯有如此"它在以后的一切时代都将获得保证，并将从这个民族出发，被传播给世界上的其他民族"[③]。在实现中华民族伟大复兴的道路上，我们经历过艰苦卓绝的民族解放斗争实现了民族解放和国家独立，经历过艰辛探索千方百计谋发展的经济斗争实现了从一穷二白到经济大国的转变，而目前我们正经历着文化大发展大繁荣的新斗争，"实现中华民族伟大复兴，必须推动社会主义文

---

① 贺麟：《文化与人生》，商务印书馆，1988，第 29 页。

② 费希特（德）：《对德意志民族的演讲》，梁志学等译，商务印书馆，2010，第 133 页。

③ 费希特（德）：《对德意志民族的演讲》，梁志学等译，商务印书馆，2010，第 196 页。

化大发展大繁荣，兴起社会主义文化建设新高潮，提高国家文化软实力"①，以宝贵的优秀传统文化、红色文化、中国特色社会主义先进文化滋养民族精神、建构意义世界、乳化伦理道义，我们的民族、国家、民众才能以自信的心态屹立于世界之林，才能真正实现伟大复兴的梦想。

另一方面，文化主体性是政治主体性、经济主体性的深化，是在中国经济发展到一定程度之后的必然诉求。从社会的基本领域看主体性的内容可分为政治领域的即政治主体性、经济领域的即经济主体性和文化领域的即文化主体性。政治主体性、经济主体性和文化主体性三者相互贯通、渗透同时在不同的发展阶段又会有所偏重。

"现代化是一个多层面的进程，它涉及人类思想和行为所有领域里的变革。"②自近代到建国前是以争取民主政治主体性为主的阶段，新中国的成立标志着民族解放、国家独立，意味着中华民族在政治上获得了民族主体性。建国后的很长时期里，我国经济处在世界经济生态链的低端，到21世纪初这种状况已大为改观，由世界经济格局的客体地位逐渐向主体地位转换，并逐渐建立起经济主体性，而文化是一个民族、一个国家的灵魂，一个对自身文化充分认知、充分认可和充分信任即文化自信的民族、国家才能获得真正的主体性，文化自信是民族国家主体性的标识。走向文化主体性成为经济快速发展背景下进一步提升国际影响力，彰显中国价值的必然归宿。"四个自信"中"文化自信是更基础、更广泛、更深厚的自信"，③只有获得文化主体性，政治主体性、经济主体性才能获得灵魂的支撑，民族主体性才能真正

---

① 胡锦涛：《坚定不移沿着中国特色社会主义道路前进为全面建成小康社会而奋斗——在中国共产党第十八次全国代表大会上的报告》，人民出版社，2012，第30页。

② 塞缪尔·亨廷顿（美）：《变化社会的政治秩序》，李盛平等译，中国社会科学出版社，1999，第30页。

③ 习近平：《庆祝中国共产党成立95周年大会讲话》，《人民日报》，2016年7月1日，第2版。

地建立并强大起来。

二、中国特色社会主义文化强国建设的科学内涵："结果"解读

从结果上来看，文化强国意味着在文化的发展水平上已经位居世界前列，是文化的强国，是文化具有巨大影响力的国家。像英国、法国、美国、韩国等都是文化非常发达的国家，也即文化强国，这些国家的文化产值在社会总产值中所占的比重比较高，文化的国际形象力很强，文化形象成为国家的主要形象等等。我国的社会主义文化强国，从结果上来理解意味着文化产值要在国家经济中占有较大的比重，成为国民经济的支柱产业，并具有足够的国际影响力。

党的十八大以来，我们不断探索新时代中国特色社会主义文化发展客观规律与社会主义初级阶段文化发展的客观规律，形成了习近平新时代中国特色社会主义思想指导下的新的文化情感建设理念，走出了一条中国特色社会主义文化强国建设道路。

一是习近平新时代中国特色社会主义思想进教材、进课堂、进讲坛，学懂弄通做实习近平新时代中国特色社会主义思想不断走向深入，广大党员干部和人民群众的"四个意识"不断增强，"四个自信"不断坚定，做到"两个维护"，中国特色社会主义共同理想和共产主义远大理想不断深入人心。

二是大力培育和践行社会主义核心价值观，社会主义核心价值体系建设不断推进，广大党员干部和人民群众共同奋斗的思想道德基础更加坚实，公民道德素质不断提升，社会主义主流意识形态的吸引力和凝聚力不断增强，全党和全国各族人民团结奋斗的共同思想道德基础不断巩固。

三是社会主义维护强国建设具有"共同的理想信念、价值理念、道德观念，弘扬中华优秀传统文化、革命文化、社会主义先进文化，促进

全体人民在思想上精神上紧紧团结在一起的显著优势。"①

四是文化体制改革阶段性任务全面完成，中国特色社会主义制度体系不断完善，具有一系列繁荣发展中国特色社会主义先进文化的文化强国建设制度，包括马克思主义在意识形态领域指导地位的根本制度，以社会主义核心价值观引领文化建设的制度，健全人民文化权益的保障制度，坚持正确导向的舆论引导工作机制，把社会效益放在首位、社会效益和经济效益相统一的文化创作生产体制机制等。

五是文化强国建设的保障更加有力，经费投入不断增长，资金使用效益进一步提高。文化产业繁荣发展，对我国经济增长的贡献逐步提升。文化遗产保护成果丰硕，中华优秀传统文化传承体系逐步完善，传统文化创造性转化和创新性发展成果丰富多彩。

六是我国公共文化服务体系建设不断完善，广大人民群众基本文化权益得到进一步实现。国家对文化事业的投入不断增加。艺术创作更加繁荣，优秀文化作品不断涌现。对外文化合作、交流与贸易更加活跃，中华文化的国际竞争力和影响力进一步提升。

第二节　文化强国建设的重要特征

建设中国特色社会主义文化强国是在探索中国发展道路、发展模式中提出来的，其本身就是这一道路、模式的有机环节，具有鲜明的实践性、开放性、创新性、协同性等重要特征。

一、实践性

中国特色社会主义文化强国建设的实践性主要是由以下几个方面决

---

① 《中共中央关于坚持和完善中国特色社会主义制度推进国家治理体系和治理能力现代化若干重大问题的决定》，人民出版社，2019，第3-4页。

定的：

一是文化强国建设的提出是在探索如何建设现代化强国中提出来的，促进和提升中国的发展是其产生的基本语境和基本指向。中国发展道路经历了从单纯的经济增长到社会全面发展的转变，从单纯量的增长到以文化为内涵价值增长的质的提升为中心的转变。这一转变直接提升了中国的文化地位，文化的作用大幅提升，文化的意义日益凸显。

经济是文化的基础，国际经济格局的大变化势必会带来文化格局的大变化。后发国家的快速发展，特别是中国经济建设取得的巨大进步改变了世界经济格局，与此同时西方资本主义因遭遇民粹主义、经济危机和福利陷阱等一系列问题而发展缓慢。此消彼长、一盛一衰之间世界文化的坐标开始发生位移，虽然这种位移还远称不上东方文明成了中心，但至少西方文明作为中心地位已减弱，东方文明的地位已大幅提升，这给东方的文化自信注入了莫大的力量。西方资本主义依靠资本全球化建立起的以"西方文明"为中心的世界文明体系发生变化，中国模式、中国道路、中国价值等越来越受到世界关注和重视，中国发展的世界意义和价值不断上升，美国前国务卿基辛格在接受中国《参考消息》记者采访时指出："中国的发展模式，无论对中国自己还是对世界其他国家都具有重要的意义"。[1] 美国高盛公司高级顾问、清华大学兼职教授乔舒亚雷默（Joshua Cooper Ramo））等认为，"北京共识"将取代"华盛顿共识"。"中国道路""中国模式"积淀和内化着中国理念，浸润和体现着中国文化，而理念和文化是道路、模式的根本。中国特色社会主义建设的成功实践证明了中国特色社会主义理论、道路和制度的科学性，任何一种自觉的理论、道路和制度都体现着一种文化观，中国特色社会主义理论、道路和制度在文化上的表达就是中国特色社会主义文化，如人民群众是社会建设的主体、物质文明精神文明两手都要硬、社会主义

---

① 李建国：《中国模式之争》，中国社会科学出版社，2013，第 20 页。

也可以走市场经济道路、和平崛起、和谐发展、合作共赢、包容性增长等等。中国的成功实践使中国特色社会主义文化吸引了世界的目光，东方文化文明正在世界文化文明的舞台上占据更重要的地位，世界的文化坐标在发生位移。张扬中国发展的世界意义，强化文化认同，强调文化自信无疑是顺应了这一发展潮流。

与此同时，经过长期的发展社会逐渐进入消费时代，文化在社会结构中的位置前移。经济的快速发展使诸多国家逐渐摆脱了"匮乏"进入了相对"富足"的社会，即消费社会，在消费社会中文化的地位大幅提升。一方面，经济发展水平越高文化就越会成为人们直接的消费对象，文化需求会大幅提升，文化生活在生活中占的比重也相应增加。也正因此，文化产业是消费社会发展最快的行业，与文化产业相关联的文化设计、文化创意等都会蓬勃发展，文化产品是最受青睐的产品。另一方面文化在经济结构中的位置发生变革。传统理论视野中文化处在被经济决定的末端环节，而在消费社会文化往往处在生产链条的前端并发挥着牵引的作用。"只有变成符号化的商品才能成为消费的对象"，"消费，它的有意义的用法是指一种符号操控的系统行为。"[①] 商品的符号化本质上就是赋予商品文化意义、文化象征的过程，商品能否被成功地赋予意义决定着其能否进入大众的消费视野，而消费决定生产，"文化不再成为线性决定论的末端现象或者'副现象'，文化产业成为这个时代的占主导地位的产业，历史观也从以往的整个线性决定论图式变成了当代的相互作用的扁平化图式。历史理论似乎不再是一个由生产力、生产关系和上层建筑三层楼构成、由下而上逐层决定的线性决定论图景，而是变成一个相互作用的扁平化、压缩版的历史结构。文化不但不是被最终决定的终端因素，而成为历史中影响力巨大和经常起主导作用的产业因

---

① Jean Baudrillard, Selected Writings, California: Stanford University Press, 1998, p25.

素，"①文化在社会结构中的位置发生了显著变化。

文化强国的提出正是适应文化在经济社会中作用日益提升的现实和需要，因此，强烈的现实性、实践性是其最鲜明的特征。

二、开放性

文化强国建设的开放性是指文化强国建设不是一个封闭的闭环，不是一个既成的终结的体系，而是一个不断发展，不断创新，不断完善的开放体系。说中国特色社会主义文化强国道路是一个体系是因为它已经形成了自身的运行逻辑，它具备作为一个模式运行的基本要素，如指导思想、依靠力量、发展目标、运行机制等等，更具说服力的是它已经产生了足以令世界刮目的巨大成就，中国文化产业的发展快速提升，文化的国际影响力大幅提高，中国声音越来越响亮。

文化强国建设的提出对中国来说是新近的事情，处在面向实践的探索中，越是新近的事情越是面向实践开放的，不断优化和调整的。开放性是中国特色社会主义文化强国道路典型的特征。

中国特色社会主义文化强国建设的开放性还体现为在该战略中尤其强调文化走出去，强调与世界文化的交流互鉴。文化对于实施"走出去"战略，提升中国发展的世界意义至关重要。一个只生产产品而不生产思想的民族是难以真正深刻影响世界的，没有文化自信和文化价值支撑的民族，经济上再富裕，也是思想的矮子，文化的自卑者，也难以影响世界历史和人类文明发展。改革开放以来，我国的经济实现了跨越式发展，已成为世界第一大贸易国，经济总量位居世界第二，且与世界第一的美国的差距在不断缩小，但是我们的思想文化发展却与我们硕大的经济身躯不相匹配，这阻碍了我们进一步走向世界、影响世界的步伐。只有汲

---

① 任平：《文化的资本逻辑与资本的文化逻辑：资本创新场景的辩证批判》，《江海学刊》，2013 年第 1 期，第 36 页。

取民族文化并发扬光大、创新发展才能为民族的发展建立强大的精神支柱，才能和世界不同文化对话、交往、互鉴，才能形成强大的文化软实力，才能在思想文化上影响、吸引其他国家、民族和文明。文化认同是其他认同的基础，越能得到其他民族的文化认同，走出去的阻碍就越小，就越能影响世界。

三、创新性

中国特色社会主义文化强国建设的模式和道路是基于中国特殊发展国情基础上的创造与创新，是中国人民集体智慧的结晶，虽然它离不开人类文明发展的大道，与西方文化发展道路有相似之处和相同的方面，但根本上是不同于西方的文化发展道路的。"我们不靠上帝，而靠自己努力，靠不断总结经验，坚定地前进。"①

中国特色社会主义文化强国建设的模式和道路是马克思主义一般原理和中国具体实际相结合的产物决定的。"把马克思主义的普遍真理同我国的具体实际结合起来，走自己的道路，建设有中国特色的社会主义，这就是我们总结长期历史经验得出的基本结论。"②江泽民在纪念建党80周年大会上的讲话中，总结了80年来中国革命和建设的基本经验，强调指出："始终坚持马克思主义基本原理同中国具体实际相结合，坚持科学理论的指导，坚定不移地走自己的路。这是总结我们党的历史得出的最基本的经验。"③胡锦涛在纪念党的十一届三中全会召开30周年大会上的讲话中，再次强调："30年的历史经验归结到一点，就是把马克思主义基本原理同中国具体实际相结合，走自己的路，建设中国

① 邓小平：《邓小平文选》（第3卷），人民出版社，1993，第118页。
② 邓小平：《邓小平文选》（第3卷），人民出版社，1993，第3页。
③ 江泽民：《江泽民文选》（第3卷），人民出版社，2006，第270页。

特色社会主义。"① 习近平总书记在建党 95 周年的讲话中强调，"我们要以更加宽阔的眼界审视马克思主义在当代发展的现实基础和实践需要，坚持问题导向，坚持以我们正在做的事情为中心，聆听时代声音，更加深入地推动马克思主义同当代中国发展的具体实际相结合。"② 马克思主义文化和中国实际相结合，发展马克思主义文化，推进实践问题的解决，从实际出发，而不是从教条和本本出发，是中国特色社会主义文化强国的模式和道路的突出特点。

中国特色社会主义文化强国建设的主体力量是广大人民群众，"群众是我们力量的源泉，群众路线和群众观点是我们的传家宝。"③ 正是人民群众的实践，历史才有了丰富的内容，抛开了人民群众，历史啥都不是，啥都没有，实际上是个虚无，"历史什么事情也没有做，它'并不拥有任何无穷尽的丰富性'，它并'没有在任何战斗中作战'！创造这一切、拥有这一切并为这一切而斗争的，不是'历史'，而正是人，现实的、活生生的人。'历史'并不是把人当作达到自己目的的工具来利用的某种特殊的人格。历史不过是追求着自己目的的人的活动而已。"④ 历史的创造活动就是人民群众有目的有意识的实践活动，"在社会历史领域内进行活动的，是具有意识的、经过思虑或凭激情行动的、追求某种目的的人；任何事情的发生都不是没有自觉的意图，没有预期的目的的。"⑤ 人民群众是历史的是直接当事人，是文化发展的力量源泉，

① 胡锦涛：《在纪念党的十一届三中全会召开 30 周年大会上的讲话》，人民出版社，2008，第 34 页。

② 习近平：《在庆祝中国共产党成立 95 周年大会上的讲话》，2016 年 7 月 1 日，新华网，（http://news.xinhuanet.com/politics/2016-07/01/c_ 1119150660. htm）。

③ 邓小平：《邓小平文选》（第 2 卷），人民出版社，1994，第 268 页。

④ 马克思，恩格斯：《马克思恩格斯全集》（第 2 卷），人民出版社，1957，第 118-119 页。

⑤ 马克思，恩格斯：《马克思恩格斯选集》（第 4 卷），人民出版社，1995，第 247 页。

是否能把人民群众的积极性调动起来，是否能让人民群众全面参与文化建设是决定文化发展能否顺利推进的关键动因。人民群众的基层经验往往是文化发展的激发口和最宝贵的直接经验，很多重大的文化改革就是以此为突破口来展开的。事实上，"我们党提出的各项重大任务，没有一项不是依靠广大人民的艰苦努力来完成的。"①

人民群众是文化发展的价值旨归。"我们的生产力发展水平很低，远远不能满足人民的和国家的需要，这就是我们目前时期的主要矛盾，解决这个主要矛盾就是我们的中心任务。"②解决这个主要矛盾就是为了满足人民日益增长的物质文化需要，"在社会主义改造基本完成以后，我们所要解决的主要矛盾，是人民群众日益增长的物质文化需要同落后的社会生产之间的矛盾。党和国家工作的重点必须转移到以经济建设为中心的社会主义现代化建设上来，大力发展社会生产力，并在这个基础上逐步改善人民的物质文化生活。"③改革、发展是为了人民的利益，"人民拥护不拥护，人民赞成不赞成，人民高兴不高兴，人民答应不答应。"④是判断改革是非得失的标准，只有有益于维护人民的利益，增加人民利益的改革才是正确的有效的，我们应该大力推进的改革，反之，就应该及时调整甚至搁置，"按照历史唯物主义的观点来讲，正确的政治领导的成果，归根到底要表现在社会生产力的发展上，人民物质文化生活的改善上。"⑤领导方向是否正确，改革政策是否正确的判断标准都来自于人民，人民是实践最活跃的力量，是文化发展的主体力量，人民群众的创造性是社会主义文化强国创造性的根源。

① 邓小平：《邓小平文选》（第2卷），人民出版社，1994，第128页。
② 邓小平：《邓小平文选》（第2卷），人民出版社，1994，第182页。
③《关于建国以来党的若干历史问题的决议》，人民出版社，1981，第63页。
④ 江泽民：《论党的建设》，中央文献出版社，2001，第194页。
⑤ 邓小平：《邓小平文选》（第2卷），人民出版社，1994，第128页。

四、协同性

中国特色社会主义文化强国建设模式或道路是个复杂的系统工程，是多方面协同作用的结果。这种协同既有外部协同即与相邻领域的协同，更有内部协同，即不同文化领域间的协同。

中国特色社会主义文化强国建设的模式和道路首先是文化与政治、经济、社会、生态、外交等领域的协同。文化不是也不可能是单独存在的，任何割裂开来只看其中一面而"忽略"其他方面都不能正确把握我国的文化发展道路。文化的发展要注重与各领域的协作，文化发展目标和发展规划要与各领域的发展水平相适应，相协调。

中国特色社会主义文化强国建设的模式和道路协同性还突出体现在文化治理主体的多元协同性。文化的发展是政府、市场和社会多元主体相互协作的结果，单一的政府主体或单一的市场、社会主体都不利于文化健康发展。单一的政府主体容易使文化建设僵化而失去活力、单一的市场主体容易在搞活文化的同时使文化发展整体失序长远失衡。

中国特色社会主义文化强国建设的模式和道路主体经历了由"全能政府""强政府—弱市场—弱社会"向"强政府—强市场—强社会"转变，一个政府、市场、社会多元主体协同的治理体系正在生成。中国模式正在走向多元主体协同治理的现代治理阶段。

在"全能政府"时期，政府是超强势政府，国家的方方面面都由政府来主导，在中国模式的初期由于市场和社会发育程度太低，依靠全能政府的强势推动在短期内会促进各项事业的快速发展。但长此以往，会限制市场和社会的发展，因此在政府全面主导的计划经济中管得过多过死的问题就突出出来，市场的成长发育成为克服这些弊端的重要手段被提了出来。由政府管理的单一计划经济经"计划"与"市场"相结合的双轨制，再到社会主义市场经济的确立，市场的地位不断得以提升，特别是市场在资源配置中的"基础性"作用到主导性作用的定位转变更是确定了市场在资源配置中的决定性作用。

市场由"弱"市场到"强"市场的转换并不意味着政府就要从"强"政府变成"弱"政府，事实上也不能，西方自由市场经济在很大程度上就是因为犯了这个错误，以至于政府难以有效地作为，在自由市场的支配下难免陷入盲目和危机。在市场成为强市场的同时，政府依然是强政府，才能弥补市场不足的缺陷的同时保持政府治理的优势，不仅如此强社会，社会组织、第三部门的强势对于社会的良性运转同样是非常重要的。如何实现"强政府—强市场—强社会"三强并存呢？关键就在于科学的划界，哪些归政府？哪些归市场？哪些归社会？要边界清晰，不能越界，归谁的谁占据主导地位发挥支配作用。由此政府、市场、社会在各自的领域成为"自己地盘"的强势主体。

政府主要承担着经济调节、市场监管、社会管理和公共服务等四大职能，这是政府只能做、应该做和必须做好的事情。经济调节职能是指政府要把握宏观经济走势，制定经济发展战略，对经济发展产生的问题及时预测和调节，以防止经济的大起大落。市场监管职能是指对市场秩序和运行有效监管，防止市场中的恶性竞争、市场垄断和在利润激励下假冒伪劣的滋生，以保持健康、有序、公平的市场环境；社会管理职能是指政府负责强化社会治安、维护社会稳定，提升科研文卫建设水平、促进教育公平和质量的不断提升，促进社会保障公平和提升社会保障水平以及扩大就业等社会事务的管理；公共服务职能是指（缺乏利润的吸引）市场不愿意做、社会组织又没能力做、却又关系到每个公民切身利益的事务比如公共卫生与健康等事务由政府承担。这四大职能也是政府权力的边界，不能越界，任何越界都是对市场或社会的侵犯、干扰甚至破坏。政府"不该管、管不了、管不好"的事项，政府应坚决"退位""让位"；凡是通过市场调节能够解决的，应当由市场解决；凡是企业能自主经营的，政府不要干预；凡是通过社会组织、中介组织、行业自律能够解决的，政府不要插手。用一句话概括就是，政府必须明晰权力的边界，做到"该做的必须做好、不该做的事情不染指"。

市场的职能是实现资源优化调节，促进企业自主经营，决定资源的配置。只有市场决定资源的配置，政府也才能从市场资源配置中退位。政府的退位和市场的补位是辩证统一的，市场要及时补位的关键是实现市场对资源调节由"基础性作用"向"决定性作用"转变。

　　社会部门（常指第三部门）是介于第一部门（政府和国家）与第二部门（企业和市场）之间的各类社会组织的总称，与政府和市场相比，这类组织具有非营利性、独立性（独立于政府机构之外不受政府管制，只服从法律）、自我治理性、自愿性和公共利益性，这类部门承担着公益性服务的职能。同市场缺陷和政府的不足相比，社会组织的创新优势、贴近基层的优势和灵活的优势使其具有自己独特的提供公共产品的优势，以此弥补二者的不足。就是说，社会组织能及时到达社会生活的方方面面，在提供产品上比政府更加低成本高效率，能代替政府很快解决许多社会问题。社会组织的这些特征和优势决定了它是国家提升治理能力不可或缺的一部分。

　　"强政府—强市场—强社会"是辩证统一的：一是领域的辩证统一，三者各自治理的领域共同构成了人们完整的社会生活；二是治理效力的辩证统一，任何一个领域的治理的"弱"必然会带来其他领域的跨界干预，从而破坏治理结构，政府、市场和社会对各自的领域都实现强有力地治理才能维持平面化的治理格局。就是说，只有划定各自的治理边界并在各自的边界内强有力地行动才能形成多元协同的主体治理格局。

　　西方长期以来处在"政府"与"市场"此强彼弱的状态，认为政府强大就会弱化市场，总是用对离的思维来看待二者的关系。中国特色社会主义文化强国的模式和道路则不然，而是将二者统一起来，辩证的发挥强大的政府和强大的市场的优势，这也是中国特色社会主义文化强国的模式和道路不同于西方的一个突出特点，即中国特色社会主义文化强国的模式和道路是协同性的模式。

第三节　文化强国建设的主要内容

中国特色社会主义文化强国建设是以马克思主义为指导的，是以社会主义核心价值观为引领的，积极吸收传统文化、外来文化等各种积极因素的文化，是具有强大凝聚力、吸引力和影响力的文化。由此看来，中国特色社会主义文化强国建设主要涵盖以下几个方面的重要内容。

一、马克思主义意识形态的吸引力

马克思主义作为中国特色社会主义的指导思想，包含着政治、经济、意识形态、政党等丰富的内容，其中文化内容是其重要的组成部分，是文化强国首要的内容。我们讲的文化强国体现的文化的凝聚力、吸引力最重要的是马克思主义意识形态的凝聚力、吸引力。

作为马克思主义的开创者，马克思、恩格斯对文化有着深刻的阐述，但由于历史条件的限制和时代主题所决定的理论指向使马克思在对文化的具体论述中并没有向经济和政治那样系统，甚至有学者以此认为马克思没有文化理论，或者没有系统的文化理论，最为著名的是丹尼尔·贝尔，在《资本主义文化矛盾》的《1996 年版后记》中就曾断言："马克思主义思想体系的最大弱点在于没有文化理论"，原因是，"对马克思来说，文化只是'上层建筑'的一部分，他从来没有详细说明——几乎没有任何一个马克思主义者说明过——经济基础（主导的生产方式）到底是如何产生出截然不同的文化模式的……也许，最关键的是，马克思主义不能解释为什么伟大的历史宗教——佛教、印度教、儒教、犹太教、基督教和伊斯兰教——能历经几千年保留到现在，而伟大的政治王国和大型经济体系——如果每种模式都产生了可以被截然不同的时期划分开的不同文化风格和历史——却瓦解了、崩溃了。这些不是资本主义的文化矛盾，而是作为社会'总理论'的马克思主义的文化矛盾。"①我们不能否认马克思在他的体系中对经济关系、政治关系，特别是资本主义经济关系和政治关系在研究和阐发中的浓墨重彩，但作为社会有机组成部分的文化不可能略过马克思的视野，事实上，马克思、恩格斯直至今日的马克思主义者都在不断地阐发、深化马克思的文化理论。

对于文化的产生和发展，马克思一方面坚持历史唯物主义的立场，认为文化是在实践的过程中人的本质力量的外化、对象化，"一个种的全部特性、种的类特性就在于生命活动的性质，而人的类特性恰恰就是自由的自觉的活动。"②从本质上讲，人类的所有活动都是文化的活动，在这个意义上文化就是"人化"，人类的一切文明成果都是文化成果，这是广义上的文化。狭义上的文化主要指人类在社会发展过程中所创造的精神财富的总和，如文学、艺术、教育、科学、技术成果等，在这个意义上文化可分为科技文化和人文文化等。

文化是实践中力量的对象化，实践的发展为文化的发展变化提供了根本的动力和空间，在生产实践中形成的经济基础是文化发展的"原始素材"，"一定的文化是一定社会的政治和经济在观念形态上的反映。"③因此，"每一时代的社会经济结构形成现实基础，每一个历史时期由法律设施和政治设施以及宗教的、哲学的和其他的观点所构成的全部上层建筑，归根到底都是应由这个基础来说明的。……用人们的存在说明他们的意识而不是像以往那样用人们的意识说明他们的存在这样一条道路已经找到了。"④马克思、恩格斯站在唯物主义的立场中阐释了文化产

---

① 丹尼尔·贝尔：《资本主义文化矛盾》，江苏人民出版社，2007，第350页。

② 马克思，恩格斯：《马克思恩格斯全集》（第42卷），人民出版社，1979，第96页。

③ 毛泽东：《毛泽东选集》（第2卷），人民出版社，1991，第694页。

④ 马克思，恩格斯：《马克思恩格斯选集》（第20卷），人民出版社，1971，第29页。

生的道路："政治、法、哲学、宗教、文学、艺术等等的发展史是以经济发展为基础的。"① 虽然文化具有相对独立性，文化的发展并非只有经济状况一个因素，"但是，他们又都互相作用并对经济基础发生作用。并非只有经济状况才是原因，才是积极的，其余一切都不过是消极的结果，这是在归根结底总是得到实现的经济必然性的基础上的相互作用。"② 马克思建立了理解和把握文化的基本原则。

列宁非常重视文化大发展的重要性。面对俄国发展落后的状况，列宁指出经济的发展是苏维埃的基础，但仅仅依靠经济发展是无法实现共产主义的理想目标的，共产主义的实现需要文化的大发展，"必须取得全部科学、技术、知识和艺术。否则，我们就不可能建设共产主义社会的生活。"③ 文化的发展与经济的发展不可分割，"完全合作化这一条件本身就包含有农民（正是人数众多的农民）的文化水平的问题，就是说，没有一场文化革命，要完全合作化是不可能的。"④ 文化水平和观念的变革才能适应和促进的新的生产方式。"只要实现了这个文化革命，我们的国家就能成为完全社会主义的国家了。"⑤ 不难看出，在列宁的视域中，文化是社会主义必然的组成部分，发达的文化是未来完成了的社会主义的重要支撑。

针对如何促进文化建设，列宁一方面强调要与经济的发展相适应，要准备走长期发展的道路，"从问题的性质看，这需要一个较长的时期，我们应该使自己适应这个较长的时期，据此规划我们的工作，发扬坚忍

① 马克思，恩歌斯：《马克思恩格斯选集》（第4卷），人民出版社，1995，第732页。

② 马克思，恩歌斯：《马克思恩格斯选集》（第4卷），人民出版社，1995，第732页。

③ 列宁：《列宁全集》（第36卷），人民出版社，1985，第48页。

④ 列宁：《列宁全集》（第4卷），人民出版社，1984，第773页。

⑤ 列宁：《列宁全集》（第4卷），人民出版社，1984，第774页。

不拔、不屈不挠、始终如一的精神。"①之所以要需要一个长期的过程，是因为"这个文化革命，无论在纯粹文化方面（因为我们是文盲）或物质方面（因为要成为有文化的人，就要有相当发达的物质生产资料的生产，要有相当的物质基础），对于我们说来，都是异常困难的。"②

另一方面要注重吸收人类历史上一切优秀的文化成果，这是由无产阶级文化是人类文化历史发展的更高阶段的性质决定的，"无产阶级文化应当是人类在资本主义社会、地主社会和官僚社会压迫下创造出来的全部知识合乎规律的发展。"③从产生上来说，作为更高发展阶段的无产阶级文化是封建主义社会和资本主义社会等以往社会优秀成果的汲取和延续，是人类文化发展逻辑的延伸和提升，"马克思主义这一革命无产阶级的思想体系赢得了世界历史性的意义，是因为它并没有抛弃资产阶级时代最宝贵的成就，相反地却吸收和改造了两千多年来人类思想和文化发展中一切有价值的东西。只有在这个基础上，按照这个方向，……才能认为是发展真正的无产阶级文化。"④

马克思主义文化在中国不断丰富、发展。正如马克思主义文化是马克思主义重要的组成部分一样，马克思主义文化的中国化也当然是马克思主义中国化的重要组成部分，从毛泽东到习近平，几代领导人依靠党带领人民深入持续推进马克思主义文化的中国化。在建设、丰富和发展中国特色社会主义文化的同时，不断推进马克思主义文化的当代化、时代化与大众化。

二、社会主义核心价值体系与社会主义核心价值观

价值是文化的内核，社会主义核心价值体系是社会主义文化强国的

① 列宁：《列宁全集》（第42卷），人民出版社，1987，第200-201页。
② 列宁：《列宁全集》（第43卷），人民出版社，1987，第368页。
③ 列宁：《列宁全集》（第41卷），人民出版社，1986，第299页。
④ 列宁：《列宁全集》（第39卷），人民出版社，1986，第332页。

内核，社会主义核心价值观是社会主义核心价值体系的凝练与概况。社会主义核心价值观与社会主义核心价值体系是社会主义文化强国的核心内容。

胡锦涛极其强调文化的重要意义，他说："当今时代，文化越来越成为民族凝聚力和创造力的重要源泉、越来越成为综合国力竞争的重要因素，丰富精神文化生活越来越成为我国人民的热切愿望。"[1]强调社会主义现代化建设要推动文化大发展大繁荣，他多次尤其是在十七大报告中详细阐述文化建设的主要内容："（一）建设社会主义核心价值体系，增强社会主义意识形态的吸引力和凝聚力"；"（二）建设和谐文化，培育文明风尚"；"（三）弘扬中华文化，建设中华民族共有精神家园"；"（四）推进文化创新，增强文化发展活力"。[2]历史必将证明："中华民族伟大复兴必然伴随着中华文化繁荣兴盛。"[3]在科学发展观的指导下和社会主义和谐社会的目标引领下，和谐文化成为社会普遍关注的文化需求，树立正确的社会主义荣辱观成为社会的新风尚，树立科学的文化观成为文化发展的新要求，特别是在 2011 年 10 月 18 日中国共产党第十七届中央委员会第六次全体会议中审议通过了《中共中央关于深化文化体制改革、推动社会主义文化大发展大繁荣若干重大问题的决定》，《决定》的最大亮点就是提出建设"文化强国"长远战略。

《决定》强调"坚持中国特色社会主义文化发展道路，深化文化体制改革，推动社会主义文化大发展大繁荣，必须全面贯彻党的十七大精神，高举中国特色社会主义伟大旗帜，以马克思列宁主义、毛泽东思想、

---

① 胡锦涛：《高举中国特色社会主义伟大旗帜为争取全面建设小康社会新胜利而奋斗》，《人民日报》，2018 年 10 月 18 日，第 3 版。

② 胡锦涛：《高举中国特色社会主义伟大旗帜为争取全面建设小康社会新胜利而奋斗》，《人民日报》，2018 年 10 月 18 日，第 3 版。

③ 胡锦涛：《高举中国特色社会主义伟大旗帜为争取全面建设小康社会新胜利而奋斗》，《人民日报》，2018 年 10 月 18 日，第 3 版。

邓小平理论和'三个代表'重要思想为指导，深入贯彻落实科学发展观，坚持社会主义先进文化前进方向，以科学发展为主题，以建设社会主义核心价值体系为根本任务，以满足人民精神文化需求为出发点和落脚点，以改革创新为动力，发展面向现代化、面向世界、面向未来的，民族的科学的大众的社会主义文化，培养高度的文化自觉和文化自信，提高全民族文明素质，增强国家文化软实力，弘扬中华文化，努力建设社会主义文化强国"。①

《决定》明确了文化强国建设的主要内容，"社会主义核心价值体系建设深入推进，良好思想道德风尚进一步弘扬，公民素质明显提高；适应人民需要的文化产品更加丰富，精品力作不断涌现；文化事业全面繁荣，覆盖全社会的公共文化服务体系基本建立，努力实现基本公共文化服务均等化；文化产业成为国民经济支柱性产业，整体实力和国际竞争力显著增强，公有制为主体、多种所有制共同发展的文化产业格局全面形成；文化管理体制和文化产品生产经营机制充满活力、富有效率，以民族文化为主体、吸收外来有益文化、推动中华文化走向世界的文化开放格局进一步完善；高素质文化人才队伍发展壮大，文化繁荣发展的人才保障更加有力。"②"文化强国"战略的开启是中国特色社会主义发展史上的一个重要节点，更是中国特色社会主义文化发展的一个重要节点。

以习近平为核心的新一届党中央在文化强国的道路上更是扎实推进，文化发展对于中国发展的突出意义得到进一步彰显，习近平提出了"文化自信"的重要观念和战略，"文化自信"作为一个相对独立的理

---

① 中国共产党第十七届中央委员会第六次全体会议：《中共中央关于深化文化体制改革推动社会主义文化大发展大繁荣若干重大问题的决定》，《人民日报》，2011年10月26日，第1版。

② 中国共产党第十七届中央委员会第六次全体会议：《中共中央关于深化文化体制改革推动社会主义文化大发展大繁荣若干重大问题的决定》，《人民日报》，2011年10月26日，第1版。

论领域与"理论自信""制度自信""道路自信"相并列，并且是更基础的自信，没有"文化自信"这个基础，"理论自信""制度自信""道路自信"就会失去灵魂的支撑、观念的支撑。大力提升文化自信是文化强国内涵的提升，更是路径的提升。习近平强调，几千年的优秀传统文化厚土，可歌可泣的英雄文化、红色文化，立足实际、开拓进取的中国特色社会主义文化等共同构筑了我们丰厚的文化给养和深厚的历史文化基因，这构成了我们文化自信的"源"，也是我们进一步构筑文化自信需要继承、发扬的领域。

三、思想道德建设

思想道德建设是提高公民文化素质的重要途径。文化强国最根本的体现在文化强民上，文化强民才能文化强国。要通过优秀传统道德继承和发展加强道德建设。"一个国家、一个民族的强盛，总是以文化兴盛为支撑的，中华民族伟大复兴需要以中华文化发展繁荣为条件。对历史文化特别是先人传承下来的道德规范，要坚持古为今用、推陈出新，有鉴别地加以对待，有扬弃地予以继承。国无德不兴，人无德不立。必须加强全社会的思想道德建设，激发人们形成善良的道德意愿、道德情感，培育正确的道德判断和道德责任，提高道德实践能力尤其是自觉践行能力，引导人们向往和追求讲道德、尊道德、守道德的生活，形成向上的力量、向善的力量。只要中华民族一代接着一代追求美好崇高的道德境界，我们的民族就永远充满希望"。[①]

四、文化自信

大力提升文化自信。在四个自信中，文化自信是更基础、更广泛、

---

① 《习近平在考察山东时强调要认真贯彻党的十八届三中全会精神汇聚起全面深化改革的强大正能量》，《人民日报》，2013年11月29日，第1版。

更深厚的自信。我们最应该有自信的底气，我们的底气，一是从不断成功的实践中来。实践出真知，成功出信心。我国的社会主义建设从一穷二白的基础上开始，不仅没有成功的经验可以模仿，而且还经常受到外部势力的滋扰。就是在这样极其不利的环境中，经过艰辛的摸索、探索，中国硬是闯出了一条辉煌的成功之路：中国特色社会主义发展道路。在这条路上，我国的经济大船乘风破浪，成功渡过了诸如国企改革、税制改革、物价改革等一个个艰难险阻，在一次次粉碎了西方预测中国崩溃的谣言中迈上新台阶。我国已是 GDP 世界排名第二的经济大国，且与世界第一经济大国的差距在快速缩小，对外贸易连续多年位居世界第一。经过几十年的努力，中国实现了由贫穷落后向经济快速发展、人民生活水平大幅提高、社会各项事业欣欣向荣的华丽转身。还有什么比举世瞩目的成功实践更能撼动人心的呢！持续的成功实践，在持续强化着中国人的道路自信、制度自信、理论自信和文化自信，是包括文化自信在内的"四个自信"的最深刻、最根本的源泉。

二是从中国梦的光明前景中来。未来越光明就越能增添人们的信心，中国特色社会主义有着光辉的过去和现在，更有着耀眼的未来。党的十八大以来，以习总书记为核心的党中央统领全局，开拓未来，确立了实现民族伟大复兴"中国梦"的前进目标！国家富强、民族振兴、人民幸福的"中国梦"经过"两个一百年"逐步并最终实现，到 2021 年中国共产党成立 100 周年时全面建成小康社会，到 2049 年中华人民共和国成立 100 周年时，实现中华民族的伟大复兴。实现"中国梦"要坚持走中国特色的社会主义道路、坚持中国特色社会主义理论体系、弘扬民族精神、凝聚中国力量，坚持政治、经济、文化、社会、生态文明五位一体建设。"中国梦"描绘的光辉前景展现着我们的雄心壮志，规划的扎实步骤和具体措施体现着我们的脚踏实地，这脚踏实地和雄心壮志无疑会大大提升我们的信心。

三是从五千年绵延不断的传统文化中来。中华文化历史悠久、博大精深，5000多年的历史传承是文化自信的丰厚土壤，正如习总书记所言，"泱泱中华，历史悠久，文明博大。中华民族在几千年历史中创造和延续的中华优秀传统文化，是中华民族的根和魂"。①"自强不息"的奋斗精神，"精忠报国"的爱国情怀，"天下兴亡、匹夫有责"的担当意识，"舍生取义"的牺牲精神，"革故鼎新"的创新思想，"扶危济困"的公德意识等等都是中华民族的标识。"中华文明绵延数千年，有其独特的价值体系。中华优秀传统文化已经成为中华民族的基因，植根在中国人内心，潜移默化影响着中国人的思想方式和行为方式。"②中华文化价值导向与当今世界的发展方向相契合并指引着人类未来的发展方向，如中华文化崇尚的"天人合一"的思维方式与生态文明、绿色革命相契合。中华文化崇尚和谐，坚持以和为贵，和而不同，与人为善，己所不欲、勿施于人的理念对于人类超越对立思维、冷战道路，走向包容、共生的未来具有重要的指引作用。"君子喻于义""言必信，行必果""人而无信，不知其可也"等等价值理念已经深深融入中国人的血脉之中，成为人们价值判断的准则。这些博大精深的思想蕴含着人类发展的大道，并随着时代的变迁被赋予新的内涵，显示出其延续性和永不褪色的时代价值，这是我们文化自信的不竭源泉。

四是从可歌可泣的革命文化中来。在革命和建设的特殊时期，常面临着诸多艰难险阻，革命文化就是攻坚克难中形成的特色鲜明，不怕困难，奋发向上，千方百计取得胜利的精神、意志和信念。从井冈山精神、苏区精神、长征精神、延安精神、西柏坡精神，到大庆精神、两弹一星精神，再到航天精神、抗震救灾精神等等，每一种精神都是时代最耀眼的标识，正是这一个个可歌可泣的精神打造了支撑民族的脊梁，使中华

① 习近平：《庆祝澳门回归祖国15周年大会暨澳门特别行政区第四届政府就职典礼上的讲话》，《人民日报》，2014年12月21日，第1版。

② 习近平：《青年要自觉践行社会主义核心价值观，与祖国和人民同行努力创造精彩人生》，《人民日报》，2014年5月5日，第1版。

民族跨过了一道道艰难险境，造就了一座座不朽的丰碑，铸成了共和国的宏伟大厦。这些富有时代特征、民族特色的宝贵精神财富，脱胎于中华民族优秀传统文化，是优秀传统文化在特殊时代节点的凝聚和升华，是体现中华民族精、气、神的典型，极大地激发着我们战胜困难的决心、信心和勇气。

五是从继往开来的社会主义先进文化中来。以马克思主义为指导，在传承和发展优秀传统文化和革命文化中形成的社会主义先进文化，凝聚着中国特色社会主义的共同理想、以爱国主义为核心的民族精神和以改革创新为核心的时代精神，以及社会主义荣辱观，彰显着"富强、民主、文明、和谐，自由、平等、公正、法治，爱国、敬业、诚信、友善"①的社会主义核心价值观。在社会主义先进文化的推动下，中国道路、中国模式、中国现象被世界高度关注，中国奇迹被世界高度认可，世界场景中的中国话语、中国声音越来越响亮。中国特色社会主义为世界文明的发展提供了一个新的模式、新的道路和新的蓝本，这充分说明社会主义先进文化是一种有强大生命力的文化，是一种体现人类文明发展进步方向的文化。在世界文明的互鉴、博弈中，社会主义先进文化为我们注入了强大的文化自信。

成功的实践、光辉的前景，优秀的传统文化、火红的革命文化、先进的社会主义文化，共同构筑了中华民族文化自信的源泉，我们需要文化自信，我们也最有文化自信的底气。在文化自信的时代洪流中，我们有理由相信：中华民族"大气稳重、积极平和、相信自我、胸怀天下"的民族心理、民族气质会愈益彰显。

我们有文化自信的底气和资本，通过文化建设，提升文化自信，培育现代民族心理和大国心态，我们的文化发展才能真正与经济社会发展相适应，与中华民族的伟大复兴相适应。

---

① 胡锦涛：《胡锦涛文选》（第3卷），人民出版社，2016，第638页。

五、文化软实力

文化软实力是文化强国的重要组成部分，文化的意义和价值最重要的体现为软实力。"提高国家文化软实力，关系'两个一百年'奋斗目标和中华民族伟大复兴中国梦的实现。要弘扬社会主义先进文化，深化文化体制改革，推动社会主义文化大发展大繁荣，增强全民族文化创造活力，推动文化事业全面繁荣、文化产业快速发展，不断丰富人民精神世界、增强人民精神力量，不断增强文化整体实力和竞争力，朝着建设社会主义文化强国的目标不断前进"。[1]

没有文化建设来凝聚全体人民以汇聚强大的精神力量，民族国家就失去了长期发展的动力，文化建设关系着国家的"精""气""神"，"没有先进文化的积极引领，没有人民精神世界的极大丰富，没有全民族创造精神的充分发挥，一个国家、一个民族不可能屹立于世界先进民族之林。"[2] 放眼世界，回溯发达国家走过的历程，一个明晰的事实就是社会发展水平越高越依赖于文化，"当今时代，文化在综合国力竞争中的地位日益重要。谁占据了文化发展的制高点，谁就能够更好地在激烈的国际竞争中掌握主动权。"[3] 产品的影响力、吸引力是短暂的，文化思想的影响力、吸引力才是更持久的更强大的，因此，谋划国家的文化发展成为我们发展的当务之急，"如何找准我国文化发展的方向，创造民族文化的新辉煌，增强我国文化的国际竞争力，提升国家文化软实力，是摆在我们面前的一个重大课题。"[4] "文化是民族的血脉，是人民的

① 《习近平在中共中央政治局第十二次集体学习时的讲话》，《人民日报》，2013 年 12 月 31 日，第 1 版。

② 习近平：《坚持以人民为中心的创作导向创作更多无愧于时代的优秀作品》，《人民日报》，2014 年 10 月 16 日，第 1 版。

③ 胡锦涛：《在中国文联第八次全国代表大会，中国作协第七次全国代表大会上的讲话》，《人民日报》，2006 年 11 月 10 日，第 1 版。

④ 胡锦涛：《在中国文联第八次全国代表大会，中国作协第七次全国代表大会上的讲话》，《人民日报》，2006 年 11 月 10 日，第 1 版。

精神家园。"①"没有文化的繁荣兴盛，就没有中华民族伟大复兴。"②提高国家文化软实力，努力建设社会主义文化强国，"更加自觉、更加主动地推动文化大发展大繁荣"③，增强我国文化的国际竞争力和影响力应成为我们更加自觉的行为和行动。

习近平强调要深化核心价值观，使其成为全社会的纽带。"核心价值观是文化软实力的灵魂、文化软实力建设的重点。这是决定文化性质和方向的最深层次要素。一个国家的文化软实力，从根本上说，取决于其核心价值观的生命力、凝聚力、感召力。培育和弘扬核心价值观，有效整合社会意识，是社会系统得以正常运转、社会秩序得以有效维护的重要途径，也是国家治理体系和治理能力的重要方面。历史和现实都表明，构建具有强大感召力的核心价值观，关系社会和谐稳定，关系国家长治久安"。④

六、文化产业

文化产业是文化强国的重要组成部分，是文化硬实力的主要载体。在十六大报告中已确立到2020年文化产业要成为国民经济的支柱产业。在文化发展十三五规划中更是进一步强调文化产业发展的重要性，并具体指出了文化产业发展的具体路径：落实供给侧结构性改革战略部署，完善现代文化产业体系，着力发展骨干文化企业和创意文化产业，培育新型文化业态，促进文化资源与文化产业有机融合，形成新的增长点、

---

① 胡锦涛：《胡锦涛文选》（第3卷），人民出版社，2016，第637页。
② 习近平：《决胜全面建成小康社会夺取新时代中国特色社会主义伟大胜利——在中国共产党第十九次强国代表大会上的报告》，人民出版社，2017，第41页。
③ 胡锦涛：《胡锦涛在中央党校的重要讲话》，《人民日报》，2007年6月26日，第1版。
④ 习近平：《习近平在中共中央政治局第十三次集体学习时的讲话》，《人民日报》，2014年2月26日，第1版。

增长极和增长带，全面提升文化产业发展的质量和效益。

第一，推动文化产业结构优化升级。加快发展动漫、游戏、创意设计、网络文化等新型文化业态，继续引导上网服务营业场所、游戏游艺场所、歌舞娱乐等行业转型升级，全面提高管理服务水平，推动"互联网＋"对传统文化产业领域的整合。落实国家战略性新兴产业发展的部署，加快发展以文化创意为核心，依托数字技术进行创作、生产、传播和服务的数字文化产业，培育形成文化产业发展新亮点。推动中国（深圳）国际文化产业博览交易会、中国西部文化产业博览会、中国（义乌）文化产品交易会、中国国际网络文化博览会、中国国际动漫游戏博览会等重点文化产业展会市场化、国际化、专业化发展。支持原创动漫创作生产和宣传推广，培育民族动漫创意和品牌，持续推动手机（移动终端）动漫等标准制定和推广。加强文化产业关键共性技术研发、商业模式创新。推进文化创意和设计服务与实体经济深度融合，催生新技术、新工艺、新产品，满足新需求。推进文化产业与制造、建筑、设计、信息、旅游、农业、体育、健康等相关产业融合发展，增加文化含量和产业附加值，把文化资源转化为产业优势和市场优势。

第二，优化区域文化产业发展布局。实施差异化的区域文化产业发展战略，推动形成文化产业优势互补、联动发展的布局体系。引导各地根据资源禀赋和功能定位，走特色化、差异化发展之路。围绕"一带一路"建设、京津冀协同发展、长江经济带建设，加强重点文化产业带建设。支持中心城市和城市群发挥技术、人才、资金密集优势，形成若干带动区域产业发展的增长极。支持中小城市、小城镇和农村打造特色文化产业群。加大对中西部地区、少数民族地区、贫困地区、革命老区特色文化产业发展的支持力度。推进国家文化产业创新实验区、国家动漫产业综合示范园建设，形成面向区域和行业发展的协同创新中心。

第三，培育健全各类市场主体。营造各类文化企业一视同仁、公平竞争的发展环境，推动形成不同所有制文化企业共同发展、大中小微文化企业相互促进的文化产业格局。培育一批核心竞争力强的骨干文化企业，鼓励各类文化企业以资本为纽带进行联合重组，推动跨地区跨行业跨所有制并购重组，提高文化产业规模化、集约化、专业化水平。加强文化产业园区（基地）的规划建设和管理，严格命名标准，完善退出机制，进一步完善国家级文化产业示范园区创建工作，提升国家级文化产业园区（基地）的引领示范效应。推动文化产业发展与"大众创业、万众创新"紧密结合，加强文化企业孵化器、公共服务平台、众创空间建设，扶持文化产业领域创新创业，支持"专、精、特、新"中小微文化企业发展。培育和扶持一批知名文化品牌，以品牌带动全产业链发展。

第四，扩大和引导文化消费。从供需两端发力，以创新供给带动需求扩展，努力实现更高层次的供需平衡。着力扩大文化产品和服务有效供给，改善消费条件，营造消费环境，推动建立扩大和引导文化消费的长效机制。鼓励文化文物单位和社会力量开发文化创意产品，满足多样化消费需求。充分激发市场活力和社会创新创造能力，引导文化企业提供个性化、多样化的文化产品和服务，培育新的文化消费增长点。建设文化消费服务平台。支持各地采取各种措施促进文化消费。加强宣传推广，倡导文化消费理念，提升文化消费水平。

第五，鼓励和引导社会资本进入文化产业。加快建设完善文化产业投融资体系，会同有关部门落实鼓励和引导社会资本进入文化领域的各项政策措施，为文化产业发展持续提供动力。进一步拓宽社会投资的领域和范围，鼓励社会资本进入文化企业孵化器、文化众创空间、文化资源保护开发等新兴领域。深化文化金融合作，发挥财政政策、金融政策、产业政策的协同效应，为社会资本进入文化产业提供金融支持。落实以奖代补、基金注入等重要政策，以推广文化领域的政府与社会资本合作模式为抓手，扶持引导社会投资进入文化领域。用好国家投资政策，将文化领域纳入投资政策工具支持范围。

第三章　文化产业与文化事业建设的哲学研究

当今世界，文化与经济、政治相互交融，在综合国力竞争中的地位和作用越来越突出。"没有中华文化繁荣兴盛，就没有中华民族伟大复兴"。[①] 在决胜全面建成小康社会、夺取新时代中国特色社会主义伟大胜利、实现中华民族伟大复兴的历史进程中，我们"要弘扬社会主义先进文化，深化文化体制改革，推动社会主义文化大发展大繁荣，增强全民族文化创造活力，推动文化事业全面繁荣、文化产业快速发展，不断丰富人民精神世界、增强人民精神力量，不断增强文化整体实力和竞争力，朝着建设社会主义文化强国的目标不断前进"，[②] 进一步深化文化产业与文化事业制度改革，加快文化事业和文化产业发展，是决胜全面建成小康社会、加快社会主义现代化强国建设的内在要求，是增强综合国力的迫切需要，是实现经济、政治、文化、社会和生态文明建设协调发展，建设社会主义文化强国的重要内容。

第一节　中国特色社会主义文化产业建设

习近平总书记在党的十八届二中全会第一次全体会议上强调，"加快发展文化产业，提高文化产业规模化、集约化、专业化水平"。[③] 党的十九大报告也明确提出要推动文化产业发展，"健全现代文化产业体

[①] 中共中央文献研究室：《十八大以来重要文献选编》，中央文献出版社，2016，第 121 页。

[②] 习近平：《习近平谈治国理政》，外文出版社，2014，第 160 页。

[③] 中共中央文献研究室：《习近平关于社会主义文化建设论述摘编》，中央文献出版社，2017，第 185 页。

系和市场体系，创新生产经营机制，完善文化经济政策，培育新型文化业态"。[1] 由此可见，推动文化产业的发展对于建设社会主义文化强国有重大意义。而要推动文化产业又好又快发展，首先必须明确其本质内涵与重要特征。

一、文化产业的本质内涵与重要特征

（一）文化产业的本质内涵

文化产业的概念源于阿多诺和霍克海默在其《启蒙的辩证法》（1947）中提到的"文化工业"概念，但是这一概念是对文化产业的否定性批判。[2] 本雅明（Walter Benjamin）从艺术和技术进步为民主和解放提供机会的前提出发对文化产业持认同态度。"1998年，英国政府提出'创意产业'（Creative industries）概念，特指从个体的创造性、个体技艺和才能中获取发展动力的企业，以及那些通过对知识产权的开发可创造潜在财富和就业机会的活动。"[3] 霍金斯（2001）将创意产业定义为其产品都在知识产权法的保护范围内的经济部门，即专利、版权、商标和设计的每一类都产生于保护不同种类的创造性产品的愿望，而且这四种工业组成了创造性产业和创造性经济。[4] "托斯（Towse，2002）则认为，文化产业包括音乐、唱片、电视、旅游、电影等视觉形式的艺术表现，文化内容的创造、发展、保存和传播，以及为促进和推动上述各项活动而开展

① 习近平：《决胜全面建成小康社会夺取新时代中国特色社会主义伟大胜利》，人民出版社，2017，第44页。

② Theodor Adorno and Max Horkheimer, *The culture industry: Enlightenment as mass deception*, London: Edward Arnold, p139.

③ 解学芳：《文化产业制度：一个全新的学术研究领域——关于文化产业制度研究的理论述评》，《中共四川省委省级机关党校学报》，2007年第3期，第87—88页。

④ Howkins, The Creative Economic, How people make money from ideas, London: Allen Lane, p150.

的相关创造性活动。"①

　　在我国，理论界对文化产业的讨论开始于 20 世纪 90 年代中期。1996 年"首都文化发展战略研讨会"上第一次提出了"文化产业"这一概念。那么，什么是文化产业？简单地讲，所谓文化产业就是把文化的内容进行产业化的生产、交换和消费。不过，就文化产业的内涵和外延而言，目前学术界仍然存在着一些分歧。概括说来，大致包括以下几个方面的观点：

　　第一，"精神产品和服务"说。"精神产品和服务"说主要从产品的性质来定义文化产业，把文化产业理解为"向消费者提供精神产品或服务的行业"。②这种定义既强调了文化产业的精神性和意识形态属性，同时也强调了文化产业的经济性。就其经济性而言，文化产业可以被定义为"按照工业标准生产、再生产、储存以及分配文化产品和服务的一系列活动③"，认为现代文化产业实际上是一个奠基于大规模复制技术之上的巨大产业群，履行着最广泛传播的功能，经商业动机的刺激和经济链条的中介，向传统文化艺术的"原创"和"保存"两个基本环节渗透，将原创变成资源开发，将保存变成展示，并将整个过程奠定在现代知识产权之上。

　　第二，"意义内容"说。该主张认为，文化产业是"生产文化意义内容的商品和服务产业。"它所强调的基本内涵是"在社会高度工业化、技术化和商品化条件下，文化领域中出现的使文化产品具有鲜明的技术

---

　　① 解学芳：《文化产业制度：一个全新的学术研究领域——关于文化产业制度研究的理论述评》，《中共四川省委省级机关党校学报》，2007 年第 3 期，第 88 页。

　　② 江蓝生、谢绳武：《2001—2002 年中国文化产业蓝皮书》，社会科学文献出版社，2002，第 2 页。

　　③ 解学芳：《文化产业制度：一个全新的学术研究领域——关于文化产业制度研究的理论述评》，《中共四川省委省级机关党校学报》，2007 年第 3 期，第 88 页。

性、复制性、批量性、商品性的文化产出方式"。① 依据这一概念，我们可以将文化产业的概念可以分为三个层次：一是最狭义的概念，即文化创作业，包括从文化艺术作品的创作、销售、展示到接受等各种活动。二是扩展性的概念，即文化制作与传播业；三是最一般的概念，即以文化意义为基础的产业，包括所有具有文化标记的产品，从古老的服装业到具有现代商标的一切产品。

第三，"版权产业核心"说。"版权产业核心"说认为，文化产业的本质是版权产业，因为版权是精神产品和服务的核心部分。"从本质上讲，文化产业是以版权产业为核心的提供精神产品的生产和服务的产业，包括出版发行业、新闻业、广播影视业、网络服务业、广告业、计算机软件业、信息及数据服务业等，以及与以上产业类型紧密相关的艺术创作业、艺术品制作业、演出业、娱乐业、文物业、教育业、体育业、旅游业等。在知识经济时代，文化产业日益成为最重要的支柱产业之一"。②

第四，"文化娱乐集合"说。其代表性的提法是国家统计局的《文化及相关产业分类》（2004）。它将文化产业界定为社会公众提供文化、娱乐产品和服务的活动，以及与这些活动有关联的活动的集合。并将文化产业划分为核心层、外围层和相关层。核心层包括书报刊、音像制品、电子出版物、广播、电影、文艺表演、文物及文化保护、博物馆、文化社团等，外围层包括互联网、旅行社服务、景区文化服务、网吧、文化产品租赁和拍卖、广告、会展服务等，相关层是提供文化、娱乐产品所必需的设备、材料的生产和销售活动。

从以上国内外对文化产业的内涵界定来看，国内外对文化产业的理

---

① 唐任伍、赵莉：《文化产业：21 世纪的潜能产业》，贵州人民出版社，2004，第 7 页。

② 周冰：《大力发展文化产业》，《光明日报》，2005 年 6 月 7 日，第 10 版。

解未形成统一、权威的认同，它会因研究主体偏好不同而异。我们认为，"文化娱乐集合"说，对文化产业的内涵和外延有更为清楚的界定，对于我们理解现代文化产业的形体形态，统计文化产业的相关数据更为清晰便捷、方便和实用。但不管如何定义，实际上，文化产业作为生产文化产品和提供文化服务的行业，是以满足人们精神需求为目标的产业属性和文化属性的统一体。其产业性是指文化产品和服务是通过对文化符号的大量复制而生产出来，并通过市场营销来进行文化传播；而文化属性是指文化产业要担负文化传播和文化发展的功能。它具有产品的精神性、消费的娱乐性和产业的依附性等特征。

（二）文化产业的重要特征

第一，产品的精神性。文化产业的特殊性，首先表现在其产品的精神性，是人类的精神构成了产品的基本内核。尽管文化产品也有一定的物质形态，如书籍的纸张、DVD 的碟片、音乐的音箱等物质形式只是一定精神文化内容的载体，精神的内容才是文化产品的本质。正由于文化产业的产品具有精神性的特征，它具有意识形态性。精神性的产品必然会打上精神内容生产者的主观印记，内容生产者的观念、判断和感受，因此他的政治思想、道德观念和审美情趣等主观因素，都会自觉或不自觉地物化在产品中。人们在消费文化产品的同时，也就或隐或显地受其影响。所以，文化产品在发挥自己商品功能的同时，也不可避免地发挥着意识形态的功能，如政治舆论功能，教育功能，凝聚社会精神功能，培养国民素质功能等。一个国家的文化产业不仅能带来丰厚的利润，促进国民经济的增长，同时还塑造着人们的精神面貌。一个国家在出口文化产品的同时，也在输出特定的生活方式和价值观念。文化产业的这种意识形态性，使它可以成为宣扬或抵制其他意识形态的工具。

第二，消费的娱乐性。在消费形式上，文化产业提供的价值主要是娱乐功能，我们把文化产业的这种特性称为消费的娱乐性。人们消费文化产品的主要和直接的原因，就在于它具有娱乐功能。文化产品的精神性，使人们在文化消费的时候，能得到教育价值、认识价值和娱乐价值，但对于一般大众文化消费而言，娱乐价值是文化产品价值的主要和基础的价值，其他两种价值都是以娱乐价值为基础，并通过娱乐价值起作用的。如果没有娱乐价值，文化产品的教育意义再大，认识作用再深，也难以发挥广泛的影响。因此，人们的喜闻乐见，就成为文化产品的首要要求和价值判断的主要标准。

第三，产业的依附性。产业的依附性，是指相对于其他产业而言，文化产业对物质生产力水平和政策、制度环境有更大的附属性和依赖性。首先，文化产业的发展高度依赖于社会的物质生产力水平。文化产业的迅速发展，只有在一定的社会物质生产力发展水平的基础上才有可能。在物质生产力不发达、人民物质生活水平低下的条件下，文化消费只能是少数人的特权，不可能成为广大人民现实的社会需求。这是因为文化的需求是一种基本物质生活需要得到满足之后才会出现的高级精神需求。在物质生活水平普遍低下的历史阶段，难以形成有效的、具有可支付能力的文化消费需求，文化产业的发展也就没有了市场基础。其次，文化产业的发展高度依赖于政策制度环境。由于文化产业的精神性和意识形态功能，其发展不可避免地要与一个国家和社会的普遍意识形态状况和政治环境发生直接的联系。当文化产业的发展顺应了国家的政策制度环境时，就能得到快速发展；而当其与一定的政策制度环境不相适应时，发展就会减缓，甚至停滞。这一规律提示我们，如果要发展文化产业，一定要多研究国家的政策制度环境，尊重文化市场所在国家的法律、法规和风俗习惯。另一方面，从国家管理者的角度来考虑，则应该尽可能地创造宽松的政治环境，为发展文化产业创造良好的政策制度条件。

二、我国文化产业发展历程之思

中国文化产业是伴随着中国改革开放的进程而逐步兴起、发展和壮大的。中华人民共和国成立后很长时间里，文化活动严格按照计划来配置资源，进行有计划的生产和有组织的欣赏观看。文化单位是事业单位，不是以创造产值为目的的企业。文化生产、流通和消费不是独立的、能够营利的产业经济活动。改革开放以后，这种局面率先为娱乐业的兴起所打破。1979年，广州东方宾馆开设了国内第一家音乐茶座，这是我国文化市场兴起的标志，也被公认为中华人民共和国成立后我国文化产业发展的起点。从此，营业性舞会等娱乐业风靡大江南北，突破了传统的国家投资和部门管理等体制的桎梏，开启了社会办文化的新航程。

从改革开放以来，我国文化产业的发展大致可以划分为三个阶段。

（一）文化产业的萌芽

第一阶段是从1978到1985年，这是文化产业的萌芽阶段，它以文化的流通领域的发展为标志，特别是娱乐业从无到有的起步，有力地冲击着既有的文化观念，刺激了全社会文化消费的滋长。

20世纪70年代末到80年代中期，随着"文化大革命"的结束，随着改革开放政策的确立和社会主义市场经济的发展。社会公众的文化消费需求也得到了复苏。在此宏观社会背景下，这一时期中国的文化产业领域也取得了一定程度的恢复性发展，尤其是娱乐业逐渐地从无到有开始起步。比如，70年代末，国外盒式录音带和录音机开始涌入中国，这一新兴录音设备和制品，由于使用方便而深受消费者的欢迎。从80年代中期开始，国家又逐步实施对文化事业单位进行不同程度的财政拨款方式的改变，对文化单位采取了"以文养文""多业助文"等一些新的政策措施，实际上是在尝试把文化事业单位推进市场。同时这一时期中国开始建立录音制品出版社，与此同时，海外录像机和录像带大量传入中国。1983年，上海市和广州市在全国城市中首先进行录像的生产和经营，自此开始，音像业在中国城市中迅速地得以发展。1984年出现了第一家营业性的卡拉OK厅，以后又出现了第一家音乐茶座、第一家营业性舞厅等，建立了最早的文化演出公司，恢复了外国音乐的广播节目，使群众的文化消费市场逐步得到恢复。

1985 年我国发布的《关于建立第三产业的统计报告》，开始把文化艺术列入第三产业范围，从而确立了文化经济在国民经济中的地位。1987 年文化部发布的《文化事业单位开展有偿服务和多种经营活动的暂行办法》，允许文化事业单位在完成国家下达的无偿向社会提供文化服务项目之外，积极扩大文化经营领域，向社会有偿提供文化产品和文化服务，通过开展多种经营增加收入，增强了文化事业单位适应社会需要的能力、动力和活力。这种市场与文化的结合，繁荣了文化，一定程度上满足了人民群众的文化需求。

就这一时期文化产业所产生的影响来看，尽管由于当时文化生产和流通的机制还没有完全从计划经济体制的束缚中解放出来，文化商品无论在数量上和质量上，都远远不能满足人们的需求，基本处于求大于供的状态，但这一时期中国文化领域的实践，无疑有力地冲击了中国社会公众原有的价值观念，比如，伴随着 80 年代大众传媒的发展以及西方传播学进入中国，尤其是进入科研机构和大学课堂，不仅引发了中国新闻界的一场大论辩，而且也使中国的传媒界发生了巨大的变化。由此产生了一批文化制造业、文化服务业和文化消费场所，以雨后春笋般涌现的广告公司和演艺公司为标志，出现了各种形态的文化企业。据不完全统计，1978 年中国已有图书出版社 200 多家，出版图书品种 1.5 万种，总印数 33.74 亿册。到 1986 年，出版社增加到 446 家，比 1978 年增长一倍以上，出书品种 5.2 万种，总印数 52.03 亿册，与 1978 年相比均有了大幅度的增长。1991 年，国务院批转《文化部关于文化事业若干经济政策意见的报告》，正式提出了"文化经济"的概念。1992 年，在党的十四大报告中明确提出要"完善文化经济政策"。同年出版的国务院办公厅综合司编著的《重大战略决策——加快发展第三产业》一书，明确起用了"文化产业"一词，这是我国政府主管部门第一次使用"文化产业"概念。

（二）文化产业的改革与加速发展

以中国共产党十四大确立社会主义市场经济体制为标志，这一时期，我国文化产业进行了一系列改革，发展速度开始加快，表现在文化管理体制、经营机制、投资体制等方面均有较大变革，国家也适时出台了一些相关政策，总体上，文化事业开始逐步向文化产业转变。

1992 年以后是中国文化产业的全面扩张阶段。这一时期，我党确立了建立市场经济体制的改革目标。同时文化事业单位作为一个庞大的群体，国家财政已难以全部负担。文化发展中的许多问题也相伴而来，在这个宏观背景下，中国文化体制改革的步伐明显加快，开始从"直接管理"向"间接管理"、从"办文化"向"管文化"、从"小文化"向"大文化"等转变。如天津市对直属艺术表演团体采取了"三个层次"的管理模式，第一层次是对少数重点剧团规定艺术生产指标，经费由国家拨款予以重点扶持。第二层次，对多数剧团实行"定额补助，一次包死，超支自负，盈余归己"。第三层次，推行多种形式的经营承包责任制。上海市在 1997 ~ 2000 年的新一轮改革中，根据国际化大都市发展的要求，对市属艺术院团布局结构和管理模式进行重新定位，把它们分为政府重点投入院团、政府部分资助院团、社会办团、民间职业剧团 4 个层面，在文化生态上形成自上而下的金字塔状结构。并在确保重点院团的前提下，鼓励社会办团，规范并发展民间职业剧团。1996 年，广东省在全国率先组建报业集团，先后成立了南方报业、广州日报、羊城晚报和深圳特区报 4 家报业集团，文化产业浪潮从多种所有制企业向国有骨干企业延伸，从较小规模的事业单位向大的文化企业扩展，文化产业在国民经济中的比重以及它对整个社会的影响力都在增强。

与此同时，文化产业制度的改革也在 80 年代的文艺院团体制改革中拉开了序幕。在文化管理体制改革中，事业单位转企改制、国有文化企业股份制改造加快了步伐。在探索城市文化经济宏观管理新路子的同时，一些城市也大刀阔斧地对文化机构及其队伍进行"消肿"。如上海、哈尔滨、沈阳、天津等城市通过合并、撤销等方式对多余的剧团进行了精简。上海市文化局原有剧团 18 个，经过重新布局后，到 1998 年还有 15 个市文化局直属艺术团体。为了"消肿"，上海市文化局从 1992 年开始在各艺术院团实行全员聘任制的改革，即在对全体演职人员进行全面考核的基础上，确定各个工作岗位，自主安排演职人员上岗、待岗或下岗，自 1997 年以来，上海市文化局又开始新一轮的艺术剧团体制改革，中心内容是实施全员聘任合同制，改国家用工为单位用工，改固定用工为合同制用工。这一改革是全员聘任制的发展，为解决人员能进能出问题迈出了坚实的一步。

这一时期，在文化体制改革的有力刺激下，社会力量和外资参与中国文化经济发展的新格局也已开始形成。这尤其集中地体现在社会各界对文化产业的大量投入上。以文化艺术、娱乐、音像书刊发展为例，1997 年国有文化部门创办的文化经营单位只占整个文化经营单位的 10% 左右，而非国有文化部门创办的已占 88.6%。在北京，"民营国营同台竞争"，甚至成为一大新景观。

在上述诸因素的作用下，1992 年以来，中国文化产业的格局发生了根本性的变化。据 1999 年 5 月北京市统计局统计，文化行业与旅游行业所创造的增加值约为 281.2 亿元，占全市 GDP 的 14%。1996 年，分布于中国各大中城市的报纸共 2202 种，与 1978 年相比，增长近 12 倍。适应居民消费性的、多样化的文化需求，报纸的种类也大大地增加了，由原来以党委机关报为主发展到多种报纸并存，出现了经济类、国际时事类、文化类、休闲类、生活服务类、法制类、文摘类、观点类、学习类等报纸，出现了周末报、体育报、星期刊、都市早报、都市晚报、都市快报等。报业的经济利润也十分可观。1996 年，全国报业广告总收入为 77.6 亿元，占全国广告营业额的 21.2%。其中，《广州日报》《新民晚报》《羊城晚报》等的广告收入高居榜首，均超过 5.5 亿元。

1998 年，我国政府职能部门不再直接办刊办报，退出出版经营领域，切断了新闻出版单位与各个政府机构的传统依附关系；2000余家报纸和8000余家刊物被"逼"上产业化运行的轨道。1999年，开始了传媒集团和多传媒文化产业集团的组建。

2000年10月，在党的十五届五中全会《关于第十个五年计划的建议》这一党的重要文献中首次使用了"文化产业"一词，由此文化产业进入国家发展战略视野。同年，2000年，"传媒概念"走红股市，开始尝试传媒集团与资本市场的结合。文化产业的体制改革后浪推前浪，从分行业的、局部的改革，逐步进入整体性改革的阶段。

（三）文化产业的深化发展

以中国加入世界贸易组织为标志，这一阶段，文化产业发展的重点是调整现有的文化产业格局和文化产业政策，完善文化市场，培育具有国际竞争力的文化企业，提升我国文化产业的整体实力和国际竞争力。我国文化产业迎来了难得的大发展的战略机遇期。

加入世界贸易组织后，中国文化产业的发展既有机遇也面临严峻的挑战。随着整个国家对市场准入政策的调整，国家对外贸易和对外文化交流法规不断完善，西方发达国家的文化资本、文化产品开始以前所未有的规模和速度进入中国文化产业领域。事实上，我们的文化市场已首当其冲。在此背景下，2002年11月，党的十六大报告第一次把"文化事业"和"文化产业"作为并重的两个概念提出来。这在文化产业理论上是一个重大突破，是我们党在文化建设问题上思想认识的飞跃。同时党的十六大报告还明确提出要积极发展文化产业，要坚持"一手抓繁荣、一手抓管理的方针，健全文化市场体系，完善文化市场管理机制，为繁荣社会主义文化创造良好的社会环境"[1]，"发展各类文化事业和文化产业都要贯彻发展先进文化的要求，始终把社会效益放在首位。国家支持和保障文化公益事业，并鼓励它们增强自身发展活力。坚持和完善支

---

① 江泽民：《江泽民文选》（第3卷），人民出版社，2006，第562页。

持文化公益事业发展的政策措施，扶持党和国家重要的新闻媒体和社会科学研究机构，扶持体现民族特色和国家水准的重大文化项目和艺术院团，扶持对重要文化遗产和优秀民间艺术的保护工作，扶持老少边穷地区和中西部地区的文化发展"①，不断加强其文化基础设施建设。

2003年，党的十六届三中全会通过的《完善社会主义市场经济体制若干问题的决定》又将文化体制改革的目标进一步深化和明确。首先是以人为本，全面、协调、可持续的科学发展观的提出，更加突出了文化建设在三个文明协调发展中的基础性和战略性地位，将文化的地位和作用大大提升，文化建设既是落实科学发展观的重要方面，又是实现科学发展观的文化保证。这就为在新的背景下研究和实施文化体制改革创造了良好的机遇和条件。其次，《决定》还具体明确提出了文化体制改革的总目标是按照社会主义精神文明建设的特点和规律，适应社会主义市场经济发展的要求，逐步建立党委领导、政府管理、行业自律、企事业单位依法运营的文化管理体制。第三，《决定》分别提出了文化事业和文化产业的改革方向和目标：公益性文化事业单位要深化劳动人事、收入分配和社会保障制度改革，加大国家投入，增强活力，改善服务；经营性文化单位要创新体制，转换机制，面向市场，壮大实力。第四，提出了其他方面改革的要求。要求健全文化市场体系，建立富有活力的文化产品生产经营体制。鼓励多渠道资金投入，促进各类文化产业共同发展，形成一批大型文化企业集团，增强文化产业的整体实力和国际竞争力。在一些文化企事业单位专业技术人才、经营管理人才缺乏的情况下，面向社会公开招聘。分配制度改革上，除实行绩效工资制、拉开分配差距外，允许资本、知识、技术、管理等要素按贡献取得报酬。对职称评聘制度进行改革，革除论资排辈的弊端，实行按能力评聘职称，鼓励优秀人才脱颖而出。转换内部运作和管理方式，各类文化单位按照社

---

① 江泽民：《江泽民文选》（第3卷），人民出版社，2006，第561页。

会效益第一，社会效益与经济效益有机统一的原则，制定经营、管理目标，建立科学的投入、产出机制，把"两个效益"统一于市场竞争中，统一于通过市场来满足广大群众的文化需求上。通过深化内部改革，建立起既能够保证文化发展的正确方向，又富有发展活力的运行机制。2003年6月，包括北京、重庆、广东、深圳、沈阳、西安、丽江在内的9个省市和39个宣传文化单位参与的文化体制改革试点工作，试点地区和单位积极培育市场主体、深化内部改革、转变政府职能、建立市场体系，为全国性的文化体制改革作了重要的铺垫。

2004年3月召开的十届全国人大二次会议的《政府工作报告》又提出"积极推动文化体制改革和机制创新，加大对公益性文化事业扶持力度，完善文化产业政策，发挥市场机制作用，促进文化事业和文化产业共同发展"[1]，再次突出强调了文化体制改革和文化建设的极端重要性，这些都对我国的文化体制改革和文化产业发展奠定了基础，并指明了方向。同年9月，党的十六届四中全会第一次提出了"解放和发展文化生产力"的积极主张，阐述了中国文化建设和文化产业发展的时代要求，把文化产业发展对于经济社会整体发展的重要作用提到了一个与物质生产力并列的新高度。

2005年，国务院下发《关于鼓励、支持和引导个体私营等非公有制经济发展的若干意见》，明确了公有制为主体、多种经济共同发展是我国社会主义初级阶段的基本经济制度，提出了放宽非公有制经济市场准入的范围，随后又下发《关于非公有资本进入文化产业的若干规定》，提出进一步引导和规范非公有资本进入文化产业，逐步形成以公有制为主体、多种所有制经济共同发展的文化产业格局。同年，文化部、财政部、人事部和国家税务总局联合下发了《关于鼓励发展民营文艺表演团

---

[1] 国务院研究室编写组：《十届全国人大二次会议《政府工作报告》，《人民日报》，2004年3月17日，第3版。

体的意见》。这样，文化产业国有单一所有制的格局被打破，文化产业的多种所有制结构得以建立。

2006 年发布的《国家"十一五"时期文化发展规划纲要》更是对未来的文化发展做了科学规划和具体部署，明确了文化体制改革和文化产业发展的指导思想、方针原则和发展目标。随后，我国文化产业规模迅速壮大，文化及相关产业的增加值占国内生产总值的比重不断提高。据国家统计局的报告，2008 年，我国文化产业增加值达到 7630 亿元，比 2004 年增加了 4190 亿元；文化产业增加值相当于同期 GDP 的 2.43%，比 2004 年提高了近 0.3 个百分点。2009 年 7 月，我国第一部文化产业专项规划——《文化产业振兴规划》由国务院常务会议审议通过。这是继钢铁、汽车、纺织等十大产业振兴规划后出台的又一重要产业振兴规划，标志着文化产业已上升为国家战略性产业。

2011 年党的第十七届中央委员会第六次全体会专门通过了《中共中央关于深化文化体制改革的决定》，进一步提出了文化产业与产权制度变革的具体要求，主要表现在以下几个方面：

第一，构建现代文化产业体系。加快发展文化产业，必须构建结构合理、门类齐全、科技含量高、富有创意、竞争力强的现代文化产业体系。要在重点领域实施一批重大项目，推进文化产业结构调整，发展壮大出版发行、影视制作、印刷、广告、演艺、娱乐、会展等传统文化产业，加快发展文化创意、数字出版、移动多媒体、动漫游戏等新兴文化产业。鼓励有实力的文化企业跨地区、跨行业、跨所有制兼并重组，培育文化产业领域战略投资者。优化文化产业布局，发挥东中西部地区各自优势，加强文化产业基地规划和建设，发展文化产业集群，提高文化产业规模化、集约化、专业化水平。加大对拥有自主知识产权、弘扬民族优秀文化的产业支持力度，打造知名品牌。发掘城市文化资源，发展特色文化产业，建设特色文化城市。发挥首都全国文化中心示范作用。规划建设各具特色的文化创业创意园区，支持中小文化企业发展。推动文化产业与旅游、体育、信息、物流、建筑等产业融合发展，增加相关产业文化含量，延伸文化产业链，提高附加值。

第二，形成公有制为主体、多种所有制共同发展的文化产业格局。加快发展文化产业，必须毫不动摇地支持和壮大国有或国有控股文化企业，毫不动摇地鼓励和引导各种非公有制文化企业健康发展。要培育一批核心竞争力强的国有或国有控股大型文化企业或企业集团，在发展产业和繁荣市场方面发挥主导作用。在国家许可范围内，引导社会资本以多种形式投资文化产业，参与国有经营性文化单位转企改制，参与重大文化产业项目实施和文化产业园区建设，在投资核准、信用贷款、土地使用、税收优惠、上市融资、发行债券、对外贸易和申请专项资金等方面给予支持，营造公平参与市场竞争、同等受到法律保护的体制和法制环境。加强和改进对非公有制文化企业的服务和管理，引导他们自觉履行社会责任。

三、我国文化产业发展问题

（一）文化产业立法问题

从法律体系来看，我国文化立法包括文化活动和管理的宪法性文件，文化管理一般法、文化管理部门法。这是以宪法为核心，以文化管理一般法为基础，以各文化部类管理法规为主题构成的文化法律体系。文化活动与文化管理的宪法性规定，主要是在宪法中规定的国家关于发展文化事业的根本方针，文化事业发展的方向等等。文化管理一般法，是指适用于所有文化单位和文化活动的法律法规，如《著作权法》《中外文化交流管理法》《广告法》《传统文化保护法》等。

新时代，我国在文化领域已逐步形成一个较为完善的的文化产业法规体系，以及由这个系统建立起来的文化管理机制。可以说在调整社会文化关系和文化管理的一些重要方面，初步做到了"有法可依、有章可循"。但我国文化产业法律法规还存在诸多要完善的地方，如没有统一的法典作为发展文化产业的基本法，对于这方面的规定大多零散分布于各个不同的部门法或行政法规中，相互之间显得相对独立，难以相互补充，相互支持形成一个统一的法律体系。

由于没有统一的法典对有关文化产业的问题进行统一规定，不同法律，法规的制定者所考虑的侧重点，所维护的利益或立法能力等因素的不同，导致不同的规定对同一个问题的规定会有所不同，甚至不少地方法规和国家法律相矛盾，各规定之间缺少系统性和同一性，不能相互衔接和配合。加之我国文化产业管制部门众多，各个主管部门对某些问题各自有不同的规定，这都使得文化产业方面的制度变得更加的混乱和复杂。

（二）文化产业管理体制

文化产业管理体制，是指有关政府管理文化产业的职能和组织体系、方式，政府与文化单位之间的关系，合理规范文化单位之间与社会其他经济组织、团体之间关系的制度、准则和机制等。管理体制规定着文化产品生产、管理、传播等实践活动的特点，体现着文化产业主体从事实践活动的方式，制约着文化产品的生产效率，也制约着文化创造的状况和文化产品的价值取向。因此，文化产业管理体制是社会文化价值的一种体现和反映。不同的管理体制代表着不同的社会文化价值，文化产业管理体制的改变就意味着社会文化价值的改变，并折射社会文化的创新。

第一，有的管理缺位与越位并存。管理体制包括宏观管理体制和微观运行机制两个方面。宏观管理体制主要问题是：政府对文化企业的经营管理干预过多，政府职能交叉、多头管理、缺位与越位并存等诸多问题严重。政府统管各项文化产业，直接控制文化产业的运行，文化企业成了政府部门的附属物，文化企业的目标任务、人员编制、活动经费、岗位设置、人事任免均由上级行政部门负责。把经营性文化产业同公益性的文化事业等同起来，习惯于用计划经济的手段管、办文化产业。文化产业管理体制游离于社会主义市场经济体制之外，缺乏活力和竞争力。

微观运行机制突出体现在：政府过多的干预文化市场的微观运行，而对文化产品的质量、价格、资本准入、市场执法等方面，政府监管不到位。劳动人事、分配和社会保障三项制度改革还很滞后；全员聘用制度尚不健全，竞争、激励和约束机制仍不完善；国有经营性文化产业的企业改制、实施公司制改造、完善法人治理结构、建立现代企业制度的工作还需继续展开；资产经营责任制仍需探索，资产授权经营还需试行。

第二，有的事业化偏向导致文化产业发展动力不足。文化事业是公益性文化生产和文化服务事业，它为公众提供公共文化服务，在保障人们的文化权益、促进人的素质全面提高方面具有重要作用。即使在发达国家，文化生产也不是完全市场化的。我国文化事业和文化产业的界定比较模糊，推行的文化体制改革方案和扶持文化事业发展政策及管理规定只是粗线条的。我国的文化事业靠政府投入，越是文化名城，越是文化遗产资源多的地方，政府投入越大。我国是多民族国家，少数民族地区保留许多优秀的文化遗产，但是那些地区的经济基本上还是处于欠发达水平，文化旅游资源待开放，政府收入偏低，难以做到对文化遗产的恢复和保护工作。

从目前的文化发展体制改制情况看，尽管各事业单位已经改制，但是原事业性质下，管理和运营模式无法进行改变，从我们目前了解的情况看，这种形式体制改制未能够达到党中央提出文化体制改革要求、难以实现文化产业大发展。

（三）文化产业资源配置机制与市场化间的矛盾问题

文化产业的运行是以组织系统为载体，以利益和竞争为推动力，通过市场的价格、供求和竞争等手段实现资源配置和结构调整。同时，国家政府通过财政政策、货币政策、产业政策和收入分配政策等重要手段实行宏观管理和调控，从而推动文化产业健康、协调、持续运行。文化产业系统的各个构成要素之间相互联系、相互作用、相互制约推动整个系统的运转。但从当前文化产业的运行机制来看，依然存在诸多的问题。

有的资源配置机制不顺，文化产业的传统的资源配置机制与市场化要求相差甚远。文化产业的基础是市场，现代市场经济要求公开、公正和公平的竞争，反对各种形式的地方保护和垄断。而我国传统的文化事业单位是按"条块"（地方和行业一纵一横）分割的方式设立的，尽管已经在不同程度上开始与行政主管部门脱钩，实行"专业归口管理"，但是离真正的市场竞争还有相当的距离。甚至还有一些企业利用与行政机构的传统联系，利用企业特殊的社会公益性质和意识形态功能，垄断资源，操纵市场，谋取暴利。另一些文化企业在做大以后，要做跨行业跨地区的资产重组甚至兼并，却往往遇到阻力。根据世界贸易组织的运行框架，在国际性"传媒汇流"趋势的影响下，一些广电、报刊、出版企业在地方政府的协调下成立了集团公司，实现了"强强联合"和"资产重组"甚至在当地从事了一些跨行业、跨媒体经营。这当然是一种进步。但我们也注意到，"媒体汇流"在西方是一种市场趋势，在中国则主要依靠政府行政手段撮合，如何将结构调整与体制转型结合起来，仍然是个问题。如此，文化产业的发展就与深层次改革问题相遇了：文化产业是一个特殊的产业，既具有一般的行业属性，又具有社会公益性质。其中的核心产业门类如传媒产业，既具有大众传媒的特点，又是党和国家的宣传渠道。如何基于这些特点做出制度性的安排，既按照市场经济的一般规律健康发展、创造收益，又保证先进文化的主导作用，这是一个全新的问题，需要我们以创新的精神大胆开拓。

（四）文化市场微观主体"二元结构"问题

所谓文化市场微观主体的"二元结构"，是指国有文化企业和其他所有制的文化企业普遍缺乏产权联系的分离状态。其中，尤以文化产业的核心领域——新闻出版、广播电视行业的"二元结构"特征最为显著。国有文化单位，尤其是新闻出版、广播电视等垄断性文化行业的深层次改革还有待深入。目前，大量进入这一领域的社会资本，只能是以"合作经营"的方式，与具有"刊号"和"特许经营权"的国有文化单位进行项目合作，缺乏产权关系的连接。由于国有经济和非国有经济改革的不同步性，国有文化企业单一，国有投资主体政企不分、政事不分的传统体制还基本上没有得到实质性的触动，尤其是在新闻出版、广播电视等国有垄断性文化行业，对非国有资本存在"市场进入壁垒"的情况下，两者产权关系的分离，就不可避免的形成"两张皮"的"二元结构"的企业体制形态，造成文化市场微观主体"二元结构"的主要原因：一是改革开放以来在文化领域中的"增量改革"，即非国有经济的发展已经取得了重要的进展，而"存量改革"，即国有文化单位的改革严重滞后，在缺乏配套政策解决国有文化单位的沉重历史负担的情况下，非国有文化企业就难以与国有文化企业单位实现有机的融合，发展为混合经济结构。二是在新闻出版、广播电视等国有文化行业，目前仍存在严格的"市场准入壁垒"，致使非国有资本难以进入这些行业，从而使"二元结构"在一些领域不仅依然如故，而且还有所强化。由此造成的不良影响是：

第一，非国有经济文化发展壮大问题。非国有资本进入文化产业，必须掌握一定的文化资源才可能得以发展，而其获得文化资源的途径不外有两个方面：一是开发新的文化领域或从国外引进文化资源，利用"增量"文化资源来发展自己；二是通过与国有文化单位合作，盘活国有闲置的"存粮"文化资源来实现自身发展。但由于长期以来国家作为文化领域单一投资主体的原因，我国文化资源主要掌握在国有文化单位手中，因而通过与国有文化单位合作，以盘活国有闲置的"存量"文化资源的方式来获取文化资源，就成为非国有资本发展的重要途径。然而，目前我国文化体制这种不合理的"二元结构"，使得非国有资本在与一些国有文化单位合作的过程中，往往遇到难以逾越的"市场进入壁垒"而却步不前，或者仅仅只能采取项目合作的非产权方式，而使自身的合法权益不能得到保证，从而难以充分有效的盘活国有闲置的"存量"文化资源，推动文化产业的快速发展。

第二，"市场进入壁垒"和"二元结构"使文化投资主体的融资合作问题。不合理的"市场进入壁垒"和"二元结构"，不利于我国文化投资主体通过相互参股控股、收购兼并等市场化的投融资方式融为一体，因此，发展以国有资本为主体与主导的混合经济形态，最终形成文化产业各方"合作共赢"的格局还有很长的路要走。

四、中国文化产业改革与发展思路与举措解析

（一）中国文化产业改革与发展的总体思路坐标

我国文化产业改革与发展的总体思路坐标是，进一步深化文化产业与产权制度改革，努力形成以公有制为主体、多种所有制共同协调发展的文化产业新格局。

1. 坚持国有文化产业的主体地位，深化国有文化单位自身改革

新中国成立以来，在我国文化建设"一穷二白"的历史条件下，以国家作为单一投资主体和行政性配置文化资源的国有文化体制，对于集中有限资源进行文化基础建设、文化队伍建设，以及文化产品的创作、生产和供给都曾经发挥了积极的作用，我国绝大部分文化资源由此自然而然地掌握在国有文化单位手中。这些国有的"存量"文化资源是一笔十分宝贵的历史遗产，是新世纪我国发展社会主义先进文化和精神文明建设的主要物质基础。因此，在一定意义上可以说，国有文化单位担负着推动我国文化产业发展的主要职责，是我国文化产业的主导力量。搞好国有文化单位的改组、改制和改造，实现国有"存量"文化资源的优化配置和文化产品生产机制的转变，是加快我国文化产业发展和文化基础设施建设步伐的关键所在。

从现实来看，当前国有文化单位改革关键是加快国有文化单位与"事业体制"的分离。长期以来，我国国有文化单位基本上都是实行国家财政统包揽的事业体制。文化市场微观主体再造的主要任务，就是要打破含糊不清的所谓"事业体制"，按照"分类指导，先易后难"的原则，把一大批可以实行产业化经营的国有文化单位从"事业体制"中逐步分

离出来，通过落实法人财产权，引入社会资本，建立现代文化企业制度，然后将其推向市场。为此，党的十六大报告提出了"公益性文化事业"和"经营性文化产业"两大类别，这对于积极推进文化体制改革，加快发展文化产业，无疑具有分类指导的重要意义。在此情况下，政府文化行政管理部门既要注重文化生产的意识形态属性，又要注重文化产品的产业属性。在坚持文化产品与服务的社会效益与经济效益相统一的前提下，对意识形态属性不是很强或较易管理的经营性文化单位乃至行业，普遍实行企业改制，推向市场，自主经营，自我发展。首先可以考虑把二类国有文化单位从"事业体制"中分离出来：一是演出、娱乐、会展、影视、音响、体育健身等竞争性文化行业中的国有文化单位；二是科技、财经、汽车、体育、时尚等非意识形态的国有垄断性行业的传媒单位。在文化事业单位转制过程中需要妥善处理好国有文化事业单位转制为企业时人员的安置与分流。

第一，发展完善国有文化企事业单位转制、改制配套政策的具体制度规定。按照"老人老办法、新人新办法"的原则，让所有在编人员依法进入各类社会保障制度的调节范围，妥善解决转制、改制文化事业单位离退休人员的待遇、未聘人员转岗安置等，以解除他们的后顾之忧。

第二，妥善安置分流未聘人员。对文化事业单位在编的未聘人员，以单位内部消化为主。通过发展事业、兴办新的产业，向系统内和系统外流动等多种方式予以安置。对接近退休年龄和另谋职业的人员，根据组织人事部门的有关规定，可采取提前退休、一次性支付工龄补偿金等方式办理，并享受有关优惠政策，所涉及的各项费用由各级财政建立改革保障金予以解决。

第三，文化事业单位转制为文化企业的，要按照不同情况分别对原有工作人员待遇给予相应的明确规定。转制前已离退休的人员，原离退休金的计发办法不变，经费供给渠道不变，离退休金发放和日常管理工作由原单位负责；转制时提前离退休人员的有关费用问题，按照各地实际情况，保留国家和省规定的事业单位养老、医疗待遇，所需经费由原经费渠道安排或从改制企业的净资产及资产兑现中解决；事业单位转制为企业后继续在职的人员，由财政或企业视情一次性为其购买不同金额的补充保险，以补足今后养老金的差额。

2. 为非公有制文化产业发展创造条件

现阶段，单凭政府的力量无法解决长期困扰中国文化产业发展所需的资金、技术、人力和管理不足的问题。因此，要有效地克服这些困难，与对外全方位开放相适应，对内也要实施全方位开放政策，充分整合社会的积极参与意愿，把过去曾经在很长时期内一直认为，只有国家才能承担的责任和提供的服务转移给社会民营的力量去完成，从而完善以文化投资主体多元化为核心的文化产业政策体系。而要促进非公有制文化产业发展，最根本的就是要完善文化市场准入制度。市场准入是国家开放度的一个标志，同时也可看作是一个国家公民文化权利实现的程度性指标。在我国现在的条件下，在文化领域里实行市场准入，就意味着政府要把自己长期拥有的那一部分文化权利和文化利益让出来，还给社会，还给公民。因此，除了涉及国家文化安全的文化领域，被禁止任何社会资本的进入以外，我们一般不能规定哪些社会资本可以进入文化领域，哪些不能进入文化领域，因为这不符合国民待遇原则。通过完善市场准入制度，使符合资格条件的文化活动主体能依法进入文化市场，并充分保障其在文化市场活动中的合法权益，规范其在文化市场中的行为。为此，需要做到：一是要建立并完善文化市场分类准入制度，降低进入门槛，使多种经济成分有选择的自由和进入的空间。二是要同时要加大政策宣传，加强对政策落实情况的监督、检查，保证各项政策贯彻实施。三是创造服务环境。立足于为投资者服务，实行民办文化产业项目法人责任制，从筹划到建设、运行、还贷等各个环节都按照市场经济规律运作，一切由业主自负，责、权、利关系清晰。通过简政放权、政务公开，变审批制为登记制，提高服务质量和办事效率，让投资者和经营者放心，明明白白参与文化产业的建设。通过上述举措，使将原来属于国家控制的那一部分，有步骤、有计划地转让给社会的民间资本，也即把原来由国家掌握的那一部分文化权力还给公众。

（二）中国文化产业改革与发展具体路径

1. 文化产业股份制改革

股份制是推进我国建立公有制为主体、多种所有制共同发展的文化产业格局的必由之路。股份制作为一种投资主体多元化的企业组织形式，是工业文明时代社会化大生产的必然产物，是人类社会管理知识和经验积累的结晶，其最大特点是可以在较短的时间内跨地区、跨行业，甚至于跨国界的积累大量的社会资本，实现资本、技术、人力资源等生产要素的优化配置和规模运营，从而推动社会生产力的迅速发展。因此，股份制可以推进我国文化产业的改革与发展。

然而，由于在文化体制改革的探索进程中，国有文化单位改革的步伐相对滞后，普遍存在着投资主体和投融资渠道单一、体制僵化、机制不活、管理粗放、效益低下的体制弊端和富余人员众多、债务沉重、文化资源和人力资本大量闲置的问题。那么，怎样才能解决这些多年积累的难题，使国有文化单位在新形势下重新焕发青春，真正担负起我国文化产业发展进程中的主导作用呢？仅仅着眼于国有文化单位自身的改革，以政策推进来实现其内部管理体制和经营机制的转变是远远不够的。因为近年来非国有文化企业的迅速崛起，已经成为我国文化产业大军中一支重要力量，从根本上改变了我国文化领域单一的国有体制的既定格局。在这种情况下，衡量国有文化单位在我国文化产业发展进程中是否发挥主导作用，更重要的是要看它是否能够对国有文化单位进行以股份制为主要组织形式的产权改革，通过股份制和资本市场的投融资平台，以较少的国有资本调控更多的社会资本，从整体上提高我国文化产业的综合实力，使之真正担负起推动我国文化产业发展的应有责任。为此需要做到以下几个方面：

（1）加快国有传媒单位股份制改革

近年来，随着文化产品需求的强劲拉动、民营经济的迅速发展和投资准入的逐步松动，一大批具有知识背景和专业技能的非国有资本以种种方式进入文化产业领域，为文化产业的发展注入了新的活力。然而，由于市场准入的限制，在科技、财经、汽车、体育、时尚等国有文化传媒领域，绝大多数非国有资本只能通过与拥有垄断性"刊号"和"特许经营权"资源的国有文化单位进行合作经营来开展业务。这种非规范的合作形式，使得合作双方既无法形成以产权为纽带的稳定合作关系，同时也造成在合作工程中难以避免的短期行为、行政干预和各种摩擦。随着文化体制改革的日益深化，各种传媒产品的一般商品属性已被人们广泛认识，这一领域市场化发展的条件也日趋成熟。为此，对于国有文化传媒单位，应当区别不同情况，在清产核资、资产评估、界定产权，从"事业体制"分离出来的基础上，按照规范的股份制改造和不断完善现代文化企业制度等方式尽快予以解决。

（2）一般竞争性文化行业股份制改革

随着近年来演出、影视行业投资准入的开放，包括演出、娱乐、会展、影视、音响、体育健身等属于一般竞争性文化行业的性质已被社会各界广泛认同。因而，这些行业的国有文化单位应率先从"事业体制"中分离出来，在经过清产核资、界定产权、化解历史包袱，落实企业的法人财产权后，结合国有文化的战略性调整，通过以股份制为主要形式的体制改革而使其走向市场。从目前各地的改革创新实践看，具体的改革形式可以有以下几种类型：一是一般竞争性文化行业中少数具有龙头地位或国内外知名度较高的国有大型文化企业和企业集团（演出集团、影视集团等），应当在国有资本绝对控股或相对控股的前提下，通过引入社会资本的"增量"投资或转让部分国有"存粮"资本而实现股份制改造，从而有利于国有资本继续在这些行业发挥引导性作用。二是一般竞争性文化行业中的中小型国有文化企业，应根据不同情况，"采取包括经营者和职工自愿投资入股的多元投资主体的股份制改造，或国有资本推出的方式，以及租赁、承包等非产权改革的方式搞好搞活；要鼓励各类优势文化企业采取跨地区、跨行业的收购、兼并、托管、联合等形式发展壮大；对于少数长期经营亏损、资不抵债，实际上已经失去经营能力的国有中小型'空壳'文化企业，应当按照法律程序，坚决实施政策性的破产关闭，以避免国有资本继续流失"。[①]

2.培育文化市场之思

我们要通过积极培育文化产业市场，不断优化文化产业的市场环境，不断巩固社会主义意识形态阵地。

文化产业化，就是把部分文化产品按照商品生产的法则进行生产，文化产品以商品形式进入市场，它的生产、流通、交换按照市场规则进行。文化市场是文化产业发育、发展的土壤。文化市场发育的程度和水平，在相当程度上决定着文化产业的发展程度和水平。因此，繁荣大众消费文化，促进文化产业的发展，首先必须着眼于"统一、开放、竞争、有序"的建设目标，着力完善文化要素和产品市场，建立文化产业中介机构，发展现代流通组织和流通方式，培育有利于刺激文化消费的市场环境。

（1）文化要素市场和产品市场

政府应积极培育文化资金市场、文化版权市场等要素市场，改革财政投入方式，以出让经营收益权吸引社会资本投入文化基础设施建设。充分利用国内外资本市场，拓展文化产业投融资渠道。建立文化产业人才库、人才评价体系，促进人才合理配置和有序流动。重点培育音像制品、演出娱乐、影视剧、艺术品等文化产品市场，培育和规范以网络为载体的新兴文化市场，大力培育和开拓农村文化市场。

---

① 王声平：《浙江省文化产业产权多元化改革路径及对策探析》，《新闻界》，2008年第4期，第32页。

（2）文化产业中介机构

要尽快完善国有文化中介机构与主管部门的行政隶属关系，积极创办综合性文化经纪公司、演出经纪公司、艺术品拍卖公司等文化经纪机构和代理机构，同时加快发展文化经纪人队伍，推广签约制、制作人制等现代文化市场组织形式，逐步形成充满活力的文化中介体制。发展文化经纪代理、评估鉴定、信息咨询等中介服务机构。加强执业培训，推行资格认证制度。制定和完善文化中介机构的管理办法，规范中介行为，提高服务质量。制定行业规范，发挥演出行业协会、音像行业协会、娱乐行业协会、网络文化行业协会、艺术品经营行业协会等行业组织在市场协调、行业自律、服务维权等方面的作用。

（3）现代流通组织和流通方式

要以建立起较完善的、适应社会主义市场经济体制要求的文化产业发展机制，全国统一的文化市场体系，形成以公有制为基础，多种所有制经济共同发展的局面，使市场机制在文化资源配置和文化经济活动调节中发挥基础性作用，就必须打破垄断，打破进入壁垒，允许文化服务企业实行跨地区、跨行业经营。建立以大城市为中心、中小城市相配套、贯通城乡的文化产品流通网络。同时着力建设辐射全国的区域文化产品物流中心，鼓励跨越区域、管理规范、技术先进、服务优质的现代文化产品物流企业发展。积极发展面向消费者的文化电子商务模式，构建网络文化产品和文化生产要素交易平台，推进文化企业信息化建设，完善文化行业信息资源共享和在线交易信用机制。

（4）刺激文化消费市场环境

首先，要加强对消费者的引导，培养消费者良好的文化品位，不断提高其消费文化产品和服务的水准。其次，要建立有利于文化消费的市场拉动机制。尊重市场规律，让文化产品的价格由市场竞争形成，促进文化产品通过市场选择优胜劣汰。再次，要整顿和规范文化市场秩序，保护知识产权，保护和激发文化原创精神。特别要打击那些宣扬封建迷信、色情、暴力、危害青少年健康成长的文化产品，打击盗版、侵犯知识产权和走私文物的活动。

市场作为组织的一种是人与人的合作系统，也是人与物的组合、配置系统，要合作成功、配置有效，必须靠一定的制度作保障。文化市场的制度供给包括自由竞争制度供给、信用制度供给和监管制度供给三方面内容。通过打破垄断和地方保护，打击不正当竞争，可以使市场竞争机制更完善，给企业形成"优胜劣汰"的外在压力，迫使企业加大创新投入，形成独特的竞争优势。信用是市场经济的基础，仅靠良心、道德，不可能有效约束债权人和债务人的经济行为，必须依靠法律力量，把一切信用活动纳入法制的轨道，才能维护和培育良好的信用秩序，为文化市场提供一个稳定的发展空间。完善文化市场管理机制，就要努力把市场繁荣和市场管理更好地结合起来。推进文化产品和服务的市场化进程，形成有利于提高经营质量和经营效益的企业经营机制，形成有利于企业公平竞争、资源优化配置的市场运行机制。

3. 文化产业保障体系

建立并推进以公有制为主体、多种所有制共同发展的文化产业格局不仅需要分别在建立现代企业制度、发展非公有制文化产业，以及培育市场体系上下功夫，同时以公有制为主体、多种所有制共同发展的文化产业格局建立与顺利推进，还离不开相关保障体系的构建。

（1）法律法规保障

第一，加快文化立法步伐，加快文化产业立法体系的构建。推进公有制为主体、多种所有制共同发展的文化产业格局离不开良好的法制环境。作为文化产业发展的法律基础和依据的基本法是文化产业良好发展的必备条件之一。从世界各国文化产业发展的过程和经验来看，基本法无一例外都起到了很重要的指导作用，使各国调控文化产业的手段逐渐完善，文化市场体系更加完备和成熟。如韩国 1998 年正式提出"文化立国"战略后颁布的《国民政府的新文化政策》《文化产业推进计划》。

日本《振兴文化艺术基本法》和《有关振兴文化艺术的基本方针》。这些法律的出台，不仅明确了该国文化产业发展的基本方向和策略，更重要的是规定了管理，调控文化产业发展的基本手段和方法，为该国文化产业的发展起到了巨大的推动作用。为此，要加强文化立法，立足我国国情，借鉴国外有益经验，及时总结文化领域改革发展的成功实践，做好有关法律法规的"立、改、废"工作，通过法定程序将党的文化政策逐步上升为法律法规，通过立法，切实维护以下各方面的利益：保障公民平等参与和享有文化的权利，保障公民的创作自由，加大知识产权的保护力度，保护艺术生产单位以及创作者、表演者的合法权益；保障和促进文化管理体制改革，巩固改革成果；培育和规范文化市场；保护文物和民族民间文化遗产。

同时要加强知识产权保护，建立健全知识产权保护体系。适应新形势的要求，加大知识产权的保护和宣传力度，落实有关保护措施，形成尊重创新、鼓励创新、保护创新的良好环境，进一步提高文化领域的知识产权保护水平。做好重要文化资源知识产权的挖掘、整理工作，建立国家重点文化知识产权保护目录，逐步构筑覆盖全国的知识产权服务网络，采取多种形式，及时宣传文化领域保护知识产权工作取得的成效，开展"拒绝盗版，从我做起"全民主题教育活动，增强全社会的知识产权意识。依法严厉打击侵犯知识产权的各种行为，加强统筹协调，形成条块结合、上下联动的工作机制。

第二，注重梳理相关法律法规，使其系统化和统一化。针对现阶段我国有关文化产业的法律法规和制度繁多，相互间缺少协调性，部分地方法规甚至和国家法律相违背的情况。在基本法尚未出台，文化产业立法体系尚未建立的情况下，现阶段在加快基本法制定的同时，也要对现有的相关法律法规和制度进行系统的梳理，对相互矛盾、条款不明确、缺乏操作性、违背有关国际规则的法律法规，应采用"立、改、废"的措施，使之系统化和统一化。在梳理过程中，可以将文化法规分为以下六类：第一类，为公共文化事务方面的法律法规，其目的是确定国家在发展公共文化事业方面的责任，并为社会提供参与公共文化事务所需要的条件和环境，包括各种优惠政策和法律保障等。第二类，为了保障和规范文化市场主体（文化企业和个体经营者）的法律法规，看这些法律法规还需不需要进一步补充和修改。第三类，为了维护文化市场秩序方面的法律法规，看这些法律法规是不是适用于我国文化开放条件下的文化市场。第四类，政府对文化经济宏观调控方面的法律法规，看看这些法律法规在文化开放和市场经济条件下，能不能充分行使宏观调控职能。第五类，涉外文化经济方面的法律法规，主要看看这些法律法规齐不齐全，已有的法律法规适不适用。第六类，地方文化自然和物资资源保护及文化设施建设方面的法律法规。梳理上述文化法律法规，主要目的就是检查现有文化法规是不是适用，不适用的要修改补充。同时，按照立法要求，对目前缺乏的文化法律法规列出清单。

第三，加大执法力度，规范市场秩序，加强对文化市场的管理。以公有制为主体、多种所有制共同发展文化产业与产权制度改革的推进，必然对市场的规范性提出更高的要求。为此，需要整合现有文化、广播影视、新闻出版等有关行政执法队伍，组建文化市场综合执法机构，在公安、工商等部门的配合下，实行统一执法，加大执法力度，重点打击走私影片发行放映、音像制品走私、盗版、娱乐场所色情陪侍、非法文化产品经营等违法活动，加大对盗窃、走私文物的犯罪活动的打击力度。同时要开展文化执法人员培训，建设廉洁公正、作风优良、业务精通、素质过硬的执法队伍，提高文化市场监管能力和水平。努力实现文化工作的科学化、制度化、规范化。

（2）行政管理保障体制

在社会主义市场经济条件下，政府和市场是推动文化发展的两种主要力量，政府是市场规则的制定者，但不应该是市场竞争的参与者。这几年在文化体制改革中建立起来的国有文化产业集团不仅在行政级别上往往与政府文化行政主管部门同处一个行政层级，而且这样的国有文化产业集团又往往隶属于党委宣传部门管理，国有文化产业集团与政府文化行政主管部门之间在一个地方形成两个权力中心，政府文化行政主管部门实际上处于对国有文化产业集团管理无能的状况。而之所以造成这样一个局面，一个重要的原因就是没有从根本上科学地解决"政府从办文化向管文化转变"这一国家文化管理理论的重大命题。因此，在我国当前的文化事业的建设和发展当中，政府和文化事业单位、企业单位的关系过于"暧昧"，阻碍了文化事业的良好发展。因此，我们应当积极面向社会，壮大文化产业发展的力量，充分调动民间参与文化产业发展的热情，努力形成以国有文化企业为主导、多种所有制文化企业共同发展的文化产业新格局，改革政府的宏观管理势在必行。

改进政府宏观管理，加快转变政府职能，就是要从经办文化事业的具体事务中解脱出来，把主要精力放到定政策、做规划、抓监管上来，转到依法行政、社会管理和公共事务上来，真正做到政企分开、政事分开，彻底结束政企不分、管办合一的管理模式。为此需要做到：

第一，政府文化行政管理部门主要定位于管宏观、定政策、做规划、抓监管。理顺政府部门与文化企业、文化团体、文化市场中介机构之间的关系，落实政企分开与政事分开，政府职能由直接投资"办文化"，转变为综合运用经济、法律和必要的行政手段来"管文化"。政府相关部门作为政府购买公共文化服务的代表，同文化企事业单位或其他社会主体建立契约式管理模式。

第二，在深化改革中，做好结构调整工作，实现资产重组、资源整合，同时进一步划清文化单位的性质，改善政府对文化的投入方式，该由政府给予资金保证的公益性文化单位，要加大投入；而通过市场经营求生存和发展的文化单位，要充分放开，制定并落实文化经济政策，支持其在市场竞争中发展壮大。总之，通过改革建立和完善科学合理、灵活高效的，能够充分调动文化企事业单位的积极性创造性，能够充分发挥文化资产和资源优势的宏观管理体制。

第三，为切实解决文化管理体制、职责等问题，国家或地方政府有必要成立一个专门机构协调文化建设，也可就具体文化事业或产业的发展项目成立相应的管理和服设，也可就具体文化事业或产业的发展项目成立相应的管理和服务机构，以减少发展的成本，促进文化事业和文化产业的健康、快速发展。

第四，结合世界贸易组织的框架原则，特别是有关知识产权保护和服务贸易的基本原则进行改革，使中国的文化市场与文化产业的管理体制符合国际规则或惯例，为文化产业拓展国际空间奠定良好的基础。

（3）财税保障体制

第一，文化发展的财政扶持问题。一般说来，文化事业是靠政府来投入，文化产业部分应该向市场要效益，但目前我国的文化产业还很弱小，需要国家在财政上予以支持；另一方面，我国的文化产业机构大多是由事业管理转变为产业经营的单位，转变过程中也离不开财政的支持。为此，在推进以公有制为主体、多种所有制共同发展的文化产业与产权制度改革过程中，要对提供公共文化产品和服务的公益性文化机构和特殊需要保护的文化事业单位，如图书馆、博物馆、文化馆等，国家继续给予经费保证；对准公益性文化事业单位，国家区别情况通过相应的财政补助予以扶持；文化产业单位，国家给予政策扶持和引导。同时，在逐步增加财政对文化投入的基础上，安排一定数量的财政预算资金、文化事业建设费作为加快发展文化产业的引导资金，逐步建立起符合社会主义市场经济规律的文化产业投资机制。

第二，落实并完善文化产业的税费政策问题。推进以公有制为主体、多种所有制共同发展的文化产业与产权制度的改革过，还需要在税收政策上有所举措，可根据对不同种类的文化事业和不同社会效益文化产品以及文化服务，实行不同的税率。差别税率以政府的文化导向为依据，如在文化产业结构上，对政府总是提倡和鼓励的高雅文化实行低税率，对低俗文化实行高税率；在文化产业布局和文化消费对象上，对政府倡导的扶持老少边穷地区、为少年儿童及农民服务的文化，则应给予税率上的优惠。对于营业性歌舞厅、卡拉 OK 厅、音乐茶座、夜总会、保龄球馆等高消费、高利润行业，为调控文化产业结构，引导资金流向，可按差别税率开征高消费娱乐税，用于支持民族文化和高雅文化的发展。

第二节　中国特色社会主义文化事业建设

党的十九大报告指出："满足人民过上美好生活的新期待，必须提供丰富的精神食粮……完善公共文化服务体系，深入实施文化惠民工程，丰富群众性文化活动"，[①] 这就要求我们在大力发展文化产业的同时，要着力推进文化事业建设。文化事业建设是指政府针对文化布局、文化结构、文化资源配置方面，着眼于突出公益属性、强化文化服务功能、增强发展活力，按照公益性、基本性、均等性、便利性的要求，加强文化基础设施建设，完善公共文化服务网络，全面推进文化事业单位人事、收入分配、社会保障制度改革，明确服务规范，加强绩效评估考核，创新公共文化服务设施运行机制，让群众广泛享有免费或优惠的基本公共文化服务。因此，我们必须"推动加快建设和完善覆盖城乡的公共文化服务体系……完善公益性文化事业单位管理体制和运行机制。"[②]

一、文化事业的本质内涵与属性

（一）文化事业的本质内涵

文化事业是中国特有术语，指我国政治经济体制当中存在的文化事

---

① 习近平：《决胜全面建成小康社会夺取新时代中国特色社会主义伟大胜利》，人民出版社，2017，第 43—44 页。
② 中共中央文献研究室：《习近平关于社会主义文化建设论述摘编》，中央文献出版社，2017，第 185—186 页。

业单位的集合名词，文化事业单位是在文化领域从事研究创作、精神产品生产和文化公共服务的组织机构。文化事业大致可按以分为四种类型：一是体现国家文化安全和社会公共利益的新闻传媒行业，如新闻通讯社、新闻类报刊、广播电台、电视台及网络新闻媒体等；二是保证民族文化传承和发展的公益行业，如文化普及教育、文化基础科技研发、文物保护、非物质文化遗产、民族文化、高雅艺术等；三是受限于我国目前的经济社会条件，为保证文化消费顺利进行的文化基础设施等领域，如广播电视发射台、骨干网、卫星站，图书馆，博物馆，文化馆，档案馆、学术期刊出版社等；四是为保证文化安全和为文化发展提供基础环境的非营利文化和文化行政管理领域，如文化协会、基金会、文化行政机构等属于这种类型。

（二）文化事业的本质属性

1.体现意识形态和公共利益的社会事业

文化产品是一种特殊的商品，本质上它是一种内容产品，具有鲜明的政治属性，即意识形态的属性，意识形态属性是它的本质属性，有强烈的导向功能，为服务社会、教育人民、推动发展发挥着强大作用，这要求发展文化事业必须把社会效益放在第一位。毛主席在《新民主主义论》中讲到，文化是政治经济的反映，反过来作用于政治和经济。这一基本判断，时至今日，仍然是指导我国文化发展的基本指导思想。作为观念形态的文化建设及文化发展方向的建设，始终是我国文化事业建设的主导方向，我国文化事业发展始终是以马克思主义为指导，以建设社会主义核心价值体系为主要任务的，具有鲜明的社会主义意识形态属性。我国当前发展文化事业的总政策是"二为"方向，"为人民服务、为社会主义服务"是社会主义文化事业发展的正确方向，表现出鲜明的意识形态导向，决定了文化事业发展始终要把社会效益放在首位，提倡什么，反对什么，都必须从人民的利益出发，从有利于社会主义事业发展的要求出发。"百花齐放、百家争鸣"是发展文化事业的基本方针，体现出对文化本质和科学发展规律的充分尊重，有利于文化工作者放下包袱，全身心投入文化艺术创作生产。

即便是鼓吹文化思想自由的美国政府，也直接操纵和组织对外文化宣传活动，树立美国的正面形象，大力宣传美国的价值观，维护美国的安全利益。如美国的对外广播——美国之音广播电台直接置于联邦政府的独立机构广播理事会的领导之下。70 年来，它的经费完全由美国联邦政府提供，2010 年的财政预算为 2 亿多美元。现在的美国之音与世界范围内的电台和电视台签署有 1200 个以上的合作协议，每天向美国境外进行 44 种语言的电台、电视和因特网广播，每周播出的新闻等节目长达 1500 个小时，全球听众估计达 1.23 亿人。它在一段时间内广播语言的多少以及每种语言广播时间的长短，是根据美国联邦政府工作的重心和世界形势来决定的。比如在 2001 年，它广播的语言达 53 种，有 12 套电视节目。[1] 这充分说明基于核心价值观念和传统文化的文化事业宏观政策，与主要基于经济实力对比和利益博弈考虑的经济政策是显著不同的。

在现代经济社会，文化事业是意识形态产品与公共产品相结合的产物，是一种精神产品，具有极强的思想性、艺术性和审美价值，代表着社会利益，具有很强的社会效益。在社会主义市场经济条件下，加强文化事业建设，是政府履行文化领域经济调节、市场监管、社会管理和公共服务职能的具体体现，是政府弥补文化市场失灵的必然要求，是政府对社会公众提供的基本文化服务，它是政府向全社会每一位成员提供文化需求的服务。从对象上看，它是政府向社会每一位成员都提供的服务，服务的对象是全体人民。从方式上看，它是开放式的，主要表现在公共文化设施和设备室无条件地向公众开放，供公众免费使用的。从提供的

---

① 徐长银：《美国文化管理的特点》，《决策探索（下半月）》，2012 年第 1 期，第 82 页。

内容和结果来说，它对社会全体应该是均等的。

因此，从社会的角度，文化事业是要保证意识形态安全和社会公共利益的基础公共事业，它体现了一个国家社会文明进步的程度，发展文化事业要保证公共利益。

2. 低经济产出和高社会效益问题的公共事业

文化事业是一项重要的基础事业。马斯洛将人的需求层次分为生理需求安全需求，社交需求，尊重需求，自我实现需求。当人的某一级需求得到最低限度满足后，才会追求高一级的需求，如此逐级上升，成为推动继续努力的内在动力。但是，在文化上这一假设则未必完全符合实际。即使是贫困人群，也是既有生存需求，也有发展需求，也有文化需求，文化始终是贯穿于人的发展的全过程的。从这样的角度，文化就是民生，文化事业就是超越财富和权力取向，寻求生活的幸福和精神的愉悦，从而最终实现人的自由全面发展的重要基础事业。它不仅仅包括基本的文化基础设施建设，还包括一切保证人民基本文化权益、传承优秀传统文化、培育先进文化的文化产品和服务。它是关于面向社会大众的公共事业，是关于文化发展之源、文化发展原动力的事业。

作为一项公共事业，文化的传播和发展始终是要依靠一定的基础设施载体的，基础设施建设需要很高的持续的投入。同时，对于文化自身来说，始终有一些美好的、独特的但又不能被大众文化所认可和消费的重要因素，保护和发展这样的积极因素也需要巨大的持续投入。但是，文化事业建设的这种巨大的投入却并不会直接带来高效的经济产出，而且为了文化事业的存续，往往需要更加持续更加广泛的投入，从而使社会背上沉重的"文化经济包袱"。从账面上看，文化事业是一项高投入、低产出的事业。但是，另一方面，作为一项公共事业，文化事业对人的发展、社会的发展乃至经济的发展发挥着潜移默化的巨大作用。发展文化事业，可以培养人丰富的个性和健全的人格，调动人改造、处理社会与自然的积极性，能够培养人们的民族认同感和社会责任感能够维护社会稳定，能够传承人类优秀文化成果，甚至能够实现文化资源向经济优势的转化。这些都是文化的社会效益是无法用经济指标或社会必要劳动时间的标准来精确计量的。正如马克思在《1844年经济学哲学手稿》中所提醒的，对于不辨音律的耳朵来说最美的音乐也毫无意义。没有相应的主体欣赏能力，再高雅的文化产品对他来说都是无意义的外在对象，而不可能成为其本质力量的确证。

因此，对待文化建设不能仅仅从经济产出的角度，更应关注深层次的文化影响力和对社会公共利益的保障。

3. 以科技和教育为支撑的基础事业

文化事业与科学技术事业和教育事业一样，是国家宏观管理下的基础事业，文化的大发展大繁荣，并不是狭隘的体制内的发展繁荣，它需要与国家发展与社会进步相适应，科学技术与教育是文化事业的重要支撑。

科学技术是第一生产力，不仅表现在物质生产方面，精神生产同样如此，文化的发展历程表明，科学技术的每一次重大变革，都带来了文化生产力的革命性飞跃，带来了文化形态的显著变化，带来了国家文化管理和行业标准体系的重大变化。文化事业作为一项基础事业，尤其要重视基础科技技术的发明和创新应用，科学技术能够在多大程度上支撑文化的发展，直接决定了一个国家的文化竞争能力。因此，没有科技支撑和助推，就没有现代化的文化事业，发展文化事业要大力发展文化科技事业。

教育是一个国家文明昌盛之本，没有教育的培养和传承，就不会有文化的继承和发展，没有教育的支撑和助推，就不会有强的文化人才队伍，就不会有文化事业的人力资源，一个落后的文化教育体制，难以提供文化事业发展所需的核心人才和思想文化环境。因此，文化事业的发展必须从国家文化战略需求的高度，重视和推进文化学科体系和人才培养体系的建设和变革，从而为文化改革创新提供体制和战略上的后备支持。

因此，文化事业发展繁荣是建立在一定的科技和教育水平之上的，发展文化事业尤其要注重文化科技的创新和文化艺术的普及和提高。

4. 基本性和超前性相协调的公益事业

文化事业是一种公益事业，它是为满足社会的一般公共文化需要而由政府直接提供或组织提供的。文化事业的保障水平也是伴随着文化的发展而确定的，是被社会大多数人认可的、建立在广泛的社会共识之上、并在社会可承受能力范围之内的文化层级。只有建立在这样的基础上，才是基本的文化事业，才是国家基本公共服务体系的保障范围。如博物馆、图书馆、文化馆的免费开放，如无线传播的广播电视信号等。当然，在社会的不同发展阶段、在不同地区，基本性的范围和水平会有差别，总体上应该是渐进上升和逐步均等的。文化事业是政府提供的基本文化服务，是铺底的文化服务，而不是所有文化服务。因此，基本性、公共性是文化事业的基本特点。

另一方面，文化的多样性和层次性以及发展的阶段性，又要求文化建设应该保持一定的超前性。首先，文化事业在经济社会发展中具有重要的基础作用，是社会生产生活的基本条件，必须相对超前发展，才能满足不断变化发展的需要。其次，文化事业建设投资大、见效慢、周期长，一般不会立竿见影，人们的认识和利用也有个周期过程，事业建设需要适当的前瞻性，否则将影响投资效果，造成社会资源浪费。再次，文化事业具有较强的导向性，对于专业性强、艺术水准高的高雅文化或精英文化。如音乐、美术、文艺理论等，尽管受众面受到一定限制但导向作用强劲，外部收益性特征明显，能够通过展示人类文明建设成就，使人们获得一定的审美享受，对于传承文化、提升文化、净化社会风气具有显著的正能量，也往往是政府文化事业建设需要提前考虑、谋划建设的重要内容。

因此，文化事业是一种基本性和超前性相协调的公益事业，发展文化事业既要能涵盖最广大群众的基本文化需求，还要从经济社会发展的角度出发，适当超前发展部分特殊文化产品和服务。

二、中国文化事业改革与发展历程

新中国成立后，一直用"文化事业"来概括所有文化行业。文化事业被视为国家政治的一部分，是为意识形态服务的行业。人们只强调文化事业满足群众精神文化的需要和促进社会主义精神文明建设的作用，却忽略了它对社会经济的促进作用。这是与计划经济条件下忽视价值规律的作用，否定市场经济的理论及制度相一致的。由于只从社会公益事业的角度看待文化生产和文化服务，所以从事文化生产和提供文化服务的机构一直被看作是事业单位，只为国家的特定目标或特定政策服务，而不讲求经济效益，在管理体制上长期由国家财政承担事业经费。但随着社会主义市场经济的建立，传统文化事业管理制度的弊端不断凸显。目前，我国是文化产业与文化事业两个概念、两种管理模式同时并存，相互交叉，功能互补，这是我国文化管理的特点。这一特点既反映了我国市场经济发展的过程，同时也是我国社会主义文化发展的要求。

文化事业的改革关系到整个文化事业的发展，涉及面宽，影响面广，主要经历了如下几个阶段：

（一）21世纪文化事业管理体制改革推进之思

20世纪80年代中期以来，随着国家对文化事业管理体制的改革，文化事业领域出现了新的变化，其中最为突出的是逐步形成了繁荣活跃的文化市场。2000年10月，中共十五届五中全会通过的《关于制定国民经济和社会发展第十个五年计划的建议》，提出要"完善文化产业政策，加强文化市场建设和管理，推动有关文化产业发展"[1]。"文化产业"

---

① 中国共产党中央委员会：《关于制定国民经济和社会发展第十个五年计划的建议》，《人民日报》，2000年10月12日，第1版。

的正式提出表明我们对社会主义市场经济条件下文化发展的规律有了进一步的认识。按照法国对文化产业概念的定义：文化产业是"传统文化事业中特别具有可大量复制性的产业"①。但是，发展"文化产业"不是把文化完全交给市场，不是走"文化产业化"道路。为了避免这个误区，2002年，党的十六大将文化分成"文化事业"和"文化产业"两大类，明确指出"国家支持和保障文化公益事业"，同时强调"发展文化产业是市场经济条件下繁荣社会主义文化、满足人民群众精神文化需求的重要途径"②。2007年，党的十七大进一步提出："坚持把发展公益性文化事业作为保障人民基本文化权益的主要途径"，同时要"大力发展文化产业"，"增强国际竞争力"③。2011年，中共十七届六中全会再次强调，一方面要"大力发展公益性文化事业，保障人民基本文化权益"，另一方面要"加快发展文化产业，推动文化产业成为国民经济支柱性产业"④。至此，文化体制改革中文化事业与文化产业的均衡发展在理论和政策层面都已得到清晰的说明。文化事业与文化产业的划分，直接关系到国家对于这两部分文化发展的不同政策。在价值目标上，文化事业以满足人民大众的精神生活需要为宗旨，以实现国家的公共政策为目标，以社会效益为价值标准，文化产业以实现经济效益为价值标准，以市场需求为目标，遵循市场规律的调节原则。在组织机构性质上，文化事业单位属于公共事业机构，文化产业单位属于文化企业。在管理机制上，文化事业由政府以行政方式进行管理，以国家政策和社会效益为调控目标。文化产业以经济效益为其调控目标，国家通过对市场的调控实现其

① 苑捷：《当代西方文化产业理论研究概述》，《马克思主义与现实》，2004年第1期，第100页
② 江泽民：《江泽民文选》（第三卷），人民出版社，2006，第561页。
③ 胡锦涛：《胡锦涛文选》（第二卷），人民出版社，2016，第641页。
④ 《中共十七届六中全会会议公报》，《人民日报》，2011年10月19日，第1版。

管理目标。文化事业与文化产业并不是截然分割的两个领域，实质上，两者是一个国家文化发展的一个整体的两个方面。以文化产业和文化事业协调发展的方式推动社会主义先进文化的发展，已经成为我们党和国家的一项基本国策。

（二）文化事业单位分类改革

"事业单位是指国家为了社会公益目的，由国家机关兴办或其他组织利用国有资产兴办的，从事教育、科技、文化、卫生等活动的社会服务组织"。[①] 在计划经济时代，"事业单位"基本上可以被认定为一个清晰的概念，其组织类别的同质性很高，最初都是基于各自行业形成的组织。凡属于文化行业，由国家举办的，占用事业单位编制的机构，都是文化事业单位。但自改革开放以来，按照行业区分或者按照资金来源等方式对事业单位进行认定的模式出现了弊端，在多元主体举办、营利与非营利并举等新格局下不再适应。因此，按照职能标准对事业单位进行分类的趋势越来越得到多数人赞同。理论界和实务界一致认为，最符合我国现实情况的应是按事业单位在我国文化事业体系中的不同功能，将文化事业单位分为：行政类、公益类和经营类，其中公益类是事业单位的主体，最符合事业单位的功能定位和自身性质。而行政类和经营类文化事业单位，则将在改革过程中回归政府和转化为企业。

《中共中央国务院关于分类推进事业单位改革的指导意见》指出，面对新形势新要求，我国社会事业发展相对滞后，一些事业单位功能定位不清，政事不分、事企不分，机制不活；公益服务供给总量不足，供给方式单一，资源配置不合理，质量和效率不高；支持公益服务的政策

---

① 国务院：《国务院关于修改〈事业单位登记管理暂行条例〉的决定》，2008 年 03 月 28 日，国务院（http://www.gov.cn/zhengce/content/-//content_.htm）。

措施还不够完善，监督管理薄弱。[①]我国的事业单位，长期依附于政府而高度行政化。事业单位的行政化使事业单位成为政府的附属物，混淆了政府和事业单位的职能界限，降低了事业单位发展的内生动力，导致了"政事不分"和"事业单位行政化"的现象。"事业单位是政府为公众提供公共产品的载体，服务是其宗旨。但行政化的事业单位自觉不自觉地把自己当作政府机关或'二政府'，按行政机关的方式运行，按政府管理的方式提供服务"。[②]具体到文化领域，部分事业单位可能自觉不自觉地承担了文化宏观管理的部分职能是存在的事实。

2003年7月，中央确定北京、上海、广东、浙江、重庆、深圳、沈阳、西安、丽江9个省市作为文化体制改革综合性试点地区，确定山东大众报业集团等20个新闻出版单位、国家图书馆等6个公益性文化事业单位和文艺创作演出单位、中国电影集团公司等9个文化企业单位共35个单位作为改革试点单位。2005年决定在全国范围内深化文化体制改革。2006年3月中央新确定全国89个地区和170个单位作为文化体制改革试点。一是对经营性的文化事业单位实行改企转制，充分发挥市场在资源配置中的基础性作用，推动文化产业的发展；二是加强公益性文化事业单位的发展，加大投入，调整资源配置，完善运行机制，构建公共文化服务体系，保障群众基本文化需求；三是推动主辅分离，将新闻媒体中的广告、印刷、发行、传输网络部分，以及影视剧等节目制作、销售部门剥离出来转制为企业；四是深化出版发行体制改革，将出版发行单位转企改制，地方出版发行单位和高校出版社于2009年底完成，中央各部门各单位出版社除保留4家公益性出版社外其余于2010年年底前完成。

---

① 中共中央、国务院：《中共中央国务院关于分类推进事业单位改革的指导意见》，《人民日报》，2012年4月17日，第3版。

② 丁茂战：《我国政府社会事业治理制度改革研究》，中国经济出版社，2006，第52页。

据不完全统计，为保障文化体制改革工作的顺利进行，从 2003 年到 2009 年，中央和国务院及有关部门先后出台了 25 个配套文件，明确了文化事业单位转制时在国有资产管理、收入分配、社会保障、人员安置、财政税收等多个方面的配套政策，为推动经营性事业单位转企改制和参与市场竞争、实现平稳过渡提供政策保障。

三、中国文化事业发展问题

（一）文化事业单位改革的认识问题

现在许多文化单位正处于改制的过程中，有些地方政府对文化事业单位的改革存在误区，不能严格划分经营性文化产业与非经营性文化产业，或者以发展文化产业为名，把所有文化单位统统推向市场，或者大多数文化单位仍然由财政供养，该进入市场的没有进入市场，财政不堪重负，文化单位也丧失了宝贵的发展机遇。经营性文化产业主要依靠市场规律去运作，而非经营性文化产业则需要政府财政力量去发展。甚至有些文化单位提出：为什么非转制不可？一些国有文艺院团认为自己是党委、政府的"文工团"，形成凡事依靠政府的惯性思维，害怕从"事业体制"中走出来。一些文艺工作者对改革的实质认识不足，担心国有文艺院团一旦转制成企业，就会为了经济利益迎合市场，降低艺术品质。

（二）文化事业机构管理的问题

几十年来，文化事业机构都是开展和满足公益性文化服务的主体，在丰富和提升民众的精神文化生活方面发挥了主要作用。不过，由于文化事业机构存在资金投入不足以及管理水平不高等问题，长期以来，在许多机构中也普遍存在着实质服务和公益性服务方面的理念模糊、效率不高等问题。以近年发生的文博单位展品失窃事件为例，人们看到文化事业机构的管理存在着明显的缺乏绩效考核和管理缺失漏洞。主要表现出如下几方面：一是缺乏明确的专业化服务目标和绩效考核，没有发挥出文化事业的应有效能，没有体现不断提高的服务水平和服务内容。二是部分机构不当开展商业化活动或者将场地用以创收、并将营业收入据为工作人员所有；或者与外部机构合谋寻租。三是存在过分注重硬件化、忽视软件和内容服务的意识，造成硬件过多、维护成本过高（特别是全运会和省运会的体育馆以及部分大型剧院、音乐厅等），而不能满足民众的普惠性文化艺术与健身等方面的内容服务。四是将部分或者全部文物保护单位、古城、景区等交给商家进行商业开发，缺乏文物、景区、事业单位资产的维护与保护。五是地方政府对文化事业投入相对不足，乐于建设仿古的各种建筑而疏于文物保护，对文化事业机构缺乏支持、引导和监督。文化事业机构应当在职能上体现专业化服务、文化艺术的公益性服务功能。主管部门应当提出一套考核标准，各个文化事业机构如何发挥效能的主要目标应当十分清晰，并且可以纳入具体考核指标（如图书阅读人次的持续增加等）当中。文化事业的各个行业应当制定具体的效率考核，完善管理机制和监管机制，减少盲目性的硬件设施建设、增加文化内容创作、建设、体验和服务，特别是加强对青少年群体的文化艺术、审美和教育引导的服务。

（三）"事转企"改革问题

一些文化单位在从事业单位向企业转化的过程中，仍然保留了双重性质。一方面政府以企业化为理由，减少了对这些单位的财政资助，推动这些单位向产业化发展；另一方面，政府又因为这些文化单位仍然承担着公益性文化服务的任务而继续给予财政上的资助。这样就出现了相当一批仍然承担着公益性文化职能的单位实际上实行的是双轨制的文化体制，即这些文化单位同时具有公益性与营利性，而往往是公益性淹没在营利性之中。这样，便导致了政府对公益性文化事业的财政投入不能保证用于发展公益性文化事业。

全国文化生产单位的现状是，一部分单位是事业性质企业化管理，名义是国有国营，实际上财政上不再有任何资本投入；一部分本应完全进入市场自主经营、自负盈亏、自我积累、自我发展的生产单位，躺在国家有限拨款的温床迟迟不想下来，捧着"金饭碗"饿肚皮；一部分生产单位大胆进入市场经风雨见世面，尝到了市场经济的甜头。如传媒文化企业集团"事业体制、产业化运营"的二元体制结构缺乏法律依据，在财务管理、对外融资等方面存在着诸多难点，以建立现代企业制度为目标的改革战略与其事业性质的体制特征存在着内在矛盾，如果不加调整，其改革目标存在着落空的可能。

在以往的文化单位转企改制中，一些地方还通过"借壳、留壳、造新壳"等手段"新壳装旧人"的做法，是不彻底的改革，搞的是事业性质的翻牌公司。这样的文化"企业"在性质上仍然是政府办，资金上主要由政府撑，人事任命由政府说了算，无法作为独立主体进入市场竞争，于是守着"金饭碗"，却在"要饭吃"。这种随着文化体制改革的一步步深入，随着各方面制度的不断完善，这种"改革"的弊端也日渐凸显。

首先，这样转来的文化"企业"，通过各种形式的"壳"，仍然躺在政府的怀抱里。这样的企业缺乏主动面向市场求发展的动力和压力，难以建立自主经营、自负盈亏的运营机制。其次，"脚踩两只船"，让同一单位内企业身份的员工与事业身份的员工"同工不同酬"，在社会保障、职业发展前景存在种种不平等，难以建立有效的激励机制。第三，由于"事转企"改革不彻底，使事企分开、管办分离难以彻底实现，为政府职能的转变设置了障碍。最后，不彻底的改革为保守观念"开倒车"留了退路，阻挡了改革者的脚步，消磨了转制单位的改革成效，当然也影响了改革的声誉。在转企改制工作中，努力按照建立现代企业制度的要求，完善法人治理结构，使国有经营性文化单位逐步成为真正的企业法人，做到可核查、不可逆，坚决杜绝出现行政事业性质的翻牌公司。

（四）文化事业资金投入及投入方式问题

1.文化投入总量问题

一是比重问题。文化事业费占国家财政总支出的比重，近年来一直在0.4%左右。文化部文化发展统计公报显示，2014年、2015年、2016

年全国文化事业费占财政支出的比重分别为 0.38%，0.39%，0.41%。二是速度问题。"十一五"以来，文化事业费年均增长速度低于同期财政支出的增长速度，更明显落后其他社会事业费，文化与其他社会事业的差距被迅速拉大。三是缺口问题。与人民群众日益增长的多样化精神文化需求相比，现有的文化设施普遍落后、文化产品和服务供给水平远远不足。2016 年全国图书馆人均藏书量 0.65 册，远远低于国际图书联合会人均 1.5-2.5 册的标准；公共文化产品的新形式、新内容不多，服务方式和服务手段还比较单一，普遍缺乏广大群众喜闻乐见、丰富多彩的文化产品。

2. 文化投入结构平衡问题

城乡之间、区域之间文化投入不平衡，造成发展水平不均衡，实现公共文化服务均等化的任务非常艰巨。2017 年，全国文化事业费 855.80 亿元，东部地区文化单位文化事业费 381.71 亿元，占 44.6%，比重提高了 1.3 个百分点；中部地区文化单位 213.30 亿元，占 24.9%，比重提高了 0.9 个百分点；西部地区文化单位 230.70 亿元，占 27.0%，比重下降了 1.3 个百分点。[①]

3. 文化资金整体效益问题

改革开放以来，中央财政配合各文化部门通过设立专项资金支持地方开展了一大批重点文化建设项目。这种投入方式尽管符合当前国家文化建设的总体目标，但由于文化事业管理体制上还存在多头管理、条块分割的问题，导致公共财政资金投向难以集中，公共文化资源存在地方化、部门化、行政固化的现象，造成资源分散、重复建设，难以有效整合，发挥整体效益。如何加强基层文化资源的共建共享，是当前基层文化建设中迫切需要解决的重要问题。

① 中华人民共和国文化和旅游部：《中华人民共和国文化和旅游部 2017 年文化发展统计公报》，2018 年 05 月 31 日，国家旅游局网（http://zwgk.mct.gov.cn/auto//W.pdf）。

4. 文化投入政策的引导作用问题

第一，部分政策落实到位问题。如"十一五"规划提出的建立公共文化服务专项资金或基金的政策、从城市住房开发投资中提取1%用于社区公共文化设施建设、公益性捐赠的税收优惠等政策，尚未得到普遍落实。第二，部分政策缺失。如鼓励社会力量参与公共文化服务建设的政策力度不够、实施细则不完善、税收减免的程序和手续过分繁杂等原因，导致社会力量参与公共文化服务体系建设的积极性不高，参与的程度非常有限。第三，相关政策法规不完善。如缺乏统筹考虑的文化全行业税收优惠政策。现有优惠对象主要集中于转制文化企业和党报党刊等宣传文化单位，没有对文化产业从业人员给予适当的税收优惠，缺乏地区性优惠政策，缺乏鼓励个人和企业投资文化基础设施的优惠政策等等。

5. 文化投入的激励约束机制问题

一些地方政府和部门，特别是一些基层政府和综合部门仍然没有真正树立科学发展意识和正确的政绩观，存在单纯追求 GDP 增长，对文化建设轻视、忽视、偏视的观念。许多地方没有建立科学发展考核评价体系，没有建立文化产品评价体系和激励机制，没有将文化建设纳入领导干部政绩考核，没有纳入当地经济社会发展规划。

四、文化事业建设的举措之思

（一）公共文化服务体系

按照公益性、基本性、均等性、便利性的要求，"制定国家公共文化服务标准和指标体系，促进基本公共文化服务标准化、均等化。继续实施文化惠民工程，推进基层公共文化设施共建共享，鼓励社会力量和资本参与公共文化服务体系建设"[1]，让村村、乡乡、县县都可以广泛

---

[1] 中共中央文献研究室：《习近平关于社会主义文化建设论述摘编》，中央文献出版社，2017，第 188 页。

开展文化体育活动。推动跨部门项目合作，统筹规划和建设基层公共文化服务设施，坚持项目建设和运行管理并重，实现资源整合、共建共享。加强社区公共文化设施建设，把社区文化中心建设纳入城乡规划和设计，拓展投资渠道。完善面向妇女、未成年人、老年人、残疾人的公共文化服务设施。推进国家公共文化服务体系示范区创建。制定公共文化服务指标体系和绩效考核办法，明确服务标准和服务规范，加强评估考核。

（二）公共文化产品和服务供给

加强文化馆、博物馆、图书馆、美术馆、科技馆、纪念馆、工人文化宫、青少年宫等公共文化服务设施和爱国主义教育示范基地建设并完善向社会免费开放服务。鼓励其他国有文化单位、教育机构等开展公益性文化活动，各类公共场所要为群众性文化活动提供便利。加快现代科技应用步伐，提高公共文化服务的数字化、网络化水平。以公共图书馆、学校电子阅览室、社区文化中心为依托，建立和完善未成年人公益性上网场所。鼓励扶持少数民族文化产品的创作生产，提高优秀汉语广播影视节目、出版物等的民族语言译制量，开展少数民族文字书报刊赠送活动。扩大盲人读物出版规模，有条件的地区可以公共图书馆为依托，建立盲人电子阅览室。把主要公共文化产品和服务项目、公益性文化活动纳入公共财政经常性支出预算。采取政府采购、项目补贴、定向资助、贷款贴息、税收减免等政策措施鼓励各类文化企业参与公共文化服务。鼓励国家投资、资助或拥有版权的文化产品无偿用于公共文化服务。

（三）城乡文化一体化发展问题

增加农村文化服务总量，缩小城乡文化发展差距，以农村和中西部地区为重点，加强县级文化馆和图书馆、乡镇综合文化站、村文化室建设，深入实施广播电视村村通、文化信息资源共享、农村电影放映和农家书屋等重点文化惠民工程，扩大覆盖、消除盲点、提高标准、完善服务、改进管理。大力推进农民体育健身工程。加大对革命老区、民族地区、边疆地区、贫困地区文化服务网络建设支持和帮扶力度。引导企业、社区积极开展面向农民工的公益性文化活动，尽快把农民工纳入城市公共文化服务体系，努力丰富农民工精神文化生活。建立以城带乡联动机制，合理配置城乡文化资源，鼓励城市对农村进行文化帮扶，把支持农村文化建设作为创建文明城市基本指标。鼓励文化单位面向农村提供流动服务、网点服务，推动媒体办好农村版和农村频率频道，做好主要党报党刊在农村基层发行和赠阅工作。扶持文化企业以连锁方式加强基层和农村文化网点建设，推动电影院线、演出院线向市县延伸，支持演艺团体深入基层和农村演出。

在我国，贫困地区的发展是一个严重的问题，不解决这些地区的发展问题，就不可能实现整个中国的现代化发展。贫困地区文化事业基础薄弱，缺乏发展资金，为支援和促进这些地区发展文化事业，改变贫穷落后面貌，在文化上应完善扶持政策，有重点地给予支持。国家应将对贫困地区的文化扶持列入国民经济发展规划，贯彻"全国支援经济不发达地区发展资金委员会"关于《支持经济不发达地区资金管理办法》的规定，专门设立"全国支援经济不发达地区发展资金"，将文化扶贫列入其发展项目，保障文化扶贫资金的落实和正当使用。地方政府在基本建设计划中，对贫困地区地方文化设施建设做出专门安排，并随着人民文化消费需求的提高，这部分建设应在国家基本建设计划中占越来越大的比例。各级政府对贫困地区的新华书店网点建设应安排专项补助，拨出专门经费用于扶持贫困地区图书馆建设和逐步增加图书藏量。设立"文化艺术人才专项培养资金"，为贫困地区培养文化艺术人才，并建立人才交流机制，吸引文化艺术人才到贫困地区工作。

（四）群众性文化活动问题

以社区文化、企业文化、村镇文化、校园文化建设为载体，积极搭建公益性文化活动平台，依托重大节庆活动和民族民间文化资源，组织开展群众乐于参与、便于参与的文化活动。深入开展全民阅读、全民健身活动，推动文化科技卫生"三下乡"、科教文体法律卫生"四进社区""送欢乐下基层"等活动经常化。支持群众依法兴办文化团体，精心培育植根群众、服务群众的文化载体和文化样式。鼓励文艺工作者、艺术院校学生和热心文化公益事业的各界人士开展文化志愿服务。

第三节　文化产业与文化事业建设的关系

一手抓公益性文化事业，一手抓经营性文化产业，坚持文化事业和文化产业协调发展，是党的十六大以来我国在文化建设认识上的一个重大突破、文化改革发展实践上的一个重大创新。可以说，提出事业、产业两手抓，顺应了发展社会主义市场经济对文化建设的新要求，把握了文化建设的内在规律，是党在文化建设方面的一个里程碑式的飞跃。正是有了这个飞跃，对文化产品的意识形态属性和商品属性有了进一步认识，对人民群众的基本文化需求和多样化需求有了进一步界定，对经济效益和社会效益的关系有了进一步把握。在此基础上，科学定位了政府和市场在文化建设中的职责和功能，找到了解放和发展文化生产力的有效途径，形成了用不同的思路来推进事业、产业发展的办法，开创了文化建设的新局面。经过文化体制改革的实践探索，逐步形成了以文化产业为主体、发展公益性文化事业的文化企事业制度。文化产业与文化事业建设既有区别，又密不可分，统一于中国特色社会主义文化建设，共同促进了中国特色社会主义文化建设的发展。

一、文化事业与文化产业发展的重要价值

毛泽东指出："随着经济建设的高潮的到来，不可避免地将要出现一个文化建设的高潮。中国人被人认为不文明的时代已经过去了，我们将以一个具有高度文化的民族出现于世界"。[①]"当今世界，文化与经济、

---

① 毛泽东：《毛泽东文集》（第5卷），人民出版社，1993，第345页。

政治相互交融、相互渗透。文化越来越成为综合国力和国际竞争力的重要组成部分，也是增强综合国力的重要力量。当今世界激烈的综合国力的竞争，不仅包括经济实力、科技实力、国防实力等方面的竞争，也包括文化实力和民族精神的竞争"。① 新时期，国家要强盛，民族要振兴，人民要幸福，都离不开强大的文化支撑。"人民的需求是多方面的。满足人民日益增长的物质需求，必须抓好经济建设，增加社会的物质财富。满足人民日益增长的精神文化需求，必须抓好文化建设，增加社会的精神文化财富……人民对精神文化生活的需求时时刻刻都存在"。② 大力发展文化事业和文化产业，有利于把握社会主义先进文化的前进方向和理论内容，有利于推动社会主义文化建设大发展、大繁荣，更有利于坚持以马克思主义为意识形态领域的指导思想，为我国建设成为具有中国特色的社会主义文化强国夯实基础。

一般来说，文化事业主要是为国家政治、经济方针、政策的制定和实施起服务作用的，是引导整个文化进步的先锋性文化，是吸收和同化优秀域外文化，提高人们的道德素质，优化社会风气，能给人的全面发展和社会的全面进步提供精神动力与智力支持为目的的文化建设，推动文化事业全面繁荣具有重要的意义。

第一，国家政策发展的需要。20 世纪 80 年代中期以来，国家越来越关注文化事业的发展，陆续出台了一些方针政策。2002 年，党的十六大明确指出国家支持和保障文化公益事业；2005 年发表了《中共中央关于制定国民经济和社会发展的第十一个五年规划的建议》，明确要加大对文化事业的投入，逐步形成覆盖全社会的比较完备的公共文化服务体系的目标要求；2007 年党的十七大进一步提出坚持把发展公益

---

① 邓纯东：《中国特色社会主义理论最新成果深入学习贯彻党的十八大精神》，中共中央党校出版社，2012，第 91 页。

② 中共中央文献研究室：《十八大以来重要文献选编》（中），中央文献出版社，2016，第 127-128 页。

性文化事业作为保障人民基本文化权益的主要途径；2012年党的十八大指出，"坚持把社会效益放在首位……推动文化事业全面繁荣"；①2017年党的十九大强调，"要深化文化体制改革，完善文化管理体制，加快构建把社会效益放在首位、社会效益和经济效益相统一的体制机制"。②

第二，民众精神文化发展的需求。社会发展其实包括两个方面，经济建设，和文化建设。一个是社会财富蛋糕的不断做大，一个是民众精神文化需求的不断满足。当前，深化文化体制改革，推动社会主义文化大发展大繁荣，必将推动中国传统文化事业的大变革、大发展、大革新，从而产生更多、更好、更具有民族特色、脍炙人口的文化作品。而这些文化作品的产生，必将丰富民众的精神文化需求，并在潜移默化中，使主流的声音，正义的声音，道德的力量为更多民众所认可，所接受。而民众思想意识的提升，将会更加重视文化事业的精神引领和意识凝聚作用，支持和拥护中国共产党的事业，促使和推动文化事业的进一步发展。这样文化事业的大发展、大繁荣的格局就会迅速形成。

文化产业是文化产品的市场化，可以增强文化发展的生机和活力，激发社会办文化的积极性。江泽民指出："发展文化产业是市场经济条件下繁荣社会主义文化、满足人民群众精神文化需求的重要途径。完善文化产业政策，支持文化产业发展，增强我国文化产业的整体实力和竞争力。"③促进文化产业快速发展具有重要的意义。

第一，有利于培育新的经济增长点，提升经济总量，创造更多的经济效益。文化产业是当代的"朝阳产业"，是经济社会发展的重要支撑点和动力源，新时代的文化产业是一种集中代表了现代经济、社会和文化发展的全球性新兴产业，它已从过去一个附属的产业形态，逐渐发展

---

① 胡锦涛：《胡锦涛文选》（第3卷），人民出版社，2016，第639页。

② 习近平：《决胜全面建成小康社会夺取新时代中国特色社会主义伟大胜利》，人民出版社，2017，第44页。

③ 江泽民：《江泽民文选》（第3卷），人民出版社，2006，第561页。

成为人类社会不可缺少的产业门类。近几年来，随着迅猛发展的高新技术向文化领域广泛渗透，文化产业占据经济总量的比重越来越大，在许多国家成为国民经济的支柱产业。同时，文化体制的改革激活了文化市场的活力，文化需求和市场供给得到了释放，文化的反作用增强，逐渐成为促进经济发展的重要动力。

第二，满足人民群众日益增长的文化消费需求。习近平同志强调，"要坚持走中国特色社会主义文化发展道路，弘扬社会主义先进文化，深化文化体制改革……推动文化事业全面繁荣、文化产业快速发展，不断丰富人民精神世界、增强人民精神力量，不断增强文化整体实力和竞争力"。[①] 文化不仅是精神力量和智力财富，而且是人民群众的一种生活需求。随着社会主义市场经济的深入发展和对外开放的不断扩大，物质生活需求增长，而文化生活的需求是随着物质生活需求的增长而增长的，人民群众对精神生活的追求也变得越来越强烈。

我国的改革开放已经走过了40年的光辉历程，取得了世人瞩目的成就。以经济建设为中心的方针早已被全国人民所认识，所接受。新形势下，大力发展文化产业，以经济扶植、推进文化发展是时代的呼唤，是人民的选择。

二、文化事业与文化产业区分问题

党的十六大以来，我们顺应社会主义市场经济对文化建设的新要求，把文化区分为公益性文化事业和经营性文化产业，形成了用不同思路推进文化事业、文化产业发展的办法。文化事业和文化产业作为中国特色社会主义文化建设的重要内容，文化科学发展的系统工程的重要组成部分。理论上讲，文化事业与文化产业共同的终极目标都是繁荣文化，满

---

① 中共中央文献研究室：《习近平关于社会主义文化建设论述摘编》，中央文献出版社，2017，第186页。

足大众精神文化需求，推动社会和人的全面发展。它们的不同主要表现在：文化事业和文化产业是两个内涵不同的概念。

文化事业是一个极其具有中国特色的称谓。新中国成立后，我们实行公有制体制和计划经济，文化领域由国家核拨经费，这些领域统称为文化事业。党的十一届三中全会以后，实行改革开放，我国经济逐步实行以公有制经济为主体，多种所有制共同发展，同时计划经济也逐步过渡为市场经济，在社会主义市场经济体制下，"文化事业才逐渐被定义为是为了满足人们娱乐、休闲、健身、求知、审美、交际等精神需要和求知需求而组织活动，并提供费、场地、器材和各种服务的社会公益性而非营利性的工作单位"。①文化产业概念的使用在我国相对于较晚。2000年，党的十五届五中全会在《中共中央关于制定国民经济和社会发展第十个五年计划的建设》中，首次使用了"文化产业"这一概念，且第一次明确把文化产业写入了中央文件。2002年，党的十六大划分了经营性的文化产业和公益性的文化事业，确立了文化产业的发展地位。2003年国家文化部《关于支持和促进文化产业发展的若干意见》把文化产业定义为，"文化产业是指文化产业和提供文化服务的经营性行业"。2012年，国家统计局制定了《文化及相关产业分类》，对我国文化产业做出了明确的定义，"为社会公众提供文化产品和文化相关产品的生产活动的集合"。

具体来说，文化事业是政府所办或协办的为了保障人们的文化权益提供文化服务或生产的非营利组织及其行为，其产出是文化价值，文化事业主要是按照公益的和无偿的原则，追求社会效益。从某种意义上讲，文化事业是以意识形态为主，为构建社会主义核心价值体系、弘扬主旋律服务的，涉及公共服务职能和群众的文化权益。文化事业的这种性质，

---

① 马素娣、尹治世：《我国文化事业和文化产业现存问题及对策研究》，《佳木斯大学社会科学学报》，2013年第1期，第44页。

就需要政府投入、政府买单、政府采购，不能依靠市场运作。文化产业则是文化市场主体为了满足大众文化消费供应商品或服务的盈利性组织及其行为，其产出是经济价值品中的文化价值。文化产业是按照价值规律经济法则，采取规模化生产和市场化运作的方式，以赚取利润和发展经济为目的，追求经济效益。文化产业以市场属性为主，是社会生产力发展的必然要求，是随着社会主义市场经济体制的逐步完善和现代生产方式的不断进步而发展起来的新兴产业，需要市场的调节。

总体而言，文化事业和文化产业在一些方面有所区别的。一是主体不同。文化事业的主体是政府部门，作为事业单位。文化产业的主体是公司企业，作为企业单位；二是运作的方式不同。文化事业是政府部门的行政化运作，采取行政事业管理模式。文化产业是市场化运作，采取法人化的公司管理模式；三是目标取向不同。文化事业主要着眼于社会的人文教化，注重社会效益。文化产业则主要以经营盈利为目的，追求利润和经济效益；四是资金来源不同。文化事业主要是国家财政拨款或社会捐赠等。文化产业是社会筹集、公司企业和个人投资；五是性质不同。文化事业是具有公益性质和精神特征，文化产业是具有经济性质与物质特征。

其实，现实生活中，文化事业和文化产业也不是截然分开的，往往你中有我，我中有你。文化产业是和文化事业是相对应的概念，都是社会文化建设的重要组成部分，它们的终极目的都是为了满足大众，对社会与人产生积极的作用。文化事业与文化产业相互渗透、相互配合、相互促进，以其特有的方式构成了文化的驱动链与文化的有机体。如"西方一些国家在发展文化产业时，始终把弘扬民族优秀文化、保护民族文化遗产作为文化产业的一部分，并且注入大量的国家资本。在通过文化产业这一工具批量生产、销售文化产品，在向其他国家输出文化产品的同时，也输出自己的意识形态。无论是美国大片、日本动漫还是韩国电视剧，都植入了本民族的主流文化和价值观。"①不仅为本国带来了巨大的经济效益，对内发挥了增加民族凝聚力的作用，对外提升了文化影响力和竞争力。近年来，我国在广播、电视、出版等领域组建了很多文化产业集团。这些集团依靠现代产业运作机制，积极生产文化产品、提供文化服务，在市场竞争中不知不觉地扩大了国家主流意识形态的阵地和影响。这种相互合作从意识形态属性和市场属性出发，可以理解为文化事业是有较强意识形态属性但也能市场化的；文化产业市场化的，但也有意识形态属性。文化产业是市场经济社会完善的文化事业，文化产业是文化事业的拓展和补充，文化事业是文化产业的源泉和根基。文化事业和文化产业是兼顾经济效益和坚持社会效益第一原则的统一，是市场机制中文化发展追求利润与崇高文化的高度契合。

三、文化产业的主体问题

发展文化产业，必须真正遵循市场规律，按照现代文化企业制度建设的要求，以文化产业为主体，发挥文化企业单位的主体作用。

（一）文化产业的战略地位

认识文化产业的战略地位是切实实现和保障文化产业主体地位的重要前提。

1. 推动经济结构战略性调整和转变经济发展方式的重要着力点问题

当前，加快转变经济发展方式和调整经济结构是我国经济建设和发展中的重要内容，为加快文化产业发展提供了契机。文化产业以创意为源头，以内容为核心，以科技为支撑，是发展绿色经济、低碳经济、现代服务业的重要着力点，是调整经济结构和转变经济发展方式的有力抓手。

---

① 张小平：《文化事业与文化产业协调发展的关键》，《前线》，2011年第10期，第14页。

2. 满足人民多样化精神文化需求、繁荣社会主义文化的重要途径问题

《管子·牧民》上说："仓廪实则知礼节，衣食足则知荣辱"，表明文化消费需求高度依赖于收入水平的高低。近年来，随着我国国民经济的持续快速发展，城乡居民的收入水平大幅上升。城乡居民在基本物质生活进一步得到满足的同时，对精神文化生活有了更多更高的需求，这为文化产业发展提供了巨大的空间，也对文化产业发展提出了更高的要求。只有加快发展文化产业，建立健全现代文化市场体系，充分发挥市场在国家宏观调控下对文化资源配置的基础性作用，才能生产出更多适应人民群众精神文化需求的文化产品，才能充分调动各方的积极性、主动性和创造性，形成推动社会主义文化大发展大繁荣的强大合力。

3. 提高国家文化软实力的重要举措问题

随着世界多极化、经济全球化加快发展，通过文化提高本国国际地位和影响力，已经成为世界各国的一项战略选择。当前文化传播方式发生了深刻的变化，通过加快发展文化产业，以企业为主体、以市场化运作为主要方式推动中国文化产品和服务进入国际市场，是推动中华文化"走出去"、提升国家软实力和扩大中华文化国际影响力的重要途径，有利于国际社会全面深入地了解中华文化，有利于诠释和传播中国和平发展的战略意图。

4. 文化产业的突出特点和比较优势问题

文化产业是资源消耗低、环境污染少、最可持续发展的产业，是市场前景广阔的产业，是易与新技术对接、最具有创新应变能力的产业，是进入门槛较低、能够广泛吸纳就业的产业，是投资回报高、受益时间长的产业，是在经济危机的时候，具有逆势而上特点的产业。在当前国际宏观经济形势错综复杂、复苏基础仍然脆弱的情况下，这些特点所转化的比较优势更是许多其他产业无法比拟的。

（二）大力发展文化产业问题

大力发展文化产业，必须坚持经济效益和社会效益并重，把社会效益放在首位的原则，推动文化产业成为国民经济支柱性产业，积极鼓励发展民营文化产业。

1. 两个效益原则问题

发展文化产业是社会主义市场经济条件下满足人民多样化精神文化需求的重要途径，是充分发挥市场在文化资源配置中积极作用、激发全社会文化创造活力的必然要求。也是推动经济结构调整、加快转变经济发展方式的重要抓手。文化产业的发展必须坚持社会主义先进文化前进方向，既要坚持社会效益又要坚持经济效益，坚持把社会效益放在首位，努力实现社会效益和经济效益的统一。文化产业的发展不能只讲经济利益，追求利润最大化而放弃社会效益、民族利益和国家利益，必须在坚持社会效益的前提下追求经济效益，把文化发展的着力点放在满足人民群众精神文化需求和促进人的全面发展上。要求文化产品和文化服务必须为民族文化复兴和社会主义先进文化建设服务。在两个效益发生矛盾时，必须把社会效益放在首位，绝不能为了追求经济效益而损害社会效益。按照全面协调可持续的要求，推动文化产业跨越式发展，使之成为新的经济增长点、经济结构战略性调整的重要支点、转变经济发展方式的重要着力点，为推动科学发展提供重要支撑。

2. 文化产业成为国民经济支柱性产业问题

现代世界经济发展表明，发达程度越高，文化产业支柱性作用就越明显，对经济增长的贡献就越大。从我国情况看，近些年文化消费需求日益旺盛，文化产业得到迅猛发展，平均增速达 15% 以上，比同期国内生产总值增速高出 6 个百分点，成为经济社会发展的一个突出亮点。可以说，文化产业已成为国民经济的重要组成部分，而且创造出巨大的社会财富。随着科技进步和知识经济的迅猛发展，文化已渗透到经济发展的全过程，历史、传统、民俗等文化资源日益成为经济发展的基础资源，创意、设计、构思等文化创新日益成为价值创造的重要支点，品牌、形象、信誉等文化形态的无形资产日益成为市场竞争的关键所在。文化既直接贡献于经济增长，又对提升经济发展质量发挥着重要作用。只有当文化表现出比物质和货币资本更强大力量的时候，当经济具有更多文化含量的时候，经济发展才能进入更高层次、更高水平，才能具有可持续发展的后劲。应对国际金融危机冲击的生动实践，使我们又一次看到了文化在推动经济发展方式转变中的特殊作用。文化产业具有资源消耗低、环境污染小、科技含量高的特点，是典型的"低碳经济""绿色经济""朝阳产业"。大力发展文化产业，有利于优化经济结构和产业结构，有利于拉动居民消费结构升级，有利于扩大就业和创业，有利于经济欠发达地区实现跨越式发展。过去我们常讲，经济发展一靠改革，二靠科技，现在看来还要加一条，就是也要靠文化。经济文化已成为不可阻挡的新趋势，文化与经济相融合产生的竞争力成为一个国家最根本、最持久、最难替代的竞争优势。

2009 年 7 月，我国第一部文化产业专项规划——《文化产业振兴规划》由国务院常务会议审议通过。这是继钢铁、汽车、纺织等十大产业振兴规划后出台的又一重要产业振兴规划，标志着文化产业已上升为国家战略性产业。两个月后，拍摄了众多"商业大片"的华谊兄弟传媒股份有限公司创业板上市申请获证监会批准通过，成为内地第一家成功上市的影视制作公司。虽然这是资本市场上的一件寻常事，但却是中国文化产业发展的一大步。

为加快发展文化产业，推动文化产业成为国民经济支柱性产业，党的十七届六中全会《决定》做出了一系列符合时代发展要求、符合文化建设需要的部署。

第一，培育合格文化市场主体。按照现代企业制度的要求，加快推进国有文化企业的公司制改造，完善法人治理结构。毫不动摇地支持和壮大国有或国有控股文化企业，毫不动摇地鼓励和引导各种非公有制文化企业健康发展。要培育一批核心竞争力强的国有或国有控股大型文化企业或企业集团，在发展产业和繁荣市场方面发挥主导作用。发挥市场在文化资源配置中的积极作用，形成公有制为主体、多种所有制共同发展的文化产业格局。

第二，构建现代文化产业体系，优化文化产业布局。在重点领域实施一批重大项目，推进文化产业结构调整，发展壮大出版发行、影视制作、印刷、广告、演艺、娱乐、会展等传统文化产业，加快发展文化创意、数字出版、移动多媒体、动漫游戏等新兴文化产业。

要支持东部地区加快发展动漫游戏、文化会展、艺术创意、网络文化、文化产品数字制作等优势产业，引导中西部地区重点发展民族演艺、文化旅游、艺术品、工艺美术、会展节庆等特色产业。构建结构合理、门类齐全、科技含量高、富有创意、竞争力强的现代文化产业体系，形成一批具有国际影响的文化产业、创意产业的中心城市和城市群，加快文化产业的特色县、特色镇、特色街、特色村的建设，加强文化产业基地、园区、特色产业群的规划和建设，要提高文化产业规模化、集约化和专业化的水平。政府通过策划设计特色文化产业发展工程、文化产业公共平台建设工程、国产动漫振兴工程、文化产业项目服务工程等一批重大项目和工程，从战略层面带动产业布局的形成。

第三，完善政策保障机制。为了加快文化产业发展，政府应积极协调有关部门进一步完善支持文化产业发展的财政、税收、科技、土地、人才等方面的政策，并争取将行之有效的国家文化产业政策上升为国家法律、法规。要落实和完善文化经济政策，完善国家文化产业发展基金，扩大有关文化基金和专项资金的规模，提高各级彩票公益金运营文化事业的比重，继续执行文化体制改革的配套政策。

第四，提供公共服务平台。政府应重点推出文化产业示范园区和示范基地，策划建设一批包括公共技术支撑、投融资公共服务、贸易合作、人才服务、资源共享、统计分析等功能在内的文化产业综合服务平台，为文化企业提供非盈利性的公共服务，为文化产业规模化、集约化、专业化发展创造条件。

第五，优化文化产业的投融资和经营环境。要促进社会资本、金融资本和文化资源的对接，加快构建以企业为主体、市场为导向、产学研相结合的文化技术创新体系，推动文化科技创新，实施一批文化创新项目，研发一批具有自主知识产权的核心技术，推广一批高新技术的成果，要大力促进文化产业与旅游、通讯、会展、商贸、教育、培训、休闲等产业的融合，引导文化企业开发适销对路的文化产品和服务，培育新的文化消费热点，培养文化消费的主体，要把引进来和走出去结合起来，积极借鉴国外文化产业发展的理念和经验，积极引进国外资金、技术和项目，精心打造我们自己的文化品牌，加强营销网络和进出口平台建设，增强文化企业的竞争力。

第六，加大文化产业的对外开放力度。要开展多渠道、多层次、多形式的对外文化交流，创新对外文化宣传的方式和方法，要积极吸收借鉴国外优秀的文化成果。要加强国际文化领域智力、人才、技术的引进工作，吸收外资进入法律法规许可的文化产业领域。着力培育外向型文化企业，积极实施"走出去"战略，创新对外文化交流体制和机制。实行政府推动和企业市场化运作相结合，培育一批具有国际竞争力的外向型文化企业，成为实施文化"走出去"战略的主体。

3.鼓励发展民营文化产业问题

2005 年国务院发布了关于非公有资本进入文化产业的若干决定。非公有资本进入文化产业，按照《国务院关于非公有资本进入文化产业的若干决定》（国发 [2005]10 号）执行。对于非公有资本进入文化产业，该鼓励的要坚决鼓励，给予积极扶持；该禁止的要坚决禁止，这是充分调动全社会参与文化建设，大力发展社会主义先进文化的重要举措。大量民营文化企业成长壮大，显示出独特的市场活力。深化文化产业体制改革，政府要进一步开阔思路，减少行政审批和干预环节，培育有序竞争的文化市场，营造民营企业发展文化产业的良好氛围。

第一，积极支持民营文化产业的发展。民营文化产业是我国社会主义文化事业的重要组成部分，是社会主义精神文明建设的重要力量。多年来的实践证明，调动各方面积极性，共同兴办文化产业，是文化市场发展的重要基础。除了需要国家重点保护、扶持的文化项目和部门，在国家政策允许条件下，应主要依靠社会力量兴办各种文化产业。如果说，文化产业的发展必须以国有企业为主导，那么，文化市场必须以民营企业为主体，只有以民营企业为主体，才能形成众多具有独立身份的市场主体，市场才能成其为市场。在现阶段，主要是借助于民营的力量，把过去曾经在很长时期内一直认为只有国家才能承担的责任和提供的服务转移给社会和民营的力量去完成。通过完善以文化投资主体多元化为核心的文化产业政策体系，以及相应的文化投资体制，鼓励和保障民营文化产业的发展，促进文化市场机制的形成和完善。采取多种联合和多种经营方式，才能广泛动员社会资金投入文化产业领域，才能激活文化产业经营机制，促进文化产业的兴盛。必须积极引导社会投资方向，支持、鼓励民营文化企业健康发展。

第二，放宽民营企业市场准入。文化产业投资主体多元化是我国文化产业化和市场化的必然要求。文化市场化的发展要求形成产权独立的众多市场主体，市场主体的多元化是建立市场经济的基本条件，否则市场机制无法形成。积极鼓励社会资本以个体、独资、合伙、股份等形式投资兴办民营文化企业，扶持自然人自筹资金组建民营文化企业。取消对民营文化企业注册资本限额的特殊规定，允许成立个人独资、合伙的民营文化企业。允许民营文化企业以合资、合作、并购等形式，参与市、县国有经营性文化事业单位转企改制。允许国有文化企事业工作人员经单位批准离职自主创办民营文化企业。对符合设立条件的，文化和工商部门要依法及时发放营业许可证和营业执照。

第三，简化民营企业从事文化经营活动的审批手续。民营企业从事文化经营活动，在申报、审批等方面与国有文化企业享受同等权利和义务。经营所在地文化部门可直接受理民营文化企业的相关经验申请，应在规定时限内做出答复，符合条件的，发放批准文件。有关部门要维护民营企业从事文化经营活动的合法权益，在审批监管中不得收取法律法规规定以外的任何费用。

第四，加强民营文化企业人才培养。政府要积极为民营文化企业牵线搭桥，支持各类学校开设文化产业相关专业，鼓励兴办民办文化类学校。积极支持有关院校培养文化产业设计、制作、营销及管理方面的复合型人才，为民营文化企业的持续发展夯实基础。鼓励院校毕业生到民营文化企业就业。鼓励专业文化工作者深入民营文化企业开展业务辅导。民营文化企业的相关文化艺术人员、专业技术人员在专业技术职称评定中，与国有文化企事业单位实行同一标准。增强人才培养力度，提升民营文化企业的核心竞争力。

第五，完善民营文化企业的管理。加强对民营文化企业的引导和规范，完善规章制度，健全工作机制。加强对民营文化企业工作人员的职业道德教育和法制培训，增强法制意识，倡导诚实文明经营。要帮助民营文化企业建立会计核算制度和劳动合同关系，按规定参加社会保险，规范经营行为。鼓励民营文化企业加入文化行业协会，促进行业自律。完善中介服务。要鼓励成立各种所有制形式的咨询、策划、代理等文化企业或中介服务机构，促进民营文化企业又好又快地发展。

第六，鼓励和支持民营文化企业参加对外文化交流。鼓励民营文化企业参加政府对外文化交流项目的招投标活动，支持有条件的民营文化企业参加国际民间文化交流活动。鼓励有比较优势的民营文化企业到国外演出、投资、注册公司，在信息咨询、宣传推广、营销人员培训等方面，与国有文化企业同等待遇；经批准的重大对外文化交流项目，可给予一定的资金补助。有关部门要在项目审批、人员出入境及物品通关方面，提供便捷高效的服务。对积极开拓国外市场的民营文化企业，凡符合条件的，可根据其资质和市场前景，给予中小企业国际市场开拓资金支持。允许民营文化企业依法邀请国外文化界人士参与本单位的文化经营活动。

第七，加大对民营文化产业的资金和资本扶持力度。对民营企业投资文化产业，政府要设立专项资金，加大在财政、税收、金融方面的支持；鼓励成立民营文化集团，以推动民企在文化产业领域的发展，开辟民企投资新途径。通过公司制改建实现投资主体多元化的文化企业，符合条件的可申请上市。鼓励已上市文化企业通过公开增发、定向增发等再融资方式进行并购和重组。鼓励文化企业进入创业板融资。只有让更多的社会力量、民营资本积极参与和投资文化产业，我国文化产业才获得强大的民族支撑。制定调动和激励企业、社会团体和个人经营、资助文化产业积极性的政策措施并保障其实施是发展文化产业的当务之急。

（三）文化产业规模化、集约化水平问题

我国文化产业组织形式长期处于小规模分散化状态，现代大型文化企业比较少。现代市场经济可以说是大企业来主宰的，大企业拥有雄厚的资本和相当的规模，具有强大的技术优势和资金优势，实行现代化管理方式和拥有多层次的人才队伍，市场信息灵敏，经济效益和经营效果良好，活动范围广，竞争能力强，在国内外市场上占据有利地位。因此，一个行业、一个地区、一个国家都应有自己的骨干大型企业或企业集团，用以形成经济和市场的基本立足点。随着我国市场经济的发展，特别是我国加入世界贸易组织，文化产业要走向世界，没有大型文化企业是不行的。一个大型文化服务企业或文化企业集团能否在市场竞争中发展，关键在实力，而实力则体现为企业在发展中能够不断做大做强。必须尽快组建和培育大型文化企业，实行经营多样化，集生产制作、中介服务于一身，并能涉足多领域的文化生产经营。从我国文化企业的规模来看，小企业占多数，特别是在文化服务领域，其次是中型企业，大型企业为数不多，特别是集团化的大型企业不多。

1. 多渠道的投资体制和有效的筹资机制问题

文化产业的"做大做强做优"不能仅仅局限在原有文化行政部门经营的国有企业的范围，在文化投资主体多元化的政策引导下，建立多渠道的投资体制和有效的筹资机制，要充分利用财政、税收、信贷和价格等经济杠杆，在资金投向、产业结构和整体布局、文化产品生产和文化市场管理等方面，体现国家对大型文化企业集团的政策导向，同时确立财政投入的重点。

2. 文化企业兼并、联合、重组政策问题

文化产业集团的组建，不能以行政命令的方式进行。主要是通过政策诱导，促进跨行业、跨系统、跨地区兼并、联合、重组的办法，不但要实现行业内的强手联合，而且要实现行业与行业间的联合，特别是与科技含量高的行业实现企业集团的联合。在企业联合中，要注意打破地区界限，充分利用全社会的文化资源发展文化产业，真正实现"优势组合，优势互补，优势扩张"。

第一，企业兼并政策问题。企业兼并政策是政府抑制企业间过度竞争，形成大规模企业，提高市场集中度，实现规模经济的重要手段。这一政策的基本目标是保证某些行业的企业既能实现规模经济，又能处于适度竞争状态，它通过政府制定最小经济规模标准，规定某类产业的企业达不到经济规模的要求不得进入该产业。同时，为避免因大中型企业数量过多而发生过度竞争，政府还对大中型企业数量进行直接管制，即使有的企业具备最小经济规模条件，政府也不允许其进入该产业。这样，经济规模政策和直接管制政策相结合，便对企业进入某类产业形成双重进入壁垒，以实现政策目标。当今世界各国政府均成功地运用过这一产业组织政策，如20世纪60年代，日本正处于从贸易保护体制向自由贸易体制过渡时期，企业规模普遍较小，不能有效地利用规模经济，因而其产品经营成本高于当时经济发达国家的水平。而且，大量小规模企业间过度竞争，也影响了技术进步和经营水平的提高，这种状况意味着日本企业无法与强大的国际垄断企业相竞争。日本政府为了从根本上改变这种不利状况，积极推行企业兼并政策，以实现企业经营集团化，建立规模经济流通体制。这对日本优化文化产业组织，发挥规模经济效益，提高企业在国际市场上的竞争力产生了重大影响。

第二，企业联合政策问题。根据联合的紧密程度，企业联合可分为建立企业间的专业化分工协作关系和组织企业集团两种类型。前者主要是以经营业务为纽带，通常不涉及资产关系的企业联合，后者是以资产和业务两重纽带形成的企业联合。无论哪一种企业联合，都有利于企业竞争从无序引向有序，从分散引向集中，变过度竞争为适度竞争，实现规模经济。这一文化产业组织政策也在于追求规模经济效益。

第三，企业重点扶持和发展政策问题。选择基础好、实力强、附加值高、市场发育健康、国内外需求广阔、能够带动相关产业和周边产品的电视广播、报刊出版等行业，建设成为支柱型文化产业。政府在政策上给予积极的推动，引导它们在体制和机制的改革方面创新，按照现代产业的要求来调整产品和服务结构，以科技创新、文化创新、经营创新来加快产业的增长，建成辐射国内外的文化产业企业集团。

四、发展公益性文化事业促进人民基本文化权益之思

建设社会主义文化强国，必须大力发展公益性文化事业，"把发展公益性文化事业作为保障人民文化权益的主要途径"，[1]让人民群众广泛享有免费或优惠的基本公共文化服务，保障人民基本文化权益。

（一）公益性文化事业是社会主义文化强国建设的重要组成部分

加强公益性文化事业建设，保障人民基本文化权益，是各级党委和

---

① 本书编写组：《深入学习习近平同志中国梦重要论述》，人民出版社，2013，第 27 页。

政府的一项基本职责，是体现社会主义优越性的重要方面，也是社会文明进步的重要标志。

第一，实现人民基本文化权益是推动科学发展、切实改善民生的必然要求。随着我国经济社会持续快速发展和人民生活水平不断提高，城乡居民文化需求越来越旺盛，文化权益日益成为社会关注的一个焦点。文化权益是人民群众的基本权益，只有当文化权益与经济、政治、社会等权益一起得到有效保障时，对人民权益的保障才是全面的、充分的。保障人民基本文化权益，关系千千万万人民群众的切身利益，不仅体现我们党全心全意为人民服务的根本宗旨，体现促进人的全面发展的社会主义本质要求，而且对于实现文化惠民，提高幸福指数，促进社会和谐，都具有重要的现实意义。

第二，发展公益性文化事业是实现人民基本文化权益的主要途径。现阶段，我们界定的基本文化需求主要包括看电视、听广播、读书看报、进行公共文化鉴赏、参加公共文化活动等。在农村，考虑到过去的传统，为农民免费放映电影也属于这个范畴。这些基本文化权益，需要政府免费或优惠提供，主要途径就是大力发展公益性文化事业。这就要求公益性文化事业必须有别于经营性文化产业，着眼于社会效益，以非营利性为目的，为全社会提供非竞争性、非排他性的公共文化产品和服务。

第三，发展公益性文化事业必须坚持公益性、基本性、均等性、便利性的要求。公益性、基本性、均等性、便利性，是中央对公共文化服务体系建设基本特点的高度概括。公益性，就是政府提供的公共文化服务基本上是免费服务，或是低于成本、收费很少的服务；基本性，就是政府提供的是基本文化服务，而不是所有文化服务；均等性，就是不分男女老少，不分富人穷人，不分城市农村，不分东中西部，都平等地享受公共文化服务；便利性，就是要网点化，做到一定空间范围内必须有公共文化活动场所，方便群众就近参与。

（二）发展公益性文化事业之思

满足人民基本文化需求是社会主义文化建设的基本任务。近年来，各级财政对农村地区、西部地区，特别是老、少、边、穷地区文化建设的扶持力度不断加大。一个覆盖城乡的公共文化服务网络正在全国形成。伴随覆盖面的扩大，公益性文化事业的服务水平也在技术和体制机制的创新中不断提升。加强公共文化服务是积极发展公益性文化事业的主要途径。必须牢固树立文化民生的理念，以公共财政为支撑，以公益性文化单位为骨干，以全体人民为服务对象，以保障人民群众基本文化权益为主要内容，完善覆盖城乡、结构合理、功能健全、实用高效的公共文化服务体系，确保人民群众共享文化发展成果。

第一，建立健全以公共财政为支撑的投入机制。加快构建公共文化服务体系，必须坚持政府主导，逐步建立健全同财力相匹配、同人民群众文化需求相适应的政府投入保障机制。要加大投入力度，把主要公共文化产品和服务项目、公益性文化活动纳入公共财政经常性支出预算，为公共文化服务体系建设提供有力的保障。进一步改进投入方式，采取政府采购、项目补贴、定向资助、贷款贴息、税收减免等政策措施，鼓励各类文化企业参与公共文化服务，不断提高财政资金使用效益，增强公共文化服务的活力。

第二，加强以公益性文化单位为骨干的服务主体建设。公益性文化事业单位是社会主义文化建设的重要力量，要切实履行好公共服务职能，把提供优质高效、普遍均等的公共文化产品和服务作为一项基本任务，鼓励国家投资、资助或拥有版权的文化产品无偿用于公共文化服务。特别是文化馆、博物馆、图书馆、美术馆、科技馆、纪念馆、工人文化宫、青少年宫等公共文化服务设施和爱国主义教育示范基地作为公益性文化事业的重要载体，要加强建设并完善向社会免费开放服务。同时，鼓励其他国有文化单位、教育机构等开展公益性文化活动，使之成为公益性文化事业的重要补充和有机构成。

第三,提高以全体人民为服务对象的公共文化产品和服务供给能力。加快构建公共文化服务体系,必须多生产群众买得起、用得上的文化产品,多提供百姓喜闻乐见的文化服务。提高公共文化产品和服务供给能力要把握好几个关键环节:一是扩大公共文化设施的覆盖范围。加强社区公共文化设施建设,把社区文化中心建设纳入城乡规划和设计,拓展投资渠道,使公共文化服务更好地向城乡基层末梢延伸。二是促进公共文化服务供给的市场化和社会化。引导和鼓励社会力量通过兴办实体、资助项目、赞助活动、提供设施等形式参与公共文化服务,构建贯通城乡的文化产品流通网络,实现由文化系统的"内循环"到市场和社会"大循环"的转变。三是加强公共文化设施的使用和管理。坚持项目建设和运行管理并重,统筹规划和建设基层公共文化服务设施,完善配套措施,保障正常运行,着力创建一批结构合理、发展平衡、网络健全、运行有效、惠及全民的公共文化服务体系示范区,制定公共文化服务指标体系和绩效考核办法。

五、文化产业和文化事业建设政策保障机制之思

完善政策保障机制,继续执行实践证明行之有效的文化经济政策,落实支持文化改革发展的各项政策,加大财政、税收、金融、用地等方面对文化产业的政策扶持力度,设立国家文化发展基金,扩大有关文化基金和专项基金规模。对文化内容创意生产、非物质文化遗产项目经营实行税收优惠。对国有文化单位转企改制的扶持政策执行期限再延长5年。这些具有鲜明导向和含金量极高的经济政策,给文化改革发展创造了实实在在的物质条件。

近期我国已经出台多个涉及文化产业的政策性文件,在财税、金融、准入、土地等多方面实施优惠,扶持文化产业发展。相关人士表示,对文化产业发展予以支持的财税政策正在迎来"密集发布期"。以文化产业为主体、积极发展公益性文化事业的文化企事业制度正在形成。

（一）公益文化事业的投入政策问题

切实加大投入，扶持公益文化事业发展是政府目前迫切要解决的问题。现在总体上看，政府对文化投入的增长幅度仍不适应社会经济发展的速度、规模、水平和人民群众不断增长的精神文化需求，用经济政策杠杆引导社会资本进入公共文化服务领域的政策还不完善，公共文化服务体系建设还相对薄弱。政府应进一步加大财政投入，健全资金监管体制，提高投入效益，保障所投入的资金用于发展公益性文化事业。

第一，适应社会主义市场经济的要求，建立规范有效的公益文化事业筹资机制，逐渐形成对公益文化事业多渠道投入的体制。中央和地方财政对文化事业的投入，要随着经济的发展逐年增加，增加幅度不低于财政收入的增长幅度。

第二，健全文化专项基金（资金）。利用国家和社会资本设立一批文化产业发展的专项基金，如精品创作扶持专项基金、电影专项基金、出版和版权保护基金、印刷基金、音像发展基金等。充分发挥现有各类文化专项资金的作用，争取专项资金数额逐年增长。积极探索基金制管理模式，对相关的公益性项目给予资助。

第三，完善社会公益捐赠和赞助公益文化事业的优惠政策，鼓励企业和个人对公益性文化事业单位及艺术院团的捐赠。社会力量捐赠公益文化事业，是拓宽文化事业投入渠道的重要举措，是公益文化事业投入的有益补充。为社会力量赞助重大文化艺术活动、高雅艺术演出、文化设施建设、院团建设等给予的法律激励（如新税法中规定的12％的捐赠扣除比例）将有效地促进公益捐赠。此外，境外捐赠资本中蕴藏着巨大的潜力，可出台鼓励境外力量捐赠公益文化事业的经济政策，通过财税杠杆引导这些资金投入国内的公益文化事业建设。

（二）公益文化事业的税收优惠政策问题

公益性文化事业单位进口图书、期刊、电子出版物、音像制品，体现民族特色和代表国家水准的艺术院团进口演出器材和设备等，免征进口环节关税和增值税；对社会力量举办的公益文化项目，在融资、用地、税费等方面给予与国有单位相同的政策优惠。

对纪念馆、博物馆、文化馆、美术馆、展览馆、书（画）院、图书馆、文物保护单位举办的文化活动，所售门票收入应免征营业税。对文化事业单位、社会团体承受土地、房屋用于办公、科研的应免征契税。对农村各项公益性文化体育场馆的自用房产和土地，应免征房产税和城镇土地使用税。

（三）强化制度建设，规范文化产业发展问题

建立健全中国特色社会主义文化法律法规体系，加快制定出台、修订完善规范和促进文化产业发展的法律法规，将文化产业发展过程中的重大政策措施，上升为内容明确、条理清晰的法律、法规等制度安排。鼓励地方根据自身特色开展文化立法。加强相关标准、规范的研究制定工作。适应文化产品和服务的供给和消费的主体、渠道日益多元化的产业发展状况，完善文化产业内容监管、市场监管和惩戒制度，形成一套行之有效的产业发展规范。

目前，我国类似《文化产业促进法》的法律法规尚未制定。除《文物保护法》和《著作权法》有少部分内容涉及文化产业外，基本上缺乏专门的国家法律支撑。文化产业的规范和管理仍主要依靠国务院发布的行政法规，以及大量法律层级和效力都较低的部门规章及规范性文件。与发达国家相比，我国的文化产业法制环境建设亟待加强。现行与文化产业发展有关的法律法规，大多是在文化体制改革和经济体制改革过程中制定和形成的，很大程度上带有计划体制的痕迹，主要侧重于强化市场管理，规范经营行为，规范政府文化管理行政权。而引导和促进文化产业发展方面的内容，如确定文化生产和消费的基本经济关系、为社会提供参与公共文化事务所需要的条件、提供公平竞争环境等则较为缺乏。在整个政策制定，以及政府对社会文化资源的权威性配置中，体现公共性、公正性和公平性都比较差，已无法适应当前文化产业的发展形势。

为此，应尽快研究制定《文化产业促进法》，并且加紧对社会普遍关注的与文化产业发展相关的专项法律，如民族民间传统文化保护法、电影法、广播电视法以及网络信息管理、文化市场管理等方面的法律制度建设。

（四）人才队伍建设与增强产业发展后劲问题

积极培育文化高端人才，建立和完善有利于优秀人才健康成长和脱颖而出的体制机制；积极支持高层次人才创办文化企业，完善实施知识产权作为资本参股的措施。加强基层人才队伍建设，完善基层优秀人才发现培养机制，对西部地区、革命老区、民族地区、边疆地区、贫困地区人才队伍建设予以重点扶持。建立完善分类培训的人才培训机制，积极支持民间人才队伍发展，建立完善文化领域职业资格制度。随着对外交往的不断扩大，我国同世界各国的文化交流合作日益深化。适应当今时代文化发展新趋势，大力推进社会主义文化建设，迫切需要培养造就一大批文化领域的创新型、复合型、科技型、外向型领导人才。

（五）完善文化产业政策，打造良好的政策环境问题

加快完善针对文化产业的各项经济政策，及时根据产业发展状况，对已有支持文化体制改革、支持文化产业发展的经济政策进行修订或延续。进一步落实鼓励文化产业发展的税收优惠政策。在培育骨干文化企业方面，重点对中央确定组建的大型文化企业集团公司重点发展项目予以支持，对文化企业跨地区、跨行业、跨所有制联合兼并重组和股改等经济活动予以支持。对文化内容创意生产、非物质文化遗产项目经营实行税收优惠；进一步完善金融支持文化产业发展政策，加强和改进对文化企业的金融服务；开辟多种融资渠道，产业与事业协调发展；进一步完善市场准入和投融资政策，吸引社会资本投资文化产业。

可通过国家资本金注入、贷款贴息等政策性专项资金投入，培育和扶持一批重点文化企业。对符合国家文化产业发展方向和发展重点的项目，投入启动资金或提供贴息贷款和融资担保。对优秀的国内市场前景

广阔的文化商品的生产和经营及提供文化服务的,给予适当的财政补贴。对既有公益性又有经营性的混合性文化产业,通过财政补偿、特许经营、贷款贴息等方式支持社会力量举办。

进一步完善改革的配套政策,对转制单位原有财政投入一定时间内保持不变,并减免所得税等。特别是针对国有艺术表演团体大多历史包袱重、适应市场条件差的实际,在改革中应该完善特殊政策措施,鼓励文化产品和服务出口的出口退税和营业税政策,引导文化企业开拓国际文化市场。

进一步完善文化产业政策,重要的一步是增强政策的可操作性。在完善产业宏观指导调控政策的同时,进一步增强产业政策的可操作性,使国家指导产业发展的宏观导向通过更为具体的产业政策得以贯彻落实。在改革过程中,必须充分发挥政策的宏观调控作用,促进资源配置向先行改革的文化单位倾斜,使其尽快享受财税优惠政策。

（六）深化文化体制改革,破除体制机制障碍问题

文化体制改革的机制性障碍仍然存在,进一步深化文化体制改革,加快推进国有经营性文化单位的转企改制和现代企业制度建设,培育合格市场主体,形成符合现代企业要求、体现文化企业特点的资产组织形式和经营管理模式。打破条块分割、地区封锁、城乡分离的市场格局,促进文化产品和要素在全国范围内合理流动,逐步完善统一开放、竞争有序的现代文化市场体系。此外,国有经营性文化事业单位转企改制缺乏动力,配套政策还不完善,改革难度仍很大,破除这些障碍仍需在制度安排上进行不懈努力。

（七）加强知识产权保护问题

文化企业和文化工作者要增强知识产权保护意识和法制观念,积极制定参与市场竞争的知识产权战略,实行研究、创作、开发、生产、销售全过程的知识产权保护。所经营的文化产品和文化服务进入市场前,要及时进行专利申请、商标注册、作品和软件登记,以取得法律保护并

依法正确使用。大力支持文化创新，鼓励广大文化工作者创造和拥有更多的知识产权。大幅度提高我国自主知识产权的数量和质量，培育和发展国家文化产业核心竞争能力。严厉查处和制裁盗版盗印、非法出版、非法营销等各种侵犯知识产权的行为，保护知识产权权利人的合法利益。由于知识产权自律行为和自我保护机制严重缺失，进而很容易导致社会公众知识产权保护意识和自律约束机制薄弱，文化行业知识产权易受侵害。因而需要建立起强大的行业协会组织，形成行业内的知识产权自律机制。

要坚决保护知识产权。知识产权是民族创新的精神动力，是时代发展的力量源泉。文化产业与其他产业的最大区别，就表现为在文化产品和文化服务中，蕴含了知识产权这种无形智力财产。而侵犯知识产权的行为，不仅损害著作权人的合法权益，偷逃国家税收，阻碍产业发展，而且将严重破坏民族的原创精神，妨碍文化创新，导致国家文化竞争力和综合国力的停滞不前。国家高度重视知识产权保护工作，将其列入整顿和规范市场经济秩序的重要内容，并专门成立知识产权保护工作小组，统筹协调保护行动。我们要继续不遗余力地打击侵权盗版行为，坚决将违法犯罪分子绳之以法，依法追究法律责任。此外，政府需要组织并管理好重要文化资源知识产权的挖掘、整理工作，建立国家重点文化知识产权保护目录工作。推动文化单位、科研院所、高等学校重视和加强知识产权保护和管理。鼓励发展知识产权代理、推介和交易服务产业，逐步构筑覆盖全国的知识产权服务网络。鼓励知识产权等无形资产参与投资收益分配，最大限度激发文化科技人才的创新热情和创造活力等。

第四章 综合国力的提升与国家文化形象研究

国家文化形象与综合国力密切相关，增强综合国力有利于提升国家文化形象，提升国际文化形象也有利于增强综合国力。因此，发展经济，增强综合国力与建设文化强国，提升国家文化形象是互促共进的。

第一节 国家文化形象的内涵、特征与表现形式

一、国家文化形象的深刻内涵

（一）形象的本质内涵

从形象产生的过程看，形象一般是指事务内在与外显诸要素的总和，通过一定形式的信息中介的作用，在公众心目中引起的感知、看法与评价；它体现公众的价值观与审美观，反映公众对该事物认同、喜爱和支持的程度。从这一概念来看，形象具有以下三个特性：

首先，形象具有物质本源性。形象是建立在物质基础之上的，没有了物质的本源，形象也就无从谈起。

其次，形象的源像具有客观性。物质的运动变化产生信息，这是形象的"源像"，也就是形象的次级本体。源像是客观存在的，是唯一的，但是具有不可描述性。

第三，形象具有主观性。由一些符码组成的意识是信息的"加工厂"，加工厂首先生产出的是"模板"，出厂销售是根据不同客户或者是其他具体环境的要求进行"深加工"并形成最终的"形象"。

（二）文化形象的本质内涵

文化在目前国际关系与国际政治研究领域是最时髦的概念之一，但同时也是一个涵义复杂、歧义很大的概念。人们从不同的角度看待、研

究文化，从而对文化产生不同的解释。

一般来说，文化的内涵可以从广义与狭义两个层次来界定。从广义上讲，文化包括人类在一定历史阶段内所创造的物质文化与精神文化的总和，具体包括物质层面、精神层面、制度层面三部分。从狭义上说，文化则专指语言、文学、艺术及一切意识形态在内的精神产品，其核心是潜藏在人类群体的生活方式之下的观念系统。一般认为，狭义文化是广义文化的核心部分。在每一种文化中，其构成最核心、最稳定，把文化塑造成一种特定文化的部分往往是文化的精神层面。而最外层一般都是文化的物质层面，也是文化体系中最不稳定的一面。换言之，精神文化构成了文化的灵魂。

从文化形象的具体表现形式上看，表现为政治文化形象、军事、企业、城市、建筑、旅游等等，其中政治文化形象是最主要的表现。政治文化形象具有以下主要特点：

第一，政治文化形象的整体性。政治文化形象本身具有整体性，它是诸多要素的综合反映，其在公众心目中的形象即是指国家的整体政治文化形象。国家政治文化形象在表现上具有整体性，是由一系列相关联的要素构成，公众心目中的一国国家政治文化形象，一般不是也不可能是在对各构成要素进行科学分析、全面评估后综合而成，而总是从自我出发，根据其了解接触到的情况来认识和评价，最终形成对一国的印象。因而实际的情况常常是，根据对若干要素的综合甚至凭某一要素就以之代表国家整体政治文化形象，这种表现上的整体性，使得一国国家政治文化形象常被有意无意地以偏概全，或明或暗地被"标签化""对号入座"。

第二，政治文化形象的主观性。一方面，既然国家政治文化形象从本质上讲是主体对客体的反映，那么这种反映就有可能与国家客体本来的面貌有所出入甚至相去甚远，正如"媒体世界"不是"现实世界"的拷贝，国家政治文化形象也绝非国家实况的全面逼真再现。另一方面，主体不同，以及由此产生的不同大众媒体与媒体世界的差异，同一国在国际传播中常常显示出不同侧面、形成不同国际形象，表现为国家政治文化形象的多样性，而且这些形象并非一成不变，而是随着实际情况和环境情势而变化。因而国家政治文化形象就有一个不断变化、完善、创新的问题和可能。

第三，政治文化形象的客观性。国家政治文化形象的主观相对性并不意味着是随意反映、任人曲解认识的，相反它是客观的。一方面，国家政治文化形象作为一种观念，它所反映的是不以人意志为转移的国家客体及由其折射形成的具逼真性的"媒体世界"，它产生并存在于一定的客观国际环境中。另一方面，从辩证唯物主义和历史唯物主义基本原理出发，最终决定事物发展变化的是其内因，国家政治文化形象归根到底决定于国家客体的综合真实状况，能从整体上真正、全面、正确去认识反映国家真实面貌的只有一种。一时的误读曲解或美化丑化，并不能否认改变在较长历史时期内国家政治文化形象与国家本身正向趋同的事实。

因此，结合"形象"与"文化"两个概念，我们可以这样来理解文化形象的内涵，所谓文化形象，就是指国内外公众对文化价值理念、文化传统、文化行为、文化成果等的总体认知与评价。

（三）国家文化形象的本质内涵

现实主义认为，物质实力及其分布是国际体系中最重要的因素，有学者将国家形象等同于一国的综合国力，即一国所拥有的生存、发展和施加对外影响的力量与条件的总和，既包括自然因素，也包括社会因素。进而，将国家形象的构成分为国家的政治形象、经济形象、军事形象、历史形象、社会形象、文化形象、科技形象等七个方面，并试图建立以综合国力为核心的国家形象评估指标体系。而国家文化形象作为其中的一个组成部分，对于国家形象的建构与形成，具有十分重要的作用。

在综合借鉴前文概念的基础上，我们认为，国家文化形象是指国内外公众对一个国家文化价值理念、文化传统、文化行为、文化成果等的总体认知与评价。国家文化形象是国家形象的重要组成部分，是一个国家文化传统、文化行为、文化实力的集中体现。它反映了一个国家的国民素质和精神风貌，反映了一个国家的文化吸收能力和文化创造力，也反映了一个国家文化的国际影响力。

二、国家文化形象的构成要素

（一）文化价值观

以价值观念、宗教信仰为核心的文化，不同于自然资源、军事、经济或科技实力等以实物为特征的有形力量，而是一种以思想、成识、精神为特征的、无形的集体认同力和感召力。这种认同力和感召力往往通过思维、语言、道德信仰及人格（国格）魅力等方式显现出来，其中最关键的文化要素是国民士气。

而国家文化形象中的文化价值观，主要是指如何对待民族传统文化与外来文化的关系，两者之间如何定位的关系。正确的文化价值观应该是在继承和弘扬民族优秀文化的基础上，借鉴和汲取世界优秀文化，从而确立中国文化在世界多元文化中的重要地位。

从某种程度上来说，经济发展的基础是文化价值。做大做强文化产业，引导促进经济发展，升华文化价值观是关键。也就是说，国家文化对于社会经济发展具有双重作用，一方面，文化作为一种精神生产，对整个社会经济具有导向和不断提升品位的作用，可以升华人类文化价值观，营造积极向上的精神，引导社会经济的发展方向，明确经济发展的终极目标；另一方面，文化本身具有经济功能，也是一种极具发展前景的产业，而且，随着知识经济的发展，文化产业日趋壮大并将逐步成为国民经济的支柱产业之一。

因此，价值观与文化的关系极为密切，它既影响到已有的文化成果的取舍兴废，又影响到新的文化创造的取向和用力的大小。一个文化系统的价值体系不仅在很大程度上是该系统的体系结构的反映，而且在很大程度上规定了该系统的特质和发展演变方向。廓清一个民族、一个国家的主流价值体系及其所建构的价值观，对我们民族、国家的文化乃至整体发展都至关重要。

（二）优秀文化传统与文化传承

根深才能叶茂，源远方可流长。中华文化根基深厚，源远流长，有着悠久的历史，但在近现代的历史演变中，中国文化却经历了一百多年的衰落期，对于中国传统文化的态度，也经历了几次较大的演变。自近代一百多年以来，中国学者进行了长期的"古今中西"之争。"文革"结束以来，中国以历史唯物主义指导文化建设，提出要正确对待中国传统文化，继承中国传统文化中优秀的精华部分，推进先进文化建设的同时必须发扬民族文化的优秀传统，复兴和弘扬民族文化。

而联合国教科文组织（UNESCO）在 1972 年已提出《保护世界文化和自然遗产公约》，2003 年公布《保护非物质文化遗产公约》（Convention for the Safeguarding of the Intangible Cultural Heritage），希望唤醒全世界对以口传心授为载体的非实物文化艺术传承的注意，尽量保护各种文化传统的原生状态，避免在全球化过程中逐渐消失。据 UNESCO《保护非物质文化遗产公约》的定义，非物质文化遗产是指"被各群体、团体、有时为个人视为其文化遗产的各种实践、表演、表现形式、知识和技能及其有关的工具、实物、工艺品和文化场所。"[1]

因此，在发展经济的同时，要着力做好文化遗产的发掘，特别是对民间文化和民间艺人要多关注，不能以旧城改造的名义，对文化遗产大肆拆毁。而且对文化遗产保护不能仅停留在保护层面，应当与利用、开发结合起来，实现文化遗产的可持续性保护，但必须制止过度开发。保

---

[1] 联合国教育、科学及文化组织：《保护非物质文化遗产公约》，2003 年 10 月 17 日。

护好非物质文化遗产，使传统文化传承成为现代化进程的有机组成部分，应是正确的出发点。

同时，中国文化作为以儒家文化为主导而融合释道等文化的博大精深的宏大整体，而儒家文化的代表人物孔子曾在"五四""文革"期间特别是20世纪70年代"批林批孔"运动中屡遭批判。近年以来，在国际上被当作中国文化象征的孔子的地位得到恢复和高度尊重，反映了中国复兴和弘扬优秀传统文化的政策导向。

因此，文化传统与文化传承作为国家文化形象的构成要素，要求我们大力挖掘文化遗产，提升国家文化形象；同时加大创新力度，繁荣文学艺术，增加中国文化的吸引力；还要积极扶持文化产业，打造文化品牌，增强我国文化产品的核心竞争力。

（三）文化行为与文化活动

文化的核心价值观决定了国家对外政策和文化行为的价值取向，不同的文化有不同的世界观和价值观，不同的世界观和价值观将会使这个国家对国家利益有不同的界定和认识，具有不同文化背景的国家对其国家利益的不同的认识和界定，就使它们的对外政策和文化行为具有不同的价值追求和手段。例如在我国古代，有"己所不欲，勿施于人"的和平文化传统，即使在汉唐鼎盛时期也没有强行向外输出自己的文化价值观念，而是采取一种"远人不服，则修文德以来之"的态度与各国和谐相处，这与欧洲的基督教十字军东征是截然相反的。

而我们在进行国家文化形象传播时，不仅要让世界听到中国的声音，更要让世界听懂中国的声音。国家文化形象传播是一种跨文化传播，它以与传播者文化不同的国外受众为对象。每个现实的人总是由给定的文化塑造而成，文化不仅赋予他特定的生活方式，还赋予他相应的思维方式和情感方式。只有突破横亘在传播者和受传者之间这道无形的"屏障"，才能使传播者的传播目的在受众身上得到预期的反应，取得期望的效果，才可以称得上是有效的传播。要想达到如此效果，需要具备许多条件，比如不同民族国家间的政治关系、经济关系、地缘关系以及文化交流的传统关系等，它们为跨文化传播创造了良好的环境，但最为关键的一环，是传播者一方能否创制出能够进行有效传播的文本，即能否创制出易于和利于受传者一方理解接受的文本。本文所称的文本，不限于以文字语言符号构建的图书作品，还包括通过广播、电视、互联网等制作传播的声像作品、多媒体作品、以及以传播文化形象为目的的各种文化行为和文化活动等。

因此，对于国家文化形象来说，文化行为和文化活动的重要性在于，提高各个文化活动主体遵守价值观念的自觉性，引导公民养成良好的文明习惯，形成知荣辱、讲正气、树新风、促和谐的文明风尚；引导企业遵守游戏规则、尽到社会责任，成为守法的经营者。

（四）文化成果

从广义上讲，文化是人类改造主观世界和客观世界活动及其成果的总和，包括物质文化和精神文化两大类。其中物质文化就是文化凝聚在人类所有改造过的物质当中，即文化的物化，表现文化的实物。它既包括古人的石器文化，也包括现代化的科学技术发明，既包括哲学文学艺术文化产品，也包括科学技术物化形态的"物"，也就是我们所说的文化成果。

因此，为了推广和宣传已有的文化成果，塑造我国的文化形象，在对外文化宣传中，我们不仅要介绍五千年文明，还需要着力介绍当代中国文化建设的成果。同时，应进一步搭建国际文化交流平台，通过各种途径向世界各国介绍中国的历史、文化艺术，特别是当代中国的文化成果，介绍中国人的思想、情感和行为方式，让世人尽可能多地了解中国的过去、现在和未来。

要展示我国的文化成果，就要充分宣传和塑造民族文化。坚持弘扬和培育民族文化和民族精神，既能够提高民族素质，为社会主义现代化建设提供精神动力和智力支持，又能够树立国家文化形象，增强中华民族文化的凝聚力和亲和力。从对外交往的角度上看，塑造民族文化，必须根植于中华传统文化的沃土，从中国传统文化中汲取精华，从而形成有充足的文化底蕴的特色文化。倡导中华传统文化，并不意味以"中华性"取代"现代性"和"世界性"，趋向于"文化保守主义"。中国民族文化和民族精神的弘扬离不开社会主义现代文化建设的实践经验，而是在二者的结合中突出具有的悠久历史文化底蕴，这是我国文化形象的重要内容。

三、中国文化形象的主要内容

（一）中国文化形象的核心：中和问题

1. 中和的本质内涵

中者，中国之中也；中者，不偏不倚，有节取中，中庸之道也；中者，代表人自身立身处世的态度，是过程。和者，和谐也，包括和立、和生、和处、和达、和爱等，和为贵；和者，充满辩证，"和而不同"、大同小异，求同存异。和者，表现的是人与自然的关系，是结果。中和两个字都有一个"口"代表人，中就是人处事要中正，恰如中间的一竖。"和"字左边是禾，表示庄稼，表示自然，和字表示人与自然的和谐相处。

2002年10月24日，江泽民在美国的乔治·布什总统图书馆礼堂发表重要演讲。他说："中华民族自古就有以诚为本、以和为贵、以信为先的优良传统……两千多年前，先秦思想家孔子就提出了'君子和而不同'的思想。和谐而又不千篇一律，不同而又不相互冲突。和谐以共生共长，不同以相辅相成。和而不同，是社会事物和社会关系发展的一条重要规律，也是人们处世行事应该遵循的准则，是人类各种文明协调发展的真谛"。[①]

他的这次演讲把具有辩证思维的"和而不同"思想同对世界文化和

---

① 江泽民：《江泽民文选》（第3卷），人民出版社，2006，第522页。

文明发展的认识联系起来，在文化"多样性"的认识基础之上，提出"我们应该尊重各国的历史文化、社会制度和发展模式，承认世界多样性的现实。世界各种文明和社会制度应该而且可以长期共存，在竞争比较中取长补短，在求同存异中共同发展。在当今世界上，我们提倡'和'，也就是说，各国应当在政治上相互尊重，经济上互相促进，文化上互相借鉴。这将有利于世界的和平与发展"。[①]

中和思想以标新立异的方式向世界揭示了中国文化形象的深刻内涵，表明了中国对于当前世界性文化竞争和文化融合的认识和态度。这种文化形象以中国传统文化中"和而不同"的思想作为解决冲突，和平共处，互不干涉，共同发展的思想理论指导，强调在文化交往中既要保持和发挥自身文化的特性，又要在互相交流与对话中取得共识，达到"认同"，进而促进共同发展。

2. 中和的作用

汤一介教授不仅把"和而不同"思想看作是 21 世纪处理不同文化关系的准则，而且进一步解释说："这种相互'认同'不是一方消灭另一方，也不是一方'同化'另一方，而是在两种不同文化中寻找交汇点，并在此基础上推动双方文化的发展"。[②]这使我们进一步认清了以"和而不同"为内涵的中国文化形象与在"以同化异"和"以异抗同"思想指导下的文化形象之间存在着本质的不同。

中国提出以世界文明多样性思想来指导文化形象建设，发展对外文化关系，这是基于文化发展的基本规律以及当前国际文化关系的基本特征而做出的。以平等的态度对待其他民族的文化，以博大的胸怀汲取人类创造的一切优秀文明成果，以"和而不同"的精神处理不同文化之间

---

① 江泽民:《江泽民文选》(第 3 卷),人民出版社,2006,第 523-524 页。
② 汤一介先生在复旦大学的演讲:《寻求文化中的"普世价值"》,
2009 年 4 月 13 日。

的关系，顺乎潮流，合乎人心。只有承认世界文明多样性，主张世界各种文明的共存和相互融合，支持通过文明对话来解决文明间的分歧和冲突，坚持通过文化合作来促进国际和国内文化发展，才能与其他国家开展正常的对外文化关系，从而真正对外恪守维护世界和平、促进共同发展的宗旨。

（二）中国文化形象的基石：文明诚信

1. 中国"以和为贵"的文化形象

中华民族是一个十分珍视和爱好和平的民族。中国的发展，是世界和平与发展事业的重要组成部分。中国古代文化传统高度重视和推崇"和为贵""和无寡"的思想。从历史上看，"尚和""求和"在中华民族的发展中起到了极为重要的作用。因此，作为优秀中华文化精华的中华民族精神，长期以来就传承和涵养了一种爱好和平和追求和平的精神并使这种爱好和平、亲仁善邻、讲信修睦的精神演化成千百年来中华民族精神的主流。

饱受侵略和伤害的中国人民更能感受到这一思想的重要，深知和平之弥足珍贵。中国共产党继承和吸纳了中华民族精神的这一精华，在长期的领导中国革命、建设和改革的实践中形成了在处理与其他民族、国家和政党关系上的以邻为友、以邻为伴、和平共处的政策。这个政策是中华民族尚和精神的演化，在实践中为维护世界和平和促进共同发展做出了突出的贡献，受到了不同民族、国家和政党的欢迎和支持。

2. 中国"信守诺言"的文化形象

中国历来是一个注重信誉的国家，"言必信，行必果"是中华民族的传统美德。中国政府是一个守信用的政府，今日中国是一个发展中国家，为了推进现代化建设，尤其需要一个稳定和谐的国际环境。中国共产党和中国人民始终同世界上一切爱好和平与自由的人民一道，共同致力于促进世界和平与发展的崇高事业，并将努力做出自己应有的贡献。

信守诺言是取信于国际社会的客观需要，说话算数、信守诺言是国际发展友好关系的前提和基础。中国作为发展中的大国，要实现现代化建设的宏伟目标，更好地维护国家的独立、主权和尊严，维护和塑造守信的国家文化形象，就必须进一步搞好对外开放，积极发展同其他国家的友好合作关系，并努力争取国际社会在人权等领域对我们政治上、道义上的支持，这就要求中国在对外交往中一定要说话算数、信守诺言。

（三）中国文化形象的时代特征：与时俱进

1.中国文化形象随时代发展而进步

中国文化形象要代表先进文化的前进方向，必然要求我们在对外文化交往过程中，体现中国伟大的民族精神、体现丰富的思想价值体系和坚定有力的主张，以此来展开文化外交和意识形态的吸引力。其内涵包括三个方面：第一，建立在和各国平等交流的基础之上开展文化交往活动，宣传我国的文化形象。第二，对外交往过程中充分体现优秀中华文明的思想和外交艺术。第三，吸收世界优秀的外交文化以丰富我们的文化底蕴和外交思想。

世界发展到相互依存的今天，成熟的政府已不再仅仅围绕着军事、经济而展开对外攻势，因为这样的战争付出与所得在理论上和实践上都已经证明不成比例，通过强权方式占领到的土地和市场往往在"治理"上会消耗比"占领"时更大的成本，而且难以成功。因为被占领国人民的敌视心态是任何硬武器都无法征服的，而且很可能是越来越激化，所以各国政府都注重首先开始精神层次的"占领"，通过文化形象的塑造，通过"软实力"来减少前进中的阻力，我国的文化形象也是这样随着时代的发展变化而不断取得进步的。

2.中国文化形象传播目的因形势而变化

影响了中国几千年的儒家文化要求小至个人，大至国家都应具有五德，即仁、义、礼、智、信。按中国传统文化的代言人孔子的看法是：以仁生国、以礼立国、以德治国，而天下归顺，这就是儒家的齐家、治国、平天下思想，直至今日仍是影响中国对外交往的主要思想。

但是，我国经过几十年的发展，综合国力有了显著的提高，于是国际上一些别有用心的反华反共势力开始散布"中国威胁论"，认为日益强大的中国会在不远的将来威胁到地区和世界的安全，进而挑拨中国与其他国家的关系，鼓吹要对中国的发展实行遏制。西方媒体、学术界纷纷借此机会大肆炒作，似乎刹那间中国成为世界所有国家的敌人。

实际上，中国自古代以来就不是一个扩张的国家，其特殊性在于强调既不靠军事征服，也不是靠经济收买，而是以"修文德""宣德以外""怀柔""抚和"和"顺俗施化"的办法，或者以道的吸引力去诱导、吸引别国。

因此，面对发展变化了的国际形势，我国的文化形象传播重点也要发生相应的转移，主要目的在于向世界宣传中国自古就受儒家思想"己所不欲，勿施于人"的影响深厚，打消世界对中国发展的顾虑，减少"逆向认同"，增大"正向认同"，为中国营造一个宽松的和平建设和发展氛围。

（四）中国文化形象的张力：和处共赢

1. "与邻为善、以邻为伴"的文化形象

同世界其他大国相比，中国的周边地缘环境最为复杂：中国是世界上拥有邻国最多的国家，周边国家多达29个，其中直接接壤的邻国就有15个。中国作为一个文明古国，向来有"协和万邦"的历史传统，历朝历代都十分重视与周边国家的关系，与邻国和平共处时期远远超过征战时期，即使在汉唐等昌盛时期，也不曾超出本国领土范围向外扩张，中国同周边国家的友好交流源远流长。"相知无远近，万里尚为邻""亲仁善邻"的中国古训影响着代代中国人，这种文化传统对当代中国外交战略仍然具有强大的影响力。

在这一复杂的国际背景下，中国政府将"与邻为善、以邻为伴"作为与周边国家的基本指导原则，并将发展与周边国家睦邻友好合作关系为对外工作的重点。其目的在于通过广泛的交流与合作，淡化因意识形态分歧和社会制度差异造成的心理距离和互不信任，以经济的互利互助，发展战略上的相互依存，文化的互相交流，建立心理感情上的互相亲近，为最终以和平方式协商解决国际争端，化解矛盾冲突，增进互相信任创造良好的心理氛围和客观条件。实践证明，"与邻为善、以邻为伴"这一指导思想对中国谋求稳定的周边环境具有重要意义，是我国文化形象的重要组成部分。

2."兼相爱、交相利"的文化形象

中国政府坚决反对任何形式的霸权主义、强权政治和侵略扩张行为，并将反对霸权主义，维护世界和平作为中国外交战略的一条重要原则，中国政府的反霸主张可以从中国传统文化中寻根溯源，最典型的是墨子的"兼相爱、交相利"思想。

墨子生活的战国时期是一个"大乱之世"，他提出了"兼相爱、交相利"思想。"兼相爱"是针对"别相恶"而言，是指不分亲疏、贵贱、贫富，一视同仁地爱所有的人。"交相利"是针对"交相贼"而言，主张人们互相帮助，共谋福利，反对互相争夺、恃强凌弱的行为。因此，中国文化的传统中包含着对霸权的排斥和对弱小者的同情，在近代经历了百年耻辱的中华民族在独立后对霸权主义和强权政治更是抱有强烈的道德愤慨。

虽然以墨子为代表的中国古人关于反对霸权的主张已成为历史，但其和平共处，反对霸权的精神却融入了现代中国社会。在新的时代背景条件下，霸权主义依然存在，大国干涉小国内政，富国从经济上对穷国进行经济掠夺的现象仍时有发生。中国政府明确提出反对霸权主义，是为了维护独立自主的国家主权原则和平等互利的国际关系秩序，而不是为了寻求对抗。因此在反对霸权主义的斗争中更注重策略和方式，强调反对霸权主义是针对一些国家的强权行径，而不是事事处处都与这些国家对立对抗。

有鉴于此，中国先后和世界上大多数国家建立了各种层次的"伙伴关系"：同法国建立的"全面合作伙伴关系"，同美国建立的"建设性战略伙伴关系"，同东盟建立的"睦邻互信伙伴关系"，同欧盟建立的"长期稳定的建设性伙伴关系"以及前面所提到与俄罗斯、日本和韩国建立的伙伴关系。这些"伙伴关系"的建立，充分说明了中国和各主要大国之间的合作、友好的关系，为实现21世纪的和平、繁荣贡献自己的力量。

第二节　文化软实力与综合国力提升

在当今世界综合国力竞争日趋激烈的大背景下，文化软实力的地位、作用和重要性日益凸显。随着经济全球化的加深，文化软实力日益成为一个国家在国际竞争中的重要内容和重要手段，成为衡量一个国家国际地位和国际影响力的重要指标。因此，"提高国家文化软实力，不仅关系我国在世界文化格局中的定位，而且关系我国国际地位和国际影响力，关系'两个一百年'奋斗目标和中华民族伟大复兴中国梦的实现"。[1]我们要不断"努力夯实国家文化软实力的根基……切实把我们自身的文化建设搞好，朝着建设社会主义文化强国的目标不断前进"。[2]

一、文化软实力的本质内涵

在分析文化软实力概念之前，我们首先必须准确理解与界定文化。文化是人类社会生活中一种最为普遍的现象。但是，文化现象也是最为难以理解与把握的现象。一般而言，我们认为，广义上的文化是指人类生活的样态，它既包括人类社会生活过程中所创造的一切精神成果，也包括物质成果。但是，狭义角度的文化仅仅指人类社会生活过程中所创

① 中共中央文献研究室：《习近平关于全面建成小康社会论述摘编》，中央文献出版社，2016，第108页。
② 《习近平总书记系列重要讲话读本》，人民出版社，2016，第207页。

造的精神成果。也就是突出强调我们社会生活的精神层面。当然这种精神成果包括文学、艺术、音乐、舞蹈、绘画等等文化形式，也具有广泛的内容，极其丰富。我们日常生活中所使用的文化概念主要是狭义上的文化。文化软实力概念中的文化也主要是指狭义上的文化。那么，文化是如何走向文化软实力的呢。这有待于我们深入考察。

（一）从软实力到文化软实力

通过前文的论述我们已经知道，软实力不同于传统的经济和军事力量，它主要指一个国家以文化和意识形态的吸引力而体现出来的力量。软实力主要通过吸引而非强制来达到预期的效果，实质上软实力就是一个国家的文化与意识形态自我维系与扩张的诉求。那么，那些资源能够构成软实力，如何转换为软实力呢？约瑟夫·奈对此也进行了深入探讨，他不断丰富和完善了"软实力"理论。在《权力大未来》一书中，约瑟夫·奈指出，"一国的软实力主要依赖于三种基本资源：它的文化（在对他人有吸引力的地方发挥作用）、它的政治价值观（当它在国内外遵循这些价值观时发挥作用）以及它的对外政策（在他人认为这些政策合法且具有道德权威时发挥作用）。"[①]由此可见，约瑟夫·奈认为软实力主要由三种基本的资源构成，这三种资源首先就是文化，当然这种文化不是一般的文化，而是对他人具有吸引力的文化。也就是说，一般的文化并不构成软实力，只有当它具有吸引力的时候才可以称之为该种文化具有软实力。软实力的第二种资源就是指一国的政治价值观。也就是说，一个国家的核心价值观。当然，这种核心价值观只有得到别的国家的认同，甚至效仿的时候才可以形成软实力。第三种资源就是指一国国家的对外政策，当然，这种政策也必须具有合法性与示范性。这样对其他国家才具有影响力。由此这三种资源互相呼应，共同构成了软实力的

---

① 约瑟夫·奈（美）：《权力大未来》，王吉美译，中信出版社，2012，第120页。

有机体系。这个系统既包括文化，又包括政治价值，还包括对外政策。因而约瑟夫·奈的软实力理论具有一定的科学性和合理性，所以也得到了世界上大多数国家的专家学者的认可和肯定。

但是，从根本上讲，软实力就其实质而言是一个国家的文化与意识形态的吸引力。而其中文化应该是软实力的核心和灵魂，同时也是软实力的重要源泉和动力。所以，文化软实力是软实力的重要组成部分，在软实力诸要素中居于核心和主导地位。因而文化软实力成为软实力的核心因素和实质。正如中国文化软实力研究中心主任张国祚教授所指出的："文化软实力是全部软实力的灵魂和经纬，软实力中各种要素的特质无不取决于相应的文化价值观念和智力思维。"① 因此，文化是不仅仅构成软实力的重要资源。文化也是软实力的重要载体。文化软实力是软实力的主要构成部分。软实力建设的重中之重就是文化软实力建设。毫不夸张地说，从文化软实力的理论视野与方法来研究软实力理论，提升软实力，是当今乃至于未来软实力理论主流。

（二）文化何以成为文化软实力

首先，文化具有传播性、扩散性。软实力主要是一种吸引力。所以，王沪宁明确指出，"软权力的力量来自扩散性，只有当一种文化广泛传播时，软权力才会产生强大的力量"。② 文化传播由来已久。无论我们采取什么样的文化政策，文化传播都是文化的必然现象。文化传播由文化发源地向外传播是文化的一条基本的规律。当然，文化传播也是一种复杂的文化现象。文化传播既是一种自然现象，也是一种人类行为。一般性的文化传播都是在人们日常生活中无意识中所发生的文化传播。因此，一般性的文化传播就表现为人类的生活过程，人类的生活样态。因

---

① 张国祚：《软实力研究中的若干重大问题》，《中国社会科学报》，2010 年 3 月 9 日，第 15 版。

② 王沪宁：《作为国家实力的文化：软权力》，《复旦学报（社会科学版）》，1993 年第 3 期，第 91 页。

此，无论我们愿意与否，文化传播是不以我们的意志为转移的。所以，我们不能去制约和阻止文化的自由传播，而是应该更好的、更持久推进文化传播。文化传播是人类社会最为普遍的现象，文化传播在人类社会的每时每刻、每个地方都在发生。文化传播涉及人类社会的方方面面，文化传播与每个人的利益息息相关。

其次，文化具有价值性与引导性。文化的核心是思想观念与价值。因而文化本身与价值有着天然的联系，蕴涵着一定的道德目标和价值指向。而且文化不是凝滞的，而是流动的。约瑟夫·奈也指出，"文化从来都不是静止的，不同文化以不同方式相互影响"。[①]因而，文化传播与文化交往必然产生价值引导。文化传播的过程也必然是价值传播与引导的过程。这种文化传播无时无刻不在发展，范围广，影响大，潜移默化地影响着人们的行为，造就了一国的国民性格和文化底蕴。而且，一些国家为了推进文化传播而有意识的、有目的地进行专门性的文化传播活动。这样的文化传播便是文化入侵，价值同化的过程。所以，文化应该是软实力的核心和灵魂，同时也是软实力的重要源泉和动力。

再次，文化在现代社会中扮演着越来越重要的角色。伴随着经济全球化步伐不断加快文化的传播与交往更加频繁与迅速。但是，全球化背景下文化传播与交往并非是全球文化一致性的剧增，而是文化多样性的凸显。文化的多样性不断增加，民族性不断增强；一些国家凭借全球化和文化交往中的强势地位，不断推销普及他们的价值观念、意识形态和政治主张，倡导所谓的"普世价值"，对其他国家进行文化渗透。为此，各个国家纷纷寻求维护本国文化安全的对策。由此，全球化中的"文化争端"与"文化冲突"不断加剧。美国哈佛大学国际和地区问题研究所所长塞缪尔·亨廷顿(S.Huntington)在其《文明的冲突与世界秩序的重建》

[①] 约瑟夫·奈（美）：《权力大未来》，王吉美译，中信出版社，2012，第120页。

一书中提出了著名的"文明冲突论"。他认为，世界政治正在步入一个崭新阶段，在这个新形势下，意识形态或经济因素将不再主要是冲突发生的根本原因，文化方面的差异将成为人类的最大分歧和冲突的主导因素。文明的冲突将主宰着全球政治。文明之间的差异界线将成为未来的战线。① 因此，亨廷顿认识与揭示了随着文化的全球化不同民族文化，尤其是不同文明形态之间的冲突不断增加，而且文明之间的冲突可能演变为未来世界的主要冲突。亨廷顿的"文明冲突论"引起了世界范围内极大的反响。从某种意义上说，亨廷顿的学术预见还是十分准确的，最近几年以基督教文明为代表的西方世界与伊斯兰教文明的阿拉伯世界之间的冲突不断上升，时不时爆发武装冲突，甚至局部地区的战争。但是，亨廷顿过于夸大了文化之间的冲突与对抗。亨廷顿的"文明冲突论"夸大了各民族的差异性，鼓吹西方文化是优越的文化，否认其他民族文化的优点，实际上是一种文化霸权主义的主张。虽然同是身为美国人，同是关心世界的文明与文化问题。但是约瑟夫·奈与亨廷顿的理论视野有所不同。可以看出，文化软实力强调通过吸引而不是强制他者来达到想要达到的目的，可谓是不战而胜。因此，世界各国都希望通过文化软实力建设，增强文化的竞争力，从而提高国家的综合国力。美国著名的经济管理学家彼得·德鲁克（Peter F. Drucker）指出，"今天真正占主导地位的资源以及绝对具有决定意义的生产要素，既不是资本，也不是土地和劳动，而是文化。"② 因此，在现代社会，文化的地位与作用不断提升。因此，当今时代，谁占据了文化发展的制高点，谁就能够更好地在激烈的国际竞争中掌握主动权。所以，文化软实力是软实力的重要组成部分，在软实力诸要素中居于核心和主导地位。

---

① 塞缪尔·亨廷顿（美）：《文明的冲突与世界秩序的重建》，周琪等译，新华出版社，第1-2页。

② 沈壮海：《软文化真实力——为什么要提高国家文化软实力》，人民出版社，2008，第15页。

（三）文化软实力的本质内涵

文化软实力就其本质而言是由于文化的聚集和传播所产生的文化凝聚力、吸引力与向心力。文化软实力更重要的是一种文化影响力、感召力和创造力。文化软实力是软实力的重要内容与有机构成部分。软实力建设同文化软实力的建设是分不开的。因而，文化软实力也是软实力建设的重点之一。当然，文化并不等于文化软实力。文化也不会自然而然产生文化软实力。每个民族、每个国家、每个地区都要自己的文化。但是，并不等于说每个民族、每个国家、每个地区都有自己的文化软实力。文化软实力是人类有目的、有意识地传播文化、运用文化、引导文化的结果。所以，从一定意义上说文化软实力必须去不断地建设。当然，文化软实力建设问题既不是简单的文化传播的问题，也不是单纯地文化产业化的问题，而是涉及深刻的文化理论内涵、文化形态、文化内容与体制创新，文化的实现路径等等一系列重大理论问题。因此，从某种意义上讲，文化软实力就是一种全新的文化理论视野与方法。由于传统理论视野中，受苏联教条主义马克思主义的影响，有的把马克思的历史唯物主义理论甚至化约为经济决定论，由此，忽视了文化作用的发挥。现在我们必须清理这种错误思想，重新认识文化的作用。为此，我们必须重新调整文化的研究视角，从"文化软实力"的视域来反思和研究文化。对此，王沪宁曾经指出，"文化不仅是一个国家政策的背景，而且是一种实力，或者一种实力，可以影响到它国的行为。"[①]"把文化看作一种软实力，是当今国际政治中的崭新概念。人们已经把政治体系、民族士气、民族文化、经济体制、历史发展、科学技术、意识形态等因素看作是构成国家权力的属性，实际上这些因素的发散性力量正使软实力具

---

① 王沪宁:《作为国家实力的文化: 软实力》,《复旦学报》(社会科学版),1993 年第 3 期, 第 92 页。

有国际关系中的权力属性。"[1] 党的十九大报告指出，"文化是一个国家、一个民族的灵魂。文化兴国运兴，文化强民族强。没有高度的文化自信，没有文化的繁荣兴盛，就没有中华民族伟大复兴。要坚持中国特色社会主义文化发展道路，激发全民族文化创新创造活力，建设社会主义文化强国"。[2] 文化软实力建设已经成为当务之急。

当然，文化软实力又具有自身内在的规律，如何将文化转化为文化软实力、挖掘文化软实力、如何对待文化软实力、如何建设文化软实力又需要我们实现理论自觉。由此可见，文化软实力的发挥必须尊重文化自身内在的规律，不可急功近利、也不可一蹴而就、这样才能充分发挥文化软实力、可持续发挥。所以，正确处理与对待文化软实力，实现文化软实力的自觉便成为文化发展的面临的重要课题之一。

二、中国特色社会主义文化软实力的本质内涵

中国特色社会主义文化软实力这一概念的提出与使用并不是简单套用，也不是词语的拼凑，而是有着深刻的内涵。下面我们首先来看文化软实力的一般属性。

其一，文化软实力具有内在的社会规定属性。文化软实力是虽然属于文化层面。但是，文化并不是一种孤立的现象，不具完全的独立性。文化作为一种上层建筑取决于经济基础。经济基础决定了文化的性质、文化的发展变化。具体而言，文化的传播与发展受到一个国家的社会制度、意识形态、文化传统、社会风俗、生活习惯等综合方面因素的影响。文化是人类社会一种复杂的社会现象。而且，"文化传播是人类特有的各种文化要素的传递扩散和迁移继传现象，是各种文化资源和文化信息

---

① 王沪宁：《作为国家实力的文化：软实力》，《复旦学报》（社会科学版），1993 年第 3 期，第 91 页。

② 习近平：《决胜全面建成小康社会夺取新时代中国特色社会主义伟大胜利》，人民出版社，2017，第 40—41 页。

在时间和空间中的流变、共享、互动和重组，是人类生存符号化和社会化的过程，是传播者的编码和读者的解码互动阐释的"。① 所以，文化与人类社会形态的转换都是紧密相连的。文化附属于整个社会之上，属于社会生活的观念层面。从这个角度来看，不同的社会形态具有不同的文化组织形式及其表现。也就是说，没有脱离一定社会背景下的抽象的文化。

同样，文化软实力也附属于一定的社会形态。没有抽象的、无条件的文化软实力建设。文化软实力的建设只能在具体的社会现实中展开。从这个角度而言，文化软实力具有深刻的社会规定性。因此，文化软实力建设是一种社会性的行为。所以，我们考察文化软实力不能脱离一定的社会形态，空谈文化软实力建设，把文化软实力建设说成是一种中性的，客观的现象是十分不正确的，也是不科学的。文化软实力依附于人类社会的发展，单纯的文化软实力是不存在的，抽象的谈论文化软实力建设没有任何意义。同样也不存在超越社会形态、超越传统文化、超越社会制度的文化软实力。不同的社会制度与意识形态有着不同的文化软实力内涵与形式。具体而言，资本主义国家有资本主义文化软实力，即是自由、民主、人权。同样，社会主义国家也具有社会主义文化软实力，这便是社会主义核心价值观。那么，中国特色社会主义社会必然孕育和产生中国特色社会主义文化软实力。

虽然，我们不能夸大一个社会形态对文化软实力建设的决定作用，认为社会形态变迁完全决定了文化软实力的内容与方式。但是，我们也必须说明社会形态的重要性。社会形态的变迁对文化软实力建设具有重要的影响力。因此，我们必须从社会形态的属性与变迁来认识文化软实力建设。而且，这的确是理解文化软实力建设的关键。

中国特色社会主义制度决定了中国特色社会主义文化软实力的性质

---

① 庄晓东：《文化传播：历史、理论与现实》，人民出版社，2003，第6页。

与属性。中国特色社会主义文化软实力则反映中国特色社会主义社会。当然，更为重要的是中国特色社会主义文化软实力不仅仅是适应中国特色社会主义社会，而且中国特色社会主义文化软实力对于中国特色社会主义社会具有能动反作用。当中国特色社会主义文化软实力适应了中国特色社会主义社会之后便会就可以起到推进文化发展进步，促进中国特色社会主义社会的和谐发展，提高国家的综合国力。反之，当中国特色社会主义文化软实力不适应中国特色社会主义社会时便会制约文化的繁荣发展，阻碍中国特色社会主义社会的发展，导致思想意识混乱，难以凝聚力量。当然，中国特色社会主义与文化软实力建设之间也是非常复杂的相互作用关系。这种关系不是简单的决定论。但是，文化软实力的建设与创新必须适应中国特色社会主义文化发展的需要，探索具有中国特色的文化软实力建设。

其二，文化软实力具有阶级性与意识形态性。文化属于上层建筑意识形态，是一定统治利益的维护者与代言人。马克思和恩格斯曾经指出："统治阶级的思想在每一时代都是占统治地位的思想。这就是说，一个阶级是社会上占统治地位的物质力量，同时也是社会上占统治地位的精神力量。占统治地位的思想不过是占统治地位的物质关系在观念上的表现，因而这也就是这个阶级的统治的思想"。[①] 同样，文化也并不像一些人鼓吹的那样是一种无阶级、中立的、非意识形态的产物。事实上恰恰相反，文化具有鲜明的阶级性与意识形态性。不同的阶级与阶层具有不同的文化。同样，某种文化也反映着一定阶级、阶层的利益。因而文化不是价值中立的。资产阶级文化必然是资产阶级利益的体现。同样，文化软实力具有一定的阶级性。文化软实力的阶级性来源于文化的阶级性。文化软实力看似具有随意性，不自觉性，实则具有很强的渗透性、

---

① 马克思，恩格斯：《马克思恩格斯选集》（第1卷），人民出版社，1995，第72页。

诱惑性。因此，资本主义国家所炫耀与倡导的文化软实力的核心价值虽然是自由、民主、人权，但是却是资产阶级核心价值的体现。最根本的是对于广大劳动人民群众来说是虚伪的，甚至是一种奴役。长期以来尤其是以美国为代表的文化软实力，例如好莱坞文化、肯德基文化，尤其是令人向往的美国梦，自由、民主、人权，吸引了全世界不计其数的人，尤其是青年人为之倾倒，迷恋。从本质上来看，这其实也是美国的一种文化软实力策略与文化推销。同样，约瑟夫·奈的软实力理论虽然对于我们建设文化软实力具有一定的借鉴与指导意义。但是它也具有强烈的阶级性和意识形态性，它总是为资产阶级服务，代表资产阶级的利益。这一点我们必须有清醒的认识。

我们明确了文化软实力的一般属性之后，可以进一步具体分析与追问中国特色社会主义文化软实力。

第一，中国为何开展文化软实力建设的问题。既然软实力乃至于文化软实力都是一个引进概念，那么我们为什么要建设文化软实力。马克思曾经指出，"理论在一个国家实现的程度，总是取决于理论满足这个国家的需要的程度"。[①] 马克思的这句话告诉我们，理论并不是我们想当然，拿来就可以用，可以实现的。相反，任何一种理论即使是最好、最完美的理论，只有当一个国家社会发展需要时才能得到实现。进一步讲，我们为什么需要建设文化软实力，这问题不在于文化软实力本身，而是取决于文化软实力理论满足中国现实社会的需要程度。也就是说，只有我们社会发展的需要，这才是我们建设文化软实力的根本目的与出发点。那么，我们社会需要文化软实力建设吗？对此，上海社会科学院黄仁伟研究员指出，"作为后起的大国，中国与发达国家尤其是美国相比差距最大的不是国内生产总值和军事实力，而是各种软力量。这些软

---

① 马克思，恩格斯：《马克思恩格斯文集》（第1卷），人民出版社，2009，第12页。

力量包括内部软力量如制度更新、人力资源、文化辐射力、凝聚力与亲和力、高科技研发能力等和外部软力量如国际形象、国际机制的控制力、国际规则的创制力和国际义务的承担能力等。其中尤其以政治体制、核心价值观、国家认同和凝聚力等非经济因素作为综合国力或国家竞争力的重要组成部分。在信息化全球化时代，软力量在综合国力结构中比硬力量更为重要。在经济实力作为常量确定的前提下，上述非经济因素就是变量或乘数对综合国力和经济实力产生倍增或递减效应。如果把硬力量当作常数，那么软力量就是变数或乘数；它可以倍增或递减综合国力。随着中国在物质力量同发达国家的差距缩短（当然远未到消除差距），软力量差距就成为中国崛起过程中最明显的弱点，同时也是中国在国际环境中又一个主要制约因素。在此意义上说，能否提升和强化解决软力量，关系到中华民族复兴和中国特色社会主义的前途，是强国战略的必经之路"。[①] 因此，文化软实力建设不见关系到中国的强大与崛起，而且关系到国家的稳定发展，民族团结、国家统一和政局稳定。

因此，党的十九大报告指出，"文化是一个国家、一个民族的灵魂。文化兴国运兴，文化强民族强。没有高度的文化自信，没有文化的繁荣兴盛，就没有中华民族伟大复兴。要坚持中国特色社会主义文化发展道路，激发全民族文化创新创造活力，建设社会主义文化强国"。[②] 正是从这一问题与现实出发，我们才可以明确中国建设文化软实力是中国社会现实的需要，是中国全面、协调、可持续发展的需要，更是中国崛起的需要。当前，大力建设和提升文化软实力已成为我国提高综合国力，应对激烈国际竞争的重大战略选择。对此，习近平同志指出，"要注重软实力建设，把我国标准、规则、理念推出去，逐步形成一套带有中国

---

① 黄仁伟：《中国崛起的时间和空间》，上海社会科学出版社，2002，第100页。

② 习近平：《决胜全面建成小康社会夺取新时代中国特色社会主义伟大胜利》，人民出版社，2017，第40-41页。

印记的多边治理规则，扩大以我为主的全球伙伴关系网，提升我国在地区乃至全球治理中的影响力和话语权"。[①] 为此，中国建设文化软实力不是可有可无，也不是一时之计，而是深刻洞察当今世界的形势以及中国社会的现实需要之后做出的重大战略部署。中国的文化软实力建设只有在立足现实，明确中国文化软实力建设的战略形势的基础上，增强中国特色社会主义文化软实力建设的认识，制定出相应的战略对策，充实薄弱环节，以此推动中国文化软实力建设的整体推进，全面发展。

从中国社会现实发展来看，中国特色社会主义文化软实力建设与硬实力建设也是并行不悖的。一方面，我们要以经济建设为中心，发展生产力，提高综合国力。中国仍然是一个发展中国家，中国的根本任务仍然是以经济建设为中心，实现社会主义现代化。这是最为根本的。这一个中心不可动摇。另一方面，中国也需要大力发展文化，推进文化软实力建设，建设文化强国。正所谓是两手都要抓，两手都要硬，不能一手硬一手软。事实上，中国以经济建设为中心并不也没有否认文化软实力建设的必要性。其实，在此之前，社会主义精神文明早已有所提出。邓小平指出，我们要建设的社会主义国家，不但要有高度的物质文明，而且要有高度的精神文明。同样，中国要实现全面、协调、可持续发展，全面提升国家的综合实力必须推进文化软实力建设。文化软实力建设并不是扭转经济建设中心，相反是为了更好地服务于经济建设中心的。这两者并不存在根本矛盾，相反是彼此相互统一、相互促进的。"中国特色社会主义是物质文明和精神文明全面发展的社会主义。一个没有精神力量的民族难以自立自强，一项没有文化支撑的事业难以持续长久"。[②] 因此，中国特色社会主义文化软实力建设是我国社会主义现代化建设的

---

① 中共中央文献研究室：《习近平关于社会主义文化建设论述摘编》，中央文献出版社，2017，第215页。

② 中共中央文献研究室：《十八大以来重要文献选编》（上），中央文献出版社，2014，第280页。

重要内容，是凝聚和激励全国各族人民的重要力量，是综合国力的重要标志。

第二，中国需要什么样的文化软实力建设问题。中国应该建设文化软实力。但是，中国建设什么样的文化软实力建设这仍然是一大问题。现实告诉我们，中国既不应该也不可能像美国等西方资产阶级国家那样去建设文化软实力。前文我们已经分析，美国的文化软实力具有鲜明的意识形态性。约瑟夫·奈曾经露骨地指出，"一个国家的文化和价值体系有吸引力，别国就会主动向它选拔靠拢；一个国家的价值观支配了国际政治秩序，他就必然在国际社会中居于领导地位"。[①] 因此，约瑟夫·奈的软实力理论带有强烈的美国中心主义，"'软实力'的提出意在巩固美国在冷战后的霸权地位"。因此，从本质上讲约瑟夫·奈的软实力理论是推销一种意识形态的渗透、价值观念的侵入，维护美国的霸权地位和利益，为美国统治服务的。其提出的主要目的就是在新的历史条件下如何巩固美国的全球霸权地位，更加持久、有效统治世界。

而且，现实中实践已经证明美国凭借其强大的软实力战略在维护美国的全球霸权地位方面已经起到了巨大的作用。"西方文化特别是美国文化，连同它的经济、科技优势在全球文化态势中形成了霸主地位，导致西方文化和非西方文化不平等关系的加剧，以及美国文化在全球的泛滥……并借助经济优势，强制推行其文化和价值观，妄图使广大发展中国家心甘情愿地永远处于附庸地位。"[②] 所以，文化在维护中国国家文化安全方面的任务更加艰巨，增强中国国家文化软实力、中华文化国际影响力要求更加紧迫。可以说，中国的文化软实力是受到西方文化的威胁，应对外来文化挑战的文化发展的外部反省。因此，中国的文化软实

---

① 约瑟夫·奈（美）：《软力量：世界政坛成功之道》，吴晓辉、钱程译，东方出版社，2005，第17页。

② 曹泽林：《国家文化安全论》，军事科学出版社，2006，第90页。

力是在意识到文化安全问题时，有意识的、有目的积极主动应对外来文化的威胁，增强文化的传播力和影响力。正因为如此，"在中外文化沟通交流中，我们要保持对自身文化的自信、耐力、定力"[①]"要创新对外话语表达方式，研究国外不同受众的习惯和特点，采用融通中外的概念、范畴、表述，把我们想讲的和国外受众想听的结合起来，把'陈情'和'说理'结合起来，把'自己讲'和'别人讲'结合起来，使故事更多为国际社会和海外受众所认同"。[②]

一方面，我们既不可能也不应该按照美国的标准去建设文化软实力。我们不能用一种理论形态满足所有国家的理论需要。这是不可能实现的，也是不科学的。由于各个民族的历史、文化传统、社会制度不同。不同的国家、民族也有不同的问题指向，也有不同的理论需要。因此，文化软实力没有一种统一的理论标准。文化软实力理论必定具有不同的内涵、不同的理论形态。因此，文化软实力应该有不同的社会形态。事实证明文化软实力也不可能就有一种形态。就全世界而言，不同的国家有不同形态的文化软实力建设。美国有美国的软实力发展战略。俄罗斯有俄罗斯的软实力发展渠道。那么，中国也应该有中国特色的文化软实力战略与发展思路。

另一方面，中国的文化软实力建设必须符合中国的国情，适应中国社会性质。中国的文化软实力建设必须赋予其鲜明的中国特色、中国气派、中国风格。中国的文化软实力建设只有适应了中国国情与社会发展需要，文化软实力建设才能持续开展，取得成效。中国文化软实力研究中心主任张国祚教授认为，"'软实力'这个概念是曾任美国国防部长助理的哈佛大学教授约瑟夫·奈在上世纪90年代初首先提出的，他山

---

① 中共中央文献研究室：《习近平关于社会主义文化建设论述摘编》，中央文献出版社，2017，第205页。

② 中共中央文献研究室：《习近平关于社会主义文化建设论述摘编》，中央文献出版社，2017，第213页。

之石可以攻玉，凡是有用的东西，不管来自何方，都可以为我所用。但这样的用，是借鉴，不是简单地照搬，是要结合中国国情有所创造"，①因此，软实力完全可以也有必要为我所用。但是，正如恩格斯所言，"每一个时代的理论思维，包括我们时代的理论思维，都是一种历史的产物，它在不同的时代具有完全不同的形式，同时具有完全不同的内容"。②因此，文化软实力也是一种历史产物，不同的时代、不同社会制度之下具有不同的理论形态。一方面，文化软实力需要随着时代的变化、社会性质的变化不断更新理论形态；另一方面，文化软实力又是根据实际的需要建立起来的，要根据需要适时适地调整理论形态。具体而言，文化软实力理论作为一种外来的思想文化，要想在中国实现，必须深深扎根于中国的基本国情，必须与传统文化相结合才具有生命力，才能走向普遍推广。最为重要的是文化软实力与中国现实相结合，离不开文化软实力与中国特色社会主义相结合。在当代中国，发展文化，就是发展有中国特色社会主义的文化。建设文化软实力就是建设中国特色社会主义文化软实力。

第三，中国特色社会主义文化软实力的具体内涵问题。中国特色社会主义文化软实力是文化软实力的中国化形态，是中国对文化软实力理论的应用与创新发展。中国特色社会主义文化软实力具有自身特定理论论域与内涵。当然，对中国特色社会主义文化软实力内涵的界定的目的并不是玩文字游戏，进行概念创造，从一个概念走向另一个概念。事实上要立足现实，把握当前中国文化软实力建设的战略形势，形成理论自觉。因此，我们要在把握当前中国文化软实力战略现状，明晰文化软实力战略形势的基础上，最为关键的是进行理论提升，大力推进中国的文

① 张国祚：《中国文化软实力研究大有可为》，《光明日报》，2009 年 12 月 15 日，第 11 版。

② 马克思，恩格斯：《马克思恩格斯文集》（第 9 卷），人民出版社，2009，第 436 页。

化软实力建设。

首先，我们需要对中国特色社会主义文化软实力的历史脉络进行梳理。中国特色社会主义文化软实力是中国文化软实力建设的应有之意。早在十二大时期中国共产党人就提出了建设社会主义精神文明，具体而言，社会主义精神文明建设的根本任务，是适应社会主义现代化建设的需要，培育有理想、有道德、有文化、有纪律的社会主义公民，提高整个中华民族的思想道德素质和科学文化素质。但是，我们深入追究，中国特色社会主义文化软实力建设与社会主义精神文明建设既是一脉相承的，又有所区别。中国特色社会主义文化软实力建设与社会主义精神文明建设具有各自的理论论域，理论内涵和现实所指各有不同。文化软实力是一种文化策略，是增强文化吸引力的方法和手段。

中国共产党的十七大报告在此基础上首次把"文化软实力"概念写进党代会的报告，提出"推动社会主义文化大发展大繁荣，兴起社会主义文化建设新高潮，激发全民族文化创造活力，提高国家文化软实力"。[①]党的十八大对社会主义文化建设进一步做出了新的部署，强调要扎实推进社会主义文化强国建设，要"兴起社会主义文化建设新高潮，提高国家文化软实力，发挥文化引领风尚、教育人民、服务社会、推动发展的作用"，并进一步明确了扎实推进社会主义文化强国建设必须坚持的道路、方向、方针、原则以及关键。[②]党的十九大报告提出，"推进国际传播能力建设，讲好中国故事，展现真实、立体、全面的中国，提高国家文化软实力"。[③]建设社会主义文化强国是中国特色社会主义"五位一体"总布局的总要组成部分，既是决胜全面建成小康社会的基本要求，也是夺取新时代中国特色社会主义伟大胜利的客观要求。中国特色社会

---

① 胡锦涛：《胡锦涛文选》（第 2 卷），人民出版社，2016，第 639 页。
② 胡锦涛：《胡锦涛文选》（第 3 卷），人民出版社，2016，第 637 页。
③ 本书编写组：《党的十九大报告学习辅导百问》，党建读物出版社、学习出版社，2017，第 35 页。

主义文化软实力建设正是在这样的形势与目标下提出的，建设社会主义文化强国的必由之路。

其次，我们要准确理解与把握中国特色社会主义文化软实力的内涵，必须首先明确中国特色社会主义文化的属性与内涵。中国特色社会主义文化决定了中国特色社会主义文化软实力的特征、特殊属性，不同于资本主义国家的文化软实力。中国特色社会主义文化软实力建设是中国特色社会主义文化发展建设总体布局中的重要举措。那么，何谓中国特色社会主义文化？"发展中国特色社会主义文化，就是以马克思主义为指导，坚守中华文化立场，立足当代中国现实，结合当今时代条件，发展面向现代化、面向世界、面向未来的，民族的科学的大众的社会主义文化，推动社会主义精神文明和物质文明协调发展"。[1] 中国特色社会主义文化的属性与本质决定了中国特色社会主义文化软实力的建设必须服务于中国特色社会主义建设，围绕中国特色社会主义文化展开，促进经济、政治、社会的和谐发展，建设社会主义文化强国。

综上所述，所谓中国特色社会主义文化软实力就是发挥中国特色社会主义文化、价值与意识形态的影响力、凝聚力、向心力，增强中国特色社会主义文化吸引力，充分展示中国特色社会主义社会的优越性、提升我国的综合实力。因为中国特色社会主义文化是中国特色社会主义社会的有机构成部分。所以，中国特色社会主义文化软实力建设也是中国特色社会主义建设的重要任务和内容之一。从长远来看，中国特色社会主义文化软实力建设成功与否关系到中国特色社会主义前途和命运。因此，从本质上讲中国特色社会主义文化软实力建设是与中国特色社会主义建设内在统一的。

---

① 本书编写组：《党的十九大报告学习辅导百问》，党建读物出版社、学习出版社，2017，第 33 页。

三、中国特色社会主义文化软实力资源的构成

中国特色社会主义文化是一个完整体系，因而中国特色社会主义文化软实力建设是一项复杂的系统工程，是我国文化建设面临的一项长期而艰巨的任务。就中国特色社会主义文化软实力建设形态而言，中国特色社会主义文化软实力建设不仅是一种实践活动，具有实践的样态，而且也具有多重的属性与形态。唯物史观视域强调在社会主义核心价值体系与核心价值观、中国特色社会主义先进文化与文化产业三者关联中系统研究中国特色社会主义文化软实力资源的构成。

（一）社会主义核心价值体系与核心价值观问题

中国特色社会主义文化软实力资源的核心要素就是社会主义核心价值体系。中国特色社会主义文化软实力建设首先受到社会主义核心价值体系的制约。在中国，文化软实力建设要想取得合法性，得到大家的一致认可，必须要符合社会主义的基本原则，符合社会主义核心价值理念。社会主义核心价值是中国特色社会主义社会的首要价值，也应该是文化软实力建设的首要价值。习近平同志在十八届中央政治局第十三次集体学习时指出，核心价值观是文化软实力的灵魂、文化软实力建设的重点。这是决定文化性质和方向的最深层次要素。一个国家的文化软实力，从根本上说，取决于其核心价值观的生命力、凝聚力、感召力。[1] 培育和弘扬核心价值观，有效整合社会意识，是社会系统得以正常运转、社会秩序得以有效维护的重要途径，也是国家治理体系和治理能力的重要方面。历史和现实都表明，构建具有强大感召力的核心价值观，关系社会和谐稳定，关系国家长治久安。[2] 所以，社会主义核心价值体系在中国特色社会主义社会文化软实力建设过程中的重要地位与突出作用必须得

---

[1] 中共中央文献研究室：《习近平关于社会主义文化建设论述摘编》，中央文献出版社，2017，第203-204页。

[2] 习近平：《把培育和弘扬社会主义核心价值观作为凝魂聚气强基固本的基础工程》，《人民日报》，2014年2月26日，第1版。

到确认。

首先，社会主义核心价值体系明确文化软实力建设的目标、突破路径和发展方向，是中国特色社会主义社会文化软实力建设的灵魂。社会主义核心价值体系是中国特色社会主义价值的集中体现与凝集，中国特色社会主义文化软实力建设的精髓与灵魂。因而社会主义核心价值体系指明了中国特色社会主义文化软实力建设的走向与基本内容形式。社会主义核心价值体系在当前中国多元价值中起着支配与引导作用，是中国特色社会主义的主流价值。没有社会主义核心价值体系的引领和主导，中国特色社会主义文化软实力建设就会迷失方向、丢失旗帜。因而它决定着中国特色社会主义文化软实力建设的方向、任务和目标。

其次，建设社会主义核心价值体系是增强中国特色社会主义文化软实力根本途径和根本任务。中国特色社会主义文化软实力建设的着力点就在于建设社会主义核心价值体系。社会主义核心价值体系是社会主义核心意识形态的本质体现。社会主义核心价值体系能够引领社会思潮的有效途径。由此，建设社会主义核心价值体系，有助于增强社会主义意识形态的吸引力和凝聚力。中国特色社会主义文化软实力的影响力、凝聚力、向心力主要来自于人们对社会核心价值的认同。正是从这个意义上说，增强社会主义核心价值体系的吸引力、凝聚力就是增强中国特色社会主义文化的软实力。因而，中国特色社会主义文化软实力建设的主要目的也在于增强人们对社会核心价值体系的认同。事实上，美国倡导与践行的软实力也是推导美国的价值观。"如果世界趋向一种共同的语言，它应该是英语；如果世界趋向共同的电信、安全和质量标准，那么它们应该是美国的标准；如果世界正在由电视、广播和音乐联系在一起，节目应该是美国的；如果共同的价值观正在形成，它们应该是符合美国人民意愿的价值观。"[1]从国际方面来看，当今世界正在发生广泛而深

---

① 王晓德：《美国文化与外交》，世界知识出版社，2000，第541页。

刻的变化，随着经济全球化的深入发展，科学技术的突飞猛进，各种思想文化相互碰击，国与国之间综合国力的竞争日趋激烈。文化与经济和政治相互交融，这些都越来越成为综合国力竞争的重要因素，这使得维护国家文化安全的问题日益凸显，也提出了要尽快提高国家文化软实力的任务。提高国家文化软实力、维护国家文化安全，这就要求我们必须建设社会主义核心价值体系。进一步而言，社会主义核心价值体系是中国特色社会主义文化软实力的真正优势和吸引力所在。我们要把建设社会主义核心价值体系，作为提高我国软实力的首要任务。而且，中国特色社会主义文化软实力建设与社会主义核心价值体系的建设是内在统一的。一方面，通过中国特色社会主义文化软实力建设增强社会主义核心价值体系的认同，提高其影响力、对抗资本主义国家价值的侵蚀。另一方面，社会主义核心价值体系的建设也是建设中国特色社会主义文化软实力。践行与倡导社会主义核心价值体系是中国特色社会主义文化软实力建设的真正目的与最终落脚点。虽然我们说苏联解体东欧剧变的原因是多方面的，既有政治经济体制原因，又有共产党人的腐败与集权等等。苏联解体东欧剧变也是美国推崇软实力的一个重要结果。美国的软实力所倡导的自由、民主、人权极大地消极了社会主义的核心价值，导致苏联人民信仰的混乱，共产主义信念的丧失，为苏联解体埋下了思想祸患。文化软实力成为西方霸权主义国家推行霸权的手段和工具，成为颠覆社会主义国家的意识形态陷阱与武器。社会主义核心价值体系建设本身就是中国特色社会主义文化软实力建设的重要内容，是中国特色社会主义文化软实力建设的核心。建设社会主义核心价值体系，增强社会主义意识形态的吸引力和凝聚力，有助于坚定中国特色社会主义道路自信、理论自信、制度自信。

具体而言，社会主义核心价值体系的四个方面与中国特色社会主义文化软实力建设都是相互促进、互为条件的，社会主义核心价值观是社会主义核心价值体系的高度概括与凝练，培育和弘扬社会主义核心价值观的过程也就是建设中国特色社会主义文化软实力的过程。

1. 马克思主义指导思想

中国特色社会主义文化软实力建设必须以马克思主义为指导。首先，马克思主义是中国特色社会主义文化软实力建设的理论基础。我们说虽然软实力理论来自于美国的约瑟夫·奈所提出。但是，中国特色社会主义文化软实力建设必须以马克思主义为指导。马克思主义虽然没有文化软实力理论。但是，马克思主义的观点、立场、方法是中国特色社会主义文化软实力建设所必须遵循的。马克思主义揭示了文化发展的一般规律与内在趋势。应该说，马克思主义理论为文化软实力建设提供了科学的方法和强大的动力，决定着文化软实力建设的性质和方向。所以，马克思主义为中国特色社会主义文化软实力建设提供了理论基础。只有坚持马克思主义的指导，中国特色社会主义文化软实力建设才能为符合中国特色社会主义的性质，才能为社会主义现代化建设提供精神动力和智力支持，为它的发展方向提供有力的思想保证，才能最终提高社会主义国家的综合国力。对此，江泽民同志指出，"大量事实证明，思想文化阵地，马克思主义、无产阶级的思想不去占领，各种非马克思主义、非无产阶级的思想甚至反马克思主义的思想就会去占领"。[1] 所以，中国特色社会主义文化软实力建设过程中必须坚持不懈地用马克思主义中国化最新成果武装全党、教育人民。当然，"我们说的马克思主义，是要在群众生活群众斗争里实际发生作用的活的马克思主义，不是口头上的马克思主义。把口头上的马克思主义变成为实际生活里的马克思主义"。[2] 因此，马克思主义与中国特色社会主义文化软实力建设的结合是具体的结合，实践中的结合。马克思主义大众化就要用人民群众的话语方式向人民群众传播马克思主义理论，以通俗易懂、喜闻乐见的语言

---

① 江泽民：《江泽民文选》（第3卷），人民出版社，2006，第97页。
② 毛泽东：《毛泽东选集》（第3卷），人民出版社，1991，第858页。

表达方式传播马克思主义，教育、引导、提高群众，使马克思主义贴近大众日常生活、符合大众思维方式，真正为群众所理解、所接受，所掌握，内化为人民群众的理论自觉，并指导其行为。只有这样，马克思主义才能从书本，走向面向生活、面向大众的科学理论，人民群众才能掌握马克思主义的立场、观点和方法，使马克思主义成为人民群众认识世界和改造世界的锐利思想武器。相反，动摇了马克思主义的指导地位，就动摇了中国特色社会主义的思想基础，就会导致思想混乱乃至社会动荡。这样，文化软实力的建设便无从谈起。

2. 中国特色社会主义共同理想

理想是人生航标，我们每个人都有理想，有了理想就有了前进的方向、动力与目标，我们才会沿着理想的指引一步步取得胜利。同样，中国特色社会主义共同理想也是中国特色社会主义的前进动力和精神支柱。中国特色社会主义文化代表了全中国人民的共同利益。中国特色社会主义共同理想是每一个中国人的共同理想和奋斗的目标。所以，中国特色社会主义共同理想能够凝聚力量，凝聚人心、发挥正能量，激发社会活力，增强积极性、主动性、能动性。而且，更为重要的是理想与道路结合在一起。党的十九大报告指出，"我们党团结带领人民进行改革开放新的伟大革命，破除阻碍国家和民族发展的一切思想和体制障碍，开辟了中国特色社会主义道路，使中国大踏步赶上时代""中国特色社会主义道路是实现社会主义现代化、创造人民美好生活的必由之路，中国特色社会主义理论体系是指导党和人民实现中华民族伟大复兴的正确理论，中国特色社会主义制度是当代中国发展进步的根本制度保障，中国特色社会主义文化是激励全党全国各族人民奋勇前进的强大精神力量"。① 中国特色社会主义道路反映了我国最广大人民的共同愿望、利

---

① 本书编写组：《党的十九大报告学习辅导百问》，党建读物出版社、学习出版社，2017，第 12-14 页。

益和要求。因此，坚持中国特色社会主义共同理想，最终走向中国特色社会主义的道路自信、理论自信、制度自信。中国特色社会主义共同理想还具有引导的功能，肩负着组织的作用，通过理想传播能够起到团结、号召的作用。中国特色社会主义共同理想的引导性主要体现在引导社会舆论，影响社会的运行。中国特色社会主义共同理想是社会整合的最佳工具之一，它能协调社会各个利益集团以求平衡，最有效地进行政府与民众以及民众与民众之间的沟通。对此，习近平同志也指出，"牢牢坚持正确舆论导向。舆论导向正确，就能凝聚人心、汇聚力量，推动事业发展；舆论导向错误，就会动摇人心、瓦解斗志，危害党和人民事业……要坚持以正确舆论引导人，做到所有工作都有利于坚持中国共产党领导和我国社会主义制度，有利于推动改革发展，有利于增进全国各族人民团结，有利于维护社会和谐稳定"。[①] 可见，中国特色社会主义共同理想舆论引导影响重大。正向舆论能够对社会发展起到推动和促进作用，而负向舆论则对社会发展起到破坏和阻滞作用。提出建设社会主义核心价值体系，是巩固全党全国人民团结奋斗的共同思想基础的需要。

3. 以爱国主义为核心的民族精神和以改革创新为核心的时代精神

在当今时代，在日益激烈的全球化竞争之中，以爱国主义为核心的民族精神和以改革创新为核心的时代精神是中华民族自立于世界之林，立于不败之地的精神动力和思想保障。习近平同志强调，"伟大的事业需要伟大的精神。实现中华民族伟大复兴的中国梦，是当代中国爱国主义的鲜明主题。要大力弘扬伟大爱国主义精神，大力弘扬以改革创新为核心的时代精神，为实现中华民族伟大复兴的中国梦提供共同精神支柱和强大精神动力"。[②] 同样，民族精神与时代精神也是文化软实力建设

---

① 中共中央文献研究室：《习近平关于社会主义文化建设论述摘编》，中央文献出版社，2017，第43-44页。

② 习近平：《大力弘扬伟大爱国主义精神 为实现中国梦提供精神支柱》，《人民日报》，2015年12月31日，第1版。

所必须的。一方面，以爱国主义为核心的民族精神和以改革创新为核心的时代精神本身就孕育着强大的软实力。另一方面，中国特色社会主义文化软实力的建设也必须用以爱国主义为核心的民族精神和以改革创新为核心的时代精神鼓舞斗志。具体而言，其一，只有确立了爱国主义为核心的民族精神才能凝聚各民族的共同力量，增强中华民族的凝聚力、向心力与吸引力，才能推动中华民族的民族自信、民族自立、民族自强，激发各民族人民为中华民族的伟大复兴而不懈奋斗。所以，这种民族精神必将增强中国社会社会主义社会的文化软实力。其二，只有确立了以改革创新为核心的时代精神，才能做到与时俱进，永赶时代潮流，才能不被时代大潮所淹没。这样才能在未来的综合国力的竞争中处于优势地位。

4. 社会主义荣辱观

社会主义荣辱观以社会主义"八荣八耻"为主要内容，胡锦涛同志指出，要"以热爱祖国为荣、以危害祖国为耻；以服务人民为荣、以背离人民为耻；以崇尚科学为荣、以愚昧无知为耻；以辛勤劳动为荣、以好逸恶劳为耻；以团结互助为荣、以损人利己为耻；以诚实守信为荣、以见利忘义为耻；以遵纪守法为荣、以违法乱纪为耻；以艰苦奋斗为荣、以骄奢淫逸为耻"。[①]

首先，荣辱观融合了世界观、人生观、价值观。荣辱观是社会主义荣辱的基本衡量标准，是社会主义的道德风范。因而，荣辱观是社会道德风尚的一面镜子。因而确立了社会主义荣辱观就是要进化社会空气、分清是非，明辨对错，使之成为每个社会成员的价值取向和行为指针。此外，荣辱观不仅仅是本身的问题，荣辱观更为根本地涉及了我们的世界观、人生观、价值观，是我们世界观、人生观、价值观的反映。树立

---

① 胡锦涛：《牢固树立社会主义荣辱观》，《人民日报》，2006年4月28日，第1版。

社会主义荣辱观就是指引我们树立正确的世界观、人生观、价值观。

其次，荣辱观融合了传统与现代，指向了未来。社会主义荣辱观既继承了几千年来中华民族传统美德，追求"仁义礼智信"。此外，社会主义荣辱观还指向未来，使得中国民族的传统美德通向现代化，与社会主义现代化的道德相互融合。既是继承传统，又赋予新的时代内涵与内容。因此，树立了社会主义荣辱观，每个社会成员就具有了精气神，用社会主义荣辱观引领风尚，巩固全党全国各族人民团结奋斗的共同理想基础。这样，中国特色社会主义文化软实力的建设才具有源源不绝的动力和坚实的价值基础。

（二）中国特色社会主义先进文化

中国特色社会主义先进文化是当前中国特色社会主义文化软实力建设的主体。中国特色社会主义文化软实力既要符合文化软实力建设的一般规律与根本目的，又要符合中国特色社会主义社会的特殊规律与根本目的。中国特色社会主义先进文化是中国特色社会主义软实力优越性的体现。中国特色社会主义先进文化反映了人类文化发展的客观规律与趋势，顺应了先进生产力发展要求的，对社会的进步和人的发展起推动作用的，反映时代精神的文化。因此，中国特色社会主义文化软实力建设必须以中国特色社会主义先进文化为体。但是，长期以来，人们对中国文化软实力建设存在着一定程度的误解。那就是认为中国的文化软实力建设就是挖掘传统文化，推广中国传统文化。这种主张实质上是一种文化复古主义。虽然中国传统文化是中国文化软实力建设的重要构成部分。但是，中国的文化软实力建设却是必须坚持中国特色社会主义文化发展道路，中国特色社会主义先进文化为体，而不能仅仅停留在中国传统文化之上。其二，也有的人认为中国的文化软实力建设就是吸收西方文化，主张全盘西化，这种主张也是不正确的。总之，中国特色社会主义文化软实力建设只能是来自于中国特色社会主义先进文化。中国特色社会主义文化软实力建设必须以中国特色社会主义先进文化为体。

当然，中国特色社会主义文化软实力建设必须保护文化的多样性和文化群体的文化权利，维护文化文化生态的平衡，消除文化封闭与文化歧视。文化是一个生态系统，只有在多元文化要素聚集，并自由碰撞与互动的基础上才能发展，创新，维护文化的多样性，维护文化的生存权利，实现文化软实力建设的合规律性与合目的性的统一。通过文化软实力建设，实现多元文化之间的彼此理解、尊重、共谋，推动文化的共生和共同发展和繁荣。为此，中国特色社会主义文化软实力建设，必须反映历史进步潮流，反映社会发展的需要，反映人民群众的现实生活状况，客观，实事求是，反映文化发展的规律。文化发展具有自己的独立性，内在规律。因此，文化软实力建设必须充分尊重与反映这种规律。

张岱年先生在分析中国文化发展道路时指出："中国文化的发展有三条道路：第一条道路，故步自封、因循守旧，像过去那样，以大国自居，以高明自居。……第二条道路，全盘接受外国文化，全盘否定民族传统，这也是不可取的，丧失了民族独立性，就会沦为殖民地。……摆在我们面前的唯一正确的道路，就是主动吸收世界先进的文化成就，同时保持民族文化的独立性，认识本民族优秀的文化传统，发扬创造精神，创造自己的新文化。……这样才能自立于世界文化之林。"[1]事实上，中国特色社会主义文化软实力的建设也必须走三位一体，共同推进的道路，坚持开放性的发展战略。中国特色社会主义文化软实力建设的开放性是文化多样性、活态性、连续性得以保存的保证。中国特色社会主义文化软实力建设的开放性有助于推动民族的、地方的文化走向世界，使一切民族的、地方的文化都成为世界的文化，避免了民族的、地方的文化的狭隘性和局限性。如果离开了中国特色社会主义文化软实力建设的开放性，民族的、地方的文化只会没落，甚至消亡。所以，中国特色社会主义文化软实力建设必须立足于文化共生、文化和谐、文化互补，确

---

① 张岱年：《文化与哲学》，科学出版社，1988，第69-70页。

立积极的、开放的、多元的文化软实力态度。

首先，以发展中国特色社会主义先进文化为体。中国特色社会主义先进文化是中国特色社会主义文化软实力的内容实体。建设中国特色社会主义文化软实力最为本质、最为核心的是要坚持社会主义先进文化的前进方向。文化软实力建设不能主次不分、一概而论。中国特色社会主义先进文化是我国社会主义文化的主体，也是我国文化交往的出发点和落脚点，更是我国文化软实力建设的重中之重。习近平同志在广西考察工作时指出，"要坚定文化自信，在传承中华优秀传统文化基础上发展社会主义先进文化，加快建设社会主义文化强国"。[①]坚持社会主义先进文化的前进方向，推进中国特色社会主义文化建设是中国特色社会主义文化软实力建设的根本任务与基本方针。只有坚持社会主义先进文化的前进方向，才能不断解放文化生产力，兴起社会主义文化建设新高潮，使人民基本文化权益得到更好保障，激活全民族文化创造文化活力，提供强有力的思想保证、精神动力和智力支持，才能增强社会主义国家的文化影响力、凝聚力、提高国家文化软实力。同时，中国特色社会主义文化软实力建设也有助于增强中国特色社会主义先进文化的生命力，凝聚力。所以，建设中国特色社会主义文化软实力，就是要以发展中国特色社会主义文化为体，就是坚持社会主义先进文化前进的方向。我们必须把发展先进文化放到十分突出的位置，大力倡导和发展中国特色社会主义先进文化，提高中国特色社会主义先进文化的辐射力和影响力。

其次，注重对传统文化的继承与发扬。文化软实力建设要坚决反对文化虚无主义，即消极适应甚至一味推崇外来文化，从根本上否定民族文化的思想倾向。中华民族具有五千年灿烂悠久的历史，积累了丰富的文化资源。我国文化软实力建设必须在文化交往中充分发掘传统文化资

---

① 习近平：《扎实推动经济社会持续健康发展以优异成绩迎接党的十九大胜利召开》，《人民日报》，2017年4月22日，第1版。

源，弘扬、创新中华优秀传统文化，做到古为今用。江泽民同志曾经指出，"保持和发展本民族文化的优良传统，大力弘扬民族精神，积极吸取世界其他民族的优秀文化成果，实现文化的与时俱进，是关系广大发展中国家前途命运的重大问题"。① 所以，必须"加强对中华优秀传统文化的挖掘和阐发，使中华民族最基本的文化基因与当代文化相适应、与现代社会相协调，把跨越时空、超越国界、富有永恒魅力、具有当代价值的文化精神弘扬起来。要推动中华文明创造性转化、创新性发展，激活其生命力，让中华文明同各国人民创造的多彩文明一道，为人类提供正确精神指引"。② 因此，中国特色社会主义文化软实力建设立足于中华民族的传统文化，不能搞民族虚无主义和全盘西化，必须继承和发扬民族优秀文化传统，充分吸收传统文化中的优秀成果。这样中国特色社会主义文化软实力建设能够接地气，具有源源不竭的动力和丰富的文化资源。

再次，注重对外来先进文化成果的借鉴与吸收。文化软实力建设不是闭门造车，更不是自我封闭，盲目自大。文化软实力建设要坚决反对闭关自守的文化封闭主义和狭隘的文化民族主义。我国文化软实力建设必须积极吸收、借鉴外来优秀文化成果，做到洋为中用。建国之前，毛泽东在 1945 年 4 月所作的《论联合政府》中就指出："对于外国文化，排外主义的方针是错误的，应当尽量吸收进步的外国文化，以为发展中国新文化的借镜"。③ 文化软实力建设必须要坚决反对闭关自守的文化封闭主义和狭隘的文化民族主义，它们拒绝任何外来文化，拒绝接受新文化。相反，"中国应该大量吸收外国的进步文化，作为自己文化食粮的原料，这种工作过去还做得很不够。这不但是当前的社会主义文化和

---

① 江泽民：《江泽民文选》（第三卷），人民出版社，2006，第 404 页。

② 习近平：《在哲学社会科学工作座谈会上的讲话》，人民出版社，2016，第 17 页。

③ 毛泽东：《毛泽东选集》（第 3 卷），人民出版社，1991，第 1083 页。

新民主主义文化，还有外国的古代文化，例如各资本主义国家启蒙时代的文化，凡属我们今天用得着的东西，都应该吸收。"①因此，我们必须积极推进文化开放，积极吸收、借鉴国外优秀文化成果，在激烈的文化竞争中生存与发展各个民族的文化传播在保持自己的民族文化特色的基础上，必须不断吸纳外族的先进文化，这样民族文化才会更具生命力。因此，在全球化背景之下，文化软实力建设要立足于改革开放和社会主义现代化建设实践，着眼于世界科学文化发展前沿，创造既有民族优良传统又有鲜明时代精神，既立足中国大地又面向世界，既正视国情现实又放眼未来的新文化。通过建设开放性的文化软实力建设，推动文化繁荣发展，提升文化软实力，改善中国的形象，提高中国的国际影响力。

（三）文化产业与文化产品

文化产业是文化软实力最为宽广的基础。文化软实力建设不仅是一种文化传播活动，具有传播与交往的样态，而且也具有工业化的属性与形态。也就是说，文化成为一种产业，文化产品的生产产业化。2018年国家统计局出台的文件《文化及相关产业分类（2018）》是这样定义文化产业的，"文化及相关产业是指为社会公众提供文化产品和文化相关产品的生产活动的集合"。具体而言，文化及相关产业范围如下：第一，以文化为核心内容，为直接满足人们的精神需要而进行的创作、制造、传播、展示等文化产品（包括货物和服务）的生产活动。具体包括新闻信息服务、内容创作生产、创意设计服务、文化传播渠道、文化投资运营和文化娱乐休闲服务等活动；第二，为实现文化产品的生产活动所需的文化辅助生产和中介服务、文化装备生产和文化消费终端生产（包括制造和销售）等活动。②可见，文化产业涉及面比较丰富，内容广泛。

---

① 毛泽东：《毛泽东选集》（第 2 卷），人民出版社，1991，第 706 页。

② 国家统计局：《文化及相关产业分类（2018）》，2018 年 05 月 09 日，国家统计局（http://www.stats.gov.cn/tjsj/tjbz/201805/t20180509_1598314. html）。

文化产业与产品是文化软实力建设的有机构成部分，是文化软实力的微观基础。缺失文化产业，文化软实力的建设便成为无源之水、无本之木。因而文化产业是文化软实力建设的必然趋势。但是，长期以来我们一直认为所谓文化产业就是追求经济效益，也就是说以利益为中心，一切以赚取利润为目的。我们把文化产业简单地化约为文化产品的多寡，或者等同于经济效益的增长，忽视了文化产业的丰富内涵，遮蔽了文化产业的深层本质，致使文化产业没有很好承担文化软实力建设的使命，文化软实力建设缺乏文化产业支撑，发展也比较疲软。特别是，我国文化产业发展相对滞后，文化产业的发展与经济社会的发展不相适应，文化产业的滞后严重影响与制约了社会经济的发展，成为提高国家综合国力的瓶颈。改革开放以来，我国经济建设取得了令世界瞩目的巨大成就，保持了高速增长，一跃成为当今世界第二大经济体。我国经济的迅速发展使得中国解决了温饱问题，消灭了食物短缺现象。但是，随着经济社会的发展，广大人民群众新增了文化生活的需要。但是，文化的发展难以满足广大人民群众的精神需要，文化需要。文化的发展也不能提高广大人民群众的精神文化素质，难以培养和造就社会主义现代化建设所需要的人才。

文化的价值性决定了文化产业也具有的一定的价值引导与推广的作用。因此，文化产业不是像人们所认为的那样是纯粹的文化生产与文化消费问题。西方马克思主义者马尔库塞在《单向度的人》《爱欲与文明》等一系列著作中批判与揭露了发达资本主义文化工业所导致的人的单向度的发展与自由的丧失。文化工业的极大发展看似人们可以享受的文化产品更加丰富，自由程度更加大，但是事实上却是相反。资本主义的文化工业是以资本增值为目的，以赚取超额利润为根本出发点。因此，资本主义的文化工业是为资本服务的。文化产品就是一种商品。实质上是通过文化工业对广大人民群众进行文化剥削、文化压迫、文化愚弄。但是，文化商品的影响比一般的商品更为深远、更为巨大。因为人们在消费文化产品的同时也在吸收文化产品上负载的文化价值与观念，在被同化。例如美国好莱坞的大片其实是在炫耀美国的优越性，推动人们去追逐美国梦。随着文化工业的发展，普通劳动群众的大众文化被边缘化，甚至被消灭。资本主义主导下的文化工业所生产的文化产品完全不以满足人的日常文化需要与人的发展为根本目的。因而这种文化产业以及文化产品是异化了的文化工业与文化产品。资本主义文化产业越发展、文化产品越多广大劳动群众所受的奴役与剥削就越多，相反自由却越来越少。在这样的文化工业以及文化产品熏陶下的劳动群众只能是工具的人、机械的人、片面发展的人。

但是，我们必须认识到文化产业的发展是文化发展到一定程度的发展结果，是文化生产力发展的必然产物。因此，文化产业的发展也是文化软实力建设的必备渠道。中国特色社会主义文化软实力建设与文化产业化并不矛盾。但是，中国特色社会主义文化产业与西方工业国家的文化产业具有根本不同的性质与目的。一方面，中国特色社会主义文化产业坚持了社会主义的基本原则，实现了文化产业与产品的发展以满足广大人民群众的文化需要与自由全面发展为目标，人民群众的文化权益得到保障。另一方面，中国特色社会主义文化产业既解放了文化生产力，激活了文化发展活力，开拓创新，不是一成不变的、僵化的，又突破了传统社会主义文化发展的框架，具有巨大的灵活性和开放性，充分展示了社会主义文化发展的优越性。因此，中国特色社会主义可以通过文化理论的不断创新，文化体制的改革，推动文化的大发展、大繁荣。党的十八大报告首次明确提出，"文化产业成为国民经济支柱性产业"，而且提出未来我国文化产业发展的方针和目标是，"促进文化和科技融合，发展新型文化业态，提高文化产业规模化、集约化、专业化水平"。[①]党的十九大报告提出，"健全现代文化产业体系和市场体系，创新生产

---

① 胡锦涛：《胡锦涛文选》（第3卷），人民出版社，2016，第639页。

经营机制，完善文化经济政策，培育新型文化业态"。①

中国特色社会主义文化软实力建设以中国特色社会主义先进文化为主体并不排斥文化产业与文化事业的发展。相反，中国特色社会主义文化软实力建设必须积极鼓励与支持文化产业与文化事业的发展，发展中国特色社会主义文化产业与文化事业，壮大中国特色社会主义文化产业与文化事业，增强我国文化产业与事业的整体实力和竞争力。文化产业与文化事业是中国特色社会主义文化软实力建设的最底层也是最基础的环节。文化产业与文化事业发展程度直接影响与决定了中国特色社会主义文化软实力建设的成效。

中国特色社会主义文化产业的发展也具有巨大的优越性。正如邓小平所指出的，"社会主义制度的优越性表现在它的文化、科学技术水平应该比资本主义发展得更快、更先进，这才称得起社会主义，称得起先进的社会制度"。② 因此，社会主义的优越性也体现在推动文化产业发展之上。文化产业与文化产品必须体现中国特色社会主义制度的本质属性，适应中国特色社会主义制度的要求。中国特色社会主义文化产业与产品也应该是中国特色社会主义制度优越性的体现，我们必须突出中国特色社会主义文化产业的优越性。在尊重文化产业发展规律的基础上，建设现代化的、规模化的、科学的文化产业，生产更多以人为本的文化产品，这对于充分激活全社会的文化创新活力，大幅扩展文化产业的规模，极大丰富文化产品，大幅提高文化竞争力与软实力，具有重要的意义。

总之，中国特色社会主义文化软实力建设与文化产业的发展是相互作用、相互制约，彼此内在的统一的。首先，文化产业是中国特色社会主义文化软实力建设的重要支撑。中国特色社会主义文化软实力建设的

① 本书编写组：《党的十九大报告学习辅导百问》，党建读物出版社、学习出版社，2017，第 35 页。

② 《邓小平年谱（1975～1997）》（上），中央文献出版社，2004，第 200 页。

内容与要求决定了文化产业发展的方向以及文化产品的主要内容、形式。中国特色社会主义文化软实力建设需要文化产业的支撑。中国特色社会主义文化软实力建设要求必须建构中国特色社会主义的文化产业。其次，中国特色社会主义文化软实力建设是中国文化产业发展壮大的必然要求和未来走向。中国特色社会主义文化产业是中国特色社会主义文化本性的体现，是中国特色社会主义文化软实力建设的保障。

具体而言，中国特色社会主义文化产业的发展的三重使命与三重责任。

第一重使命与责任，文化产业的社会功能与任务。中国特色社会主义文化产业的发展就是要创造越来越多的文化产品，丰富文化生活，追求效益与利益。在社会主义市场经济体制下，文化产业的发展必须进一步健全文化市场管理机制，正确处理经济效益与人民利益的关系，坚持把人民利益放在首位，决不能唯利是图、见利忘义，坚决抵御文化糟粕和腐朽文化的影响。文化产业的发展必须经济效益与社会效益兼顾，"始终不渝地面向广大群众，在艺术上精益求精，力戒粗制滥造，认真严肃地考虑自己作品的社会效果，力求把最好的精神食粮贡献给人民。"①因此，发展各类文化事业和文化产业都要以中国特色社会主义先进文化为体，要始终把社会效益放在首位，努力实现社会效益和经济效益的有机统一，增强国家的文化软实力。对此，党的十七届六中全会也指出，发展文化产业是社会主义市场经济条件下满足人民多样化精神文化需求的重要途径，必须坚持社会主义先进文化前进方向，坚持把社会效益放在首位、社会效益和经济效益相统一，按照全面协调可持续的要求，推动文化产业跨越式发展，使之成为新的经济增长点、经济结构战略性调整的重要支点。进一步而言，必须按照"为人民服务、为社会主义服务

---

① 中共中央文献研究室:《十四大以来重要文献选编》（上），人民出版社，1996，第657页。

的方向和百花齐放、百家争鸣的方针，贴近实际、贴近生活、贴近群众，始终把社会效益放在首位，做到经济效益与社会效益相统一。创作更多反映人民主体地位和现实生活、群众喜闻乐见的优秀精神文化产品。"① 因此，文化产业的发展不能是就文化产业论文化产业，文化产业的发展必须围绕提高文化软实力为目标，着力于提高人民群众的精神文化素质，推进社会主义文化强国建设，这是文化产业发展的责任担当与使命。

第二重使命与责任，文化产业的舆论导向作用。文化产业与产品也是传播信息、引发和引导社会舆论的工具。中国特色社会主义文化产业的发展要推进文化繁荣和发展，增强中国特色社会主义文化的影响力、吸引力和感召力，提高人民的文化素质，改善人民的精神状况，增强广大人民群众对中国特色社会主义文化的自尊心、自信心。

第三重使命与责任，文化产业与产品的价值诉求。文化产业必须注重文化发展的价值引导。文化发展的价值引领文化发展。只有从根本上明确了文化发展的价值才能实现文化产业发展的深层自觉。当然，文化产业发展的价值是多样的。文化产业发展可以推动经济发展，促进社会和谐，提升国家的软实力。但是，"文化的价值在于对作为历史主体的人的不断塑造。如果文化只是停留在客体存在形式上，不转化为主体的存在形式，也不能维持自己的继续存在，更谈不上发展"。② 因此，文化发展的价值归根到底实现人的自由全面发展。文化发展旨在消除人的片面发展和异化，为人的自由而全面的发展提供了现实的途径。中国特色社会主义文化产业发展的根本目的就是不断提高全体人民的文化生活质量，满足人民群众日益增长的多层次精神文化需求。未来文化产业的发展一切要从人民根本利益出发，把维护和尊重人民群众的文化主体地

---

① 胡锦涛：《胡锦涛文选》（第2卷），人民出版社，2016，第641页。
② 二十一世纪中华文化世界论坛筹备委员会：《文化自觉与社会发展：二十一世纪中华文化世界论坛论文集》，香港商务印书馆，2005，第349页。

位，文化产业的发展不仅要有利于提升人民群众的文化素质，改善人民群众的精神状况，促进人民群众的文化主体觉醒，增强人民群众文化自尊心、自信心，实现文化自觉，而且要进一步增强中国特色社会主义文化的吸引力和感召力，推进中国特色社会主义文化软实力的建设。

四、提高文化软实力对中国发展的价值

文化对于任何一个国家而言都很重要，不存在不重视文化而能够得到快速发展的国家。在当代，文化在社会生产系统和生活系统中的地位越发重要，成为现代人必备的生存条件。借助文化的作用，现代人类的认识能力和实践能力得到发展，认识和实践对象的范围得到扩展。

（一）文化软实力与增强综合国力的问题

一个国家的崛起，从根本上说在于综合国力的全面提升。如前所述，综合国力是一个包括了经济实力、政治实力、文化实力、军事实力、科教实力等等内容的综合评价体系。其中，软实力已经日益成为衡量一个国家实现崛起的重要指标。综合运用软实力和硬实力，采用多种手段并重的方式提高综合国力，已成为各个民族国家的共识。提高文化软实力对增强综合国力作用主要表现在以下几个方面：

1. 提高文化软实力对增强经济实力的作用

文化软实力体现为强大的文化生产力，文化产品与服务已作为独立产业，成为综合国力竞争的重要方面。在一些发达国家和地区文化产业已成为国民经济的重要支柱产业，西方发达国家的文化产业在 GDP 中的贡献都普遍高于 10%。在目前在世界文化市场中，欧美主要发达国家占有巨大多数的市场份额，我国所占市场份额还比较小，有很大的提升空间。另一方面，一个国家文化软实力对外直接表现为文化的感召力、发展模式的吸引力、参与制定国际制度的影响力。

首先，文化软实力的核心理念影响着经济的发展方向。价值观念是文化软实力的核心内容之一。选择什么样的经济体制，运用什么样的经

济政策，采用什么样的方式指导和调控商品的生产、流通和消费等等，所有这一切都收到了特定社会的价值理念的制约。如果没有内在的文化含量和精神动因，经济活动必然是没有效率的。文化软实力为社会的经济运动的顺利运行创造良好的价值目标、伦理秩序等人文环境，内化为经济活动者的个体价值观和伦理观念的社会整体的价值观念直接影响着经济活动的效率。从这个意义上讲，国家经济的繁荣发展离不开意识形态和价值观念的支撑。马克思·韦伯认为新教伦理所主张的节俭、奋斗、追求个人成功构成了资本主义精神，正是这种精神推动了资本主义经济的发展。这也反映了信仰、价值观等理念对经济发展方向的巨大影响。我国的社会主义核心价值作为主流的价值理念形成强大的经济导向作用，使我国的社会沿着健康的方向持续高速发展。这也充分说明了文化软实力的核心理念影响着经济的发展方向。

其次，文化软实力的制度、习惯等形成的文化环境影响着经济的效率。制度作为正式的规范直接影响着经济过程，而传统习俗、生活习惯等非正式规范更是从潜意识层次影响着经济运行效率。各种正式和非正式的制度文化相互交错形成了一定的文化环境。比如有着经商文化氛围的温州促进了温州个体经济快速发展，迅速走向世界，这种文化环境比物质因素更能促进经济的发展。不同的文化氛围中，社会个体对经济活动的理解不同，直接导致了个体从事经济活动的效率差别。从这个意义上讲，我国国有企业的改革在相当长的时期内不断地遭遇挫折，这种情况与计划经济体制的文化环境以及这种环境影响下的个体观念和习惯有着直接的关系。

最后，文化软实力的创新力也影响着经济的发展。现代社会的经济发展速度不是取决于人数、资源、能源的多少，而是取决于科学创新以及科学创新进入经济流程的快慢。经济过程的科学含量越高，就越能在同样时间内生产出更多的社会财富，也就越能够满足人们的物质和精神需求，经济的活力也就越高，实力也就越强。

总之，经济发展越来越依赖于文化的支撑，文化正在成为国与国之间竞争的利器。文化软实力的竞争，同时也是一个国家在世界各国对外形象的竞争，对世界主导权的竞争。文化发展与经济发展相辅相成，随着我国经济实力的逐步增强，需要形成与经济社会发展相适应的文化优势，建立与我国硬实力相匹配的文化影响力。

2. 文化软实力为政治实力的增强奠定基础

软实力概念来自于国际政治关系领域，文化软实力的提出的一个原因就是为了增强文化软实力对政治资源的支配，稳定对内政治统治和增加政治形象的外在吸引力和同化力。

首先，文化软实力是建构特定政治运行结构的基本条件。政治运行结构是上层建筑，受到特定社会的经济基础的制约，但是这种制约作用是以人为媒介的。人们在自觉不自觉地按照经济基础的需要建构政治运行结构时，是按照内心的思想观念的指导，以自身的文化素质的主观背景为条件做出的选择。当主观的认识符合了经济基础的实际需要，并且主观的文化背景满足了建构的基本条件时，随后形成的政治运行结构就能够转化为现实的政治实力发挥增强整体国力的作用，反之就会成为政治破坏力，削弱整体的国力。在当前的社会阶段，政治体制改革已经势在必行，但是"怎么改？"的问题却是一个难题，关键就在于两个方面：其一，如何认识中国特色社会主义的经济基础对政治领域的具体要求；其二是广大人民群众的认识水平和文化背景能否彻底地贯彻政治运行结构的真实意图。从思想根源上讲，这两个方面都是文化软实力对社会个体的要求。

其次，文化软实力是政治实力提高与否的衡量标准。政治实力的衡量标准是看政治结构的决策力、凝聚力和在国际事务中的影响力和协调力。这个衡量标准正是文化软实力本身的一部分。就对内而言，我国的政治实力是以人民满意度为最高标准，正如十九大报告中所说的，我们"必须坚持人民主体地位，坚持立党为公、执政为民，践行全心全意为人民服务的根本宗旨，把党的群众路线贯彻到治国理政全部活动之中，把人民对美好生活的向往作为奋斗目标，依靠人民创造历史伟业"。[①]维护好了人民的利益，政府得到的认同度、支持度就高，政治实力就越强。就对外而言，我国的政治实力是以国际社会的认同和参与国际事务的程度来决定。无论是认同还是参与度，都首先取决于国家的政治形象以及政治文化的吸引力。可见政治实力提高与否，关键还是看文化软实力发挥的程度。

最后，文化软实力是当代社会政治斗争的重要工具。这一点也是软实力的功能所在。特别是在经济全球化的今天，国际关系的依赖性在不断增强，各个国家的利益彼此交错，再加上联合国的国际机构的存在，战争形式不再是解决国与国的纷争主要方式。与经济全球化相适应的是，经济和文化在国际舞台上的分量加重，成为国际关系的两个重要的领域。它们正逐渐成为决定国际政治领域斗争胜负的关键因素。从文化领域的斗争看，谁掌握了文化的主动权，谁就具有优势，谁就能够掌握国际规则的制定权，谁的政治实力就越强。这一点就反映在二战后美国在国际关系中地位的上升过程中。美国在战后掌握了资本主义文化和经济的话语权，成为联合国里最具领导权威的国家，在随后的国际政治秩序和经济秩序的重新确立过程中，美国完全掌控了规则制定的权力，为所欲为，最终成就了美国的世界霸主地位，而这一地位也进一步扩张了美国文化软实力的作用范围，使世界成了美国文化的倾销市场。

除了以上所谈到的文化软实力对增强综合国力的作用外，还有文化软实力对科学技术和教育等方面的提升作用等等。我国是一个社会主义国家，综合国力的增强还包括了和谐社会和和平发展的问题。和谐社会的建设也要靠文化的理念来协调。通过协调文化理念，影响到制度的调

---

① 本书编写组：《党的十九大报告学习辅导百问》，党建读物出版社、学习出版社，2017，第 17 页。

整，进而推动社会主义和谐社会的建设。总而言之，提高文化软实力对综合国力的增强是以全方位和深层次的方式而进行，体现为对综合国力的持续作用和整合作用。

（二）提高文化软实力增强民族凝聚力

民族凝聚力是通过民族精神的作用表现出来的整个民族特有的亲和力和向心力。一个民族、一个国家，如果没有自己的精神支柱，就等于没有灵魂，就会失去凝聚力和生命力。有没有高昂的民族精神，是衡量一个国家综合国力强弱的一个重要尺度。民族凝聚力是民族国家的国家凝聚力的关键。而民族的文化认同又是增强民族凝聚力的坚强手段。文化软实力在很大程度上表现为国民的精神状态、意志品格和内在凝聚力，而这一切主要来自于人们对核心价值的认同。历史经验表明，任何一个国家要把全社会的意志和力量凝聚起来，都必须有一套与经济基础、政治制度相适应的文化信念系统。我们中华民族几千年来之所以能历经磨难而不衰，千锤百炼更坚强，昂首挺胸地走到今天，就是因为我们有伟大的时代精神和民族精神。"人无精神不立，国无精神不强。精神是一个民族赖以长久生存的灵魂，唯有精神上达到一定的高度，这个民族才能在历史的洪流中屹立不倒、奋勇向前"。[①] 这些精神财富具有巨大的历史震撼力和时空穿透力，永远闪耀着人文精神和理性主义的光辉，是中华民族自立于世界民族之林的精神支柱。

1. 提高文化软实力增强经济实力从而为民族凝聚力的增强提供物质保障

一般情况下谈论民族凝聚力，更多是把目光聚焦于民族的精神和文化，精神和文化是民族凝聚力的内核，这一点毋庸置疑，后面的行文也将对此加以论证。但是，我们也应当看到民族凝聚力的物质基础，如果

---

① 习近平：《在纪念红军长征胜利八十周年大会上的讲话》，人民出版社，2016，第9页。

没有一定的经济基础和人的素养，再悠久的历史和在丰富的文化也无法起到凝聚人心的作用。回顾中华民族的成长历史，最早的形成得益于中华民族最早掌握了进入农业文明的客观条件和科学水平，从公元前数世纪到 16 世纪，中华民族始终是生产力最先进，经济最发达，科技水平最高，文化最繁荣的民族，也就是说，中华民族的凝聚力的起源不在于精神和文化，而在于先进的物质生产和生活方式，正是这种生产和生活方式的先进，才会产生与之适应的精神和文化，才会对周边民族产生强大的吸引力、同化力和凝聚力。从 16 世纪开始，中华民族的生产力开始处于停滞不前的状态,过于强调宗法礼仪对维护地主阶级统治的作用，忽视和压制先进生产力的发展，因此民族凝聚力开始削弱，大量的人们陆续到海外谋生。近代以来的帝国主义对中国的入侵，抢夺领土主权，直接威胁到中华民族生存的基本的物质条件，这种深刻的危机才进一步增强了中华民族的凝聚力。

放眼世界历史，我们可以看到，当一个民族生产水平不断进步的时候，也是这个民族的凝聚力最好的时候，当一个民族的生产力水平停滞甚至倒退的时候，也是这个民族的人心涣散的时候。可见，经济实力为基础的综合国力是民族凝聚力的物质保障。我们提高文化软实力的根本目标不在于文化本身，而在于用文化的力量去提升经济实力为基础的综合国力，为民族凝聚力提供更为可靠的物质基础。我们希望民族凝聚力增强，这种凝聚力不是基于中华民族生存危机的凝聚力，而是建立在生产进步、经济兴盛、政治稳定、科技发达以及综合国力日趋强大的基础上的凝聚力。在当代，要实现这种目标，就必须要提高文化软实力，以文化软实力的提高带动综合国力的提升，推动民族凝聚力的增强。

2. 提高文化软实力可以夯实民族凝聚力的精神基础

如前所述，民族精神和民族文化是民族凝聚力的核心内容。能够反映时代进步要求的民族精神和增进彼此认同的民族文化是增强民族凝聚力的关键所在。我们提高文化软实力，就是要提炼出这种民族精神和文化，夯实民族凝聚力的精神基础。

首先，提高文化软实力以升华民族精神特质。一个民族的精神特质是体现在民族文化中的愈久愈醇的精神品质和特征，这种精神特质在民族的历史长河中不断融入新的内容，把每个时代的精华都积淀在民族的精神熔炉中，通过社会教育系统和奖惩系统变为每一个民族成员的内心信念和行为规范，深深烙印在每一个民族成员的精神基因中。这种精神运动独特传承规律诠释了任何一个伟大民族经历无数苦难和危机而依然保持连绵不绝的生命力和创新力的原因所在。中华民族具有这种内在的精神品质，正是这种品质才能够凝聚十三亿中国人，凝聚无数散居海外的华人。

在当代社会，民族的精神特质正在经受资本逻辑的考验。经济全球化虽然承认不同民族的差异，但是全球化背后的资本欲望和资本主义精神只允许民族文化的表层差异的存在，而民族文化内在的精神特质却是不容保留的，凡是和资本逻辑相违背的都被认为是不符合现代精神的，都将被抹杀。从马克思主义的观点看，资本逻辑并非永恒的精神法则，文化的融合也并非你死我活的斗争。我们提高文化软实力的任务之一就是要在当代的资本文化霸权中，提炼中华民族的精神特质，使这种特质既能够适应现代社会的发展，也能够保留超越现代精神的潜质和特征，为中华民族所选择的中国特色社会主义的发展道路提供精神支柱，凝聚民族力量。

其次，提高文化软实力可以增强民族的文化认同。文化认同是民族凝聚力的前提。民族的成员对所属民族文化的认同会形成共同的价值理念、心理结构、思维习惯和行为方式，这些因素汇集成强大的民族力量推动民族的发展。失去了民族的文化认同，凝聚力就没有了依托。有西方学者把汉字作为中华民族的文化认同的基础因素，也有学者把中华文化中的家庭观念和血脉观念作为中华民族的文化基础，近些年来越来越盛行的寻根、祭祖也都表明文化认同在中华民族凝聚力中的作用。发掘传统文化的优秀成果，寻找传统文化与现代文化的结合是提高文化软实力的应有之义，也是增强民族文化认同、提升凝聚力的基本前提。

3. 提高文化软实力是增强现代社会条件下的民族凝聚力的必要途径

增强现代社会条件下的民族凝聚力面临着更多的问题。从环境上讲，民族问题和经济、政治等多方面关系相互交错，任何一个领域的动荡都会直接影响到民族凝聚力。比如我国的边疆地区的民族团结和凝聚力就不断受到国外敌对势力的干扰和破坏。从个体看，多元价值观影响着社会成员的判断力，个体的文化素质和精神修养高低也影响着民族凝聚力的大小，特别是面对外来文化的冲击，我国的一些人尤其是部分青少年缺乏对自身优秀文化认识，缺乏民族自信力，丧失文化的鉴别力，盲目崇信外国，认为外国的一切都比中国的好，对我们自己的文化持排斥态度。这是值得我们深思的问题，也是我们加强文化软实力建设需要解决的问题。从民族凝聚力的核心来看，面临着传统的民族精神特征和现代性的冲突。民族文化中存在着反映封建专制和等级制度的落后因素，精华与糟粕并存，把两者加以区分也是一个困难的问题。所有这些问题的解决都指向了文化软实力的发展和提高这个必要途径上来。

首先，通过提高文化软实力，协调各领域关系，可以优化民族凝聚力的外部环境。在当今社会中，尽管和平和发展是国际主题，但冷战思维和霸权思维依然影响着国际关系，资源和能源的争夺也使国际关系变得紧张。发达资本主义国家在我国周边国家通过代理人形式扶植极端民族主义分子，威胁着我国的领土主权和民族团结。我国经济发展的不平衡和收入差距的存在也使激化了各种社会矛盾，成为影响民族团结的不稳定因素。总之，国内外各种复杂交错的关系影响着民族凝聚力。因此，提高文化软实力，充分发挥文化的协调力和影响力，整合社会资源应对各领域的问题和挑战，从而可以优化增强民族凝聚力的外部环境。

其次，提高文化软实力是解决传统民族精神和现代社会的现代性之间矛盾的有效手段。中华民族的凝聚力有很重要一部分是来自于传统民族精神，这种精神是农业文明的产物，具有"封闭性"和"被动调整"特性、"宗亲纽带和伦理中心原则""封建大一统状态"的特点。[1]这些特点已经深入到社会成员的思想观念中，成为中华民族的文化认同的一部分，尽管也会有利于民族凝聚力，但是不利于民族凝聚力在当代的市场经济环境下的进一步提升。因此，必须要通过提高文化软实力，融合现代文明的精神，实现中华民族凝聚力从传统形态向现代形态的转变。

最后，提高文化软实力是破解公民文化程度对民族凝聚力制约的必要途径。现代社会中，社会成员的文化水平和修养直接影响着民族凝聚力的大小。从一般状态看，文化素养较高和社会阅历较为丰富的人，有着自身稳定的心理结构和认知态度，对纷繁复杂的社会现象的判断和辨别能力较强，也能够较为理性地看待社会转型期的种种矛盾和问题，对民族的认同度也会较高。反之，素养水平较低和社会阅历较少的人，往往更容易受到蛊惑，判断能力和辨别能力较差，容易陷入偏执。一旦被西方价值观和敌对势力所影响，则很容易失去民族认同。只有具备了一定的素养水平，才能形成较强的社会参与和社会责任意识，增强民族的认同和凝聚力。

（三）提高文化软实力塑造国家形象

国家形象是"特定国家的外部国际公众通过复杂的心里过滤机制，对该国的客观现实（政治、经济、文化、地理以及所作所为）形成的具有较强概括性、相对稳定性的主观印象"。[2]现代的国际关系更多依靠国家之间的彼此印象和利益需求。良好的国家形象可以为一国赢得国际社会的肯定，拓展出更大的国际生存和发展空间，利用国际关系最大限度地增进本国利益。

---

① 张勇：《现代化与中华民族凝聚力》，《贵州社会科学》，1998年第3期，第25页。

② 吴友富：《中国国家形象的塑造和传播》，复旦大学出版社，2009，第4页。

国家形象对于我国而言，除了具有以上所说的一般意义之外，还具有更为重要的政治意蕴。我国是一个传统意义的大国，无论是从地理位置、领土面积、人口数量、自然资源方面而言，还是从经济规模、政治影响、军事力量、历史文化方面而言，都具有足以影响世界的大国实力和地位。我国还是一个社会主义大国，坚持科学社会主义的价值理念和共产党的领导。对于覆盖了世界绝大部分地区的资本主义理念和资产阶级政治统治而言，中国的意义不仅在于大，而且在于是一个在意识形态上迥然对立的国家，特别是对于西方主要资本主义国家而言，社会主义和共产党给他们造成的心理压力远远大于现实的中国综合国力带来的竞争压力。从我国的角度而言，我国在经济发展的起跑线上远远落后于西方主要资本主义国家，国家的发展和富强是我们的主要任务；在未来相当长的时期内，我们必须在一个资本主义力量远远大于社会主义力量的国际环境中发展自己的实力，也只有融入资本主义主导的经济全球化当中才能更快更好地发展自己。因此，如何尽量减少西方主要资本主义国家对"社会主义中国"的敌对情绪，充分展现我国在国际关系上的以合作求发展、以和平求发展的理念，从而使中国特色社会主义在全球化中充分发展就是一件具有重大意义的事情。这就赋予了塑造国的国家形象以更为重要的政治意蕴。只有从文化软实力的战略高度来认识塑造我国的国家形象的重要性，才能实现国家发展的重要目标。

塑造良好国家形象有赖于以文化软实力提升整体国家实力。国家形象的塑造主要是通过传播、交流、交往和国家外交行为等方式展现本国的客观状况和主观意图，从而使外部公众产生好感并得到外部公众的肯定和支持。在展示和形成互动之前，还有一个准备的阶段，即把自己期望对方了解的一面和容易引起对方好感的一面进行包装。在信息传播不发达的阶段，这种包装还可以进行主观选择，但是进入全球化和网络化的时代，开放式的信息交流极大限度的杜绝了国家形象"虚假"包装的可能性，更多的情况是对方可以直接通过各种渠道了解到几乎所有的真实信息。面对这种新阶段的新特征，就必须要整合各种国家资源，增强自身的硬实力和软实力，以真实状态下呈现出的良好形象吸引外部公众，得到认同和支持。这个过程需要发挥文化软实力的整合功能，首先是对文化软实力资源的有效整合，使其发挥出最大的软实力功能，比如对优秀的民族传统文化的整合，对社会主义价值体系中具有"普适性"价值的整合，对文化产业和文化事业的整合，其次是文化软实力通对经济、政治等各种社会资源的整合，比如科学文化与经济发展的结合；民主文化与政治体制的结合、传统文化与人的素质培养的结合、价值观念与文化产业的结合等等，最终推动国家实力的提升，形成良好国家形象。比如，针对"中国威胁论"，我国通过各种国家外交行为展现我国的以和谐发展为目标的发展理念，通过合作打击恐怖主义、进行军事互访等军事行为显示和平诚意，通过举办体育竞赛、会展等各类国际活动增加国家亲和力，通过发展对外经济贸易和保持货币稳定展示开放的胸怀、负责任的国际形象和合作共赢的精神，通过对外文化交流和在海外开设"孔子学院"阐释中国追求和平、和谐以及与人为善的历史文化传统、通过熊猫外交、建立友好城市关系等国家和民间的交流活动表达与其他国家在文化、生活、社会等方面的共通性。所有这一切都围绕着文化理念和核心价值有效地整合为一种正面、积极的国家形象，有力地回击了"中国威胁论"。

　　塑造国家形象除了要从国家整体的形象入手外，还要塑造良好的国民形象。对于不了解中国的外部公众而言，他（她）所接触到的中国国民的外在形象直接决定了其对中国的印象。这里所说的国民形象既包括具体的实在的中国公民或者外籍华人，也包括电影、电视、网络媒体、小说等形式所呈现的国民形象。这就更需要提高具体层面的文化软实力，加大对教育的投入，提升国民整体素质，注重文化产业的公益性和商业性的结合，提升全社会的公民道德修养和精神修养等等。"如果我们国内违背社会公德的事情比比皆是，触及道德底线的事情不断发生，一些人到了国外不遵守公共秩序，给人留下了不好的印象，还怎么提高国家文化软实力啊？所以，提高国家文化软实力，一个很重要的工作就是从思想道德抓起，从社会风气抓起，从每一个人抓起"。[1] 从根本上说，国民形象的塑造需要两个前提：第一，社会物质生产方式高水平发展和社会财富分配的公平秩序；第二，社会主义核心价值观的培育和弘扬。我们"要深入实施公民道德建设工程，深化群众性精神文明创建活动，引导广大人民群众自觉践行社会主义核心价值观，树立良好道德风尚，争做社会主义道德的示范者、良好风尚的维护者"。[2] 培育公民良好道德，提升国民形象是提高国家文化软实力、塑造良好国家形象的重要途径。

（四）提高文化软实力推动经济发展方式转变

党的十七大报告指出：转变经济发展方式"要坚持走中国特色新型工业化道路，坚持扩大国内需求特别是消费需求的方针，促进经济增长由主要依靠投资、出口拉动向依靠消费、投资、出口协调拉动转变，由主要依靠第二产业带动向依靠第一、第二、第三产业协同带动转变，由主要依靠增加物质资源消耗向主要依靠科技进步、劳动者素质提高、管理创新转变"[3]。其中提出了"三个转变"，前两个转变是我国从工业化中期进入工业化后期所必须做到的经济转型，后一个转变则是对我国在未来相当长一段时期内经济发展的根本要求。从主要依靠增加物质资源消耗向主要依靠科技进步、劳动者素质提高、管理创新转变预示着经济发展在生产、分配、交换、消费四个领域的提升。在生产领域，科学技术对推动生产发展将起着关键性的作用；在分配领域，文化程度较高的劳动者和科技人才将获得较高的劳动报酬；在交换领域，产品的流通

---

① 中共中央文献研究室：《习近平关于社会主义文化建设论述摘编》，中央文献出版社，2017，第137页。

② 习近平：《坚持依法治国和以德治国相结合推进国家治理体系和治理能力现代化》，《人民日报》，2016年12月11日，第1版。

③ 胡锦涛：《胡锦涛文选》（第二卷），人民出版社，2016，第630页。

速度将大大提速；在消费领域，文化消费将主导消费的发展方向。总之，以上几个方面都表明，文化将成为经济发展的重要因素，文化创新力等软实力将成为推动经济发展方式转变的重要力量。

首先，文化创新力是文化软实力的重要内容，也是推动科技进步、劳动者素质提高和管理创新的重要途径。文化创新力的提高来自于对科学知识和人才的尊重，对文化传承的有效延续，对科学创新和文化创意的包容和支持以及文化教育事业的充分发展，从根本上还取决于对科学与价值两者关系的看法和理念。只有具备了以上的各种具体的文化软实力，才能形成文化创新氛围，才能在减少物质资源消耗的同时推动经济发展方式转变。

其次，注重文化产业的发展，以产业发展推动文化软实力的提升，是推动经济发展方式转变的重要途径。文化产业在我国是新兴产业，与传统产业性比，物质资源消耗少，环境污染小，科技含量高，产品效益好。文化产业已经是西方主要资本主义国家的支柱产业。通过文化产业发展，激发了整个社会的文化创新力，满足了人们多层次的精神需求，文化商品的输出也推广了本国的文化和价值观，提升了国家形象，从多方面带动文化软实力的发展，提高了文化软实力对经济资源的调动和整合能力，为经济发展方式转变提供源源不断的精神动力和智力支持。

第三节　国家文化形象对综合国力的影响

良好的国家文化形象显然有助于提升一个国家的综合国力。那么，塑造良好的国家文化形象，可以从如下几个方面思考推进。

一、培育和践行社会主义核心价值观

（一）继承和弘扬民族优秀文化

中国文化形象的塑造，就要培育和确立核心的文化价值观念，首先要坚持弘扬和培育民族文化和民族精神，这既能够提高民族素质，为社会主义现代化建设提供精神动力和智力支持，又能够树立国家文化形象，增强中华民族文化的凝聚力和亲和力。从对外交往的角度上看，塑造民族文化，必须根植于中华传统文化的沃土，从中国传统文化中汲取精华，形成有充足的文化底蕴的特色文化。

作为中国文化形象塑造的重要对象，台湾同胞、海外华人、亚洲各文化同源国的人民，对中国的感情都是建立在理解、认同和热爱中国传统文化的情结基础之上的，离开了同源同宗传统文化向心力，中国文化形象就会失去重要的优势地位，成为无本之木。倡导中华传统文化，并不意味以"中华性"取代"现代性"和"世界性"，趋向于"文化保守主义"。中国民族文化和民族精神的弘扬离不开社会主义现代文化建设的实践经验，而是在二者的结合中突出具有的悠久历史文化底蕴。目前，儒家文化在是世界各国尤其是东亚国家得到了广泛的认同，成为世界各国人民关注的焦点。中国是儒家思想的发源国，挖掘中华传统文化的精华，展示民族文化的独特魅力，是提高中国文化形象，发展中国文化外交的重要捷径。

（二）借鉴和汲取世界优秀文化

要培育核心文化价值观，还要把原则性和灵活性结合起来，积极借鉴和汲取世界各国的优秀文化，塑造倡导开放型的文化形象。

举例来说，在国际卫星电视接收方面，一些国家和地区把有线电视和卫星电视结合起来，通过自己的有线电视台或收费电视台，播放经过精心挑选的卫星电视节目。这样不仅有利于通过文化管制来控制节目的数量和类型，而且还可以通过一定的点评和引导，来促使国民文化鉴赏能力的提高。

再比如在语言的传播方面，由于经济和历史的原因，英语成为实际上的国际通用语言，作为国际通用语言英语具有两面性，一方面它带有很强的民族性，为一些强权国家利用英语实现"语言霸权"提供了条件，对于这个问题我们要加强防范，尤其是在加强汉语在网络语言中的运用和发展，防止文化入侵；另一方面它也是国际传播的一种工具，国民对英语的熟练可以促使人们提高国际意识，从而树立我国开放的文化形象。

（三）中国文化在世界文化中的地位

实际上国家文化形象的主要功能不在于问题出来后才去做修补，而在于事前所做的铺垫和宣传，只有通过经常的非政治性的文化传播打开文化渠道，才有可能在一定时期或一定问题上进行政治意向的文化沟通，从而塑造我国在国际上的形象。

党的十六大报告指出："立足于改革开放和现代化建设的实践，着眼于世界文化发展的前沿，发扬民族文化的优秀传统，汲取世界各民族的长处，在内容和形式上积极创新，不断增强中国特色社会主义文化的吸引力和感召力。"[①] 这就要求我们不断深入国家文化形象的理论研究，逐步确立中国文化在世界多元文化中的重要地位。

二、培育良好的文化行为

（一）提高国民文化素养问题

国民文化素养是国家文化形象的主要要素，对国家文化形象产生重要影响。我国有一些出国从事公务、商务或旅游的国人对自我形象不够重视，在国外公共场所大呼小叫、乱丢废弃物、随意吐痰等不文明行为引起了当地人的不满，以至于在一些国家专门有针对中国游客的中文告示，这对我国的文化形象产生了直接的负面影响。

因此，要塑造良好的国家文化形象，每一位国民都应该要有海纳百川的开放精神和宽容态度，尊重世界文化的多样性，尊重不同国家和民族的风俗和习惯，欣赏不同文明的文化和艺术样式，求同存异，和谐相处，共谋发展。同时，在国际交往中，既不能因为我们国家经济发展了，

---

① 江泽民：《江泽民文选》（第三卷），人民出版社，2006，第 559 页。

国力增强了，就以大国自居，目空一切，唯我独尊；也不能因为中华民族曾长期遭受欺凌，就妄自菲薄。最后，公民个人应有良好的道德素质和礼仪修养。应该懂礼貌、有分寸、有涵养，真正体现中国崇尚谦谦君子和作为礼仪之邦的风范。

（二）确立良好政府文化行为问题

塑造与我国的经济实力和国际地位相适应的国家文化形象，对于政府来说，就是要继续加强思想道德建设，大力倡导基本的道德规范，引导公民养成良好的文明习惯，形成知荣辱、讲正气、树新风、促和谐的文明风尚；应努力汲取我国传统文化的深厚的营养，吸收人类进步文化的成果，创造出具有中国精神和风格、丰富多彩的现代中国文化内容和样式，促进文化的全面繁荣。

同时，不仅要鼓励中国企业走出去，还要引导企业恪守国际准则，尊重当地的游戏规则，承担社会责任；不仅能提高国民的物质生活水平，还应培养出具有良好文化修养和艺术趣味的国民；不仅能满足国民的精神文化需求，而且能提供健康、多样、富有创造性的文化产品。

（三）确立良好企业文化行为问题

企业文化形象是国家形象的重要组成部分。中国的一些海外公司，对企业形象的塑造不够重视，缺乏遵守国际惯例和当地的游戏规则的意识；一些不规范的经营行为，不仅使企业蒙受重大损失，也影响了国家文化形象。

因此，我国的文化企业应主动"走出去"，不断增强我国文化产品的国际竞争力和影响力；应通过各种途径向世界各国介绍中国的历史、文化艺术，特别是当代中国的文化成果，介绍中国人的思想、情感和行为方式，让世人尽可能多地了解中国的过去、现在和未来；同时，在经营活动中，应遵守国际法律法规和惯例，尊重所在国的习惯和风俗，讲诚信，守信誉，既要讲利润，乐于承担企业应尽的社会责任。

三、拓展文化成果，增强国家文化实力

（一）挖掘文化遗产，提升国家文化形象问题

中国文化博大精深，蕴含着璀璨夺目的语言、文学、哲学、书法、绘画、古典音乐、杂技、工艺、武术、气功和饮食文化等数千年来深邃厚重的文化资源。深入挖掘文化遗产，全面保护中国文化，是增强中华民族的文化认同感、凝聚力和向心力的需要，是提升国家文化形象的基础。

中国古往今来的优秀文化及其载体是我们的民族文化遗产，是中华民族的文化植被和精神家园，是中国文化原创的基因库，是中国文化形象建设的重要资源，也是中国文化保护工作的对象和重点。只有通过薪火相传，文化才能生生不息。加强优秀传统文化教育，积极推动文化传承，是对传统文化最好的保护途径之一。

（二）繁荣文学艺术，增加中国文化吸引力的问题

在加强文化保护的同时，中国也重视推进文化创新工作，不断繁荣文学艺术和人文科学。保护与创新具有密切的关系，文化的基础必须保护，文化的生命力在于不断地创新。只有在保护的基础上不断内省和创新，文化才能枝繁叶茂，永葆青春活力。

其中哲学社会科学是中国文化的重要组成部分，也是中国国家形象的文化源泉，只有与时俱进、不断地繁荣发展，大力推动理论创新，才能够适应形势的需要，正确的指导中国国家形象建设。而推动哲学社会科学的理论创新，正是抓住并服务于文化外交的实质——"输出思想，传播和沟通信仰，交换文化价值观"的"思想外交"或"观念外交"。

（三）扶持文化产业，增强文化产品的竞争力问题

扶持文化产业，增强文化产品的竞争力，就要求实施文化品牌战略。打造中国文化品牌就是打造中国文化的名片和载体，通过创建和打造一个个蕴含中国文化的品牌和精品，有助于中国文化通过这些品牌"走出国门"，走向世界。

近几年来，中国在世界各地把春节品牌、国庆品牌等做得比较有声势，在海外产生了很好的效果。在中国举办的一系列的著名国际文化艺术节为各国艺术家展示独特风采和魅力提供了良好的舞台，吸引了世界各国的广泛参与，已成为中国主办的具有世界声誉的文化品牌和文化盛会。作为中国政府大力打造的重要国际文化交流品牌，它们将更深入、广泛地得到国际关注和参与，为推动中国与其他国家的文化交流做出贡献，提升国家的文化形象。

四、加强国际交流，传播良好形象

现代信息技术的迅猛发展加强了国家间的思想和文化的传播，新技术的使用使得国际事务的诸多方面出现了新的跨国趋势，人们能够轻易冲破国家间的疆域限制进行沟通。传统的民族国家的地理世界变得模糊而易渗透，国家对国内事务难以再采取封闭和限制的传播措施。互联网、电视已成为新的重要的大众传播工具，文化强势国家的思想舆论很容易借助这些技术和手段进入其他国家的视野并影响这些国家民众的情绪和判断。在这种情况下，一国良好形象的建构变得相对简单又成为可能，同时稍不注意又极易受到损害。

中国文化形象长期被误读的重要原因正在于信息传播的不平衡，与西方强国相比，中国是一个信息传播弱势国，不但信息传播技术能力不发达，而且传播的信息内容主要来自西方国家。因此，中国的国家文化形象长期以来不是被自我表达了，而是为他国表达了。为此，中国必须大力发展包括互联网、广播、电视、电影、书报、音影在内的各种传播手段，提高信息传播能力，在国际上发出自己的声音。只有高度重视传播意识的培养，努力改进传播方式，才能使扩大中国在国际上的文化影响力成为可能。

（二）开展文化外交，加强国际交流，传播中国良好形象问题

国家形象是国际交往互动的产物，没有交往，也就无所谓了解。一个封闭的中国，其形象可能极好，也可能极坏，因为其中充满了太多想象和虚构的成分。中国要想树立起积极正面的国家文化形象，就应该大胆的敞开国门让别人来认识一个真实的中国，就要增强信息的公开性和透明度。以事实回应虚构和谣言，比任何辩解都有说服力。当然密切的交往并不必然带来两国间的友谊，这取决于两国间业已建立的体系文化的性质，但正面的交往有助于累积好感和消除误解，最终使两国间的体系文化向好的方向发生转型。当然，交往必须是平等的、双向的，惟其如此才能确保信息沟通的平衡性。

同时，一些重要的价值取向，如自由、民主、人权、法治等，不但已经得到国际社会广泛肯定，而且日益成为全球化时代"国家形象"的评价标准。认同并践行这些价值取向，是全球化时代一个国家赢得国际好感的前提。我国只有积极开展文化外交，加强国际交流和沟通，在坚持个性的同时认同和践行共同价值观，才能建构和传播良好的国家形象，为绝大多数国家接受和认可。

第五章　文化走出去战略与战术研究

在当前经济全球化的背景下，西方发达国家在政治上和经济上主导国际规则，在文化和意识形态上也在谋求更大的战略利益，世界文化的发展更趋多样性、复杂性、曲折性。面对这种形势，我们要有高度的文化自觉和文化自信，因为"文化自信，是更基础、更广泛、更深厚的自信，是更基本、更深沉、更持久的力量"。① 要维护我国的文化安全、树立并提高我国文化形象、增强国际话语权、让世界听到中国的声音，我们就必须实施文化走出去战略。"经过多年奋斗，我国综合国力大幅增强，中华文化发扬光大和走出去的广度和深度不断扩大，国际文化版图正朝着于我有利的方向演变。我们要因势而谋、应势而动、顺势而为，找准工作着力点，一项一项寻求突破，积小胜为大胜，加快这一历史进程"。② 我们要充分认识文化走出去战略的重要意义，加强文化走出去的战略与战术研究，"推进国际传播能力建设，讲好中国故事，展现真实、立体、全面的中国，提高国家文化软实力"。③

---

① 习近平：《在中国文联十大、中国作协九大开幕式上的讲话》，人民出版社，2016，第 6 页。
② 中共中央文献研究室：《习近平关于社会主义文化建设论述摘编》，中央文献出版社，2017，第 203 页。
③ 本书编写组：《党的十九大报告学习辅导百问》，党建读物出版社、学习出版社，2017，第 35 页。

第一节　文化走出去的重要性

一、文化走出去战略的提出过程分析

中华文化走出去战略是我国根据国家发展的整体利益、顺应全球经济和文化发展规律而提出的一项综合性的国家战略。这个战略是在我国入世过渡期结束之后、文化产业开始深度参与国际文化产业分工与国际文化市场的竞争中提出来的。一方面，它是我国走出去战略的一个重要组成部分，是我国经济"走出去"在文化产业发展领域里的必然延伸，是克服巨大的文化贸易逆差所采取的必要措施。更深层次的，它还是一项文化战略，是在应对异质文化和同质文化的竞争过程中，变消极应对为主动作为，通过扩大国际文化贸易等途径积极有效的实现中华文化走出去，从而实现维护国家文化安全、树立良好国家形象、提升中华文化国际影响力等目标。

（一）新中国对外文化交流问题

从整体上说，新中国成立之前，历代统治阶级是不重视文化对外交流的。由国家力量实施的一些壮举，如陆上、海上丝绸之路和郑和下西洋等等，其初衷都不是为了向外国传播中华文化，只是客观上为中华文化对外交流创造了一个条件。古代中国文化能够快速地向外传播，并对世界产生不可估量的影响，除了民间自发的交流行为的作用外，很大程度上是因为中华文化自身的博大精深吸引着外国人，并使他们致力于将中国的优秀文化传播到自己的国家和民族，所以中华文化历史上的对外交流具有自发性和非主观性，没有上升到国家战略行为层面，但由于中华文化在历史上的优势地位和其开放性和包容性的特点，对世界文化和人类文明曾做出过卓越贡献。

随着马克思主义在中国的传播和中国共产党的诞生，中国历史进入了新的纪元。特别是 1949 年中华人民共和国的成立，标志着中华民族重新屹立于世界的东方。中国文化对外交流也步入了一个崭新的时代。

新中国建立以后，我国党和政府，在马克思主义指导下，在总体战略上，坚持"引进来"与"走出去"、"让中国理解世界"与"让世界了解中国"相结合，取长补短，互相促进，共同维护世界和平；在具体策略上，秉持独立自主、相互尊重、平等互利与求同存异的原则，不把自己的意志和意识形态强加于对方，积极开展外交工作和对外文化交流工作，取得了重大成就。

毛泽东在建国后曾指出，"随着经济建设高潮的到来，不可避免地将要出现一个文化建设的高潮。中国人被人认为不文明的时代已经过去了，我们将以一个具有高度文化的民族出现于世界。"① 周恩来早在1938年3月27日，在文艺界抗敌协会成立大会上的演讲中，就向全国文艺界提出了"不仅是对抗战文艺，民族文艺，即对世界文艺，也负有重大的责任"和"一定要能与世界进步的文艺联系起来，使我们的文艺在世界上也有辉煌的地位"② 的明确要求。周恩来曾形象地称文化是外交工作的重要一翼（另一翼是经济）。在建国初期，为冲破外交封锁，对外文化交流的对象主要是苏联、东欧社会主义国家和有类似解放际遇的广大亚非拉发展中国家。文化走出去的内容主要是以新中国建设的成就塑造中国的国际新形象，让世界上更多的人倾听到新中国的声音。派遣文化代表团和艺术演出团进行友好访问是这一时期文化走出去的一种最为重要的形式。比如在中华人民共和国成立前夕，新中国派遣了以李伯钊为团长、以解放区青年艺术家为成员的中国青年文工团，赴匈牙利参加第二届世界青年与学生和平友谊联欢节，揭开了新中国对外文化交流的序幕。根据这些协定，与苏联、东欧的社会主义国家在留学教育、科技、文学艺术、戏剧、电影、图书等方面进行了极其广泛、深入、系

---

① 毛泽东：《中国人民从此站起来了》，人民日报，1949年9月22日，第1版。

② 周恩来在文艺界抗敌协会成立大会上的演讲，1938年3月27日。

统的文化交流与合作。另外，还面向广大西方国家，开展了卓有成效的文化交流。1951 年中国青年文工团访问奥地利，此后，中国杂技团、戏剧团、歌舞剧团等艺术团体遍访西欧、北欧，每到一处，都掀起一股"黄热"，成就了"艺术战胜炸弹的巨大胜利"。1955 年，中国与日本签订了关于发展中日文化交流的协议。1956 年，以著名京剧家梅兰芳为团长的中国京剧团访日，揭开了中日文化交流的序幕。上述对外文化交流活动不仅增进了世界对中国的了解，扩大了新中国在国际舞台上的影响，而且在此期间，正式的外交活动常常从文化交流始。实际上，在同尚未建交的国家的友好接触过程中，文化交流扮演了一个开路先锋、"外交先行官"的角色。这一时期我国对文化对外交流的重视和取得的成绩实际上为战略的提出奠定了实践基础。

（二）改革开放后文化战略规划研究

在"文化大革命"时期，在相当长的时期内由于过分强调阶级斗争和姓"社"还是姓"资"，中华文化走出去遭遇了巨大挫折。改革开放以后，随着对外开放力度的不断加大，我国全方位对外开放格局逐步形成，对外经济、文化交流工作获得了新的发展，取得了新的成就，文化走出去的战略规划日渐明晰。

2002 年 7 月，文化部部长孙家正在全国文化厅局长座谈会上指出，"要以更加开放的姿态融入国际社会，进一步扩大对外文化交流，实施'走出去'战略，着力宣传当代中国改革和建设的伟大成就，大力传播当代中国文化，以打入国际主流社会和主流媒体为主，充分利用市场经济手段和现代传播方式，树立当代中国的崭新形象，把我国建设成为立足亚太、面向全球的国际文化中心"[1]。2002 年 11 月，党的十六大报告中强调，"实施'走出去'战略是对外开放新阶段的重大举措"[2]，"文化建设

---

[1] 孙家正在全国文化厅座谈会上的讲话，2002 年 7 月。
[2] 江泽民：《江泽民文选》（第三卷），人民出版社，2006，第 551 页。

要立足于改革开放和现代化建设的实践，着眼于世界文化发展的前沿，发扬民族文化的优秀传统，汲取世界各民族的长处，在内容和形式上积极创新，不断增强中国特色社会主义文化的吸引力和感召力"。[1]文化走出去正式作为国家"走出去"战略的一个重要组成部分提出来，并将传播当代中国文化和增强中国特色社会主义文化的吸引力感召力作为重要内容。

2004年9月，党的十六届四中全会通过的《中共中央关于加强党的执政能力建设的决定》提出"推动中华文化更好地走向世界，提高国际影响力"[2]。2005年10月，胡锦涛在党的十六届五中全会上指出，社会主义先进文化建设要加快实施文化产品"走出去"战略，推动中华文化走向世界。在此次会议上通过的《关于制定国民经济和社会发展第十一个五年规划的建议》中再次强调，积极开拓国际文化市场，推动中华文化走向世界。2006年9月，《国家"十一五"时期文化发展规划纲要》指出，"十一五"时期文化发展的重点之一是：抓好文化"走出去"重大工程、项目的实施，充分利用国际国内两个市场、两种资源，主动参与国际合作和竞争，加强对外文化交流，扩大对外文化贸易，初步改变我国文化产品贸易逆差较大的被动局面，形成以民族文化为主体，吸收外来有益文化，推动中华文化走向世界的文化开放格局。在对外文化交流方面采取的重大措施有：拓展对外文化交流和传播渠道，培育外向型骨干文化企业，实施"走出去"重大工程项目。随后，文化部出台《文化建设"十一五"规划》提出，要实施文化创新、人才兴文、中华文化"走出去"战略。要充分利用国际国内两种资源、两个市场，扩大对外文化交流，不断增强中华文化的国际影响力。至此，中华文化走出去战

---

① 江泽民：《江泽民文选》（第三卷），人民出版社，2006，第559页。
② 《中共中央关于加强党的执政能力建设的决定》，《人民日报》，2004年9月20日，第1版。

略正式提出，中华文化的内容界定使得走出去的文化内容更加广泛，推动中华文化走向世界，不断增强中华文化的国际影响力被不断强调。同时对于拓展文化走出去的渠道特别是市场化渠道、以企业为主体、文化产品走出去开始受到重视。

2009年7月，我国第一项文化产业专项规划《文化产业振兴规划》中提出要大力实施"骨干企业带动战略""科技创新推动战略""产业集聚发展战略""文化品牌塑造战略""人力资源开发战略"和"文化'走出去'战略"。2010年7月，胡锦涛在中共中央政治局就深化我国文化体制改革研究问题进行第二十二次集体学习时强调：要加快发展文化产业，认真落实文化产业振兴规划，精心实施重大文化产业项目带动战略，推进文化产业结构调整，培育新的文化业态，提高文化产业规模化、集约化、专业化水平。要精心打造中华民族文化品牌，提高我国文化产业国际竞争力，推动中华文化走向世界。进一步明确了发展文化产业的重要性，对于通过大力发展文化产业推动中华文化走出去进行了部署和强调。

2011年3月，《国民经济与社会发展十二五规划纲要》中强调要"构建以优秀民族文化为主体、吸收外来有益文化的对外开放格局，积极开拓国际文化市场，创新文化'走出去'模式，增强中华文化国际竞争力和影响力，提升国家软实力。"[1]

2011年10月，党的十七届六中全会通过的《中共中央关于深化文化体制改革推动社会主义文化大发展大繁荣若干重大问题的决定》特别强调，要坚持发展多层次、宽领域对外文化交流格局，借鉴吸收人类优秀文明成果，实施文化走出去战略，不断增强中华文化国际影响力，向世界展示我国改革开放的崭新形象和我国人民昂扬向上的精神风貌。《决

---

[1] 《中华人民共和国国民经济和社会发展第十二个五年规划纲要》，《人民日报》，2011年3月17日，第1版。

定》还指出，当前文化领域存在的突出问题和矛盾之一是"文化走出去较为薄弱，中华文化国际影响力需要进一步增强"，所以要"推动中华文化走向世界。开展多渠道多形式多层次对外文化交流，广泛参与世界文明对话，促进文化相互借鉴，增强中华文化在世界上的感召力和影响力，共同维护文化多样性。"①

2012年11月，党的十八大报告中提出，要扎实推进社会主义文化强国建设，开创中华文化国际影响力不断增强的新局面。2016年3月，十三五规划指出，要"加大中外人文交流力度，创新对外传播、文化交流、文化贸易方式，在交流互鉴中展示中华文化独特魅力，推动中华文化走向世界"，"打造符合国际惯例和国别特征、具有我国文化特色的话语体系，运用生动多样的表达方式，增强文化传播亲和力"②。2017年10月，党的十九大报告强调，要"加强中外人文交流，以我为主、兼收并蓄。推进国际传播能力建设，讲好中国故事，展现真实、立体、全面的中国，提高国家文化软实力"③。

从提出的过程可以看出，最初这一战略的着眼点在于经济、文化产业和文化贸易，战略目标也只涉及文化安全、国家形象，到2011年后，战略目标开始涉及文化软实力、广泛参与世界文明对话、共同维护文化多样性。尤其是十七届六中全会对这一战略的阐述更加明确具体，更有指导性。对于文化走出去的内容从现代文化、中国特色社会主义文化到中华文化的表述更为全面，对于市场化、产业化的文化走出去的途径和渠道以及模式创新也从开始重视到大力强调，可以看出国家对这一战略

---

① 中国共产党第十七届中央委员会第六次全体会议：《中共中央关于深化文化体制改革推动社会主义文化大发展大繁荣若干重大问题的决定》，《人民日报》，2011年10月19日，第1版。

② 《中华人民共和国国民经济和社会发展第十三个五年规划纲要》，《人民日报》，2016年3月18日，第1版。

③ 本书编写组：《党的十九大报告学习辅导百问》，党建读物出版社、学习出版社，2017，第35页。

认识上的日益重视和规划上的不断全面和深入。

二、文化走出去战略提出的背景解读

"我国综合国力和国际地位不断提升，国际社会对我国的关注前所未有，但中国在世界上的形象很大程度上仍是'他塑'而非'自塑'……要下大气力加强国际传播能力建设，加快提升中国话语的国际影响力，让全世界都能听到并听清中国声音"。[①] 全球化时代，任何一个民族的文化发展都不可能孤立地进行，它必将融入世界文化发展的潮流。在经济全球化之前，不同民族文化之间的交往与交流是有限且缓慢的。随着生产方式、生活方式、消费方式、信息传递方式的转变，一切与特定地理环境与生产实践相联系的民族文化，必将突破地域与民族的界限。特别是 20 世纪中叶以来，信息社会和网络社会为各民族文化的互补和相互促进提供了物质条件，世界文化的交流才更加直接和频繁。

（一）世界文化软实力竞争之思

习近平同志在十八届中央政治局第十二次集体学习时强调，"文化软实力集中体现了一个国家基于文化而具有的凝聚力和生命力，以及由此产生的吸引力和影响力。古往今来，任何一个大国的发展进程，既是经济总量、军事力量等硬实力提高的进程，也是价值观念、思想文化等软实力提高的进程"。[②] 文化软实力已经成为国家核心竞争力的重要因素，以文化形态为主的软实力竞争已构成综合国力竞争的新趋势。尽管世界各国拥有的软实力资源存在很大的差异，但都日益重视"软实力"的建设。世界主要大国普遍强化了对国家软实力的建设，并将之作为国家战略来筹划实施。早在 1990 年英国就率先将文化战略提到议事

① 中共中央文献研究室：《习近平关于社会主义文化建设论述摘编》，中央文献出版社，2017，第 212 页。
② 《习近平总书记系列重要讲话读本》，人民出版社，2014，第 102 页。

议程上来。英国文化委员会在该年接受政府委托起草英国文化发展战略。1992 年，英国文化委员会形成"国家文化艺术发展战略"讨论稿，1993 年以《创造性的未来》为题正式公布。美国有一整套渗透于它的政治、外交、军事、经济和贸易政策之中的文化发展战略。美国还专门成立了"全球信息办公室"，整合对外宣传力量，大力扶持影视、娱乐、网络、时尚等文化产业。在强大经济实力和高技术的支持下，以文化产品和文化贸易为载体，输出美国民主、价值观和消费文化，在扩展本国文化利益的同时提升美国的文化软实力。法国历来非常重视文化艺术和文化产业的发展，从第四个五年计划（1962–1966）开始，就把文化列入了五年计划之中。法国在文化发展方面更倾向于国家的扶持。它一方面对自己的历史传统非常自豪，一方面在文化竞争中处于守势而反对文化入侵。面对美国文化的涌入，法国政府在关贸总协定乌拉圭回合 1993 年谈判中坚决反对美国把文化列入一般服务贸易范畴，首先提出"文化例外"的概念，反对文化入侵。1995 年，日本文化政策推进会议发表重要报告：《新文化立国：关于振兴文化的几个策略》，确立了日本在未来 21 世纪的"文化立国"方略。2001 年，日本文化厅公布和实施《振兴文化艺术基本法》。随后，日本提出知识产权立国战略，其目标是力争在 10 年之内把日本建成世界第一知识产权强国。[1] 韩国也在 1998 年提出了"文化立国"的战略口号，将文化产业作为 21 世纪发展国家经济的战略性支柱产业。

中国学者邓清柯在其文章《世界进入文化软实力时代》一文中，论述了世界进入文化软实力时代的历史背景、发展轨迹和发展启示，指出，"纵观整个人类发展史，由于生产力发展形态和水平不同，人类社会分别经历了原始时代、农业时代、工业时代、科技时代和文化软实力

---

[1] 邓显超：《发达国家文化软实力的提升及启示》，《理论探索》，2009 年第 2 期，第 36 页。

时代"。① 文化软实力时代，世界各国普遍对国家形象、对国际话语权高度重视，对本民族的文化竞争力高度重视，文化软实力竞争日趋激烈，这成为中华文化走出去战略提出的一个重要国际背景。

（二）西方资本主义文化之思

2008 年爆发的国际金融危机严重动摇了世界对西方资本主义制度的信心。表面上看是西方金融监管体制的疏漏，但更深层次的人们将问题归因于西方文化价值观体系中所隐含的极端自由主义、个人主义。近几年来，西方资本主义的生命力受到广泛质疑，世界范围内出现了对西方资本主义经济制度、发展模式和民主政治制度与日俱增的批评、失望与信仰动摇。华盛顿智库新美国基金会的资深研究员迈克尔·林德认为，金融危机明显损害了资本主义制度的声誉，他说："从软实力、名声和声望竞争的角度来说，我认为，我们现在已经受到了严重的损害"。② 这次金融危机更加充分地暴露出资本主义制度自身日益严重的局限性、寄生性、腐朽性。德国经济专家马尔特·菲舍尔也认为："金融危机和全球经济衰退动摇了对资本主义和市场经济的自愈能力的信仰"。③2009 年 10 月 20 日，美国市场观察网站一篇题为《"资本主义灵魂"的死亡》的文章分析历史趋势的必然性后认为："今天，资本主义的'生命周期'正在走向衰竭"。于是，人们开始相信"西方文化既不是人类发展的终点或者是顶峰，另外一种文化的开端也不一定意味着会倒退到中世纪。"④

---

① 邓清柯：《世界进入文化软实力时代》，《湖南社会科学》，2009 年第 5 期，第 149 页。

② 吉姆·洛贝（美）：《金融危机威胁美国的影响力》，香港《亚洲时报在线》，2008 年 9 月 26 日。

③ 马尔特·菲舍尔（德）：《还会发生什么？》，德国《经济周刊》，2009 年 7 月 13 日。

④ 鲁道夫·马雷施（德）：《世界的去西方化早就如火如荼》，德国《欧亚杂志》，2009 年 3 月。

在加拿大多伦多约克大学知名政治学研究教授利奥·巴尼奇看来，"这标志着此次危机范围之广、破坏力之大，已使全球资本主义和其卫道士们陷入了意识形态的恐慌"。① 资本主义一再出现的危机，使得西方国家思想界在质疑"美国模式"优越性的同时，不得不一次次地重新认识马克思主义。2008 年，法国的《当代马克思》（第 44 期）刊登题为《马克思主义者怎样思考全球替代运动》的文章，在文章中心理学家玛尔塔·哈内科尔指出"马克思对资本主义作了最杰出的最深刻的批判。……因此，我认为马克思留下来的理论武器能使我们对当前的新自由主义全球化作出最好的批判"。②2009 年 4 月 15 日美国《华盛顿邮报》发表哈罗德·迈耶森的《社会主义开始受美国年轻人青睐》的文章指出，美国拉斯穆森民意调查机构上周公布的民调结果显示，30 岁以下的美国人中，37％更喜欢资本主义，33％更喜欢社会主义，30％未作选择。在所有美国人中，53％更喜欢资本主义，20％更喜欢社会主义，27％未作选择。③ 同时国际金融危机也使得西方思想界对社会民主主义进行了重新思考，他们对第三条道路进行了反思和批判，社会民主主义也开始更加强调"社会公正""可持续发展"和"全球治理"。国际金融危机后西方思想界的质疑和反思，正好证明了邓小平同志的重要论断："世界上赞成马克思主义的人会多起来的，因为马克思主义是科学。它运用历史唯物主义揭示了人类社会发展的规律"。④ 可以说，西方文化在进入工业文明以来，日益严重的自身危

---

① 利奥·巴尼奇（加）：《十足现代的马克思》，美国《外交政策》，双月刊 2009 年 5/6 月。

② 侯惠勤、辛向阳：《国际金融危机中马克思主义的复兴》，《红旗文稿》，2010 年 12 期，第 8 页

③ 侯惠勤、辛向阳：《国际金融危机中马克思主义的复兴》，《红旗文稿》，2010 年 12 期，第 8 页。

④ 《邓小平年谱（1975—1997）》（下），中央文献出版社，2007，第 1345 页。

机感和自我反省，特别是金融危机后，人们对于资本主义的经济制度、发展模式和民主政治制度的反思，对于新自由主义的批判、对社会民主主义的反思、对马克思主义的重新认识，还有众多文人学者开始提出"东方文化的 21 世纪"或者叫做"发现东方"，试图借助东方文化的魅力，弥补危机，预见人类文明发展的趋势，这些都更加坚定了我们对中华文化的信心，也给我们在马克思主义指导下中华文化走出去战略的实施提供了良好的机遇。

（三）中国经济崛起与和平发展

20 世纪 60 年代起，人们开始注意到经济上升期国家实力的强大与文化国际化的关系：古代的埃及、希腊、罗马、中国是如此，近现代的法国、英国、美国和日本也是如此。历史一次次演绎着经济强劲上升期地区或国家的文化具有世界文化发展趋势的过程，当然同样也重复着伴随国家或地区的衰微，某些国际文化还原为地区文化的场面。这似乎是文化经济一体化的佐证，也似乎是社会发展的某种规律。

改革开放以后，中国的社会主义现代化建设取得了巨大成功，综合国力迅速提升，成功地实现了中华民族的伟大复兴。随着中国经济的发展，综合国力的增强，带来了国家自尊心、民族自信心的提升，也引起了世界对中国模式和中华文化的关注越来越升温。据美国全球语言研究所 2009 年年底公布的统计数据，"中国作为一个经济超级大国的崛起"成为过去 10 年中的世界头号新闻，其受关注度甚至超过了伊拉克战争和 2001 年"9·11"恐怖袭击。[①]

中国经济崛起成为中华文化走出去战略提出的一个重要背景。第一，由中国经济崛起、综合国力增强，引起了世界对中国、中国模式和中华文化的广泛关注。第二，虽然不少国家和国际机构认为，中国经济综合

---

① 李佳欢：《后国际金融危机时代的世界社会主义》，《"后国际金融危机时代的世界社会主义"学术研讨会暨当代世界社会主义专业委员会 2010 年年会论文集》，2010，第 246 页。

实力已经超过日本成为世界第二大经济体，然而中国对外文化交流和传播却处于严重的入超地位，"文化入超"与"经济出超"形成十分强烈的对比。中国经济要实现真正之崛起，必须弥补文化短板。第三，中国经济的崛起，也使得世界不少国家对中国心存疑虑。正如资深外交家吴建民先生所言："中国的崛起会引起某些国家的不安，'中国威胁论'有可能伴随中国崛起的全过程"。"中国的和平崛起需要从中华民族文化的角度入手加深国际社会对中国的理解。我在欧洲时感到，近年来很多欧洲人对中华文化越来越敬佩。随着中国的崛起，世界会重新认识中华文化的价值。在中国传统文化中充满爱好和平的思想和智慧，例如，'以和为贵'，'己所不欲，勿施于人'等等。从文化角度上去阐述，中国和平崛起的理念和立场可能更容易被别人所接受"。[①] 后来，和平崛起的说法被和平发展取代。

中国始终不渝走和平发展道路也是实施文化走出去战略的重要背景。首先，和平发展取代和平崛起，是对以对抗方式进入世界体系的大国崛起之路的否定和超越，是对以尊重差异、和而不同的文化胸襟实施文化走出去战略的强力支持，也为战略的实施营造了良好的国际环境，使得中华文化走出去没有像美国那样被扣上文化霸权的帽子而受到其他国家的抵制。其次，中国和平发展的诉求和战略定位，也为中华文化走出去战略的实施提出了内在要求。党的十七大报告强调，始终不渝走和平发展道路，是中国政府和人民根据时代发展潮流和自身根本利益做出的战略选择。中国的和平发展必须以强大的综合国力为后盾，即"硬实力"和"软实力"的平衡发展，二者缺一不可，是相辅相成、相互影响的关系。一个国家要真正成为一个大国，如果只有硬实力，没有软实力，不能叫真正的强国。中国的和平发展，除了要拥有经济力量、军事力量

---

① 吴建民等：《从大国兴衰看中国崛起》，《环球时报》，2004 年 02 月 20 日，第 15 版。

这些硬实力之外，还必须拥有和营造体现于国民的凝聚力、民族的创造力、文化的感召力、国际事务中的影响力等各方面的软实力。而软实力的建构发展，离不开文化走出去战略的实施。

所以，中国经济崛起带来的国家自尊心、民族自信心的提升和世界对中国的广泛关注，以及中国和平发展的战略定位对中华文化走出去的积极影响和内在要求，成为中华文化走出去战略提出的现实背景。

（四）中华文化复兴与文化自觉

当前，发展面向现代化、面向世界、面向未来的，民族的科学的大众的社会主义文化，努力建设社会主义文化强国成为时代的主题，而中华文化复兴与文化自觉更成为几代中国人的使命与责任。中华几千年灿烂的文明曾经为中华民族乃至整个人类社会的发展和进步做出过不可磨灭的贡献。20世纪以降，无论在中国还是在世界，中华文化的影响力都逊于西方文化。改革开放30多年来，中国经济、军事、科技等综合国力日渐增强，人民生活水平显著提高，在世界政治、经济舞台中扮演着越来越重要的角色。但是民族的复兴除了政治、经济、科技、军事实力的增强，必然包含文化的复兴，甚至归根结底要体现为文化的复兴。近年来，复兴中国传统文化的命题格外引人注目。迄今为止仍方兴未艾的一股强大的振兴中华文化的思想潮流和广泛的讨论，吸引了众多学术大家、中青年学人乃至普通网民的广泛参与。对文化精神缺失危机的忧虑，对重建中华文化价值之于中国现代化强国建设和振兴民族国家的意义，是这场争论的关键所在。正如有学者指出的："我们不可能成为在文化精神意义上的西方人，我们不可能把西方的灵魂引入到我们的内心深处。放弃中华文化精神的唯一结果，就是中国人之丧失文化生命。没有文化生命，我们就不会有德性和创造性。……因此，可以相信，在当代情势下复兴中华文化，重新寻找中国人安身立命的精神家园，必将成为一个普遍的要求。"① 中国传统文化自近代以来虽然历尽坎坷，但是它毕竟在几千年的历史过程中成功地铸造了中国人的精神特质和价值观念。作为一个与西方文明有着不同的历史传统和精神特质的东方大国，在改革开放已经取得显著成绩的今天，要想在顺应世界潮流的同时保持自身的文化特色，开创出一条有中国特色的现代化道路，文化复兴与文化自觉成为必然之径。

回顾 100 多年来的现代化历程，中华文化已经经历了巨大的转变。在社会道德方面，"三纲"观念已受到激烈的批判，计划经济时代基于高度集权的政治体制而过分压抑个人权利的弊端也得到匡正，"但是新的道德范畴体系"却未能建立起来。② 全球化下西方发达国家咄咄逼人的文化攻势，使得许多国家尤其是发展中国家开始重视保护本民族的特色文化。中华文化复兴的标志性事件之一《甲申文化宣言》的核心观点便是，"我们主张每个国家、民族都有权利和义务保存和发展自己的传统文化；都有权利自主选择接受、不完全接受或在某些具体领域完全不接受外来文化因素；同时也有权对人类共同面临的文化问题发表自己的意见"。《甲申文化宣言》提出"文明多样性是人类文化存有的基本形态"，"色彩斑斓的人文图景，正是不同文明之间相互解读、辨识、竞争、对话和交融的动力"，也以"不同文明的差异""文明多样性""文化多元化"来为传统文化寻求出路。③

文化复兴就体现了一种高度的"文化自觉"精神。21 世纪是一个经济全球化、政治多极化、文化多元化的世纪，中华文化应该在人类多元文化中占有重要地位，并为世界发展作出更大的贡献。费孝通先生提

---

① 王德峰：《简论中国文化精神及其在当代复兴的可能性》，《哲学研究》，2005 年第 5 期，第 105 页。

② 张岱年：《文化与价值》，新华出版社，2004，第 220-221 页。

③ 俞祖华，赵慧峰：《三份宣言：文化保守主义思潮的典型文本》，《东岳论丛》，2009 年第 1 期。第 137-138 页。

出并在多处著作中强调"文化自觉"，提出了"各美其美，美人之美，美美与共，天下大同"①的思想。我们知道，任何一个民族在接受异质文化时大都奉行拿来主义，只有自觉到自身的文明形态才会在拿来的同时考虑文化的输出问题。1840年，中国进入近现代以来，我们一直在吸收外来文化，西方文化对中华文化呈现出单向的"输入"态势。改革开放至今，这种态势已经到了一个转折点，或者说达到了一个均衡点，就是大规模吸收西方文化的进程接近完成了，中国已进入发展和创造自己新文化的历史时期。在这样的转换点上，提出文化走出去，就是在继续吸收外来文化的同时，转变以往吸收多而输出少的局面，形成双向交流，中国的文化复兴和文化自觉，必将使中华文化由民族走向世界，成为中华文化走出去另一个重要背景。

三、文化走出去的重要性问题

中国文化走出去是以国家利益和人类的共同利益为最高原则的文化发展战略。中国政府在全球化发展趋势下，把握国内发展的机遇期，统筹规划，充分调动国内外一切的资源力量，将我国文化走出去战略与外交政策、教育制度、人才培养等结合起来，推动中华文化走出去。以树立国家良好的国家形象、增强国家的国际影响力与竞争力、获取国际话语权、提升国家文化软实力。日本学者日下公人认为，只有"创造文化、输出文化并使世界文明喜爱它"，"才能轻而易举地得到文化鼻祖的利益，确保资源供应和国家安全"②。当今世界，不仅经济贸易活动空前繁荣，世界范围不同文化的影响也极为强烈。"没有先进文化的积极引领，没有人民精神世界的极大丰富，没有民族精神力量的不断增强，一个国家、

---

① 费孝通：《"美美与共"与人类文明（上）》，《群言》，2005年第1期，第18页。

② 约瑟夫·奈（美）：《硬权力与软权力》，门洪华译，北京大学出版社，2005，第153页。

一个民族不可能屹立于世界民族之林"，①因此，我们要推动中华文化走向世界，"要增强文化自信，在传承中华优秀传统文化基础上发展社会主义先进文化，加快建设社会主义文化强国"。②施行"中华文化走出去"战略，创建具有中国特色的文化语境，搭建具有中国话语权的国际交流平台，有着十分重大的意义。

（一）应对国际文化竞争，维护国家文化安全

首先是应对同质文明的竞争，维护国家文化安全。作为东亚汉文化的起源国家，中国在文化传承和保护方面有缺失。日韩等东亚同质文明国家，为争当区域文化强国，在对儒学文化理念等民族文化艺术资源的诠释方面与中国展开了激烈的竞争。韩国继 2005 年成功申报江陵道端午节为世界文化遗产之后，又有人提出了若干违反历史的论题：中医乃是韩国人发明，称为"韩医"，老子和孔子据说都是韩国人，甲骨文乃韩国人发明的，王羲之的《兰亭序》是用韩国高丽纸写的，还要改书法、书道为韩国的书艺，等等，不一而足。这种疯狂掠夺中华原创文化为己有的民族主义成为对中华文化合法性的直接挑战，也让中华文化走向海外面临了更多的危机和障碍。③

据国际汉学界和当代新儒家代表人物杜维明介绍，美国夏威夷东西方文化研究中心曾经做过一个"儒家文化在东方各国影响力"的调查，结果受调查的几个国家和地区中，最受儒家文化影响的是韩国，中国大陆排在最后一位；韩国首都首尔最合乎儒家的核心价值，中国上海排在

---

① 中共中央文献研究室：《十八大以来重要文献选编》（中），中央文献出版社，2016，第 121 页。

② 习近平：《扎实推动经济社会持续健康发展 以优异成绩迎接党的十九大胜利召开》，《人民日报》2017 年 4 月 22 日，第 1 版。

③ 李鉴修：《文化软实力与党的对外宣传工作研究》，《中央党校思想政治教育专业博士论文》，2011 年 4 月，第 88 页。

最后。①应该警惕严峻的文化竞争现实，高度重视抢夺东亚文化渊源和非物质文化遗产的恶性竞争。人类的历史早已昭示，一个割断历史、抛弃祖先、遗忘过去、不尊重自己传统的民族是注定没有前途的。汉文化的根在中国。我们应该以高度的文化自信文化自觉，保护、传承好中国传统文化，建设好中国现代文化，将中华文化之核心价值，中华文化之现代魅力传播出去，这是应对同质文明竞争，并进一步维护国家文化安全的迫切需要。

其次是应对异质文明的竞争，维护国家文化安全。在全球化背景下，技术、人员、资本和经济的世界范围的流动，使得各国的交往比以往任何时候都更加密切，各民族的文化都将被带入全面的交往之中，相互间的挑战、摩擦和冲突势必不可避免。全球化对文化的影响，一方面是促进了西方价值观的传播。文化成为资本主义社会通向第三世界国家内部，直抵其精神世界与内心意识的通道。这一方式温和却又持久，用马克思主义的说法是带着资本主义社会温情脉脉的面纱，甚至于饱含着人道主义的内蕴与帝国主义高雅的绅士风度。另一方面也促使文化的民族性和地区化保护的增强。西方发达国家咄咄逼人的文化攻势，使得许多国家开始重视保护本民族的特色文化。以美国为代表的西方发达国家凭借其雄厚的经济实力和科技实力，向全世界倾销、灌输其生活方式、价值观念和意识形态，威胁了他国的文化安全。一些发展中国家的人民在谋求国家现代化的过程中更强烈地感受到，本土文化正在遭受以美国为首的西方文化吞噬的威胁，意识形态被不断渗透，本民族文化面临压力和冲击，尤其是西方文化中的糟粕造成了社会涣散、道德价值蜕变以及传统美德丧失等负面影响。从国际关系的角度看，文化领域成为国家行为体之间为维护本国主权而开辟的一个新的较量场所，其激烈程度正与日俱

---

① 李祥熙：《韩国儒学与现代社会接轨的成功实践及对我们的启示》，《广州社会主义学院学报》，2009年第1期，第45页。

增。①

在全球化的趋势下，第三世界国家不得不依赖于西方国家的技术优势与经济实力来促进本土经济、文化等方面的发展。因而，在当今时代，不同文化之间的交流与碰撞，呈现出鲜明的不平等性。"资产阶级，由于一切生产工具的迅速改进，由于交通极其便利，把一切民族甚至是最野蛮的民族都卷到文明中来了。它的商品的低廉价格，是它用来摧毁一切万里长城、征服野蛮人最顽强的仇外心理的重炮。它迫使一切民族——如果它们不想灭亡的话——采用资产阶级的生产方式；它迫使它们在自己那里推行所谓的文明，即变成资产者。一句话，它按照自己的面貌为自己创造出一个世界。"② 正如马克思在这里揭示的，资本的全球化带来的文化的全球化给多民族文化带来严重的威胁。美国学者杰姆逊等通过长期研究，直言不讳地指出："现在第一世界掌握着文化输出的主导权，可以通过文化传媒把自身的价值观和意识形态，强制性地灌输给第三世界，而处于边缘地位的第三世界只能被动地接受，他们的文化传统面临威胁，母语在流失，意识形态被不断渗透。"文化交流中不平等性的进一步发展，便是文化领域中的殖民与被殖民。③

随着全球化的进一步发展，近些年出现了更为人们关注的一种现象就是西方国家由单纯的输出意识形态、价值观念以及生活方式转为开始企图控制别国文化资源，侵蚀民族优秀传统文化。20世纪80年代末，美国中情局专门出台了和平演化中国青年的"十套手段"，其中就包括"以新的形式改变中国传统文化的内涵，使中国青年在对传统文化精神

① 朱威烈：《国际文化战略研究》，上海外语教育出版社，2002，第36页。
② 马克思，恩格斯：《马克思恩格斯选集》（第1卷），人民出版社，1995，第276页。
③ 沈壮海：《先进文化论》，高等教育出版社，2003，第32-33页。

的误解中沉迷于西方的色情文化中，逐渐丧失民族意志和爱国情感。"①
近年来美国拍摄的《花木兰》、电影《功夫熊猫》一度成为美国的热销
产品，中国的《三国志》《西游记》也多次被日本人改编成动画，这个
事实说明，在全球化时代，任何一个民族的文化资源已不再为这个民族
所独有，对文化资源的全球争夺，强化了文化资源的稀缺性，这种争夺
只会有一个结果：那就是谁积极主动，谁富有创新，谁就能占有更多的
文化资源。当今第三世界国家的文化安全面临着严峻形势。

文化安全是与国家的文化主权相联系的。国家文化安全是国家之间
文化软实力的比较优势，是民族文化身份认同的必然要求，更是提高国
家综合安全度的重要保障。主要体现为防止异质文化对本民族文化的渗
透和侵蚀、保护本国人民的民族传统、价值观念、意识形态、行为方式、
社会制度等不被重塑和同化，免受外来强势文化威胁和危害。其中，民
族文化、意识形态和价值观念的安全是国家文化安全最核心的内容。中
华文化走出去战略的提出，对于应对国际上日益激烈的文化竞争，维护
国家文化安全，具有紧迫的现实意义。

（二）提升国家形象，促进文化软实力的发展

文化乃国脉之所系，是一个国家一个民族全部智慧与文明的集中体
现，是维系一个国家和民族的精神纽带。② 十七届六中全会对增强国家
文化软实力和中华文化国际影响力提出了明确的要求。"软实力"是美
国学者约瑟夫·奈从维护美国超级大国的战略地位出发而提出的概念，
它彰显了美国的霸权意识形态。但是，我们确实应深刻认识到，国家文
化软实力是综合国力和国际竞争力的重要组成部分。

其实中国的文化软实力的思想由来已久。"远人不服，则修文德以

---

① 张瑞堂：《经济全球化的文化思考及文化选择》，《社会主义研究》，
2003 年第 1 期，第 69 页。

② 刘加吉：《论新世纪中国崛起与文化安全的关系》，《山东师范大学学报》
（人文社会科学版），2010 年第 2 期，第 160 页。

来之"（《论语·子路》）的治国理念，构成了古代中国文化软实力的战略思维；"观乎人文，以化成天下"（《易经》）的文化涵育力量，铸就了中国古代的软实力辉煌。习近平同志指出，"一个国家、一个民族的强盛，总是以文化兴盛为支撑的，中华民族伟大复兴要以中华文化发展繁荣为条件"。[①] 国内学者们也逐渐认识到：在构成软实力的诸多因素中，文化因素始终处于核心地位。文化软实力主要是指一个国家或地区基于文化而具有的凝聚力、生命力、创新力和传播力，以及由此而产生的感召力和影响力。[②] 在和平、发展、合作成为时代主题的今天，文化软实力将为国家的发展创造有利条件，可以促使不同国家的价值利益趋向一致，为国家的发展提供有力的文化安全保障。[③] 文化软实力，具有强大的渗透力、吸引力和说服力，对他国人民的价值追求、文化心理以及生活方式能够产生重大影响。知识的力量是伟大的，但如果不被传播，传播的深度和广度不够，就起不到应有的作用。而文化的威力也恰恰来自于其广为传播。一国的文化越是被自我垄断，其对外辐射力和影响力越小，软权力就越式微。相反，一国的文化越是向外扩散和推广，其发挥的功效就越显著，其潜在的软权力就越大。[④] 只有一国软实力建构和发展起来，才能真正获得国际社会的理解和信任，才能真正让中国道路和中国模式展现其迷人的吸引力。

　　但是在文化软实力竞争日趋激烈的国际形势下，中华文化在对外文化交流与竞争中却处于弱势，文化软实力展示和运用不足，民族文化面

　　① 习近平：《认真贯彻党的十八届三中全会精神汇聚起全面深化改革的强大正能量》，《人民日报》2013 年 11 月 29 日，第 1 版。
　　②《软实力也是硬道理——为什么要推进文化创新和深化文化体制改革》，《光明日报》，2008 年 07 月 30 日，第 3 版。
　　③ 刘洪顺：《关于国家文化软实力的几点思考》，《理论学刊》，2008 年第 1 期，第 14 页。
　　④ 李智：《文化外交：一种传播学的解读》，北京大学出版社，2005，第 56 页。

临着被侵蚀和渗透的危险，中国当代文化精神急需建构和凝练。同西方发达国家相比，同国家经济的快速发展相比、同适应构建和谐社会、和谐世界的要求相比，中国文化软实力的发展仍然存在较大问题和差距。

作为国家"软实力"的核心组成部分，国家形象是一个国家的外部公众对其政治、经济、社会、文化与自然要素的一种综合认识与评价，是一个国家过去的所作所为给国际社会留下的关于该国的意志、决心和能力的印象。国家形象是主权国家最重要的无形资产之一。正面、积极的国际形象，对内可促进本国的政治、经济、文化的发展，对外能促进与其他国家的友好关系。①

国际社会对国家形象的认识经历了一个从追求权力表现到强调身份认同的过程，相应地，塑造国家形象的依赖路径也经历了一个从硬实力到"软实力"的转变。国家形象是一个国家综合实力和全面影响力的具体表现，国家形象的塑造与传播是国家发展战略体系中的一个重要工程。中国在走向大国过程中，国家形象是一个需要考虑和重视的问题。因为近代大国如英法美等国家的崛起，无不是以殖民与侵略他国为手段。如后起大国德国和日本的崛起，往往导致世界政治格局的动荡乃至引发世界大战，所以世界不少国家对中国的崛起心存疑虑。尤为甚之，西方国家基于本国的价值立场和国家利益，有意无意地妖魔化中国，炮制出一系列的中国威胁论，鼓吹中国的崛起将带来世界权力格局的动荡，危及世界和平。另外，西方媒体的一些片面和负面的报道，也严重影响了中国的国家形象。"如美国部分民众抵制中国产品，认为中国产品是来自血汗工厂，中国所取得的建设成就是通过剥夺血汗工厂中工人人权、牺牲环保获得的。再如法国等国家抵制奥运火炬传递，理由是中国压制西藏人权。而中国在非洲地区的拓展也遭到国际非议，认为中国是一个没

---

① 叶小青：《和平发展视阈中的中国文化软实力建构》，《长白学刊》，2009年第3期，第147页。

有责任感的国家，中国在非洲目的就是攫取非洲资源。"[①] 这些论调严重损害了中国的国家形象。由于中国积极有效的文化走出去还远远不够，大多数国家对中国的了解非常有限，即使有，也多局限在功夫、京剧、瓷器、昆曲、风水等文化符号上，对中国的印象尤其是中国的现状非常隔膜和刻板。

为寻求和平发展的国际环境，中国需要运用多种方式和途径优化国家形象。关于国家形象的构成要素，国内外的看法不完全一致。国外学者较为重视一个国家的艺术和人文沉淀。国内学者过去似乎更加强调国家的政治体制与经济实力。一项针对 51 个国家 405 位外国意见领袖的问卷调查显示，奥运期间，外国人最想感受的中国国家形象要素中文化要素名列第一，远高于社会、政治和经济要素，占 77.8%。[②] 这说明，文化要素在建构国家形象中具有极其重要的地位。文化是一个民族的灵魂，民族文化是国家形象中最核心的部分。一个国家的文化艺术尤其是走出去的文化艺术是否有吸引力，是否繁荣昌盛，直接影响人们对国家形象的看法。反之，国家形象一旦形成，又以软实力的形式充实和丰富文化的内涵，对国际社会产生影响。所以，实施文化走出去战略，通过文化软实力"润物细无声"的渗透力，不仅能够增强本国人民的凝聚力和民族认同感，而且可以以其本身具有的文明性、融通性和缓和性提升国家形象。

（三）赢得国际话语权，维护文化多样性

在国际舞台上，各民族国家的文化一旦落后，就意味着综合国力中无形的精神性要素如民族性格特征、士气和凝聚力等的缺失和不足。有鉴于此，各国若想要扩大自己在国际社会中的影响，赢得国际话语权，

---

① 陈奇佳：《文化输出和国家形象的塑造》，《江苏行政学院学报》，2009 年第 2 期，第 35 页。

② 冯惠玲、胡百精：《北京奥运会与文化中国国家形象构建》，《中国人民大学学报》，2008 年第 4 期，第 17 页。

提高综合竞争力，提升国家形象，就必须放眼世界，积极推动文化走出去。中国进入世界结构的根本意义就在于：中国在承诺遵守世界结构规则的同时也获致了对其正当性或者所谓的普遍性价值发言的资格。这种资格的获得显然对中华文化的国际化发展提出了新的要求，并且提供了千载难逢的机会。

话语权是对国际事务、国际事件的发言权，甚至是对国际社会发展中各种国际规则的制订权以及对是非曲直的评议、裁判权。毫无疑问，中国当前在国际上的话语权和规则制定权并没有体现中国应有的地位。目前西方掌握着主要的国际话语权，但是西方的话语权目前也陷入了三重困境之中：在西方的话语体系中无法解释包括中国在内的一些新兴工业体高速增长的原因；以美国为首的西方国家在中东、南亚和东欧推行的西方民主计划正在失败；西方话语体系在日益严重的全球性危机面前束手无策。所以，中华文化必须贡献出中国自己的、根据中国立场的理想图景，否则中国在国际话语权体系中只能拥抱西方的既有规则。这是对中华文化走出去的要求也是弥补西方话语体系不足的需要。中华文化走出去有助于赢得国际话语权和提高中国参与国际体系的能力，也有利于维护国际体系中的文化多样性。

世界文化是多元的，文化多样性是客观存在的。尊重多样性，就是尊重文化的异质性。文明和文化有发展先后之差别，却无优劣高下的区分，它们都应获得同等的尊重和人类共同的保护。西方社会的"后现代社会"问题，包括人类中心主义、利益中心论、人性异化、科学主义、消费主义、价值虚无主义等在内的现代性病症日益严重。在此背景下"西方中心论"发生了动摇，多元文化观念已逐渐为人们所接受。人们开始认同，任何一种文化都是独立自存的有机体，都有其存在的独特价值和理由。主张人类文化的发展变化不是单线性演化规律而是多线性过程。文化多样性是可持续发展的源泉。如同生物多样性是一个关系到生命在地球上续存的根本问题，文化多样性也是一个关系到人类文明续存的根本问题。每一种文明和文化都拥有自己的历史精神和人文传承，有独特的美丽和智慧。美国人类学家博克说："多样性的价值不仅在于丰富了我们的社会生活，而且在于为社会的更新和适应性变化提供了资源。"[①]一种文化如同一种基因，多基因的世界具有更大的发展潜力。对全球化对民族文化侵蚀的警惕使得维护世界文化多样性成为必然。正如英国学者史密斯所说的，"一种无始无终的全球化文化适应不了现实的要求，唤不起任何记忆"，用世界主义的"肤浅"文化取代现存的"深厚"文化，只是一种"知识分子的梦想"。[②]

20 世纪 90 年代以来，经济强国的文化产品在"自由贸易'的旗帜下，伴随资本在全球的流动和扩张，冲向世界的每一个角落。文化产品的标准化和单一化，致使一些国家的"文化基因"流失。如同物种基因单一化造成物种的退化，文化单一化也将使人类的创造力衰竭。人类文化本来便是由不同文化共同组成的，但在西方强大的文化工业冲击下，其他民族的文化都面临着边缘化甚至面临着被融合吞噬、彻底丧失文化个性的危险。为了追求文化发展成果的共享与文化的多元共存，并抵制文化入侵和文化殖民带来的文化冲击，以在国际文化市场上日渐式微的欧洲国家、加拿大为代表，他们开始反对文化产品和服务贸易的绝对自由化。在此背景下，2001 年 11 月 2 日，联合国教科文组织（UNESCO）第 31 届大会通过了《世界文化多样性宣言》，文化多样性是指"文化在不同的时代和不同的地方具有各种不同的表现形式"[③]，具体表现为构成人类各群体和各社会的独特性及其全部独特性所构成的多样化。倡

---

① 郑园园：《尊重文化多样性》，《人民日报》，2005 年 10 月 23 日，第 3 版。

② 安东尼·D. 史密斯（英）：《全球化时代的民族与民族主义》，恭维斌、良警宇译，中央编译出版社，2002，第 25 页。

③ 联合国教育、科学及文化组织：《世界文化多样性宣言》，2001 年 11 月 2 日，百度百科（https://baike.baidu.com/item/%E4%B8%96%E7%95%8C%E6%96%87%E5%8C%96%E5%A4%9A%E6%A0%B7%E6%80%A7%E5%AE%A3%E8%A8%80）。

导多元文化共存和对话，倡导文化间的和平共处。2005 年 10 月 20 日联合国教科文组织第 33 届大会通过了《保护和促进文化表现形式多样性公约》（简称《文化多样性公约》）。"除了美国和以色列反对外，世界贸易组织大部分成员（包括我国）都加入了该公约。文化的多样性第一次作为自主的原则得到承认，与贸易的自由一样，是一种正当的原则。该公约是第一个承认文化多样性可以作为政府政策目标的具有法律约束力的国际文件，对只顾及商业目的和考虑的过度的自由化逻辑起到了遏止的作用。"① 《文化多样性公约》的诞生意味着文化多样性原则被提高到国际社会应该遵守的伦理道德高度，并具有国际法律文书的性质。②

作为文化大国，我们积极推动文化走出去，提高参与国际体系的能力，赢得国际话语权，以中华文化对世界的新贡献维护人类文明的多样性，促进不同文明、不同社会制度和发展道路的国家相互交流、取长补短、和谐共处，这是中华文化走出去的重大价值所在。

（四）推动产业结构升级和发展方式转变

中华文化走向世界还有巨大的经济意义。在现代经济中，文化因素越来越重要，经济与文化越来越融为一体。文化贸易已成为国际文化交流和文化传播的主要方式。西方发达国家已把文化产品向国外出口作为获得利润的主要来源之一。大力发展文化产业是日美等国输出其本国文化和价值理念、塑造本国形象的主要渠道，也是当今世界发达国家发展经济的基本经验和普遍做法。正如美国学者沃尔夫所言："文化、娱乐——而不是那些看上去更实在的汽车制造、钢铁、金融服务业——正在迅速

---

① 马冉：《WTO 体制中自由贸易与文化多样性问题初探》，《法制与社会》，2009 年第 9 期，第 207 页。

② 郑园园：《尊重文化多样性》，《人民日报》，2005 年 10 月 23 日，第 3 版。

成为新的全球经济增长的驱动轮。"^①美国包括影视、音像制品在内的视听产品的出口，已超过航天工业而跃居首位。而我国尽管近年来对外经济贸易连年出超，经济综合实力已经超过日本位居世界第二，但中国在文化产品贸易方面却属于弱国，对外文化交流和传播处于严重的入超地位，"文化入超"与"经济出超"形成十分强烈的对比。有着五千年文明的中国在各个文化领域，包括影视、出版、音乐、动漫剧院、舞台等，都面临巨大的"文化逆差"尴尬，中国的文化产业才刚刚起步。

中国要在呈加速度发展的经济全球化进程中占据优势，就要制定出适应经济全球化和中国现实国情的政治、经济、文化等综合发展战略。我们过去在研讨全球化时，大多把注意力放在经济方面，而对中华文化如何应对全球化的挑战缺乏足够的重视。随着科技经济的发展，文化与经济的关系越来越密切，文化已渗透到社会生活的各个领域，经济文化化和文化经济化已经成为当今社会发展的一种趋势，文化所产生的社会效益和经济效益越来越高，文化与经济相融合产生的竞争力成为一个国家最根本、最持久、最难替代的竞争优势。另外，国际金融危机使我国转变经济发展方式问题更加突显。在应对国际金融危机冲击的生动实践中，著名的"口红"效应，文化产业善于逆势而上的特性，使我们又一次看到了文化在推动经济发展方式转变中的特殊作用。

当前，世界经济正经历着第三次更为深刻和广泛的国际分工，国际贸易结构正处在重大的变动之中。国际贸易结构的重大变动，不仅在改变着国际贸易内容结构，而且也在改变着国际文化结构原有的力量平衡，以"文化帝国主义"为特征的文化霸权正借助于在文化产业领域里的强势地位迅速地瓜分世界文化市场。当代国际文化贸易呈现以新技术为载体，产业化为支柱，市场化为渠道的新特征。在这方面，西方国家占有

---

① 邓清柯：《世界进入文化软实力时代》，《湖南社会科学》，2009 年第 5 期，第 153 页。

毋庸置疑的优势。但是，以美国为主导所倡导的文化产品和服务贸易自由化也引起了新的问题：建立在西方经济学基础之上的自由贸易体制促使文化贸易进出口高度集中在少数几个国家，美、德、英、法等的贸易额占了全球文化贸易额的一半。文化产业经历了一个国际化、集中化的重组过程后形成了世界市场上的优势集团的垄断局面。这不仅使中国文化产业的当代发展面临着一个空间问题，而且如不迅速改变这种状况，那么，加入了世界贸易组织后的中国文化产业将处在一个严重的文化贸易入超和文化市场的不平等竞争状态之中。任何一个国家如果把文化产业发展的空间限制在国内，缺乏全球市场的宽大平台，那么，它不但难以通过文化企业的"走出去"传播其价值观念，扩大其国际影响，争取广泛的同盟者，甚至其自身全面、协调和可持续发展也是不可能的。

当前，加快推进产业结构调整，完善现代产业体系，加快发展战略性新兴产业，加快发展服务业，大力发展文化产业，促进三次产业在更高水平上协同发展，已成为时代的主旋律。我国人口众多，人均拥有的自然资源大大低于世界平均水平，而文化底蕴极为深厚，文化资源极为丰富，因此，实施文化走出去战略，提升经济中的文化因素，大力发展文化贸易和文化产品出口，有利于推动我国文化产业的发展和产业结构的升级，有利于促进我国发展方式的转变，增强我国的经济竞争力。

（五）促进世界文化繁荣和人类文明发展进步

纵观人类文化发展的历史，不同文化相互开放、碰撞、交流、融合是各民族文化发展的一条重要规律。罗素曾指出："不同文化之间的交流过去已经多次证明是人类文明发展的里程碑。"[1]世界文化是多元多样相互交流的，文化多样化世界才会更加丰富多彩。文化多样性是可持续发展的源泉，是世界文化繁荣的前提。如同生物多样性是一个关系到生命在地球上续存的根本问题，文化多样性也是一个关系到人类文明续

---

① 罗素：《罗素文集》，改革出版社，1996，第29页。

存的根本问题。每一种文明和文化都拥有自己的历史精神和人文传承，有独特的美丽和智慧。美国人类学家博克说："多样性的价值不仅在于丰富了我们的社会生活，而且在于为社会的更新和适应性变化提供了资源。"①

我们积极推动文化走出去，提供一种观察世界的东方视角，贡献东方文化智慧，促进不同文明、不同社会制度和发展道路的国家相互交流、取长补短、和谐共处，以中华文化对世界的新贡献维护人类文明的多样性，促进世界文化繁荣和人类文明进步，这是中华文化走出去的重大价值所在。

博古通今、学贯东西的文化大家季羡林先生发现，人类的思维模式尽管千差万别，但不出分析和综合二种。东方文化和西方文化根本的差别在于思维模式的不同，西方主分析，东方主综合。近代以来，西方思维方式风靡世界，给人类带来了巨大的福利，但也为人类的生存与发展埋伏了巨大的危机。人类面临诸多巨大的难题：能源匮乏，淡水不足，人口爆炸，环境污染，气候变暖等等，靠西方那种分析思维，一味强调发展，诛求无厌，不计后果，是不可能解决的。唯有以东方的综合思维济西方的分析思维之穷，以东方文化济西方文化之穷。从发展趋势上看，21 世纪，东方文化，特别是中国文化将重现辉煌。②

六十年前牟宗三、唐君毅、徐复观、张君劢在《为中国文化敬告世界人士宣言》中展望中西文化互相学习、互相融合时主张，只有"希腊文化中之重理智，理性之精神，由希腊之自由观念至罗马法中之平等观念发展出之近代西方文化中民主政治的精神，希伯来之宗教精神，与东方文化中之天人合德之宗教道德智慧，成圣成贤心性之学、义理之学，

---

① 郑园园：《尊重文化多样性》，《人民日报》，2005 年 10 月 23 日，第 3 版。
② 梁志刚：《季羡林谈文化》，《今日中国论坛》，载 2008 年第 Z1 期，第 97 页。

与圆而神之智慧，悠久无疆之历史意识，天下一家之情怀之真正的会通"，才能建设一种永久的"领导人类之文化"。东西方文化融合是推动人类文明、世界文化进步的强大动力。①

1988 年，全球诺贝尔奖获得者在巴黎发表宣言："人类要在二十一世纪生活得更好，必须回首 2500 多年前，从中国的孔夫子那里去寻找智慧。"② 罗素也曾说过，"中国至高无上的伦理品质中的一些东西，现代世界极为需要"，"若能够被全世界采纳，地球上肯定比现在有更多的欢乐祥和。"③ 这说明，中华文化不仅是中华民族，同时也是人类社会繁荣发展、文明进步不可或缺的重要资源。现在，国内出现"国学热"，国际上出现"中华文化热""孔子热"，很多人都在探讨中华传统文化中讲仁爱、重民本、守诚信、崇正义、尚和合、求大同等思想的时代价值，中华文化不仅铸就了历史的辉煌，而且他的一些价值观念在今天仍然闪耀着时代的光芒。

在全球化日益向纵深发展的今天，不同文明间是固守文明冲突论，还是尊重不同民族、不同国家、不同文化的差异性，这不仅仅是一个文化选择问题，而且关系到人类文明的未来命运。中华文化走出去，对于增进互信与友谊、消除偏见与误解、推动世界和谐、促进世界文化繁荣和人类文明进步具有独特和不可替代的作用。正如孙科博士在以向西方介绍中国的文化，实现中西方之间更好的文化理解为宗旨的《天下》发刊词中所写：政治与经济的共识只有在文化共识的基础上才能达成。文化关乎精神，除非所有国际事务都本着合作与和睦的精神，实现和平的

---

① 蔡利民：《从全球文化融合看中华文化的主体自觉》，《求是》，2009 年第 3 期，第 17 页。

② 闲云：《与韩国争"周易申遗"有什么错》，《中国青年报》，2009 年 01 月 09 日，第 2 版。

③ 云杉：《文化自觉文化自信文化自强——对繁荣发展中国特色社会主义文化的思考（中）》，《红旗文稿》，2010 年 16 期，第 5 页。

努力才不会白费。①胡锦涛倡言的"和谐世界"理念，更展现了一个拥有悠久文化传统的文明国家的形象和姿态。

人类历史的发展过程，就是各种文明不断交流、融合、创新的过程。不同国家、不同民族、不同文化之间沟通交流，在和而不同中取长补短，在求同存异中相得益彰，是推动人类文明进步的持久动力。只有推动中华文化积极走出去，尊重差异、包容不同、和谐共处，才有助于打破西方中心主义对中华文化的偏见，使世界文化朝着更健康的方向发展，为世界贡献东方智慧。

第二节　文化走出去的主要表现形式与面临挑战

一、中国文化走出去面临的问题与挑战

我国虽然是一个历史悠久的文明礼仪之邦，有着灿烂辉煌的民族文化和特色鲜明的时代文化。但由于文化对外传播开始较晚、方式方法有所欠缺，文化"走出去"并未取得与经济"走出去"和外交工作相匹配的成就。因此，当前中国文化"走出去"明显存在以下几个方面的问题：

（一）中华文化占据世界文化市场的份额问题

改革开放以来，在市场经济的推动下，中国的文化产业化取得了长足的进步，从中央到地方，各级政府对文化产业化发展都给与了大力支持，不仅文化产业成为对外开放的重要阵地，文化产品出口也成为我国外贸的重要内容。但是，我国文化产业在国民经济中所作的贡献，远远低于美国等发达国家，美国的文化产业占到整个 GDP 的 25%，日本达到 20%，而我国为 2.5%。我们在世界文化市场上做占据的份额很少，尚不到整个世界文化市场的二十分之一，与美欧等资本主义国家相比有

① 严慧、季进：《〈天下〉与中国文化的"天下"自主传播》，《江西社会科学》，2009 年第 4 期，第 239 页。

着巨大的差距。这一差距，与我国作为世界文明古国的地位不相称，与我国作为世界第二大经济体的地位也不相符合。从动态上来讲，文化产品份额在国民经济总量中的份额较小，同时文化产品出口对国民经济增长的拉动作用也不明显。在文化产品的质量上来讲，中国文化产品鲜有创新，多是一些中小企业从事的低端文化产品，也没有形成国际知名大品牌，在国际竞争中缺乏竞争力和持久生命力。对一个拥有悠久历史的文明古国的中国来说，与只有几百年历史的美国形成鲜明对比，特别是在现代文化的创新方面，以及体现在文化创新成果的文化市场份额占有率上，这种差距尤为明显。由于我国文化产业发展起步较晚，文化领域市场发展不完善，我国文化企业规模普遍偏小，产业规模化和集约化程度较低，文化领域的战略投资者较少，骨干文化企业也较少。有数据显示，在 400 家最富有的美国公司中，有 72 家是文化企业；在 400 家最富有的日本公司中，有 81 家是文化企业。但遗憾的是，中国企业 500 强中，至今尚无文化企业。而全球 100 个最有价值的文化品牌，美国有 68 个，欧盟有 25 个，日本有 6 个，中国没有。没有文化品牌，就难以在文化市场上有话语权，经济回报也就较少。[1] 在 2011 年世界文化市场的格局中，美国、欧盟、日本、韩国所占比重依次为 43%、34%、10% 和 5%，而中国仅为 4%，位列第五。而其中大部分为依托中国廉价劳动力资源而获得成本优势的"硬件产品"，属于内容和创意的"软件产品"则比例不高。[2]

（二）中华文化对外交流的内容和形式问题

从内容上来讲，一方面，"在五千多年文明发展中孕育的中华优

---

① 罗莎：《文化"软实力"怎样成为"支柱产业"——"十二五"文化产业发展前瞻》，《中国财经报》，2010 年 11 月 11 日。

② 张子扬：《文化交流尚处"逆差"文化走出去仍需努力》，2012 年 11 月 13 日，中国新闻网，（http://www.chinakongzi.org/xwzx/201211/t20121113_7668438.htm）。

秀传统文化，在党和人民伟大斗争中孕育的革命文化和社会主义先进文化，积淀着中华民族最深层的精神追求，代表着中华民族独特的精神标识"。① 中国数千年的优秀传统文化自不必说，新中国成立以来，特别是改革开放以来，我国形成了以社会主义核心价值体系为核心的丰富的社会主义先进文化。那么，文化"走出去"当然既包括传统文化，也包括社会主义先进文化。但是，到目前为止，世界各国对中国文化的认可几乎仅限于传统文化，而对社会主义制度建立以来形成的新文化尚未形成全面和理性的认识。而反观我们的文化产品，也大多数取材于传统文化，基于社会主义新文化的产品比例很少。从交流形式上来讲，尽管目前的民间活动，在文化"走出去"中扮演了越来越重要的角色，但迄今政府依然是文化"走出去"的主要推动者，文化艺术机构，民间组织也在政府的统一安排下参与国际文化交流活动，但这样的交流活动，无论是内容，还是影响效果，都大打折扣。相反，作为市场最活跃主体的企业参与高质量文化"走出去"行动的相对仍然较少。政府作为文化"走出去"的主要推动者，不可避免地被认为带有一定的政治色彩而受到抵制。从客观上来讲，文化产业作为新兴产业，文化"走出去"也是新世纪以来才重点推进的工作，无论是政府、企业、团体还是个人，都缺乏对文化交流和文化市场的充分了解，未形成较成熟的经验。商务部研究文化贸易的王惠英曾感慨："坦率地讲，从改革开放到现在，我们的文化产品走出去的步伐很艰难，我们并不了解出口的目标市场需要什么，销售渠道和网络也十分有限，而且专业化人才缺乏，尤其是谙熟市场经济规律、具有丰富的文化产业运作及经营管理经验的人才。一个比较专业的、高端的文化对外输出的平台非常迫切。"②

---

① 习近平：《在庆祝中国共产党成立九十五周年大会上的讲话》，人民出版社，2016，第 13 页。

② 杨雪梅：《贸易成就文化"丝绸之路"》，《人民日报》，2011 年 6 月 24 日，第 18 版。

（三）中华文化的世界认可度问题

有两个例子可以从侧面反映中国文化"走出去"所面临的世界认可度低的困境。一是中韩端午节"申遗"之争。由韩国申报的江陵端午祭，巴黎时间 2005 年 11 月 24 日被联合国教科文组织正式确定为"人类传说及无形遗产著作"。一度沸沸扬扬的中韩端午节"申遗"之争，以韩国申报的成功而告终。对此，有专家在接受记者采访时称：无形遗产属于全人类共享，韩国申报成功并非都是坏事。是的，至少使我们更加重视传统文化和"申遗"。虽然如此，但是，对具有深厚底蕴的中华文化而言，心里总感觉不是滋味，有难言之痛。二是中巴、中美文化价值观念的差异引发的问题。据统计，在巴西的中资机构中，当地员工的辞职率高达 42%（即 1 年内，每 10 名雇员中就有 4 人离开公司），明显高于当地企业的辞职率。随着中巴之间的商贸往来日益频繁，更多的中国公司开始在巴西直接投资，雇佣的当地员工数量也相应增加。接触的逐渐增多，凸显了中巴员工在文化价值观上的较大差异。海尔总部有一个象征性的雕塑———一对大脚印。在国内，它最初是被作为一个惩罚性质的物体而留下的，即哪位员工违反公司规定，就要站到大脚印上去反省，并受到公司制度的惩罚。后来，海尔在美国建厂，同时把"大脚印"等管理制度也照搬到美国。然而，美国当地员工认为有错误可以罚款，可以解除合同，可以辞退，但站脚印是侮辱人格，是侵犯人权。后来，海尔经过充分的调研和分析后认为，欧美员工一般都争强好胜，如果把"负激励"改为"正激励"，把大脚印变成当天工作优秀的员工分享经验、介绍心得的场所，应该会有好的效果。于是，经过一系列精心的准备与充分的宣传后，海尔在美国公司再组织试点，发现美国的海尔员工不但不拒绝大脚印这个平台，相反，他们还会争先恐后地站在"6S 脚印"上一展风彩。

近年来，"中国威胁论"甚嚣尘上，在一些国家颇有市场，也成为这些国家加强军备防范中国的借口。在中国开放投资热土的非洲和拉丁美洲，"新殖民主义"的恶名也被扣在中国头上。在多家媒体对国外民众的调查中，男人的长发辫、女人的小脚、统一的中山装……成为中国的代名词。那些没有来过中国，未经实地调查的民众，对中国的认识依然比较浅显，还停留在道听途说的认识上。外国普通民众形成的这些错误认识，与影视作品中的负面形象描述不无关系，也与西方社会对中国的长期排斥不无关系。我国改革开放以来的崭新形象为何尚未得到正确展示，其原因还是值得进一步深思的。深究起来，在国际上，展现传统中国丑恶形象的传统文化糟粕占据了主要领地，而体现社会主义革命、建设和改革时代精神和民族精神的文化却少之又少。单就传统文化来说，有的在国内被认为是精粹的文化传统，在外国人眼里甚至变成了避之唯恐不及的糟粕。《中国青年报》以问卷形式在过去的世博青年周上，访问了208名外国大学生及212名中国大学生，调查结果令人深思。对中国的印象，外国学生最深刻的是："中国制造"排第一，其他是"人口第一""熊猫故乡"和"中国功夫"。一名新西兰女学生说，提起中国只想到人多。她哀怨地说，自己在中国永远挤不上高峰期的地铁。[1] 有的学者曾经详细描述过外国人对中国的不良印象，提到自己到俄罗斯远东国立大学给法学院的学生进行演讲后学生的提问情况。在提问阶段，一个女生问道："听说在中国如果一个人偷了别人的东西，将被砍手，是不是真的？"另一个男生问："听说你们的监狱都建在地下，是不是因为中国的人口太多？"他结合这些经历和过去遇到的一些人和事，概括外国人心目中的中国人印象说：在许多外国人的眼里，中国是一个重刑国家。他认为外国人总有这样的一种印象，是因为缺乏对当代中国的了解。建国后，我们在相当长的一段时期内对西方社会和以西方为主导的国际组织持排斥态度。改革开放以来，虽然对外交流日益增强，但总

---

① 黄冲，刘坤喆，刘畅，凌绮，胡翔宇：《中外大学生调查报告：外国年轻人如何认识中国》，《成才之路》，2010（22），第90-91页。

的来讲，我们走出去的多，人家走进来的少，结果是我们了解人家的多，人家了解我们的少。现在，不少西方人对我们的了解还停留在历史书上，或者是道听途说上，[①] 世界对中华文化特别是社会主义先进文化了解度低是不争的事实。

（四）中国文化产品在国外市场的竞争力问题

虽然近年来我国文化产业得到了长足发展，文化产品的国际竞争力明显增强，但就目前情况来看，文化产业相对于国民经济其他行业，仍然相对滞后、规模较小。文化贸易发展与传统贸易发展相比仍然比较薄弱，存在着巨大的贸易逆差，文化产品出口在全国同期货物出口总额中所占的比重很低，导致我国文化产品的国际竞争力虽然有所提升，但仍然很薄弱。问题主要集中在以下几个方面：

第一，中国文化产业基础问题。我国文化产业自上世纪 70 年代末期到 80 年代中期才刚刚起步，1992 年国务院出台《重大战略决策——加快发展第三产业》，第一次使用了"文化产业"的概念，标志着文化作为一个产业初步形成。随着文化软实力竞争的加剧，从 2000 年党的十五届五中全会通过的《中共中央关于制定国民经济和社会发展第十个五年计划的建议》才第一次明确提出了要大力发展文化产业，至此，我国的文化产业才有了一个较快的发展，但由于起步较晚，基础相对薄弱，我国文化产品占世界文化市场的比重不足 4%。而西方国家的文化产业形成于上世纪二三十年代，到本世纪初已经成为引领国家产业创新和发展的一股重要力量。

第二，中国文化产业的管理体制问题。我国文化产业长期存在政企不分，现在的文化企业大多是由以前的文化事业单位改制而来的，这些事业单位存在机构臃肿、管理效率低下、竞争力不强等弊端，改制以来

---

① 冯颜利：《中华文化如何"走出去"——文化影响力建设的问题、原因与建议》，《人民论坛学术前沿》，2013 年第 8 期，第 76-83 页。

换汤不换药，各文化企业各自为政，条块分割，没有形成统一的国内市场，不能真正适应市场经济的发展，使我国丰富的文化资源没有得到深入挖掘，严重影响了我国文化产品的国际竞争力。

第三，中国文化企业实力问题。如前所述，改制后的文化企业本身存在很多问题，严重影响了自身竞争力的提升。直接导致对文化产业投入不足，文化产品科技含量不高。"《财富》杂志发布的2009年世界500强企业名单显示，上榜文化企业全部来自国外，仅迪士尼、时代华纳和新闻集团的总营业收入就1178.23亿美元，超过我国所有文化企业的同期收入水平。"[①]

第四，文化产品内容竞争力问题。文化产品的真正价值往往体现在它所包含的文化内容上，所以文化产品的竞争力主要是其所体现的文化内容的竞争力。目前，由于我国文化产业发展力量比较薄弱，我国丰富的文化资源还远远没有开发，造成文化产品内容单一，缺乏感染力、亲和力和震撼力，竞争力薄弱。要想使文化产品得到国外消费者的认可，就必须结合我国丰富的文化资源，开发出既有我国民族特色，又富含现代时尚元素，能够被其他国家和民族所接受的文化产品。

二、文化"走出去"存在问题的原因分析

文化作为社会意识形态，并不都体现为实体性的存在，相对于其他领域的对外开放，文化"走出去"、增强中华文化国际影响力面临更大挑战。增强中华文化国际影响力面临的挑战和存在的问题主要有中外文化本身的差异等客观原因和传统文化与创新文化不协调等主观原因，这些原因使得我国文化"走出去"效果难如人意。

---

① 孙海鹄:《我国文化产品出口状况研究》,《经济纵横》,2011年第8期,第73页。

（一）中外文化本身的差异问题

世界上 200 多个国家和地区，上千个民族，每个民族和国家都有自己独特的文化传统。这些文化传统根基于本民族和国家所生产和生活的自然条件和社会条件，也受数百年乃至数千年以来的传统文化的影响，自然千差万别。在不同的自然和历史条件下，毫无疑问会形成各自独特的文化。在原先相对封闭的环境中，文化缺乏交流，这种文化的差异性显得更明显，特别是中国文字的音与形又是分离的，这给外国人了解中国文化带来了较大的困难。哥伦布发现新大陆以来，文化才随着商品贸易开始在不同地区和国家之间的交流。无论从人才投入、重视程度、发生频率和交流效果来看，这时的交流都是浅层次的和偶然的。第二次世界大战之后，文化的交流高峰才真正到来。因此，中外文化交流开始的时间并不长，中外文化之间的差异就显得非常明显。同一种现象，在不同的国家就会有截然不同的看法。比如，在饮食文化方面，中西方就有较大差异。西方人于饮食，强调科学与营养，故烹调的全过程，严格按照科学规范行事，牛排的味道从纽约到旧金山毫无二致，牛排的配菜也只是番茄、土豆、生菜等有限的几种。再者，规范化的烹调，要求调料的添加量精确到克，烹调时间精确到秒。此外，1995 年第一期《海外文摘》刊载的《吃在荷兰》一文中，还描述了"荷兰人家的厨房备有天平、液体量杯、定时器、刻度锅，调料架上排着整齐划一的几十种调味料瓶，就像个化学实验室"。中国的烹调与之截然不同，不仅各大菜系都有自己的风味与特色，就是同一菜系的同一个菜，其所用的配菜与各种调料的匹配，也会依厨师的个人特点有所不同。就是同一厨师做同一个菜，虽有其一己之成法，但也会依不同季节、不同场合，用餐人的不同身份，加以调整。此外，还会因厨师自己临场情绪的变化，做出某种即兴的发挥。因此，中国烹调不仅不讲求精确到秒与克的规范化，而且还特别强调随意性。对食品加工的随意性，首先导致了中国菜谱篇幅的一再扩大：原料的多样，刀工的多样，调料的多样，烹调方法的多样，再加以交叉组合，一种原料便可做成数种以至十几种、数十种菜肴。[①]

（二）传统文化与创新文化的协调问题

从鸦片战争开始，国门洞开，中国被迫同世界各国展开交往，逐渐被世界各国所认识，当时作为了解中华文化主体的传教士，以及沿海外出的海外侨民在一定程度上传播了中国传统文化，但规模都相对较小，而且是片面性的，不足以代表中国传统文化。回顾二十世纪，中国经历了翻天覆地的历史性变化，伴随着波澜壮阔的革命运动，古今中外各种文化在这里发生交汇，也形成了各种各样的近现代文化。前几个世纪所传播的传统文化，精华和糟粕一起传播到了国外，在国外造成了参差不齐的第一印象。然而，中国真正的历史性变化出现在新中国成立以后，特别是改革开放之后，形成了中国独具特色的社会主义文化。在社会主义新文化中，又以爱国主义为核心的民族精神和以改革创新为核心的时代精神最能代表改革开放以来的中国文化面貌。然而当前，我们在推行文化"走出去"战略时，仅仅从国际社会已经形成的传统印象出发，而未能打破传统，未能以我们的中国特色社会主义创新文化示人。社会文化产生于社会实践，在社会实践中检验和发展，并最终服务于社会实践。当前，并不能代表中国当代发展现状和发展趋势的传统文化和低端的文化产品占据了对外文化交流的主要阵地，而社会主义创新文化却迟迟未能在世界上得到认可。从客观上来讲，中国坚持中国特色社会主义制度，与西方所坚持的资本主义制度格格不入，成为他们眼中敌对的东西，引起他们对中华文化的偏见和封锁。中国人全面、深入地认识西方、了解西方，积极主动地译介西方文化至今已经持续了一百多年的历史了，而西方人对中国开始有比较全面深入的了解，也就是中国经济崛起的这二三十年的时间罢了。具体而言，从鸦片战争起，西方列强已经开始进

---

① 徐伏虎：《吃西餐感受中西饮食文化差异》，《大庆晚报》，2008年7月18日，第 A13 版。

入中国并带来了西方文化,从清末起中国人更是兴起了学习西方的热潮。与之相对的是,西方开始有比较多的人积极主动地来认识和了解中国文化,则还是最近这二三十年的事。①

（三）经济"走出去"与文化"走出去"同步问题

自2001年加入世贸组织以来,中国各大中小型企业把握战略机遇,顺应全球化产业规律,不断开拓全球市场,主动"走出去"寻找机会,到世界各地开辟市场,取得令世人瞩目的成就。就海外直接投资来说,"截至2010年底,中国企业对外直接投资累计2600亿美元……中国企业投资的国家和地区已达到177个,中国资本在境外已设立1.3万家企业。"②但是,中国企业在对外投资的过程中,遭遇的阻力也越来越大。在非洲国家,屡次出现当地员工罢工、当地居民绑架中方工作人员的事情。无论是在发达的欧美,还是不发达的非洲,都有中国企业不受欢迎的例证。按理说,中国投资既能帮助当地发展经济,又能提供就业,是一种好事情。但中方企业过多注重经济效益,施行中方管理模式,缺乏事先的了解和沟通。文化功夫没做到家,久而久之则可能会形成对中国的负面看法。2002年以来,贸易规模实现跨越式发展,增长速度明显加快,中国跻身于世界贸易大国之列。2019年,中国货物贸易进出口总额315446亿元,增长3.4%,继续保持全球第一大货物贸易大国地位。其中,出口172298亿元,增长5.0%;进口143148亿元,增长1.6%;顺差29150亿元。③中国台北世界贸易中心股份有限公司总经理赵永全在演讲中指出,如果不去研究目标市场的文化特色和底蕴,中国企业走出去的初衷将会变得

---

① 谢天振:《中国文学"走出去"不只是一个翻译问题》,中国社会科学报,2014年1月24日,（B01）。

② 《中国企业海外直接投资:"走出去"卓有成效》,《人民日报》,2011年7月15日,第11版。

③ 《2019年国民经济运行总体平稳发展主要预期目标较好实现》,中华人民共和国商务部网,2020年1月17日（http://data.mofcom.gov.cn/article/zxtj/202001/51598.html）。

一厢情愿。他说："比如说龙，在中国是吉祥物，外国人可能会觉得很恐怖。东方的文化不见得被西方很容易的接受。"①……美国 ICN 电视联播网（电视台）董事兼副总裁孙太泉也表示走出去必须要本土化。他认为，"不能够挂个卫星上个网络就认为走出去了，这样的走出去是走出去了，但是没走进去。并不代表真正的走出去，一定要本土化，一定要接地气，不接地气、不本土化还是空中楼阁。"②

第三节　文化走出去的战略、战术及其相互关系

文化走出去的战略是宏观的、总揽全局的，是方向性的、原则性的，是制定文化走出去战术的依据和指导。文化走出去战术的制定必须紧紧围绕文化走出去战略，是文化走出去战略的具体实施，着重解决的是"如何走"的问题。没有文化走出去战略，文化走出去战术则成了无源之水、无本之木，终将事倍而功半；没有文化走出去战术，文化走出去战略则会成为海市蜃楼、空中楼阁，无法实现。因此，文化走出去的战略与战术是紧密联系的统一整体，不可分割。

一、中国文化走出去的战略之思

（一）文化走出去战略与紧紧围绕两个中心

1. 加强和改进党对文化工作的领导

党的政治领导、思想领导和组织领导是确保先进文化前进方向和党对舆论控制力的有力保证。加强和改进党对文化工作的领导，就是要为

---

① 陈虹：《专家：中华文化"走出去"要接地气》，2012 年 5 月 19 日，中国日报网（http://www.chinadaily.com.cn/dfpd/2012-05/19/content_15337812.htm）。

② 陈虹：《专家：中华文化"走出去"要接地气》，2012 年 5 月 19 日，中国日报网（http://www.chinadaily.com.cn/dfpd/2012-05/19/content_15337812.htm）。

文化建设提供坚强的政治、思想和组织人才等方面的保证，使中国特色社会主义文化发展道路越走越宽广。建立健全党委统一领导、党政齐抓共管、宣传部门组织协调、有关部门分工负责、社会力量积极参与的工作体制和工作格局，从制度上健全领导机制，形成文化建设强大合力。

提供政治保证，主要是坚持从战略和全局出发，正确制定和不断完善文化建设的方针、政策，以及目标、任务、举措。把文化建设摆在全局工作重要位置，纳入经济社会发展总体规划，与经济社会发展一同研究部署、一同组织实施、一同督促检查。把文化改革发展成效纳入科学发展考核评价体系，作为衡量领导班子和领导干部工作业绩的重要依据。

提供思想保证，主要是坚持马克思主义在意识形态领域的指导地位，坚持社会主义先进文化前进方向。各级党委要深入研究意识形态和宣传文化工作中的新情况新特点，及时研究文化改革发展中重大的理论与现实问题，着力破解制约文化发展的深层次矛盾和问题，牢牢把握意识形态工作主导权，掌握文化改革发展领导权。文化建设的首要问题，是坚持社会主义先进文化前进方向。引导全党全社会坚持马克思主义指导地位，用中国特色社会主义理论体系武装头脑、指导实践、推动工作；坚持发展面向现代化、面向世界、面向未来的，民族的科学的大众的社会主义文化；坚持"二为"方向和"双百"方针，在全社会形成积极向上的精神追求；以科学的理论武装人，以正确的舆论引导人，以高尚的精神塑造人，以优秀的作品鼓舞人。坚持以人为本，提高全民族文明素质；增强国家软实力，坚持中国特色社会主义文化发展道路，建设社会主义文化强国，是各级党委推进文化改革发展政治责任的重要内容。

提供组织人才保证，主要是坚持党管干部和党管人才原则，建设好文化领域的领导班子、党的基层组织、干部队伍和党员队伍，建设好宏大的文化人才队伍。文化单位包括事业单位、国有及国有控股企业、非公有制企业和新社会组织等不同类型。文化事业单位、国有和国有控股文化企业的情况千差万别，要改进党组织的工作方式和活动方式，创新党建工作的方法和手段，要探索创新发挥党委领导作用的载体和途径。积极探索社会主义市场经济条件下加强党对文化企事业单位的领导方式和方法，努力使党组织作用得到充分发挥、党的工作更富实际成效。当前，我国文化体制改革不断深化，文化事业和文化产业加速发展，文化领域的投资主体、组织形式、经营方式等都发生了许多新变化，出现了大量非公有制企业和新社会组织。这对健全党的组织体系、巩固党在文化领域的组织基础，提出了新的课题。因此，必须重视文化领域非公有制经济组织、新社会组织中的党组织建设。

2. 社会主义核心价值体系建设与培育和践行社会主义核心价值观之思

社会主义核心价值体系是什么？为什么要建设？怎样建设？为什么要培育和践行社会主义核心价值观？怎样培育和践行社会主义核心价值观？这是当前社会主义文化强国建设首先要搞清楚的重大理论问题和实践问题。社会主义核心价值体系，是对中国特色社会主义理论高度的凝练和科学总结，推进社会主义核心价值体系建设，是社会主义革命、建设和改革的成功经验，也是加强社会主义文化建设的最重要的指导原则。社会主义中国的缔造者毛泽东早就指出，包括文艺在内的社会主义文化建设，"领导我们事业的核心力量是中国共产党。指导我们思想的理论基础是马克思列宁主义。"[1] "马克思列宁主义是一切革命者都应该学习的科学，文艺工作者不能是例外。"[2] "马列主义的基本原理在实践中的表现形式，各国应有所不同。在中国，马列主义的基本原理要和中国的革命实际相结合。"[3]

第一，社会主义核心价值体系和社会主义核心价值观，是对中国特

① 毛泽东：《毛泽东文集》（第6卷），人民出版社，1993，第350页。
② 毛泽东：《毛泽东选集》（第3卷），人民出版社，1991，第852页。
③ 毛泽东：《毛泽东文集》（第7卷），人民出版社，1993，第78页。

色社会主义道路的理论概括。"建设和谐文化，是构建社会主义和谐社会的重要任务。社会主义核心价值体系是建设和谐文化的根本。……马克思主义指导思想，中国特色社会主义共同理想，以爱国主义为核心的民族精神和以改革创新为核心的时代精神，社会主义荣辱观，构成社会主义核心价值体系的基本内容。"① 社会主义核心价值体系，社会主义文化，中国特色社会主义理论体系……中国特色社会主义在形成和发展的过程中，形成了各种各样的理论总结。在这些不同的科学理论中，唯有社会主义核心价值体系，高度概括了这些形成于不同时期的理论成果，在中国特色社会主义的任何发展阶段，都具有高度的指导意义。换言之，马克思主义指导思想、中国特色社会主义共同理想、以爱国主义为核心的民族精神和以改革创新为核心的时代精神、社会主义荣辱观是对社会主义发展历程最高层次的概括和凝练，也是对社会主义未来发展方向的科学规划。马克思主义指导思想，自中国共产党成立以来，就一直是我党不可动摇的根本指导思想；中国特色社会主义共同理想，是对马克思主义科学社会主义理论的继承，是对中国特色社会主义发展趋向的预测；以爱国主义为核心的民族精神，是对我国数千年优秀传统文化的继承，以改革创新为核心的时代精神，是对新中国成立以来，尤其是对改革开放光辉历程的特征的高度概括，"新时期最鲜明的特点是改革开放""新时期最显著的成就是快速发展""新时期最突出的标志是与时俱进"；社会主义荣辱观，是贯彻依法治国与以德治国相结合的重要举措，是建立社会诚信的基本条件。

第二，建设社会主义核心价值体系和社会主义核心价值观，是社会主义革命、建设和改革的成功经验。社会主义核心价值体系，是中国共产党在领导中国人民在社会主义革命、建设和改革进程中成功经验的总

① 《中共中央关于构建社会主义和谐社会若干重大问题的决定》，《人民日报》，2006年10月19日，第2版。

结，也是对当前构建社会主义和谐社会指导思想的高度凝练。在党的十六大之前，虽然没有社会主义核心价值体系的提法，我党却一直毫不动摇地坚持和建设社会主义核心价值体系。"在现时，毫无疑义，应该扩大共产主义思想的宣传，加紧马克思列宁主义的学习，没有这种宣传和学习，不但不能引导中国革命到将来的社会主义阶段上去，而且也不能指导现时的民主革命达到胜利。"① 作为中国特色社会主义的奠基人，毛泽东及其同时代人，用许多生动朴实的语言，阐述了社会主义核心价值体系的许多内容。强调"物质文明建设和精神文明建设两手都要抓，两手都要硬"的邓小平，实际上详细阐述过社会主义而核心价值体系的主要内容，"中国人民有自己的民族自尊心和自豪感，以热爱祖国、贡献全部力量建设社会主义祖国为最大光荣，以损害社会主义祖国利益、尊严和荣誉为最大耻辱。"② "要教育全党同志发扬大公无私、服从大局、艰苦奋斗、廉洁奉公的精神，坚持共产主义思想和共产主义道德。"③ "对马克思主义的信仰，是中国革命胜利的一种精神动力。"④ "我们建立的社会主义制度是个好制度，必须坚持。我们马克思主义者过去闹革命，就是为社会主义、共产主义崇高理想而奋斗。现在我们搞经济改革，仍然要坚持社会主义道路，坚持共产主义的远大理想，年轻一代尤其要懂得这一点。"⑤ 党的十六大以来，逐渐将这些思想进行提升和提炼，总结为社会主义核心价值体系。应该坚持什么，不应该坚持什么，是在长期的社会主义实践中总结出来的，因而既是对过往的总结，也是对未来的指引。

第三，建设社会主义核心价值体系和社会主义核心价值观，是发展完善文化制度，加强社会主义文化建设的根本方略。在党的十七大报告

---

① 毛泽东：《毛泽东选集》（第 2 卷），人民出版社，1991，第 706 页。
② 邓小平：《邓小平文选》（第 3 卷），人民出版社，1993，第 3 页。
③ 邓小平：《邓小平文选》（第 2 卷），人民出版社，1994，第 367 页。
④ 邓小平：《邓小平文选》（第 3 卷），人民出版社，1993，第 63 页。
⑤ 邓小平：《邓小平文选》（第 3 卷），人民出版社，1993，第 116 页。

中，关于推动社会主义文化大发展大繁荣的首要任务就是"建设社会主义核心价值体系，增强社会主义意识形态的吸引力和凝聚力。"① 把建设社会主义核心价值体系作为推动社会主义文化大繁荣大发展的首要任务和根本前提。在《庆祝中国共产党成立 90 周年大会上的讲话》中，胡锦涛进一步指出，"发展社会主义先进文化，必须把社会主义核心价值体系建设融入国民教育、精神文明建设和党的建设全过程。"② 建设社会主义核心价值体系，始终贯穿国民教育和精神文明建设的主线，马克思列宁主义，毛泽东思想和中国特色社会主义理论体系等科学理论是武装全党、教育人民的精神武器，中国特色社会主义共同理想凝聚人心、凝聚力量、激发斗志；社会主义核心价值体系还能引领社会思潮，包容多样文化，抵制和批判各种错误和腐朽思想的影响。社会主义文化建设，社会主义文化的大发展大繁荣，需要有主线来统筹，有精神来统领，这就是社会主义核心价值体系。发展完善文化制度，以及其他与文化相关的制度建设，都必须建设社会主义核心价值体系，这是根本原则不能动摇。在社会主义核心价值体系的统筹下，文化的制度建设才能够充分调动各方面的资源，发挥实际的效果。因此，"必须强化教育引导，增进社会共识，创新方式方法，健全制度保障，把社会主义核心价值体系融入国民教育、精神文明建设和党的建设全过程，贯穿改革开放和社会主义现代化建设各领域，体现到精神文化产品创作生产传播各方面，坚持用社会主义核心价值体系引领社会思潮，在全党全社会形成统一指导思想、共同理想信念、强大精神力量、基本道德规范。"③

① 胡锦涛：《胡锦涛文选》（第 2 卷），人民出版社，2016，第 639 页。

② 胡锦涛：《在庆祝中国共产党成立 90 周年大会上的讲话》，《人民日报》，2011 年 7 月 2 日，第 1-3 版。

③ 中国共产党第十七届中央委员会第六次全体会议：《中共中央关于深化文化体制改革推动社会主义文化大发展大繁荣若干重大问题的决定》，《人民日报》，2011 年 10 月 26 日，第 1 版。

（二）文化走出去战略的总体思路之思

1. 国力强大与文化走出去的基础问题

亨廷顿认为，文化总是追随着权力。经济和军事权力的增长会提高自信心和自负感，并大大增强自己文化和意识形态对其他文化的吸收力。相反，经济和军事权力的下降会导致自我怀疑、认同危机，并导致到其他文化中寻求经济军事和政治成功的要诀。[①] 纵观世界历史，不论是古代四大文明的出现，还是近现代欧美文化的流行，之所以广泛传播且倍受关注，无不与国力的强弱有关。国家强盛了，其文化传统、思维方式才能引起其他民族的关注和欣赏。当前，正是因为西方发达资本主义国家的综合实力远远强于其他发展中国家，才使得西方文化成为强势文化。西方国家发达的物质文明、先进的科学技术使得他们的语言、生活方式乃至价值取向都成为世界各国学习和模仿的对象。而中国历史上汉唐、宋元时期文化对外交流之所以能够取得辉煌成就，与当时雄厚的经济基础、稳定的社会环境、强大的国家力量等是分不开的。正是这一时期国家综合实力的强大，才为中国传统文化的快速发展提供了一个良好的基础和外部环境，才使得中华文化一直遥遥领先于世界其他国家。这是中国在对外文化交流中长期处于主动地位的基础性因素。

所以说，文化的传播更多的要依靠其他国家向中国学习的动机。也就是说，中国影响力的外扩，不光是中国本身的主动行为，更多的是其他国家的主动接受。要提升国际传播能力，其根源是国家的综合实力产生的影响力，美国的先进传播能力就是建构在世界超级霸权实力之上的。因此，中国只有加快发展，提升自己的综合国力，为中华文化的创新与发展提供一个坚实的基础，才能增强中华文化的吸引力和凝聚力，才能更加顺利的实现中华文化走出去。

---

① 塞缪尔·亨廷顿（美）：《文明的冲突与世界秩序的重建》，周琪译，新华出版社，2010，第72页。

中国的和平崛起在很长一段时间里一直是个世界性的热门话题。外界的看法既有乐观和积极的反映，又有负面和消极的认知。《日本的对华综合战略》认为2020年中国最有可能的前景是"不成熟的大国"，即"中国由于众多国内矛盾和社会问题，一时放慢经济增长速度，但仍保持经济增长，走上政治、经济上的全球大国。"[①] 对此，我们自己应有清醒的认识。近些年来，中国尽管在经济总量和发展速度上表现出骄人成绩，但相对于发达国家已经建立完备的市场机制，产业格局、城市化以及人口等结构因素也趋于成熟和稳定，我国还面临着深刻的结构变迁与制度转型，我国的社会和文化建设还远远落后于经济建设。而且，即使是经济发展也日益受到政府主导型经济增长体制的困扰，与国际比较看，我国消费率不仅远远低于发达国家，而且落后于同等发展水平的国家。而消费才是经济持续发展的内生动力，消费主导的发展模式更具稳定性和持久性。当前，只有真正实现以发展方式转变为主线的体制机制转型与改革，实现民富国强，实现可持续发展，才能形成中国政治、经济、社会和文化的和谐发展、全面发展。在数千年的历史中，中国曾经有过数次真正的崛起，包括在秦汉时代、隋唐时代、明清时代。在那几次崛起期间，中国不仅是经济上的崛起，而且更是文化和政治上的崛起。在当时，中国不仅在经济发展水平上，而且在文化艺术和政治上远远领先其他国家。所以，只有中国向世界展示一个更加富强的、成熟的文明形象，中华文化才能在国际上获得关注和欣赏。

另外，综合国力的强大还有助于提升文化走出去的传播力。美国文化产业的雄厚资本是支撑其世界文化市场霸主地位的最主要力量。如天文数字般的巨额资金支撑着美国文化产业得以集约化、规模化经营。而当前我国文化建设特别是文化产业发展面临的主要矛盾，依然是相对落

---

① 朱利群：《日本智库对中国崛起的研究》，《日本问题研究》，2010年第2期，第37页。

后的文化生产力与人民群众不断增长的精神文化需求之间的矛盾，表现为有效供给严重不足。国家"十二五"规划中明确指出，要推动文化产业成为国民经济支柱性产业。加快发展文化产业，对于转变经济发展方式的作用越来越明显。与此同时，文化自身的发展也面临着发展方式转变的艰巨任务。在欧美国家，由于文化传播渠道较为完备，十分顺畅，"内容为王"广为流传，但在我国还需要建立全国统一开放、竞争有序的现代文化市场体系，这些都需要在增强综合实力上，在完善市场经济体系上下功夫。铸就扎实的综合国力，不管是政治、经济实力还是文化产业实力，都是中华文化走出去的重要基础。

2. 文化自强与文化走出去的根本问题

无论是美国的文化开放与创新、法国对自己文化的保护和扶持，还是韩国对民族文化的重视和珍惜，都启示我们，文化自强，实现一国文化的强大和富有吸引力才是文化走出去的根本。

美国文化产业之所以在世界上成为霸主，唯一超级大国的整体国力是其重要因素，而从文化视角来看，又非唯一因素。美国文化产业向全世界出口，中心因素在美国式的自由和民主价值观。这一价值观，结合了新教和资本主义的伦理精神，广泛渗透进美国无论是严肃的学术著作，还是大众小说好莱坞电影，自由和民主、人道主义和个人尊重，都成为其中主要的思想元素。各种各样的美国文化产品无论形式存在多少差异，价值观却惊人的相似，从而形成了强大的合力，终成当今世界文化输出中最强大的一股力量。

法国有着悠久的文化传统及丰富的文化遗产。仅就巴黎来说，就有500多处列入国家保护的历史古迹，如卢浮宫，凯旋门，巴黎圣母院，埃菲尔铁塔，都名扬天下。走进巴黎的市井小街，满目皆是上百年的房屋建筑，真可谓"整个就是个文物世界"。而文化保护得如此完美，得益于早在1840年法国就颁布了的《历史性建筑法案》，这是世界上最早的一部关于文物保护的法典。之后又先后出台了《保护及修复历史遗迹法》《古迹保护法》《遗产捐赠与继承抵偿法》《建筑法》等一系列旨在保全和发展文化遗产的法律法规，积极鼓励和支持保留民间的、地区的、人种的等不同形式的文化遗产。通过举办文化遗产日活动，让所有人都有机会免费参观法国的历史文化名胜之地，对启迪和升华国民对祖国和民族文化的热爱与情感，提高和扩大法国文化在国际上的地位与影响力等都起到了不可估量的作用。

韩国在推行"文化立国"的国策中，最成功的经验之一，就是挖掘儒教的精髓，把传统文化的背景融入到现代生活之中，闯出了一条具有韩国特色的"韩流"新路。近年来，韩国文化产业将儒家文化与工业化背景下的大众文化紧密结合起来。以韩国影视剧为主要内容的"韩流"，以生动细腻地反映现代家庭生活和人际关系而见长，之所以在东南亚国家和地区掀起阵阵旋风，在很大程度上正是得益于其影视作品所张扬的"儒家伦理情怀"，剧中的情节之所以让人感动、产生共鸣，其灵魂所在便是儒教的核心：忠、孝、诚、信、礼、义、廉、耻，尤其把儒教的"孝"发挥到了淋漓尽致的地步。儒家文化的亲缘性使韩国文化作品适应了中国和东南亚地区人们的价值追求和审美取向。作为儒家文化发源地和传承地的中国，这是值得我们认真思考的。在当下中国文化泛娱乐化、低俗化已经影响了社会大众对文化的审美旨趣的情况下，韩剧中所彰显的儒家伦理情怀，圣洁的爱情、温馨的亲情比色情、暴力更能满足观众对现实生活的心理渴望。东方式的伦理观念，如年轻人应该孝顺父母，忠于祖国，朋友之间以信义为本，做人要诚实，对家庭亲情要珍惜等等使得韩国的文化产品满足了当代中国人的精神渴求，对其中价值理念的亲切感和认同感使韩国电视剧在有着相似文化背景的亚洲国家和地区赢得了大批观众的喜爱。

因此，当前中华文化走出去，要建立在文化自觉、文化自信和文化自强的基础上走出去，加强文化建设、推动文化内容创新，实现文化自强是中华文化走出去的根本。

3. 政府支持与文化走出去的保障问题

外国文化向外传播的背后，有着极其浓重的政治因素。就是说，国外文化在对外传播、交流过程中，都有着国家政府的大力支持。从外国政府对文化传播的态度上可以看到，西方文化能快速地成为世界强势文化，除了西方国家强大的综合国力外，国家政府的重视和支持也是一个不可忽视的重要因素。正是因为有了国家政府这个强大的力量做后盾，本国文化才能更快地向外传播。

比如说法国。作为文化大国，法国政府对文化和文化走出去的支持具有鲜明的特色，形成了"以公共投入为主，国家扶持，地方支持，多方合作"的模式。在长期的历史发展中，法国形成了王室扶持资助艺术家和艺术创作的传统。历史的积累和法国政治的特色决定了国家在文化政策领域的绝对主体作用：文化成为法兰西国家形象的重要代表。在法国人看来，扶植和保护文化事业的发展是政府当仁不让的职责。法国文化政策的一个最大特点就是国家的积极扶持渗透到文化领域的各个方面。法国每年文化部的财政预算均占国家财政总预算的1%。除此以外，法国地方各级政府还要投入两倍于国家预算的资金，用于发展本国文化。国家每年拿出大约50亿法郎扶持新闻、文学、艺术、音乐、电视、电影等行业。[①] 国家管理和规划文化事业，保护文化遗产，鼓励创作，推向世界，法国的文化政策对我国制定全面文化政策是不无借鉴的。

下面重点以文化上和我们同源，同属后发型国家的韩国为鉴，韩国文化之所以能对外形成"韩流"的冲击，与政府的大力扶持是分不开的。政府既有顶层设计和总体理念指导，又有具体的配套措施。1997年，在亚洲金融危机中遭受到沉重打击后，韩国开始培育新的经济增长点。1998年，韩国政府正式提出"文化立国"的战略，将文化产业作为21

---

① 刘轶：《他山之石：美英法韩等国的文化政策》，《社会观察》，2004年第4期，第11页。

世纪发展国家经济的战略性支柱产业，称之为"最适合韩国未来经济发展的新兴产业"。2003 年，韩国领导人提出建设"创意韩国"，主张把韩国建成 21 世纪文化大国和知识经济强国。韩国实施文化立国方针的基本战略是：集中力量开发具有国际竞争力的高质量文化产品；重点培育战略性文化产业，力争使国家扶持政策产生最大的整体实效。

具体从理念层面、制度层面和行为层面分析政府对于文化和文化走出去应发挥的作用。

首先，在政府理念层面上，应强化各级政府和主管部门对文化和文化产业重要性认识。文化产业是 21 世纪的朝阳产业已经成为共识。韩国政府对文化产业在经济发展中的核心作用的认识表现了高度的理论自觉与前瞻性。文化强，则国强。如果一个国家不能创造出自己的文化内容，将遭遇严重的文化危机。这是比经济上或政治上的依附更为严重的问题。国家和社会对文化和文化产业的正确认识，对文化走出去非常重要。有人说："韩国文化产业在经济发展中的核心作用决非偶然，它是基于从政府到产业对其战略意义的共识，一步一步地设计、促进、推进而成功的……韩国经验提供了一个在某种特定条件下，文化产业成为经济发展核心推动力的鲜活例子，而且证明了这种成就是可以通过政府和业界有意识地共同努力来实现的。"[1]

其次，在政府制度层面上，应加强文化战略和文化走出去的立法，改革政府文化管理体制。制度作为主体的行为规则，有着方向性与目的性的价值，对文化走出去战略的理性认识，只有通过制度才能向现实可能性转化。韩国文化产业发展的一个令人瞩目的特点就是，法律与制度的及时出台与修改，政府作为制度的主要供给主体扮演了重要的角色。还会随时对影响文化产业发展的一些条令、规定进行解禁，或修改，或

---

① 缪其浩、陈超：《文化产业的破壁》，《中外文化交流》，2003 年第 2 期，第 6-7 页。

撤销，或折缓执行，以促进文化产业健康发展。

最后，从政府行为层面上看，政府应转变职能，改变行政方式，建立新的宏观调控机制，探索推动文化走出去的新模式。不容忽视的一点是，尽管韩国政府在文化产业发展中的作用极为关键，但是政府职能的发挥并没有否定市场调节的基础作用，政府在文化产业发展过程中的作用也主要表现在优化提供公共文化产品和服务的平台，营造适合文化发展的良好生态环境上，市场力量与政府力量的契合是韩国文化产业取得快速发展的内在原因。所以，韩国文化走出去的成功也是其本身市场经济不断完善与成熟、政府努力培育市场机制、积极主动地顺应市场经济要求的结果。

韩国的经验表明，面对西方发达国家的强势地位，对于市场机制尚不完善的"赶超型"的发展中国家来说，实施文化走出去战略，必须从国情出发，充分发挥政府干预市场的作用，通过体制机制和公共政策创新，使政府作用与市场机制紧密结合，整合各类资源，形成市场合力，才能取得事半功倍的效果。[1]

4. 文化走出去的多元渠道问题

从美国文化走出去的经验来看，美国不光重视文化外交的文化渗透力，善于对外施加文化影响和从事文化渗透活动，还特别善于利用经济活动和大众传媒来实现文化走出去。渠道多元使文化走出去更富成效。

"文化外交"（cultural diplomacy）是国际文化关系的一部分，指一国政府主导下的、以实现某种战略意图为目的的对外文化活动。有学者形象地将文化外交比喻为"国家意志的柔性传播"。[2] 美国是一个非常注重文化外交、强调对外施加文化影响和从事文化渗透活动的国家。

---

[1] 齐勇锋、蒋多：《中国文化走出去战略的内涵和模式探讨》，《东岳论丛》，2010 年第 10 期，第 168 页。

[2] 刘乃京：《文化外交——国家意志的柔性传播》，《新视野》，2002 年第 3 期，第 66 页。

正如美国学者弗兰克·A.宁柯维奇在《文化外交》指出的："文化手段和政治、经济、军事手段一样，不但都是美国外交政策的组成部分，在大国间军事作用有限的情况下，特别是在现代核战争中无法严密保护本国不受报复的情况下，文化手段尤其成为美国穿越障碍的一种更加重要的强大渗透工具。"[1] 美国的历代总统都非常重视文化外交。他们认为通过国际教育和交流项目创立来实现人民与人民之间的外交对国家利益至关重要。鼓励所有美国人积极加入到学生、教师、学校、专业协会和志愿者组织中去，以此来确认他们对世界范围的教育交流的义务。以此为契机，美国务院建议扩大社会知名人士对文化外交的参与，为政府的决策提供更为广泛的信息资源和参考意见。美国的文化外交突出表现在很注重、很善于巧妙利用国际文化教育交流方式。例如，交换留学生的计划，是美国外交政策的执行工具之一。他们积极利用这一方式来实现其对外文化战略目标。美国国务院负责对外文化关系的助理国务卿威廉·本顿曾把培养外国学生看成是一种很有前景，并且节省经济成本的推销美国思想的推销方式。高等教育的一个最大特点是依据学科、专业组织教学和科学研究，美国政府通过对富布赖特交流项目的学科和专业的选择，实现其对交流学者的影响，而所选的学科多是能够反映美国文化和价值观的学科。留学生长期浸润在美国文化中，自然地成了美国文化的传播者。

美国文化输出的另一个重要特点是文化传播与经济活动结合得越来越紧密，重视通过经济载体来实现文化传播。西方文化的精神和性格已被镶嵌在经济实体（公司）的价值理念、规章制度以及从业人员的思维方式、行为方式和生活方式中，镶嵌在商业服务方式、品牌名称、商品广告、商业时尚的营造中，镶嵌在世界经济和贸易规则中，更镶嵌在包

---

① 方立：《美国全球战略中的文化扩张与渗透》，《前线》，1996年第6期，第12页。

括文化产品在内的物质商品中。物质商品生产和消费在全球范围的流动使附加于商品之上的文化成为世界性的。强大的政治、经济影响力与以好莱坞为代表的美国文化的"强势"结合，互为推动、互相促进，在进入一国相关文化产业市场的同时，逐渐影响该国的文化和思想意识形态。在美国文化输出看似完全商业化运作同时，政府通过政策支持和法律规范，积极鼓励那些宣传美国文化价值观念和历史传统的产品。美国尼克松曾提出，当社会主义国家需要资本主义国家的技术，需要和他们做生意时，西方国家就"应该竭尽全力把尽可能多的真理塞进门去"。1989年以后，美国总统布什坚持与中国保持贸易接触政策，因为他相信思想是行为是一体的，哪个国家也不可能一边与其他国家有着密切的贸易往来，一边又可以完全阻止别国的文化进入。

随着现代科学技术的飞速发展，特别是随着数字技术和网络技术应用，以广播、影视、互联网、报刊为载体的大众媒介在国际关系中特别是国际文化关系中日益起着不可替代的重要作用。美国传播媒介已在社会中获得公认的继立法、行政、司法三种权力之外的第四种权力的地位，因而它对美国人的言行、思想以及文化的影响十分巨大，它同时也成为向世界传播美国文化的急先锋。从战后初期开始，美国政府便通过垄断大众传媒市场，传播渗透资本主义文化。现代西方文化输出的一种主要形式就是借助大众媒体——广播、电视、电影、广告、通俗音乐、杂志以及国际互联网等，公开或隐蔽推销其意识形态、社会制度等理念来影响他国国民。正如美国一位学者所说，过去我们手里挥舞着原子弹使人们害怕，现在我们控制着互联网使人们喜欢，这就为传播西方价值观开辟了新的有效途径。[①] 在以广播、影视、国际互联网、报刊为载体的大众媒介可以"立竿见影"地改变人们的"见

---

① 张蔚萍：《如何正确认识当今国际环境和国际政治斗争带来的影响》，《理论研究》，2001 年第 16 期，第 14 页。

解和政治态度"的社会里，影响国际关系行为的因素和力量比以前更为广泛复杂、更为直接和个人化。当今各国的国家地位不仅受到所谓国家精英的影响，而且受到公民社会诸力量的左右。可见，大众传媒所具备的影响社会公众进而左右国家地位、影响国际关系行为的能力使其在国际文化传播中发挥着重要作用。

所以，中国当前在文化走出去的过程中特别要注意不断开拓新渠道。因为国外公众对官方渠道信任度较低，有时表现出"与政府不合作主义"的倾向，而国外公众对于能够满足人们物质需求和精神享受的文化产品，如电影和电视节目、书刊杂志、流行音乐以及快餐食品等等，接受起来更容易。另外，民间组织和国民的日常行为往往具有最广泛的渗透力，通常不自觉地成为国家文化的传播者，甚至在某种程度上，民间力量所展示的形象往往更易于为国际社会所信服。这给我们中华文化的国际传播提供了一个思路，政府作用的发挥，如果放在扶持和引导民间力量，培育和完善市场机制，来推动中华文化走出去，更能取得事半功倍的效果。要重视人的因素和民间力量，通过提高全体国民的文化素质来展示中华文化的影响力；通过鼓励支持海外汉学家来传播中华文化；通过拓展民间合作交流领域，鼓励人民团体、民间组织、民营企业和个人从事对外文化交流，扩大商业性展演、展映；鼓励民间力量，运用市场机制，通过文化产品销售传播中华文化；通过以富有中华文化特色的大众媒介文化产品作为先锋，寻求不同文明之间的交集。所以，充分利用官方的、非官方的特别是民间的力量，建设多元化渠道是文化走出去的必然。

二、中国文化走出去的战术之思

（一）文化走出去战术的原则问题

"经过多年奋斗，我国综合国力大幅增强，中华文化发扬光大和走出去的广度和深度不断扩大，国际文化版图正朝着于我有利的方向演变。我们要因势而谋、应势而动、顺势而为，找准工作着力点，一项一项寻求突破，积小胜为大胜，加快这一历史进程"。[1] 为此，我们一方面要在国内加强文化建设，着力发掘和打造文化品牌，一方面还要积极拓展对外交流渠道，把我国的文化品牌打出去，在世界文化格局中占据更大的分量，赢得更多的国际认同，形成一种全方位的支持。文化制度建设和完善，就是要与时俱进地制定相关举措，规定应该做什么，不应该做什么，为国内文化品牌的打造指明方向，为对外文化的宣传着力。国内品牌的打造与对外宣传双管齐下，方能打造我国强大的文化软实力。

1. 文化品牌的打造问题

中国的民族文化和传统文化相当丰富，如果抓住某一领域民族特色或传统特色的文化，将其当作文化产品、文化精品来打造，必然能够树立品牌，发挥影响。"中华民族有着深厚文化传统，形成了富有特色的思想体系，体现了中国人几千年来积累的知识智慧和理想思辨。这是我国的独特优势。中华文明延续着我们国家和民族的精神血脉，既需要薪火相传、代代守护，也需要与时俱进、推陈出新。要加强对中华优秀传统文化的挖掘和阐发，使中华民族最基本的文化基因与当代文化相适应、与现代社会相协调，把跨越时空、超越国界、富有永恒魅力、具有当代价值得文化精神弘扬起来"。[2] 当前，一方面，党和国家要高度重视，从全局出发，统筹规划，制定相关的政策措施，有针对性地出台文化发展战略和制度，掀起推动文化发展繁荣的热潮。另一方面，各地方政府，各文化团体，要充分发挥本地区、本团体的主动性创造性，挖掘和宣传本地区的民族文化特色和传统文化特色，在全国形成一种百花齐放、百家争鸣的活跃氛围，各个地方的文化发展了，形成互相之间的竞争态势和交流学习态势，则有利于地区品牌、国家品牌的打造。当前，在全国

---

① 中共中央文献研究室：《习近平关于社会主义文化建设论述摘编》，中央文献出版社，2017，第 203 页。

② 习近平：《在哲学社会科学工作座谈会上的讲话》，人民出版社，2016，第 17 页。

的许多地方，文化品牌千篇一律的现状没有得到根本改变，有的地方热衷于寻根祭祖等文化平台打造，有的地方争抢名人故里，甚至不惜搞恶俗文化，山东两县争夺潘金莲故里、追寻西门庆的祖籍、江苏淮安开建南北分界线，等等做法，都是拜金主义的利益在作祟。这种文化打造，非但没有弘扬特色文化，甚至还污染了地方特色文化，是不可取的。"对先人传承下来的文化和道德规范，要在去粗取精、去伪存真的基础上，采取兼收并蓄的态度，坚持古为今用、推陈出新的方法，有鉴别地加以对待，有扬弃地予以继承"。[①]

2. 对外加强文化软实力的宣传问题

"文化软实力集中体现了一个国家基于文化而具有的凝聚力和生命力，以及由此产生的吸引力和影响力。古往今来，任何一个大国的发展进程，既是经济总量、军事力量等硬实力提高的进程，也是价值观念、思想文化等软实力提高的进程"。[②]新加坡、韩国、中国香港、中国台湾等地之所以能在二战后迅速崛起，并非因其广阔的国土和众多的人口，而是继承传统文化之上的有效创新，经济上成为快速发展的"亚洲四小龙"，在文化上也成为全球各国争相学习的典范，终于在地区性和国际性舞台上占据了一席之地。中国并非没有形成文化品牌，而是缺乏宣传。在当前的一些资本主义国家，对中国的认识还停留在数百年前，比如有的人到欧洲稍微偏远的城市，有人见到中国人还打听，中国人是否依然留长辫子。这些荒谬看法的存在，从侧面反映了中国文化宣传力度还远远不够。当前中国的对外宣传，"既要介绍特色的中国，也要介绍全面的中国；既要介绍古老的中国，也要介绍当代的中国；既要介绍中国的

[①] 中共中央文献研究室：《习近平关于社会主义文化建设论述摘编》，中央文献出版社，2017，第139页。

[②] 中共中央文献研究室：《习近平关于社会主义文化建设论述摘编》，中央文献出版社，2017，第198页。

经济社会发展，也要介绍中国的人和文化"。[①] 总之，要让世界感受到
中国的正面存在，"重点展示中国历史底蕴深厚、各民族多元一体、文
化多样和谐的文明大国形象，政治清明、经济发展、文化繁荣、社会稳
定、人民团结、山河秀美的东方大国形象，坚持和平发展、促进共同发
展、维护国际公平正义、为人类作出贡献的负责任大国形象，对外更加
开放、更加具有亲和力、充满希望、充满活力的社会主义大国形象。对
那些妖魔化、污名化中国和中国人民的言论，要及时予以揭露和驳斥"。[②]
当然，对外文化宣传并不是单向度的，而是一种文化互动行为，当我们
在向外宣传文化特色的时候，同时也要注意学习国外的先进文化来为我
所用，还要及时地获取反馈信息，在为文化宣传作进一步的改进的同时，
创新中国文化，推动中国优秀文化的发展繁荣。

（二）中国文化走出去的方式与方法问题

首先，在海外建立中国文化中心，是近几年受到广泛关注的学术外
交，是文化走出去的有效方法。"现在，实际开展活动的有贝宁、开罗、
巴黎、马耳他、首尔、毛里求斯、哈萨克斯坦、柏林的中国文化中心。
中国计划今后 10 年在世界 20 至 25 个国家建立中国文化中心。中国文
化中心的作用是提供文化、教育、信息三大服务。具体来说，举办各种
展览会、电影放映会、音乐会，提供关于中国文化的'发现中国'系列
讲座，举办关于汉语、太极拳和中医等的讲座。"[③] 将中国文化传播出去，
将我国的思想发展到国际舞台。我国还在世界多个国家举办"中国文化
节"、派遣艺术文化团体和留学生进行交流、兴办孔子学院等传播中国
文化。近几年来，中国开始运用媒体传播学术思想，以电影电视剧为载

---

① 《习近平同德国汉学家、孔子学院教师代表和学习汉语的学生代表座
谈》，《光明日报》，2014 年 3 月 30 日，第 1 版。

② 中共中央文献研究室：《习近平关于社会主义文化建设论述摘编》，
中央文献出版社，2017，第 202 页。

③ 童世骏：《国家软实力论》，重庆出版社，2008，第 116 页。

体，拍摄中国文化气息浓厚的影片，向世界各国传播中国文化，让我国的文化思想走出去。影片《英雄》，由我国生产的中国电影，在美国放映，迅速走红，创造了三周的美国最高票房纪录，这是我国第一次以一部影片的形式打入美国市场，走向国际社会。这是中国利用影片的形式传播中华思想，输出文化软实力的一种举措，影片有着浓厚的中国文化气息。中央电视台播出的如《圆明园》《大国崛起》等是很好的传播我国文化的电视片，但是要让我国学术思想走出去就要适应国际化。

其次，不断夯实文化产业基础，实现文化"走出去"。"文化产业是提升文化软实力的重要载体，是发展文化科技、打造文化品牌、占领文化市场的重要依托。"①"当前，在文化产业的发展方面，我们有着文化资源丰富和文化产品市场广阔等优势，我们要继续争取使文化产业的发展成为促进我国经济社会发展的一个重要增长点。正如党的十七届六中全会所提出的，发展文化产业是社会主义市场经济条件下满足人民多样化精神文化需求的重要途径。必须坚持社会主义先进文化前进方向，坚持把社会效益放在首位、社会效益和经济效益相统一，按照全面协调可持续的要求，推动文化产业跨越式发展，使之成为新的经济增长点、经济结构战略性调整的重要支点、转变经济发展方式的重要着力点，为推动科学发展提供重要支撑。要解放和发展文化生产力，增强文化的市场化和产业化发展，建立健全文化市场体系。具体来说，就是要构建文化产业体系，形成公有制为主体、多种所有制共同发展繁荣的文化产业格局。"②

由于长期以来的体制问题，导致文化企业改制后不能很好地与市场接轨，各自为政，条块分割，严重影响了文化产业的发展和企业自身竞争力的提高。首先，企业要不断引进先进的科学技术，使文化与科技相

---

① 耿超：《全球化视野中提升中国文化软实力的思考》，《理论月刊》，2014年第3期，第58页。

② 冯颜利：《中华文化如何"走出去"——文化影响力建设的问题、原因与建议》，《人民论坛·学术前沿》，2013年第8期，第80页。

结合，深入实施科技带动战略，加快高新技术在文化领域的运用。其次，企业要以市场为中心，不断开发和研制适应市场需求的新的文化产品。再次，企业还要不断地学习国外文化产业发展的成果，引进国外先进技术和科学的管理，降低自己研发的成本。此外，企业应积极培养文化出口经营人才，尤其是既懂外语也懂营销，又熟悉国际文化市场状况的人才。我国的文化产业长期处于世界文化产业链条的下游，文化产品市场竞争力不强。增强中华文化的国际影响力的一个长远之计，是不断创造出体现民族文化活力和特点的新作品、新品牌。每一种文明都延续着一个国家和民族的精神血脉，都有自己的优势和长处，企业要不断开发和研制既体现民族文化特色，又富有时代精神的创意品牌，开拓既有民族文化根基，又能引领时代潮流的文化高端品牌。

第三，在文化走出去的过程中，要重视文化话语体系的协调与对接。世界众多国家和地区，都有着独特的文化，同时也有着独特的观察世界和理解外来文化的思维方式和独特方法。我们要充分了解各国的语言文化体系，了解他们接受中国文化的方式，更要了解他们所接受的中国文化的程度，用对方听得懂、理解得透的方式传递给他们，真正做到"中国故事，国际表达"。只有从对方的角度出发，才能有的放矢，针对不同的国家，采用不同的话语体系，争取最大限度的理解、认同和支持。以海外投资企业为例，各国经济环境、经营环境和人文环境与中国有很大不同，中国企业海外投资日益增多，但常常在当地政治生态、文化、法律等问题上遇到"水土不服"问题，"企业要提高自身专业化水平，引进专业化管理人才和团队，按当地规则办事，这样'走出去'才会比较容易。"[1] "客观上，由于我国近现代曾受多国侵略，近几十年的发展又领先世界，社会主义制度早年又被宣传为与资本主义势不两立的社

---

[1] 冯颜利：《中华文化如何"走出去"——文化影响力建设的问题、原因与建议》，《人民论坛·学术前沿》，2013年第8期，第80页。

会制度，这些因素的存在，使一些国家对我们望而生畏。同时，无论是我国的政治、经济还是文化对外战略，都显示出一种要战胜周边国家独自强大的意图，这也令其他国家有所防备。当前，我们在对外宣传时，要理解对方立场，在强调振兴国家、民族复兴、文化崛起等战略时，强调自我发展基础上对外国文化的借鉴，避免将自我强大战略定位在战胜其他文明之上，以赢得朋友和伙伴。"①

第四，大力扶持代表国家水平的文艺表演团体。一个国家的文化，要冲出国门，走向世界，必须大力扶持能够代表本国水平的优秀传统文化和高雅艺术。对于这一部分文化产业，国家必须大力扶持。国家应对能代表国家文艺表演水平的演出团体予以政策支持，直接由国家出资组办一部分高水平的文学艺术创作和文艺节目的演出。国家应制定相关的政策，保留各级有代表性的文艺演出团体，包括代表国家艺术水平、地方民族特色的艺术院团、代表优秀传统艺术的演出团体，以及为少年儿童服务的艺术团体等，在财政上予以重点扶持，包括实行财政拨款、专项补贴和政策性补贴。

第五，充分发挥政策的支持作用。近年来，我们探索并建立了一套帮助文化走出去的政策体系和工作机制，制定颁布了《关于进一步推进国家文化出口重点企业和项目目录相关工作的指导意见》，通过宏观指导、政策引领、经济支持、服务便利等方式，扩大文化的对外贸易和对外交流合作。要继续完善文化开放的支持政策，落实好已出台的各项措施，加大财政、金融、税收、用地等方面的扶持力度，培育壮大一批具有国际竞争力的外向型文化企业和中介机构，帮助具有创新能力的中小文化企业走向国际市场，坚持"扶优扶强"的原则，支持文化出口重点

---

① 冯颜利：《中华文化如何"走出去"——文化影响力建设的问题、原因与建议》，《人民论坛·学术前沿》，2013年第8期，第80-81页。

企业和重点项目。[①] 在文化产品、文化要素的供给和配置上，一定要充分发挥市场的积极作用。即使是那些公共文化产品和服务，包括一些公共文化设施的建设，政府也可以采取招标竞价购买的形式从市场获取，把文化生产和消费从文化系统的"内循环"扩大到市场的"大循环"。不但要完善国内市场，还要关注国际市场，努力掌握国际文化贸易规则和营销策略，统筹国内国际两个市场两种资源，统筹对外文化交流与对外文化贸易，统筹扩大出口规模与调整出口结构，着力发展外向型文化企业，着力培育中华民族文化品牌，着力加强出口平台和营销渠道建设，进一步加快文化走出去步伐。[②] 直面西方文化霸权，积极主动地利用互联网的传播优势来促进文化输出，加快中华传统文化、中国特色社会主义文化在网上的传播，以特色取胜，形成中国元素、中国风格的话语体系，维护民族的文化身份，进一步拓展我国的"信息疆域"。

第六，做好文化保障服务。"一要建立对外文化交流传播机制。创新对外宣传方式方法，加强国际传播能力建设，增进国际社会对我国文化价值的理解和认同，展现我国文明、民主、开放、进步的形象，增强我国际话语权。二要构建人文交流机制。把政府交流和民间交流结合起来，拓宽文化交流渠道。加强海外中国文化中心和孔子学院建设，鼓励代表国家水平的各类学术团体、艺术机构，在相应国际组织中发挥建设性作用。做好文化传播对象的工作，通过建立面向外国青年的交流机制，设立中华文化国际传播贡献奖等方式，增强世界对中华文化的关注度。三要加强国际型文化人才队伍建设。充分依托国内外高校、职业教育机构，推进文化出口的人才培训，培养一批专业创作、经纪评估、营销策划、咨询翻译等方面的人才，造就一批适应文化开放需要的国际化、复

---

① 陈德铭：《提高文化开放水平》，《经济日报》，2011 年 11 月 15 日，第 3 页。

② 云杉：《文化自觉文化自信文化自强——对繁荣发展中国特色社会主义文化的思考（下）》，《红旗文稿》，2010 年第 17 期，第 9 页。

合型人才。四要加强知识产权的保护和国际合作。鼓励文化企业以国际市场为导向，创作具有自主知识产权和自主品牌的文化精品。"① 完善文化促进体系，积极发展译制、推介、咨询服务，组织翻译优秀学术成果和文化精品，为文化企业走出去提供投融资、翻译咨询、知识产权保护等全方位服务。在保护本国公民文化权益的同时，也要使外国公民在华正当的文化交流活动得到保护，政府机关、企事业单位要为中华文化提供各种服务，以保证文化开放的质量和效益。

第七，要重视学术对话和交流在文化走出去的过程中的作用。在文化走出去的过程中，我们要重视学术对话交流，要建设"走出去"与"请进来"相结合的对外学术交流工作体系。习近平同志在哲学社会科学工作座谈会上指出，"要鼓励哲学社会科学机构参与和设立国际性学术组织，支持和鼓励建立海外中国学术研究中心，指出国外学会、基金会研究中国问题，加强国内外智库交流，推动海外中国学研究。要聚焦国际社会共同关注的问题，推出并牵头组织研究项目，增强我国哲学社会科学研究的国际影响力"。② 促进学术对话和交流在方法，最重要的就是探索对话、交流的途径和方法。为此，我国要充分发挥高等院校在国际文化交流中的特殊地位，将"走出去"与"请进来"结合起来，进行合理的规划；要建设广泛的交流途径，创建良性的合作机制；要建设面向世界的中国学术交流中心，将优质的著作、高水平的科研成果输出到国外；要对优质的外文学术网站和学术期刊进行重点建设，架起高等院校与国际性学术组织沟通的桥梁；"对学者参加国际学术会议、发表学术

① 陈德铭：《提高文化开放水平》，《经济日报》，2011 年 11 月 15 日，第 3 页。

② 习近平：《在哲学社会科学工作座谈会上的讲话》，人民出版社，2016，第 24 页。

文章，要给予支持"。① 通过这样有计划、有步骤地推动中国的学术理论走向世界，不但可以加强学术交流和对话，而且还可以增强世界人民对中国的了解与认识，在展现我国的文明、民主、和平、进步的大国形象的同时推动中国文化走出去。

（三）文化走出去与学术思想走出去之思

1. 中国学术思想走出去的自信问题

文化软实力的重要标志是有自己独特的学术思想理论。文化的核心是独特的思想。有思想才有实力，一个拥有自己的学术思想的民族才能屹立于世界民族之林。有自己的思想理念，才能使世界民众认识你的国家，进而去了解你的民族，借鉴你的思想，从而促进本国的国际影响力，使其他国家对你产生信赖感，在国际上形成自己的话语权，促进国家文化软实力的提升。

首先，不论是传统文化还是现当代问题都有可以走出去的实力。拿中华传统文化来说，诸如"己所不欲勿施于人""天人合一""中庸中和"、诚实信义等，都是经历时代的发展，社会的变迁，经过社会实践证明了的积极的、对人类社会的发展有利的、可以促进社会进步的思想和价值观。众所周知，儒家思想对亚洲及世界的道德建设、文化发展、社会治理等一直起着重要的作用。随着儒家思想越来越为世界所关注，儒家的许多思想诸如和合思想、中庸思想、诚信思想、仁爱思想、礼治思想、气节思想等也将成为展现我国文化软实力的重要资源。因此，在新时代的今天，我们要深入挖掘以儒家思想为代表的传统文化的理论价值，让它在世界上大放异彩，使之为提升我国文化软实力做出应有的贡献。由于闭关锁国政策的影响，我国现当代学术思想的影响力在很长一段时间内主要局限于国内。然而，改革开放以后，特别是最近十多年，

---

① 习近平：《在哲学社会科学工作座谈会上的讲话》，人民出版社，2016，第24页。

随着我国政治影响力和经济实力的日益增强，我国现当代的学术思想也蓬勃发展，并开始渐渐走向世界的舞台。例如在 2012 年获得诺贝尔文学奖的作家莫言，他以其"用魔幻现实主义将民间故事、历史和现代融为一体"的创作手法将我国的文化传播到世界范围。其实，还有许多的近现代的思想大师的学术思想，可以走出去，对世界的文化交流做出贡献。比如，哲学界的"冯、熊、金、贺、张"；文学界的鲁迅、林语堂、钱钟书；文化界的梁启超、陈寅恪、梁漱溟、季羡林；教育界的蔡元培、陶行知，等等。随着他们的思想远播海外，让更多的人了解，那么，必将使中国的思想文化在国外得到发扬光大。

其次，中国特色社会主义理论是对世界具有贡献意义的开创性理论。中国特色社会主义理论体系是包括邓小平理论、"三个代表"重要思想、科学发展观，以及习近平新时代中国特色社会主义思想等重大战略思想在内的科学理论体系，"是指导党和人民实现中华民族伟大复兴的正确理论"。① 习近平同志在全国宣传思想工作会议上指出，"中国特色社会主义理论体系是马克思主义中国化最新成果，是当代中国的马克思主义，是坚持和发展中国特色社会主义的行动指南"。② 中国特色社会主义理论体系，是中国独创性的思想理论，也是中国对外形象的独特标志。因此，我们不但要对我们的道路、制度有自信，更要对我们的理论即中国特色社会主义理论有自信。中国特色社会主义理论不但是引领我国走向世界舞台的正确性理论，也是开拓中国社会主义事业新局面的科学指南，更是对世界社会主义运动产生重大影响的独特理论。

因此，我们要对中国的学术思想可以走出去充满自信。理论自信是学术思想走出去和提升国家文化软实力的前提。"理论自信指的就是对

---

① 本书编写组：《党的十九大报告学习辅导百问》，党建读物出版社、学习出版社，2017，第 14 页。

② 中共中央文献研究室：《习近平关于社会主义文化建设论述摘编》，中央文献出版社，2017，第 61-62 页。

于自身理论体系的尊重、认同与信念。理论自信的重要所指就是理论界在对外学术交流中要充满信心，理直气壮地把哲学社会科学中国化，把中国的哲学社会科学世界化。"①不论是在历史上还是在现实中来看，一个民族是繁荣兴盛还是衰落萧索都与其理论自信息息相关。不论是强大的国家还是兴盛的民族都必然拥有与之相匹配的理论自信和理论影响力。中国的文明为什么几千年没有出现断裂，拥有过辉煌的文明，并且对世界有着极大的影响力？"这主要得益于我们的先人一直以充分的理论自信，坚持以我为主体，广纳百川，泱泱大气，终于造就了灿烂的中华文化。"②中国有着几千年的历史文化，沉稳淡定、谦恭下士一直是我们所展现的风采。包罗万象的中国文明如磁石般吸引着世界各地的人民，同时也传播到世界各地。当前，我们最大的"理论自信"就是对中国特色社会主义理论的自信。理论是对现实的反映；社会存在决定我们的社会意识。对于中国特色社会主义理论的自信不仅仅来自理论本身，更来自于现实。中国特色社会主义道路在增强综合国力、发展经济以及保持社会稳定方面有无可替代的优越性，是使我们在得到世界肯定的同时也形成了坚定的理论自信的源头活水。

2. 中国学术思想走出去的话语权问题

何谓学术话语权？通俗地说，就是学术领域中要发出自己的声音，并且这种声音要具备一定的权威性和影响力。只有拥有了学术话语权，我们才能在中国发展的实践具体问题上拥有指导能力、解释权以及"发言权"，才能在国际学术体系中实现理论创新，在学术交流过程中拥有"发言权"，并且在与西方学者的交流过程中实现平等对话，在学术领域内阐释自己独到的见解，做出自己独特的贡献。近年来，"中国崛起""中

---

① 陈始发：《以理论自信和理论自觉提升国家软实力与世界话语权》，《江西社会科学》，2012年第7期，第25页。

② 陈始发：《以理论自信和理论自觉提升国家软实力与世界话语权》，《江西社会科学》，2012年第7期，第24页。

国模式"和"中国奇迹"等词汇频繁出现，这正体现出自中国改革开放以来，根据本国国情探索出适合自己道路所取得的成就，而不是一味的照搬西方体制的产物，这是西方学术界所不能理解的。因为"中国模式""中国奇迹""中国崛起"不仅是中国根据自己的国情、社会现状走出的路子，其中也包含着中国特有的文化环境，这需要我们通过自己的深入研究、不断反思来进行解释说明。"只有能够对本土实践给出有力解释的理论，才能在世界哲学社会科学格局中赢得'发言权'，也只有走在世界学术前沿的理论，才能对本土实践进行有说服力的解释。"①

当前，我国有一种倾向就是盲目地引进、学习、借鉴西方的话语体系，过度地借用西方范式否定中国的实践结果以及过度地强调与国际的学术接轨，这样就导致了经济发展与哲学社会科学的不适应，缺乏理论依托。其原因是缺乏独创精神，不敢去超越，长此以往，就没有了话语权，中国的文化没人讲没人听，国家的话语权与软实力无法提高。近年来，我国经济迅猛发展，取得举世瞩目的成就，自然科学领域也取得了不少享誉世界的成果，但是，与此相比，我国社会科学领域虽然也产生了许多理论成果，但是基于对我国的重大现实性问题的思考与关注却不是很多，由此导致了在国际学术界中"中国学派"发出的声音，创造的影响还不是很强。其中，最显著的一个表现就是我国的学术前沿问题基本上是对西方学术的学习与传播。因此，当前，在与西方学者的学术对话中，我国基本上处于被动的地位，甚至对有些西方学者提出的理论问题出现集体失语的现象，并且这种现象经常发生。这就要求我们要加强我国文化软实力建设，倡导中国意识，努力构建我国自己的理论体系和话语体系。对于我国对西方社会科学理论的研究与借鉴我们并不反对，但是要反对唯西方范式马首是瞻，没有自己的立场，没有自己的理念。

---

① 赵跃宇：《关于高校哲学社会科学发展几个重要问题的思考》，《中国高等教育》，2012 年第 Z2 期，第 26 页。

总之，民族的才是世界的。在学术思想走出去的过程中，我们一方面要大力推广我们的特色的中华传统文化思想，另一方面，也要结合时代变化努力塑造新时期的我们自己的学术思想，力争在国际话语体系中发出自己的声音，有自己的话语权。

文化中国书系

中国社会科学院中国文化研究中心

总主编◎王立胜 李河

论文化强国建设（下）

冯颜利◎著

本书为国家社会科学基金重点项目
《科学发展与社会和谐双重视阈中的中国特色社会主义文化强国建设研究》
（12AZD001）结项成果

中国书籍出版社
China Book Press

图书在版编目（CIP）数据

论文化强国建设：上下册/冯颜利著. —— 北京：中国书籍出版社，2021.1

（中国社会科学院中国文化研究中心·文化中国书系/王立胜，李河主编）

ISBN 978-7-5068-8096-1

Ⅰ.①论… Ⅱ.①冯… Ⅲ.①文化事业—建设—研究—中国 Ⅳ.①G12

中国版本图书馆CIP数据核字(2020)第221036号

论文化强国建设（上、下册）

冯颜利　著

图书策划	牛　超	
责任编辑	牛　超	
项目统筹	惠　鸣　孙茹茹	
责任印制	孙马飞　马　芝	
封面设计	程　跃	
出版发行	中国书籍出版社	
地　　址	北京市丰台区三路居路97号（邮编：100073）	
电　　话	（010）52257143（总编室）　（010）52257140（发行部）	
电子邮箱	eo@chinabp.com.cn	
经　　销	全国新华书店	
印　　刷	三河市顺兴印务有限公司	
开　　本	787毫米×1092毫米　1/16	
字　　数	716千字	
印　　张	42.5	
版　　次	2021年1月第1版　2021年1月第1次印刷	
书　　号	ISBN 978-7-5068-8096-1	
定　　价	128.00元（全二册）	

目录

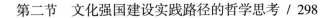

论文化强国建设（下）

第六章 文化强国建设与意识形态安全、文化安全解析

国家安全从传统的军事安全领域，扩大到了生态、经济、文化等非传统国家安全领域，自亨廷顿提出"文明的冲突"理论，全世界开始了对国家文化安全这一新的安全形态的关注，并在学界内引发了对国家文化安全研究的热潮，国家文化安全被许多国家视为基本国策，也现实地成为当代国家战略决策的一个重要组成部分。它不仅关涉到一个国家在世界变化的格局中所处的地位，还关涉到国家文化发展的现状和未来乃至整个国家的命运。"现在，国内国外、网上网下都有一些言论，贬低中华文化，否定中华民族的历史贡献，否定近代以来中国人民的奋斗史，歪曲中国共产党的历史、中华人民共和国的历史、歪曲改革开放的历史"，[①] "当前，各种敌对势力一直企图在我国制造'颜色革命'，妄图颠覆中国共产党领导和我国社会主义制度。这是我国政权面临的现实危险。他们选中的一个突破口就是意识形态领域，企图把人们思想搞乱，然后浑水摸鱼、乱中取胜"。[②] 文化强国建设状况直接影响文化安全和意识形态安全，文化安全、意识形态安全也事关我国文化强国建设全局。因此，我们要高度重视文化安全与意识形态安全问题，"面对改革发展稳定复杂局面和社会思想意识多元多样、媒体格局深刻变化，在集中精力进行经济建设的同时，一刻也不能放松和削弱意识形态工作，必须把意识形态工作的领导权、管理权、话语权牢牢掌握在手中，任何

---

① 中共中央文献研究室：《习近平关于社会主义文化建设论述摘编》，中央文献出版社，2017，第34页。
② 中共中央文献研究室：《习近平关于社会主义文化建设论述摘编》，中央文献出版社，2017，第37页。

时候都不能旁落，否则就要犯无可挽回的历史性错误"。①

第一节 文化安全与意识形态安全

文化安全事关意识形态安全，文化安全问题事关意识形态阵地是否巩固，文化安全、意识形态也就安全，只有建设文化强国才能化解文化安全问题和意识形态安全问题。

一、文化安全的概念界说

（一）文化安全的本质内涵

国家安全指的是"国家的生存和发展免于威胁和危险的状态"。②国家文化安全可以被看作是国家安全的文化形态，按着这样的逻辑推理，国家文化安全可以被看成是国家文化的生存和发展免受威胁或危险的状态，对这种状态的不同程度的破坏都构成对国家文化安全的威胁。胡惠林认为，国家文化安全是指一国的文化生存系统运行和持续发展状态及文化利益不受威胁的状态，它是关于一个国家以文化生存和发展为基础的集合，一种由这种集合形成的动力结构影响一个国家文化生存与发展的全部合法性。③它反映了一种客观的存在，即一个国家的文化在发展过程中自主发展的现实和健全的文化生态，它也反映了一种主观的价值取向，即本国国民对该国民族文化的一种心理认同。它是主客观合为一体的综合概念，是国家政治、经济、文化实践的统一体，它以国家文化主权为核心，以国家文化的生存和发展为前提条件，以国民真正享有自己的文化为最终目标，以本国人民对该国文化是否具有强烈的认同感和

① 中共中央文献研究室：《习近平关于全面深化改革论述摘编》，中央文献出版社，2014，第86页。
② 陆忠伟：《非传统安全论》，时事出版社，2003，第2页。
③ 胡惠林：《中国国家文化安全论》，上海人民出版社，2005，第18页。

归属感为检验标准，国家文化安全这个概念本身并不是静止的，它是一个动态的内容世界。

文化是一个国家的灵魂和精神，是一个国家的象征和生命基因。"历史和现实都表明，一个抛弃了或者背叛了自己历史文化的民族，不仅不可能发展起来，而且很可能上演一幕幕历史悲剧"。[①]一个国家文化的消亡昭示着整个国家与民族的灭亡，欲灭掉一个国家要先除其文化思想，欲征服一个民族要先斩断其文化脉络。古往今来，多少强权征服和军事侵略的背后，都上演过摧毁异国异民精神意志的文化殖民悲剧，如罗马帝国强制推行的单一文字、宗教信仰和建筑风格，如欧洲侵略者用传教士的十字架将印第安文化毁灭，再如日本侵华战争期间的奴化教育，这些都是鲜明的例证。如今文化上的征服与殖民成为强国进行侵袭与征服的惯用手段，文化安全也因此上升到了关系一个国家和民族生死存亡的高度。国家文化是这个国家的国民在起居饮食共同生活中所形成的文化，它具有民族性，这些文化的形成是作为各个民族言行举止的道德标准，是这些民族抵抗外敌的精神支柱，也是这个国家聚集民心的精神来源。

文化的繁荣发展是文化安全的基础，也是国家全面发展的基础。习近平总书记指出："文化是一个国家、一个民族的灵魂。""坚定文化自信，是事关国运兴衰、事关文化安全、事关民族精神独立性的大问题。"[②]胡锦涛也曾指出"当今时代，文化在综合国力竞争中的地位愈发重要，谁能占领文化发展的制高点，谁就能在激烈的国际竞争中更好地掌握主动权。"[③]党的十七届五中全会对推进文化大发展大繁荣，提

---

① 习近平：《在中国文联十大、中国作协九大开幕式上的讲话》，人民出版社，2016，第6页。

② 习近平：《坚定文化自信建设社会主义文化强国》，《求是》，2019年第12期。

③ 胡锦涛：《胡锦涛在中国文联第八次全国代表大会中国作协第七次全国代表大会上的讲话》，《人民日报》，2006年11月11日，第1版。

高国家文化软实力，确保国家文化安全做出了新的部署，全会指出，文化是一个民族的精神和灵魂，是国家发展和民族振兴的强大力量，我们要坚持社会主义先进文化前进方向，提高全民族文化素质，推进文化创新，深化文化体制改革，增强文化发展活力，满足人民群众不断增长的精神文化需求，基本建成公共文化服务体系，推动文化产业成为国民经济支柱性产业。这既是社会主义先进文化战略目标的现实需要，也是维护国家长治久安、社会和谐发展的需要。

国家文化安全是国家安全的灵魂，它关系到一国综合国力的强弱，也决定其文化在世界范围所处的态势。综合国力体现的是这个国家赖以生存和发展的全部力量，这些力量有政治的、经济的、科技的、国防的、外交的、文化的……随着科学技术的发展和知识时代的到来，一个国家的综合国力愈来愈多地体现在这个国家国民的现代化素质、科技教育水平、民族文化精神、文化产业发展程度上来。文化力体现着一个国家文化发展和建设的结果，蕴含着推动国家全面发展的精神动力和智力因素，而国家文化安全则是国民整体素质的提高及人的文化创造能力充分发挥的保障。

文化与社会的政治、经济、环境、信息有着广泛的联系，它渗透到社会生活的点点滴滴，我们不能离开文化谈政治、经济、社会环境，同样我们只有更准确地认识和把握政治、经济和社会环境时才能更好地读懂文化。所以，文化安全和政治安全、经济安全、信息安全、资源安全等存在着力的同构关系。[1] 正是这种力的同构关系，形成了国家文化安全不同的类型，从这种角度出发，国家文化安全可以分为文化经济安全、文化政治安全、文化信息安全、文化资源安全等。文化经济安全是涉及对文化市场安全、文化产业发展安全的集中表述；文化政治安全主要指国家的文化主权、国民的文化权利、国家意识形态安全形态；文化信息

---

① 胡惠林：《中国国家文化安全论》，上海人民出版社，2005，第18页。

安全则涉及文化技术的掌握与应用、文化信息的传播与交流安全、文化知识产权的保护等；文化资源安全主要规定着文化资源、文化遗产的保护与开发。在实际的应用中这些类别的界限往往没有那么明显，而是相互渗透的。国家文化安全还可以分为内生文化安全和外生文化安全，前者主要指的国家内部产生的对国家文化的威胁，如民族传统文化传承的缺位导致的民俗文化消失的威胁，宗教内部斗争导致的宗教文化安全威胁等。后者主要指的在当今全球化时代来自全球文化同一化、国际文化产业分工态势不平等的威胁。

在这个全球化加速涌动的时代，现代传播技术承载着世界各国的文化突破国家和地域的疆界，在交流与交融、对话与对抗、兼并与兼容中，使世界文化的多元性受到了前所未有的挑战，文化安全问题日益凸显。强势和弱势文化之间存在着一种"流水效应"，如同流水一样，高度发展的文化构成对弱势文化的威胁，相反则不成立。对今天的中国而言，文化安全则主要是指在全球化大趋势下，人们对国家与民族的基本价值和文化不会丧失特性或退化所持有的"安全感"，这些具体包括了如社会主义文化、社会管理制度和政治文化的安全感；民族语言和信息传播上的安全感；传统文化和独特价值体系上的安全感。

（二）国家文化安全的核心：文化主权问题

如果说国家主权的核心在 20 世纪 60 年代是政治独立，70 年代是经济主权的话，那么从 90 年代开始，文化主权将成为国家主权的核心问题。文化主权是伴随着国家主权产生的一种权力，是主权国家处理和决定自身文化领域一切事务的最高权力，是指国家将本国家和民族的文化习俗、价值观念、宗教信仰上升为国家意志，以此为作本国文化所拥有的最高的独立权。它在一国的上层建筑的运用中对外具有突出的排他胜，是神圣不可侵犯的。国家文化主权是国家文化安全的核心内容，这些权力主要包括意识形态和文化制度的选择制定权、文化立法权、文化管理权、文化传播与交流权、国民享有特定价值观念、选择特定生活方式、自主宗教信仰等。

文化主权的重要性体现在国家的安全和发展上。文化的内核是具有稳定性的，它是一个国家和民族文化精神的凝结，文化主权作为与政治、经济主权同等重要甚至更为重要的国家主权的子系统，是一个国家文化独立的标志，是民族独立的标志。一个国家只有拥有文化主权，具有民族自尊心、凝聚民心，才足以维护国家的主权，抵制国外势力的控制。文化是一个国家民族内人们长期实践成果的结晶，它是相对军事、经济、科技实力而言的更为重要的"软实力"，硬实力是软实力的基础，软实力在一定程度上依赖于硬实力，但是，软实力对硬实力有强大的反作用，它为国家的经济发展和科技进步提供强大的精神支撑和思想动力。如果一个国家的文化主权受到侵害，军事、经济等硬实力也会遭受侵害，最终导致国家主权的丧失，所以说，国家文化主权是国家文化安全的核心，也是国家安全的重要保障。

对文化主权的强调和维护不仅是保障国家文化安全的要求，在国际上也具有其合法性和合理性。《联合国宪章》明文规定"国家主权不容干涉"的基本原则，文化主权作为国家主权的重要组成部分，也得到很多国际法规的认定。1965年联合国大会通过《关于各国内政不容干涉及其独立与主权之保护宣言》宣布"各国有不受其他任何国家任何方式上的干涉，自择其政治、经济、社会和文化制度之不可剥夺权利"①。1970年联合国大会通过的《关于各国依照联合国宪章建立友好关系及合作之国际法原则之宣言》规定"武装干涉及对其他国家人格或政治、经济及文化要素之一切其他形式的干预和威胁，均属违反国际法。"②

---

① 联合国大会：《关于各国内政不容干涉及其独立与主权之保护宣言》，1965年12月21日，联合国公约与宣言检索系统（https://www.un.org/chinese/documents/decl-con/chrondec.htm）。

② 刘杰：《经济全球化进程中的文化主权问题》，《世界经济研究》，2000年第1期，第8页。

这些充分说明了国家的文化主权的合法性和不可侵犯性。

维护国家文化安全，首先就是要保障国家文化主权的完整性，捍卫国家文化主权的自主性和独立性，而国家的文化主权具体到国民，就是公民在此国度内所享有的文化权利，国家文化主权的完整与否直接影响到个人享有文化权利的程度，相反国民文化权利的享有程度反映了这个国家文化主权的完整度，是一个具有生存权和发展权的政治实体的标志。

1948年的《世界人权宣言》第22、27款是针对文化权利的，其中第22款规定，每个人都有权实现自己的经济、社会和文化权利，无论其地位尊卑，同时也有发展自己个性的自由；第27款规定，每个人都有权参加所在社区的文化活动。1996年《经济、社会与文化权利国际公约》获得通过，文化权利被写入第1条和第15条中，这些条款规定人民有自由决定他们在经济、社会、文化方面的发展，本人的任何科学、文化或艺术作品所获得的精神与物质利益应该得到保护。2001年联合国教科文组织大会通过了《世界文化多样性宣言》，该宣言的第5条规定，文化权利是人权不可分割的一部分，文化多样性的繁荣需要文化权利的全面实现。任何人都有权自由表达自己及进行创造，有权以自己的母语传播自己创造的成果，所有人都有权根据自己的选择参与文化生活，实施自己的文化实践。[①]后殖民主义时代，大众传媒的迅速发展使得文化碰撞的可能性空前增大，文化同质化的威胁随之而来，加上消费社会的发展带来的"世界文化"概念，文化产业弱势国家开始在后殖民主义强加于自身的价值观念之中寻找自己的信仰和认同，并开始重视"文化权利"的追求。但是，全球化在迅速打开全球文化市场的同时，并没有给世界所有国家的发展带来同等的机遇。绝大多数国家还承担着工业化进程的历史任务，人力、物力、财力几乎都被投入到工业、物质生产之

---

① 阿努拉·古纳锡克拉等（新加坡）：《全球化背景下的文化权利》，张毓强等译，中国传媒大学出版社，2006，第11—12页。

中，有限的经济实力还无法支撑发展现代文化产业所需要的资本，对文化产业的发展无法进行全面的投入，迫于全球化的压力，不得不牺牲文化市场来换取国际资本的投资，甚至牺牲文化主权来求得本国文化产业与世界文化产业的跟进。这是一种盲目发展的表现，一种无视人们文化权利的行为，这种行为引发的最直接后果就是国家文化主权的丧失和自有文化的衰落。

文化主权的控制必须合理把握本国文化对外开放的尺度，建立应对经济全球化挑战的适应机制，既能利用全球化提供的发展机遇带动自身的经济文化发展，又能防止经济全球化的负面影响对本国文化主权的冲击。用较小的文化主权让渡换取最大限度的国家文化发展所需要的空间与机会，通过最大限度赢取本国发展所需要的空间、机会、资本、技术，在提高国家经济国力的同时大力提高国家的文化综合力，从而在一个新的历史层面上建立起新的国家文化主权或优化原有的文化主权。

（三）国家文化安全的直接威胁：文化霸权问题

文化霸权和文化多样性之间存在着不可调和的矛盾与冲突，文化霸权是国家文化安全最直接的威胁，乃至整个人类文化多样性的威胁。这种威胁随着经济全球化的扩张和深化而不断凸显，文化霸权不仅威胁发展中国家和落后国家，发达国家也深受其害，法国、欧盟国家、加拿大等关于电影进口配额的制度就是抵制文化霸权的典型案例。

权力和文化总是不可避免地缠绕在一起，文化是由在一个社会世界中运转的有意义的力量线（lines of force）所组成的，所有的社会都是经济地、政治地、文化地组织起来的，权力和权威分布于这个社会之中，文化受社会统治集团利益的影响，统治集团则试图去解释他们在特定社会结构中的位置并使这一位置合法化。马克思主义创始人、革命家和哲学家卡尔·马克思将价值、行为和信仰看作是社会和经济不平等权力关系的产物，掌握生产关系的人控制着社会的思想和价值。一个社会的占统治地位的思想是统治阶级的思想，这些思想被用来操控一个不平等的系统并使之合理化、永久化，在这一策略中，文化成了社会的支撑物，并使现存的秩序合法化。①

安东尼奥·葛兰西阐发的"霸权"概念就是用来考察文化和权力之间关系的极为重要的概念。在他看来，文化浸透了权力，权力在文化中同样无处不在，共同的价值、共同的信仰是为了统治阶级的利益而起作用的。霸权概念很适合用于表达强权政治的文化关系，因而被引进世界文化研究的范畴，被用来表达一种国际文化关系行为时，它指的是"一国将自己的文化强加于他国的强权文化行为"。②在全球化背景下，西方文化强国以压倒一切的意识形态，将全球化导向了一场霸权色彩浓厚的文化霸权扩张运动，强行推行自己的价值观念和宗教信仰。西方的文化霸权是一个现实存在。美国一再宣称要用美国的价值观念来改变世界版图，布什时期把扩大美国政治观念作为美国国家安全的主要构成，克林顿把推广美国式民主作为美国外交的三大支柱之一，用民主体制代替权威体制、用人权抵消国权、以经济利益超越国家主权、用全球性压制地方性这些成为美国文化霸权最常用的伎俩。他们甚至毫不忌讳地宣称如果世界向同一的电信、质量和安全标准发展，那么这些标准应该是美国人制定的；如果世界逐渐被广播电视、互联网联系在一起，那么这些媒体的节目应该都是美国人编制的；如果世界向同一的语言方向发展，毫无疑问这种语言是英语；如果世界正在形成共同的价值观，那么这种价值观应该是符合美国人意愿的价值观。这种霸权是在历时几代人的西方文化扩张的基础上出现的。在这个过程中，非西方的地域性文化从未停止过抵抗，他们的努力也许在一定程度上有助于保护自身的基本文化的认同，却无法改变族人在生活方式、行为方式和思维方式上逐渐西化

---

① 阿雷恩·鲍尔德温等（英）：《文化研究导论》，陶东风等译，高等教育出版社，2004，第16-17页。

② 胡惠林：《中国国家文化安全论》，上海人民出版社，2005，第124页。

的趋势。

文化霸权实现的另一种表述就是"文化帝国主义"，两者之间没有实质的区别，文化帝国主义话语兴起于20世纪60年代，90年代这种话语的建构最为突出，有人甚至把这种理论看成是经济全球化的早期理论，如弗里德曼所说，文化帝国主义话语倾向于把全球化最初的批判式的接受放在文化领域来对待，把这个过程看成是一种等级制度，也就是建立霸权主义，将帝国主义的价值观和生活方式渗透进来。萨义德在《文化与帝国主义》以及《东方学》中对西方话语霸权进行了揭露和批判，由西方话语中心构建的东方，不是真正的东方，是欧洲文化以政治的、意识形态的、想象的方式来构建的。东方不是一个思想和行动的自由主体，而处于第三世界的人们，很大部分追随着西方文化霸权和话语霸权，失去了自己的文化主体性立场，这进一步造就了文化帝国的生成。文化帝国主义自身汇集了一系列主导话语，如西方主导非西方、核心主导边缘、资本主义主导其他制度、美国主导全世界等等。

文化帝国主义主要是针对西方主导意识形态、西方话语中心、西方文化霸权的揭露与批判。文化帝国主义就是向世界各种文化和人民施行文化暴力，斯皮伐克对帝国主义的知识暴力进行了批判，并论证了殖民者是如何通过知识暴力使被殖民者成为历史上的沉默的主体。[1] 文化帝国主义的实质是西方文化中心主义的表达，是霸权主义和文化强权在文化领域的突出反映，这样的帝国以一种一开始就不是平等的模式强行推行自己的文化价值观，单向地向其他国家进行文化输出，将文化入侵作为霸权的手段，使其他国家的文化主权遭到侵害。很长一段时间以来，以美国为标志的西方发达国家一直是文化帝国主义的实行者。他们通过资本和商品的输出使文化弱势国家的消费生活观念受到侵蚀和同化，借

---

① 李燕：《文化全球化文化冲突与和谐发展》，《山东师范大学学报》，2006年第6期，第16页。

助其在军事和经济上的优势加强对外的文化控制、大力拓展自己的文化市场、占领他国的思想领域。美国在将自己的文化作为所谓的"普世文化"在世界范围内宣扬时，为文化话语预设了一个潜在的前提，即非西方的都是特殊的、异化的和局部的。如布什所说的不和美国的价值观合拍的都是邪恶的，克林顿在北大演讲时说中国在民主自由方面站在了历史的错误的一边。他们这是在以自己的观念对他国进行价值评判，这就是明显的文化霸权主义，他们在宣扬他们的社会具有必然性、普世性的同时也完成了对其他国家进行的"刻板印象"的塑造。

（四）中国国家文化安全问题

中国的文化是当代世界最特殊的文化之一，它的两个核心东方哲学和马克思主义哲学都具有特殊性，这也决定了中国文化安全的责任重大。

第一，文化主权的多元挑战。中国文化主权完整性的挑战主要来自于东方哲学体系，制造安全威胁的国家同是东方文化阵营成员。随着亚洲的崛起，亚洲各国都在争夺地区的政治、经济地位，以及话语权的霸主地位，而在文化领域以日本、韩国为代表的中国文化影响下的成员在近些年都在制造事端，尤其是韩国为最。诚然，我们必须承认，不同于我们的是，他们已经很好地完成了传统与现代的对接和融合，他们对传统的继承与发展相对更好，从而形成了不同于历史的情形。他们在对我们开展文化输出，这不等于我们失去文化主权，但是，我们的文化主权确实在这样的过程中受到威胁。比如近些年，韩国一直在宣称印刷术是韩国最先发明的，端午节是韩国人创造的，孔子是韩国的等等。要维护国家文化主权完整，就必须要实现民族文化的不断发展，继而影响世界，使中国文化和中国文化主权得到世界的充分肯定和足够重视。而在东西方的维度上，我们的文化主权独立性也同样受到威胁。以美国为首的西方国家一再在联合国人权会议上指出中国人权状况恶劣，这种指责到现在从未停止，并多次以人权问题对中国的经济贸易、文化交流等方面进行要挟。这就要求我们要坚持自我的文化独立性，并不断发展自己的文化，创造出更繁荣的文明，堵住阴谋者的嘴巴。

第二，西方文化霸权的多维挑战。在全球化尤为盛行的今天，不均质的全球文化发展态势的背后，是强势文化的不断扩张和弱势文化的声弱乃至消亡；是强势文化的价值观念、生活方式在全球范围内的普世化，同时引起弱势文化自我意识及自我判断的迷茫式的"特殊化"。对于社会主义中国来说，这是最大的文化安全威胁。"敌对势力在那里极力宣扬所谓的'普世价值'。这些人是真的要说什么'普世价值'吗？根本不是，他们是挂羊头卖狗肉，目的就是要同我们争夺阵地、争夺人心、争夺群众，最终推翻中国共产党领导和中国社会主义制度"。[1]社会主义与资本主义的冲突是不可能完全消失的，这是阶级性的问题，也是革命性的问题。它们有相同的一面，但是，本质上它们是对立的。我们要改革开放，我们也要现代思想，但是，这不是西化。然而，自从武力霸权和武力殖民之后，西方进行的经济霸权和文化殖民文化存在于每个维度，文化霸权所播种的文化渗透也就呈现多元化，在消费、娱乐、话语等领域无孔不入。而且，这种渗透不单是对社会主义的价值观和世界观造成影响，它的矛头同样指向传统文化和民族精神。朋克乐队的音乐甚至可以击倒孔子，这并不是耸人听闻。所以，在文化霸权的时代，中国的文化安全责任更重，而一切的文化安全都要围绕社会主义制度、马克思主义思想、社会主义核心价值，以及人民行为和思想范式的民族性和独特性而展开，以保护本国长期以来形成的文化免受异质文化的渗透、侵袭和同化，增强文化认同的合法性和感召力，防止文化认同危机的发生。

（五）意识形态安全与文化安全的关系问题

1. 国家文化安全是意识形态构建和发展的基础

文化是随着人类社会的发展不断被传承和发展的，随着人类社会特

---

① 中共中央文献研究室：《习近平关于社会主义文化建设论述摘编》，中央文献出版社，2017，第27页。

定阶级的出现，进而产生了特有的意识形态。可见，意识形态并不是从来就有的，仅仅是文化的一部分。作为伴随文化而产生的意识形态受到客观的社会历史环境和文化积淀的影响，意识形态形成、继承和发展依赖于不同社会历史文化为其构建、提供的文化环境和文化资源，社会历史文化不仅规定了意识形态的发展方向，而且它还决定了意识形态在某一个特定的历史时期的特质和发展状况。列宁在《论无产阶级的文化》一文中指出，马克思主义无产阶级思想体系之所以能够赢得世界历史性的意义，并不仅仅是因为它创造性的继承和发展了唯物史观，更是因为它吸收了资产阶级时代最宝贵的成就，继承了两千多年来人类思想和文化发展中一切有价值的东西。[①] 所以说，优秀的历史文化是意识形态的来源，而意识形态的发展依赖于优秀文化的发展和传承，优秀的传统文化为意识形态的构建和发展提供营养。

意识形态能够将其自身所蕴含的价值观念传送给社会全体成员，并影响社会成员的政治认同，从而运用认同的力量维持和巩固社会意识形态，在这一过程中，文化更多的是体现出加速剂的作用。文化本身所具有的强大的深化渗透力和文化渲染力为意识形态的传播提供便利，随着意识形态的发展，意识形态也越来越熟练地利用文化的特点将其所蕴含的内涵传达给每个社会成员，约束社会成员的行为习惯，凝聚社会力量，从而巩固自己的地位。这种实现目标的方式在客观上讲，是借助文化的力量，文化是意识形态构建和发展的基础，意识形态不能超然于现有的文化环境和文化元素而发挥作用。此外，国家文化安全具有维护社会主流价值体系稳定，控制一定的市场政治、经济、社会走向的作用，这种作用有效的保障社会制度和阶级统治的合法性功能，在保障社会主流意识形态稳定的情况下，还能有效地调节社会力量、整合社会资源，保障意识形态的持续性。

---

① 列宁：《列宁选集》（第 4 卷），人民出版社，1995，第 299 页。

2. 意识形态安全是国家文化安全的核心内容

通过对文化安全内涵的分析，可以得出文化安全包含多方面内容：国家文化主权、国家文化利益、国家政治制度、意识形态以及民族本土文化等等。随着时代的不断变化发展，意识形态对文化安全内容产生不同程度的影响，不论学界如何界定文化安全的内涵，但普遍均认可文化安全的核心问题和文化的重要组成部分是意识形态。当前，我国严峻的文化安全问题是西方国家霸权战略所导致的，这种由于西方国家为实现其国家战略而有意识的宣扬所谓的本国优秀文化，还致力于将其传播到世界的各个角落。西方国家的这种文化殖民、文化霸权现象与不同国家民族本就具有的不同文化之间的冲突加剧了文化安全，这是由于文化的同质性能够促进文化的融合，而文化的异质性则会导致文化的冲突。维护本国主流意识形态，需要在保护文化安全免受外来文化侵蚀的基础上，保护发展本国主流意识形态，确保在文化的激烈交锋中保障本国主流意识形态的建设完整性和指导思想的统一性。上世纪 40 年代，美国学者布热津斯基就开始认识到文化的强大渗透作用，他认为文化既可成为精神凝聚力的重要源泉，也可以成为穿越一切障碍的强大渗透工具，通过加强文化入侵造成思想混乱；利用文化的凝聚力既可以凝聚不同政治势力达成政治共识，也可以利用文化冲突造成文明冲突。[1]

保障文化安全必须依赖于稳定意识形态，意识形态作为社会的主流文化价值体系，对于统治阶级而言，具有重要的意义，这是由于意识形态能够体现和维护统治阶级的阶级意识。当社会主义意识形态受到挑战则意味着社会的制度、政治经济文化、宗教信仰、思维方式以及母语习惯、语言符号系统、知识传统等均受到威胁。一旦社会意识形态出现混乱或者意识形态被颠覆，将会给社会文化带来灾难，文化安全也就无从

---

① 布热津斯基（美）：《大失控与大混乱》，潘嘉玢、刘瑞祥译，中国社会科学出版社，1995，第 2 页。

保障。意识形态是社会上层建筑，决定着国家的利益价值取向和选择，在经济全球化背景下，社会的各个层面、各个环节都遭遇到多种文化的影响，加强主流意识形态的主导地位，强化意识形态的独立性，能够明确社会共同价值取向，就能够避免思想领域的混乱。如果意识形态受到威胁，文化安全也将受到威胁，从这个角度来讲，维护意识形态安全就是维护国家文化安全。"我们在集中精力进行经济建设的同时，一刻也不能放松和削弱意识形态工作"。[①]

3.意识形态安全是国家文化安全的有力保障

"冷战"结束后，国家安全被学术界进行多方面综合研究，其形成的成果为国家文化安全提供了立体研究的框架，文化被提到国家实力的高度，被学术界重视。例如美国国家安全战略报告就直白的宣称"扩大民主社会和自由市场国家大家庭有利于美国所有的战略利益"[②]，这显然就是美国强调的"软实力"所要发挥的作用，目的就是要扩张以美国文化为主流的西方文化价值观念在世界范围的影响力。文化安全面临着错综复杂的国际形势，即传统优秀文化面临着流失的内忧，也面临着外部文化的渗透和入侵的外患。美国的这种"文化价值扩张"给世界各国文化安全带来了新的挑战，国家安全的标准已经不仅仅以领土主权是否受到侵犯为标准，文化主权的安全也是评价指标之一。文化的力量来自于它的垄断性、扩散性和渗透性，这就使得"文化价值扩张"可以较为隐蔽和渐进的方式穿越国家主权的藩篱。因此，文化的入侵和渗透常常隐藏在"文明"的面貌的背后，在一个国家还没有产生明显的文化主权意识的时候更容易被外来文化侵入，文化主权的损害将显得更为深刻、持久和频繁。

---

① 中共中央文献研究室：《习近平关于社会主义文化建设论述摘编》，中央文献出版社，2017，第21页。

② 梅孜：《美国国家安全战略报告汇编》，时事出版社，1996，第276页。

意识形态安全是国家安全的重要组成部分，更是文化安全的基础。意识形态安全的构建需要运用统治阶级制定的政治、经济、文化、社会等制度，例如完善教育政策，规定教育内容，强化主流意识形态的教育功能，让社会公众更易于接受主流文化价值；重视媒体的舆论引导作用，在舆论引导过程中控制文化的流速、方向和流量；加强意识形态领域建设，如重视道德风尚、政治传统的宣传。"意识形态工作一定要把围绕中心、服务大局作为基本职责，胸怀大局、把握大势、着眼大事，找准工作切入点和着力点，做到因势而谋、应势而动、顺势而为"。① 意识形态具有非常强的稳定性和排他性，一旦意识形态被确立，意识形态就会自觉不自觉地对本阶级文化进行保护，对外来文化进行排斥，意识形态是文化安全的天然保护者。

二、经济全球化背景下中国文化安全建构的机遇

经济全球化是当今世界发展的必然潮流，影响到各个国家的各个方面，其对发展中国家的文化安全带来了严峻挑战，但是也为其发展和建构提供了机遇。我国是经济全球化的积极参与者，我国的文化安全在面对挑战的同时，经济全球化也为我们文化建设提供了良好机遇。

（一）生产力发展为文化安全提供了经济基础

经济全球化的推进，最主要的效果就是让资源可以在全球范围内得以优化和配置，可以让参与国利用自身的优势获得发展，实现资本、人才、技术等生产要素流动和产业结构调整。按照马克思主义的基本原理，文化建设属于上层建筑精神文明建构，受经济基础的决定和制约，又会对经济基础产生反作用。建设社会主义文化强国，发展文化事业和文化产业，没有大量的资金、技术、人才支持是难以想象的。

---

① 中共中央文献研究室：《习近平关于社会主义文化建设论述摘编》，中央文献出版社，2017，第21—22页。

文化的发展需要经济基础的支撑，国家文化安全建设需要以经济实力为基础的国家硬实力作为强有力的后盾。文化事业和文化产业建设，文化的传播能力和影响力都需要以经济实力为基础的硬实力的支持。发展国家硬实力，最重要的就是发展经济，尤其是全球化的进程中，经济实力直接决定了国家在国际上的地位。从"弱国无外交"到现今的没有实力就没有发言权的国际环境，经济实力的地位越来越重要。"我们要深刻认识经济基础对上层建筑的决定作用，深刻认识上层建筑对经济基础的反作用，既要有硬实力，也要有软实力，既要切实做好中心工作、为意识形态工作提供坚实物质基础，又要切实做好意识形态工作、为中心工作提供有力保障；既不能因为中心工作而忽视意识形态工作，也不能使意识形态工作游离于中心工作"。[①]

经济全球化背景下经济的发展可以实现资本、人才、资源等生产要素的全球化流动，这样我国就可以利用自身的优势参与其中，快速实现产业升级、技术进步等，加快我国的现代化进程。首先，可以学习和借鉴其他国家关于经济发展的先进经验、理念和运作模式，从而为我国经济建设提供一些可供参考的基本思路和实践路径。其次，借助于经济全球化，还可以引进发展经济所急需的资金、技术和人才，从而推动我国生产力的发展和经济建设的跨越式发展，为我国文化安全建设提供雄厚的经济基础。

（二）跨国文化交流的扩大提升了文化安全建设的软实力

经济全球化的深化直接促进了文化的交流，经济上的资本、人力、技术、服务等信息在全球范围内流动的时候必然会带有文化的色彩。跨国的文化交流其内容不仅仅涉及文化产品的流通，还包括一些思维方式、生活方式、行为方式等隐性的文化因素。

---

① 中共中央文献研究室：《习近平关于社会主义文化建设论述摘编》，中央文献出版社，2017，第21页。

文化安全建设，其内涵不仅包括自身的文化安全，还应包括文化交流的安全性。经济全球化在扩大文化交流方面的积极作用是有目共睹的，尤其是网络时代信息社会的到来，文化交流的便利性大大提高，这就为我们增强文化安全建设提供了契机。在现代化的浪潮中，扩大跨国文化交流既是全球化的必然要求，也是我们借鉴和学习其他民族的先进文化、增强我们文化安全建设的必然途径。通过不断地沟通交流，以文明互鉴的方式，加强国际文化主体间的合作，从而更好地提升我国在文化安全建设方面的软实力。我们要"继续弘扬中华文化，不仅自己要从中汲取精神力量，而且要积极推动中外文明交流互鉴，讲述好中国故事、传播好中国声音，促进中外民众相互了解和理解，为实现中国梦营造良好环境"。①

（三）传统文化宣讲力度加大拓展了文化安全建设的战略空间

经济全球化的发展为文化的发展带来了机遇，使得不同文化得以充分交流合作，这也扩展和提升了我国文化安全建设的空间。经济全球化是双向互动和不断推进的。一方面，我们可以利用经济全球化的便利条件学习和借鉴其他先进文化的积极成果；另一方面，我们也可以通过经济全球化，"推动中华文明创造性转化、创新性发展，激活其生命力"，把中华文明、中华文化的优秀文化成果、思想主张和价值理念介绍到世界，"让中华文明同各国人民创造的多彩文明一道，为人类提供正确精神指引"。②

中华五千年的文明，在历史的长河中创造了许多灿烂的文化，形成了高尚的道德准则、完整的礼仪规范和优秀的传统美德，被世人称为"文

---

① 习近平：《共同的根共同的魂共同的梦 共同书写中华民族发展新篇章》，《人民日报》，2014年6月7日，第1版。
② 习近平：《在哲学社会科学工作座谈会上的讲话》，人民出版社，2016，第17页。

明古国，礼仪之邦"。"中国优秀传统文化的丰富哲学思想、人文精神、教化思想、道德理念等，可以为人们认识和改造世界提供有益启迪，可以为治国理政提供有益启示，也可以为道德建设提供有益启发"。[1] 这些宝贵的文化财富既是民族的，也是世界的，我们既要保护好这些文化遗产，又要充分发挥其在现代文化发展和文化交流中的积极作用，让世界人民了解中华传统文化"自强不息，厚德载物"的民族精神和"天下一家，万物一体"的仁爱思想及其和平主义主张，向世界宣扬"和平发展""和平崛起"的中国特色社会主义发展道路和价值理念，借以修正西方资本主义文化基因中的社会达尔文主义、霸权主义和强权政治、民族利己主义和极端个人主义、拜金主义、消费主义特质，进而构建公平公正、互利共赢、和平共处的"人类命运共同体"，从而拓展和提升我国文化安全建设战略空间。

（四）文化事业和文化产业的繁荣发展为文化安全建设提供新契机

经济全球化的发展为我国文化事业和文化产业的发展提供了新机遇，为文化安全建设提供新契机，这主要体现在以下三个方面：其一，经济全球化有利于我国借鉴国外文化发展的有益经验，提高我国文化产业竞争力。其二，在参与经济全球化的过程中可以更为直接的吸收和引进西方文化企业发展的先进理念、新技术，新工艺，促进我们的文化产业实现跨越式发展。其三，经济全球化有利于引进外资，拓宽融资渠道。经济的开放使得中国能参与经济全球化产业结构的大调整，这就给国际资本在中国的发展提供契机。国际文化资本进入中国，必须要结合中国本土的文化才能出产适合中国市场需求的文化产品，这样，国际资本的介入可以把我们的文化资源充分利用起来，形成产业优势。能够进行国

---

① 习近平：《在纪念孔子诞辰2565周年国际学术研讨会暨国际儒学联合会第五届会员大会开幕会上的讲话》，人民出版社，2014，第7页。

际间文化资本投资的公司，一般具有比较强的资源识别、判断和选择能力，有较强的创造、开发和影响能力，这些是我们的文化事业中比较缺乏的，通过合作，有条件、有策略地引进国外的优质资金，不仅有利于我们整个产业的改造，还会有利于我们整个文化产业提升市场竞争力。

三、经济全球化背景下中国文化安全面临的挑战

纵观世界近现代史和人类现代文明的发展，全球化已是不可避免的客观趋势，文化发展和文化安全亦是如此，排斥甚至闭关锁国，只能导致落后。新时代，我国在积极融入经济全球化的过程中，中华文化整体上还处于弱势地位，经济全球化时代中国文化安全必然会面临诸多冲击和挑战。

（一）传统文化遭遇严峻考验，民族文化面临弱化险境

西方文化是一种"霸道"文化，对其他国家具有渗透性和侵略性。经济全球化的趋势下西方文化表现为明显的文化帝国主义、霸权主义倾向，其他国家的文化面临严峻挑战。民族传统文化是一个民族国家生存的前提和基础，一旦民族文化受损，民族凝聚力和内生力就会下降乃至崩溃，民族和国家就会出现危机。"文明特别是思想文化是一个国家、一个民族的灵魂。无论哪一个国家、哪一个民族，如果不珍惜自己的思想文化，丢掉了思想文化这个灵魂，这个国家、这个民族是立不起来的"。[①]事实也是如此，自近代"西学东渐"以来，中华民族传统文化遭遇了严峻的挑战。西方发达国家凭借其经济政治和文化传播上的优势，利用报刊、电影、电视、广播、艺术表演、学者讲座、学术研讨交流、培训、基金会资助等各种形式加紧实施文化渗透战略，而且采取了更加隐蔽和巧妙隐性手段，在保护自身文化安全的同时加大对外的文化价值

---

① 习近平：《在纪念孔子诞辰 2565 周年国际学术研讨会暨国际儒学联合会第五届会员大会开幕会上的讲话》，人民出版社，2014，第 9 页。

观输出。中华文明虽然有着丰富的文化资源和文化遗产，但是我们的文化资源与文化遗产的保护制度不完善，保护力度不够，导致一些充满中国元素的传统文化精髓被国外所利用。例如，花木兰替父从军的故事是中国传统文化中至孝至忠的典范，但是被美国电影所利用，将花木兰塑造成突破传统思想束缚、追求个性自由，实现自我价值的美国式价值追求，这种行为虽然形式不具有侵略性，但其实质是对民族传统文化的颠覆。是用民族传统故事的壳，装上了自己文化价值理念，让我们的子孙后代在不知不觉中，认同其价值理念。

文化的交融性使得西方国家面临同样的问题，但是他们采取文化保护主义政策，并建立起具体的防范机制，比如，法国规定本国的电视节目应不少于 40% 的时间使用母语，但在我国这种具体的体制机制还没建立。在处处充满着西方文化影响的今天，我们的年轻人对中国文化的了解和对传统文化的认同感在淡化，传统文化面临西方强势文化的"蚕食鲸吞"，民族文化面临消亡危险。

（二）主流价值观受到冲击，民族精神和价值认同的弱化问题

习近平总书记指出："我国正处于大发展大变革大调整时期，国际国内形势的深刻变化使我国意识形态领域面临着空前复杂的情况，各种思想文化相互激荡，不同文明交流交融交锋更加频繁，进一步凸显了思想文化力量在综合国力竞争中的战略地位。在这样的情况下，如何提高整合社会思想文化和价值观念的能力，扩大主流价值观念的影响力，掌握价值观念领域的主动权、主导权、话语权，是我们必须解决好的重大课题"。[①] 经济全球化加剧了西方资本主义国家价值观的输出，各种西方文化和社会思潮利用信息时代的便利性加快了向外传输、渗透的步伐。

---

① 中共中央文献研究室：《习近平关于社会主义文化建设论述摘编》，中央文献出版社，2017，第 107 页。

其中，影响较大的主要有新自由主义、民主社会主义和历史虚无主义思潮。

新自由主义的核心价值取向是主张经济领域的私有化、政治领域的多党制和三权分立，文化领域的自由主义，其实质是从根本上否定马克思主义在思想政治领域的指导地位，完全是资本主义的自由化论调。所谓的"民主社会主义"本质上是打着"民主"的旗帜贩卖"资本主义"货色，虽然我们可以借鉴和参考一些进行民主社会主义实践过程中的积极因素。历史虚无主义打着"反思历史""告别革命"的旗号歪曲历史，其真实的意图其实是试图根本否定中国共产党的革命历史，为西方资本主义侵略和殖民主义扩张唱赞歌，为"侵略有功"和"殖民无过"摇旗呐喊。自 20 世纪 80 年代末 90 年代初，以美国为首的西方国家打着"人权高于主权""全球民主化"的旗号插手其他发展中国家内政外交，搞所谓"颜色革命"传播西方文化价值观，必须高度重视与警惕。

不仅如此，西方的文化商品和消费方式的进入，其享乐主义生活方式和个人主义、拜金主义、消费主义等价值和道德观念渗入，对社会主义中国的价值理念、道德伦理冲击非常剧烈。全球化的发展让我们的对外联系日益的方便，但是国家文化安全的压力增大，在种种西方资本主义思潮的侵蚀之下，当代中国出现了信仰缺失，理想信念不坚定，价值观和生活方式扭曲的现象，普通民众、尤其是年轻人的民族精神和价值观认同弱化，实质上主要就是受西方资本主义文化扩张和精神殖民的影响所致。因此，"我们要在全社会大力弘扬和践行社会主义核心价值观，使之像空气一样无处不在、无时不有，成为全体人民的共同价值追求，成为我们生而为中国人的独特精神支柱，成为百姓日用而不觉的行为准则。要号召全社会行动起来，通过教育引导、舆论宣传、文化熏陶、实践养成、制度保障等，使社会主义核心价值观内化为人们的精神追求、外化为人们的自觉行动"。①

（三）网络话语权与我国文化安全建设的核心竞争力问题

经济全球化的迅猛推进得益于互联网的发展，但互联网的发展又会对国家文化安全造成极大的冲击。"从世界范围看，网络安全威胁和风险日益突出，并日益向政治、经济、文化、社会、生态、国防等领域传导渗透"。②当前，互联网不仅为不同意识形态扩展自己的影响提供便利，同时也为不同意识形态的竞争和攻击提供便利。但由于信息网络的话语权被西方发达国家所主导，经济欠发达地区依然处于被动地位。"目前，全球网上信息、资源的80%是英文，中文信息资源不足0.4%；互联网基础设施一半以上设在美国；美国互联网使用的高速线路，每秒钟的通信能力达到10G字节，相当于每秒可传达2300卷的百科全书。"③美国学者罗斯科普夫曾在《外交政策》中指出："美国信息时代外交政策的核心目标应当是主导整个媒体，如同英国当年控制海洋一样。"④我国的信息技术手段相对落后，文化安全意识淡薄，文化传播管理制度不完善，在对外文化信息交流中处于劣势，这样我们的信息资源不得不更多地依赖于发达国家，这就会使得许多珍贵的文化资源难以得到有效保护，国家文化主权和国家利益也不可避免地受到侵害。

缺乏信息网络话语权的我们是被动的，面临的挑战是严峻的。一方面，西方利用网络优势推销西方文化，美国互联网协会主席唐·希思曾说："如果美国政府想拿出一项在全球传播美式资本主义和政治自由主

---

① 中共中央文献研究室：《十八大以来重要文献选编》（中），中央文献出版社，2016，第134页。

② 习近平：《在网络安全和信息化工作座谈会上的讲话》，人民出版社，2016，第15页。

③ 王永贵：《经济全球化与中国特色社会主义》，黑龙江人民出版社，2003，第241页。

④ 雁翎，南东风：《经济全球化背景下的我国文化安全浅析》，《解放军艺术学院学报》（季刊），2011年第2期，第25页。

义的计划的话，那么互联网就是它最好的传播方式"，①利用这种方式，美国推行"文化霸权主义"，从而巩固自己的霸主地位。另一方面，西方一些国家利用互联网宣扬资产阶级思想，攻击社会主义文化和制度。同时，国内一些被西方文化殖民的所谓"精英人士"也利用网络的便利性和我国网络管理制度的漏洞与西方国家遥相呼应，对我国的社会主义制度进行攻击和诋毁，散播谣言，恶意炒作，试图破坏我国的政治局面，削弱我国文化建设的核心竞争力。

（四）文化产业国际竞争力与文化事业与文化产业繁荣发展问题

经济的发展必然带来文化产业的发展，但是如果是作为文化处于弱势的发展中国家，那么经济开放的程度越大，对文化产业的冲击和挑战就越大。经济全球化的深化可以提升经济实力，提升国家的综合实力和国际竞争力，但是经济全球化趋势下对文化产业冲击不容小觑。

首先，我国的文化产业面临西方文化的威胁。具有五千多年中华文明的大国，在文化资源上是大国，但在文化产业上是弱国。经济全球化背景下，发达国家的文化产品在其经济的推动下在国际市场上也具有垄断地位，"文化霸权"等行为一直都在发生。在我国的文化产业中，文化方面的贸易，版权方面等都是贸易逆差，而且外来的电影、电视剧等进口量还在持续增加中。其次，我国文化产业发展的竞争压力巨大。一方面是对文化的需求量大，经过改革开放40年的发展，人民的物质生活水平有了大幅度的提高，但是对应的文化产品相对缺乏，供给侧缺位。另一方面，我国文化事业与文化产业在发展过程中，整体处于生产能力弱，资金匮乏，质量不高等境地。这样的情形下，国外的资本为寻求利润大量的涌入我国，利用其雄厚的资金，先进的技术，

---

① 杨敏丽：《网络传播与文化全球化的关系》，《中国集体经济》，2008年第9期，第119页。

丰富的管理经验等，熟练应用市场规则和运作方式，对我国的文化市场造成严重威胁。

经济的发展带来文化产业的竞争，这对我国文化管理体制和管理方式的转变提出了新的要求。由于历史和现实的原因，我国各级文化部门一直用行政命令的方式管理文化市场，但"入世"后，文化市场的准入门槛降低，许多的国外资本进入到文化产业，原有的市场制度应对新的市场变化有些不匹配，管理方式和手段也需要对应的进行改变，制度完善和法规建设等工作非一蹴而就，因而，我们的文化强国建设任重道远。

（五）西方发达国家的文化渗透侵蚀和损害我国的文化主权

经济全球化的发展带来了文化的交流与开放，人类共同的精神财富成果越来越多，但是，文化的交往并不必然是对等和公平的。由于西方资本主义文化的强势侵袭，其文化渗透、扩张和意识形态上的主导地位，使得我国的文化主权受到了不同程度上的侵蚀。

美国文化侵略的基本方式是"大棒＋胡萝卜"，在经济全球化的交往中大量以美元为代表的物质交流促使其文化的内涵得以输出。其自由化思潮、价值观、生活方式等对我们的文化主权造成冲击，直接削弱了维护社会向心力的凝聚因素。西方强势文化在渗透时采取的方式主要有：理论宣传，通过宣扬西方民主制度、价值观念等。媒介传播，互联网，书籍，广告等等使他国人民在不知不觉中受到其影响。文化产品输出，使人们生活方式和生活理念多样化并认同西化思想。这样几种方式的使用，使得包括我国在内的其他国家很难从根源上预防文化渗透的发生。尤其是我国在全球化的浪潮中，改革开放的力度和广度进一步加大，我们面临的文化渗透越来越多，受到的挑战也越来越大，文化主权的维护愈加艰难。

第二节　文化安全与文化强国建设

文化安全是文化强国建设的前提和必要条件，没有文化安全，文化强国建设就失去了意义。如何保证我国的文化安全呢？可以从如下几个方面思考。

一、加强社会主义核心价值体系建设，培育和践行社会主义核心价值观

随着经济全球化的发展，不同价值观念和意识形态间的碰撞、交融与冲突比历史上任何时候都要激烈，我国作为世界上最大的社会主义国家，将长期面临激烈的国际文化竞争，特别是来自西方意识形态方面的挑战。为了保障我国的文化安全，必须加快推进社会主义核心价值体系建设，积极培育和践行社会主义核心价值观。

（一）巩固以马克思主义为指导的主流意识形态地位

"党的十八大以来，意识形态工作积极主动，阵地意识明显提升，主旋律更响亮，正能量更强劲。同时应看到，意识形态工作面临的内外环境更趋复杂，境外敌对势力加大渗透和西化力度，境内一些组织和个人不断变换手法，制造思想混乱，与我争夺人心"。[1]意识形态安全是文化安全的核心内容，所以为了维护我国的文化安全地位，必须巩固马克思主义的主流意识形态地位。

首先，坚持和完善马克思主义在意识形态领域指导地位的根本制度。我们应该首先摆正态度，真学真懂真信真用马克思主义，树立科学的马克思主义观，做到不歪曲、不附加、不误读，破除对马克思主义教条式的理解，同时也要抵制各种否定马克思主义的错误观点，真正把握马克

---

① 中共中央文献研究室：《习近平关于社会主义文化建设论述摘编》，中央文献出版社，2017，第35页。

思主义的精髓。马克思主义是一个开放、发展和创新的理论体系，随着中国社会主义现代化建设实践的不断发展，马克思主义中国化理论也在不断的发展和完善，相继形成了毛泽东思想、邓小平理论、"三个代表"重要思想、科学发展观和习近平新时代中国特色社会主义思想等重要理论成果。我们要用发展中的马克思主义武装全党，教育人民，用发展着的马克思主义引领文化建设，不断吸取当代国内外文化建设中的有益成分，不断完善我国意识形态的建设，积极推进马克思主义的中国化、时代化、大众化，与时俱进，永葆理论的先进性。

其次，坚持马克思主义指导思想不动摇。马克思主义指导思想是社会主义意识形态的旗帜和灵魂，是社会主义国家立党立国、治党治国之本，动摇不得，否则就会使社会主义核心价值体系失去主心骨。坚决反对指导思想多元化和淡化意识形态的倾向，巩固马克思主义在意识形态方面的指导地位。我国是社会主义国家，国体和政体都要求我们在意识形态领域必须坚持马克思主义一元化的指导，如果搞指导思想多元化，思想难免会出现混乱甚至社会动荡。而且随着全球化的不断深入，西方意识形态领域中的非马克思主义和反马克思主义思潮对我国主流意识形态安全构成严重威胁，所以我们必须坚定马克思主义指导思想不动摇，多渠道维护和建设社会主义主流文化。"马克思主义是我们立党立国的根本指导思想。背离或放弃马克思主义，我们党就会失去灵魂、迷失方向。在坚持马克思主义指导地位这一根本问题上，我们必须坚定不移，任何时候任何情况下都不能有丝毫动摇"。[①]

最后，不断丰富和发展马克思主义。改革开放以来，中国共产党人以巨大的政治勇气和理论勇气不断推进理论创新，开拓了马克思主义中国化新境界。邓小平理论、"三个代表"重要思想、科学发展观和习近

---

① 习近平：《在庆祝中国共产党成立九十五周年大会上的讲话》，人民出版社，2016，第9页。

平新时代中国特色社会主义思想是经济全球化态势下当代中国主流意识形态的开创与发展，具有宽广的全球视野和深邃的世界眼光。中国特色社会主义理论体系是改革开放以来我们党全部理论创新的总结和主流意识形态的升华，是同马克思列宁主义、毛泽东思想既一脉相承又与时俱进的科学理论体系。同时我们要大力宣传马克思主义的主流思想。只有不断保持理论发展和创新，才能更好指导社会主义建设，不断巩固马克思主义在意识形态的指导地位，保持马克思主义理论的生机与活力。"实践没有止境，理论创新也没有止境。要使党和人民事业不停顿，首先理论上不能停顿。我们要根据时代变化和实践发展，不断深化认识，不断总结经验，不断进行理论创新，坚持理论指导和实践探索辩证统一，实现理论创新和实践创新良性互动，在这种统一和互动中发展二十一世纪中国的马克思主义"。①

（二）用社会主义核心价值观整合社会成员的价值理念

用社会主义核心价值观引领整合社会成员的价值理念，形成基本的社会规范和行为准则。思想道德是衡量社会文明程度的重要标尺，随着改革开放的深入和市场经济的发展，在我国社会的一些领域出现了是非不分、美丑不辨、善恶混淆、荣辱不分的现象，使道德水平在某种程度上出现了滑坡。这些问题如果不及时有效的解决，必然损害正常的经济和社会秩序，损害改革发展稳定的大局。因此，我们"要持续深化社会主义思想道德建设，弘扬中华传统美德，弘扬时代新风，用社会主义核心价值观凝魂聚力，更好构筑中国精神、中国价值、中国力量，为中国特色社会主义事业提供源源不断的精神动力和道德滋养"，②"要加强

---

① 中共中央文献研究室：《习近平关于社会主义文化建设论述摘编》，中央文献出版社，2017，第65页。

② 习近平：《更好构筑中国精神、中国价值、中国力量 为中国特色社会主义事业提供精神动力和道德滋养》，《人民日报》，2015年10月14日，第1版。

思想道德修养，自觉弘扬爱国主义、集体主义精神，自觉遵守社会公德、职业道德、家庭美德。要坚持艰苦奋斗，不贪图安逸，不惧怕困难，不怨天尤人，依靠勤劳和汗水开辟人生和事业前程"。[①] 我们要通过全方位的科学的价值观教育，使之深入人心，成为全体社会成员的价值理念和行为准则，成为全党全国各族人民团结奋斗的共同思想基础。最大限度地争取人们的价值认同，增强社会成员的归属感、凝聚力和向心力，使之成为联结各民族、各阶层的精神纽带，这样，才能在世界文化的相互激荡中把我国建设成为文化强国，才能真正抵御和抗衡西方思想文化价值体系的渗透和影响，保障我国的文化安全和发展。

（三）强化文化认同，筑牢社会主义意识形态阵地

文化认同是指"文化群体或文化成员承认群内新文化或群外异文化因素的价值效用符合传统文化价值标准的认可态度与方式，经过认同后的新文化或异文化因素将被接受、传播"。[②] 近代以来，我国的传统文化属于强势文化，并没有出现文化认同的危机，但是到了现代，由于西方文化的影响，我国出现了文化的危机现象，各种主流文化被边缘化、低俗化。且随着经济全球化的发展，各种文化相互交织，多元文化并行发展，有的学者指出，"破除文化中心主义，鼓励开放性文化认同，提倡文化跨越，文化间接性，提倡穿越文化认同，应该是当今文化认同之所在"。[③]

所以在当今时代，我们更应该增强民族文化的认同感，正确认识民族文化的价值，树立民族文化的自豪感和自信心，并用先进的文化来丰富和发展民族文化，以社会主义核心价值体系引领各种社会思潮，使多元的价值观得到合理的调适和发展，在引导和规范人们价值选择的同时，

---

① 习近平：《在知识分子、劳动模范、青年代表座谈会上的讲话》，人民出版社，2016，第 11 页。

② 冯天瑜：《中华文化辞典》，武汉大学出版社，2001，第 20 页。

③ 周述波：《文化认同》，《长江师范学院学报》，2009 年第 6 期，第 29 页。

强化文化认同，为维护社会主义主流意识形态，建设社会主义文化强国提供强大的精神动力，避免文化走向认同危机。

二、文化的"引进来"与"走出去"问题

对于经济全球化背景下的文化安全问题，我们不能因为有矛盾就一味地排斥或反对，用狭隘的民族主义来保护本民族的文化，文化繁荣发展本身就是一个动态的过程，它的发展壮大离不开与其他文化的交流与沟通。我们必须以新的视角审视和判断本国的国家利益，在反对文化霸权主义的同时，还应抓住经济全球化这一契机，在文化"引进来"的同时，还要实现"走出去"的目标。这也是增强文化创造力和维护国家文化安全的重要途径。

（一）积极吸取外来文化的精华，实现文化"引进来"

当今时代是一个开放的时代，一味地拒绝外来文化是不可能的，文化的安全不能仅靠防和堵，关键是如何以科学的精神对待外来文化，汲取其有益成分为我所用。张岱年先生认为："一个独立的文化，与另一种不同类型的文化相遇，其前途有三种可能：一是孤芳自赏，拒绝交流，其结果是自我封闭，必将陷入衰亡；二是接受同化，放弃自己原有的，专以模仿外邦文化为事，其结果是丧失民族的独立性，将沦为强国的附庸；三是主动吸取外来文化的成果，取精用宏，使民族文化更加壮大。"[①]所以我们在相互的交流中应该取长补短，这也符合我国一贯的传统，从古至今，中华文化就以开放积极的心态，去主动吸收融合，扬长避短，这样才能与时俱进，增强中华文化的生命力。兼容并蓄，因此出现了百家争鸣，汉唐盛世的多彩文化。

世界文明历史的发展演进也告诉我们，没有一个文明是纯粹的，不同的文化，均是人类文明的共同成果，很多文明都是在吸取了其他文明

---

① 张岱年：《张岱年全集》（第7卷），河北人民出版社，2007，第63页。

精华的基础上形成的，中国文化对印度佛教的吸收，日本、朝鲜对中国化了的佛教的接受等等，异质文化的交流、碰撞与融合是文化更新发展的重要动力和契机，文化封闭必然导致僵化、停滞和落后。邓小平曾经强调，"社会主义要赢得与资本主义相比较的优势，就必须大胆吸收和借鉴人类社会创造的一切文明成果，吸收和借鉴当今世界各国包括资本主义发达国家的一切反映现代社会化生产规律的先进经营方式、管理方法"。[①]

民族文化没有优劣之分，每一种文化在其长期的发展过程中都有其两面性，既有顺应潮流合理的一面，又难免会有泥沙俱下缺失的一面，我们不能盲目排外。西方文化中很多优秀的地方是值得我们学习的，比如意大利的歌剧、美国百老汇的音乐剧、俄罗斯的芭蕾舞、德国的交响乐、法国的画展等等，这些都是西方优秀的民族文化，我们应该转变观念，吸取其中的精华为我国的文化艺术发展服务，博采各国文化之长，为我所用，这才是文化生命力所在，"我们应该在马克思主义的指导下和社会主义原则的基础上以开放的胸襟和兼容的态度不断迎接新的外来文化的进入，以更加开放的姿态和包容的精神参与到世界的现代化、全球化当中来"。[②]这对推动我国文化事业的发展，增强和壮大中华民族的整体实力至关重要。

（二）继承并弘扬中国优秀传统文化之思

"中华民族有着五千多年的文明史，近代以前中国一直是世界强国之一。在几千年的历史流变中，中华民族从来不是一帆风顺的开，遇到了无数艰难困苦，但我们都挺过来、走过来了，其中一个很重要的原因就是世世代代的中华儿女培育和发展了独具特色、博大精深的中华文化，

为中华民族克服困难、生生不息提供了强大精神支撑"。① 因此，保护和继承中华民族的优秀传统文化，维护我国的文化利益，已成为当今面临的一个共同主题。

首先，保护和继承我国的传统文化。五千多年的中国传统文化是整个中华民族的身份象征，同时也是我们得天独厚的财富，深厚的文化积淀是中国人的骄傲。各种民俗、民风、民间文化精彩纷呈，剪纸、年画、皮影、民居、刺绣、服饰、饮食、建筑、文物等民间文化以及非物质文化遗产堪称世界之最。如何在当今各种文化相互竞争，相互激荡的背景下继承并弘扬本国优秀的传统文化，使中国的传统文化在当今经济全球化的洗礼下实现涅槃，成为当前文化安全建设的重要内容。比如我国的传统节日文化要重视起来。因为节日的传承，是文化传承最普及的方式，也是影响面最大，最为直接的方式。其蕴含着深厚的文化内涵，其浓郁的民族特色和多彩的风俗习惯是中华民族文化的精髓。现在我国的传统节日清明、端午、中秋被列为法定节假日。这不仅有利于弘扬和传承我国优秀传统文化，发掘传统文化的丰富内涵增强中华民族的凝聚力，同时也不断地扩大了中华文化在国际上的影响力。中国的农历春节在海外影响日甚，新加坡就把春节作为一年当中最盛大的节日，成千上万人购买年糕。2001 年 1 月 18 日，印度尼西亚总统瓦希德宣布，春节成为印尼华族社会的正式假日；春节也是马来西亚重要的节日，通过这些传统节日，进一步传播了中华传统文化，提高了中国在国际上的影响力。

其次，发展和弘扬我国的传统文化。目前我国很多文化不是不被世人所了解，而是不为世人所真正了解。对于大多数西方人来说，他们所了解的中国是片面的、不完整的，甚至是不公正的。外国人不理解，就连我们的青年人也知之甚少，缺乏对自己传统文化宣传、介绍的意识。

---

① 中共中央文献研究室：《十八大以来重要文献选编》（中），中央文献出版社，2016，第 119 页。

所以要加大对青少年传统文化的教育，改变"重西学，轻国学，重外语，轻汉语"的局面，不断弘扬我国的优秀民族文化，同时也可以将我国的文化产品向外推广，介绍到西方国家，使西方国家真正了解中国，了解中华文化。我们"要向世界宣传推介我国优秀文化艺术，让国外民众在审美过程中感受魅力，加深对中华文化的认识和理解"，"京剧、民乐、书法、国画等都是我国文化瑰宝，都是外国人了解中国的重要途径"。[①]

（三）不断进行文化创新，实现文化"走出去"之思

维护国家的文化安全，不仅要引进来，关键还要走出去，狭隘的民族主义只能导致一个民族的愚昧和落后。只有"走出去"，不断提升文化的输出力，才能在不断的碰撞和融合中得到发展和进步，使悠久的中华文化以更加积极的姿态走出国门，走向世界。

首先，壮大国内市场。文化要想真正的"走出去"，首先在国内要有强大的市场占有率，牢牢抓住国内市场的前提下，才能走出国门，吸引更多的外国人。如果国内的市场都无法顾及，走出国门将会变得困难重重，问题重重，更谈不上国际市场的开拓了。我国国内的文化市场潜力是很大的，随着人民生活水平的提高，在注重物质享受的同时，人们更加追求精神上的满足，对文化的需求也会越来越广泛和多元，巨大的国内市场呼唤着改革和创新。健全的市场管理体制、有序的市场运作环境都是必不可少的。作为文化企业，更要生产出老百姓信得过的产品，只有牢牢抓住本国文化市场的主要群体，在不断地壮大本国文化市场实力和竞争力的基础上，再进一步谋求国际市场的开拓，如果国内市场都很难站稳脚跟，被外国的文化产品所占领，那走出去乃至在国外占领国际市场将会更加举步维艰。所以不断发展壮大国内市场是文化走出去的基础。国内文化市场强大了，走出去的步伐自然就会加快。

[①] 中共中央文献研究室：《十八大以来重要文献选编》（中），中央文献出版社，2016，第128页。

其次，多渠道传播文化。文化这种所谓的软实力的"力量"，最重要的是其扩散性和辐射力，只有当一种文化广泛传播，并受到其他国家倾慕或学习时，这种力量才能有效发挥作用。目前我国文化产品的竞争力还比较弱，我们可以通过相互之间的交流和沟通，拓宽沟通交流的渠道，广泛的传播中国的文化，让世界首先能够全面的了解中国的文化，这样才会接受中国的文化，达到更好的合作和交流，如果前提对中国的文化一无所知，或者存在偏见，那么文化走出去必定会困难重重。

文化传播的渠道可谓多种多样，近年来，我国相继举办了一系列的活动，如相继在不同国家分别举办"中国文化周""中国文化年"，在国外兴办孔子学院，介绍中国文化，成为外国了解中国的一个窗口。2010年国家社科基金还设立了"中华学术外译项目"，把我国哲学社会科学研究的优秀成果以外文的形式在国外权威出版机构出版，增进国外对当代中国和中国传统文化的了解。每年的文博会也是传播中华文化的重要渠道。也可以让歌唱家、演奏家、书法家、艺术家、学者教授走出去，去表演，去讲学，展现我国的文化魅力和艺术风采，达到物质文化产品走出去的同时，精神文化产品也走出去的目的，大力提高我国文化对外的输出能力，以更加积极的姿态展现自己民族的优秀文化，树立中华民族的鲜明形象，扩大中华文化在世界的吸引力和影响力，为中华文化更好的走出去创造条件。

最后，不断进行文化创新。"历史和现实都证明，中华民族有着强大的文化创造力。每到重大历史关头，文化都能感国运之变化、立时代之潮头、发时代之先声，为亿万人民、为伟大祖国鼓与呼。中华文化既坚守本根又不断与时俱进，使中华民族保持了坚定的民族自信和强大的修复能力，培育了共同的情感和价值、共同的理想和精神"。[1] 因此，

---

① 中共中央文献研究室：《十八大以来重要文献选编》（中），中央文献出版社，2016，第121页。

我们要积极进行文化创新，提高本国文化产品的原创性，发展社会主义先进文化，推动中华文化走出去。

第一，创新文化观念。观念是行动的先导，文化观念的创新是发展先进文化的前提和保障。破除民族文化中的一些僵化、落后意识，紧密结合改革开放和社会主义市场经济的实际，在全社会大力倡导自立、竞争和效率意识，不断开拓创新，培育一些与现代化相适应的新的文化心理取向。同时要改变文化保守主义和狭隘主义的倾向，坚持百花齐放、百家争鸣，努力形成一个有利于文化创新的浓厚氛围，同时也减少国际社会对中华文化的误读、误解和误判。

第二，创新文化内容和形式。文化的创新，内容是关键，遵循"内容为王"的法则，必须把内容生产创作作为核心竞争力，作为资源配置的重心。同时文化内容和形式在改革的过程中，要根据人民群众的生活实际以及不同层次群众的需求和欣赏水平进行创新，使文化更贴近群众，立足民族传统，在有中国特色社会主义的实践中去发现先进文化发生、传播和弘扬的有效载体，去寻找具有时代气息、新颖别致的人民群众喜闻乐见的方式方法。在注重作品思想性的同时，也要在表现形式上求新、求精，下大力气增强作品的可读性和观赏性。

第三，创新文化传播手段。"文化本身没有高低贵贱之分，但是文化的传播手段却具有先进和落后之别。"[1] 要想真正地实现走出去，必须要创新传播的技术和手段，为文化传播提供良好的载体，使整个国家的对外文化传播更加快捷，扩大传播的覆盖面。目前我国的对外文化传播仍存在着手段单一、针对性不强、感染力差等问题，所以为了提高我国对外文化传播的核心竞争力，我们应充分利用现代化的传播手段，努力构建网络文化平台，争取网络平台上的话语权，同时还应借助卫星、无线传输、数字技术等现代传播手段，形成技术传播上的优势，从而达

---

① 张骥：《文化与当代国际政治》，人民出版社，2003，第374页。

到维护文化安全的目的。"只有这样才能使我国文化在全球化的背景下获得独立自主的全新发展，真正有效的抵御西方的文化渗透和粉碎西方文化颠覆的图谋，为全人类文化的发展做出重大贡献"。[1]

第四，创新文化体制机制。在我国很多文化体制和机制受计划经济的影响，缺乏活力，资源配置效率低下，结构不合理。因此，我们要"推进文化体制改革，加快文化事业和文化产业发展。繁荣发展社会主义文艺，推进'深入生活、扎根人民'主题实践活动。完善促进基本公共文化服务标准化均等化发展等体制机制。实施中华文化传承工程。推动文化创意产品开发，实施中国当代文学艺术创作工程，培育新型文化业态，增加优质文化产品和服务供给。实施重点文化惠民工程，引导公共文化资源向城乡基层倾斜。加强文化领域行业组织建设。深化文化市场综合执法改革。落实全国性文艺评奖制度改革，压缩全国性文艺评奖奖项和数量。实施国际传播能力建设工程，加强对外话语体系建设，积极传播中国声音"。[2]

总之，我们应该以开放的心态迎接各种文化挑战，以一种全球的视野和勇气吸纳当今世界先进文化成果，不断焕发中国文化的创新活力，在"和而不同"的文化理念下，坚持文化的"引进来"和"走出去"相结合，充分利用国际和国内两个市场、两种资源，把自主性和开放性有效地结合起来，提高文化的传播力，为更好地维护我国的文化安全和文化发展而努力奋斗。

三、大力发展文化产业，提升文化软实力之思

自身实力强弱是应对经济全球化挑战的决定性因素，为了维护我国

---

① 邱有阳：《关于我国文化安全问题的辩证思考》，《文化研究》，2006 年第 7 期，第 81 页。

② 中共中央文献研究室：《习近平关于社会主义文化建设论述摘编》，中央文献出版社，2017，第 191-192 页。

的文化安全，大力发展文化"软实力"是经济发展的保障，而文化产业的发展则是提升国家软实力的重要手段，2010 年 7 月，胡锦涛在中央政治局第二十二次集体学习时强调，"要精心打造中华民族文化品牌，提高我国文化产业国际竞争力，推动中华文化走向世界。"① 我国在"十二五"规划建议中也明确提出了"推动文化产业成为国民经济支柱性产业"的目标定位。以强大的文化产业为依托才能真正赢得文化竞争的主动权，与世界发达国家相比，目前我国文化产业起步晚、实力较弱、核心竞争力不强，导致我国的文化安全形势不容乐观，所以大力发展文化产业，繁荣文化市场，提升文化软实力已刻不容缓。

（一）产业结构调整问题

目前我国文化产业存在着结构不合理的现象，许多文化企业个体化、分散化，不能形成规模效应，发挥产业化的效能，导致文化资源的浪费。所以加快产业结构调整，增强对本国文化产业的可控度，抢占高新技术文化产业制高点，优化文化资源配置，使文化产业能够在激烈的市场竞争中求得发展意义重大。

首先，进行文化体制改革。当前文化产业中条块分割、活力不足，资源配置不当，整体实力不能充分发挥等体制性障碍依然存在，一些地方的文化产业集团已经形成与地方化行政主管部门分庭抗礼的局面，如果不深化文化体制改革，将导致文化产业大的结构性矛盾，所以我们必须高度重视这一问题，打破旧体制和旧观念的束缚，建立科学合理、灵活高效的文化管理体制。完善党委统一领导，政府依法行政的领导管理体制；形成符合社会主义文化发展规律、管办分离、政事分开的运行机制；培育一批文化企业使之逐渐发展壮大，建立以资产为纽带，跨地区，跨部门乃至跨国经营的大型文化企业集团；完善公共服务机制，建立促

---

① 胡锦涛：《顺应时代要求深化文化体制改革推动社会主义文化大发展大繁荣》，《人民日报》，2010 年 7 月 24 日，第 1 版。

进社会主义文化长远发展的保障体系和支撑体系，重点加强文化产业政策、税收财政政策、社会保障政策、信贷政策及其他相关的行业法律法规政策，完善法律法规体系，营造公开、公平、公正的文化市场环境。

其次，实施重大文化产业带动战略。大力发展文化产业，加快文化产业基地和区域性特色文化产业群的建设，实现文化产业的集约化经营，做大做强一批规模大、效益好、实力强的国有文化产业集团。现在国家和政府根据区域经济的发展特色，建立"文化产业园区"，特别是向长三角、环渤海地区辐射和蔓延，充分发挥区域优势，实施重大文化产业带动项目，形成完整的产业链条，使文化产业集中度提高，有利于发挥文化的规模效应，繁荣文化市场，同时实行强强联合，形成一批国有和国有控股的大型文化企业集团，优化资源配置，增强企业的竞争力，初步改变我国文化企业小、散、弱、差的状况，大力培育新型文化产业，使文化产业结构得到优化和升级，积极鼓励非公有文化企业的发展，为文化产业注入新鲜的血液和发展活力，增强文化产业的整体实力和国际竞争力，同时还可以带动其他业务的发展，提高整体的文化产业实力。

最后，建立完善的文化产业体系。目前我国文化产业中各个行业还没有完全充分发挥其作用，一个重要原因就是文化产业体系不完善，各种市场贸易壁垒阻碍了商品的自由流动，产权得不到保障，分配不公，文化消费市场呈萎缩状态。所以要改善市场环境，建立统一、开放、竞争、有序的文化市场体系，形成以公有制为主体、多种所有制共同发展的文化产业格局，使各类文化企业平等竞争，优胜劣汰，自主经营、自负盈亏，有效的规范文化市场，使得文化市场作为一个统一运行良好有序的系统，营造有利于企业集团发展的市场氛围，打破行业壁垒，实现文化产业的跨行业经营。"整合文化产业和相关产业，形成产业链，从而带动整个行业的发展。同时有的地方搞地方保护主义，小团体主义，有严重的排外思想，所以打破地区封锁，促进文化产业的跨地区、跨文化经营。建立以文化资源为基础，以资本为纽带，组建企业集团，真正实行文化企业集团的市场化运作和规模化经营。"①

（二）企业自主创新的能力问题

企业既是文化市场的主要参与者，也是市场竞争的主体，培育和提升其自主创新的能力尤其是企业的原创力至关重要，这样才能在激烈的市场竞争中不受制于外国文化利益集团，提升自己的竞争力，把握文化产业的主导权和主动权，以充分的自信进行文化产品的生产和创作。

首先，建设适应自主创新的企业文化。所谓企业文化是指"现阶段企业员工所普遍认同并自觉遵循的一系列理念和行为方式的总和，通常表现为企业的使命、愿景、价值观、行为准则、道德规范和沿袭的传统与习惯等。"②企业文化非常重要，企业的发展离不开文化的建设，企业只有形成良好的企业文化并将其融入到日常的管理中，才能更好地塑造企业形象，激励员工，增强员工之间的凝聚力和向心力，为提高企业效益奠定基础。著名的"海尔文化"就是在继承中不断创新企业文化的典范，融合东西方文化于一身，在引进中消化，最终根植于本民族文化的土壤。用海尔总裁的话说，就是"海尔文化＝日本文化（团队意识＋吃苦精神）＋美国文化（个人主义＋创新精神）＋中国传统＋中国文化的精华。"③海尔的全体员工在海尔文化的熏陶下为海尔的发展都努力贡献自己的力量，使得海尔企业能够不断地发展壮大，走向国际。所以我们不能只关注企业的产量、营业额、效益，而忽视了员工或者是企业形象的建设，要在经营生产的同时，搞活文化的创新和发展，建立现代化的适合本企业的企业文化，对实现文化产业整体上的繁荣与发展是必不可少的。

其次，加大自主知识产权的成果转化。我国很多知识研究都仅仅是

---

① 沈洪波：《全球化与国家文化安全》，山东大学出版社，2009，第174页。

② 王佐书：《中国文化战略与安全研究》，人民出版社，2007，第146页。

③ 陈培爱，岳淼：《广告跨文化传播与文化安全》，载《现代传播》（中国传媒大学学报）2006年第4期，第8页。

停留在理论上，没有真正将其转化为成果。所以企业应该加强资金投入，不断将高科技成果应用于特色文化产业的开发中，加速自主知识产权成果的转化应用，形成自己的品牌，并不断地做大做强自主文化品牌，以品牌为支撑，扩大影响，增强本企业的吸引力和竞争力，从而带动产业的整体发展。"一个没有英雄的国度会被征服，一个没有名牌的国度同样也有被征服的危险"，[①]驰名商标已经成为发达国家占领发展中国家市场和人心的最新武器，对文化的竞争起着支撑性的作用，将本国的文化品牌推向国际市场是我国的主要战略任务。目前我国的文化产业还处于起步阶段，国际化水平不高，自主优秀的品牌不多，所以企业要提高自己的创新能力，不断创新出自己的特色和品牌，品牌往往起着事半功倍的效果，能够增强企业的竞争力，更好地融入到国际文化产业的链条中去。

最后，加速文化创意产业的崛起。最近几年，全球文化创意产业迅速起，被称为最有前途的产业，成为新的经济引擎。我国文化创意产业发展也很迅速，呈不断上升趋势。文化与创意结合起来可以产生巨大的经济价值，比如好莱坞大片《功夫熊猫》和《花木兰》在我国国内的高票房就充分见证了取材于我国但是加入创意后的不同效果。目前文化创意产业还面临很多的困难，人才的缺乏、融资难等问题是制约文化创意产业发展的瓶颈，"完善和优化创意产业发展的内部和外部环境，以高新技术带动传统产业的升级换代，构成与完善创意产业的产业链条，建设一批以高新技术为基础的创意产业园区。"[②]为文化企业的发展寻找合作伙伴，注重挖掘文化资源，提升创新能力，打造文化品牌，努力推出高品位、高水准的文化精品，改变我国文化产业在全球产业链中所处

---

① 束桐、戎天豪：《文化竞争：一道美丽的风景线》，载《决策探索》1996 年第 10 期，第 32 页。

② 石杰、司志浩：《文化创意产业概论》，海洋出版社，2008，第 13 页。

的低端位置，培育和发展新的文化增长点。

（三）产业政策与宏观调控问题

完善文化产业政策是事关文化产业持续稳步发展的一个主要因素，如果没有政策的支持，文化产业的发展不可能持久。这就需要发挥国家政府的作用，运用财税、金融等多种手段支持文化产业发展，为文化产业发展提供良好的政策环境。

首先，加大资金投入。文化产业的发展需要资金的投入和财力保障，政府应加大对文化的扶持力度，增加财政支持，逐步形成覆盖全社会的比较完备的公共文化服务体系。同时国家也出台了一系列的扶持政策，设立了专项基金，各省市也把建设文化强省、强市作为新的战略目标。值得注意的是，在资金投入的方式上应尽量改变以往国家政府直接划拨的方式，更多地采取招投标、政府采购、服务外包、定向资助、以奖代补等方式，引入竞争机制，从而提高财政资金的使用效率和引导作用，突出重点，注重实效。同时政府也应该扶持一些公益性的文化事业以及高层次的表演艺术和优秀的民族艺术的发展，给予这些民间艺术和公益性文化事业资金严重缺乏的以直接投入，同时也要积极的吸取民间资本，鼓励不同社会主体的资本向文化产业流动，一方面可以有效解决文化资本不足的问题，同时也可以发挥中小文化企业灵活多变，成本低廉的优势，从而达到繁荣文化市场的目的。

其次，增加科技含量。在文化产业激烈的国际竞争背景下，谁抢占了科技制高点，谁就赢得了竞争的主动权，文化产业需要不断注入科技的力量，提高产品的附加值，从而增强文化产业的国际竞争力。西方国家的文化产品之所以深受别国追捧，重要的一点就是他们所特有的高科技含量，这一点是任何国家都不能忽视的。而我们国家文化产业的科技含量和产品质量都比较低，所以要大力发展高新技术，加大我国在文化产业上的科技投入和科技含量，改造传统产业，加快产业的优化升级，这样才能提高产业的核心竞争力，将本国的文化产品打入国际市场，与国际市场中多元的文化产品相融合，互通有无，在保存自己民族文化特色的同时，吸取有益于自身发展的精华，从而进一步保证国际社会多元文化的并存。

最后，完善产业政策。在市场经济体制下，制定文化产业的相关政策，是政府对文化产业进行宏观调控的重要手段。我国政府也相继制定《文化产业振兴规划》等专项规划，加大对文化产业的扶持力度，但是很多与产业政策配套的保障体系还不完善，所以应加大对文化产业的投资政策、税收政策、价格政策、技术政策的调控力度，在实行文化产业及市场适度准入原则的同时，推进文化产业的民营化战略。我国的文化产业由于起步比较晚，大企业、大集团比较少，所以我们就应该从实际出发，发挥中小企业灵活、成本低的优势，加大对这些企业的政策倾斜。同时还应该鼓励国家、集体和个人参与国际文化贸易交流，进一步放宽政策和下放相应的权限，鼓励国有、民营、地方的文化都应该发挥自己的作用，并不断壮大我国的文化产业，开拓国际市场，扩大市场份额，提高国际竞争力，使我国的文化产业体系充满活力，在积极的文化进击中获得文化安全的有效防御。

（四）文化产业人才队伍建设之思

文化产业是一个特别需要高素质人才运作的领域，高素质的文化创作、生产和经营人才是文化产业发展的保障。目前我国文化管理和经营人才严重匮乏，制约了文化产业的发展。因此，应尽快制定文化产业人才资本战略，采取切实有力的优惠政策，吸引培养选拔掌握先进技术和熟悉市场运作方法的人才。通过改革人事管理制度和分配制度，强化人才竞争激励机制，积极营造人才成长的良好社会环境。

人才是文化产业发展的命脉，所以要大力培养和引进人才。加快培养造就一批政治强、素质高、业务精的经营管理人才队伍迫在眉睫。可以依托高校和学术界的现有力量，政府也可以通过与高校联合办学、集中短期培训和举办文化产业论坛等方式，培养一批经营管理的复合型人才，还可以通过委托培养、定向培养、双向交流等途径，选派政治素质好、业务精的优秀人才到国外高校或者研究机构学习、进修，培养掌握现代高新技术，然后学成归来为祖国服务，充分利用商业和学术交流等模式，在培养本土人才的同时也应大力引进国外优秀人才。总之要以优势产业积聚人才，以重点项目吸引人才、以合作方式招揽人才，不能局限于单一的人才培养机制，拓宽人才培养渠道，采取请进来、走出去相结合的办法，迅速与国际文化产业发展水平接轨，培养出既适应国内又适应国际需要的文化产业专业人才，这才是时代的需要。

科学的人才激励机制也是必不可少的，要营造人员能进能出、职务能上能下、优秀人才能够脱颖而出、充满生机活力的用人机制。实施引得进、留得住、用得活的人才战略，进一步推进以分配机制和用人机制为重点的人事制度改革，加强对人才的评价和考核，为优化人才资源配置，为人尽其才创造条件，同时对文化人才在政治上要爱护、工作上要支持、生活上要关心、使用上要公平。同时也要在薪资待遇、发展空间和继续深造等方面给予人才一定的倾斜。比如对于企业急需的人才，企业可以实行政策倾斜，如安排其家属就业，给予一定数额的安家费，提供宽敞舒服的住房，配车等优厚条件，提供其出国深造的机会，这对于人才将是巨大的诱惑，能够更好地引进人才，激励人才，不断壮大文化产业的人才队伍建设。

四、提高公民的文化安全意识，建立国家文化安全预警机制问题

（一）宣传教育力度问题

有人群的地方基本就有文化，但人们更多关注的是经济发展，往往会忽略民族文化安全的保护，缺乏热忱，觉得保护文化安全是国家和政府的事，与自己关系不大，也没有抵抗西方文化侵略的意愿，行动更是无从谈起。所以要不断加强宣传教育，提高人们的文化安全意识，从灵

魂深处产生对民族文化的尊重，认识到保护文化安全的重要性。

首先，家庭教育是基础。人们在成长的过程中，世界观和价值观首先受到家庭的影响，家庭教育发挥着基础和启蒙的作用。目前在中国，大多数家庭没有文化保护意识，特别是20世纪80年代以后出生的孩子，他们大多数是独生子女，在家娇生惯养，以自我为中心，对自己以外的世界漠不关心，很少关注社会，更不用说文化保护。同时激烈的社会竞争使得家长只强调孩子"两耳不闻窗外事，一心只读圣贤书"，忽视了对其他文化的教育，造成年轻人对民族文化保护观念的淡薄。

其次，学校教育是根本。学校教育是对青少年影响最大，也是最有效的阶段。但是现在的学校教育由于受升学考试的压力，分数成为衡量学生旳唯一标尺，在教育的过程中重知识传授，轻文化传播，在这样的学习氛围下，容易导致青少年学生的民族文化意识淡薄，所以学校必须意识到自己在这方面所担负的艰巨任务和伟大使命，加强历史教育、爱国主义教育和民族文化传统教育，在课程设置方面应该适度开设中华文化和文化传承方面的课，加强其他学科对民族文化教育的"渗透作用"，帮助青少年学生牢固树立民族自信心和自豪感，正确地认识和对待人类文化多样性，多方面、多渠道地接受民族文化的传播和教育，牢固树立文化安全，人人有责的观念，增强青少年学生文化保护意识和文化保护能力。

最后，社会教育也必不可少。维护国家文化安全是一个长期而艰巨的过程，需要全社会的支持和关注，我们必须增强忧患意识，在全社会范围内形成一种保护传统文化，弘扬传统民族文化的氛围，大力弘扬爱国主义精神，进一步激发全国人民的民族自尊心、自信心和自强意识，激发全民族对文化的认同感和自豪感，提高全民族的文明素质，同时也要不断进行自我反省，这样在接受其他国家文化产品时，就会理性的依照自己的真实需求来自由选择，而不是一味地崇洋媚外。

（二）大众的文化参与度问题

首先，密切国家文化利益与公民自身利益之间的关系。社会主义的本质特征决定了社会主义文化一定是大众的文化，使全体公民参与其中是其必然要求，对大众文化进行积极引导，提倡真、善、美，抵制假、恶、丑，把群众自己的利益与国家的文化利益紧密结合起来，使大众文化安全在群众心目中的定位更加清晰和强化，公民更加关注文化的发展，在切实感受到文化所带来的实实在在的利益的同时，积极投入到维护国家文化安全，发展国家先进文化中去，从身边做起，从小事做起，切实做好维护文化安全的工作。同时还要放权于民，使人民有权利来做更多维护文化安全的事情，人民的文化权利越大，所承受的责任就越大，文化参与度也会无形中得以提升。

其次，加快构建公共文化服务体系。这事关人民群众的基本文化权益是否有保障，人民群众的基本文化需求能否得到满足，国家政府应平衡文化资源，特别是更多地倾向于农村、贫困地区、革命老区和边疆民族地区，推动基层文化基础设施建设，"在巩固好实现好公共美术馆、图书馆、文化馆、博物馆等向社会免费开放的同时，有条件的地方应当逐步将科技馆等向社会开放，以最大限度地满足人民群众的基本文化需求"，[①] 让人们参与文化的途径更多，范围更广，意识更强。

最后，营造健康文化氛围，加强文化熏陶。开展像激情广场那样的丰富多彩的群众性文化活动，丰富人们的精神文化生活，同时可以在不破坏民族文化传统的前提下，向民族文化添加一些现代元素，通过创新来吸引广大民参与其中。还可以举办一些诸如文化遗产日的主题系列活动，强化人们的文化保护意识，增强责任感，激发维护文化安全的主人翁意识，营造文化安全发展的舆论氛围，使保护文化安全行动更容易在

---

① 谢晓青:《高校社会主义核心价值体系建设与维护国家文化安全》,《黑龙江高教研究》, 2011 年第 10 期, 第 65 页。

民间展开，让蕴藏于人民中的文化创造活力得到充分发挥。充分利用我国哲学、历史、文学、艺术和教育等多方面资源，加强对广大民众的传统教育和熏陶，帮助广大民众认识和学习民族文化的人文知识、人文思想、人文精神，使广大民众热爱民族文化、爱护民族文化，"进而形成一种跟踪先进文化，弘扬民族精神和反对文化霸权的全民文化自觉，在国民的国防意识中增加一份国家文化安全的内涵"，[①] 为更好地落实维护民族文化安全奠定基础。

（三）公民公共理性能力问题

通过教育，普遍提升人们的道德素质，使人们的政治精神与公共意识更加理性化，公民更善于思考，用理性来对待权威，提高对多元文化的鉴别和批判的能力，对社会生活和意识形态应具备基本的选择能力，理解他人的生活与思维方式，尤其是在对待西方文化上要有一个清醒的认识和准确的判断，哪些是好的要借鉴学习，哪些是不合适的或者不健康的，要坚决予以摒弃。正确的判断好坏美丑，不能认为西方的文化都是好的，而自己本国的文化都是差的。

现在社会上这样崇洋媚外的心理普遍存在。因此，我们要端正态度，树立正确的认识，增强文化自觉和文化自信。"如果'以洋为尊''以洋为美''唯洋是从'，把作品在外国获奖作为最高追求，跟在别人后面亦步亦趋、东施效颦，热衷于'去思想化''去价值化''去历史化''去中国化''去主流化'那一套，绝对是没有前途的"。[②]

同时还要增强公民对本国文化的认同感。随着经济全球化的发展，外来文化的大量涌入，在一定程度上弱化了人们对本国文化的认同感。所以我们应该激发民族文化的认同感，了解自家文化，全面看待自家文

---

① 韩源：《全球化背景下维护我国文化安全的战略思考》，《毛泽东邓小平理论研究》，2004 年第 4 期，第 14 页。

② 中共中央文献研究室：《十八大以来重要文献选编》（中），中央文献出版社，2016，第 135-136 页。

化，这样在文化发生冲突和矛盾时，民众能够自觉捍卫民族文化的权益，文化的认同度与国家文化安全系数直接正相关。同时还要不断发展创新我国的先进文化，学会有选择地吸收与借鉴，既不能失去自我个性，又不能机械地模仿和全盘吸收，要不断进取和勇于创新，不断提高公民素质，强化民众的社会责任感，冷静、理智地对待本国文化和外国文化，提高公共文化理性的能力，从而提出更好的文化安全策略，积极投身到维护文化安全的行列。

（四）国家文化安全预警系统问题

国家文化安全预警是指"一个国家根据本国国家整体利益的需要，而对文化运行状态所可能威胁到它自身以及整个国民经济和社会发展的安全态势进行监测，并在此基础上做出预期性警示评价和对策的国家文化安全的政策过程和反应控制系统。"[①] 它是国家安全管理的有机构成部分，能够最大限度地克服国家文化安全管理中决策的随意性和个人性。尤其是早期的报警系统，通过对国际市场文化商品的流动趋势及其以各种渠道影响和进入我国文化市场所可能导致的对我国文化事业发展的威胁，特别是可能引发我国文化事业发展灾难性后果的不良趋势的分析，能够及时而准确地做出预告性和警示性反应。如果没有提前进行预警，国家的文化安全管理将会受到很大的威胁。

建立国家文化安全预警机制，把可能危害文化发展的因素牢牢控制在安全警戒红线以内，有效应对文化的不安全状况，做到早发现，早治理，及时预防和控制有害信息的传播，这样不仅能够保障国家基础信息系统和文化安全，维护正常的社会文化秩序，同时也能更好地认识和警惕西方国家的"文化陷阱"，有效应对经济全球化的挑战。而不是在遇到突发性公共文化事件和重大文化冲突时，手足无措。居安思危，防患于未然，把危害文化发展的因素降低到一个可容纳的限度，为中国的和

---

① 胡惠林：《中国国家文化安全论》，上海人民出版社，2005，第373页。

平崛起以及和谐发展创造良好的文化环境。

五、加强文化外交，应对经济全球化挑战问题

文化外交是指一国"围绕国家对外关系的工作格局与部署，为达到特定目的，以文化表现形式为载体或手段，在特定时期、针对特定对象开展的国家或国际公关活动。"[①] 已与政治外交、经济外交一起被视为中国外交的三大支柱，是国家总体外交战略的重要组成部分。文化外交有助于展现中国文化魅力，激发外国公众对于中国文化的兴趣并帮助他们了解中国的价值观与文化，消除他国对于中国崛起的担忧与戒备以及树立一个文明的、负责任的、值得信赖的中国形象。因此拓宽国家文化外交渠道，开拓和发展我国在全球的文化利益，改善文化安全的外部环境对维护我国文化安全大有裨益，所以加强文化外交也成为维护我国文化安全的重要措施之一。

（一）中国文化外交政策之思

我国应不断完善文化外交政策，健全有关法律和规章制度，通过法律、政策、伦理、技术等手段制定防范措施，进一步推进同各大国的关系，深化和加强与周边国家、发展中国家的文化交流与合作，通过开展文化交流等形式的活动，塑造充满活力、民主开放和富有人性的国家形象，增强我国文化在世界的影响力。

为了使我国的文化贸易能够全面展开，2009年的时候政府就下发了《关于促进商业演出展览文化产品出口的通知》《国家商业演出展览产品出口目录管理办法》《关于开展国家文化产品出口示范基地认定工作的通知》和《国家文化产品出口示范基地认定管理办法》等具体举措，并在2010年制订并实施了《中国对外文化贸易"十一五"发展规划》，

---

① 孟晓驷：《中国：文化外交显魅力》，《人民日报》，2005年11月11日，第7版。

一些促进文化产品和服务出境的相关政策、法规相继出台。这些法律法规政策为我国更好地进行文化交流和发展打通了商业的渠道，为国内外的文化投资者创造了良好的投资环境。

同时开展灵活的外交政策，在宣扬中国传统文化的同时，学会用国际条约来保护我国的文化利益，推动国际文化新秩序的建立。比如我国成功主办的"国际文化政策论坛"第七届部长年会，就推动了《保护文化内容和艺术表现形式多样性公约》的制定工作，并发表了《上海声明》，为维护世界文化多样性做出了贡献。

总之，政府应通过政策、法律法规等杠杆，鼓励文化企业通过符合国际惯例的市场运作走向世界，树立中国在国际上的文化形象。

（二）文化外交的形式和内容问题

首先，拓宽文化外交渠道。从国家的外交大局出发，拓展文化交流，是文化发展的一个最直接的渠道和手段，努力拓宽文化交流的传播渠道，多渠道搭建文化交流的平台，搞好对外文化交流的质量。比如可以通过汉语教学这个渠道。当今世界随着中国的日益强大，国际地位的不断提高，在世界范围内掀起了学习汉语热，我们可以借助这个平台，利用语言的独特魅力使中国文化不断走向世界。同时我们也应该借助诸如2008年的北京奥运会和2010年的上海世博会等大型文化盛会向世人展示我们中国文化的魅力，使更多的人了解中华文化，进而喜欢中国文化，这无形当中就宣扬了我国文化，为开辟我国的文化外交奠定前提和基础。同时我们还可以通过培养留学生，欢迎外国的学生到本国学习和研究，同时也把国内的优秀人才送往国外学习深造，在相互交流和学习的过程中得以传播我国的优秀传统文化，展现我国文明、民主、开放、进步的形象。

其次，丰富文化外交的内容和形式。我国文化外交的内容不能仅仅局限在某一方面，而应该不断扩大其交往的内容和范围，拓宽到经济领域、政治领域、军事领域等等，同时也应加强与联合国教科文组织、世界知识产权组织和亚欧基金会等重要国际组织的联系，努力拓展我国对外文化传播的领域和空间。还可以利用春节、国庆日、建交日等重要节日，组织举办高水平文化交流活动，重视文化领域的多层次互访，加强友好城市间的文化交流，主动开展对外文化合作，继续做好中外互办文化年，在国外举办中国文化节、文化周、艺术周、电影周、电视周和文物展等工作。发挥我国驻外机构宣传推介中国优秀文化产品的重要作用。借助国外著名艺术节、书展、博览会、国际性文化论坛等平台，积极推介中国文化产品和服务。精心选择参与单位及文化产品，认真组织代表国家水平的参展、参演团队，展现我国整体文化实力和国家形象。积极的探索市场化、商业化、产业化的运作方式，为世界开启一扇扇"中国文化之门"，扩大我国文化在国际上的影响力。

（三）不同层面的文化外交问题

首先，政府层面。政府应发挥好自己的领导作用，挑起文化外交的大梁，"文化部作为对外文化交流的归口部门，积极配合国家的外交大局，统筹规划，整合资源，突出重点，积极参与相关国际规则的制定，增强我国在国际文化活动中的话语权，维护世界文化多样性。"[①]

通过举办一系列的活动达到弘扬本国文化的目的。国务院新闻办启动的"感知中国日内瓦行"文化交流活动，目的是通过演出、展览、影视圈、论坛等形式，为各界各国人民提供一个在家门口感受和体验中国文化的机会，这个活动从 1999 年以来，先后在美国、德国、韩国、土耳其等地举办，受到有关国家民众的好评。美国的文化为什么在全球有其不可遏制的影响力，与政府所推行的文化外交也是密不可分的。《纽约时报》称，二战结束后的 10 多年，文化外交就是美国对外政策的有机组成部分。2001 年，美国政府为文化外交掏了 160 万美元，而

---

① 孙家正：《文化部长谈我国对外文化交流：文化外交彰显魅力》，《人民日报》，2005 年 12 月 19 日，第 7 版。

到 2010 年，美国在这个方面的预算增至 1175 万美元。奥巴马上台以后，继续扩展文化外交的计划，斥资 100 万美元，让视觉艺术家（包括画家、雕刻家等）作为文化大使，带着各自的艺术作品到 15 个国家去，这间接的宣扬了美国的文化，扩大了美国文化的影响。所以政府对文化外交的发展起着重要的作用。

其次，民间层面。文化外交也不能全部依托政府，一些民间组织团体、大学、研究机构、媒体、宗教组织以及国内外有影响的人士，都可以作公共文化外交参与其中，发挥其积极的作用，拓宽交流合作的领域，同时可以借助各自的领域和国际交往的舞台，面对外国的非政府组织、广大公众，甚至政府机构，从不同角度表达本国的国情和国际政策，维护我国的文化立场，比如北京就成立了以研究儒学思想，继承儒学精华，发扬儒学精神，以促进人类之自由平等、和平发展与繁荣为宗旨的国际儒学联合会。山东曲阜的孔林孔府被列为世界文化遗产，随后作为旅游胜地，在每年孔子诞辰之际举办孔子文化节。通过文化的平台来带动经济的发展。"据不完全统计，2002 年至 2006 年，共组织出访团 379 个，2631 人，接待来访团 313 个，5605 人，在国外举办展览演出 107 场。"①

所以，文化外交需要发挥全社会的力量，各团体、组织之间要紧密配合，发挥整体作用，发展多层次、宽领域的对外文化交流格局，共同推动我国的文化外交的发展，逐渐构建起目标明确、思路清晰、体系完整的中国文化战略，促进各国间的文化交流，让世界更多地了解一个真实的中国。

文化安全已成为一个世界性的课题，越来越引起人们的广泛关注，文化是否安全直接关系着国家的生存与发展。作为发展中国家的中国在经济全球化日益发展的今天，文化安全问题也确确实实存在，面临的挑

---

① 胡振民：《推动中华文化走向世界》，《人民日报》，2007 年 9 月 27 日，第 9 版。

战和威胁也日益严峻，形势不容乐观，既有来自西方国家文化霸权和文化殖民的影响，也有来自本国落后文化的侵扰，这需要我们全社会的共同努力，齐心协力，切实做好维护文化安全的工作。

以正确的态度对待经济全球化下的文化安全问题，既不能简单回避，也不能一味盲目乐观。对西方发达资本主义国家的文化，也要有一个主动的姿态和乐观的心态，既不能咬牙切齿，也不能趋之若鹜，要以一种"有容乃大"的包容心态和宽容精神去对待异质文化，吸取其精华为我所用，特别是我国正处于文化发展繁荣的关键时期，我们应该抓住机遇，利用一切契机发展我国的文化，创造出适应时代潮流的灿烂文化，把中国建设成为一个文化大国，增强中国文化在世界的影响力和号召力，维护文化安全。

坚决抵制文化霸权主义，尽可能地加强彼此之间的交流与沟通，化解不同文化之间的张力和冲突。同时应充分利用经济全球化的契机，在维护文化安全的前提下，大力发展我国的文化，不断壮大我国的文化实力，弘扬优秀的传统民族文化，使中国文化深入人心，使文化在安全的氛围中不断的发展壮大。只有这样我们才能改变在全球化中被动的局面，变被动为主动，创造出更加灿烂和谐的社会主义文化，在文化安全的氛围中努力把我国建设成社会主义文化强国，把中国文化推向世界，迎来社会主义文化建设的新时期。

第三节　何以保障中国文化安全与意识形态安全

一、民富国强，筑牢文化强国基础之思

如果说经济实力是一个国家的硬实力，文化强国建设是一个国家的软实力的话，那么国家的经济实力即硬实力是文化强国建设即软实力的基础，加快中国特色社会主义文化强国建设，首先要踏实文化强国建设的基础，实现民富国强。

（一）硬实力与软实力之思

随着建设中国特色社会主义伟大实践的深入发展，人们普遍认识到：在构建中国特色社会主义的过程中，软实力与硬实力共同促进了我们国家和社会的发展，因此，软实力和硬实力是同一作用的两个组成部分，无论在实践还是理论中，都不应该强调其中一个方面的单维作用。

如今，认为软实力的提升对于硬实力的发展具有反作用的观念已经深入人心。关于反作用我们可以简单地做如下概括。

第一，软实力为硬实力的进步提供精神支持和制度保障。在构成软实力的组成因素中，文化和价值观是最为核心的要素，这些要素的发展对国家经济的发展起着重要的作用。原美国开发署官员劳伦斯·哈里森在《促进社会进步的文化变革》一文中，对30多年来东亚的经济奇迹和约15年来拉美国家经济的变化进行了详细的分析，从其分析中得知，进步文化与停滞文化在国民价值观上存在着巨大的差异，这种差异对经济的发展有着明显的影响，由此可见文化的力量是显而易见的。在不同国家，独特的价值观念会激发国民的创新能力和创新精神，从而为国家创造强大的物质财富和丰富的精神财富，并以此来增强国家的竞争力。由此可见，文化对硬实力因素的发展起着举足轻重的作用。

第二，软实力的变革对硬实力的发展具有推动作用。由于文化、制度等上层建筑因素为一定时期生产力的发展起着促进甚至保障作用，因此，当文化、制度等上层建筑因素与生产力的发展不相适应时，只有推动文化、制度等因素的变革，才能使生产力的发展成为可能，从而为其进一步发展开辟道路。反过来说，当文化、制度等因素发生变革时，由于原本对硬实力的发展起阻碍作用的因素被起促进作用的因素所代替，因此，硬实力发展的可能性就被激发。因此可以说通过变革文化、制度等因素可以为国家社会经济的发展提供强有力的推动作用。

然而，虽然软实力对硬实力具有巨大的反作用，但我们不能因此忽视问题的另一面，即有形的物质生产是无形的文化软实力生产的基础，正是因为以物质生产为基础和前提，文化软实力的发展才具有了可能性。正如马克思在《＜政治经济学批判＞序言》中所论述的："人们在自己生活的社会生产中发生一定的必然的不以他们的意志为转移的关系，即同他们的物质生产力的一定发展阶段性适应的生产关系，这些生产关系的总和构成社会的经济结构，即有法律的和政治的上层建筑竖立其上并有一定的社会意识形式与之相适应的现实基础，物质生活的生产方式制约着整个社会生活、政治生活和精神生活的过程"[①]。通过生产力与生产关系、经济基础与上层建筑的辩证关系，我们可以清楚地看到这一点。

具体来说，硬实力是软实力的基础主要体现在以下几个方面：

第一，硬实力为软实力的发展提供物质基础。马克思主义认为，"人们首先必须吃、喝、住、穿，然后才能从事政治、科学、艺术、宗教等等；所以，直接的物质的生活资料的生产，从而一个民族或一个时代的一定的经济发展阶段，便构成基础，人们的国家设施、法的观点、艺术以至宗教观念，就是从这个基础上发展起来的，因而，也必须有这个基础来解释，而不是像过去那样做的相反。"[②] 目前，我们国家面临的最基本的国情是我国现在处于并将长期处于社会主义初级阶段，所以对于我们国家来说首先必须发展经济实力，只有当经济实力发展到一定水平时，国民的生存需要才有可能得到满足，在此情况下人民大众才有可能追求一些精神层面的东西。在这个意义上，文化软实力的提升和发展离不开物力和财力的支持。通过对一些发达国家提升文化软实力的经验的考察可知，文化软实力强大的国家，大都是物质生产发达的国家，因此强大的资金支持对于文化软实力的提升来说不可或缺。

第二，硬实力的发展推动软实力的提升。首先，硬实力的发展促进

[①] 马克思，恩格斯：《马克思恩格斯选集》（第2卷），人民出版社，1995，第32页。

[②] 马克思，恩格斯：《马克思恩格斯选集》（第3卷），人民出版社，1995，第776页。

文化软实力资源的发展。伴随着人类的不断发展，物质生产的历史进程也逐渐被细化为一个复杂的系统。一开始，狩猎和采集是人类社会主要的物质生产形式；在农业社会，简单的农业生产转变为主要的生产形式；而在工业社会，工业化生产则表现为主要形式；如今"后工业化社会"，信息化生产又一跃而成为主要的生产形式。物质生产形式的改变逐步丰富了物质成果，进而促进了文化软实力资源的发展。其次，硬实力的发展促进了软实力主客体的变化。文化软实力的发展不仅是一个国家生产力发展的结果，在一定程度上也与其他国家生产力的发展有着密切的关系，也就是说，一个国家生产力的发展水平与同时代其他国家生产力发展的相互影响决定了该国文化软实力发展的基本前提。

第三，硬实力的发展和提升为文化软实力载体的发展奠定了基础。在人类文明发展初始，受生产力发展的影响，一些既有的实物成了文化软实力的主要载体，如龟壳、石头、竹子等；随着生产力的发展，造纸术和印刷术被广泛使用，由此，书籍、报纸等印刷媒介成了文化软实力的主要载体；伴随着科学技术的进一步发展，一些电子媒介如电报、电话、留声机、电影、广播、电视等成为新的文化软实力载体，如今更是有了高效便捷的文化软实力载体——互联网。文化软实力载体的不断发展，促进着文化软实力的日益发展，而这些都是以物质生产即硬实力的发展为基础的。

（二）民富国强之思

在建设中国特色社会主义的伟大实践中，硬实力建设必须得到高度重视。这一方面是由于解放和发展生产力是社会主义的中国的根本任务，"社会主义的优越性归根到底要体现在它的生产力比资本主义发展得更快一些，更高一些，并且在发展生产力的基础上不断改善人民的物质文化生活"[1]。另一方面，从软实力与硬实力的关系来看，正如我们在前

---

[1] 邓小平：《邓小平文选》（第3卷），人民出版社，1993，第63页。

面已经看到的那样，硬实力相对于软实力起着基础性的作用，具有决定性力量。没有强大的硬实力基础，所谓的软实力建设就会成为空中楼阁。在这个意义上，马克思恩格斯的如下判断道出了一个普遍真理，"如果没有生产力的巨大增长和高度发展，那就只会有贫穷，极端贫困的普遍化；而在极端贫困的情况下，就必须重新开始争取必需品的斗争，全部陈腐污浊的东西又要死灰复燃"。① 因此，我们必须推动经济又好又快发展，为国家发展繁荣奠定强大的物质基础，为各族人民幸福安康和国家文化软实力的提升奠定强大的基础。

综上所述，硬实力与软实力并不是相悖而行的，国家的发展、社会的发展是硬实力与软实力相互作用、相互促进的结果，因此，在建设中国特色社会主义的过程中，一方面，我们必须重视文化软实力的提升及其在中国特色社会主义伟大实践中的作用，另一方面更要看到，硬实力是软实力的基础，硬实力的稳健发展对于提升文化软实力和社会主义事业的健康发展具有根本上的保障作用。从根本上说，没有强大的硬实力做后盾就不会有我国文化软实力的提升。这是一个我们始终必须牢记的硬道理。

二、社会主义核心价值观

价值观特别是核心价值观是文化强国建设的核心，加快中国特色社会主义文化强国建设，必须大力培育和弘扬社会主义核心价值观。

（一）核心价值观与文化强国建设

文化是价值体系的总和。"价值观决定着价值体系，价值体系反映、体现着价值观，价值体系的内核就是核心价值观。一定社会的核心价值

---

① 马克思，恩格斯：《马克思恩格斯选集》（第1卷），人民出版社，1995，第86页。

观是统治阶级主导的价值观，是国家间文化软实力区分的主要标志"。①对核心价值观的认同在两个过程中得到了具体的体现，一是文化转化为文化软实力的过程，二是文化软实力在国家和社会发展中的作用过程。

社会主义核心价值观是当前中国的主导价值观，以社会主义核心价值观为核心的社会主义核心价值体系是我国文化强国建设的根本，社会主义核心价值观是加强我国文化强国建设的核心。

社会主义核心价值观是我们党在全党和全国各族人民中倡导的价值观，它以实现每一个人的自由而全面的发展为其价值指向，并在理论和实践中都将人的发展作为衡量社会发展的标尺。因此，社会主义核心价值观是以人民为价值主体的价值观，是适合我国国情和我国人民需求的价值观，同目前我国社会存在的其他价值观如西方外来文化价值观、我国传统文化伦理道德价值观相比，社会主义核心价值观从立足时代程度上来讲，具有现实性；从文化的体现程度上来讲，具有先进性；从对各方利益的调和程度上来讲，具有广泛性与和谐性。

社会主义核心价值观作为我国现存价值体系的主导价值观，需要在全体党员和先进分子中进一步巩固和深化，更需要全国各族人民群众在其现实生活中的有力践行，这也是提升我国文化软实力建构、促进我国文化强国建设的长期目标。

（二）培育和弘扬社会主义核心价值观的必要性

第一，全力应对多元的社会价值要求我们培育和弘扬核心价值观。如今的社会是一个开放的社会，伴随着世界经济全球化、政治多极化和文化多元化的深入发展，中国面临着世界范围内各个国家思想文化交流、交锋和交融而产生的影响。在全球化背景下和国际化进程中，我们必须不断加强跨文化交流和对话，探讨人类生存和发展过程中的重大问题，

① 刘洪顺：《论中国特色社会主义文化软实力》，《理论学刊》，2009年第11期，第107页。

在这个过程中，如果缺乏核心价值观的引导，在价值观层面就会出现各种混乱和嘈杂的声音。

首先，培育和弘扬社会主义核心价值观，可以为我们应对西方价值观渗透和软实力竞争提供不竭的力量。"全球化进程中，多样化的价值观形成了全球化时代'共时性'景观，西方的价值观不再是唯我独尊，其他国家和社会的价值观也同样争奇斗艳。社会主义核心价值观，也应该充分体现自身鲜明的特点"。[①] 如今的时代是资本主义和社会主义两种制度并存的时代，价值观的冲突一直都没有终结，西方社会的"和平演变"策略不但没有在我们的反对中走向末路，而是出现了多种新变化和新发展的趋势，在这些趋势中大多都表现出了价值观的渗透以及软实力的竞争，面对如此双重的挑战，我们必须培育和弘扬社会主义核心价值观。

其次，培育和弘扬社会主义核心价值观，可以为我们有效解决当前我国各种社会矛盾提供价值保障。"从我国目前的社会现实层面看，在全面改革与经济发展推动下，我国经济体制深刻变革、社会结构深刻变动、利益格局深刻调整、各种矛盾凸显、思想观念深刻变化"。[②] 在此情况下，一些原有的价值标准和道德标准受到挑战，遭到质疑，这就是很多人出现了价值困惑、迷茫和盲从，如拜金主义、享乐主义、个人主义等，进而损害了原有的社会风气，影响了经济社会的健康发展。总的来说，"处于文明转型时期的中国正在出现普遍的道德失范现象，处于传统和现代夹缝之中的中国民众正在经历着文化价值观念的剧烈冲突：个体主体意识与整体主义（集体主义），功利主义、拜金主义同传统'正谊明道'的超功利主义，享乐主义、消费主义与传统节俭美德，技术批判理性与启蒙理性，后现代文明与工业文明精神，等等。显而易见，

---

① 冯颜利、廖小明：《问题·旨趣·路径——社会主义核心价值观新探究》，人民出版社，2014，第54页。

② 冯颜利、廖小明：《问题·旨趣·路径——社会主义核心价值观新探究》，人民出版社，2014，第63页。

世纪之交的中国社会不可避免地要经历一次深刻的价值重建和文化转型"。①应对这些现象和问题，需要我们培育和弘扬社会主义核心价值观，积极引导社会思想和价值走向，以此繁荣和发展社会主义先进文化，为构筑中华民族共有的精神家园而不断努力。

最后，培育和弘扬社会主义核心价值观，可以有力巩固和奠定全党全国各族人民团结奋斗的共同思想基础。"共同的思想基础是一个政党、一个国家、一个民族赖以生存和发展的重要条件。没有共同的思想基础，政党就要蜕变、国家就要解体、民族就要分裂"②。核心价值观是整个价值体系中最稳定的部分，是一个政党、一个国家、一支军队赖以存在和发展的共同思想基础，社会主义核心价值观是凝聚人心、汇集民智、团结全体中国人民共同奋斗的一面旗帜。

第二，核心价值的大众化需要我们培育和弘扬社会主义核心价值观。社会主义核心价值观是对社会主义核心价值体系的凝练，而社会主义核心价值体系包含了马克思主义指导思想、中国特色社会主义共同理想、以爱国主义为核心的民族精神和以改革创新为核心的时代精神、社会主义荣辱观这四个大方面的内容，因此人们对社会主义核心价值观的理解和接受，其实就是对社会主义核心价值体系的理解和接受，而这一内涵丰富、意蕴深刻的思想价值体系要广泛地被人民大众所理解和接受，不仅关系到时间进程，而且关系到宣传教育的方式方法。当前社会主义核心价值体系所面临的挑战既包括宏观层面的，也包括微观层面的。

具体说来，首先，宏观层面主要表现在：一方面，当前社会改革发展进程中出现的诸多矛盾对社会主义核心价值体系实现大众化的挑战，这是因为一定社会的思想价值观念体系总是一个反映不同社会阶层的相

① 衣俊卿：《论社会转型时期的生存模式重塑——关于价值重建与文化转型的深层思考》，《北方论丛》，1995年第4期，第1页。

② 冯颜利、廖小明：《问题·旨趣·路径——社会主义核心价值观新探究》，人民出版社，2014，第70页。

对复杂的观念结合体，但伴随着我国转型时期的各种调整和变化，社会中就会同时存在由多重价值观复合而成的价值观，在这种复合的价值观中，既存在旧的、传统的价值观的阻抗，也包括新的、先进的价值观的成长，还包括此二者之间对抗形成的价值真空，这种复杂的矛盾冲突关系对核心价值的主导地位造成了严峻的挑战。另一方面，西方价值观念的渗透加剧了我国社会价值观念的矛盾。西方价值观的渗入对我国传统文化和马克思主义的价值观进行着双重的消解，极有可能消解其中的糟粕和僵化理解部分，也有可能消解其中的精华，这种双重消解不仅没有消除价值观念冲突，却反而使之愈演愈烈。

微观方面则表现在：第一，社会主义核心价值体系内容表达不够简练，不利于大众化。社会主义核心价值体系的每一个组成部分在其中都发挥着特定的作用，具体来说，马克思主义指导思想是灵魂，中国特色社会主义共同理想是主题，民族精神和时代精神是精髓，社会主义荣辱观是基础，这四个部分构成了一个统一的有机整体，但其本身也包含着十分丰富的内容，这就会为宣传和学习造成一定的困难。而与社会主义核心价值体系相比，社会主义核心价值观则更为凝练，概括性更强，更有利于宣传和学习，因此必须弘扬和培育社会主义核心价值观。第二，大众传播媒介对主流价值观的舆论引导力不断衰退，不利于社会主义核心价值观大众化。现代社会，随着科学技术的发展，大众传播媒介也得到了空前的发展，但问题是，一些大众传播媒介受商业利益的驱使，把商业利益作为行使媒介权利的主要价值取向，因此更多的选择以取悦大众、娱乐百姓为主要内容，这不仅放大了一些低俗的价值观，而且偏离了健康、向上的社会主义核心价值观的舆论引导方向，使主流价值观的舆论引导力不断衰退。第三，缺乏双向互动、润物无声的促进社会主义核心价值体系进一步大众化的平台和机制。

面对如上的多重挑战，我们必须适应新阶段新形势，不断地培育和弘扬社会主义核心价值观，提高人们的道德境界，不断促进人的全面自由发展，引领社会发展，不断促进全面建成小康社会和构建和谐社会目标的实现。

（三）培育和弘扬社会主义核心价值观的有利条件

社会主义核心价值观不应该是被束之高阁的展览品，而应该得到广大人民的普遍认同，先使之内化为他们的价值追求，然后再外化为其具体的行为，而这一内化和外化的过程，都需要培育和弘扬社会主义核心价值观。总体来说，改革开放以来我国经济、政治、文化等多方面取得的进步和发展，都为培育和弘扬社会主义核心价值观创造了有利条件。

首先，建国以来所取得的一切物质成果为培育和弘扬社会主义核心价值观奠定了物质基础。我们党要让人民相信社会主义，不能光靠思想教育，更主要的还要靠社会主义的实践，邓小平曾说，"社会主义经济政策对不对，归根到底要看生产力是否发展，人民收入是否增加。这是压倒一切的标准。空讲社会主义不行，人民不相信"。[①]

其次，我们国家以马克思主义为主导意识形态，这为培育和弘扬社会主义核心价值观奠定了稳固的思想基础。"马克思主义进入中国，既引发了中华文明深刻变革，也走过了一个逐步中国化的过程。在革命、建设、改革各个历史时期，我们党坚持马克思主义基本原理同中国具体实际相结合，运用马克思主义立场、观点、方法研究解决各种重大理论和实践问题，不断推进马克思主义中国化，产生了毛泽东思想、邓小平理论、'三个代表'重要思想、科学发展观等重大成果，指导党和人民取得了新民主主义革命、社会主义革命和社会主义建设、改革开放的伟大成就"。[②]在历代共产党人的共同努力下，马克思主义在意识形态领域中的指导地位不断得到巩固，这就为我们培育和弘扬社会主义核心价值观奠定了有利的条件。

---

①　邓小平：《邓小平文选》（第 2 卷），人民出版社，1994，第 314 页。
②　习近平：《在哲学社会科学工作座谈会上的讲话》，人民出版社，2016，第 9 页。

最后，社会主义文化的发展和繁荣，为培育和弘扬社会主义核心价值观奠定了文化条件。文化与价值观之间有着紧密的联系，有什么样的文化就会有什么样的价值观，同样，有什么样的价值观就会有什么样的文化，文化中包含着价值观，价值观通过一定的文化形式表现出来。中国共产党成立以来，一直积极倡导和发展先进文化，重视文化的凝聚和引领作用。"没有中华文化繁荣兴盛，就没有中华民族伟大复兴"，"没有先进文化的积极引领……一个国家、一个民族不可能屹立于世界民族之林"，① 因此，我们"要坚持社会主义先进文化前进方向，用社会主义核心价值观凝聚共识、汇聚力量，用优秀文化产品振奋人心、鼓舞士气，用中华优秀传统文化为人民提供丰润的道德滋养，提高精神文明建设水平"，② "我们要弘扬社会主义核心价值观，弘扬以爱国主义为核心的民族精神和以改革创新为核心的时代精神，不断增强全党全国各族人民的精神力量"。③

（四）培育和弘扬社会主义核心价值观的主体

在培育和弘扬社会主义核心价值观的过程中，主体力量发挥着关键性的作用。在我国，这些主体力量包括执政党、政府、企业、民间组织、个人，等等，这里主要谈谈执政党、政府和企业。

首先，执政党是领导力量。我们国家实行中国共产党领导的多党合作和政治协商制度，中国共产党与其他民主党派长期共存、互相监督、肝胆相照、荣辱与共，中国共产党是整个社会主义事业的领导核心，担负着政治领导、思想领导和组织领导的重大责任。因此，在培育和弘扬社会主义核心价值观的过程中，党首先必须将马克思主义基本原理与中

---

① 中共中央文献研究室：《十八大以来重要文献选编》（中），中央文献出版社，2016，第121页。

② 习近平：《在省部级主要领导干部学习贯彻党的十八届五中全会精神专题研讨班上的讲话》，人民出版社，2016，第17页。

③ 习近平：《在庆祝中国共产党成立九十五周年大会上的讲话》，人民出版社，2016，第13页。

国的具体实际结合起来，不断进行理论创新，凝聚社会共识，推动社会发展。还要进行价值灌输，将社会主义核心价值观输送到人民群众中去，使其回归到群众中去，不断引导群众科学认知、有力践行。除此之外，一定的价值示范也非常必要，执政党员的表率作用往往能在人民群众中获得良好的教育效果，党员的一言一行都深刻地影响着人民群众，影响着国家和社会风气的形成。

其次，政府是责任主体。党所制定的各项路线、方针和政策，都是通过各级政府来执行实施的，因此，政府就是"一个国家为维护和实现特定的公共利益，按照区域划分原则组织起来的，以暴力为后盾的政治统治和社会管理组织"[1]，以此来说，在培育和弘扬社会主义核心价值观中，各级政府必须做好各项工作，从而成为有力的执行者。

第三，企业是重要的承担者。在现代社会中，企业不仅仅是市场活动的参与者，也是一定的文化创造者，更是社会责任的承担者，企业不仅为创造物质文明作出了贡献，而且在建设精神文明中也发挥着重要的作用，一个良好的、有发展潜力的企业，首先肩负着经济责任，不断创造出人类社会发展所需要的物质力量，其次还肩负着一定的文化责任，为传播价值观念和社会文化作出应有的贡献；除此之外还肩负着道德责任，不断引导人们服务群众、爱岗敬业、奉献社会。

（五）培育和弘扬社会主义核心价值观的路径

培育和弘扬社会主义核心价值观是一项长期的任务和复杂的工程，它需要我们从社会主义初级阶段的总实际和人民群众思想的具体实际出发，运用意识形态和非意识形态手段，通过多种途径，采取不同措施来加以实施。具体说来，可以通过下述路径来进行：

第一，思想政治教育。思想政治教育是形成正确价值观的最主要方法，处于基础性地位。我们要将社会主义核心价值观融入教育体系，不

---

[1] 乔耀章：《政府理论》，苏州大学出版社，2000，第6页。

论是社会教育、学校教育还是家庭教育，不论是小学教育、中学教育还是高等教育，都应该将社会主义核心价值观念融入其中。尤其是在大学阶段，学生的三观正在形成，必须重视马克思主义理论课和思想政治教育课，为学生进行科学、理性、系统的核心价值观教育。

第二，舆论引导力量。舆论引导作为一种外在的社会价值力量，使社会中的每个个人都受其包围和制约，公共舆论对每个人都起着深刻的影响作用，因此在公众舆论中加入社会主义核心价值观的影响因素，不仅有利于社会主义核心价值观的传播，而且对于个体科学的价值观的形成，也会起到潜移默化的促进作用。社会舆论通过其应用和制约作用，会使生活在其中的个体体会到善恶标准、是非标准，从而形成科学的价值观，以此来调整自己的行为。以此聚少成多，不断形成社会的引导力量。在舆论引导中，我们还不能忽视大众传播媒介的影响力，应对其加以合理利用，弘扬社会主义核心价值观。

第三，文化熏陶作用。文化是一定的社会群体在一定时间形成的思想观念、基本习俗和行为习惯，它潜移默化地影响着人们的价值观念、思想意识、道德情操。文化的核心，究其本质来说，就是一定的价值观，文化由于其普遍性特点，其影响无处不在，文化的渗透力强，影响力长久，正因为此，在培育和弘扬社会主义核心价值观的过程中，我们必须充分重视文化的熏陶作用。我们可以通过主流文化传播社会主义核心价值观，因为"主流文化是表达国家核心价值体系、体现执政党思想主张并作为社会统治思想的社会文化，它是国家政体的精神支柱，其主要功能在于从思想文化层面为现有统治提供合法性论证。主流文化由于有国家强力机构的倡导、推行和保护而对整个社会文化的发展产生重大的导向、规范与控制作用。"① 也可以通过将社会主义核心价值观融入校园

---

① 崔欣、孙瑞祥：《大众文化与传播研究》，天津人民出版社，2005，第17-18页。

文化建设之中，重视校园文化的导向功能和凝聚功能。除此之外，还必须努力将社会主义核心价值观融入大众文化之中，缩短核心价值观与群众生活之间的距离。

第四，政策支持作用。公共政策的制定和执行都受到一定社会相关价值观念的影响，而且政策本身也内含着一定的价值观念，而公共政策之所以在培育和弘扬社会主义核心价值观的过程中发生作用，首先是由于其导向功能，它明确地告诉人们，什么是政策鼓励允许的，什么是政策反对抑制的；其次是由于其调控功能，在调解利益冲突和社会矛盾中起重要作用。鉴于此，我们"要发挥政策导向作用，使经济、政治、文化、社会等方方面面政策都有利于社会主义核心价值观的培育"。[①]

三、激活中华民族优秀传统文化
（一）优秀传统文化与文化强国建设的根基

文化是民族的灵魂和血脉，是一个民族区别于其他民族最重要的标志之一。中华民族传统文化是我们民族的精神根基和智慧源泉，经过长期的积淀和发展，已经深深地融入了民族的血脉之中，成为中华文明的基本特性和中华民族的精神支柱。全面认识祖国的传统文化，继承和弘扬民族优秀文化传统，是保持民族特色，体现时代进步性的重要途径。

1.中国传统文化与优秀传统文化

"传统文化"是由"传统"和"文化"组合而成的概念，其中"传统"含有继承的意思，而对于文化来说，继承并不意味着全盘保留，而是推陈出新、有所取舍的过程；"文化"是代表一定民族特点的，反映民族的精神追求、心理特点、生活和思维方式、价值取向的总和。"传统文化"就是历代思想家反复锤炼出的、能够反映整个社会并对社会产生巨大影响的、具有比较稳定的结构和普遍共识的意识、心理和价值追

[①] 习近平：《习近平谈治国理政》，外文出版社，2014，第165页。

求的总和。

中国传统文化具有极为丰富的内涵：从内容方面讲，中国传统文化是以儒家文化为主，道家、佛家文化为重要成分，并包含诸子百家、民间文化等在内的庞杂的文化形态；从主要取向上讲，中国传统文化既重视人伦道德等精神要求，又重视"入世"实用的现实要求。中国传统文化是在数千年的历史长河中，由包括少数民族在内的整个中华民族所共同创造的反映本民族特征的思想道德、文学艺术、民族心理、民族性格、价值取向等精神文明的总称。

然而，传统文化并不全是优秀的东西，我们应该本着"取其精华、去其糟粕"的态度，弘扬其积极部分，改造或剔除消极部分。

2. 优秀传统文化与文化软实力的对接性之思

文化软实力是一个民族长远发展、兴旺发达的不竭动力，是现代社会国家和民族发展不可或缺的精神力量，为提升民族的凝聚力和创造力提供智力支持和思想保证，也是衡量一个国家综合实力的重要标志。实现中华民族伟大复兴的中国梦离不开优秀传统文化的传承和弘扬，离不开传统文化的回归与创新。中国传统文化中饱含着丰富的思想，这些思想是我们加强文化强国建设所必需的精神养料，不仅如此，这些思想还使传统文化与现代文化建设之间的对接成为可能，民族的才是世界的，因此轻视民族传统文化甚至贬低民族传统文化都是眼光短浅、自断根脉的行为。

3. 优秀传统文化与文化软实力的外部符号

在经济全球化浪潮中，文化软实力在国家综合国力中占据越来越重要的地位。"一个民族，一个国家如果没有了自己的文化，这个国家的人民就找不到根了，这就是文化的重要性。"[1] 民族的传统文化积淀着

---

[1] 杨保军：《从西夏的消亡看文化的重要性》，西北民族研究，2004，第 191 页。

该民族最深层的精神追求，是民族的历史记忆和精神家园。文化在很大程度上激发着一个民族的创造力，文化每进步一次，民族就向自由迈近了一步。

随着全球化进程的推进，很多全球性问题日益凸显，国家安全问题日益涌现，综合国力的竞争必然涉及文化安全问题。保护文化安全，在一定程度上就意味着该国的文化领域应该尽可能少的受到外来文化的侵扰和干涉，保持意识形态领域的主导性和独立性。文化软实力作为一种不同于传统的经济、军事、政治等硬权力的国家力量，而被众多国家和民族视为一种新的国家权力资源而加以充分应用和重视。

（二）优秀传统文化对于文化强国的价值

第一，对于个人来说，优秀传统文化有利于提升个人文化素质和道德修养。优秀传统文化非常注重对个人内在品格的培育和道德修养的提升，世俗的功利不是个体自身内在品格和道德修养的提升的主要目的，其主要目的在于改变现实的世界，"为天地立心、为生民立命、为往圣继绝学、为万世开太平"集中体现了这一点。在我们的传统文化中，有一种厚德利生、内范外化的传统，优秀传统文化对于个人人生观和价值观具有重要的影响，这集中体现在"修身齐家治国平天下"之中，其中"修身"是对个体的内在规范，"齐家、治国、平天下"则是外化的各种表现。如今，我们国家正处在社会转型期，优秀传统文化中内范外化的因素对于提高个人文化素质和道德修养，进而对于加强文化强国建设具有重要的意义。

第二，对于群体来说，优秀传统文化有利于促进群体间的团结与协作。"家国一体"是传统文化的主要特征，传统文化非常重视群体间的合作，也是一种集体行动的规范，它为社会群体成员提供了一种共同的认知框架，这种认知框架使群体成员形成共识，这就在一定程度上维护了社会秩序。如今，面对社会的巨大变迁，在乡村秩序重建和城市社区文化重塑方面，传统文化仍然具有重要的意义。

第三，对于国家来说，优秀传统文化有利于促进文化认同和民族认同。"中华民族作为一个自觉的民族实体，是近百年来中国和西方列强对抗中出现的，但作为一个自在的民族实体则是几千年的历史过程所形成的。"①中华民族在数千年的共同生活和文化沁润中，形成了共同的文字语言、共同的生活方式和思维方式、共同的心理素质和价值追求等，数十个民族长期共存、相互交融形成的"多元一体"的民族格局，使中华民族成为具有高度文化认同的民族。如今，已身处全球化时代的中国，面对地方主义、民族主义等的挑战，通过民族文化认同来促进民族团结、提高民族凝聚力对于提升我国文化软实力，已具有相当重要的意义。

第四，对于世界来说，优秀传统文化有利于增强我国文化影响力。全球化进程中，我们面临着种种挑战，面对这些挑战，我们必须有相应的回应。在我们的优秀传统文化中，有很多因素可以引起世界的共鸣，如"天人合一""多元共生""和而不同"等等，在西方文化传统面临"西方中心主义"局限的今天，优秀传统文化则发挥了其应有的作用。

（三）激活中华民族优秀传统文化

继承和发扬中华文化的优秀传统，必须深刻深入挖掘中华传统文化的现实价值，赋予新的时代内涵，体现新的时代精神，使优秀传统文化得以传承、优秀民族文化得以焕发新的生机与活力。同时，要以开放、包容的心态积极借鉴一切有利于中华文化发扬传承的人类优秀文明成果，助推中华文化的发展。毛泽东曾指出："继承中国过去的思想和接受外来思想，并不意味着无条件的照搬，而必须根据具体条件加以采用，使之适合中国的实际。我们的态度是批判的接受我们自己的历史遗产和外国的思想。我们既反对盲目接受任何思想也反对盲目抵制任何思想。我们中国人必须用我们自己的头脑进行思考，并决定什么东西能在我们

---

① 费孝通：《中华民族的多元一体格局》，《人民日报》，1990年5月18日，第3版。

自己的土壤里生长起来。"①

1. 中国优秀传统文化资源

中华文明源远流长五千年，因此我国具有非常丰富深厚的传统文化资源，对于这些宝贵的文化价值遗产，我们应该进行深入的挖掘、开发和利用，以提升我国文化软实力。英国哲学家伯特兰·罗素曾经说中国传统文化有三个显著特征，是世界所有其他民族都没有的：一是使用表意符号来书写，而非拼音文字；二是在受教育的阶层中，儒家学说取代了宗教；三是执掌政事的是通过科举选拔出来的文人学士而非世袭贵族。②我们从其中可以看出，中国文化精神博大，对文化的传承甚为必要。

加强文化强国建设必须重视对优秀传统文化的继承和吸收，软实力的提出者约瑟夫·奈在接受记者采访时曾说："中国的传统文化，特别是儒家文化，在世界上一直具有相当的影响。中国文化在很多方面都具有吸引力。例如中国人对人与自然关系的理解、中国的书法、绘画、中国功夫，甚至中国的饮食和传统服饰等，在美国都很受欢迎。"③在新的时代背景下，加强文化强国建设应该本着"输入学观、价值重估、整理国故、再造文明"的原则和思路，对传统文化进行全面深刻的认识，在此基础上取其精华、去其糟粕。

优秀的民族传统文化不仅铸就了我们民族辉煌的历史成就，就是在今天，它依然充满了智慧的光芒。在新时期，无论是民族振兴、国家兴旺，还是展示崭新的国家形象、展示崭新的文化理念，都离不开对传统文化资源的挖掘和利用。

---

① 毛泽东：《毛泽东文集》（第1卷），人民出版社，1993，第192页。

② 伯特兰·罗素（英），《中国问题》，秦悦译：学林出版社，1996，第39页。

③ 吕娜：《美国著名学者约瑟夫·奈：中国软实力正不断上升》，2006年6月4日，中国网（http://www.china.com.cn/international/txt/2006-06/04/content_6229082.htm）。

2. 少数民族文化的作用

第一，少数民族文化是国家文化软实力的重要组成部分。我们国家是由 56 个民族组成的大家庭，在长期的文明进程和生产实践活动中，各族人民相互交流、相互促进、相互依存，共同创造了灿烂的中华文化，也创造了少数民族独具特色的、绚丽多彩的民族文化。著名学者费孝通说：中华民族"是由许许多多分散孤立存在的民族单位，经过接触、混杂、联结和融合，同时也有分裂和消亡，形成一个你来我去、我中有你、你中有我，而又各具个性的多元统一体"，"中华民族文化就是中华各民族文化在历史长河中经过无数次的碰撞、交流、融合而形成的多元一体文化"[①]。在整个历史中，各民族相互学习，各民族文化之间兼容并蓄、优势互补，成为促进中华文明源远流长、经久不衰的主要因素。

第二，少数民族文化是文化多样性的重要体现。文化的多样性不仅是人类进步的象征，而且是文化的生命力之所在，加强文化强国建设不是用一种文化取代另一种文化，而应当是各种文化的齐头并进。少数民族文化是在特定的时间和历史条件下形成的，其形式主要包括生活习俗、宗教信仰、语言文字、饮食服饰、文学艺术、道德伦理等，民族文化一般都具有浓郁的地域特色，如蒙古草原上的马背文化、新疆的古西域文化、彝族地区的毕摩文化、大理的洱海文化，甘孜和昌都地区的康巴文化等等，共同构成了壮观的中华民族文化大观园。

在少数民族文化中，还分布着丰富多彩的、具有显著特色的宗教文化，如维吾尔族、回族的伊斯兰教文化，藏族的藏传佛教文化，彝族的毕摩原始宗教文化，等等，此外还有一些原始的自然图腾和崇拜。宗教活动和宗教信仰是少数民族精神文化生活的重要组成部分，也构成了民族独具特色的魅力。

---

① 费孝通：《中华民族的多元一体格局》，《人民日报》，1990 年 5 月 18 日，第 3 版。

第三，保护和传承少数民族文化是加强文化强国建设的题中应有之意。多元一体是中华民族文化的根本特征，少数民族文化是少数民族集体智慧的结晶，也是人类宝贵的精神文化财富，更是中华民族宝贵的文化遗产，它在一定程度上起到了维护少数民族社会稳定、促进少数民族地区经济发展、促进各民族大团结的重要作用，因此，我们在加强文化强国建设的过程中，必须在尊重少数民族文化的基础上重视对少数民族文化的继承和保护。

少数民族文化的继承和保护，不仅关乎少数民族文化的繁荣和地区经济政治文化的稳定，也关乎多元文化的形成和中华文化活力的保持。继承和保护少数民族文化，就是继承和保护民族的凝聚力，就是维护民族团结和国家稳定。因此，在加强文化强国建设的进程中，继承和保护少数民族文化不可或缺，这也是我们党和国家义不容辞的责任。

四、塑造良好国家形象

在《"软权力"再思索》中，美国哈佛大学教授约瑟夫·奈指出："一个国家的软权力资源由三部分构成：对他国有吸引力的文化、在国内和国际上都能得到遵循的政治价值观、被视为合法和享有道德权威的外交政策。"[①] 外交政策对一个国家对外的国际形象有直接的影响，国家秉持的外交理念是展现国家文化软实力的有效方式。

现代国际环境中，外交政策不仅能够提升一个国家的经济力量、军事力量、科技力量等"硬实力"，并且在极大程度上影响着国家的"软实力"，这种力量带来的是亲和力和吸引力而不是强制力。但是外交政策是怎样影响我国的文化软实力，主要有以下几点：

第一，外交政策影响国家的国际形象。"按照建构主义的理解，国

---

① 约瑟夫·奈（美）：《"软权力"再思索》，《国外社会科学》，2006 年第 4 期，第 90 页。

际形象是在不同国家间的文化建构过程中形成的，国与国之间对彼此的文化价值观念的吸引力才是树立一国的国际形象的关键因素。"① 一个国家的国际形象是否能够受到国际间的认同，是否保持良好的状态，关键是本国的文化力量强大与否，对他国是否有足够的吸引力。"民族国家在世界政治舞台及国际关系中所扮演的角色、所享有的声望及所产生的效应取决于文化外交的水平。"② 由此可见国际形象对国家的影响力，一个国家如果拥有可以让其他国家注目的国际形象，让其他国家产生足够的认可度，无疑会使这个国家的国际影响力极大提升。这种影响力其实就是学者们提到的文化软实力。换句话说，一个积极的、行之有效的外交政策能够使国家树立良好的国际形象，提升国家的文化软实力。

第二，外交政策影响国家的国际竞争力。一个国家如果能够制定良好的外交政策，将会大大促进本国的国际影响力，那么在促进影响力的同时也会加大与其他国家的相互交流、学习与借鉴，在互相交流中促进国际竞争力，从而对本国文化软实力的提升产生正面的、积极的影响。

第三，外交政策影响他国社会成员对本国的认识与了解。没有任何一个国家的社会成员会受到一个他们不认识、不了解的国家的影响，更也不会产生信赖感。而拥有积极的外交政策可以解决这样问题，无论是开展多种形式的交流活动还是进行不同群体的访问式交流，都能够促进不同国家之间的相互了解，从而改善一国对另一国的形象，提升对他国的影响，使这个国家的文化软实力充分展现出来。

众所周知，我国政府秉承具体问题具体分析的原则，在不同时期，不同发展阶段提出不同的外交理念：20 世纪 50 年代时期提出和平共处五项原则、70 年代提出三个世界划分的思想、90 年代提出新安全观以

---

① 孙红霞、李爱华：《文化外交的独特价值》，《山东师范大学学报》，2007 年第 1 期，第 70 页。

② 汉斯·摩根索（美）：《国际纵横策论》，卢明华等译，上海译文出版社，1995，第 90—93 页。

及新世纪以来的"和谐世界"理念和"人类命运共同体"理念。这些政策对中国文化软实力的提升有着重大的意义，不仅树立了我国良好的国际形象，同时也增强了我国的国际竞争力。

和平共处五项原则是：相互尊重主权和领土完整、互不侵犯、互不干涉内政、平等互利、和平共处。它是新中国成立后，中国政府根据中国当时所处的国际国内环境提出来的，和平共处五项原则被世界许多国家所接受，是处理不同社会和政治制度国家之间相互关系的基本原则。中国在处理包括社会主义国家在内的一切国家的关系中，始终坚持和平共处五项原则，并在五项原则的基础上，同许多国家建立和发展了友好合作关系。"和平共处五项原则高度概括了当今国际关系的基本准则，其本质是反对侵略和扩张，维护国家的独立自主权利。它是对几个世纪以来旧的国际关系准则和强权政治的否定和批判，是一种崭新的、公正的国际关系准则。"[1]中国不仅首先提出了和平共处五项原则，而且忠实的拥护这一原则，严格按照这一原则进行国际交往。和平共处五项原则不仅为国际交往活动提供了一个良好的国际准则，推动了新中国与不同意识形态，不同政治制度的国家建立了外交关系，而且和平共处五项原则树立了新中国的大国形象，提高了中国的国际地位，促进了国际对新中国的了解与认识。

总而言之，正如有学者指出的那样，"以和平共处五项原则作为处理中国外交和国际关系的准则符合当今国际法和国际关系的基本准则，也符合国际关系民主化和进步的趋势，理所当然受到世界欢迎和肯定。中国的软实力也据此得以提高"。[2]

毛泽东在 1974 年会见赞比亚总统卡翁达时，提出了划分三个世界

---

① 冯永利：《中国外交的理念与中国文化软实力的提高》，《中共济南市委党校学报》，2012 年第 6 期，第 124 页。

② 冯永利：《中国外交的理念与中国文化软实力的提高》，《中共济南市委党校学报》，2012 年第 6 期，第 125 页。

的理论。毛泽东说，"我看美国、苏联是第一世界。中间派，日本、欧洲、加拿大，是第二世界。咱们是第三世界""亚洲除了日本，都是第三世界。整个非洲都是第三世界，拉丁美洲是第三世界"。①同年，邓小平在联合国第六届特别会议上阐述了毛泽东主席关于"三个世界"划分的理论，说明我国对外政策，引起了世界各国广泛的关注。"三个世界"理论，引起第三世界国家对中国的热烈欢迎，永不称霸的承诺使我国在国际上引起强烈反响，大大提高了我国的国际地位。我国的形象深入世界公众内心，促进了世界公众对我国的了解与认知，提高了国际影响力，从而提高了我国文化软实力的建设。

随着冷战的结束，党中央全面考察新时代的发展趋势、考虑国内外的环境变化、我国经济发展的现状以及国家综合实力的增强、在国际舞台上的话语权，为维护我国的安全利益，提出了以互信、互利、平等、协作为核心的新安全观。早在1997年3月，中国在东盟地区论坛会议上正式提出了"新安全观"。1999年3月，在日内瓦裁军谈判会议上，江泽民同志发表了题为《推动裁军进程，维护国际安全》的讲话，第一次全面阐述了我国的新安全观。2001年7月，在庆祝建党80周年大会上，江泽民同志强调："国际社会应树立以互信、互利、平等、协作为核心的新安全观，努力营造长期稳定、安全可靠的国际和平环境"。②2002年7月，参加东盟地区论坛外长会议的中国代表团向大会提交了《中方关于新安全观的立场文件》，全面系统地阐述了新安全观。2005年，胡锦涛在亚非峰会和联合国成立60周年首脑会议讲话中强调，要树立互信、互利、平等、协作的新安全观。从新安全观提出开始，我国通过政府领导人在不同场合的讲话，党下达的相关文件，做出的大会报告等多种方式全面阐述了新安全观。"在新安全观的指导下，中国倡导建立

---

① 毛泽东：《毛泽东文集》（第8卷），人民出版社，1993，第441-442页。
② 江泽民：《江泽民文选》（第3卷），人民出版社，2006年，第298页。

上海合作组织，坚持'不对抗、不结盟、不针对第三国'的方针，在国际社会树立了不同于联盟理念的一个新型国际关系典范。在东盟地区论坛和国际其他多边场合，我们也在倡导并践行新安全观的思想。"[1] 作为新安全观的倡导者，我国不仅提出了新安全观同时也积极的应用实践新安全观。新安全观的提出，为我国维护新世界的国内国际安全环境提供了理论指导，丰富了我国的外交政策，大大提升了我国的外交形象。

2005 年，胡锦涛在亚非峰会的讲话中提出：亚非国家应"推动不同文明友好相处、平等对话、发展繁荣，共同构建一个和谐世界"。[2] 同年，胡锦涛在访问俄罗斯时"和谐世界"被写入《中俄关于 21 世纪国际秩序的联合声明》，在联合国总部演讲时，阐述了"和谐世界"的深刻内涵。2006 年，胡锦涛在中央外事工作会议上讲话中指出："推动建设和谐世界，是我们坚持走和平发展道路的必然要求，也是我们实现和平发展的重要条件"。[3]2007 年，胡锦涛同志在中共十七大报告中，全面阐释了"和谐世界"的理念。报告指出："我们主张，各国人民携手努力，推动建设持久和平、共同繁荣的和谐世界。为此，应该遵循联合国宪章宗旨和原则，恪守国际法和公认的国际关系准则，在国际关系中弘扬民主、和睦、协作、共赢精神。政治上相互尊重、平等协商，共同推进国际关系民主化；经济上相互合作、优势互补，共同推动经济全球化朝着均衡、普惠、共赢方向发展；文化上相互借鉴、求同存异，尊重世界多样性，共同促进人类文明繁荣进步；安全上相互信任、加强合作，坚持用和平方式而不是战争手段解决国际争端，共同维护世界和平

---

① 冯永利：《中国外交的理念与中国文化软实力的提高》，《中共济南市委党校学报》，2012 年第 6 期，第 125–126 页。

② 中共中央文献研究室：《十六大以来重要文献选编》（中），中央文献出版社，2006，第 851 页。

③ 胡锦涛：《胡锦涛文选》（第 2 卷），人民出版社，2016，第 515 页。

稳定；环保上相互帮助、协力推进，共同呵护人类赖以生存的地球家"。①和谐世界的理念源于中国的文化背景，符合国际的发展潮流，对建立和平、稳定的国际秩序具有重大的战略意义。因此，"和谐世界"的提出更好地树立了良好国际形象，极大地提升了我国的软实力。

习近平就任总书记后首次会见外国人士表示，国际社会日益成为一个你中有我、我中有你的"命运共同体"，面对世界经济的复杂形势和全球性问题，任何国家都不可能独善其身。"命运共同体"是中国政府反复强调的关于人类社会的新理念。在党的十九大报告中，习近平同志呼吁"各国人民同心协力，构建人类命运共同体，建设持久和平、普遍安全、共同繁荣、开放包容、清洁美丽的世界。要相互尊重、平等协商，坚决摒弃冷战思维和强权政治，走对话而不对抗、结伴而不结盟的国与国交往新路。要坚持以对话解决争端、以协商化解分歧，统筹应对传统和非传统安全威胁，反对一切形式的恐怖主义。要同舟共济，促进贸易和投资自由化便利化，推动经济全球化朝着更加开放、包容、普惠、平衡、共赢的方向发展。要尊重世界文明多样性，以文明交流超越文明隔阂、文明互鉴超越文明冲突、文明共存超越文明优越。要坚持环境友好，合作应对气候变化，保护好人类赖以生存的地球家园"。②

综上所述，自我国建国以来外交政策与外交理念都是秉持和平、合作、平等、共赢的思想，不仅符合当今国际关系的法则，同时反映出我国国际关系进步的趋势，对于提升我国文化软实力，加强文化强国建设，增强我国的国际影响力具有重要的意义。

---

① 胡锦涛：《高举中国特色社会主义伟大旗帜为夺取全面建设小康社会新胜利而奋斗》，人民出版社，2007，第46-47页。

② 本书编写组：《党的十九大报告学习辅导百问》，党建读物出版社、学习出版社，2017，第46-47页。

五、国际政治思潮新动向与增强"四个自信"

（一）政治制度对文化强国建设的影响

政治制度作为文化建设的重要体现，同样也是影响文化强国建设的重要因素之一。这种影响主要表现在以下几个方面：

第一，政治制度影响文化软实力的产生。文化软实力必定产生在一个安定和谐的社会环境中。影响一个国家的政治建构的因素不仅与经济的发展水平有关，还与社会的稳定有序密切相关，经济发展得越好，国家的政治制度才能越加完善，而社会的稳定可以促进政治决策的有效施行。试想，一个政治上混乱、社会内部动荡的国家在国际舞台上能否有立足之地，能否对其他国家产生影响力和吸引力。

第二，政治制度影响文化软实力的发挥。当前，评价一个国家是否具有国际竞争力的标准不仅是看其经济发展水平，经济当然始终处于基础地位，但除此之外，诸如政治制度以及由此带来的国家社会的稳定程度等软实力也越来越被看重。众所周知，软实力是一种依靠吸引别人而不是强制别人的"能让其他人做你想让他们做的事"的力量，它强调与人们合作而不是强迫人们服从。软实力所表现出的是一种吸引力，一个完善的政治制度不仅在国内能够产生出强大的民族凝聚力，而且对世界范围的国家能够产生出极大吸引力。强有力的政治制度可以将国家内部产生的分散的凝聚力进行整合，使之发挥出强大的整体力量，还可以促进社会的安定有序以及社会成员的稳定团结，可以有力抵制民族的冲突，消除社会的混乱。而对外产生的吸引力可以提升国际形象，展现本国风采，增强该国的国际地位和软实力。

（二）国际政治思潮新动向增强"四个自信"

金融危机与经济危机以来，国际政治思潮出现了一些新的动向，主要是海外著名学者、政要对资本主义的批评和对社会主义的肯定、对西方民主的批评和对中国特色民主政治的肯定。密切关注这些新变化，对于增强我们的"制度自信"，对于塑造良好的中国形象和加强文化强国建设都具有重要意义。

关于金融危机以来国际政治思潮出现的一些新的变化美国杜克大学布鲁斯·W.詹特森教授和加利福尼亚大学伯克莱分校史蒂芬·韦伯教授曾经从理念方面做出过一个比较全面的概括。在《美国的硬推销》一文中，他们指出，"过去左右世界政治格局的是五大理念：和平比战争好；霸权比均衡好；资本主义比社会主义好；民主比专制好；西方文化比其他所有文化好。但是，当今，这五大理念不再像过去一样掷地有声、引领潮流，除'和平比战争好'外，其余四大理念正在发生变化"。①

2008年爆发的国际金融危机严重动摇了世界对西方资本主义制度的信心。西方资本主义的生命力受到严重的置疑，世界范围内出现了对西方资本主义政治制度特别是新自由主义发展理念的批评不断增加，对资本主义的经济制度、发展模式和民主政治制度模式形成巨大冲击，国际上对资本主义的发展反思更加深刻。如：美国三位诺贝尔经济学奖得主都严厉批判了新自由主义经济理论。斯蒂格利茨说：一方面，它为银行家和投资者的行为提供"理论根据"，使他们相信，追求私利会提高全社会的福利；另一方面，它为监管者和决策者提供"理论根据"，使他们相信，解除或放松监管会促进私人部门繁荣，使大家都能从中获益。克鲁格曼教授在这场危机爆发后，对"里根经济学"进行了批判。他在批判里根的"小政府，大社会"理念时指出，"全球性的金融危机彻底粉碎了人们对自由放任的市场经济的信仰。"萨缪尔森在这场危机中指责"那些完全指望市场力量的人"，并力主政府干预经济：既要在微观经济领域"对企业进行规范"，又要在宏观经济领域"稳定经济"。②

---

① 冯颜利：《当前国际政治思潮的新动向》，《北京日报》，2014年7月28日，第21版。

② 冯颜利：《当前国际政治思潮的新动向》，《北京日报》，2014年7月28日，第21版。

与此同时，社会主义以其独特的魅力再次吸引着世界各地的人们。"在西方发达国家，向往社会主义、相信'社会主义比以往任何时期都代表着对资本主义必要而可能的代替'的人越来越多了。原苏联东欧国家的人们越来越怀念社会主义时期的种种美好，亚洲、非洲和拉美地区的广大发展中国家和地区社会主义思潮重新活跃起来。"① 由此可见，社会主义受到世界的广泛肯定，对世界的吸引力与日俱增。西方发达国家对社会主义的信任度越来越高，这与我国在应对国际危机的表现密切相关。"社会主义"这个词在西方发达资本主义国家不再像过去一样令人恐惧，世界人民对社会主义也有了一定的认识与了解。"2009 年以后，'社会主义'这个词已经成为日常话题，'社会主义'和'共产主义'思想更以其强有力的姿态迎来了再度复兴。"②

金融危机以来，外国学者对中国特色社会主义民主政治的兴趣日益浓厚，他们认为中国特色社会主义民主政治是世界民主政治制度的一种崭新的形式。如在美国学者拉里·戴尔蒙德主编的《中国的选举与民主》一书中，可以发现相当一部分西方学者对中国特色社会主义民主的认可及对其发展前景的乐观。他们认为，支持改革的精英分子将会同普通民众一起，最终形成一种新的民主政治体制。英国诺丁汉大学的郑永年强调，民主政治具有多种形式，同样，发展民主政治的途径也是多样化的。中国要积极努力根据自己的实际情况来发展中国民主。即中国民主道路要走自己的路，也就是"中国特色社会主义民主"，他强调"中国不拒绝民主，但也不简单输入民主。这是中国有序民主的希望"③。

---

① 刘志明：《金融危机后社会主义在世界的吸引力剧增》，《红旗文稿》，2012 年第 12 期，第 32 页。

② 刘志明：《金融危机后社会主义在世界的吸引力剧增》，《红旗文稿》，2012 年第 12 期，第 32 页。

③ 冯颜利：《当前国际政治思潮的新动向》，《北京日报》，2014 年 7 月 28 日，第 21 版。

（三）中国政治制度与"四个自信"

中国的政治制度是适合中国实际的。衡量一个国家的政治制度是否具备文化软实力，主要应该看这种政治制度是否适合该国的国情并且能否解决该国面临的实际问题。从这方面看，由于我国的政治制度是适合我国国情并有助于妥善解决我国面临的实际情况的，因而，它对别国也是有说服力的和感染力的。事实胜于雄辩。首先，正是由于有了正确的政治制度，因此，中国才由近代的贫困落后、倍受列强的欺侮、人民生活困苦，而转为国家独立、经济迅速发展、人民生活水平不断提高。这种改变难道不是制度的力量与结果吗？其次，中国的政治制度的显著优势就是在面临重大危机的时刻，能够举全国之力，共度难关。例如，近年来的"抗击非典""抗击甲流""抗震救灾"事件都充分体现出我国人民团结一致的凝聚力与自强不息的民族精神，展现了我国政治制度的优越性。因此，实践表明，我国社会主义基本政治制度是好的，它是适合我国的基本国情的。我们必须立足于基本国情，坚持正确的政治方向，坚定对我国政治体制的自信。当然，在肯定中国的政治制度在根本上是适合我国国情的同时，也要看到当代中国的政治制度还存在着不完善之处，看到只有通过政治体制改革才能更好地提升我国在制度方面的软实力。比如，尽管官员的腐败问题不是源于我国政治制度而是由于包括政治体制的不完善在内的因素的共同作用的结果，但是，在客观上它却损害了中国政治制度的影响力和吸引力。而按照约瑟夫·奈的观点，吸引力是软实力的核心。因此，只有在坚持经济体制改革的同时坚持政治体制改革，才能更好地展现中国政治制度的文化软实力。当然，由于没有普世价值意义上政治制度，因此，我国的政治体制改革也必须立足我国国情，决不能简单地搞"拿来主义"。历史与现实的经验都表明，任何国家的建设与发展，想要取得成功，就必须从实际出发，立足于本国的基本国情，探索和建设与本国国情相适应的政治制度和发展道路。由此出发，一个非常值得注意的问题就是，任何一国的政治制度建设都要与本国的传统的结合。正如有学者指出："如果传统与制度相合，那么二者两利。如果传统与制度相克，那么二者相害。这种道理对于民主制度和它所在的传统同样适用。"[1] 在这方面一个明显的反例就是一些国家对于西方政治制度的盲目模仿。二战后，西方政治制度深入人心，广大发展中国家积极学习并引进西方政治制度，但是，这种不考虑包括传统在内的国情的盲目引进却并没有为这些国家带来想象中的社会的稳定、经济的发展，反而使国内矛盾丛生、社会秩序动荡，人民生活困顿。有鉴于此，我国在政治制度建设的过程中必须要将政治体制改革与我国的包括传统在内的多方面国情相适应考虑到其中，注重在二者的结合中探索方法和出路。

六、发现、培养、重用人才

"人才是实现民族振兴、赢得国际竞争主动的战略资源"。[2] 加强文化强国建设的关键是人才，要想方设法发现人才、培育人才、重用人才，创造条件让人才脱颖而出。人才是文化的创造者与文化的传承者，人才在文化的演进中起着至关重要的作用。因此，加强文化强国建设的关键是人才的不断涌现，为此，我们要建立科学的人才培养和评价体系。

（一）完善人才培养机制之思

只有不断壮大高素质的文化人才队伍，文化的繁荣发展才会有有力的人才保障。党的十九大报告指出，我们要"加强文艺队伍建设，造就一大批德艺双馨名家大师，培育一大批高水平创作人才"。[3] 国以才立，业以才兴。建设社会主义文化强国，人才是第一资源。应更加清醒地认

---

[1] 殷海光（台）：《中国文化的展望》，上海三联出版社，2002，第524页。

[2] 本书编写组：《党的十九大报告学习辅导百问》，党建读物出版社、学习出版社，2017，第51页。

[3] 本书编写组：《党的十九大报告学习辅导百问》，党建读物出版社、学习出版社，2017，第35页。

识到文化人才的时代价值和重要地位，抓住战略机遇期，深入实施人才强国战略，在实践中践行尊重人才、尊重知识、尊重创造的原则，着力打造一批德艺双馨、富于创新、结构合理、规模宏大的文化人才队伍。

首先，树立科学的文化人才观念。引导和教育全社会切实认识到文化人才在促进文化创新、推动文化发展等方面的重要作用，切实树立人才资源是社会主义文化强国建设第一资源的科学人才观，从思想上彻底重视文化人才的培养和开发。同时，树立"德才兼备、锐意创新"的人才观。"德才兼备、锐意创新"是对文化人才的最基本要求，也是我们党一贯坚持的用人标准。历史和现实证明，真正能对社会做出重大贡献的人才，不仅有着过硬的才气，更有着崇高的道德。①

其次，完善人才培养机制，建立科学的人才评价制度。在意识形态多样的今天要完善人才培养机制就要进行人才的多元化培养。人才是传承文明和加强文化强国建设的主体，所以要进行多元化的人才培养方式，教学要树立以学生为主体的观念，对学生的个性、兴趣进行全面了解，进行多样化的教学，为学生提供科学的教育培养，让学生全面自由的成长，并按照自己的兴趣在自己喜欢的领域长足的发挥。人才的评价是通过教育活动的运行实现的，我们应建立与教育机制相适应的评价标准，应该对人才宏观上进行考量，建立与教育改革相适应的评估规划系统，以保证人才的评价合理、科学。建设结构科学的、合理的人才队伍体系。"按照政治强、业务精、作风正的要求，重点培养一批用马克思主义武装起来、立足中国、面向世界、学贯中西的思想家和理论家；培养一批理论功底扎实、勇于开拓创新、引领发展的学术带头人队伍；培养一批年富力强、政治和业务素质良好、锐意进取的中青年学术骨干队伍；培养一批潜质突出、勤奋努力、志在学术、勇攀高峰、为人正派的青年后

---

① 冯颜利、林彦虎：《扎实推进社会主义文化强国建设（下）》，《中国矿业大学学报》（社会科学版），2013 年第 1 期，第 14—15 页。

备队伍；培养一批管理能力强、专业水平高的科研管理队伍，构建结构合理的哲学社会科学人才队伍体系，增强可持续发展能力。"[①]

再次，建立健全人才任用和管理机制。建设社会主义文化强国，就要积极回应现实需要，科学解决现实困难，从而不断实现新的突破。面对当前社会主义文化强国建设中存在的诸多文化人才保障制度性问题，我们要抓住主要矛盾，力争做好以下几点：一是要改革和完善不合理的用人制度，制定出一套适合当前我国文化人才发展规律的用人制度，杜绝任人唯亲、拉帮结派、论资排辈等丑恶现象，支持和鼓励大量年轻有为的文化人才担当重任。二是要改革和完善文化人才选拔机制，更加注重文化人才的具体实践能力和创新能力，切实改变传统应试教育选拔方式，防止一些高分低能者混入文化人才队伍甚至占据文化建设重要部分。三是要建立健全文化人才管理制度，用科学的管理制度来确保文化人才队伍的壮大。相关部门应着力做好各个环节，既要注重健全文化人才服务制度，也要注重健全文化人才激励机制，更要注重健全文化人才评价机制。从而做好文化人才各方面管理制度，切实为文化人才的繁荣壮大创造良好条件。

最后，加快基层文化人才队伍建设。基层文化人才队伍建设是社会主义文化强国建设的重要基石，担负着繁荣基层文化建设的重任。加快基层文化人才队伍建设，要切实做好以下几点：一是要鼓励和引导优秀人才自愿自觉深入到基层文化建设。人民群众是历史的创造者，只有深入基层，与人民群众生活在一起，才能更好地获取创造题材和灵感。要鼓励广大青年人才自愿自觉深入到基层工作，教育他们树立高尚的人生观、价值观，甘愿为社会主义文化强国建设奉献青春。二是要加大对基层文化人才队伍的建设力度。政府各部门不仅要给予政策支持，而且

[①] 张东刚：《以科学发展观为指导建设高校哲学社会科学创新体系》，《中国高等教育》，2013年第1期，第14页。

要加大资金投入，实现政策与经济的双向保障，为基层文化建设打好基础。同时，要注重定期教育广大基层文化人才，组织开展定期学习和培训活动，从而不断提升基层文化人才素养。三是要积极搭建创新平台，确保基层文化人才能有所作为。有为才能有位，有位才能更加有为。最大化发挥基层文化人才价值，就要给他们搭建相应的平台，使其能够发挥才能，做出贡献。各地方政府要千方百计寻求发展项目，组织基层文化人才根据地方实际情况兴办地方文化企业、文化活动，切实发掘地方特色，打造地方文化知名品牌，从而实现基层文化人才自身价值的最大化转化[①]。

（二）人才资源能力建设

人才能够发明创造文化产品。文化产品的创造有多个领域，各个领域都是以人为依托，都有着大量人才的努力成果，有着人才的智慧结晶，有着各种各样人才的创造与奉献。人才可以传播普及文化产品。人才不仅能够创造有利于社会进步的文化产品，还能够将创造出的文化产品广泛的传播出去，普及到人民生活之中。只有文化产品得到传播普及，进入群众的视野，才能真正实现本身的价值。传播普及工作不是简单的复述过程，而需要大量人才的努力工作。综上所述，人才对于文化的发展有着重要的作用，人才对于我国加强文化强国建设起着关键的作用。

人才的培养和教育是人才资源的前提，不仅为人才资源的供给做出重大贡献，还是发现人才的基础环节。因此，科学人才观的建立，必须加强人才能力的建设，培养符合社会需要、适应社会发展要求的人才，完善符合各类人才要求的人才培养机制。要加强人才能力建设，就要坚持把人才能力建设作为人才发展的主题，将人才能力建设放在优先发展

---

① 冯颜利、林彦虎：《扎实推进社会主义文化强国建设（下）》，《中国矿业大学学报》（社会科学版），2013年第1期，第15页。

的地位。这是实现科学人才观的步骤之一，是实现人才强国的要求。

首先，对人才资源进行合理的开发。对人才资源进行开发，人在的素质与能力是关键问题。"研究表明，在现代社会中，体能、技能、智能三者存在一个简化的定量规则，即社会相对于它们的支付成本分别为1：3：9，而它们为社会创造的价值则分别为1：10：100。这说明，一个仅具体能的人所创价值仅能维持本人生存，而具有技能和智能的人所创价值分别是只具体能者的10倍和100倍，而三者的投入产出的效益比分别是1：3.3：11。"① 由此可以看出，社会的发展继续智慧的投入，智能型人才是社会利益来源的重中之重。所以，对智慧型人才的培养要作为建设人才资源的重心。21世纪的今天，科学技术是第一生产力，人才创造科技，人才的作用已经受到世界的认同。人才在综合国力的竞争中越加重要，我国打出人才强国的口号显示出人才对于我国发展的重要性。人才的培养以及人才的开发不仅是提升国家国际竞争力的有力保障，也是加强文化强国建设的关键因素。人类智慧的无限性是人类文明进步的源泉所在。当前，不论是在国家内部建设方面，还是在国家交流合作方面，人才的能力都得到广泛的关注。"例如，亚太经合组织1993年至2000年开展的项目中，有42%属于人才资源能力建设。"②

在人类社会的发展历程中，每一次出现社会变革，尤其是以科学技术突破为导火索，进而出现生产力发展的高潮，都是以人的能力的提高为先导，都是对人的知识能力提出更高的要求。从第三次工业革命的爆发后，人们对技术力量的追求更加迫切，对先进生产力代替落后生产力的呼声不断增强，这促使了人才的产生，劳动者能力和素质的提高。在这一过程中，人类对知识的渴求，对知识的运用得到了极大的提升，人

---

① 许冬梅、屠春友：《党政干部"四观"教育读本：发展观、政绩观、人才观、群众观》，中共中央党校出版社，2004，第131页。

② 许冬梅、屠春友：《党政干部"四观"教育读本：发展观、政绩观、人才观、群众观》，中共中央党校出版社，2004，第132页。

才的作用也不断凸显。

一个国家人才的多少，人才能力的强弱，决定着这个国家的生命力与活力，决定这个国家社会发展的后劲足不足，决定这个国家文化软实力的强弱、国际竞争力水平的高低。我国人才资源匮乏，与社会经济发展的需要严重失衡，人才能力建设问题突出。当前中国人力资源水平在世界范围内属于较低之列。"中国科学院可持续发展研究课题组根据他们提出的人力资源能力方程，计算出不同国家或地区的人力资源能力系数，确认人力资源能力系数取值在 1 ～ 100 之间，与之对应的人力资源能力水平分别为：小于 5 很弱，5 ～ 10 较弱，10 ～ 15 中等，15 ～ 20 较强，20 ～ 30 很强，大于 30 极强。1999 年中国人力资源能力系数为 6.98，而美、日等发达国家大多在 20 甚至 30 以上。仅就创新能力而言，虽然中国 GDP 和国际贸易额在世界排名第 6 位，但我国人才创新能力严重不足。中国在美国申报的发明专利仅为 195 件，而日本是 33233 件，韩国是 3538 件。"[1] 由此可见，中国的人才创新能力程度还很低，人力资源能力建设形势严峻，明显落后于中等发达国家，长此以往，我国社会经济的发展将会出现危机。我国必须把人才能力建设列入人才发展的重中之重，优先发展人才培养机制，重视教育事业的发展，加大对人才资源能力建设的投入，发展我国的人才强国战略，为各类人才的涌现创造条件，为我国加强文化强国建设提供可能。

其次，人才培养机制要注重培养人的学习能力、创新能力、实践能力。我们所说的"能力"就是通常意义上的水平。对于性格不同、兴趣不同、层次不同的人的特点，在培养方式上要实行不同的方向。对党政人才要注重理论修养，世界眼光，驾驭全局的能力培养；对于专业技术人才，要注重学术水平，科研能力的提高；对于经营管理人才要注重开

---

① 许冬梅、屠春友：《党政干部"四观"教育读本：发展观、政绩观、人才观、群众观》，中共中央党校出版社，2004，第 132 页。

拓创新能力的培养。当前中国要树立优质的教育观念，提高全民的素质教育，提高人才的创新能力水平，加强人才资源能力建设，提高人才的素质教育。江泽民曾经指出，培养人的创新能力，是人力资源建设的重要任务；国际竞争，说到底，是人才的竞争，是民族创新能力的竞争。加强人才独创性的建设任重道远。加强学习能力是人才培养的基础，实践能力是人才培养的试金石，创新能力是人才培养的核心所在。

加强文化强国建设不仅能够提升国家在世界范围的影响力，同时还能通过期刊、书籍、影视媒体等传播本国文化，发挥文化软实力的吸引力，对提升综合国力，促进国际友好合作关系起到巨大的作用。但是，不论是对文化软实力传播还是对文化强国的建设，都离不开各种各样的人才所起的作用。

第七章　国外文化发展的经验教训研究

在建设中国特色社会主义文化强国的过程中，深入研究文化发展的过程与具体情况，从而为社会主义国家的文化强国建设提供宝贵的经验和教训，是极其必要的。苏联文化发展经历多次变革，走过了曲折而艰辛的道路，苏联文化建设的整个过程中，既有对他国来说值得学习借鉴的有效经验，也存在着致使自身遭受重创的诸多重大缺陷与深刻教训。

第一节　苏联文化发展的经验教训研究

一、苏联国家文化发展经验之思

文化在历史上所起的作用不应该被低估，1893年，恩格斯在致弗·梅林的信中指出，历史上的统治阶级都把文化当做维护和巩固政权的重要工具，无产阶级在夺取政权以后，怎样对待传统文化，怎样建立一种新的文化体制并制定一系列新的文化政策，并树立社会主义新的文化，是关系到无产阶级专政能否巩固的百年大计。反观历史，苏联虽然已经解体，但它在历史上无疑起到过巨大作用，总结苏联历史的各方面，尤其是文化方面的成败得失，吸取其中的经验教训，对于我国建设中国特色社会主义文化强国是十分重要的。

（一）苏联建国初期文化建设

在苏联建国初期，列宁将文化建设作为党的中心工作，并确立了苏联文化建设的总方针，即"不是抽象地，以纯粹的形式提出文化问题而是同共产主义的总目标，同社会的革命改造，劳动群众的政治教育及精神发展联系在一起提出文化问题。"在这一方针的指导下，苏联开始了社会主义旧文化改造与新文化建设。

首先，更新文化观念。新的社会制度的诞生，要求新的文化观念来代替旧的文化观念。与旧的文化制度不同，社会主义新文化的主体不再是代表少数人的资产阶级与封建贵族，而是苏维埃布尔什维克领导的广大无产阶级，因而新文化要有利于团结与教育广大人民，发挥社会主义革命的功能。其次，文化的更新构建不是完全抛弃旧有的文化，而是批判吸收旧有文化中有益的元素，同时警惕模糊社会主义文化的企图。第三，教育旧人、培养新人、重视文化队伍建设。针对资产阶级知识分子的再教育问题，列宁指出："不能赶走君消灭资产阶级知识分子，我们应当战胜他们、改造他们，重新陶冶和重新教育他"。[①] 同时，也要花力气培养无产阶级知识分子。在这一方针的指导下，20 世纪 20 年代，苏联诞生了第一批文化大军。

（二）新经济政策时期重视文化之思

1.高度重视思想文化建设

在斯大林执政时期，苏联的文化建设全面展开，并随着时代的发展，国际形势的变化采取了不同的文化建设策略。在新经济政策时期，由于新经济政策给思想文化领域带来的复杂情况，党加强了对意识形态和文化艺术事业的领导，思想文化问题受到高度重视。

从 1921 年至 1927 年几乎每一次党代表大会和代表会议上都深入而广泛地研究了思想文化问题，并就此提出了相应的决议。1921 年在俄共第十次代表大会上作出了《关于政治教育总委员会和党的宣传鼓动任务》的决议，对政治教育总委员会的工作重心及其同党、团、工会和军队中宣传教育机构的关系和协调问题作出了规定，同时也阐述了党的宣传鼓动机构的任务。1922 年，俄共第十一次代表大会和第十二次代表会议还就思想宣传工作作出了决议，前者在《关于报刊和宣传》的决议中，着重要求加强党对报刊的领导，并就这一问题以及完善各类党校网、加强

---

① 列宁：《列宁选集》（第 4 卷），人民出版社，第 266 页。

宣传鼓动部的措施作出了具体规定。后者通过了《关于反苏维埃党派》的决议，着重分析了新经济政策开始一年来政治思想战线上的形势，指出反苏维埃派别虽在进一步分化，但资产阶级知识界上层政策的反革命活动却在加强。决议宣布知识界一些专业代表大会是"为反革命的利益服务"；但是要求对知识界各个集团加以区别，主张团结科技界、教育界、文艺界当中那些"基本上已经了解了实行伟大变革的真正意义的人"，并要帮助那些真正愿意帮助工农国家的派别和集团固定起来。决议特别强调，必须采取整套宣传鼓动措施来对抗资产阶级的影响，其中包括加强对科学共产主义思想的研究和宣传，加强对党的报刊、高校和党的教育机关等。1923年4月俄共第十二次代表大会在《关于宣传、出版、鼓动问题》的决议中，特别把注意力集中在将领导思想文化的一切部门联合成统一协调的系统。在列宁逝世后召开的首次代表大会中，在通过的18个决议案中，关系思想文化工作的就达7个之多，其中特别注意对列宁思想的研究和宣传，为此新设并加强了意识形态和文化机构。

2. 党内文化领导机构的确立与发展

为了加强党对文化建设和意识形态的领导，根据党的决议精神，进一步新建、改建和加强党的相应组织机构，更确切地划分并扩大了它们的领导职能。自从在宣传鼓动方面建立了两个全俄领导机构——党的系统的宣传鼓动部和政府系统的政治教育总委员会后，有关它们的相互关系、职权范围和干部使用等问题和矛盾不断凸显。最突出的就是出现了两个极端：一些党委把政治教育局视作党的辅助型机构，另一些党委却相反，把所有的宣传鼓动工作全部推到了政治教育局头上。针对这种情况，俄共十大在其专门决议中对宣传鼓动的职责范围和它同政治教育总委员会的相互关系作出了明确规定。总的原则是：中央宣传鼓动部主要负责党内，政治教育总委员会主要领导党外，但个别部门也有交叉。具体而言，党的系统的宣传鼓动部，其工作重心是负责党内教育，同时领导各种非党的代表会议和代表大会，在苏维埃的选举工作，吸收党员和与组织工作有关的各种工作中从事宣传鼓动；政治教育总委员会及其下属各级机关，工作重心是负责党外的宣传鼓动和文化教育工作。

在新经济政策条件下，商品货币关系的发展带来了资产阶级思想的活跃，为了抵抗资产阶级思想的侵袭，党进一步加强了党政学校网络和工厂农村群众教育系统的建设。在党校网络方面，建立了初、中、高三级党校体制。在群众教育系统方面，党在城市建立了不同类型的（党的、工人的、红军的）俱乐部，既作为进行群众性宣传和发挥人们创造能的重心，又作为群众休息、娱乐的场所。此外，在中央宣传鼓动部门下设立一个科学教学法专门委员会，统一协调党、教育人民委员部、工会和共青团的所有中央和地方共产主义教育领导机关的教学计划和教学方法。

3. 党领导文化的方法和形式

为了加强对新文化创建过程的领导，党力图找到最有效的工作方法和形式。在这方面，举行各种文化问题的中央会议是实践中最富有成效的、最典型的作法。会上，对文化政策和文化建设的理论和实践问题一般都能各抒己见，热烈争论。会议大都是在民主和实事求是的氛围中进行的。会议文件往往汇编后公开发表，为广大舆论界提供思想材料，会议结论则成了党和国家一些重要决议的基础。

20世纪20年代，苏联党和国家在较为自由的学术争论中领导了文化的发展，又在解决争论的过程中形成了正确的理论或决策。在这个时期，苏联在文化问题上的决策大多是在较为民主的基础上集中意见而形成的，这样形成的路线、方针和政策就集中了党内外较为正确的意见而较少发生失误。

（三）苏联文化体制变革

1. 战争对文化体制的影响

随着国内战争烈火的蔓延，外国武装干涉的扩大，要求在文化战线动员更多的人力和财力投入斗争，这就给文化教育机关提出了更加繁重的任务。残酷的斗争环境需要将文化教育的所有部门集中到统一的部门——教育人民委员部，以实现更进一步的集中领导。

战争年代的首要任务是进行宣传鼓动。动员群众参军参战，这就把政治工作提到了首位。正是在国内战争年代在全国建立了政治教育机构网络，形成了较为完整的政治教育体系。在政治教育工作中运用了各种方法和手段：报刊、俱乐部、农村阅览室、巡回鼓动列车、鼓动轮船等等。这一切都需要有效地利用图书和报刊。为此，人民委员会于1920年通过了关于俄罗斯联邦图书事业集中化法令，宣布将所有图书馆，无论是教育人民委员会管辖，还是各部门、各机关所属的，通通向外开放借阅，并联合成了一个统一的俄罗斯联邦图书馆网。这个统一的图书馆系统由教育人民委员会统一管理。

政治教育是同扫除文盲紧密联系在一起的，列宁说，文盲是同任何政治绝缘的。正是这个道理，在战国纷飞的年代，为了在政治上有效宣传群众、动员群众，在前线和后方展开了大规模的扫盲运动，为了贯彻列宁的扫盲法令，对全国扫盲工作实现统一领导，1920年在教育人民委员会部建制下设立了全俄扫盲非常委员会。另外，苏维埃国家的社会科学研究在十月革命处于草创时期，它的研究范围也不能适应马克思主义社会科学研究的需要，因此，人民委员会于1918年6月批准建立了苏俄第一个马克思主义科学中心——社会主义社会科学院。其任务是：对社会主义和共产主义问题进行深入的科学研究；对社会科学、哲学以及同社会科学有关的自然科学进行科学研究；培养社会知识各领域的专家；向群众介绍科学社会主义共产主义学说。1920年底，党中央又根据列宁的建议，在社会主义社会科学院下设马克思和恩格斯研究所，从事对马恩文献的收集和研究工作。当时这类社会科学研究机构还很少，都统一由教育人民委员部领导。

2. 文化教育事业发展

随着苏联文化教育事业的推进，教育人民委员部在国内战争年代又扩大了原有机构及其职责范围。1919年对剧院实行国有化政策之后，为协调整个戏剧事业，这一年又建立了教育人民委员部中央戏剧委员会。由该委员会统一领导全国所有剧院，包括国立剧院、各部门剧院和地方苏维埃剧院。同年，随着电影工业国有化法令的实行，又将电影工业转交给教育人民委员部。鉴于这一转变，原电影司改组成了全俄摄影和电影总局。该局的职权比电影司大大扩充了，其范围包括：利用摄影和电影手段实施科学教育、宣传鼓动和文化教育方面的任务。同时，对有关摄影和电影方面的工业和商业事务进行领导，并监管供给、推广有关技术手段和材料。该局为了履行自己的职能，还在各州设立了州摄影和电影委员会。为了给广大群众提供精神食粮，扩大出版书刊品种，1919年5月，教育人民委员部建立了国家出版社，这是国家统一的出版机构，其基本任务是大量编写、出版宣传教育读物，以为当时的革命斗争服务。

3. 宣传和政治教育机构设置

战时十分重视宣传鼓动和政治教育，各个部门都设置了这类机构，除了教育人民委员部外，全俄中央执行委员会、革命军事委员会都设有这种机构。为消除这种机构重叠现象，统一协调政治教育工作，1920年11月在教育人民委员部原政治教育司的基础上组建了共和国政治教育总委员会，政治教育总委员会在行政上从属于教育人民委员部，但同时它是党中央的一个机关。它统一对全国政治教育工作进行领导。最后，通过吸收革命军事委员会政治部参加政治教育总委员会相应机关的办法，确定将双方的政治教育工作联合起来，以使二者平行重叠的机构合二为一。这就把军队政治教育工作的领导权直接转交给了政治教育总委员会。但前线部队的政治教育工作仍归革命军事委员会政治部负责。到此为止，将文化教育、意识形态所有部门向教育人民委员部集中的过程大体告成。这样苏维埃国家所有的精神文化部门都转交到了人民委员部手里，他在短时间内变成了一个高度集中、几乎包罗万象的文化领导机关。在十月革命后短短两三年期间，俄共中央和列宁在文化教育的领导问题上，由主张分权制转变到了实际上建立起来的集中制，前后发生了明显的变化。①

二、苏联后期文化建设挫折

（一）苏联文化体制与文化方针

斯大林高度重视阶级斗争，他认为社会主义要巩固和发展，必须在经济、政治等领域狠抓阶级斗争，文化领域自然也不例外。这导致苏联的文化发展长期以来进入了一种封闭型的"纯"文化状态，过度强调文化的阶级性，衍生出了一种对领导人的思想进行阐释的诠释文化。

从 30 年代中期以来，苏联文艺理论界对社会主义现实主义文艺理论作了一系列片面的解释，只强调在革命发展中描写现实文艺的教育作用，而对文艺反映的真实和它的多样化、多功能性，则视为大忌。在这种片面解释的基础上，对社会主义文学艺术提出了越来越苛刻的要求，在思想艺术上给文艺作品规定了各种各样的标准，似乎只有按照这些标准和要求，才能完美无瑕，达到纯粹的社会主义境界。事实上，这在很大程度上是将社会主义现实主义简单化、教条化和庸俗化，使得社会主义文学艺术不仅割断了历史，也脱离了现实生活的土壤，其结果是，人为地扼杀文艺，造成了文艺事业的萧条和倒退。

这种情况到战后时期，又有了进一步发展。联共中央一系列有关意识形态问题的决议，经过日丹诺夫的解释及其手下层层贯彻，又进一步把社会主义现实原则引向极端。这样，对文艺作品从大的理论原则，到具体的方法技巧都提出了许多标准化的要求。这些标准化要求的条条框框像蛛丝落网一样笼罩着文艺界，禁锢着作家艺术家的头脑，使人们在创作活动中举步维艰。

---

① 马闪龙：《苏联文化体制沿革史》，中国社会科学出版社，1996，第23-24 页。

题材上，只能写大题材，即生产建设方面的题材，而对所谓小题材，即生产建设以外的社会生活题材，则有种种禁忌，若稍有偏离，就会被扣上脱离现实生活，离开火热斗争的帽子；体裁上，只允许创作正剧和喜剧，讽刺幽默则有诸多大忌，悲剧则更是几乎不被准许；对人物描写，只强调变现人的重要方面，即在生产劳动中的表现，对于个人的社会生活方面——友谊、爱情、欢乐和痛苦，则有种种清规戒律。至于典型问题，则被提到吓人的高度，典型仅仅被规定为与一定社会力量和社会历史现象本质相一致，只片面强调其共性，而忽视其个性，造成公式化盛行，许多艺术形象千人一面，百人一腔，枯燥乏味。

从上面可以看出，战时和战后苏联的马克思主义意识形态又发生了一系列变化。在新的历史条件下，不仅渗入了大俄罗斯民族主义，而且充满着浓厚的个人崇拜，使理论思想进一步走向僵化。反映在文化理论和文化政策上，尤其如此。我们知道，马克思主义学说是一个开放的科学的理论体系，凡是能够反映自然、社会和人类思维规律的一切，都应该包容在这个体系之内，但是斯大林以所谓的阶级斗争为纲，不断清理知识分子队伍，错误的文化观念和文化政策使 20 世纪 30—50 年代的苏联文化失去了自身应有的特色，苏联文化作为一种绝对化了的政治斗争文化，它与人类文化、国际文化的距离越来越远了。同时，苏联的马克思主义意识形态发展演变到 40—50 年代初，把马克思主义学说变成了一个封闭僵化的体系，由于形成种种僵化的一成不变的教条，使他不能反映千变万化的社会现实，不能吸收新鲜的科学材料和最新的科学成果，因此使马克思主义变形，而失去了其固有的生命力和战斗力。①

---

① 马闪龙：《苏联文化体制沿革史》，中国社会科学出版社，1996，199—200 页。

（二）苏联改革时期文化变化

20世纪80年代中期，苏联进入全面改革的新时期，戈尔巴乔夫的"新思维"成为改革的指导思想。戈尔巴乔夫提出，"在改革过程中要充分考虑科学技术和进步的需要。"[①] 但是，戈尔巴乔夫以"新思维"替代马克思主义的指导，否定马克思主义的阶级斗争和无产阶级专政学说，鼓吹抽象的、超阶级的、全人类的共同价值，主张全人类共同利益高于一切。他批判苏联的社会主义是一种"变形的""被扭曲的""官僚主义的社会主义"，它在社会生活各个领域形成"垄断"：共产党的领导是共产党对政权的霸占，造成了"政治垄断"；生产资料公有制的建立妨碍了人们对所有制的选择，造成了"经济垄断"；马克思列宁主义的指导影响了吸收人类先进的思想，形成了"精神垄断"。这些垄断导致了各方面的"异化"现象：政治垄断导致人与政治、政权的异化，经济垄断导致人与生产资料、财产的异化，精神垄断导致人与文化的异化。因此，改革就是要"根本改造整个社会大厦———从经济基础到上层建筑"，"形象地说，要炸毁一切"，以便消除垄断、克服异化。办法是实行多元化，具体说来就是：取消共产党的领导，实行多党制；取消无产阶级专政，实行"普遍民主"；取消生产资料公有制，实行私有化，建立以私有制为基础的资本主义市场经济；取消马克思列宁主义的指导，实行意识形态多元化。总之，苏联要建设的"不仅是人道的社会主义，而且是民主的社会主义"。戈尔巴乔夫"人道的民主的社会主义"思想路线实质上是对马克思主义的彻底"修正"、背叛，但对于长期处于教条主义禁锢中的苏联共产党和人民群众来说，这种理论却有着极强的迷惑性。它从根本上搞乱了人们的思想，抽掉了社会主义制度和共产党存在的思想基础和合法性，成为"苏联演变的决定性因素"。

---

① 戈尔巴乔夫：《戈尔巴乔夫言论选集》，人民出版社，1987，第17页

三、苏联文化改革的教训

自有国家以来，文化安全就是国家安全的一个重要方面，民族文化、意识形态和价值观念的安全是国家文化安全最核心的内容。欲灭掉一个国家，先毁灭其思想文化，欲征服一个民族，先斩断其文化脉络。这是统治者们惯用的思维。但在以军事实力为主要竞争手段的时代，文化安全在国家安全中的地位还未能充分凸显。

苏联意识形态从《秘密报告》后就存在着一系列的问题。在一个经济文化落后的国家里首先建设社会主义，这是苏联现实的社会环境，其面临的困难与挑战可想而知。社会主义思想的创立者马克思恩格斯并没有给后来的实践者一个十分清晰的蓝图，其思想的精髓是实事求是。列宁对这种不利的条件有着清醒的认识，他特别反对从本本出发谈论社会主义，主张在实践中不断加深对社会主义的理解和认识，从实际情况出发制定社会主义建设的理论、路线和方针。遗憾的是，列宁的这条实事求是的思想路线在其逝世，特别是斯大林逝世后并没有得到很好的贯彻实施。斯大林执政以后，教条主义较为严重。1938年《联共（布）党史简要读本》出版以后，这种现象得到迅速的发展。苏共的理论思想工作逐渐变成了对马克思、恩格斯、列宁的，特别是对斯大林语录的解释。

苏共在宣传马克思主义理论时，把马克思、恩格斯、列宁尤其是斯大林的一些设想当做神圣不可侵犯的教条，把他们的一些词句奉为经典，机械地向人们灌输，既不强调革命导师的理论、观点产生的历史条件，也不联系本国的实际情况。斯大林去世以后，教条主义虽然受到批评，但文章和论著中引经据典、死啃书本、为某个"权威"的论点进行注释、论证和恭维，千篇一律，形式主义，理论根本不触及现实存在的问题，仍然是司空见惯的。因此，实际上都没有摆脱思想僵化和教条主义的束缚。僵化的理论教条和意识形态，使马克思主义失去了它所固有的特性———革命性和科学性的高度统一，从而也丧失了认识世界和改造世界的功能。

面对日益凸显的各种社会矛盾和危机，戈尔巴乔夫走上了另一个极端。他在政治改革上的急进冒险主义，实际上是对历史上形成的根深蒂固的斯大林理论的一种反叛，一种极端反应，而正是这种极端反应导致戈尔巴乔夫改革的方针路线错误，造成苏共瓦解、苏联解体，把一个虽有诸多弊端但毕竟还很强大的苏联推进了深渊。无论是固守经典词句的教条主义，还是变革马克思主义的修正主义，其思想实质都是对马克思主义的背离，都会造成极其严重的后果，甚至亡党亡国，在这一点上苏联文化发展方面丢失意识形态阵地的教训是极其深刻的。

第二节　美国、英国、日本等文化发展的经验教训研究

一、美国文化发展经验教训

美国政府十分重视文化事业的发展，其管理方式与其他国家有很大的不同。美国没有制订一套完整的文化方面的法律，但在众多法律中，包含有方方面面的文化法律条款，为美国文化的发展提供了保障和机会。

（一）美国文化管理体系

美国政府没有一个行政部门对文化进行直接管理，但是这并不是说美国政府不重视文化工作，也不是无为而治，而是积极推动文化事业的发展，美国政府从上至下，从政府到民间，有一套完备的对文化实行间接管理的庞大体系。

第一，政府管理系统。美国联邦政府在文化方面的最高决策机构实际上是"总统艺术与人文委员会"，它成立于1982年，是白宫文化政策方面的一个顾问委员会，负责研究艺术和人文方面的政策问题，提出和支持艺术和人文方面的重要计划，对艺术和人文方面的优秀作品予以确认。它的组成成员包括联邦政府机构的12位负责人，如国务卿、教育部长、财政部长等。另外33名成员是由总统任命的民间代表，他们

是美国最杰出和最有成就的艺术家、演员、建筑设计师、舞蹈家、作者、学者、慈善家和企业人士。

美国联邦政府设有国家艺术与人文基金会，下设三个主要机构具体负责美国文化艺术工作，即国家艺术基金会、国家人文基金会以及博物馆与图书馆事业学会。这三个机构虽然没有行政管辖权，但负责落实联邦政府制定的文化艺术政策和活动计划。它们的领导成员都必须经总统提名和国会参议院批准。它们的费用全部由美国国会拨款。

美国各州、县、市政府都设有文化艺术理事会，是州和地方政府的办事机构，负责审批文化艺术方面的拨款项目，建立文化艺术资金管理程序，监督资金的使用情况，确保公众对文化事业的参与。州和地方政府的文化艺术理事会与民间文化艺术组织和机构保持密切的联系，负责召集民间文化艺术领域的年度会议，阐述政府在文化艺术方面的各项政策，举办文化艺术方面的教育活动，虽然没有行政管理权，但在美国的文化艺术领域起着指导、协调和组织的重要作用，它们发挥的作用一直深入到美国的社区。

第二，直属政府领导的文化事业单位。美国著名的国会图书馆完全是美国官方图书馆之一。美国史密森学会下属的国家历史博物馆，国家艺术博物馆，国家航空航天博物馆，国家肖像馆、美术馆和雕塑园，国家动物园以及著名的肯尼迪表演艺术中心等，是美国政府资助的半官方性质的博物馆机构。此外，还有各州和地方政府负责的各类博物馆。美国全国各类博物馆约有 1.75 万家，其中私立博物馆占美国全国博物馆数量的 60% 以上。美国的博物馆属于非营利机构，但其运营方式走市场化道路，即引入市场化运营理念，重视建立自身形象品牌，引进专业经营管理人才等。多数博物馆得到的政府资助只占它们开支很少的一部分，其他资金来源主要靠门票收入、销售纪念品、会员费以及来自社会团体、企业和个人的捐款。美国的法律制度鼓励社会团体、企业和个人向博物馆提供捐款，捐赠文物和房产，以及担任志愿者提供无偿服务，一些博物馆的志愿者与其职员的比例达到 4∶1。

第三，在政府指导下的民间文化机构。美国文化艺术领域活跃着许许多多的各种行业协会等民间文化组织和机构，美国联邦文化机构及州和地方政府与它们保持着密切的联系，通过帮助行业协会制订自律公约来对它们进行管理和制约。美国人艺术协会公布的 2009 年"全国艺术指数"报告称，2009 年美国艺术界有 109000 个非营利的艺术组织，550000 多个艺术企业，在劳动大军中有 220 万个艺术工作者。[①]

（二）美国文化管理方式

第一，美国通过法律体系支持和保护文化艺术事业的发展。从美国建国初期就开始了对文化艺术事业实行法律保护。1787 年的美国宪法第一条第八款规定："为了促进科学和实用艺术的进步，对作家和发明家的著作和发明，在一定期限内给予专利权的保障。"这是美国最早的对文化艺术进行保护的版权法和专利法。以后，随着美国法律体系的不断修订和增改，在文化方面的立法也不断完善。虽然没有一套完整的文化立法，但在许多领域的法律中都含有文化方面的条款。如《联邦税收法》，通过对税收的减免政策鼓励和促进美国文化事业的发展。美国《联邦税收法》规定，对非营利的美国文化艺术团体和机构以及公共电视台、广播电台等免征所得税，并对以促进文化、教育、科学、宗教、慈善事业发展为目的的非营利社会团体和机构免征赋税。《联邦税收法》还规定，凡赞助非营利文化艺术团体和机构的公司、企业和个人，其赞助款可免缴所得税，以鼓励社会力量支持美国文化艺术事业的发展。此外，《联邦税收法》还规定，非营利的文化艺术团体还可享受政府的资助，接受公司和个人的捐款。但是，非营利文艺团体的运作也必须走市场化道路，其宗旨是为社会公益事业服务。

[①] 徐长银：《美国文化管理的特点》，《红旗文稿》，2011 年第 22 期，第 35 页。

第二，联邦政府通过资助的方式进行管理。美国国会每年向国家艺术基金会、国家人文基金会以及博物馆与图书馆事业学会提供拨款。这三个机构利用拨款分别向其涵盖的领域有选择地进行资助。例如，从1965年至2008年，国家艺术基金会提供的各种资助超过了128000笔，资金总额达到40多亿美元，对那些具有竞争力的优秀文化艺术活动和项目则给予重点财政投入和支持，并提供奖励，与此同时，还积极鼓励和促进美国文化产品进入国际市场。国家艺术与人文基金会每年向各州政府的文化艺术理事会提供一笔拨款，同时，要求各州政府和地方政府拿出相应匹配的财政资金来支持各地的文化艺术事业的发展。联邦政府采取的杠杆政策有力地调动了州和地方政府支持文化艺术事业发展的积极性。从联邦政府的基金会到州和地方政府的理事会，虽然没有行政管理权，但在美国的文化艺术领域起着领导、协调和组织的重要作用，是美国政府管理文化艺术事业的一个有效渠道和方式。

第三，通过文化艺术行业协会自律进行管理。美国政府的文化机构与社会文化艺术各种行业协会等民间组织和机构保持着密切的联系，通过帮助行业协会制订自律公约来对他们进行管理和制约。这些协会多数制订有行为准则之类的自律条约，如《全国广播业者协会》就制订有行业的《道德准则》，这些自律条约一方面约束行业从业人员的行为，另一方面也维护从业人员的利益。同时，这些协会还代表本行业对美国国会、联邦政府、甚至法院进行游说活动，在立法以及政策的制定方面施加影响。这些行业协会还负责提供知识产权保护服务，推广新技术的应用，对美国文化事业的发展发挥了非常重要的作用。

第四，美国联邦政府直接操纵和组织对外文化宣传活动。虽然美国政府对内鼓吹文化思想自由，但是对国外却十分重视其官方的宣传活动，其目的是树立美国的正面形象，大力宣传美国的价值观，维护美国的安全利益。美国的对外广播宣传活动开始于二战期间的1940年，1942年正式建立了美国之音广播电台，隶属于美国联邦政府"战时信息局"，

1945 年二战结束后，美国之音属于美国国务院领导，1953 年划归美国新闻署管理。1999 年美国新闻署撤销后，美国之音置于联邦政府的独立机构——广播理事会领导之下。70 年来，美国之音一直是美国联邦政府的一个对外宣传机构，它的经费完全由美国联邦政府提供，2010 年的财政预算为 2 亿多美元。现在的美国之音与世界范围内的电台和电视台签署有 1200 个以上的合作协议，每天向美国境外进行 44 种语言的电台、电视和因特网广播，每周播出的新闻等节目长达 1500 个小时，全球听众估计达 1.23 亿人。它在一段时间内广播语言的多少以及每种语言广播时间的长短，是根据美国联邦政府工作的重心和世界形势来决定。比如在 2001 年，它广播的语言达 53 种，有 12 套电视节目。[①]

（三）发展中国文化的启示

第一，重视文化的创新。美国是一个非常重视创新的国家，尤其在文化发展方面。美国文化是移民文化，移民冒着风险从熟悉的环境来到陌生的地方，经常遇到新的事物，需要解决新的问题。必须要打破常规才能适应新的环境。他们要不断尝试、不断创新，从失败中总结学习，从成功中获得鼓励，从而形成了美国文化中的冒险精神和不断创新的精神。"要么创新，要么灭亡"应该是美国文化创新精神的代表。这种创新精神使得美国文化能够和每一种外来文化融合在一起，形成新的适应美国社会发展的文化。丹尼尔·贝尔在《资本主义文化矛盾》一书中论述了美国的多元文化是如何在创新中发展的。他说："新的感觉以及与之相关的新行为方式，是在矢志于创新的艺术小圈子里创造出来的。由于新事物的内在和外界价值，以及它们的通行无阻，创新的感觉和行为方式得以迅速扩散，改变着文化大众(如果不是更大范围)的思想与行动，

---

① 徐长银：《美国文化管理的特点》，《红旗文稿》，2011 年第 22 期，第 35-36 页。

而这些人又属于社会的知识和传播行业中的新兴的知识分子阶层。"①
这对中国文化发展有着重要的启示。所以，一个民族文化有没有一种持续发展的能力，取决于它能不能够适应时代发展的要求，能不能创新。中国有着五千年的文化传统，丰富的传统文化既是我们宝贵的遗产，也让文化发展背上了沉重的包袱。由于缺少创新精神、创新能力，使得我们仍然只是个文化大国，却不是文化强国。

第二，重视文化人才的引进和培育。美国非常重视文化人才的引进和培育。文化是靠人去塑造的，文化人才是推动文化发展建设的主要力量。人才问题在文化建设中事关全局，必须高度重视。美国依靠其雄厚的经济实力和相对民主平等宽松的文化环境，吸引了世界各国大批的优秀的文化人才。这些人才为美国文化的发展建设做出了巨大的贡献。同时美国还在几十所大学专门开办了文化管理、文化艺术等学科专业，为美国文化建设提供源源不断的人才。人才是社会文明进步、人民富裕幸福、国家繁荣昌盛的重要推动力量。一个国家文化要发展，创新型人才是第一要素，优秀文化人才是国家发展的重要战略资源。所以中国要全面建成小康社会、建设社会主义文化强国、实现中华民族的伟大复兴，必须把文化人才作为党和国家人才队伍的重要组成部分。要全面贯彻党管人才的原则，加快培养造就德才兼备、锐意创新、结构合理、规模宏大的文化人才队伍。要造就高层次领军人物和高素质文化人才队伍，加强基层文化人才队伍建设。要加大文化人才队伍建设力度，着力培养一批文化领军人才、文化大师、文化名家和各类文化拔尖人才、专门人才，不断发展壮大我国文化人才大军，建设文化人才高地。在中国特色社会主义现代化建设的进程中肩负起更大重担。

第三，重视通过市场的力量来推动文化的发展与传播。美国十分重

---

① 丹尼尔·贝尔（美）：《资本主义文化矛盾》，蒲隆等译，三联书店，1989，第80页。

视通过市场的力量来推动文化的发展和传播。美国政府认为，对于文化的发展最重要的不是对所谓优秀的文化及真理进行扶持，而是要营造与维护一个能够让各种声音自由表达的环境，为文化企业的经济活动以及个人的文化创造提供一个公平合理、竞争有序的平台，以保障公民能够有充分的选择机会。只有自由开放的市场才能为各种文化思潮营造一个同等展示、公平竞争的舞台。因此，美国政府对文化的发展只是在宏观上，通过建立完善的法律法规、政策体系进行引导扶持，文化产业基本上都在市场经济的体系下运行。目前美国已经形成一套成熟的文化发展市场运作模式，有力地推动了美国文化产业的繁荣。同时，美国凭借其强大的国际政治经济科技优势，推动其文化产业实施跨国经营，在国际市场上占据有利地位，既带来了巨大的经济效益，又扩大了文化传播，提高了美国文化的影响力。当前我国的文化建设要把重心放在培育健康有序的文化市场上，实现以市场为主体的文化发展模式，为文化发展营造良好的环境。①

二、英国文化发展的经验教训

"一臂之距"（Arm's Length Principle）管理原则是英国人发明的一套文化管理方法，长期以来被英国政府视作文化管理的法宝，认为可以有效避免党派政治倾向对文化拨款政策的不良影响，保证文化经费由那些最有资格的人进行分配。所谓"一臂之距"原指人在队列中与其前后左右的伙伴保持相同距离。该原则最先用在经济领域，针对的是一些具有隶属关系的经济组织，如母公司与子公司、厂商和经销商等。根据这个原则，这些组织在策划和实施各自的营销规划、处理利益纠纷乃至纳税义务上都具有平等的法律地位，一方不能取代或支配另一方。"一

---

① 李宁：《"自由市场"还是"文化例外"——美国与法－加文化产业政策比较及其对中国的启示》，《世界经济与政治论坛》，2006年第5期，第106-109页。

臂之距"原则被运用到文化政策上则是要求国家对文化采取一种分权式的行政管理体制。从对文化的集中管理到分权管理,这是"一臂之距"原则的基本要义。英国的中央政府文化行政主管部门——文化、新闻和体育部,只管制定文化政策和财政拨款,没有直接管辖的文化艺术团体和文化事业机构,具体管理事务交由中介非政府公共文化机构,即各类艺术委员会负责执行,如英格兰艺术委员会、工艺美术委员会、博物馆和美术馆委员会等由专家组成的机构,对艺术团体进行评估和拨款。各类中介非政府公共文化机构通过具体分配拨款的形式,负责资助和联系全国各个文化领域的文化艺术团体、机构和个人,形成全社会文化事业管理的网络体系。

英国非政府公共文化机构有两类,包括38个非政府公共执行机构(具有执行、管理、制定规章和从事商业活动的职能)和8个非政府公共咨询机构(就某些专门事项向部长和主管部门提供咨询意见)。除主要从文化、新闻和体育部拨款取得经费外,大多数非政府公共文化机构还通过收费或从事其他商业活动来获得收入。文化、新闻和体育部通过拨款方式对非政府公共文化机构在政策上加以协调,但不存在行政领导关系。非政府公共文化机构奉行与政府保持"一臂之距"原则,独立运行。

政府虽然不能对文化单位直接提供资金支持,但可以通过具体拨款方式对非政府公共文化机构在政策上加以协调,体现政府对文化艺术的管理目标和支持重点。英国政府对文化事业的资助重点一般有三个方面:第一,严肃艺术,如戏剧、古典音乐、歌剧、芭蕾等,对商业性艺术如音乐剧、流行歌舞则不予资助;第二,国家级的重点文艺团体和事业单位,如皇家歌剧院、皇家芭蕾舞团、大英博物馆、大英图书馆、国家美术馆等;第三,高质量的艺术节目。在英国只有政府资助的艺术团,没有政府办的艺术团;有国家级的艺术团,没有国家所有的艺术团。对于艺术团体来说,政府资助不是固定的,需要以每年的成绩与下一年的规划来确定，即使享受政府长期资助的团体或机构，一般也只能占其收入的 30% 左右，其余部分仍需自筹解决。为保证政府资助取得良好效果，艺术委员会通过各种方式对享受政府长期资助的文化团体进行监督和评估。

实行"一臂之距"原则的好处有三点：一是减少了政府机构的行政事务，保证了政府工作的高效运作；二是政府机构不直接与文艺团体发生关系，有利于检查监督，避免产生腐败。三是非政府公共文化机构独立于政府之外，是非政府、超党派的独立中介组织。这类组织成员多由艺术方面和文化产业方面的中立专家组成，独立履行职能，避免过多受政府行政干预，从而使文化发展尽可能保持其延续性。

在这种管理原则的指导下，英国维持了其文化大国的地位，无论是文学、戏剧、舞蹈、美术还是音乐都始终保持国际领先地位，并深远地影响着其他国家的文化艺术创作和发展。

我国具有丰富的文化艺术资源，是名副其实的文化大国，但是还谈不上文化强国，而且由于改革开放以来西方文化与意识形态对我国文化艺术活动优秀很大，文化艺术领域的西化问题很严重，甚至带来了我国的文化安全问题。如果能借鉴"一臂之距"原则，从制度设计上既凸显文化艺术的相对独立性，又能产生更强的亲和力，凸显对我国优秀传统文化的创造性转化和创新性发展，更容易为其他文化所接纳，更有利于树立起我国文化强国的形象。"一臂之距"文化管理原则带给我们如下几点启示：

第一，"一臂之距"原则可以充分实现政府职能转变，实现"管办分离"的目标。虽然经过了多轮文化体制改革，但是目前我国"政府办文化"的格局仍然没有从根本上打破，例如：文化部所属的重点艺术表演团体，以及各省、市级的艺术表演团体，性质上仍是政府举办的文化机构，财政上主要由政府负责支撑，主要人事安排仍由政府行政部门说了算。在表演艺术行业的宏观管理方面借鉴"一臂之距"原则，建立类似英国那样的"艺术委员会"机制，应该是我国转变政府职能、实现"管办分离"目标的努力方向。这样政府将不再直接管理任何文艺院团，也不再具体承办文化艺术活动，政府可以从琐碎的具体事务中解放出来，全心致力于制定文化发展政策，通过宏观调控，促进文化艺术的发展和繁荣。

第二，"一臂之距"原则有利于实现文化艺术创作自由，从根本上实现文化大发展大繁荣。中国有着漫长的皇权专制传统，思想和艺术长期受到禁锢。上世纪50年代到"文革"期间，中国曾盛行"艺术从属于政治"，艺术家们的创作长期受到压抑。改革开放40年，我国艺术领域产生过一些精品，但数量并不多，这和文化资源大国的身份很不相称。艺术的生命力在于艺术的思想性和原创性。艺术创作自主权也是文明社会的基本要求。政府的职责之一就是保护这种权利不被侵犯，因此应当给予文化艺术活动更多的自由，对文化艺术创作实施"内容不干预原则"。通过"一臂之距"模式建立的中介非政府公共文化机构，有利于艺术创作摆脱政府权力的干扰和影响，充分保护艺术自由，从根本上实现文化大发展大繁荣。

第三，"一臂之距"原则能有效防止文化领域的"权力寻租"，避免权力腐败。"权力寻租"是指握有公权者以权力为筹码谋求获取自身经济利益的一种非生产性活动。权力寻租所带来的利益，成为权力腐败的原动力。按照"一臂之距"原则，文化管理的权力具体由艺术委员会行使，艺术委员会由专家组成，哪些艺术团体优秀，哪些艺术品种、艺术作品需要支持，并不是政府说了算，而是艺术委员会的专家们说了算，这样政府对于文化事务没有具体的权力，就从根源上杜绝了权力寻租，杜绝了腐败。

三、法国文化发展的经验教训

作为欧洲乃至世界文化中心之一，法国不仅拥有丰富的历史文化遗产，更拥有高度繁荣的文化产业。文化产业已成为法国支柱型产业之一。法国文化产业的繁荣得益于多方面原因，而政府的主导力量、政策的完备与完善、传统与现代创意的紧密结合，无疑是其中最为主要的因素。

（一）法国文化产业发展现状

1．"文化例外"与"文化多样性"

谈到法国文化产业发展，就必须先从法国的"文化例外"政策谈起。"文化例外"这个词最早源于20世纪90年代初，在关于关贸总协定的谈判中，法国人敏锐地意识到国家和民族文化独立的重要性，坚决而果断地提出反对把文化列入一般性服务贸易。简而言之，"文化例外"是为了保护本国文化不被其他国家侵袭而制定的一种政策，体现了法国人的文化自觉与文化自信。1539年，瓦罗亚王朝的弗朗索瓦一世颁布了《维雷—科特莱敕令》，确定法语为官方语言。到了17世纪，特别是路易十四时期，国家更是担当起艺术保护者的角色，鼓励和资助艺术家、作家进行创作。大革命时期，政局不稳，政权更迭频繁，但是从复辟王朝到第三共和国的历届政府都坚持有利于促进文化艺术发展的政策，并且把艺术和文化视为实现民族团结和国家统一的有力保证。进入20世纪，文化立法和构建文化政策体系成为政府的执政要务，国家理所当然地成为文化事业的主导者和核心。1958年，法兰西第五共和国成立，戴高乐总统于1959年7月颁布法令，宣布成立文化事务部。这是法国历史上第一次成立专门负责文化事务的政府部门，首任部长由著名作家安德烈·马尔罗担任。这位与中国颇有渊源的作家奠定了法国文化保护的基调：他保护法国历史文化遗产，让文化概念普及化和民主化，他认为接受文化熏陶是每位国民与生俱来的权利，积极推动大区设立文化事业管理局和省级的文化中心，由国家和地方共同推动文化事业发展。

2001年，时任法国总统希拉克正式提出了"文化多样性"的概念。他认为，应对经济全球化，就是要提倡文化多样性。这种多样性是建立在确信每个民族可以在世界上有自己独特的文化与声音，每个民族能够以它自身的魅力和真理充实人类的文明财富。2003 年，在联合国教科文组织第 32 次大会上，法国和加拿大的共同提案，要求通过一份拥有约束力的《保护文化多样性国际公约》，认为这一公约应当承认文化产品与服务的特殊性，它们不同于其他商品，国家有权采取支持措施促进文化多样性的发展。显然，"文化多样性"是"文化例外"的延伸和扩展，这一提案得到了包括中国在内的大多数与会国家的支持。

2. 文化教育、文化普及与文化自信

法国的文化产业政策并不是保护精英艺术，而是鼓励大众艺术，这才是文化创意产业的根本。法国文化部在整体提升国民艺术素养的战略实施上经历了四个阶段：最初是推动美术和美术教育的发展；第二阶段宣传推广艺术家，提高其知名度和影响力；第三阶段介绍和推广艺术家的作品；第四阶段是让公众对艺术家及其作品有更多的了解和认识。当然这四个进程并不是孤立存在的，而是叠加在一起，有着各自的侧重点。

法国的文化教育是"从娃娃抓起"，体现出全方位、多层次的特点。在巴黎国立工艺博物馆，负责人员将各年龄段的文化教育——从幼儿园直到高校——视为自身的使命，策划不同类型的主题展览，以吸引不同年龄段的受众。实际上，法国博物馆与我国众多博物馆相比，文物展出数量偏少，但明显的差异在于博物馆设备较为先进，多语言的讲解器配备常规化，使用视频模拟文物时代的场景也非常多见，将古迹与现代艺术完美结合，特别是针对文物古迹"讲故事"的能力，值得称道。

在政府的文化机构，国家公务人员从理念上非常注重在文化场所、公共社区的文化普及工作，通过文化熏陶提升民众的文化素养，同时促进多种族、多阶层的文化融合。组织各种活动，加强公众与艺术家之间的交流，努力做到艺术为人人，艺术大众化，是罗纳—阿尔卑斯大区文化事业管理局目前最重要的工作。里昂第九区社区文化中心的负责人坦承，他们的一个重要任务就是把文化观念播种给居民。社区有一所观众学校，专门为社区居民讲授如何欣赏戏剧和音乐会等，促使这些艺术更为普及。根据居民的家庭收入确定其缴纳学费金额，一般而言，中产家庭上一门戏剧课一年需缴300欧元，低收入家庭则只需30欧元。在巴黎104艺术中心，一座由旧厂房改造的隶属巴黎市政府的古老建筑里，现代舞、杂技、街头表演等各种表演门类的爱好者沉浸其中。这里免费提供室内场地，供从事或爱好文艺表演的人排练。据介绍，类似的场所和非盈利性机构在法国数量众多，这种艺术活动的普及有助于提升全民的艺术素质，而这种文化氛围又自然会促进民众对文化及文化相关政策的认同，从而形成一个良性闭环。同时，国家还有完善的法规保障这些专业或非专业的艺术表演者在缺少表演机会的时候，得到国家保障基金的支持，继续从事他们所热爱的艺术事业。

法国国民对本土文化展现出由衷的热爱与自信。所到之处，无论是高等教育机构的教师，还是博物馆、社区、协会的工作人员，都非常自豪地介绍他们对文化的理解，传扬文化理念，表达他们对文化教育从孩童抓起的责任感和使命感，以及对多种形式文化活动的行动支持。

3. 对传统媒体和文化传播渠道保护与监管

传媒业是文化产业资源整合的最佳平台，是文化产业参与国际竞争的主力军，其特殊性决定了在文化产业建设中扮演着举足轻重的角色。近年来，随着通讯和互联网技术的突飞猛进，传统媒体遭遇新媒体的巨大冲击。就中国的情况而言，外部竞争力强大、内部人才流失、行业成本暴涨、内容无法紧跟市场需求等都是传统媒体面临经营困境的重要原因。法国和中国一样境遇艰难，仅拿平面媒体的报媒为例，一组统计数字显示：从1990年到2014年，法国家庭文化商品和文化服务支出，从占家庭消费总额的61%下降到53%，其中纸媒消费额从27%下降到16%；而电脑的支出由5%上升到20%，可见，25年间文化消费节省下来的钱，几乎都投入了通信领域消费中。另一组数字表明：2000年至

2012 年，出版印刷业全职雇员人数几乎下降了一半，大大高于制造业人员下降的人数；2007 年至 2013 年，报刊出版量缩水 13%，主要原因是阅读终端的改变，目前阅读纸质印刷品的人群集中在年龄较大的知识阶层。

从 1947 年开始，法国中央政府对纸媒给予补助。政府成立专门的公司做报纸派发业务，补助报社以低价购买新闻纸，同意报社以低于其他行业人员的社保费率为采编人员参保，以减轻报社支出。文化部的补贴金量身定制，对于政治性报纸，按照政党大小、受众多少、出版规模、投票人多少等给予补贴；对于政治属性不强的报纸，根据其重要性决定补贴金额。法国所有的报纸都可以获得政府补贴，作为全国性大报，《世界报》每年可获得 2000 万欧元的补贴。法国纸媒的主要资金来源，以前是用户订阅费用，现在国家扶助的资金约占到总资金的 50%~70%。

法国国家电台、电视台均以政府财政拨款为主要资金来源。因为有资金支持并享受减免税额等优惠政策，法国国家电台、电视台专注于传播国家声音及文化产品。法国国家电视台的黄金时间不允许播出商业广告，因为不以赚取经济效益为目的。在传播方面，电视台 60% 的时间必须播放欧洲大陆制作的影视内容，其中 40% 必须是法国本土片；电台、电视台的节目表要得到视听监督委员会的批准，未达到要求者轻则罚款，重则停业整顿。通过行政手段，法国政府有能力关闭任何一家电视台，20 世纪 80 年代一家电视台受到英国、俄罗斯等财团的支持，经常播放大片、流行音乐节目等，但因忽视了对法国本土文化的传播而被关闭。

当然不可否认，政策和资金扶持虽然能解一时之渴，但如若没有市场竞争和退出机制，传统媒体会逐渐适应体制的"温床"，缺少制作好内容的动力。只有用市场手段来调节，优胜劣汰，才能最大限度地激发传统媒体的活力。

4. 电影：文化输出与抗衡好莱坞之思

法国是电影生产大国，法国政府通过国家电影中心（CNC）对电影业进行政策指导、法律监督、行政管理和财政资助。国家电影中心既是文化部直属机构，又是电影行业的协调组织，它具有法人资格和财政自主权。为了促进和保护本国电影业的发展，提高国产影片的竞争力，法国从 1948 年就颁布了政府令，规定国家对电影业的生产、发行和放映等各个环节给予扶持性资助。

国家用于资助电影的资金主要来自以下几方面：门票税、电视播放税、录像带税、特别税以及其他收入（包括企业和个人的赞助、保险公司赔款等）。电影票价当中一部分以税收形式归 CNC，包括放映美国大片，从门票当中的税收重新进入电影行业，但只能扶持欧洲和法国本土电影；法国各家电视台无论公立还是私营，必须贡献营业收入的 10%~20% 用于电影制作领域；制作法国电影和欧洲电影可获得营业税的减免。

2015 年 CNC 的总体资金规模为 6.63 亿欧元，其资助计划的目标和选择导向主要表现在，支持创新和文化多元表达，增强法国电影业的世界竞争力，提升电影产业的活跃度和就业率。与以往不同的是，2015 年整体资助计划加入了强调影片投资回报率的条款，新设了对电影视频点播版权法务等技术建设的资助，在控制制作成本方面提出了剧组内明星、编导等个人收入的上限，并专门立项支持电影遗产的保护以及电影教育在中专、高中的连贯性。

目前，法国仍是全世界纪录片和动画片制作公司数量、电影节数量最多的国家。正是电影创作题材和形式的多元化，使法国电影的制作、发行和放映市场得以呈现最为多元的面貌。2015 年，法国影院观众人次高达 2.06 亿，名列欧洲国家之首，其中上座率前 25 位的片目中分别有 16 部美国片、7 部法国片、1 部美英合拍片和 1 部澳美合拍片，大量观众尤其是法国年轻人更喜欢观看好莱坞电影。

不过，无论是大型连锁院线，还是得到了法国政府文化津贴的艺术影院，抑或纯属自负盈亏的独立影院，都在为世界各地的艺术电影保留着珍贵的展示空间和时段，捍卫"第七艺术"的使命感让法国上下一致地有着真正意义上电影大国的自觉意识。

正是得益于国家对艺术影院的保护和扶持政策，法国电影才能在好莱坞大片的强势攻击下得以生存、发展和创新。显然，没有艺术影院，像特吕弗、戈达尔、夏布洛尔、奥松这样富于才华和个性的法国导演或许根本无从崭露头角，获得今天的声誉和影响力，法国观众也许无缘发现和欣赏伍迪·艾伦这样的好莱坞另类。至于近年来大量亚洲和中国影片赢得法国人青睐，更是艺术影院的功劳。一般来说，CNC只资助那些"有长期生命力"和文化增值价值的制作，比如探索和实验影片、纪录片、戏剧和动画等，这些艺术特性突出的作品恰恰代表了法国文化的核心，是其文化多样性的体现。

值得强调的是，来自政府的宏观、持续而有效的支持，使得法国动画片领域的强大实力和创作水准始终居于世界前沿。法国不仅有着最卓越的动画教育和影视培训机构（比如吕克贝松影视学校、高布兰学校等），更有着大量顶尖的动画艺术家和特效专家。巴黎第十三大学文化与艺术产业学院教授Philippe Bouquillion先生说，从这些动画学校毕业就意味着再也无须忧虑工作问题。

我国与法国在保护文化多样性的政策体系方面已有形似，同样对国内电影市场采取了保护性措施，抵挡好莱坞的长驱直入，当下国产电影的盛景与此密不可分。但相比于法国对艺术电影及相关院线的支持力度（包括探索影片、实验电影等落地放映），对新人导演处女作的扶持力度，我们还有很长的路要走。在商业电影发展的同时，我们还应将目光投向艺术电影的生存空间，让多样性的电影文化为城市文化建设增添灿烂的色彩。

5.图书出版和文化基础设施建设

法国是图书生产、销售和出口大国，图书出版已经成为法国一项重要的文化产业。据统计，法国共有大大小小的出版社3400多家，其中大部分属于家庭式的小型出版社，每年只出几本书，营业额不足100万欧元。目前真正有影响力的出版社共 10 家：埃迪蒂出版集团、阿歇特图书出版集团、弗拉马里翁出版集团、阿尔玛塘出版社、阿尔班·米歇尔出版集团、巴亚尔出版集团、塞伊出版集团、媒体参与出版集团和法国大学出版社，其出版图书数量占法国图书出版总量的 40% 左右。

法国是唯一一个有政府机构主管出版工作的西方发达国家，这个机构就是法国文化部下属的、成立于 1982 年的图书与阅读局。它管理出版业的总原则是：支持和保护创作及专业活动的开展，提倡改革创新，使其免受其他新闻媒介的竞争之苦。"法国图书文化基金"用于扶持、促进有价值和特色的书刊的创作与出版，开展文化创作活动和合作出版活动，发展公共阅读事业等。为了推动出版业的发展，法国政府还采取了财政上的支持和倾斜政策：逐步下调税率，给予资金补贴、贷款及优惠政策。

法国政府非常重视文化基础设施的建设，每年都拨出巨额资金用于兴建图书馆、博物馆、剧场等文化设施。这些资金先由政府拨给文化部，再由文化部分配给各施工项目。近几年，法国兴建了一批大型文化工程，如巴士底歌剧院、新国家图书馆、大卢浮宫扩建工程等。除了国家级重点设施外，各省市均有数量不等的文化设施。这些设施按企业方式进行管理，设有董事会和财务管理委员会。一般情况下，公共文化设施虽然能创造一部分经济收入，如门票费、场租费、纪念品收入等，但大部分经费仍来自政府拨款。

（二）法国文化产业繁荣之思

文化产业的发展繁荣离不开文化资源，法国是世界文化遗产大国。由于政府高度重视文化遗产的保护与传承，出台的相关法律和措施都为文化产业在保护基础上的开发提供了先决条件。除了政府的立法保护外，法国民众对本国文化强烈的自豪感和保护意识也至关重要。政府主导、法律完善、投入递增，以及加大文化普及力度等，均是推动法国文化产业发展的主要因素。在此基础上不断丰富文化元素，创新数字化时代的文化产业运行机制，提升文化产品的竞争力和世界影响力。

1. 政府主导，立法保障

法国政府对文化资源的保护以及对文化产业的支持和鼓励，使得文化产业获得了极大的发展空间。文化部的成立改变了政府对文化事业单一而零散的支持，并着重构建系统的文化政策体系。1962 年和 1967 年两次颁布的《历史保护选区和不动产修复法》为历史文化资源保护提供了法律保障，1974 年颁布的《文化宪章》为促进青年艺术家和当代艺术的突破性发展提供保障，此后陆续颁布的《博物馆财务法》（1978）、《图书统一价格法》（1981）、《电台和电视台法》（1986）、《博物馆法》（2002）等，形成了比较完备的文化法律支撑体系。

与中央政府构建完备的政策法律体系相呼应的，是地方政府（包括大区政府、省政府、市政府）同样具有文化产业发展的主导力量。从 20 世纪 80 年代开始，法国地方政府即拥有相当的文化自主权，区域性文化发展与中央政府的政策并不抵触，而是形成一种互助合作关系，这成为法国文化体系的特色。各城市的地方机关在文化事务上被赋予的职责日益增加，文化政策上的参与度越来越大，主要体现在创新现场文化活动、传统文化设施的翻新以及专为发展创意产业推出的文化设施与策略三个方面。这些与都市发展、地方经济发展策略、打造新魅力区域之新形象等密切相关。

2. 财政支持，发挥企业和专业协会作用

法国历届政府坚持为文化发展提供充足的资金保障。政府对文化投资的绝对数额逐年增加，在国家经费预算中所占比例也逐年提高，并已稳定在 1% 左右。对一些国家文化机构和文化团体每年给予固定补贴且金额递增，这在西方国家是不多见的。

政府对文化产业提供财政支持或赞助的方式主要有三种：一是中央政府直接提供赞助、补助和奖金等。每个从事文化活动的企业或民间协会，均可向文化部直接申请财政支持。据介绍，即使是《费加罗报》这样的大报，如果没有政府的补贴，也只能关门停业。二是来自地方财政的支持。三是政府通过减免税收等优惠政策鼓励企业为文化发展提供各类帮助。在发展文化产业方面，企业的作用日益显著。在一系列大型古文物的修复和重大国际性文化交流活动中，都能见到法国企业的身影。此外，政府还通过成立担保机构和风险投资等方式，帮助中小文化企业获得资金支持。而这样的政策，即便在经济危机时期也能够不断加大财政投入。

在积极参与文化产业发展的各类角色中，除了政府和代表投资者利益的企业，还有一些代表少数特殊群体利益的组织，即各类专业协会。它们的活动经费主要来源于会员缴纳的会费和募捐、赞助等，少部分来自地方政府补贴。由于协会非营利性，其资金来源和用途都要受到财务及税务部门的严格审计。每当全国或地方上举办公共文化活动时，这些协会都会应邀参加，负责组织和服务工作，特别是在号召志愿者参与方面发挥了不可忽视的作用。

3. 国民参加高雅文化

作为一个经济发达国家，法国在文化事业和文化教育方面的发展，始终能与经济发展保持同步与协调，进而保障了文化产业的可持续发展。

为了让公众了解各种高雅文化，法国文化部门实行了"文化协调员"制度，为引导公民欣赏高雅文化而设计了多种形式的参与性活动，来介绍歌剧、交响乐、芭蕾舞等诸多门类的高雅艺术。在法国，参加高雅的文化活动并不是一种奢侈。一般来说，剧院对票价的定位都比较合理，相对于法国人的工资收入而言，一张歌剧票或舞剧票的价格并不算昂贵。比如，在法国著名的巴黎歌剧院观赏一出经典歌剧或芭蕾舞剧，票价通常在70欧元至130欧元之间，而去普通剧院看一台节目，只需5欧元至60欧元，电影院的票价也不过10欧元左右，学生票、月票或年票的价格则更低。票价之所以便宜并非因为国家补贴，而是价值规律在起作用：文化产品丰富，价格自然就低。法国时任文化部长马尔罗曾经说过，要在法国实现"文化民主"，实际就是致力于文化的普及，法国文化市场的价格实则反映了这样一种"文化民主"精神。

（三）发展中国文化的启示

中国与法国的国情、经济发展水平和民族文化特点不同，文化产业发展方式和途径必然有所不同。因此，我们应当吸取其可借鉴之处，积极发挥政府管理文化产业的中枢作用，坚持以我为主、为我所用的原则，积极赶超文化产业强国的发展水平。

首先，注重对本土文化特质和文化传统的保护，形成独特的文化魅力和国家形象。我国文化产业在近年来发展较快，在保护文化遗产的前提下，还要对其进行适度、合理、科学的利用开发，并且最大限度地调动各方面的积极性，共同参与到文化建设中来，以提升我国文化产业的国际竞争力。

其次，注重普及高雅文化。法国对高雅文化艺术的宣传与普及，看似为纯粹的公益性文化事业，实际上公民文化素质的提升间接带动了公民文化消费水平的提高，这无疑有助于文化市场的培育和拓展。法国的低票价制度鼓励公众与高雅文化近距离接触，最大限度地降低参与高雅艺术的门槛，很值得我们借鉴。

第三，注重文化创新。法国文化产业所具有的生生不息的活力，来自其悠久的历史传统和长期培育，也来自对创意文化的不懈追求。目前，我国创新文化建设明显滞后，不能适应自主创新的现实趋势。因此应当着眼于传承，立足于实践，面向世界，博采众长，促进多民族文化的交流、借鉴与融合。

四、韩国文化发展的经验教训

韩国政府自上世纪90年代中期以来，高度重视文化产业的发展，同时推进文化市场尤其是国际文化市场开发，实施并推动文化产业"走出去"的发展战略。在政府以及民间的共同努力下，近年来，韩国音乐、电视剧、电影、网络游戏等文化商品横扫亚洲，掀起一股"韩流"热潮。不仅如此，韩国文化产品还积极向欧美挺进，欧美市场对韩国大众文化的消费显著上升。韩国文化产业在世界的地位日益彰显。

第一，政府"文化立国"。韩国文化产业之所以在并不算长的时间里取得很大发展，与韩国政府的政策支持与制度保障有着十分密切的关系。1997年亚洲金融危机爆发，为克服金融危机，韩国国民自发掀起"献金运动"，他们把家里珍藏的金条、金首饰等捐献给国家，为韩国克服金融危机重创做出了贡献。1997年上台执政的金大中政府在金融危机中看到了"献金运动"背后展现出的韩国巨大的民族精神力量，决心大力振兴韩国文化，将文化产业确定为国家发展的战略性支柱产业，正式提出"文化立国"战略。为实施这一战略，韩国政府采取了一系列行之有效的措施，如制定法律法规、设立专项基金、为文化产业发展提供财政支持等等。此外，韩国政府还创新促进文化产业发展的管理机制。"上世纪90年代末，韩国政府设立了文化产业局，分设电影、影像、文化产业政策等科室，之后还陆续设立了韩国广播影像产业振兴院、韩国文化产业振兴院、韩国游戏产业振兴院、文化产业中心、韩国软件振兴院、数字化文化产业团等扶持性机构，为相关产业发展献计献策，大力推动游戏、动画片、漫画、卡通形象等行业的发展"。[1]2009年，上述6个文化产业扶持机构合并成立了韩国文化振兴院，承担人才培养、产品开发、制作、流通、市场营销、吸引投资和促进出口等职责。

第二，准确的文化定位。尽管文化产业化就是要在文化发展中不断融入经济因素，使文化发展市场化、产业化，充分挖掘文化因素的经济

---

① 朱永浩、高健：《韩国文化产业及"韩流"市场营销的经济效应分析》，《东北亚学刊》，2013年第2期，第44页。

价值，使文化成为一种现实的生产力或现实的经济形态。但是，文化产品的特殊性要求文化企业在自身发展过程中追求经济效益的同时要兼顾社会效益。国内很多文化人认为，韩国文化产品之所以能够掀起"韩流"热潮，其原因固然是多方面的，但是准确的文化定位是其中的重要因素之一。韩国文化热潮主要源于以"韩剧"为代表的韩国文化产品，而"韩剧"风暴之所以能够在并不长的时间内席卷多数亚洲国家，最主要的原因在于其准确的文化定位，韩剧通过浪漫唯美的爱情故事、跌宕起伏的人生情节，将韩国普通民众的饮食习惯、生活方式、以及儒家色彩浓厚的道德教化、家庭伦理、人际合作等展现在观众面前。比如我国观众至今仍津津乐道的韩剧《大长今》，一方面向观众展示了韩国传统饮食习惯和膳食观念，另一方面通过对剧中主角大长今执着和坚韧的信念的展现，体现了韩国民族的精神风貌和特点。该剧还通过对女性以柔克刚的推崇弘扬了东方文化，讴歌了真、善、美，从而有效地引发观众的认可和共鸣；而《澡堂老板家的男人们》《爱情是什么》等同样在亚洲引发收视风暴的电视剧则以平民的视角向观众表现了韩国普通民众的爱国主义精神以及韩国人独特的家庭理念。此外，在弘扬民族文化的同时，韩剧还比较注重在剧中植入时尚元素，韩剧中的饮食、服饰甚至是发型都较好地迎合了当代中产阶级特别是年轻人的健康理念和审美需求，增加了韩剧作品本身的吸引力。

第三，人才和技术为韩国文化产业的发展提供动力。文化产业的发展离不开大量相关领域的优秀人才，大量文化产业的相关人才的培养也是韩国文化产业发展的重要因素。韩国近年来十分重视文化产业人才的培养。以游戏产业为例，韩国在发展游戏产业的同时十分注重游戏专业人才的培养，韩国许多高校分别开设与游戏产业发展相关的课程，培养游戏产业发展的后备力量，并且出版多种游戏开发教材，另外还对关于游戏开发的相关知识组办相关的讲座，并且鼓励高中生参与讲座。韩国游戏产业人才培养有三种形式：一是校企合作共同培养。二是高等院校为游戏爱好者举办相关讲座。韩国国民大学游戏教育学院为高三学生举办游戏开发讲座就是一个很好的例子。韩国国民大学通过讲座，为学生提供游戏开发相关基础内容，学生通过讲座还有机会和其他学生组队，开发简单的迷你游戏。韩国游戏教育学院对于参加讲座并顺利毕业的学生颁发证书并在其参加大学入学考试时给予加分。三是相关教育机构的配合。"韩国游戏产业开发院下属教育机构出版 7 种游戏开发教材，这个教育机构是一个三年制的以游戏开发为教学内容的学校，为韩国网游开发公司输送了大量人才，为韩国网游在亚洲称霸奠定了坚实的基础"。①

第四，文化市场开发的稳步推进。韩国文化市场的开发是政府和企业共同努力的结果。由于韩国国土面积狭小，国内市场有限，因此，韩国文化产业发展致力于开拓国际市场，主要面向亚洲市场，尤其是面向具有相同文化基础的东北亚，如日本和中国。从政府层面来说，主要通过政策引导和资金支持来鼓励和推动韩国文化产品走出国门，开拓国外市场。比如，政府为促进文化产品出口，对于语言翻译和产品制作方面给予财政补助；引导本国企业参加国内及国际各种文化产品博览会并对参加企业给予费用支持；对于参加国内相关文化博览会的企业，政府会负责提供场地。其三，在产品的营销策略上，"韩流"推广的文化产品，是以韩剧为突破点，将韩国传统文化、饮食、服饰、韩国产品与旅游融为一体的文化产品集群。海外消费者通过接触韩国音乐、韩剧从而喜欢韩国明星、韩国文化；从而开始选择韩国品牌的家电或日常生活用品，对韩国本身抱有好感，继而到韩国旅游。韩国人以韩剧为立足点，将韩国传统文化、饮食、服饰、韩国产品和旅游等集聚、捆绑在一起，从而极大地推动了韩国文化产业的发展。

---

① 王山：《韩国文化产业发展及运作对中国的启示》，《辽东学院学报》，2013 年第 4 期，第 30 页。

第五，韩国对传统文化的继承与发扬。作为历史上儒家文化圈的一员，当代韩国对待儒家文化的态度值得我们研究和学习。他们并未简单地肯定或否定儒家文化，而是很好地吸收和继承了传统的儒家文化思想中的积极因素并在这种扬弃中构建了韩国人的社会秩序和精神家园。在经济全球化的今天，韩国人将儒家思想的价值观和规范、注重人与人之间关系等作为最重要的因素加以接受，并从儒家思想中派生出追求成就的劳动伦理、集体主义、极高的教育热情、精英主义等因素，在塑造、提升国民素质的同时推动韩国经济社会的不断发展。

以韩国的孝文化为例。众所周知，韩国深受儒家传统思想影响，尊老重孝是儒家家庭伦理的基本内容，这一思想一直深刻影响着韩国的家庭文化。如果走进韩国家庭，普遍的现象都是尊老爱幼，长幼有序，子女孝敬家中父母、老人，父母、长辈关爱子女和晚辈。韩国人不管其社会身份如何，回家后都要尊敬父母，给父母恭恭敬敬地端饭，甚至规规矩矩给父母磕头，以表示不忘父母的养育之恩。另外，当孩子对家中的长辈，老人或父母不尊重和不礼貌时必会受到惩罚，同时父母会严肃地指出孩子的错误之处。目的是让孩子学会懂得尊重长辈，孝敬父母。儒家文化认为，一个人如果在家里能够孝敬父母，他对上就能效忠国家，到社会就会尊重他人。所以，一直到现在，韩国对"孝"的提倡仍然是全社会性的，韩国政府、企业会采取很多措施去提倡、引导民众去敬老爱老。试举两个例子：比如在韩国有"孝子栋"，"孝子栋"就是盖的供孝子购买的房子，如果购买者和年迈的父母住在一起，就可以以较便宜的价格购买；还有的旅游公司组织了"孝道游"，也就是如果有韩国人陪着年迈的父母老人一起旅游，旅游公司便主动减少其旅游费用。

这种孝文化直接导致韩国人强烈的家族意识，这种家族观念扩大到国家，就是一种集团主义、爱国主义的意识和精神。韩国人在1997年东南亚金融危机爆发后所体现出来的爱国意识和民族精神令世界钦佩和赞叹。可见，建立在儒家精神基础之上的现代化意识，作为社会价值体系的一部分，对韩国国民的整体教育和形成良好的价值观等起着重要的作用，保障了其国民素质整体的提高，推动了韩国经济的发展。

借鉴韩国的相关经验，对于中国文化产业发展和文化市场的开发，我们可以得到如下启示：

第一，给予中国文化产业发展以清晰的文化定位。如果我们仔细梳理一下韩国的文化产品尤其是影视产品就会发现，在其琳琅满目、数量庞大的文化产品背后，都有清晰的文化定位，或者说，都体现了其民族的核心价值理念。蕴含在韩剧中的文化导向均是具有当代韩国特色的儒家价值观。文化产业作为一种产业，表面上追求的是经济效益。但是文化产品是否能够"畅销"，是否能够吸引、打动消费者，却有赖于它的"文化品位"。中国的文化产业能否做大做强，首先取决于它是否能够给自己一个清晰的文化定位。换言之，中国的文化产业生产的产品必须有自己鲜明的身份标识。它高端、大气、有内涵，它既不同于美国大片、美式娱乐，又不同于同属于儒家文化圈的韩式文化和日式文化。一句话，它必须具有鲜明的"中国特色"。中国文化产业鲜明的"中国特色"必须能够体现中华民族的文化精髓，它必须能够体现中华文化的衰而又兴、绵延不息，和而不同、守望相助，同舟共济、相濡以沫，周虽旧邦，其命唯新。它必须能够体现中华民族的忠勇报国、忧国忧民，尊老爱幼、孝老爱亲，克勤克俭、自律自强，重信守诺、以诚待人，谦虚礼让、善解人意，团结互助、守望相助，乐善好施、急公好义。这种"中国特色"对内能够培养国人对自身文化的深度认同和自信，对外能够培养他国民众对中华文化的尊重、认可和向往。

第二，营造人才、科技优势，促进文化产业发展和文化市场开发。从韩国文化产业的发展我们可以看出，人才在其中发挥着至关重要的作用。因此，我们应该完善高等教育培养体制，从全局出发，将各类人才如艺术人才、技术人才、营销人才、法律人才等引入培养范围，建设一条文化产业人才培养的生产线。与此同时，大力推动高等文化产业发展理论层面的研究，将文化产业理论与实践相结合。在加强人才培养的同时，国家要在社会中营造良好的创新氛围，发掘出一批兼具文化、经济头脑的精英文化企业家，使创新成为社会的共同追求，从而为我国文化产业的发展提供源源不竭的文化资源。中国应该努力适应世界文化产业发展的趋势，采取有效措施务实推进文化科技建设，提升我国文化产业的科学技术水平，紧跟世界高科技文化产业的步伐。要将自主创新与引进国外先进技术结合起来，提升我国文化产业产品的科技含量，建立符合中国国情的文化产品生产以及传播方式。

第三，促进国内文化生产方式转变，培育、开发国内文化市场。近年来我国出台了一系列推动文化大发展大繁荣的政策，于是，从政府到企业，举国上下发展文化产业、开拓文化市场的热情高涨。但是，毋庸讳言的是，在这种举国热情下，中国文化产业界并没有拿出多少既能收获经济效益，又能为消费者提供审美享受、提升精神境界的精品。普通民众的感受是，当下中国文化市场处于无序状态，甚至显得一片混乱，出现了泛娱乐化倾向。就文化生产而言，由于近年来政府从上到下对中国文化发展的重视，也由于经济的持续发展使得各级政府财政充裕，更为深层次的原因在于一些政府官员对文化发展缺乏认知，肤浅地以为文化发展就是给予经费支持，支持文化项目就是支持文化发展；中国的文化企业缺乏责任意识和使命感。结果，一方面各种水平低、重复度高、缺乏创意的文化项目在政府的支持下纷纷立项上马。另一方面，文化经营者并未做出相应的努力，只是用简单的数量来骗取政府大量的财政投入。文化企业并没有从文化消费市场的角度来考虑文化生产环节，更没有从文化企业的社会责任来考量其产品的生产。造成的结果是，文化市场上人们想消费的产品很少，充斥其中的是各种各样的快餐文化、垃圾文化产品，从而造成了文化的虚假繁荣以及国内文化消费需求的不足。

习近平总书记指出："一部好的作品，应该是经得起人民评价、专家评价、市场检验的作品，应该是把社会效益放在首位，同时也应该是社会效益和经济效益相统一的作品。在发展社会主义市场经济的条件下，许多文化产品要通过市场实现价值，当然不能完全不考虑经济效益。然而，同社会效益相比，经济效益是第二位的，当两个效益、两种价值发生矛盾时，经济效益要服从社会效益，市场价值要服从社会价值。"①一方面，中国文化生产企业必须增强责任意识、创新意识和精品意识，转变文化生产方式，提升中国文化产品品质。人作为这个星球上最为高贵的生灵，其需求是多方面的，既有浅层次的物质需求，也存在较深层次的精神追求。简单重复的、低俗的、欠缺精神内涵的文化产品是没有生命力的，很快就会被市场淘汰，被消费者抛弃。只有具有精神品质的文化产品才会有广阔的市场和长久的生命力。另一方面，政府要加监管和主流价值观的引导。文化产品既具有商品属性，又具有文化属性，它给消费者带来的不仅是轻松和享受，还会影响其世界观、人生观和价值观。文化企业既要为赢得一定的商业利润而努力，同时也不能放弃自己的社会责任。如此，才能为自己的产品不断开拓市场，步入良性发展的轨道。

第四，树立品牌意识、打造文化精品，积极开拓世界市场。如前所述，"韩流"席卷亚洲乃至世界市场，其背后的原因是多方面的，既有政府的政策支持和保护方面的因素，也有赖于韩国文化企业先进的文化产业运营理念以及韩剧经济产业链的成功打造和运作。而美国文化产业之所以能够取得全球的垄断地位，也非一朝一夕之事，而是经过了一定阶段的演化和发展。我们中华民族有着五千多年的文化传承，其文化底蕴无论是美国还是韩国都无法比拟的。美国是个移民国家，只有两百多年的建国史；而韩国在十分漫长的历史阶段是儒家文化的辐射国。然而，

---

① 《习近平谈治国理政》（第二卷），外文出版社，2017，第320页。

当下中华文化在世界范围的影响力还不够，我国要实现"文化大国"向"文化强国"的转变，一方面要树立、强化品牌意识、精品意识，将抽象的优秀中华文化转化为具象的文化产品。文化企业要增强责任意识和使命感，不能粗制滥造，也不能自我矮化，迎合、取媚于人。要让中国文化产品真正体现中华文化的精髓，用文化的魅力去征服世界；另一方面，一个国家文化的吸引力，不仅取决于其内容，而且取决于是否具有先进的传播手段和过硬的传播能力。中国文化产业要想开拓世界市场，必须制定有效的营销战略。可以借鉴韩国相关经验，优先发展影视产业，以此为突破口，推动跨行业、跨地区文化合作，整合文化资源，建设、优化文化产业链，以此来推动中国文化产品在世界市场份额的扩大，不断开拓世界市场。

第五，务实推进社会主义核心价值观的培育和践行，构建有利于国民素质提升的社会价值体系。培育和践行社会主义核心价值观，从宏观层面来说，事关民族的命运和国家的前途；从微观层面来说，它关系到每个中国公民的价值取向和素质。古人云，人不学，不知义。培育社会主义核心价值观，首先在教育。因为只有通过教育，才能让人明白，什么是正确、什么是错误；什么是低俗，什么是高雅；什么是真善美、什么是假丑恶。只有通过教育，人们才能明白自己的责任和方向，才能树立正确的世界观、人生观和价值观。

教育必须注重系统性、连续性和有效性。也就是说，一方面，教育要从小抓起，小学、中学、大学；学前教育、基础教育、职业技术教育、高等教育要一以贯之，环环相扣，不能脱节。另一方面，教育不能不看对象，不看效果，不以身作则。空洞、枯燥的道德说教是中国传统德育课的最大弊端。必须对教育主体提出高的要求，首先，教育主体自身必须有良好的素质，对社会主义核心价值观有高度的认同乃至于对自己的职业有极强的使命感。其次，教育主体要把德育课讲得生动、具体、活泼，讲得真实、感人、接地气。从而真正使受教育者将核心价值观内化于心外化于行。

我们总是在强调家庭教育的重要性。但是我们不应该忘记，教育者（父母）也是需要受教育的。没有好的父母哪里会有良好的家风？环境的改变和人的改变是相互的。要想营造良好的家风必须有高素质的父母，而高素质的父母需要良好的社会环境的培养和熏陶，良好的社会环境既包括经济环境、也包括政治环境和文化环境。社会的公平、网络的净化、舆论的导向、社会风气的营造都在潜移默化中影响、"教育"着中国的父母们。因此，社会主义核心价值观的务实推进需要政府主导、全民行动，要将教育贯穿于国民教育的全过程，贯穿于各个领域、角落，真正做到让社会主义核心价值观"像空气一样无处不在。"

五、日本文化发展的经验教训

日本是世界发达国家之一，不仅具有强大的经济实力，而且也具有强大文化影响力。同为亚洲国家，中日文化有许多相似之处，日本从经济强国到文化强国的发展之路给我们在新形势下实现中国文化的繁荣发展提供了很好的参考与启示。

（一）日本文化发展模式

1. "文化立国"与日本文化发展模式

第二次世界大战后，日本高举"科技与贸易"的大旗，实施"经济立国"战略，创造了世界经济的奇迹。到 20 世纪七八十年代，日本成为世界上仅次于美国的第二经济大国，拥有了可以和美国、欧洲相抗衡的经济实力和技术实力。

随着国力的日益增强，环境与资源成为日本进一步发展的巨大障碍。在全球知识经济的飞速发展的条件下，日本开始考虑新的发展方式，对文化的思考和实践也逐步明确：由注重构筑和发展内部文化的自身建设转向与外部文化的接轨、融合和辐射。《朝日新闻》曾引述日本亚洲前景战略委员会公布的"日本文化产业战略"称，"在全球化加速的情况下，要解决安全、环境等问题，必须向世界宣传日本独有的价值观。文化产业不仅有助于经济利益和日本品牌价值的增加，还可以加强日本对其他国家的影响力，因此必须超越单纯的产业层面，制定文化和对外宣传战略。"[①]1995年日本确立了面向21世纪的"文化立国"方略——《21世纪文化立国方案》，将发展文化产业作为实现知识产权立国战略目标，积极促进日本文化的国际传播和文化产业的世界推广。

2.引进吸收外国先进文化之思

日本是个十分重视也十分善于吸收和输入他国文化的民族，本尼迪克特指出："在世界历史上，很难在什么地方找到另一个自主的民族如此成功地有计划地汲取外国文明。"[②]公元7世纪，圣德太子的改革与大化革新，就是在吸收隋唐先进文化的基础上，成功地使日本由古代转入封建社会。到了16世纪欧洲文艺复兴时期，它又开始输入西欧的先进文化。到19世纪的明治维新前，日本人及时地吸收了西方科学革命的新成果，接触到了西方近代的人文思想，逐渐清醒地认识到世界发展大势，从而促发了否定日本传统封建意识形态的思想。醒悟到要使自己继续健康地生存下去，就必须顺应时代的潮流，这就在科学技术和观念上为明治维新后全面走向世界奠定了历史性的基础。因此，以开放进取的精神引进吸收外国先进文化，不断地充实完善本国文化，成为推动日本社会发展进步的巨大动力。

日本对引进的先进文化是在模仿的基础上加以创新，精益求精，以求超越,这种意识成为日本崛起的重要软实力。"日本人对于外国的文化，并不视为异端，不抱抵触情绪和偏见，坦率地承认它的优越性，竭力引

---

① 马尔厄斯·詹森（美）：《日本及其世界：二百年的转变》，柳立言译，商务印书馆（香港）有限公司，1987，第9页。

② 鲁思·本尼迪克特（美）：《菊与刀——日本文化的类型》，吕万和等译，商务印书馆，1990，第41页。

进和移植"是日本文化发展的有力因素。① 日本著名经济学家森岛通夫就观察到，"西方资本主义是以个人追求自由为原动力而发展起来的，而在日本则是为了消除与西欧之间在军事上、科学技术方面的差距。"② 对于二战后日本的崛起，日本作家户川猪佐武也如是说："美国带来的所有物质文明，都使他们（日本人）一味惊异……善于思考问题的人们痛感大大落后了的日本与相当先进的美国文明之间的差距，不能不激起一种要超赶美国的热情和使命感。"③ 日本人这种"首先借用外国技术、制度和文化，然后同化它，使其变形，继之在此基础上创造出新的独自的制度和文化特质"④ 的发展方式，使得它"有种特殊能力可以'日化'所有外来物。"⑤ 这样，既吸收了外来文化的先进因子，又使本国优秀的文化传统得以保留，促进了文化的发展。

（二）日本文化发展推进策略之思

为了实现"文化立国"的战略目标，更好地满足日本民众日趋强烈的振兴文化的愿望，日本采取了一系列发展文化的措施，极大地提高了日本的软实力。

1. 普及义务教育

普及义务教育，提高全民族的文化水平，培养社会发展所需要的各类人才，是日本推进文化发展模式的重要内容。日本在德川幕府时期就十分重视教育，当时不仅有一千多所私立学校，而且还有很多官办学校。

---

① 高桥龟吉（日）：《战后日本经济跃进的根本原因》，宋绍英等译，辽宁人民出版社，1984，第282页。

② 森岛通夫（日）：《透视日本：兴与衰的怪圈》，中国财政经济出版社，2000，第19—20页。

③ 户川猪佐武（日）：《战后日本纪实》，刘春兰译，天津人民出版社，1984，第17页。

④ 埃德温·赖肖尔（美）：《近代日本新观》，卞崇道译，三联书店，1992，第9页。

⑤ 约翰·奈斯比特（美）：《亚洲大趋势》，外文出版社，1996，第44、45页。

明治政府和国民都认识到要赶超西方列强，必须要有高度的文化教育水平。因此，明治政府在积极兴办国立、公立学校的同时，奖励民间兴办私立学校，为近代日本产业革命成功奠定了基础。二战后，日本又颁布了《教育基本法》，使传统的教育理念和教育目的得到了根本的变革。之后又颁布了许多有关教育的法令、法规，实现了日本由传统思想教育、体制向现代思想体制的转变，为日本教育走向现代化开辟了道路，也为日本经济的快速发展提供了充足的人力资源。

2. 政府引导加大资金投入

政府对文化产业、文学艺术的管理和资助是日本文化振兴的重要支撑。1968 年，日本设立文化厅以加强对文化建设的管理和领导。文化厅设有多个咨询机构，专门为文化厅的文化决策服务。同时其他部门和各地方自治机构等都对文化产业、文化艺术的发展给予大力支持。文化财政支出逐年递增，主要用于支持文化人的培育和优秀作品的创作；支持民众艺术活动和文化基础设施建设，推进文化交流与发展。为扶持文化产业发展，解决文化产业振兴和发展中的资金筹措问题，日本政府特意修改了《信托业法》，允许以电影、动画等文化产品为内容的知识产权持有人通过资产证券化的手段和途径进行社会融资活动，并让金融业方面配合建立文化产业投资基金，为文化产品的制作和开发投入资金，为文化产业的可持续发展增添了原动力。

3. 健全法律法规

健全的法律法规为日本文化的发展提供了制度保障。二战以后，日本在美国的扶持下建立了一系列行之有效的文化艺术法律体系。随着日本经济社会的快速发展，这些法律法规不断加以修订和完善，极大地提高了人们对文化艺术重要作用的认识，促进了文化产业健康有序的发展。以《教育基本法》和《社会教育法》为代表的教育体系中的文化法制为日本文化的发展和振兴提供了间接的法律基础。以《文部科学省设置法》和《文化遗产保护法》为代表的行政组织法中的文化法制为日本的文化管理提供了直接的法律依据。如《教育基本法》第二条明确规定，教育的目的是"利用一切机会，在各种场合进行教育，努力为文化的创造和发展做出贡献。"国家和地方政府要努力"创造使所有的国民能够获得与其实际生活相适应的、提高自身文化素养的环境"等。[①] 此外，日本还制定了一系列与文化发展相关的单独的法律法规。2001 年，日本政府颁布了《振兴文化艺术基本法》。2004 年，日本政府又颁布了《文化产品创造、保护及活动促进基本法》，等等。这些政策和法律法规的建立，使得日本政府推进文化发展模式的手段和途径逐渐完善，文化市场体系日趋成熟，极大提高了日本参与国际和地区文化市场的竞争力，既改善了人民的生活质量，促进经济发展，又让世界更好地认识日本文化，提高了文化软实力。

4. 积极开拓国际市场

随着日本经济的高速增长，日本全民族文化上的骄傲感越来越强，对文化在国际事务中的效能有了更加深刻的认识，积极开拓国际市场，向外推销自己文化的方针政策逐渐形成，而且提出了战略性的口号，那就是曾任日本首相的中曾根康弘所说的"文化大国"概念，即把"璀璨的文化之国"与"国际国家"结合起来，使日本在经济发展的同时，在"文化上、政治上对世界积极地做贡献"。1996 年，日本政府明确提出要从经济大国转变为文化输出大国。2003 年，制订观光立国计划；2009 年又提出《关于加强对日本文化理解和关注的文化传播措施》的报告。指出：积极拓展国际文化市场，加强文化对外输出的"重要性在于，在当今时代，国民热爱文化，发挥从文化中培养的创造性，能提供生活活力和振兴经济，现在是'文化实力'左右国力的时代。在这种情况下，不仅是欧美各国，亚洲各国也在大力振兴和传播文化。我国通过将独特

---

① 欧阳安：《日本文化政策解读》（下），《中国文化报》，2012 年 7 月 30 日，第 112 页。

的传统文化广泛传播到世界，能够加深世界对我国的理解，确立我国在世界上的地位。"[①] 这明确阐述了文化对外宣传与输出对增强日本在全球范围内影响力和竞争力的重要性和紧迫性。

---

① 赵敬:《冷战后日本文化发展战略简析》,《日本学刊》,2010年第6期,第91页。

第八章　文化强国建设的主要成绩与有利条件分析

党的十九大报告指出，为贯彻十八大精神，党中央召开七次全会，分别就政府机构改革和职能转变、全面深化改革、全面推进依法治国、制定"十三五"规划、全面从严治党等重大问题作出决定和部署。五年来，我们统筹推进"五位一体"总体布局、协调推进"四个全面"战略布局，"十三五"规划顺利实施并且主要指标都已完成，十九届五中全会通过了《中共中央关于制定国民经济和社会发展第十四个五年规划和二〇三五年远景目标的建议》，党和国家事业全面开创新局面。在这个过程中，中国特色社会主义文化强国建设取得了许多辉煌成绩。

第一节　文化强国建设主要成绩

中华文化深深熔结在中华民族的血脉之中，构筑了人民美好的精神家园。正如党的十九大所指出的那样："文化是一个国家、一个民族的灵魂。文化兴国运兴，文化强民族强。"[1] 在历史的进程中，中华文化与中国实际相结合，创造了中国特色社会主义文化，它深刻展示着中华文化最独特魅力，激励着全国各族人民前进。党的十九大强调，"思想文化建设取得重大进展。……马克思主义在意识形态领域的指导地位更加鲜明，中国特色社会主义和中国梦深入人心，社会主义核心价值观和中华优秀传统文化广泛弘扬，群众性精神文明创建活动扎实开展。公共

---

① 习近平：《习近平谈治国理政》第三卷，北京：外文出版社，2020年版，第32页。

文化服务水平不断提高，文艺创作持续繁荣，文化事业和文化产业蓬勃发展""主旋律更加响亮，正能量更加强劲，文化自信得到彰显，国家文化软实力和中华文化影响力大幅提升，全党全社会思想上的团结统一更加巩固。"① 新时代，我国进一步高度重视文化强国建设，明确提出了要把增强文化软实力摆到更加突出的位置，努力建设社会主义文化强国的目标。它标志着一个国家、一个民族的强盛，不仅是政治和经济的不断发展，而且是文化的不断繁荣。文化软实力集中体现了一个国家基于文化而具有的凝聚力和生命力，以及由此产生的吸引力和影响力。古往今来，任何一个大国的发展进程，既是经济总量、军事力量等硬实力提高的过程，也是价值观念、思想文化等软实力提高的进程。2013 年12 月，习近平总书记在中央政治局第十二次集体学习指出："提高国家文化软实力，而且关系我国国际地位和国际影响力，关系'两个一百年'奋斗目标和中华民族伟大复兴中国梦的实现。"② 回眸历史，立足现在，凝视未来，我们可以得出一个坚定的结论：只有提升中国特色社会主义的文化软实力，才能完成全面建设小康社会的宏伟目标，开创中国特色社会主义事业的新局面，实现中华民族伟大复兴的"中国梦"。

中国特色社会主义文化强国建设取得了许多辉煌成绩，正如党的十九大报告指出，我国思想文化建设取得重大进展。加强党对意识形态工作的领导，党的理论创新全面推进，马克思主义在意识形态领域的指导地位更加鲜明，中国特色社会主义和中国梦深入人心，社会主义核心价值观和中华优秀传统文化广泛弘扬，群众性精神文明创建活动扎实开展。公共文化服务水平不断提高，文艺创作持续繁荣，文化事业和文化产业蓬勃发展，互联网建设管理运用不断完善，全民健身和竞技体育全

---

① 习近平：《习近平谈治国理政》第三卷，北京：外文出版社，2020 年版，第 4 页。

② 中共中央宣传部：《习近平关于社会主义文化建设论述摘编》，北京：中央文献出版社，2017 年版，第 198 页。

面发展。主旋律更加响亮，正能量更加强劲，文化自信得到彰显，国家文化软实力和中华文化影响力大幅提升，全党全社会思想上的团结统一更加巩固。

一、社会主义核心价值观的凝练

社会主义核心价值观作为"社会主义核心价值体系的内核和精神实质，社会形态长期普遍遵循、相对稳定的根本价值准则"①，不仅是增强社会主义文化软实力的客观需要，更是实现社会主义文化强国的重要途径。当前，经济社会加快发展，社会主义文化日益繁荣，社会主义文化软实力建设也呈现新高潮。近年来，我国理论界在关于"怎样凝练社会主义核心价值观"方面展开了激烈的讨论，并提出各种不同的设想，在这种讨论的浪潮中，党的十八大根据时代的精神、实践的成果和人民的期待，以"三个倡导"对社会主义核心价值观做出了明确的凝练与概括，为全社会统一思想、凝聚共识做出巨大的贡献，更对社会主义文化软实力建设具有重要的意义。价值观无论对个人、政党还是对国家和社会，都具有十分重要的意义和作用。

从社会主义核心价值体系建设的根本要求和中国特色社会主义建设面临的世情、国情和党情来看，提炼社会主义核心价值观具有广泛而深远的意义。它是社会主义自身发展的内在要求，是建设中国特色社会主义的现实需要。正如有学者所指出的那样，"建设中国特色社会主义，必须首先明白这样的'主义'对我们有什么价值，为什么需要这样的'主义'，怎样去建设符合这种'主义'要求的各种制度、体制、生产方式和社会生活。比如，我们建任何制度、作任何决策、实行任何改革，都有一个'为了什么'的问题，也就是，它有什么价值？对谁有价值？有

---

① 冯颜利，廖小明：《问题·旨趣·路径—社会主义核心价值观新探究》，北京：人民出版社，2014年版，第7页。

多大的价值？只有搞清楚了这样的问题，我们才能判断这类决策的是非对错，也才能决定有没有必要作这样的决策。所以，无论对于整个中国特色社会主义，还是对于日常的工作和生活，价值问题都是非常重要的。为了推动我们事业的发展，必须明确提出中国特色社会主义核心价值观的命题，认真研究和构建中国特色社会主义的核心价值观。"[1] 申维辰认为核心价值观是价值体系的点睛之笔，并对提炼社会主义核心价值观的重要性做了四个方面的归纳：丰富和发展马克思主义价值学说的内在要求；引领整合多样化社会思潮的现实需要；应对西方价值观冲击和挑战的客观需要；推动社会主义核心价值体系通俗化、大众化的迫切需要。[2] 我们认为当前进一步提炼和践行社会主义核心价值观，具有如下重大而又深远的意义：

（一）社会主义核心价值观内涵解析

党的十八大立足中国特色社会主义伟大实践，高度凝练了社会主义核心价值观的内涵，将社会主义核心价值观总结归纳为24字："富强、民主、文明、和谐、自由、平等、公正、法治、爱国、敬业、诚信、友善"[3]，这紧紧契合了中国特色社会主义发展要求，紧密承接了中国传统文化和人类文明优秀成果，凝聚了全党全社会价值共识，具有强大的感召力、凝聚力和引导力。24字社会主义核心价值观从分别国家、社会、个人层面阐释了核心价值观的价值目标、价值取向和价值准则。富强、民主、文明、和谐是国家层面的价值目标，自由、平等、公正、法治是社会层面的价值目标，爱国、敬业、诚信、友善是个人层面的价值目标。这24个字精确凝练和高度概括了社会主义核心价值观的基本内容，为

---

① 《科学社会主义》记者：《构建中国特色社会主义核心价值观——访李忠杰教授》，《科学社会主义》，2005年第2期，第6页。

② 李志伟、王斯敏：《社会主义核心价值体系建设的点睛之笔》，《光明日报》，2012年11月12日，第9版。

③ 《胡锦涛文选》第三卷，北京：人民出版社，2016年版，第638页。

培育和践行社会主义核心价值观提供了基本准则，为全社会注入了强大的精神动力，为提升文化软实力找到了强有力的武器。深刻理解社会主义核心价值观的内涵，就是要牢牢掌握这24字的含义，并在此基础上，全面实践这24字的基本要求。

"富强、民主、文明、和谐"，是我国社会主义现代化的建设的基本目标，是从国家层面对社会主义核心价值观基本理念的凝练，它回答了"建设什么样的国家"的问题。它适应于社会主义初级阶段的最大国情，与中国特色社会主义"五位一体"格局紧密联系。富强是国家在经济方面的价值追求，是中华民族伟大复兴的中心之要，是国家繁荣、人民幸福的物质保障。民主是国家在政治方面的价值追求，是社会主义的生命。我们追求的民主是人民民主，其实质和核心是人民当家作主，可以充分表达自己的意志和维护自己的权益。文明是国家在文化方面的价值追求。"文明是社会进步的重要标志，也是社会主义现代化国家的重要特征。它是社会主义现代化国家文化建设的应有状态，是对面向现代化、面向世界、面向未来的，民族的科学的大众的社会主义文化的概括。"① 和谐是我国在社会建设方面的价值追求，是中国传统文化的深刻理念，是处理人际关系的重要原则。"社会主义和谐社会始终是人类孜孜以求的一个社会理想，也是包括中国共产党在内的马克思主义政党不懈追求的一个社会理想。"②

"自由、平等、公正、法治"，是对美好社会的充分展示，是从社会层面对社会主义核心价值观基本理念的凝练，它回答了"建设什么样的社会"的问题。这8个字也进一步反映了中国特色社会主义的基本属性，体现了中国特色社会主义社会的基本精神内容。"自由是一种免

---

① 吴潜涛：《深刻理解社会主义核心价值观的内涵和意义》，《人民日报》，2013年5月22日，第7版。

② 潘绍龙，潘巍：《试论构建和谐社会与科学发展观的辩证统一性》，《东南大学学报》（哲学社会科学版），2007年第9期，第9页。

于心理恐惧、满足自身欲望、实现自我价值的一种心理状态，它是人们的一种向往，是社会进步的重要体现。"①平等是指公民在法律面前的一律平等，人民具有平等参与、平等发展的权利。国家在政治上坚持男女平等的基本国策，在经济上实现共同富裕的根本原则。公正顾名思义，公即公平，正即正义。公正是实现和谐社会的必要条件，是明确基本价值的重要取向。我们追求的社会公正应该是"得其应得"。法治是相对于人治的一个概念，是指整个社会把法置于最高的地位，按照法来治理社会。法治是维护社会的稳定有序、保障公民的根本利益的重要基础，是不可或缺的有力武器。也是实现自由平等、公平正义的根本制度保证。

"爱国、敬业、诚信、友善"，是公民基本道德规范，是从个人层面对社会主义核心价值观基本理念的凝练。它回答了"培育什么样的公民"的问题。"爱国、敬业、诚信、友善"自古以来就是中华民族所提倡的价值准则，它是对中华民族优良传统文化的完美继承，是对当代社会合格公民的基本要求。"爱国是基于个人对自己祖国依赖关系的深厚情感，也是调节个人与祖国关系的行为准则。它同社会主义紧密结合在一起，要求人们以振兴中华为己任，促进民族团结、维护祖国统一、自觉报效祖国。"②敬业是一种崇高的职业理想，是恪尽职守、精益求精的工作态度，是艰苦奋斗、积极奉献的精神追求。它要求公民树立干一行爱一行的人生观、价值观，以达到无私奉献的最高境界。诚信就是诚实守信。俗话说"人无信不立"，诚实守信是做人的基本要求，是社会的道德底线。我们要遵守"以诚实守信为荣，以损人利己为耻"的道德准则，宣扬中华民族的传统美德，践行当代社会的道德规范。友善强调公民之间应该与人为善、乐于助人、与人互谅、心怀坦荡，树立健康向

---

① 曲风：《社会主义核心价值观学习读本》，北京：国家行政学院出版社，2014年版，第13页。

② 吴潜涛：《深刻理解社会主义核心价值观的内涵和意义》，《人民日报》，2013年5月22日，第7版。

上的幸福观、形成和谐有序的人际关系。

（二）社会主义核心价值观凝练过程

"核心价值观是指在价值观体系中居于中心地位，起支配作用的价值观。核心价值观体现一定社会的性质、本质和发展趋向。党的十六届六中全会提出社会主义核心价值体系至今，围绕社会主义核心价值体系，观点各异，见仁见智。"①如学者韩震认为，"'民主''公正''和谐'是中国特色社会主义的核心价值观。它们体现了社会主义核心价值体系最集中的价值追求、价值理想、价值取向和价值规范"②。学者包心鉴认为，"社会主义的核心价值观，尤其是中国特色社会主义的核心价值观，可以概括为'以人为本，民主公正'"③。陆卫明认为，"可以把我国的社会主义核心价值观提炼为以下8个字：共富、公平、和谐、自由"④。但是，大家普遍认为，凝练社会主义核心价值观既要具有深厚内涵，博古聚今；又要鲜明活泼，言简意赅。党提出的关于社会主义核心价值观凝练的24字，也体现了对古今中外优秀价值观的积极吸收。当然，社会主义核心价值观的凝练和概括不是一次完成的，更不是一劳永逸的。它的逐步完善和深化必然要经历一个较为长期的历史过程。毋庸置疑，十八大报告对社会主义核心价值观的提炼并未达到完满无缺、尽善尽美的程度，它在某些方面还有待于做进一步的凝练和深化，结合当前实际，可以从世界、民族和个人这三个基本路径加以凝练社会主义核心价值观。

---

① 冯颜利，廖小明：《问题·旨趣·路径——社会主义核心价值观新探究》，北京：人民出版社，2014年版，第143页。

② 韩震：《"民主、公正、和谐"体现了社会主义的核心价值追求——兼论社会主义核心价值观的凝练及其原则》，《红旗文稿》，2012年第6期，第12页。

③ 包心鉴：《社会主义核心价值观的凝练与建构》，《光明日报》，2012年1月14日，第11版。

④ 陆卫明，曹芳：《论中国特色社会主义核心价值观的提炼》，《云南社会科学》，2012年第4期，第80页。

首先，从世界性的角度来看，凝练社会主义核心价值观要站在全人类价值观的顶峰，积极借鉴和吸收西方文化中的优秀精华，使当今中国的价值观念具有世界性的普遍价值。"社会主义核心价值观不是脱离人类共同价值观而存在的，它内含人类共同价值观的内容，为人类共同价值观注入新的精神活力，推动人类共同价值观的发展。"①它吸收了西方文化的优秀价值内核，具有世界性、全局性的根本特征，呈现出强大的生命力。任何价值观的凝练都不能脱离世界文化的发展，否则将与人类共同价值观发生冲突，演变为一种狭隘的价值观。当前，社会主义走过了历史的进程，发展为一种最先进的社会制度和思想观念，其核心价值观具有鲜明特征，就是要站在人类价值共识的顶峰，最具先进性和准确性。总之，社会主义核心价值观，紧密衔接在人类社会文明发展的大冲击、世界性浪潮的大融合中，只有积极传承人类文明发展的人类共同价值共识，才能站在全人类价值观的顶峰，为推进人类文明发展添加新内涵，实践新成果。

其次，从民族性的角度来看，"凝练社会主义核心价值观要立足中华优秀传统文化，自觉传承和弘扬中华传统文化中有价值的成分，使现代价值观与传统价值观相承接。"②中国是一个多文化多民族国家，中华民族文化具有独特的魅力。凝练社会主义核心价值观，必须从中华优秀传统文化中汲取丰富营养。习近平强调，"牢固的核心价值观，都有其固有的根本。抛弃传统、丢掉根本，就等于割断了自己的精神命脉。博大精深的中华优秀传统文化是我们在世界文化激荡中站稳脚跟的根基。中华文化源远流长，积淀着中华民族最深层的精神追求，代表着中华民族独特的精神标识，为中华民族生生不息、发展壮大提供了丰厚滋

---

① 赵立科，陈秀丽：《社会主义核心价值观凝练的基本路径》，《改革与开放》，2012年第11期，第90页。

② 左亚文，石海燕：《再论社会主义核心价值观的凝练和深化（上）——核心价值体系与核心价值观》，《理论探讨》，2013年第3期，第50页。

养。"① 因此，打造文化软实力，凝练社会主义核心价值观，必须充分挖掘中华文化中积极向上的精神品质，摒弃那些与经济社会发展不相适应的封建文化中的落后的部分，充分调动广大人民群众投身于中国特色社会主义建设的实践。

最后，从社会和个人的角度来看，凝练社会主义核心价值观要切实把社会主义核心价值观贯穿于社会生活方方面面，并且逐步进入人们的思想和意识深处。核心价值观作为实施国家软实力战略的根本，不断增强价值观自觉、自信、自强，积极践行和传播社会主义核心价值观，使之贯彻于社会各个领域，切实推进国家软实力的不断提升。"价值观对个人而言，是蕴含人们心中深层的信仰、想法，在人的活动中发挥着价值导向、情感激发和价值标准的作用。它将融入这个社会的文化血脉和精神信仰，稳定地影响社会成员的价值判断和价值选择，逐步形成人们的价值取向、价值追求、价值尺度。"② 核心价值观关系到人际和睦、社会秩序和国家整合，是执政党凝聚人心民力的实现载体，推进文化建设，凝练社会主义核心价值观，必须落脚在社会的方方面面，个人的精神深处，是核心价值观的内化入心，外化于行。

（三）培育和践行社会主义核心价值观是文化软实力建设的重中之重

党的十九大报告指出，"社会主义核心价值观是当代中国精神的集中体现，凝结着全体人民共同的价值追求。要以培养担当民族复兴大任的时代新人为着眼点，强化教育引导、实践养成、制度保障，发挥社会主义核心价值观对国民教育、精神文明创建、精神文化产品创作生产传播的引领作用，把社会主义核心价值观融入社会发展各方面，转化为人

---

① 《习近平谈治国理政》，北京：外文出版社，2014年版，第164页。
② 赵立科，陈秀丽：《社会主义核心价值观凝练的基本路径》，《改革与开放》，2012年第11期，第90页。

们的情感认同和行为习惯。坚持全民行动、干部带头，从家庭做起，从娃娃抓起。深入挖掘中华优秀传统文化蕴含的思想观念、人文精神、道德规范，结合时代要求继承创新，让中华文化展现出永久魅力和时代风采。"①

"文化是一个国家、民族的软实力，而核心价值是国家软实力中'核心软实力'。"②社会主义核心价值观承载着文化最根本的核心，包含着软实力最深厚的灵魂，是决定文化性质和方向的最深层次的要素，是一个国家的重要稳定器。习近平在北京师生座谈会上指出："人类社会发展的历史表明，对一个民族、一个国家来说，最持久、最深层的力量是全社会共同认可的核心价值观。核心价值观，承载着一个民族、一个国家的精神追求，体现着一个社会评判是非曲直的价值标准。"③因此，社会主义核心价值观对于凸显中国特色社会主义文化的强大力量，凝聚广大人民群众的思想意志，对中华民族屹立于世界民族之林越来越重要。

社会主义核心价值观是文化软实力的灵魂。核心价值观是文化的思想凝结，是文化软实力的根本。习近平在中央政治局第十三次集体学习时强调："核心价值观是文化软实力的灵魂、文化软实力建设的重点。一个国家的文化软实力，从根本上说，取决于其核心价值观的生命力、凝聚力、感召力。"④随着社会主义核心价值观发展与凝练，更加深刻揭示了文化软实力建设的规律，反映了我们党的文化自觉达到了新的高度，为推进文化治理体系和治理能力提供现代化的根本指引。社会主义核心价值观凝结在一切社会意识形式之中，渗透在各种文化形态价值观念之内，是意识形态的本质体现。正如学者所说："社会主义核心价值

---

① 《习近平谈治国理政》第三卷，北京：外文出版社，2020年版，第33页。

② 包心鉴：《社会主义核心价值观的凝练与建构》，《光明日报》，2012年1月14日，第11版。

③ 《习近平谈治国理政》，北京：外文出版社，2014年版，第168页。

④ 《习近平谈治国理政》，北京：外文出版社，2014年版，第163页。

观更是统摄文化软实力的'魂'，支配着文化软实力的生命力；是标识文化软实力的'核'，决定着文化软实力的性质和方向；是支撑文化软实力的'钙'，铸造着文化软实力虽'软'犹'实'的脊梁。文化软实力建设和提升的关键在于核心价值观的凝练与践行。"①

培育和践行社会主义核心价值观是文化发展的必然要求。面对当前纷繁复杂的国际国内形势，多元多变的社会思想文化、艰巨繁重的全面深化改革任务，社会主义先进文化受到了强烈的冲击。在经济全球化的浪潮中，不同文化、不同的价值观相互碰撞，冲击着中国先进文化和中国主流价值观；在实行社会主义市场经济的进程中，不同阶层、不同群体产生了利益价值的差异，落后的经济观念腐蚀着人们的人生观、价值观。在积极推进信息化的过程中，互联网作为一个交流的平台，渐渐普及，但网络上一些不良的信息、落后的观念也开始蔓延，给社会带来负面影响，尤其是伤害了广大青少年的心灵。总之，中国在社会主义先进文化特别是社会主义核心价值体系建设面临着重大考验，在此情况下，中共中央提出建设社会主义核心价值体系，且深刻凝练成 24 字内涵，这是十分必要和非常及时的。正如习近平指出，"当前最为迫切需要的就是共识的凝聚、信念的认同、主导价值的引领和思想基础的夯实。"②社会主义核心价值观确定了文化发展的方向，夯实了文化软实力的根基，引领着文化软实力的不断发展升级。

社会主义核心价值观是文化软实力的最主要竞争力。全球竞争在继资源竞争、军事竞争、科技竞争之后，文化的竞争渐渐被搬上国际的舞台。文化软实力的较量拼的是国家综合国力的强弱，国际地位的高低。当然，归根结底文化软实力的比拼，说到底是核心价值观的较量。正如

---

① 周薇：《社会主义核心价值观是文化软实力建设重中之重》，《南方日报》，2014 年 3 月 3 日，第 2 版。

② 蒋哲：《评论：没有核心价值观，文化就真的很"软"》，《长江日报》，2014 年 3 月 13 日，第 12 版。

韩震指出："从世界历史的发展看，价值观的竞争，不只是思想概念之争，而且是谁引领历史发展趋势，谁掌握文化前进方向的话语权，谁占领文化软实力和道德制高点的争夺。"① "谁拥有强大吸引力和影响力的价值观，占据道德的高地，谁就赢得国际社会的认同，获得有力的话语权，便能够在激烈的国际竞争中赢得主动。"② 中国的崛起绝不能只是单单靠硬实力的增强，更要有与之相匹配的软实力的提升，这是世界大国崛起的共同选择与必然之路。在世界范围的文化交流、对话、博弈中完善中国核心价值观的当代表达，牢牢掌握意识形态的领导权与话语权，不断巩固马克思主义在意识领域的指导地位，巩固全党全国人民的共同思想基础。

二、文化事业与文化产业成果之思

党的十九大指出："要深化文化体制改革，完善文化管理体制，加快构建把社会效益放在首位、社会效益和经济效益相统一的体制机制。完善公共文化服务体系，深入实施文化惠民工程，丰富群众性文化活动。"③ 党的十八大以来，我国文化事业和文化产业取得了丰硕的成果：文化体制机制改革在不断深化；覆盖城乡的公共文化服务体系框架基本建立；文化产业蓬勃发展；文化事业进一步繁荣；文化遗产保护工作不断加强。文化事业和文化产业作为进行社会主义文化建设的两个主要的支点和亮点，文化发展战略的基本内容和主攻方向，为文化整体实力和竞争力建设做出了巨大贡献。新时代，我们必须总结过去，展望未来，继续探索社会主义文化事业与文化产业的发展之路，

---

① 韩震：《中国软实力的增强需要凝练社会核心价值观》，《光明日报》2011年2月14日，第11版。

② 周薇：《社会主义核心价值观是文化软实力建设重中之重》，《南方日报》，2014年3月3日，第2版。

③ 《习近平谈治国理政》第三卷，北京：外文出版社，2020年版，第34页。

结出丰硕的文化果实。

"文化事业为魂，文化产业为根"。发展文化事业和文化产业，是中国社会主义文化建设的应有之义，是传播先进文化强有力的"翅膀"。习近平总书记指出："要坚持中国特色社会主义文化发展道路，激发全民族文化创新创造活力，建设社会主义文化强国。""要坚持为人民服务、为社会主义服务，坚持百花齐放、百家争鸣，坚持创造性转化、创新性发展，不断铸就中华文化新辉煌。"① 文化事业和文化产业发展取得了一定的成就。文化事业发展观念深入人心，公益性文化服务基本普及，文化资源得到一定的保护和利用，文化产品市场日益繁荣，国际竞争力不断增强。文化产业作为我国市场经济的重要组成部分，其制度体系的构建自然是建立在社会主义市场经济基本制度的基础之上。文化产业的生产、流通、交换的各个环节，都必须遵守市场经济原则。而文化产业的投资、经营以及盈利或亏损，都是独立的市场行为。虽然政府在文化产业发展过程中起着重要的引导和促进作用，但政府的作用不能取代市场"看不见的手"，而且政府本身也要受到市场规则的制约。只有如此，才能真正推进我国文化管理体制的改革，真正实现基于市场的文化产业的健康发展。改革开放以来，我们在文化产业与产权制度的改革方面进行了较多的探索，并取得了重大成就。

首先，文化事业全面繁荣。不讲公共文化福利事业是一种片面性认识。公益性文化事业是满足人民基本文化需求，是社会主义文化建设的基本任务，通过改革开放，我国文化事业出现了发展繁荣的新景象，人民群众普遍享受到了公共文化福利：第一，哲学社会科学繁荣发展。繁荣发展哲学社会科学是文化事业全面繁荣的先决条件。"繁荣发展哲学社会科学，推进学科体系、学术观点、科研方法创新，鼓励哲学

---

① 《习近平谈治国理政》第三卷，北京：外文出版社，2020年版，第32页。

社会科学界为党和人民事业发挥了思想库作用，推动我国哲学社会科学优秀成果和优秀人才走向世界。"① 党的十八大也指出，建设哲学社会科学，创新体系，发展哲学社会科学、新闻出版、广播影视、文学艺术事业。党的十八大、十八届三中全会以来，我国哲学社会繁荣发展的势头更加强劲。第二，公共文化服务体系进一步完善。"要加快公共文化服务体系建设，坚持把发展公益性文化事业作为保障人民基本文化权益的主要途径，构建覆盖全社会的公共文化服务体系。"② 当前，我国基本形成了以政府为主导，以公共财政为支撑，以公益性文化单位为骨干，以全体人民为服务对象，以保障人民参与公共文化活动等基本文化权益为主要内容的完善覆盖城乡、结构合理、功能健全、实用高效的公共文化服务体系。城乡文化一体化发展加快，农村文化服务总量不断增加，城乡文化发展差距逐步缩小。第三，文化资源和文化遗产保护得到加强。文化资源和文化遗产数量众多，种类丰富，很难进行定位。但在现代化建设潮流中，我们本着先保护后开发的原则，对众多的文化资源和文化遗产进行了保护。江泽民对此就曾强调："国家支持和保障文化公益事业，并鼓励它们增强自身发展活力。扶持体现民族特色和国家水准的重大文化项目和艺术院团，扶持对重要文化遗产和优秀民间艺术的保护工作，扶持老少边穷地区和中西部地区的文化发展。"③ 就如许多老北京胡同、四合院是否应该拆除，我们对文化内涵理解不同，就会对文化遗产自身所具有的文化价值和经济价值的定位不同，但归根到底还是把保护放在了第一位的。

其次，促进了文化产业快速发展。发展文化产业是社会主义市场

---

① 中共中央文献研究室：《十七大以来重要文献选编》上，北京：中央文献出版社，2009 年版，第 27 页。

② 中共中央文献研究室：《十七大以来重要文献选编》中，北京：中央文献出版社，2011 年版，第 466 页。

③ 《江泽民文选》第三卷，北京：人民出版社，2006 年版，第 561 页。

经济条件下满足人民多样化精神文化需求的重要途径，是推动文化产业跨越式发展，使之成为新的经济增长点、经济结构战略性调整的重要支点、转变经济发展方式的重要着力点，为推动科学发展提供重要支撑。近年来，我国文化产业发展十分迅速。第一，文化市场日益健全，文化消费能力逐步扩大。文化市场是组织、实现文化产业生产和再生产的基础，是文化产业价值体现的渠道。消费者也就是文化消费主体，是通过文化市场实现其对文化的需求，而与此同时，生产者也是通过文化市场了解消费者的需求，从而不断更新和升级文化产品。不断健全的文化市场，提升和扩大了文化消费需求，引导和促进了文化产业的发展繁荣。第二，文化产业结构调整不断推进。一是精心实施重大文化产业项目带动战略，如嘉庆产业基地和区域性特色文化产业群、大理影视文化城建设等；二是企业规模慢慢壮大，培育了一定新的文化业态，提高了我国文化产业规模化、集约化、专业化水平；培育了一批有实力、有竞争力的文化骨干企业和一批战略投资者，壮大了我国文化产业整体实力。三是建立健全门类齐全的文化产品市场和文化要素市场，繁荣城乡文化市场，加快培育大众性文化消费市场，创新文化产品和服务。第三，两种资源、两个市场得到了充分开发利用，更好地推动了我国文化产品和服务"走出去"。"必须统筹国内国际两个大局，把加强对外宣传作为关系国家发展全局的战略任务抓紧抓好，努力展示民主进步、文明开放的国家形象，营造客观友善、于我有利的国际舆论环境，增强中华文化国际影响力。"①

《文化建设蓝皮书：中国文化发展报告（2017）》指出，2015年至2016年我国文化服务消费呈现三大特征，居民文化服务消费意识增强、文化服务消费方式更加多样化、文化服务消费满意度提高。蓝皮书指出，居民文化服务消费意识增强，各层级政府部门积极履行其

---

① 《胡锦涛文选》第三卷，北京：人民出版社，2016年版，第68页。

文化服务职能，逐步加大公共文化投入力度，由此覆盖城乡的公共文化服务网络逐步完善，公共文化服务能力不断提高。与此相应，居民参与公共文化活动的自觉性有较大的提高，愿意在这方面投入更多的时间和精力。文化服务消费方式更加多样化，工业化和信息化的加快发展以及网络、数字等高新技术的高速发展和广泛应用，改变了人们获取知识、传递信息、鉴赏文化的渠道和方式。特别是我国阅读方式发生了较大的变化，2015年数字化阅读方式接触率为64.0%，首次明显超过纸质阅读方式。手机阅读、电子图书阅读、光盘阅读都呈现上涨趋势；数字化阅读方式中，微信阅读最受群众欢迎，有数据显示，2015年有超过一半的成年人选择用微信来吸收文化知识。图书馆、博物馆、文化馆（站）等公共文化设施积极拓宽服务范围，创新服务方式，推出了微信图书馆、数字博物馆等创新方式，满足了居民日益丰富的文化消费需求。文化服务消费满意度提高，一方面群众生活质量改善，其文化需求日益趋于多样化、多层次化；一方面我国公共服务水平提高，这些需求更能得到满足，群众对文化服务的消费满意度有了显著提高。全国各级艺术院团"文化下乡"、低票价演出等方式受到基层群众欢迎，2015—2016年全国文化部门组织的公益演出场次和观众均大幅增长。据问卷调查，认同专业艺术下乡演出做得越来越扎实的居民占53.5%。[1]

再次，实现文化事业和文化产业协调发展。文化事业和文化产业是社会主义文化发展繁荣中相辅相成、优势互补、互不能缺的两个重要方面。推动社会主义文化大发展大繁荣，必须一手抓公益性文化事业，一手抓经营性文化产业，两手抓、两加强、两轮驱动、两翼齐飞，推动社会主义文化大发展大繁荣，最大限度地满足人民日益增长的精

---

[1] 江畅、孙伟平、戴茂堂主编：《文化建设蓝皮书：中国文化发展报告（2017）》，北京：社会科学文献出版社，2017年版，第144页。

神文化需求。文化事业与文化产业两业并举是文化艺术生产力的一次大解放。近年来，我国始终把积极发展文化事业和文化产业作为一项重大战略来抓，坚持以科学发展观为指导，坚持以人为本，在全面协调可持续发展的原则指导下，遵循社会主义文化发展繁荣的客观规律，在公益性文化事业和经营性文化产业发展方面，实现了双推进，从来不偏颇哪一方面，为提高全民科学文化素质、促进社会主义精神文明建设发挥重要作用。对于发展文化事业和推进经营性文化产业的关系处理也十分妥当。文化事业较多地具有意识形态属性，而文化产业更多地具有市场属性。从这个角度出发，在发展文化事业和文化产业中，我们从民族的根本利益和国家综合实力的长远利益出发，将文化产业发展为一个弘扬中华民族优秀文化传统和民族价值观的产业系统，担负起传播社会主义先进文化的物质载体和传播手段的历史使命，防止西方文化渗透，维护中华民族文化的独立和安全。

同时，我国文化体制机制得到进一步创新。[①] 深化文化体制机制改革，就是要进一步解放和发展文化生产力，注重公益性文化事业和经营性文化产业一起抓，实现文化事业和文化产业的协调发展，坚持以人民为中心的工作导向，在实现社会效益和经济效益相统一的同时，始终要把社会效益放在首位。这些年我国文化产业的发展进步，就是得益于文化体制改革的扎实推进；解决制约文化产业发展的深层次矛盾和问题，关键就是在于深化改革，全面推进体制机制创新。习近平总书记在 2013 年全国宣传思想工作会议上明确指出："要继续推进文化体制改革，推动文化事业全面繁荣和文化产业快速发展、建设社会主义文化强国。"[②] 党的十八届三中全会也强调："建设社会主义文化

① 邓纯东：《中国特色社会主义理论最新成果：深入学习贯彻党的十八大精神 100 题》，北京：中共中央党校出版社，2012 年版，第 91 页。
② 《习近平谈治国理政》，北京：外文出版社，2014 年版，第 155 页。

强国，增强国家文化软实力，必须坚持社会主义先进文化前进方向，坚持中国特色社会主义文化发展道路，进一步深化文化体制改革。"[①]为此，在推动文化发展的道路上，我们必须进一步增强解放和发展文化生产力的力度，大力推进机制体制创新，积极探索有利于破解发展文化事业和文化产业难题的新举措和新办法。这样，才能实现建设中国特色社会主义文化强国，提高中国特色社会主义文化软实力这一根本目标。

最后，文化产业政策逐步完善文化事业欣欣向荣。根据中国加入世界贸易组织所作出的承诺，我国政府相继出台了一系列有关推动文化产业发展的文件，如《国务院关于进一步完善文化经济政策的若干规定》《国务院关于支持文化事业发展若干经济政策的通知》，国家新闻出版总署颁发的《出版物市场管理规定》《文化部关于支持和促进文化产业发展的若干意见》，广电总局下发的《电影制片、发行、放映经营资格准入暂行规定》，国务院颁发的《文化体制改革试点中支持文化产业发展的规定》《文化体制改革试点中经营性文化事业单位转制为企业的规定》等等。我国不断涌现出一批批文化产业集团，形成了许多有市场竞争力的文化产业链、文化产业园和文化产业集群，文化企业逐步走向规模化经营。经过多年的发展，许多文化事业单位完成了产业化改制和改组，历经文化市场的优胜劣汰，形成了一些有市场竞争力的文化产业集团。北京、上海、广州、深圳等城市，云南、山西、湖南、江苏、浙江、四川、辽宁等许多省份，都实施了文化产业园区建设，形成了一些有特色的文化产业链。这些文化产业链打造创新模式，以创意为龙头，以内容为核心，驱动产品的制造，拉动批发和营销，带动后续产品开发，形成上下联动、左右衔接、一次投入、

---

① 《十八大以来重要文献选编》上，北京：中央文献出版社，2014年版，第533页。

多次产出的链条，使延长的文化产业链产生巨大的效益。经营性文化单位转企改制作为文化体制改革的中心环节，是衡量改革是否取得实质性进展的重要标志。在改革实践中，按照"创新体制、转换机制、面向市场、壮大实力"的要求，积极推进经营性文化单位转企改制，国有文化单位市场主体缺失的状况得到明显改善。影视企业塑造市场主体积极上市融资。影视制作领域不断深化改革，以塑造新型市场主体为目标，大力推进经营性事业单位转企改制。如长春电影制片厂积极推进股份制改造，16 个车间和经营单位组建了产权多元的有限公司，自负盈亏、独立经营，焕发了新的活力。长影参照世界最先进的电影工业模式，确立了"立足主体产业、发展相关产业，建设'一厂三区'（老区、景区、新区）"的战略部署，以电影创作为龙头，拉动旅游、电视等相关产业发展。在全国电影厂中第一个建设了中国独有、世界一流的电影主题公园，第一个建立了农村电影创作基地……今天的长影，已形成了电影、电视、洗印、旅游比翼齐飞的四大产业，形成了新的利润支撑点，国有文艺院团增强了内部活力和发展动力。

通过体制机制创新，国有文艺院团增强了内部活力和发展动力，实现了社会效益与经济效益"双丰收"。河北大厂评剧歌舞团整体转制为国有独资有限责任公司，建立现代文化企业制度，促进了艺术生产力新的解放，一些地区将转企改制与资源重组结合起来，纷纷组建演艺集团公司，积极打造区域性龙头演艺企业。目前，全国已组建 50 多家演艺集团公司，演艺企业规模不断扩大、实力不断增强、产业链不断延伸、市场开拓能力不断提升。这不仅扩大了国有文艺院团的市场占有率，而且为演艺产业健康有序的发展起到了引领和示范作用。同时，为切实推动国有文艺院团改革，一些地方加大了对转制院团的财政投入和政策扶持力度。北京、河北、山西、辽宁、四川、江苏、安徽、重庆、陕西、云南等省市分别出台扶持院团改革发展的保障政策。江苏省级财政每年安排 1000 万元专项资金，用于解决省直院团转制后的退休人员事企待遇差问题。河北省级财政每年拨款 1000 万元用作艺术精品生产专项基金，通过演出补贴、政府采购等形式扶持院团走向市场。一大批民营院团，紧紧抓住文化体制改革机遇，不断发展壮大，焕发出蓬勃生机。天津市刘荣升京剧团挖掘整理优秀传统剧目，坚持在中小剧场低票价演出，在服务基层、服务群众中迸发新的生机；山西清徐嫦娥文化艺术有限公司坚持面向农村、服务农民，年演出 1500 余场，年收入近千万元；河南小皇后豫剧团成立 18 年来，演出近万场，观众达数千万人次。

（一）中国文化生产总况

1. 文化及相关产业发展规模

我国文化及相关产业在 15 年的较长时段中，总体上发展迅速。"2018 年，我国文化产业实现增加值 38737 亿元，比 2004 年增长 10.3 倍。2005-2018 年，文化产业增加值年均增长 18.9%，高于同期 GDP 年均增速 6.9 个百分点。文化产业增加值占 GDP 的比重，由 2004 年的 2.15%，提高到 2018 年的 4.3%。"①

2015 年 5 月，国务院办公厅转发了文化部、财政部、新闻出版广电总局、体育总局《关于做好政府向社会力量购买公共文化服务工作的意见》，鼓励并通过政策来规范引导文化类社会组织在中国文化建设中发挥积极作用。政府拟向社会力量购买的指导性目录共五大类，其中两大类属于文化活动，即公益性文化体育活动的组织与承办，中华优秀传统文化与民族民间传统体育的保护、传承与展示。对于中国文化活动来说，这有助于建立政府引导与民间积极参与相结合的新机制，促进文化活动深入大众，更好地满足人们的文化需求。2015 年 7 月，国务院办公厅印发了《关于支持戏曲传承发展的若干政策》，提出加强戏曲保护

① 张晓明主编：《文化蓝皮书，中国文化发展报告（2017~2020）》，北京：社科文献出版社，2020 年版，摘要第 1 页。

与传承、支持戏曲剧本创作、支持戏曲演出、改善戏曲生产条件、支持戏曲艺术表演团体发展等措施。2015 年 8 月，文化部、体育总局、民政部、住房城乡建设部联合印发《关于引导广场舞活动健康开展的通知》。《通知》指出，要为广场舞活动创造良好条件、加强规范管理、加强组织领导和统筹协调等。以上政策表现出 2015 年我国政府对文化活动的管理思路：一是深入基层，服务大众，注重通过鼓励、引导和规范来培育民族文化与群众文化品牌，以更好地满足人民群众的文化需求；二是弘扬中华优秀传统文化，以培育具有自身特色和文化底蕴的当代中国文化。①

2015 年我国文化及相关产业增加值为 27235 亿元，占 GDP 比重 3.97%；其增加值是 2011 年的 2 倍有余，占 GDP 比重也有显著的提高（见表 1）。

表 1　2011—2015 年中国文化产业增加值

年份	增加值（亿元）	占 GDP 比重（%）
2011	13479	2.85
2012	18071	3.48
2013	21870	3.67
2014	24538	3.81
2015	27235	3.97

资料来源：中华人民共和国文化部编《中国文化及相关产业统计年鉴 2016》，中国统计出版社，2016。

2. 文化及相关产业固定资产投资

我国文化及相关产业固定资产投资逐年提高，"从 2010 年到 2017 年，文化及相关产业的固定资产投资规模从 9089 亿元增加至 38280 亿元，

---

① 江畅、孙伟平、戴茂堂主编：《中国文化发展报告》（2017）》，北京：社会科学文献出版社，2017 年版，第 21 页，阮航：《中国文化生产报告》。

年均复合增长率达 22.8%。"①

　　2015 年我国文化及相关产业固定资产投资实际到位资金为 28503.4 亿元；比 2014 年增长 4147.4 亿元，增幅达 17.0%；与 2011 年相比，增长 17499.8 亿元，增幅达 159.0%。2015 年的固定资产交付使用率为 72.4%，比 2014 年增长 7.3%，创下整个"十二五"期间的最大增幅。"十二五"期间的实际到位资金总额以及新增固定资产均呈稳定快速增长的趋势。从资金来源的构成看，自筹资金从 2011 年的 8741.8 亿元增长到 2015 年的 24223.7 亿元，增幅高达 177.1%，在总投资中所占的比例从 79.4% 提高到 85.0%。利用外资则先升后降，经历 2011 ~ 2013 年的增长之后，2014 年与 2015 年均有所下降；其中与 2014 年相比，2015 年的下降幅度较大，达 23.3%，其金额已回落到略低于 2011 年的水平。在国家预算资金、国内贷款及其他资金方面，除 2014 年国家预算资金、2015 年的其他资金比上一年略有减少之外，其他年份均呈稳定增长的态势（表 2）。

表 2　文化及相关产业固定资产投资实际到位资金来源情况

| 年份 | 合计 | 资金来源构成 | | | | | 新增固定资产 | 固定资产交付使用率 |
		国家预算资金	国内贷款	利用外资	自筹资金	其他资金		
2011	11003.6	562.8	895.3	249.9	8741.8	553.7	6609.4	63.3
2012	16256.6	836.9	1284.0	313.0	13095.5	727.1	9567.5	61.2
2013	19862.3	1038.4	1559.4	329.1	16197.3	738.0	12165.3	63.9
2014	24356.0	1029.3	1736.9	312.3	20302.7	974.8	15999.5	67.5
2015	28503.4	1348.3	1723.5	239.6	24223.7	968.3	20913.3	72.4

　　资料来源：《中国文化及相关产业统计年鉴 2016》。

　　据上表可见，"十二五"期间，在我国文化及相关产业固定资产投资实际到位资金不断加大的同时，资金来源的构成有了明显的变化，自

---

① 张晓明主编：《文化蓝皮书，中国文化发展报告（2017—2020）》，北京：社科文献出版社 2020 年版，第 64 页。

筹资金的比例显著提高，外资的比例相对降低。固定资产交付使用率的提高则表明，我国对投资资金的管理水平和使用效率有明显的改善。与固定资产投资的情况相应，2012～2015年，我国文化及相关产业施工和建成投产项目的数量呈加速增长的趋势。2015年新开工项目为30695个，2013～2015年的新开工项目比上一年的增加数依次为837个、3663个、6703个，呈加速递增的趋势。项目建成投产率也呈类似的增长趋势。2015年项目建成投产率为71.9%，2013～2015年的投产率较前一年分别提高0.9个百分点、5.5个百分点、5.4个百分点，2014年和2015年的投产率比前两年有显著的提高。

3. 中国文化生产主要成就

由上述可见，2015年中国文化生产取得了较为突出的成绩，主要表现在如下三方面：

首先，制度环境进一步优化，各项政策表现出明确的指导作用与战略意义。

如前所述，2015年是中国文化生产各项政策密集出台的一年，其中蕴含着明确的宏观指导思路以及长远的战略眼光。第一，重视夯实文化产业发展的基础，培育其持续发展的潜力。这充分表现在对小微企业的各项重点扶持政策之中。第二，重视文化产业的创新并提供相应的制度保障，创建有利于提升我国文化产业的国际化水平以及实施"走出去"战略的政策环境。2015年关于知识产权的政策以及关于大众创新的若干政策都体现了这样的思路。第三，提出了具有前瞻性的文化产业战略部署。这突出表现在"一带一路"的文化建设构想以及"十三五"规划关于文化产业发展的表述。第四，突出了文化生产服务于人民群众的目的，表现在弘扬中华优秀传统文化、培育民族文化与群众文化品牌的各项政策与举措中。经过省市各级相关部门的进一步落实，这些政策的效果正逐步呈现。从文化工作的思路看，"文化+""互联网+"的提法已成为2015年中国文化建设领域的热词，这表明文化创新的意识已逐步深入人心；知识产权保护的意识明显增强，其突出表现是，2015 年互联网的信息保护措施有所增强，互联网环境的规范水平有了明显的提高；2015 年广场舞等群众文化活动的蓬勃健康开展，则表明相关政策取得了相当积极的效果。

其次，文化产业持续稳定发展，文化产业结构逐步优化升级。根据前文的考察，2015 年我国文化产业呈持续稳定发展的良好态势，各项主要指标如文化产业发展规模、增加值及占 GDP 的比重、投入资金等都有显著的提高。其中尤其值得注意的是，就文化产业的构成而言，2015 年规模以上文化服务业的法人单位数在快速增长的同时，在文化产业中所占的比重首次超过原本比重居首的文化制造业。这表明我国文化产业的结构正在不断优化升级。

最后，文化活动凸显特色和亮点，品牌化、本土化和市场化水平不断提高。

2015 年的中国文化活动在深入基层、服务群众的同时，在如下三个方面取得了显著的成绩：第一，大力推进重要品牌文化活动并扩大其影响，推出了若干新的文化活动品牌。2015 年，"中国少年儿童合唱节""欢乐春节""艺海流金"等重要品牌文化活动的规模与影响都有显著的提高。"情系青春"活动已初步成长为两岸文化交流的新品牌。经过文化部等相关部门的规范、引导和培育，广场舞活动也成长为具有持续影响、广泛群众基础的新品牌。第二，绝大多数大型文化活动凸显了中华优秀传统文化的元素，在政府关于戏曲传承发展等政策的扶持下，2015 年民间艺术和地方文化活动有了更有利的条件，得到了更大的发展，影响力也有了显著的提高。其突出表现是，在我国对外及对港澳台的文化交流活动如对海外的"欢乐春节"活动、对港澳的"根与魂"文化展演、对台的民俗文化活动等之中，大多数项目是以中华传统文化和民间艺术为载体的。第三，推出了不少文化活动与产业合作高度融合的大型活动，力求实现社会效益与经济效益的有机统一。2015 年我国开展了大量以文化产业交流与合作为主旨的活动，而不少以文化传承与交流为主的活动也融合了产业合作的因素，并与国家的文化产业战略相配合。这突出表现在与"一带一路"战略构想相配合的大型文化交流活动之中，如丝绸之路国际艺术节、海上丝绸之路国际艺术节、"艺海流金——丝路寻根之旅"等。

（二）文化事业投入之思

1. 中国文化事业费增长之思

2015 年全国文化事业费为 682.97 亿元，较 2014 年增加 99.53 亿元，增长 17.1%，增长幅度比 2014 年高出 7.1 个百分点。近五年来，全国文化事业费增长幅度均维持在 10% 以上（见图 1）。相较于 2013、2014 年全国文化事业费投入，2015 年国家对文化事业的投入显著增加，为我国文化事业的发展提供了资金保障。

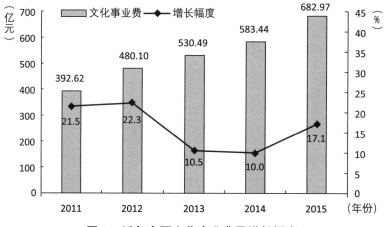

图 1　近年全国文化事业费及增长幅度

第一，2015 年全国人均文化事业费持续增长，达到 49.68 元，比 2014 年增加 7.03 元，增长明显。全国人均文化事业费在"十二五"期间增长 70% 多。我国人均文化事业费的持续增长为改善群众的文化生活、提高群众的文化品位提供了根本保障。第二，全国文化事业费投入按城乡和区域的分布状况。在全国文化事业费增长的同时，各城乡和区域文化事业费也稳步增长。2015年，县以上文化单位费用投入为352.84亿元，占总投入的51.7%，比重较2014年增长了1.6个百分点；县及县以下文化单位费用投入330.13亿元，占总投入的48.3%。东部地区文化单位文化事业费为287.87亿元，占42.1%，比重较2014年提高了0.5个百分点；中部地区文化单位文化事业费为164.27亿元，占24.1%，比重较2014年提高了1.2个百分点；西部地区文化单位文化事业费为193.87亿元，占28.4%，比重较2014年下降了0.9个百分点。第三，中央对地方文化项目补助资金再创新高。2015年，通过实施"三馆一站"等相关文化扶助政策及项目，中央财政继续有针对性地补助地方文化项目的开展，地方文化事业蓬勃发展。2015年中央财政共落实中央补助地方专项资金47.80亿元，比上年增长2.7%。第四，公共文化服务明显改善2015年，文化部积极协调、统筹推进，基本公共文化服务逐步向标准化、均等化目标迈进。《关于加快构建现代公共文化服务体系的意见》《"十三五"时期贫困地区公共文化服务体系建设规划纲要》等文件相继出台，公共文化服务体系建设取得新的成绩。2015年末全国平均每万人公共图书馆建筑面积为95.8平方米，比上年末增加5.8平方米；全国人均公共图书馆藏书量为0.61册，比上年增加0.03册。

2. 文件精神与政策规划

第一，推进文化创意和设计服务，促进国家产业转型升级。国务院在2014年就已经发布了《关于推进文化创意和设计服务与相关产业融合发展的若干意见》。经过一年多的政策落实和探索，文化管理和文化创作者一致认为，只有把文化创意和设计提升到国家战略的高度来思考，才能将文化产业顺利融入到其他产业中去，实现文化产业的转型发展。当今社会，随着人们精神文化生活品位的提升，文化创意设计若只是作为一种产品的附加值而存在，势必难以创造出独具一格的高品质文化产品，更谈不上对人民群众文化生活品位的提升了。因此，文化创意设计不应该仅注重外观形式，只管"金玉其外"，不关心是否"败絮其中"；

而应该首先关注提升产品的核心品质，发展其独特价值。有不少企业只注重产品的外在形象和广告宣传，在这方面甚至不吝投入大量资金，而忽视文化创意对产品推广的作用，认为只要广而告之的产品就好销。在物质消费日益同质化的今天，这种营销方式越来越难以提起人们的消费欲望。推进文化创意和设计服务，实现文化产业转型升级，有效的途径之一是突破行业间的壁垒，将文化与科技创新相融合，使创意设计不只停留在表面而真正成为产业创新的核心价值。这正如有些学者所指出的，应该取消部门、行业之间的边界和障碍，实现产业的融合发展才能获取真正的产业价值。

第二，健全治理机制，规范社会团体的文化活动。2015 年 6 月，文化部社会团体管理办公室下发了《关于开展部管社会组织乱摊派整治工作的通知》（以下简称《通知》），旨在规范社会组织收费行为，提高社会组织公信力，进一步整治社会组织乱摊派，提升社会组织服务质量。该《通知》根据社会组织管理的有关法律法规，对三种社会团体文化活动中的乱摊派行为予以集中整治。首先，对于行业协会、学会、研究会等社会团体，禁止其强制企事业单位入会并收取会费；其次，禁止社会组织向企事业单位派捐索捐、强拉赞助等行为；再次，禁止社会组织强制企事业单位接收服务，并擅自设立收费项目、扩大收费范围、提高收费标准等行为。这些制度有助于提高社会团体文化活动的服务质量和社会公信力。

第三，立足基层群众文化需求，管理引导健康文娱活动。近年来，随着人民群众的健身意识和文化参与意识逐步增强，越来越多的中老年人利用闲暇时间参与到文化活动中来。其中最受中老年人欢迎的文娱活动方式莫过于广场舞和戏曲演唱了。无论是城市还是乡村，活跃在各个角落的广场舞和戏曲演唱活动已经成为群众参与度最广泛的娱乐休闲活动了。然而，伴随着广场舞和戏曲演唱的风靡，"噪音扰民""抢占场地"等负面影响屡见报端，甚至由此引发许多恶性事件。2015 年 7 月 17 日，国务院办公厅发布了《关于支持戏曲传承发展的若干政策的通知》，对戏曲文化事业予以支持；同年 8 月 26 日，文化部发布了《关于引导广场舞活动健康开展的通知》，对广场舞活动进行规范。民间的戏曲舞蹈活动不仅是中华民族文化传承的方式之一，而且是人民群众丰富自身文化生活的主要手段，加之参与的群众越来越多，因此有必要对其进行规范和引导。为正确引导广场舞活动，在《关于引导广场舞活动健康开展的通知》中，文化部要求各级职能部门首先要积极盘活存量，利用现有社会场地资源为基层群众就近提供广场舞活动场地。其次要大力优化场地布局，在旧城区改造和新城区建设当中强调配套建设相应的活动场地。此外，有关部门还要加大公共文化体育场馆免费开放力度，实行错时开放，适当延长夜间、休息日开放时间。这些举措都将有利于缓解城区广场舞活动场地紧张的问题。

三、中国文化国际传播与影响力

近年来，我们不断加强对外文化交流和对外文化贸易，推动文化产品和服务出口，拓展了国际文化市场，增强了中华文化在国际上的竞争力和影响力。更打造了一定的拥有自主知识产权、有市场影响的文化品牌，培育了新的具有国际知名度的文化业态，着力构建传输快捷、覆盖广泛的文化传播体系。

（一）文化国家传播主动性之思

在积极发展对外文化交流的氛围中，我国的文化影响力有了明显的提高。这种提高得益于国家政策的支持、鼓励和引导，同时，也来源于我国在文化交融过程中所获得的满足感和自豪感。和谐、友好、积极、稳定的外交环境是促使不同民族、地域之间进行文化交流往来的前提，也是文化价值理念彼此交融、文化影响力日益扩大的前提。2015 年，文化部从国家"一带一路"战略高度出发，策划和举办了以中国——中东欧国家文化合作论坛为代表的大量国际性文化艺术节、文化峰会与论坛，主动开展了形式多样的文化交流活动。正是有了这些文化交流活动的交流与对话，文化的传播才更加深远与意味深长。在"一带一路"建设的基础上，中国政府设立的"丝路基金"于2015年1月6日正式运行，首个项目于当年4月落户巴基斯坦；中国与金砖国家合作推动建立的金砖国家开发银行已于2015年7月21日正式开业，有效缓解了金砖国家和其他发展中国家在基础设施建设领域所遭遇的"融资难"问题；2015年12月25日，亚洲基础设施投资银行正式成立，这是首个由中国倡议设立的多边金融机构。这些经济合作国际平台，对于推动中国文化的国际传播与影响产生了不可忽视的积极作用。另外，国内许多大城市如上海等地设立的国家对外文化贸易基地为提高我国文化的国际认知度及推动我国文化的对外交流与传播提供了优质平台。

2015年，为配合国家外交大局，文化部等相关部门举办了一系列重要的对外文化交流活动。2015年为"中英文化交流年"，上半年英国在中国举办英国文化季，下半年中国在英国举办中国文化季。2015年3月1日，英国王子威廉访华活动为英国文化季拉开序幕；2016年1月15日，中英两国艺术家聚首伦敦，集体创作以"融"为主题的两尊巨型茶壶艺术品，宣布中英文化交流年活动圆满落幕。2015年是中加建交45周年、中加建立战略合作伙伴关系10周年。2015年4月13日，2015～2016年"中加文化交流年"在温哥华正式启动。中加文化交流年为期两年，其间中加两国共同开展一系列大型文化交流项目，促进了中加文化艺术交流和商务合作。2015南非"中国年"是在非洲大陆举办的第一个"中国年"活动，其中文化交流活动于2015年3月15日在南非行政首都比勒陀利亚正式开幕，于12月4日在南非约翰内斯堡举行闭幕演出。除此之外，我国于2015年在南非共举办44个文化交流项目，平均每个月都有4～5个项目在南非实施，现场受众近5万人。"中国年"活动在南非产生了广泛影响，充分展示了文化外交的独特作用。

除以上活动之外，2015年文化部还成功举办了中美文化论坛、中国—中东欧国家文化合作论坛、丝绸之路国际艺术节、中俄文化大集、中韩文化产业论坛等重点文化外交活动。海外中国文化中心建设加快，又有比利时、新加坡、坦桑尼亚、新西兰和斐济中心投入运营，总数达到 25 个。25 家海外中国文化中心全年共举办培训班 221 次，培训 16035 人次，举办讲座 197 次，参加 16147 人次，组织各类文化活动 924 次，参加 280.14 万人次。

（二）中国文化国际吸引力

随着中国文化影响力的不断提升，中国的许多文化元素在全世界广泛传播并大受欢迎。中国文化带来的"中国风""汉语热"风靡全球，中医养生、中华美食、武术健身、京剧民乐、书法国画等独具中国特色的文化瑰宝，已经成为代表中华文化的标志性产品，越来越多地受到国外民众的喜欢。包括《辛亥革命》在内的中国电影等产品，通过不同渠道、载体走出国门，向世人呈现了我国灿烂辉煌、充满活力的文化形象。此外，在中国，传统节日大多基于人们对自然规律的认知形成，这些传统节日表现出我国最具特色的民族风情，如春节、端午节、中秋节等。2016 年，中国申报的"二十四节气——中国人通过观察太阳周年运动而形成的时间知识体系及其实践"被列入联合国教科文组织人类代表作名录，也表明中国优秀传统文化具有很大的国际市场，得到了国际社会的普遍认同。

文化的推广在某些程度上也得益于对外汉语文化的推广。《2015 年孔子学院年度报告》显示，截止到 2015 年底，世界五大洲有超过 130 个国家建立了孔子学院和孔子课堂。全球 108 个国家的 404 所孔子学院举办全球"孔子学院日"活动 1400 多场，受众 120 多万人，组织 44 个中国高校学生艺术团和专业演出团，分布于五大洲的 57 个国家的 260 所孔子学院及周边地区展开文艺巡演活动 320 场，观众达 52 万人。此外，网络孔子学院的网站注册人数达到 800 万人，同比增长 146%。孔子学院为推动中外文化交流、提升国家软实力做出了重要贡献，已成为世界各国人民学习汉语、了解中国传统文化的重要通道。承办国际文化活动，是发挥中国文化影响力的一个重要途径。如 2015 年 12 月、2016 年 12 月在我国乌镇召开的第二届世界互联网大会就极大地增强了中国文化的国际影响力。承接国际性文化活动在提升中国文化国际影响力的同时，还有助于当地的文化建设，完善文化设施。二十国集团领导人第十一次峰会于 2016 年 9 月在杭州举行。据新华网报道，为了保障和服务 G20 峰会，杭州市重点实施了环境整治提升项目。其中，距离西湖 300 米的思鑫坊年久失修，加上当地有很多大排档、小吃店，使得弄堂里油烟味很浓且存在火灾隐患。作为杭州市上城区的重点改造整治项目，思鑫坊在短短六个月的时间里重现风华，恢复了清水砖墙、乌漆大门和雕花门楣的民国旧貌。杭州峰会的成功举办提升了中国承载国际文化活动的能力。

（三）中国文化在国际上的好评度

《国家艺术基金 2014 年度资助项目监督报告》显示，在我国境外的传播交流推广演出类节目中，《中国故事 大地之歌叶小纲交响音乐会》配合外交大局，被认定为第六轮中美人文交流高层磋商联合成果（文化领域）重点项目。民族舞剧《孔子》赴希腊、马其顿、塞尔维亚巡演，三个国家的电视台现场录制、播出，盛况空前。中央芭蕾舞团芭蕾舞剧《红色娘子军》、北京人民艺术剧院话剧《茶馆》分别在美国纽约林肯艺术中心、德国汉堡德意志剧院等主流剧场演出，观众反响热烈，体现了中国艺术的实力和水平。《中国福建木偶戏在亚太地区的传播交流推广》《昆剧＜南柯梦＞传播交流推广》，围绕海上丝绸之路部分沿线国家进行展演、展示和培训。在我国（境）外的传播交流展览类项目上，"中国第十二届全国美术作品展国家巡展"项目在美国、澳大利亚、意大利等国进行，这是全国美展优秀作品第一次走进这些国家进行展出，展示了中国美术创作的新成果。彰显了中国油画创作的实力和水平。在"中华意蕴——中国油画艺术国际巡展"项目中，名家名作荟萃于巴黎布隆尼亚尔宫，塔尔寺"藏艺三绝"——酥油花、堆绣和壁画在塔尔寺建寺 600 多年后首次走出国门，在法国和德国，寺院僧人现场制作酥油花，展示堆绣和壁画，向西方社会介绍藏族的宗教艺术。

2015 年中国电影在国际传播方面取得了较大的进展。据国家新闻出版广电总局电影局统计，2015 年全年国产片票房超过进口片票房，其中产片票房占总票房的 61.58%，进口片占总票房的 40% 以下，并且国产影片海外销售收入比 2014 年增长接近 50%。据人民论坛网报道，截至 2016 年 11 月，一大批传播当代中国价值观念的图书在海外取得了较好反响。这些书籍涉及的领域非常广泛。其一，介绍中国梦、中国道路、中国共产党的图书。如国际关系学者张维为教授的《中国震撼》迄今已累计销售上百万册，以 8 种外文语种对外出版发行。英文版《中国梦》被美国影响力最大的主流媒体大版面报道，登上美国畅销书排行榜，并进入美国大学课程。其二，解读中国经济社会发展与世界关系的图书。如知名经济学家林毅夫的《解读中国经济》《中国经济专题》的版权被成功输出海外，后者销售超过 8000 册。其三，阐释中国当代文化理念和研究成果的学术著作。如《中华文明史》《中国当代文学史》《中国现代通俗文学史》《中国现代文学发展史》等被剑桥大学出版社、荷兰博睿出版社等购买，以英文版的形式进入西方高端学术图书市场；"剑桥中国文库"等已初具规模，向世界介绍了最具中国特色、最具时代风貌的当代中国文化。这些书籍的广泛传播，让世界得以更好地认识中国，也让一批讨论中国话题的外国学者的著作大受好评。中国外文局策划组织外国人直接编写的反映当代中国发展成就和文化特色的"全景中国""中国城记""外国人看中国"等系列丛书，受到国外读者的广泛好评。

我国通过对外文化交流活动，目前已培育出多项在国际上具有广泛影响力的文化品牌。这些品牌对于传播中国价值观、塑造中国文化形象具有重要意义，已成为提高中国文化软实力的一个重要环节。其中"欢乐春节"活动和海外中国文化中心可作为代表。2015 年的"欢乐春节"活动涉及 119 个国家和地区，比 2014 年增加 7 个；举办了 900 项文化活动，比 2014 年增加 330 项。从整个"十二五"期间的情况看，"欢乐春节"活动涉及的国家和地区逐年增加，交流项目的数量每年都有较大幅度的增长。这一方面表明我国对这一文化品牌活动的投入力度在不断加大，另一方面也折射出中国传统文化的魅力，其受欢迎的程度在不断提高，影响日益广泛。①

第二节　文化强国建设的有利条件分析

党的十九大指出："实现中华民族伟大复兴，必须合乎时代潮流、顺应人民意愿，勇于改革开放，让党和人民事业始终充满奋勇前进的强大动力。我们党团结带领人民进行改革开放新的伟大革命，破除阻碍国家和民族发展的一切思想和体制障碍，开辟了中国特色社会主义道路，使中国大踏步赶上时代。九十六年来，为了实现中华民族伟大复兴的历史使命，无论是弱小还是强大，无论是顺境还是逆境，我们党都初心不改、矢志不渝，团结带领人民历经千难万险，付出巨大牺牲，敢于面对曲折，勇于修正错误，攻克了一个又一个看似不可攻克的难关，创造了一个又一个彪炳史册的人间奇迹。"② 中国特色社会主义道路的成功开辟，为我国文化强国建设宏伟目标的最终实现，提供了最有力的保障。

一、中国特色社会主义道路的成功开拓

中国特色社会主义道路凝结了几代中国共产党人的努力探索和实践成果，它是实现社会主义现代化强国的必然选择，是实现中华民族伟大

---

① 江畅 孙伟平 戴茂堂主编：《中国文化发展报告》（2017）》，北京：社会科学文献出版社，2017 年版，第 196 页。

② 习近平：《决胜全面建成小康社会夺取新时代中国特色社会主义伟大胜利——在中国共产党第十九次全国代表大会上的报告》（2017 年 10 月 18 日），北京：人民出版社，2017 年版，第 14-15 页。

复兴的必由之路。新形势下，中国特色社会主义文化软实力建设之所以取得重大成就，很大程度上依赖于中国共产党根据历史选择与现实要求成功开拓的具有中国鲜明特色的社会主义道路。当前，坚定走中国特色社会主义道路，对于全面开拓中国特色社会主义事业新境界、不断增强中国特色社会主义文化软实力，具有重大而深远的意义。

（一）道路的科学内涵

党的十八大特别强调："道路关乎党的命脉，关乎国家前途、民族命运、人民幸福。"[1]道路对一个国家的发展、民族的兴盛、人民的幸福来说意义特别重大。为了深刻认识和把握中国特色社会主义道路，首先必须全面理解和掌握中国特色社会主义道路的科学内涵与其形成过程。

把握中国特色社会主义道路的科学内涵。党的十七大首次完整地表述了"中国特色社会主义道路"的科学内涵，指出："中国特色社会主义道路，就是在中国共产党领导下，立足基本国情，以经济建设为中心，坚持四项基本原则，坚持改革开放，解放和发展社会生产力，巩固和完善社会主义制度，建设社会主义市场经济、社会主义民主政治、社会主义先进文化、社会主义和谐社会，建设富强民主文明和谐的社会主义现代化国家。"[2]党的十八大对其内容作了进一步的补充和完善，将其表述为："中国特色社会主义道路，就是在中国共产党领导下，立足基本国情，以经济建设为中心，坚持四项基本原则，坚持改革开放，解放和发展社会生产力，建设社会主义市场经济、社会主义民主政治、社会主义先进文化、社会主义和谐社会、社会主义生态文明,促进人的全面发展，逐步实现全体人民共同富裕，建设富强民主文明和谐的社会主义现代化

---

① 《胡锦涛文选》第三卷，北京：人民出版社，2016 年版，第 620 页。

② 王渊：《深刻把握中国特色社会主义道路的科学内涵》，《人民日报》，2009 年 5 月 6 日，第 07 版。

国家。"① 相对于十七大，十八大报告增加了"社会主义生态文明建设"，完整地体现了"五位一体"的总体布局；增加了"促进人的全面发展，逐步实现全体人民共同富裕"，更好地体现了社会主义建设的目的和社会主义的本质要求。

对中国特色社会主义道路的表述，我们可以将"中国特色社会主义道路"分为五个层面来理解和把握其科学内涵。第一，领导力量，中国共产党的领导。一方面，中国特色社会主义道路是在中国共产党领导下经过长期探索、开拓找到的正确的道路；另一方面，要坚定不移地沿着中国特色社会主义道路继续前进，中国共产党的统一领导为其提供了根本政治保证和组织保证。第二，历史方位，立足于基本国情。中国最大的国情是我们将仍处于并将长期处于社会主义初级阶段。第三，根本任务，解放和发展生产力。坚持解放和发展社会生产力是中国特色社会主义的本质属性。第四，基本路线，"一个中心，两个基本点"。即坚持以经济建设为中心，坚持四项基本原则，坚持改革开放。第五。总体布局，五位一体的总体布局。"五位一体"是指经济建设、政治建设、文化建设、社会建设和生态建设这五大建设，这一总布局是中国特色社会主义道路的基本内容和具体展开，符合人类社会发展规律、社会主义社会发展规律和中国特色社会主义社会发展规律。第六，总体目标，人的全面发展，全体人民共同富裕。实现人的全面发展是社会主义的最高价值目标，是高等教育人才培养的终极目标。实现全体人民共同富裕深刻体现了中国特色社会主义的优越性。第七，总体任务，富强民主文明和谐的社会主义现代化国家。五大任务体现了社会主义社会全面发展的要求。总之，这七个方面相互联系、相辅相成，构成一个有机统一整体，"进一步增强坚持走中国特色社会主义道路的自觉性和坚定性，奋力开

---

① 《胡锦涛文选》第三卷，北京：人民出版社，2016 年版，第 621 页。

拓中国特色社会主义更为广阔的发展前景。"①

把握中国特色社会主义道路的形成过程。中国特色社会主义道路凝结着近代以来中国人民的艰辛探索，展示着中国共产党和中国人民的不懈努力，凝聚着中国共产党的集体智慧的结晶。在不断实践和总结中，在经历了一个漫长、艰难的探索、开辟、发展中，中国特色社会主义道路最终形成。

第一，中国特色社会主义的道路的探索。我们党从革命时期，从中国实际出发，致力于找到一条适合中国国情的革命道路。在土地革命时期，中国共产党"把马克思主义基本原理同中国具体实际相结合，如新民主主义革命提出农村包围城市武装夺取政权的正确道路。"②在新中国成立后，经过大量的艰辛探索，毛泽东于1956年发表《论十大关系》讲话，这表明中国共产党和中国人民开始比较系统地探索中国特色社会主义道路。之后中共八大的召开、《关于正确处理人民内部矛盾的问题》重要言论的发表，形成了探索中国特色社会主义的道路的新成果。但是，"由于后来指导思想上发生了偏差，使得党在探索社会主义的道路的过程中出现了严重失误。尽管探索艰辛坎坷，但取得的经验教训是极其宝贵的，为我们继续探索新路打下了重要基础，提供了重要启示。"③

第二，中国特色社会主义的道路的开创。经过艰苦卓绝的长期的实践探索，中国共产党终于渐渐摆脱了错误的思维模式。1978年召开的十一届三中全会实现了具有深远意义的伟大转折，开创了改革开放和社会主义市场经济新道路。1982年，邓小平在党的十二大开幕词中首次

① 刘建军：《中国特色社会主义的旗帜、道路、理论体系》，《活力》，2010年第4期。

② 《十六大以来重要文献选编》下，北京：中央文献出版社，2008年版，第523页。

③ 中共中央宣传部：《中国特色社会主义学习读本》，学习出版社，2013年版，第14页。

提出了"建设有中国特色社会主义"的重要命题。他指出："把马克思主义的普遍真理同我国的具体实际结合起来，走自己的道路，建设有中国特色的社会主义，这就是我们总结长期历史经验得出的基本结论。"①随着党的十三、十四大的召开，进一步清晰定位了中国特色社会主义道路的前进方向。党的十五大我们党把邓小平理论写入党章，把改革开放以来的经验作了一个系统化的总结和提升，邓小平理论的形成也标志着中国特色社会主义道路开创成功。

第三，中国特色社会主义的道路的发展。中国特色社会主义道路开创以后，我们党加快了理论创新的脚步。2002年11月召开了中共十六大，该会议强调中国特色社会主义是根本道路、方法途径的含义，指出："我们党必须坚定地站在时代潮流的前头"②，"在中国特色社会主义道路上实现中华民族的伟大复兴。"③之后，党的十七大清晰、明确地阐释了中国特色社会主义道路，指出："改革开放以来我们取得一切成绩和进步的根本原因，归结起来就是：开辟了中国特色社会主义道路，形成了中国特色社会主义理论体系。高举中国特色社会主义伟大旗帜，最根本的就是要坚持这条道路和这个理论体系。"④而党的十八大又对此作了进一步丰富，指出："中国特色社会主义道路是实现途径，中国特色社会主义理论体系是行动指南，中国特色社会主义制度是根本保障，三者统一于中国特色社会主义伟大实践。"⑤

（二）道路的成功为文化软实力建设奠定基础

中国特色社会主义道路是实现国家富强、民族振兴、人民幸福、社会和谐的崭新道路，是实现"中国梦"的必经之路，也是一条代表最广

① 《邓小平文选》第三卷，北京：人民出版社，1993年版，第3页。
② 《江泽民文选》第三卷，北京：人民出版社，2006年版，第528页。
③ 《江泽民文选》第三卷，北京：人民出版社，2006年版，第529页。
④ 《胡锦涛文选》第二卷，北京：人民出版社，2016年版，第620页。
⑤ 《习近平谈治国理政》，北京：外文出版社，2014年版，第8页。

大人民根本利益的无比正确的道路。党的十七大就曾指出："中国特色社会主义道路之所以完全正确、之所以能够引领中国发展进步，关键在于我们既坚持了科学社会主义的基本原则，又根据我国实际和时代特征赋予其鲜明的中国特色。"[1] 新时期，中国共产党人根据时代特色、民族特色、实践特色，在坚持科学社会主义的基本原则的基础上，将中国特色社会主义道路与文化软实力建设紧密结合，开创了一条中国特色的文化发展之路。

中国特色社会主义道路与文化软实力建设内容互通。"五位一体"中的文化建设即"建设社会主义先进文化"与文化软实力建设的"推动社会主义文化大发展大繁荣"的实现目标有着内容上的互通。坚持走中国特色社会主义道路，高扬社会主义先进文化伟大旗帜，其本质上就是为了推动文化大发展大繁荣，增强文化软实力。建设社会主义先进文化是推动文化大发展大繁荣的必然要求和必要结果。"只有高扬社会主义先进文化旗帜，让社会主义文化居于社会思潮的主流和主导地位，清除一切腐朽思想文化，为社会主义文化建设营造良好的发展环境，才能为实现社会主义文化大发展大繁荣奠定基础。只有高扬社会主义先进文化旗帜，坚持马克思主义的指导地位，实行'百花齐放、百家争鸣'的方针，尊重差异、包容多样，才能真正形成社会主义文化大发展大繁荣的崭新局面。"[2] 同时，建设社会主义先进文化与提升文化软实力是承前启后的关系。建设社会主义先进文化是提升文化软实力的前提和基础；提升文化软实力是建设社会主义先进文化的目标与结果。因此，坚持中国特色社会主义道路是提升文化软实力重要途径。

中国特色社会主义道路继承了渊源的历史实践。"江河万里总有源，

---

[1] 《胡锦涛文选》第二卷，北京：人民出版社，2016 年版，第 620-621 页。
[2] 国防大学中国特色社会主义理论体系研究中心：《社会主义先进文化是马克思主义政党思想精神上的旗帜》，《人民日报》，2011 年 11 月 15 日，第 07 版。

树高千尺也有根"。"中国特色社会主义道路，既不是天上掉下来的，也不是地底下冒出来的，而是中国共产党人带领全国各族人民通过不懈探索和接力奋斗，披荆斩棘开拓出来的。"① 当然，中华传统文化作为中国特色社会主义道路的文化资源，对中国特色社会主义道路的建设具有重要的价值追求和实践意义。如以爱国主义为核心的中华民族精神为中国道路提供了思想指引；"中庸""和而不同"的思维方法为构建和谐社会提供了辩证的思维方式；诚信为本的价值观为建设社会主义市场经济提供了有益的价值取向。两者紧密结合，开创出一条中国特色的文化发展之路。

党的十八届三中全会《决定》指出，"建设社会主义文化强国，增强国家文化软实力，必须坚持社会主义先进文化前进方向，坚持中国特色社会主义文化发展道路"②。"面对日趋激烈的国际文化竞争，我们要赢得主动，绝不能照搬别国的文化发展模式，必须有自己独特的文化设计，选择符合自身实际的文化发展路径，努力构筑我们的文化优势。"③ 新时期，我们将中国特色社会主义道路与文化软实力建设相结合，开创一条中国特色的文化发展之路。只有坚持中国特色社会主义文化发展道路，才能传承中华文化源远流长、博大精深的深沉内涵，包含中华民族最根本的精神基因与价值追求，找到正确的方向和目标。只有坚持中国特色社会主义文化发展道路才能迎合经济社会发展的要求，焕发文化创造的活力，满足人民群众对丰富精神文化生活的需求。中国特色社会主义文化发展道路是一条历史传承、科学发展、文化自信之路，是增强国

---

① 单冬，佘可源：《全面深化改革必须增强政治定力》，《红旗文稿》，2014年第4期，第11页。

② 《十八大以来重要文献选编》上，北京：中央文献出版社，2014年版，第533页。

③ 刘先春，董沁泽：《论发展有中国特色、中国风格、中国气派社会主义文化的实践意义》，《北京社会科学》，2012年第3期，第6页。

家文化软实力的现实需要和重要途径。

（三）坚定走中国特色社会主义道路

"江头未是风波恶，别有人间行路难。""中国特色社会主义道路是人间正道，只有这条道路而没有别的道路能够引领中国进步、实现人民幸福。这条道路来之不易、弥足珍贵、必须倍加珍惜。"① 习近平强调，"实现中国梦必须走中国道路。这就是中国特色社会主义道路。全国各族人民一定要增强对中国特色社会主义的理论自信、道路自信、制度自信，坚定不移沿着正确的中国道路奋勇前进。"② 因此，现在最关键的是坚定不移走这条道路，与时俱进拓展这条道路。为此，我们必须做到如下几个方面：

坚定不移沿着中国特色社会主义道路前进，必须坚定信仰，保持清醒的头脑，"既不走封闭僵化的老路，也不走改旗易帜的邪路。"③ 思想是行动的先导，理论上的清醒与坚定，是思想上清醒与坚定的前提和保证。90 多年来，我们党紧紧依靠人民，把马列主义基本原理同中国具体实际和鲜明时代特征相结合，独立自主地走上了自己的道路，开创和发展了中国特色社会主义事业。如今，社会发展呈现多元化、复杂化，各种思潮也相互碰撞与激荡，人们的世界观、人生观和价值观也正经受着冲击与考验。有些人认为共产主义可望而不可及，实现起来太虚无缥缈；有的认为资本主义代表了希望与幸福，我们可以回到老路上；有的就会惺惺作态，表面上坚持共产主义，而实际上只是把忠诚、信念、奉献的信仰当做说辞。这就表示，当前很多党员干部都失去了我们一直强调的信仰，出现了信仰危机。所以，党的十八大指出："要坚定理想信念，坚守共产党人精神追求。"习近平也指出："理想信念就是共产党人精

---

① 中共中央宣传部：《中国特色社会主义学习读本》，北京：学习出版社，2013 年版，第 19 页。

② 《习近平谈治国理政》，北京：外文出版社，2014 年版，第 39-40 页。

③ 《习近平谈治国理政》，北京：外文出版社，2014 年版，第 30 页。

神上的'钙'，没有理想信念，理想信念不坚定，精神上就会'缺钙'。"①对此，我们要始终在政治上保持头脑清醒，在信仰上保持执着坚定，坚持走中国特色社会主义道路，做到"千磨万击还坚劲，任尔东西南北风"；更要把这种理想信念逐步奠定为文化，只有把这些作为一种普适文化深入人们的心灵，才能显示思想信仰的力量。

坚定不移沿着中国特色社会主义道路前进，必须坚持文化发展方向，走中国特色的文化发展之路。文化是一个民族的思想根基和精神动力。"一个民族自立于世界民族之林，不仅是由于在历史进程和制度变迁中探索出符合社会发展规律和本国国情的经济、政治、社会发展道路，同时也是由于探索出与之相互适应、相互促进的文化发展道路。正确的文化发展道路是民族强盛、文化繁荣的根本保证。"②新世纪新阶段，各种思想文化相互交融、相互冲突，此起彼伏，斗争不断。在这个过程中，文化软实力在综合国力竞争中的地位日益提升，文化建设的战略目标日渐明确，当今许多国家都努力挖掘实践自己本民族文化，以文化建设带动提高国家核心竞争力。面对如此形势，我们更要大力发展文化建设，深入探索中国特色社会主义文化发展道路。因此，我们必须首先加强思想理论指导，坚持以马克思主义思想为指导，明确文化前进方向；其次，坚持人民主体作用。把人民作为文化建设的重要依靠力量，发展繁荣文化，最后文化的果实由人民共享。再次，发扬中华优秀文化传统，吸收外来健康文化，把坚持和发展、继承和创新结合起来，彰显民族性，世界性。最后，坚持两手抓文化。坚持一手抓公益性文化事业、一手抓文化产业，推动文化事业和文化产业全面协调可持续发展。中国特色社会主义文化发展道路，"是建设先进文化之路，是科学发展之路，是强基

---

① 《习近平谈治国理政》，北京：外文出版社，2014 年版，第 15 页。
② 国防大学中国特色社会主义理论体系研究中心：《深入探索中国特色社会主义文化发展道路》，《光明日报》，2010 年 7 月 21 日，第 01 版。

固本之路，是以人为本之路，是改革创新之路，是建设社会主义文化强国的必由之路。"[1] 今后，我们要坚定不移地沿着这条道路继续前进，为实现建设社会主义文化强国的目标而奋斗。

　　坚定不移沿着中国特色社会主义道路前进，必须坚持科学发展观，用发展的眼光看问题，坚持统筹兼顾，以人为本。历史证明，任何社会发展模式都不是固步自封的，而必须在实践探索中不断发展完善，中国特色社会主义道路作为前无古人的伟大事业，没有现成的经验可以借鉴，只能随着时代、实践和科学的发展不断探索前进。我们要用发展的眼光看待道路问题，改革开放取得了重大成就，但是，"我们必须清醒认识到，我国仍处于并将长期处于社会主义初级阶段的基本国情没有变，人民日益增长的物质文化需要和落后的社会生产之间的矛盾这一社会主要矛盾没有变，我国是世界最大发展中国家的国际地位没有变。"[2] 在发展中国特色社会主义事业、坚持中国特色社会主义道路前进中也总会出现这样或那样的问题和麻烦，"求木之长者，必固其根本，欲流之远者，必浚其源泉"。找到一条好的道路不容易，走好这条道路更不容易。我们必须以发展的眼光来看待、分析和处理问题。牢固树立与中国特色社会主义道路、与科学发展观要求相适应的新观念，用新理论解放思想，切实破除那些不合时宜的旧思想旧观念，消除不切实际的各种错误思潮的影响和危害，坚定不移地高举中国特色社会主义这面旗帜，不断开创中国特色社会主义事业新局面，决不走封闭僵化的老路，决不走改旗易帜的邪路。而是坚定不移走中国特色社会主义道路，使中国特色社会主义道路越走越宽、越走越广。

---

　　[1] 国防大学中国特色社会主义理论体系研究中心：《坚持中国特色社会主义文化发展道路》，《求是》，2012 年第 2 期，第 38 页。

　　[2]《胡锦涛文选》第三卷，北京：人民出版社，2016 年版，第 624-625 页。

二、中国特色社会主义理论体系的创新发展

"创新是一个民族进步的灵魂，是一个国家兴旺发达的不竭动力"①。世界在变化、改革开放领域在放宽、现代化建设在前进，人民群众的伟大实践在发展，理论创新也必须跟着时代的脚步前进。正如马克思恩格斯曾经指出，科学社会主义基本原则的实际运用，"随时随地都要以当时的历史条件为转移"。②创新的中国特色社会主义理论体系是当代中国一切进步发展的根源所在，是马克思主义内在本质要求的具体表现，是准确把握国际国内发展大势，顺应时代新变化的产物。它作为我们党引领时代潮流，永葆先进性地位的不二法宝，为我们当代的社会主义现代化建设提供了强有力的思想保证。当前，中国特色社会主义文化迅猛发展，软实力建设取得重大成就，很大程度上依靠中国特色社会主义理论体系的思想引导。中国特色社会主义理论体系为文化发展树立了精神导向，提供了智力支持。因此，在建设中国特色社会主义波澜壮阔的伟大实践中，中国特色社会主义理论体系不断创新发展是建设文化软实力的重要的理论源泉。

（一）理论体系为文化强国建设提供理论支持

1. 理论体系主体构架和基本内容之思

党的十七大提出了"中国特色社会主义理论体系"的新范畴，为理论体系的丰富，做出了一个重大的理论贡献。党的十八大又进一步对中国特色社会主义理论体系进行了精辟的阐述。这一理论体系的主体构架涵盖了马克思主义中国化第二次历史性飞跃形成的所有理论成果，它主要是包括邓小平理论、"三个代表"重要思想、科学发展观在内的科学理论体系，"这理论体系，坚持和发展了马克思列宁主义、毛泽东思想，凝结了几代中国共产党人带领人民不懈探索实践的智慧和心血，是马克

---

① 《江泽民文选》第二卷，北京：人民出版社，2006 年版，第 392 页。
② 马克思，恩格斯：《马克思恩格斯文集》第二卷，北京：人民出版社，2009 年版，第 15 页。

思主义中国化最新成果，是党最可宝贵的政治和精神财富，中国特色社会主义理论体系是不断发展的开放的理论体系。"① 党的十七、十八大的最新概括，使得我们党对中国特色社会主义这一概念的认识更加清醒自觉。党的十九大报告则明确指出，"新时代中国特色社会主义思想，是对马克思列宁主义、毛泽东思想、邓小平理论、'三个代表'重要思想、科学发展观的继承和发展，是马克思主义中国化最新成果，是党和人民实践经验和集体智慧的结晶，是中国特色社会主义理论体系的重要组成部分，是全党全国人民为实现中华民族伟大复兴而奋斗的行动指南，必须长期坚持并不断发展。"② 这一表述使得我们党以后在实践中国特色社会主义事业的过程中更加全面科学，从而达到马克思主义中国化又一个新的历史高度。

思想是行动的先导，理论是实践的指南。"中国特色社会主义理论体系，符合中国实际的当代中国马克思主义，是马克思主义中国化最新成果，包括邓小平理论、"三个代表"重要思想、科学发展观，同马克思列宁主义、毛泽东思想是坚持、发展和继承、创新的关系。马克思列宁主义、毛泽东思想一定不能丢，丢了就丧失根本。"③ 马克思列宁主义是我们立党立国的根本指导思想，是全国各族人民团结奋斗的共同思想基础。科学坚持马克思主义基本原理是中国特色社会主义理论体系创新的基本原则。毛泽东思想是马克思主义基本原理与中国具体实际相结合的第一次理论飞跃，是中国共产党人经过反复探索，总结成功，吸取失败经验教训，"是被实践证明了的关于中国革命和建设的正确的理论原则和经验总结。"④ 马克思列宁主义、毛泽东思想明显深化了对社会主义建设规律的认识、人类社会发展规律的认识，极大丰富和发展了马

---

① 《胡锦涛文选》第二卷，北京：人民出版社，2016 年版，第 621 页。
② 《习近平谈治国理政》第三卷，北京：外文出版社，2020 年版，第 16 页。
③ 《习近平谈治国理政》第一卷，北京：外文出版社，2018 年版，第 9 页。
④ 《胡锦涛文选》第二卷，北京：人民出版社，2016 年版，第 135 页。

克思主义科学社会主义理论，是中国特色社会主义理论体系的基础。

中国特色社会主义理论体系是在改革开放和社会主义现代化建设伟大实践中逐步形成，又在实践中得到检验和发展，最后经过科学概括、总结升华而形成的伟大理论成果。是马克思主义与社会主义建设和改革实践相结合，形成的第二次理论飞跃，"是被实践证明了的关于中国革命和建设的理论原则和经验总结。"① 中国特色社会主义理论体系包括邓小平理论、"三个代表"重要思想、科学发展观和习近平新时代中国特色社会主义思想。其中邓小平理论是中国特色社会主义理论体系的开篇和基础。党的十一届三中全会以后，以邓小平为主要代表的中国共产党人，坚持解放思想和实事求是的思想路线，实现了全党工作重心向经济建设的转移，开启了改革开放的伟大进程，创立了邓小平理论，把对社会主义的认识提高到新的科学水平，标志着中国特色社会主义理论体系的正式诞生。

"三个代表"重要思想深化和发展了中国特色社会主义理论体系。"党的十四届三中全会以后，以江泽民为主要代表的中国共产党人，应对国内外政治风波和经济风险、自然灾害等种种考验，在准确把握世情、国情、党情变化的基础上，创立了'三个代表'重要思想"②，延伸了中国特色社会主义理论体系的新观点、新方法。"三个代表"要求我们始终代表先进生产力的发展要求，先进文化的前进方向，中国最广大人民的根本利益。科学发展观丰富和完善了中国特色社会主义理论体系。党的十六大以来，我国经济社会进入到一个发展的黄金期和矛盾凸显期并存的特殊时期，在深刻把握新阶段新矛盾的基础上，以胡锦涛为主要代表的中国共产党人，"总结了我国发展实践，借鉴国外发展经验，适

---

① 《胡锦涛文选》第二卷，北京：人民出版社，2016 年版，第 135 页。

② 邓纯东：《中国特色社会主义理论最新成果》，北京：中共中央党校出版社，2012 年版，第 8 页。

应新的发展要求，提出了科学发展观等重大战略思想。"①

新时代，党的十八大以来，"习近平围绕坚持和发展中国特色社会主义这条主线，在改革发展稳定、内政外交国防、治党治国治军各个方面发表了一系列重要讲话，提出了许多新思想、新观点、新论断，深刻回答了新的历史条件下党和国家发展的重大理论和现实问题，是统一思想、指导实践、推进工作的科学指南。"②习近平在新进中央委员会的委员、候补委员学习贯彻党的十八大精神研讨班上的讲话指出："历史和现实都告诉我们，只有社会主义才能救中国，只有中国特色社会主义才能发展中国，这是历史的结论、人民的选择。"③习近平新时代中国特色社会主义思想，升华了我党对中国特色社会主义和马克思主义执政党建设规律的认识。深刻领会习近平新时代中国特色社会主义思想的丰富内涵，对全党、全国人民增强走中国特色社会主义道路的自觉性，丰富和发展中国特色社会主义理论体系的坚定性具有十分重要的理论意义和实践意义。要深刻领会习近平新时代中国特色社会主义思想的精神实质和深刻内涵，在各项工作中全面准确贯彻落实，必须坚持党对一切工作的领导，坚持以人民为中心，坚持全面深化改革，坚持新发展理念，坚持人民当家作主，坚持全面依法治国，坚持社会主义核心价值体系，坚持在发展中保障和改善民生，坚持人与自然和谐共生，坚持总体国家安全观，坚持党对人民军队的绝对领导，坚持"一国两制"和推进国家统一，坚持推动构建人类命运共同体，坚持全面从严治党。④

---

① 陈涛：《试论中国特色社会主义理论体系》，《黑河学刊》，2008 年第 6 期，第 6 页。

② 毛胜：《中国特色社会主义理论体系研究的新进展》，《中共中央党校学报》，2014 年第 2 期，第 20 页。

③ 《习近平谈治国理政》，北京：外文出版社，2014 年版，第 22 页。

④ 《决胜全面建成小康社会夺取新时代中国特色社会主义伟大胜利——在中国共产党第十九次全国代表大会上的报告》（2017 年 10 月 18 日），北京：人民出版社，2017 年版，第 20-26 页。

综上所述，邓小平理论提出并初步回答了"什么是社会主义、怎样建设社会主义"的问题，提出并初步回答了"建设什么样的党，怎样建设党"的问题；"三个代表"重要思想创造性地回答了"建设什么样的党，怎样建设党"的问题；科学发展观正确回答了"实现什么样的发展，怎样发展"这一关系到中国未来前途和命运的重大问题。通过这三大理论问题而展开，"这一科学理论在建设中国特色社会主义的思想路线、发展道路、发展阶段、发展战略、根本任务、发展动力、依靠力量、国际战略、领导力量和根本目的等问题上"[①]，形成了一系列紧密联系，相互贯通的独创性思想理论观点，成为一个科学理论体系。与此同时，习近平新时代中国特色社会主义思想在前人的基础上，进一步体现了中国特色社会主义理论和实践的最新成果，再一次极大地丰富和发展了中国特色社会主义理论体系。总之，在中国，坚持中国特色社会主义理论体系，就是真正、真实、真切坚持马克思主义。

2. 理论体系与中国传统文化关系之思

"中国特色社会主义理论体系既源于马列主义，也植根于中国传统文化。中国传统文化是中国特色社会主义理论体系的重要源泉之一。同时，中国特色社会主义理论体系也科学地继承了中国传统文化中积极进步的思想资源，并予以弘扬和发展。"[②]了解中国特色社会主义理论体系与中国传统文化的关系，不仅有利于中国特色社会主义理论体系创新发展和中国传统文化的与时俱进，更有利于中国特色社会主义文化软实力建设的向前推进。

中国传统文化是中国特色社会主义理论体系的重要思想来源。"回顾中国历史，传统文化虽然在不同时期处于不同的地位，但作为一种文

---

① 《十七大以来重要文献选编》上，北京：中央文献出版社，2009 年版，第 245 页。

② 李贵忠：《中国特色社会主义理论体系与中国优秀传统文化》，《井冈山干部学院学报》，2011 年第 4 期，第 42 页。

化资源，总是或推动或制约着经济社会的发展进程。中华文明几千年薪火相传、源远流长，塑造了中华民族醇厚中和、不屈不挠、奋发图强的人文品格和道德标准，孕育了鲜明独特、博大深邃的思想传统和经世智慧，深刻地影响着中国人的世界观、思维方式和行为方式。"[1]我们可知，世界上的任何一个民族的生存繁荣，与他们自身的文化传统息息相关、密不可分。任何否定、割断自身的文化传统的行为都是不理智的，那只会让这个民族尽快走向灭亡的深渊，更何谈理论走向复兴。当然，任何一种思想理论，只有与本民族的文化传统相结合，才有可能在民众中间扎下根来，成为思想理论与人民群众沟通的重要桥梁。当前，我们面临着中华民族复兴的重要任务，而中国特色社会主义理论体系是作为民族复兴、国家兴盛的重要理论工具，理论体系强大了，民族复兴也就不远了。因此，理论体系必须辩证继承中国传统文化的优秀成果，吸收充足的养分，为中华民族复兴事业做好重要的理论准备。

马克思主义来到中国后，渐渐与中国传统文化相结合，融入了中国元素、变换了中国面孔，才渐渐被广大人民群众广泛接受和认同，从而得以有效地指导中国革命和建设取得胜利。"中国传统文化是中华民族在长期的发展中，受特有的自然和社会条件的作用而形成的特定的文化积累，它不仅以客体化的形式存在着，而且广泛地以无形的主体化的形式存在着。它以生物遗传和社会遗传的形式世代延续，这些已融化在中国人的思想意识和行为规范之中，渗透到社会政治、经济、特别是精神生活的各个领域，内化为人们的一种文化心理和性格。"[2]因此，从中可以看出，中国的传统文化包含于中国国情之中，他们是整体与部分的关系，换句话说，中国的传统文化也包含于中国的实际。这样说来，马

---

① 周忠轩：《中国特色社会主义理论体系需要优秀传统文化支撑》，《学习时报》，2011年第7期，第03版。

② 李贵忠：《中国特色社会主义理论体系与中国优秀传统文化》，《井冈山干部学院学报》，2011年第4期，第42页。

克思主义与中国的实际结合，理所当然内含于中国的传统文化。中国特色社会主义理论体系作为马克思主义中国化的产物，马克思主义与中国传统文化的结合过程，亦是中国特色社会主义理论体系与中国传统文化相融合的过程。

我党历来重视中国优秀传统文化对理论和实践的推动作用。如毛泽东就很善于运用中国传统文化成果，结合实际，深入浅出地阐释道理、揭示规律。1938 年 10 月，毛泽东在党的六届六中全会上的《论新阶段》谈到党的学习任务时指出：从孔夫子到孙中山，我们应该给以总结，继承这一份珍贵的遗产。孔子是中国传统文化的先驱者，是儒家文化的代表人物；孙中山是中国革命的实践者，是辛亥革命的领导者。毛泽东将这两个伟大人物联系在一起，从某种程度上表达了他对马克思主义与中国传统文化相结合的认识和理解。邓小平从中国传统文化中汲取精华，以言简意赅、通俗易懂的语言，展现了中国传统文化的朴实和智慧。新时期，习近平在参观孔府、孔子文化研究院时强调："中国优秀传统文化是中华民族的突出优势，中华民族的伟大复兴需要以中华文化发展繁荣为条件，必须大力弘扬中华优秀传统文化。"[1] 中华传统文化是我们民族的"根"和"魂"，如果抛弃传统、丢掉根本，就等于割断了自己的精神命脉。

中国特色社会主义理论体系继承和发展了中国传统文化。伟大的实践需要伟大的理论指导，而指导伟大实践的理论应当是科学的、实践的，民族的，并有着直接的指导意义。中国特色社会主义理论体系继承和发展了中国传统优秀文化，引领着文化软实力建设，不仅因为这一理论体系是马克思主义普遍原理与中国实际相结合，是对马克思主义的继承和发展；更是因为这一理论体系是与中国传统文化相结合的产物，是对中

---

① 中共中央宣传部：《习近平总书记系列重要讲话读本》，北京：人民出版社，2014 年版，第 99 页。

国传统文化的继承和超越。中国特色社会主义理论体系继承和发展中国传统文化，是实现中华民族伟大复兴的内在要求，也是建设中国特色社会主义的应有之义。

中国传统文化不是过时的东西，它是跨时代的，具有强大的生命力和现实意义。中国特色社会主义理论体系作为马克思主义中国化的最新成果，它生长于中国这片沃土，对中国传统文化加以吸纳和继承，从而被赋予鲜明的"中国魅力""中国风格""中国气派"。正如习近平指出："不忘本来才能开辟未来，善于继承才能更好创新。"[1] 是的，中华文化积淀着中华民族最深沉的精神追求，包含着中华民族最根本的精神基因，代表着中华民族独特的精神标识。脱离了中国优秀传统文化的滋养，中国特色社会主义理论体系就不可能枝繁叶茂、充满活力。因此，我们要很好地继承中华文化，要清楚地了解中华文化，我们必须要讲清中华文化的历史渊源、发展脉络，要讲清中华文化的独特创造、鲜明特色，增强文化自信和价值观自信。

中国特色社会主义理论体系对中国优秀传统文化进行了创造性转化和创新性发展。不仅表现在"通过一定的民族形式"实现马克思主义中国化，也表现在用马克思主义的基本原理和科学方法改造传统文化，实现民族创新化、理论化。胡锦涛指出："我们要发扬与时俱进的时代精神，坚持古为今用、推陈出新，大力发扬中华文化的优秀传统，大力弘扬中华民族的伟大精神，使中华民族的优秀文化成为新的历史条件下鼓舞我国各族人民不断前进的精神力量。"[2] 我们要运用马克思主义的立场、观点和方法，对中国传统文化中有进步意义的成分科学地加以阐发，使当代马克思主义与中国优秀传统文化相得益彰、相映成辉。比如，中

---

[1] 《习近平谈治国理政》，北京：外文出版社，2014 年版，第 164 页。

[2] 《始终坚持先进文化的前进方向大力发展文化事业和文化产业》，《人民日报》，2003 年 8 月 13 日，第 01 版。

国传统文化中"致知力行、学以致用"的思想，对我们当代来说还是具有重要的意义，它经过马克思主义的改造与我们"实事求是"的党的思想路线是一脉相承的，是传统文化中的中国特色社会主义理论体系的精髓。一般而言，经过马克思中国化的传统文化增添了崭新的科学内涵和时代特征。

总之，在今后的工作中我们要处理好继承与创造性发展的关系。要按照时代的要求和特点，对那些仍有借鉴价值的内涵和陈旧的表现形式，赋予其新的时代内涵和现代化表达形式，激活其生命力。要按照时代的新发展新进步，对中华传统文化的内涵加以补充、完善，增强它对中国特色社会主义理论体系的影响力。

（二）深入学习贯彻理论体系之思

"中国特色社会主义理论体系，集中体现了当今世界和当代中国发展变化对党和国家工作的新要求，集中体现了全党全国各族人民的意志，集中体现了当代中国马克思主义的实践特色、民族特色、时代特色，是我们党励精图治、开拓进取、探索真理、把握规律的结果。"① 今天，世界正经历百年未有之大变局，中国改革发展稳定任务艰巨繁重，我们建设富强民主文明和谐美丽的社会主义现代化强国，就必须深入学习贯彻中国特色社会主义理论体系。

"纸上得来终觉浅，绝知此事要躬行"。马克思主义中国化最新成果具有鲜明的时代性与实践性，它是推进中国特色社会主义事业、武装全国各族人民的思想的理论经验。我们党的理论创新每推进一步，党的理论武装就要跟进一步。要练就"金刚不坏之身"，必须用理论武装头脑。著名学者王国维曾在《人间词话》论述治学有三种境界：一是"昨夜西风凋碧树，独上高楼，望尽天涯路"；二是"衣带渐宽终不悔，为

---

① 中共中央宣传部：《中国特色社会主义理论体系学习读本》，北京：学习出版社，2009 年版，第 56 页。

伊消得人憔悴"；三是"众里寻他千百度，蓦然回首，那人却在灯火阑珊处"。领导干部学习理论也要有这三种境界。"首先，理论学习上要有'望尽天涯路'那样志存高远的追求，耐得住'昨夜西风凋碧树'的清冷和'独上高楼'的寂寞，静下心来通读苦读；其次，理论学习要勤奋努力，刻苦钻研，下真功夫、苦功夫、细功夫，即使是'衣带渐宽'也'终不悔'，'人憔悴'也心甘情愿；再次，理论学习贵在独立思考，学有所悟，要在学习和实践中'众里寻他千百度'，最终'蓦然回首'，在'灯火阑珊处'领悟真谛。"① "要按照建设马克思主义学习型政党的要求，把系统掌握马克思主义基本原理作为看家本领，推动党员干部深入学习掌握马克思列宁主义、毛泽东思想，学习和掌握中国特色社会主义理论体系，不断增强贯彻落实这一理论体系的自觉性和坚定性。"②

"事非经过不知难，实践才能出真知"。理论的价值主要在于指导实践，学习的目的全在于运用。中国特色社会主义理论体系，不是教条，不是标签，而是行动的指南。因此，中国特色社会主义理论体系是一个实践、认识、再实践、再认识，循环往复，以至无穷的辩证发展过程，而我国新时代仍处在并将长期处在社会主义初级阶段，我们在前进道路上社会情况不断发生变化，新矛盾和问题肯定会不断出现，新经验必将不断积累。习近平总书记指出："我们必须解放思想、实事求是、与时俱进，坚定不移推进理论创新、实践创新、制度创新以及其他各方面创新，让党和国家事业始终充满创造活力、不断打开创新局面。"③ 这是马克思列宁主义、毛泽东思想的精髓和中国特色社会主义理论体系的灵魂，是中国共产党人探索中国特色社会主义道路全部实践活动的科学原则和求实态度，是新时代中国特色社会主义思想的重要内容。这一思想

---

① 习近平：《之江新语》，杭州：浙江人民出版社，2013 年版，第 6 页。

② 中共中央宣传部：《中国特色社会主义理论体系学习读本》，北京：学习出版社，2009 年版，第 30 页。

③《习近平谈治国理政》第二卷，北京：人民出版社，2017 年版，第 54 页。

要求我们秉承实践的观点和实事求是的态度，"在马克思主义指导下打破习惯势力和主观偏见的束缚，研究新情况，解决新问题。"① 这就要求我们大力弘扬理论联系实际的马克思主义学风，紧密结合思想和工作实际学习运用中国特色社会主义理论体系，努力掌握贯穿其中的马克思主义立场、观点，自觉加强客观世界观和主观世界的创造，提高运用科学理论解决实际问题的能力。大力弘扬实事求是，深化改革开放，推动科学发展，促进社会和谐，全面建成小康社会，满怀信念在实践中进一步丰富和发展中国特色社会主义理论体系。

"林无静树，川无停留"。实践没有尽头，理论创新也不会停顿。"中国特色社会主义理论体系，既展现了当代中国马克思主义的勃勃生机，又为我们继续进行理论创新打开了广阔空间。发展中国特色社会主义，是一项前无古人的创造性事业，是一篇必须长期谱写下去的'大文章'。中国特色社会主义理论体系也必须随着中国特色社会主义理论实践的发展而发展，不断谱写'新篇章'。"② 目标已经确定，道路已经拓开。中国共产党在96年的风雨历程中带领人民战胜了无数惊涛巨浪、克服了无数艰难险阻，开创了实现中华民族伟大复兴的新局面。在新的征程上，我们必须昂首阔步，努力奋进，勇敢地担负起时代赋予的使命。面对前所未有的机遇和挑战，要坚持解放思想、实事求是、与时俱进、求真务实，不断深化对中国特色社会主义规律性的认识，不断把党带领人民创造的成功经验上升为理论，让当代马克思主义射放出更加灿烂的真理光芒。同时，结合文化发展实际，我们也要坚持以中国特色社会主义理论体系为指导，大力培育爱国主义精神，增强民族自尊心、自信心、自豪感；大力弘扬改革创新精神，始终保持与时俱进、奋发有为的精神

---

① 《邓小平文选》第二卷，北京：人民出版社，1994年版，第278页。

② 中共中央宣传部：《中国特色社会主义学习读本》，北京：学习出版社，2013年版，第31页。

状态。大力弘扬中华传统美德，引导人民明荣辱、知廉耻，增强道德判断力和道德荣誉感，在全社会形成讲正气、作奉献、促和谐的良好风尚。

"路漫漫其修远兮，吾将上下而求索"。历史长河奔流不息，社会巨轮滚滚前进，中国特色社会主义道路漫漫长远。随着实践深入发展，中国特色社会主义理论体系必定是越来越具体、越来越完整，达到中国化马克思主义创新理论的更高境界，又推动中国特色社会主义道路越走越宽、越走越广。我们要有我以我血荐轩辕的勇气，以自己的微薄之力为中国特色社会主义事业做出一份自己的贡献，这是历史赋予中国共产党人的政治责任，也是人民寄托时代骄子的殷切希望。

三、中国特色社会主义制度不断完善

"中国特色社会主义不仅是一种理论和实践，也是一种制度。这一制度，充分展现了中国特色社会主义的优越性，是中国特色社会主义走向成熟的重要标志，是当代中国发展进步的根本制度保障。"[1] 党的十八大强调："中国特色社会主义道路是实现途径，中国特色社会主义理论体系是行动指南，中国特色社会主义制度是根本保障，三者统一于中国特色社会主义伟大实践。"[2] 党的十八大从"中国特色社会主义道路，中国特色社会主义理论体系，中国特色社会主义制度"三个层面出发，将"制度"与"道路"和"理论体系"统一于一体，赋予了中国特色社会主义新的内涵，形成了在中国特色社会主义统领下，一条道路、一个理论体系、一种社会制度"三位一体"的新认识。党的十九大报告，则进一步将中国特色社会主义道路、中国特色社会主义理论体系、中国特色社会主义制度、中国特色社会主义文化统一起来，

---

① 中共中央宣传部：《中国特色社会主义学习读本》，北京：学习出版社，2013年版，第32页。

② 《习近平谈治国理政》，北京：外文出版社，2014年版，第8页。

从"三位一体"的"道路自信、理论自信、制度自信"到"四位一体"的"道路自信、理论自信、制度自信、文化自信"，这表明中国特色社会主义道路是我国实现社会主义现代化、创造人民美好生活的必由之路，中国特色社会主义理论体系是指导党和人民实现中华民族伟大复兴的正确理论，中国特色社会主义制度是当代中国发展进步的根本制度保障，中国特色社会主义文化是激励全党全国各族人民奋勇前进的强大精神力量。从"三位一体"到"四位一体"是我们党的又一重大理论创新。在新的历史起点上，开创中国特色社会主义事业的新面貌，必须进一步增强制度自信、制度自觉、制度自醒、制度自强，在实践中不断发展和完善中国特色社会主义制度。

（一）制度为文化强国建设提供制度保障

1. 中国特色社会主义制度的形成与确立

古人云："凡将立国，制度不可察也。"制度建设更带有根本性、全局性、稳定性和长期性。习近平指出："今天，摆在我们面前的一项重大历史任务，就是推动中国特色社会主义制度更加成熟更加定型，为党和国家事业发展、为人民幸福安康、为社会和谐稳定、为国家长治久安提供一整套更完备、更稳定、更管用的制度体系。"① 中国特色社会主义制度符合我国的历史发展和现实国情，得到了广大人民群众的拥护，具有强大的生命力，体现了实现共同富裕的本质要求，激发了全国各族人民的积极努力、勇于奋进的精神面貌，具有鲜明的制度优越性。当然，"作为一种崭新的制度，中国特色社会主义制度的形成是一个长期的历史形成过程，历尽艰辛曲折，来之殊为不易，凝聚着无数中华儿女的心血和智慧。"② 它是中国共产党坚持以马克思主义理论为根本指导，带

---

① 《习近平谈治国理政》，北京：外文出版社，2014年版，第104-105页。
② 中共中央宣传部：《中国特色社会主义学习读本》，北京：学习出版社，2013年版，第32页。

领人民跋山涉水、披荆斩棘，从历史的长河中慢慢摸索，长期实践而逐步确立起来的，它经过了三个阶段：从新民主主义革命到党的十一届三中全会的初步准备阶段，从改革开放到党的十七大的探索发展阶段，从党的十七大到党的十八大以来习近平关于完善和发展中国特色社会主义制度的重要论述的形成确立阶段。

第一，初步准备时期。中国特色社会主义制度的酝酿准备始于毛泽东，时期跨度从新民主主义革命到1978年党的十一届三中全会。中国特色社会主义制度有自己独立的起源。早在新民主主义革命时期，中国共产党就开始了新民主主义社会建设的实践。我们党先后确立了工农兵代表大会制度，和以"中共党员、党外进步人士和中间派分子各占三分之一"为组织原则"三三制"。中国共产党和其他各民主党派结成了紧密合作关系，并初步形成了民族区域自治制度。中国特色社会主义基本经济制度在新民主主义革命时期也有它的历史形态，解放区的国民经济由国营经济、合作社经济和私人经济三方面组成。1949年9月，人民政协第一届全体会议在北平召开，颁布了《共同纲领》，奠定了新中国的国体和政体。1954年9月，第一届全国人民代表大会第一次会议在北京正式召开，标志着人民代表大会制度这一根本政治制度在中国得以基本确立。这样以人民民主专政为内容的国体和以人民代表大会制度为内容的政体的确立为标志，"中国的历史进入一个完全新的时代——人民民主时代"。[①] 除此之外，以毛泽东为核心的党中央第一代领导集体也明确提出了民族区域自治的光辉思想，指出："多民族聚居区地区，应实行民族区域自治，按照民族聚居的人口多少和区域大小，分别建立各民族自治机关。"[②] 这些原则的确立，为新中国民族区域自治制度的

---

① 刘少奇：《刘少奇选集》上卷，北京：人民出版社，1981年版，第432页。
② 中共中央文献研究室：《建国以来重要文献选编》第1册，北京：中央文献出版社，1992年版，第12页。

确立奠定了法律基础。中国特色社会主义制度的初步准备为我国的政治和经济发展奠定了制度基础和政治保障。

第二，探索发展时期。中国特色社会主义制度的探索开始于邓小平，时期跨度从党的十一届三中全会到党的十七大。"1978年党的十一届三中全会，是我国改革开放的历史起点，也是中国特色社会主义制度形成的历史起点。第一，中国特色社会主义政党制度的形成。中国特色社会主义政党制度的形成，经过了一个慢长的改革探索发展过程"①，从建国前夕的1948年"五一口号"直到2005年2月，党中央出台《关于进一步加强中国共产党领导的多党合作和政治协商制度建设的意见》。从某种意义上讲，《意见》的出台标志着我国社会主义政党制度的形成和发展。第二，社会主义法律体系建设。1982年，全国人大制定了改革开放后第一部现行宪法，为适应国家政治、经济、文化和社会进步发展的要求，"先后于1888年、1993年、1999年、2004年通过了四个宪法修正案，这不仅是中国特色社会主义在民主政治建设领域取得的最新成果，而且是依法治国基本方略标志性的成就。"②第三，中国社会主义经济制度。从在总结"一大二公三纯"为特征的公有制建设的经验和教训、1997年党的十五大第一次对我国现阶段的基本经济制度作了新的概括，到党的十七大强调，"要从制度上更好发挥市场在资源配置中的基础性作用，形成有利于科学发展的宏观调控体系和统一开放、竞争有序的现代市场体系"。③我国社会主义经济制度经历了提出、发展、完善的过程。经过36年的改革开放，中国特色社会主义制度不断丰富

---

① 侯远长：《中国特色社会主义制度形成确立的历史考察》，《中国浦东干部学院学报》，2013年第1期，第30页。

② 侯远长：《中国特色社会主义制度形成确立的历史考察》，《中国浦东干部学院学报》，2013年第1期，第31页。

③ 《从制度上更好发挥市场在资源配置中的基础性作用》，《人民日报》，2007年11月9日，第9版。

发展，为中国特色社会主义制度的形成奠定了坚实的理论和实践基础。

第三，形成确立时期。党的十七大以来，在科学发展观重大战略思想指导下，在社会主义民主政治建设方面，开辟了中国特色社会主义政治发展道路的新境界，在坚持人民民主专政制度下，人民代表大会制度进一步发展和完善，中国特色政党制度进一步加强，民族区域自治制度和基层群众自治制度进一步推进，社会主义法律体系基本形成。党的十八大报告明确提出了中国特色社会主义制度的科学概念即"中国特色社会主义制度，就是人民代表大会制度的根本政治制度，中国共产党领导的多党合作和政治协商制度，民族区域自治制度以及基层群众自治制度等基本政治制度，中国特色社会主义法律体系，公有制为主体、多种所有制经济共同发展的基本经济制度，以及建立在这些制度基础上的经济体制、政治体制、文化体制、社会体制等各项具体制度。"[1] 标志着中国特色社会主义制度的形成和确立。也进一步丰富了中国特色社会主义制度的内涵，阐明了中国特色社会主义制度的特点和优势，完善了民主制度的实现形式，形成了中国特色社会主义法律体系。党的十八大以来，以习近平为总书记的党中央，对中国特色社会主义制度、道路和理论体系的内涵、特征及其相互之间的内在逻辑联系不断地加以丰富和完善。历时数十年，中国特色社会主义制度才日渐走向成熟，这一奋斗成果可谓来之不易，我们必须坚持和发展。

"看似寻常最奇崛，成如容易却艰辛"。党的十九大报告指出，中国特色社会主义制度是当代中国发展进步的根本制度保障。可以说，中国特色社会主义制度是中国共产党领导中国人民 90 多年不断奋斗、勇于创造、艰苦积累的根本成就之一，是中国特色社会主义走向成熟的重要标志。

---

① 胡锦涛：《在中国共产党第十八次全国人民代表大会上的报告》，北京：人民出版社，2012 年版，第 13 页。

2. 制度与中华文化发展重要成果

"橘生淮南则为橘，生于淮北则为枳"。"缺少了文化传统的支撑，设计再完美的制度也只是纸面上的文字，很难真正得到实施，且即便实施也很可能会发生扭曲、变形。"① 任何一种制度的形成、发展、确立都有其特定存在的民族文化传统支撑。从这个意义上说，每个民族国家的制度都应有自己的独特之处。中国特色社会主义制度就是"中国特色"的，它在很大程度上是中华文化塑造的重要成果。由此而言，没有文化就没有制度，正如埃通加·曼格尔说"文化是制度之母"。②

中国特色社会主义制度有着深厚传统文化根基，是传统文化精华与社会主义制度文化的绝佳结合。就政党制度而言，我们既不是前苏联的"一党制"，也不是西方的多党制，而是共产党领导的多党合作政治协商制度——即"长期共存，互相监督，肝胆相照，荣辱与共"，体现的是忠恕之道、人和为贵。就制度探索而言，面对 20 世纪初期资本主义制度尝试的失败，中国人民没有因此气馁，而是中国先进的知识分子找到了马克思主义的理论武器。新中国成立初期，面对全新的社会主义建设实践，中国共产党选择了以计划经济体制为中心的高度、集中、单一的社会主义制度模式，但是，这种高度集中的制度模式不适合中国的生产力状况和现实的国情，中国人民继续在探索的道路上摸索，最后找到了中国特色社会主义制度。这种从旧中国资本主义制度的不成功尝试提供历史的启迪，传统社会主义制度模式的弊端中吸取历史的经验教训不断前进的过程的正是历史文化传统和中国古代朴素辩证法思想"应变精神"的具体体现。就制度内容而言，中国特色社会主义制度包括根本政治制度、基本政治制度、基本经济制度、中国特色社会主义法律体系，

---

① 朱可辛：《中国特色社会主义制度的文化支撑》，《科学社会主义》，2011 年第 5 期，第 32 页。

② （美）塞缪尔·亨廷顿，《文化的重要作用——价值观如何影响人类进步》，北京：新华出版社，2012 年版，第 23 页。

以及建立在这些制度上的经济体制、政治体制、文化体制、社会体制等各项具体制度。无论是其中哪一种制度或体制，在根本上都体现了中国传统文化中"求同存异""和而不同"的"包容精神"。这种包容精神符合了中国经济发展、政治民主、文化繁荣、社会和谐等多方面发展的要求，是中国特色社会主义制度体系得以产生、存在和发展的传统文化根基。

当然，"这并不是说制度建设要与文化传统完全契合，从而复归传统，所谓'传统'也并不总是精华，还有很多糟粕。任何一种传统文化，不管曾达到多么辉煌灿烂的高度，在其发展过程中也总会掺杂一些消极的东西。且时代在变化，曾经的精华也可能变得不合时宜了。"[1] 譬如，我们发现，如"官本位""人治""权大于法"等，这些在中国古代封建专制国家占思想统治地位的，为封建王朝的稳定做出了巨大贡献的，都已经不适应新时代的思想发展，已演变为中国传统文化中的消极腐朽方面，对中国特色社会主义制度的发展和完善必然产生负面影响。在当代社会，干部中的特权思想、特权现象正是受腐朽思想产生的，那一只只落马的"大老虎"深刻说明了我们的制度建设要摒弃文化传统中的腐朽部分，否则会造成社会巨大的影响。习近平指出："我们共产党人决不能搞封建社会那种'封妻荫子'"[2] 中国特色社会主义制度建设应该取其传统文化中的精华，弃其传统文化中的糟粕。但是，有些思想极端的人，渐渐走到了完全抛弃传统文化的死胡同，把西方资本主义制度文化或者社会民主主义制度文化与制度现代化混为一谈，把美国、英国、瑞典的社会民主主义制度看作是当今世界社会制度发展的橱窗和样板，主张实行经济"私有化"、政治"多元化"，企图照搬社会民主主义经

---

① 朱可辛：《中国特色社会主义制度的文化支撑》，《科学社会主义》，2011 年第 5 期，第 33 页。

② 《十八大以来重要文献选编》上，北京：中央文献出版社，2014 年版，第 138 页。

济、政治制度，改变中国特色社会主义的方向，这种认识必须引起高度警觉。

　　"最理想的制度建设，应该是把文化传统中的精华与现时代的需求结合起来。'中国特色社会主义制度'这一概念本身正是体现了这样一种追求，它既是'社会主义的'，又是'中国特色'的。我们需要马克思主义，在对其本土化的过程中，既要坚持马克思主义的基本原理，也要结合本民族的实际。这个'实际'不仅包括现实国家状况，也要包括自己的历史文化传统，更要顾及时代的需求。"[①]一方面，要继续对科学社会主义进行本土化，寻找本土文化传统与社会主义的结合点，并使之制度化。马克思主义，从本质来说是一种文化形态。而作为拥有千年文明史的大国，中华文化具有很大的包容性，它能够接纳、吸收和融合很多外来文化而最终使自身博大精深起来。我们现在最关键的是要使马克思主义更具有民族的形式，中华文化对马克思主义更具包容，使大众产生认同，从而决定是否接受它，并用它指导自己的行动。另一方面，对中国传统文化依据科学社会主义理念和时代的要求进行培育和创新，建设中国特色社会主义制度的新文化。中华文化之中也有很多与马克思主义背后的西方文化以及时代潮流相抵的东西，比如宗法家族伦理与法制及自由平等观念的冲突等，而这就需要改造我们的文化。

　　社会主义的中国，是一个前无古人的新型国家，从这个方面来说，它就需要一个崭新的制度，也需要培育支撑这一制度的崭新文化——这就是民族的、科学的、大众的文化。当然它不是凭空产生的，而是对传统文化取其精华，去其糟粕。总之，中国特色社会主义制度从形成到发展和确立，无不是源于文化的推动。从这个意义上说，"文化是制度生命力的源泉，只有文化及其合乎时代的发展才能保有制度持续性的创造

---

　　① 朱可辛：《中国特色社会主义制度的文化支撑》，《科学社会主义》，2011年第5期，第33页。

力。"①

（二）坚持和完善中国特色社会主义制度

改革开放以来中国共产党人的不懈追求、努力拼搏，中国特色社会主义理论的不断创新、积极实践，形成了具有中国特色的社会主义制度。但是，"中国特色社会主义制度从探索到形成只有几十年时间，各方面具体的制度还不尽善尽美，仍然有不少缺点和不足。比如：一些机制体制对新形势新任务'不适应''不管用'，新旧制度过度交替期间出现'制度漏洞''制度缺失'，不同制度之间未能形成合力甚至互相冲突，一些制度没有得到有效贯彻执行甚至流于形式；等等。"②党的十八大指出："把制度建设摆在突出位置，充分发挥我国社会主义政治制度优越性，积极借鉴人类政治文明有益成果，绝不照搬西方政治制度模式。"③我们要按照十八大要求，"以更大的政治勇气和智慧，不失时机深化重要领域改革，坚决破除一切妨碍科学发展的思想观念和体制机制弊端，构建系统完备、科学规范、运行有效的制度体系，使各方面制度更加成熟更加定型。"④更要全面贯彻落实党的十九大要求，"坚持和完善中国特色社会主义制度，不断推进国家治理体系和治理能力现代化，坚决破除一切不合时宜的思想观念和体制机制弊端，突破利益固化的藩篱，吸收人类文明有益成果，构建系统完备、科学规范、运行有效的制度体系，充分发挥我国社会主义制度优越性。"⑤

首先，坚持制度自信。制度自信，就是对中国特色社会主义制度的制度价值高度认同、制度优势高度认可、制度发展充满信心。制度自信，

---

① 石作斌：《民主文化：当代中国民主政治建设的价值视阈》，《湖北行政学院学报》，2012 年第 3 期，第 18 页。

② 中共中央宣传部：《中国特色社会主义学习读本》，北京：学习出版社，2013，第 39 页。

③ 《胡锦涛文选》第三卷，北京：人民出版社，2016 年版，第 633 页。

④ 《胡锦涛文选》第三卷，北京：人民出版社，2016 年版，第 627 页。

⑤ 《习近平谈治国理政》第三卷，北京：外文出版社，2020 年版，第 17 页。

是坚持和完善中国特色社会主义制度的坚定信念。第一，马克思主义的基本原理为中国特色社会主义制度提供了坚实的理论自信。马克思恩格斯在《共产党宣言》中指出："资产阶级的灭亡和无产阶级的胜利是同样不可避免的。"① 马克思主义深刻表明了资本主义制度的种种弊端，揭示了人类社会发展的客观规律，为中国特色社会主义制度的前进提供强大的制度自信。第二，中国特色社会主义制度优势为中国特色社会主义制度提供了实践自信。改革开放30年多年，中国特色社会主义事业取得了巨大成就，中国特色社会主义制度的优越性得到了充分显现。胡锦涛在庆祝中国共产党成立90周年大会上就曾指出，中国特色社会主义制度"有利于保持党和国家活力、调动广大人民群众和社会各方面的积极性、主动性、创造性，有利于解放和发展社会生产力、推动经济社会全面发展，有利于维护和促进社会公平正义、实现全体人民共同富裕，有利于集中力量办大事、有效应对前进道路上的各种风险挑战，有利于维护民族团结、社会稳定、国家统一。"②

其次，践行制度自觉。制度自觉，就是对中国特色社会主义制度的坚持和完善具有高度的自觉性、主动性，充分认识制度建设的重要性，积极应对制度挑战，以主动的行为推动中国特色社会主义制度创新发展。制度自觉，是坚持和完善中国特色社会主义制度应具有的主动意识。中国共产党人早在土地革命战争时期和解放战争时期，就进行了制度建设的实践，以高度的制度自觉确立了中国特色社会主义制度。改革开放后，我们党解放思想，实事求是，更加自觉地推动中国特色社会主义制度建设。在经济制度上，建立以公有制为主体、多种经济成分共同发展的基本经济制度，探索建立社会主义市场经济体制；在政治制度上推进人民

---

① 马克思、恩格斯：《马克思恩格斯文集》第二卷，北京：人民出版社，2009年版，第43页。

② 《胡锦涛文选》第三卷，北京：人民出版社，2016年版，第527页。

代表大会制度的完善、探索基层民主制度；在社会制度上，以构建社会主义和谐社会为目标，创新社会管理体系，构建社会保障体系；在文化体制上，进行一系列文化创新，促进了社会主义文化大发展大繁荣。然而，中国特色社会主义制度还不成熟不完善，制度建设的道路探索远未停止，更来不得半点懈怠。习近平在中共十八届中共中央政治局第一次集体学习时指出："中国特色社会主义事业不断发展，中国特色社会主义制度也需要不断完善。"① 在全面建成小康社会的过程中，践行制度自觉，就必须以高度的制度自觉坚持和完善中国特色社会主义制度。严格按照十九大要求，坚持中国特色社会主义政治发展道路，坚持和完善人民代表大会制度、中国共产党领导的多党合作和政治协商制度、民族区域自治制度、基层群众自治制度，巩固和发展最广泛的爱国统一战线，发展社会主义协商民主，健全民主制度，丰富民主形式，拓宽民主渠道，保证人民当家作主落实到国家政治生活和社会生活之中。②

最后，保持制度自醒。制度自醒，就是对中国特色社会主义制度有清醒的认识，既不妄自菲薄，也不妄自尊大。脚踏实地扎实推进中国特色社会主义制度创新发展。制度自醒，是坚持和完善中国特色社会主义制度应有的清醒态度。当前，中国特色社会主义制度优越性为中国特色社会主义事业提供了强大的制度保障。我们为此感到自豪，同时，也要保持强烈的制度自醒。党的十八大强调，目前制约科学发展的体制机制障碍较多。习近平在十八届中共中央政治局第一次集体学习时强调指出："应该看到，中国特色社会主义制度是特色鲜明、富有效率的，但还不是尽善尽美、成熟定型的。"③ 我们要清醒认识到中国特色社会主义制度所处的历史方位，所存在的不足，既扎扎实实地推进中国特色社会主

---

① 《习近平谈治国理政》，北京：外文出版社，2014 年版，第 10 页。

② 本书编写组：《党的十九大报告学习辅导百问》，北京：党建读物出版社、学习出版社，2017 年版，第 18 页。

③ 《习近平谈治国理政》，北京：外文出版社，2014 年版，第 10 页。

义制度创新发展，也要防止西方资本主义的制度抨击，落入"制度威胁论""制度扩张论"的陷阱。我们要牢牢按照党的十八大所指出的"在任何情况下都要牢牢把握社会主义初级阶段这个最大国情，推进任何方面的改革发展都要牢牢立足社会主义初级阶段这个最大实际"。

由此可见，制度自强是中国特色主义极其重要的优势条件。制度自强，就是坚持和完善中国特色社会主义制度，促进中国特色社会主义制度的不断成熟、完善和定型，为中国特色社会主义提供更为坚实的制度保障，为人类社会制度文明作出更大的贡献。制度自强，是坚持和完善中国特色社会主义制度的不懈追求。成熟的制度，是一个社会形态成熟的重要标志，强大的制度，是中华民族伟大复兴的重要保障。近代中国之所以落后挨打，根本原因在于制度的落后。当今世界国家之间的竞争，本质上是制度的竞争。中国特色社会主义制度是不同于资本主义制度的崭新制度形态，具有超越资本主义制度的内在潜质。习近平总书记指出："我们要坚持以实践基础上的理论创新推动制度创新，坚持和完善现有制度，从实际出发，及时制定一些新的制度，构建系统完备、科学规范、运行有效的制度体系，使各方面制度更加成熟更加定型，为夺取中国特色社会主义新胜利提供更加有效的制度保障。"① 我们有理由相信，在不远的将来，一条中国特色社会主义制度的自强之路必将铺就，中国特色社会主义制度将更加成熟、定型，中国特色社会主义必将呈现出更加光明的发展前景。党的十九届四中全会《决议》指出，中国特色社会主义制度具有多方面的显著优势，"主要是：坚持党的集中统一领导，坚持党的科学理论，保持政治稳定，确保国家始终沿着社会主义方向前进的显著优势；坚持人民当家作主，发展人民民主，密切联系群众，紧紧依靠人民推动国家发展的显著优势；坚持全面依法治国，建设社会主义法治国家，切实保障社会公平正义和人民权利的显著优势；坚持全国一

---

① 《习近平谈治国理政》，北京：外文出版社，2014年版，第10页。

盘棋，调动各方面积极性，集中力量办大事的显著优势；坚持各民族一律平等，铸牢中华民族共同体意识，实现共同团结奋斗、共同繁荣发展的显著优势；坚持公有制为主体、多种所有制经济共同发展和按劳分配为主体、多种分配方式并存，把社会主义制度和市场经济有机结合起来，不断解放和发展社会生产力的显著优势；坚持共同的理想信念、价值理念、道德观念，弘扬中华优秀传统文化、革命文化、社会主义先进文化，促进全体人民在思想上精神上紧紧团结在一起的显著优势；坚持以人民为中心的发展思想，不断保障和改善民生、增进人民福祉，走共同富裕道路的显著优势；坚持改革创新、与时俱进，善于自我完善、自我发展，使社会始终充满生机活力的显著优势；坚持德才兼备、选贤任能，聚天下英才而用之，培养造就更多更优秀人才的显著优势；坚持党指挥枪，确保人民军队绝对忠诚于党和人民，有力保障国家主权、安全、发展利益的显著优势；坚持'一国两制'，保持香港、澳门长期繁荣稳定，促进祖国和平统一的显著优势；坚持独立自主和对外开放相统一，积极参与全球治理，为构建人类命运共同体不断作出贡献的显著优势。"[1] 党的十九届五中全会明确了我国"十四五"时期经济社会发展的六大目标：经济发展取得新成效，改革开放迈出新步伐，社会文明程度得到新提高，生态文明建设实现新进步，民生福祉达到新水平，国家治理效能得到新提升。[2]

---

① 《党的十九届四中全会〈决议〉学习辅导百问》，北京：学习出版社，党建读物出版社，2019 年版，第 2-3 页。

② 《党的十九届五中全会〈建议〉学习辅导百问》，北京：学习出版社，党建读物出版社，2020 年版，第 17-18 页。

第九章　文化强国建设面临的挑战、存在的问题与哲学之思

近年来，我国在各个领域都取得了突出成就，正如十九大报告指出，五年来，我们党以巨大的政治勇气和强烈的责任担当，提出一系列新理念新思想新战略，出台一系列重大方针政策，推出一系列重大举措，推进一系列重大工作，解决了许多长期想解决而没有解决的难题，办成了许多过去想办而没有办成的大事，推动党和国家事业发生历史性变革。这些历史性变革，对党和国家事业发展具有重大而深远的影响。但是，必须清醒看到，发展起来的问题不必不发展起来少，也面临不少困难和挑战，尤其是意识形态领域斗争依然复杂，中国特色社会主义文化强国建设面临着诸多问题挑战。

第一节　文化强国建设面临的挑战

文化是民族的血脉，是一个民族生息繁衍的精神力量。它维系着一个民族的精神家园，也对其他民族起着影响和感召作用。历史悠久的中华文化是中华民族五千年发展智慧的结晶，但在建国初期甚至是改革开放后的很长一段时间内，在"赶超英美"和"以经济发展为中心"思想的引领下，我国没有给予文化建设足够的重视，在经济高速增长的同时也带来了一定的负面影响。随着改革开放的进一步深入和文化软实力在国际社会关注度的提升，我国也开始专门研究中国特色社会主义文化建设，党的十七届六中全会通过的《中共中央关于深化文化体制改革推动社会主义文化大发展大繁荣若干重大问题的决定》，明确提出了"坚持中国特色社会主义文化发展道路，努力建设社会主义文化强国的目

标。"①党的十八大报告也专章论述并对扎实推进社会主义文化强国建设进行了全面部署。十八届三中全会通过的《中共中央关于全面深化改革若干重大问题的决定》中确定了进一步深化文化体制改革的战略方向："坚持以人民为中心的工作导向，坚持把社会效益放在首位、社会效益和经济效益相统一，以激发全民族文化创造活力为中心环节，进一步深化文化体制改革。"②

"软实力"（Soft Power）是相对于"硬实力"而言的一个概念，是美国著名政治学家、哈佛大学教授约瑟夫·奈在 1990 年提出来的，他认为"软实力是一种依靠吸引力而非通过威逼或利诱的手段来实现目标的能力。一个国家的软实力主要来源于其文化、价值观和政策（包括对内政策和对外政策两个方面）。"③党的十八大指出："全面建成小康社会，实现中华民族伟大复兴，必须推动社会主义文化大发展大繁荣，兴起社会主义文化建设新高潮，提高国家文化软实力，发挥文化引领风尚、教育人民、服务社会、推动发展的作用。"④习近平总书记在主持中央政治局 2013 年第十二次集体学习时指出："提高国家文化软实力，关系'两个一百年'的奋斗目标和中华民族伟大复兴中国梦的实现"，并围绕努力夯实国家文化软实力的根基、努力传播当代中国价值观念、努力展示中华文化的独特魅力、努力提高国际话语权等四个方面作了精辟的阐述，给我国现阶段的文化软实力建设作出了有力的指引。

① 中国共产党第十七届中央委员会第六次全体会议：《中共中央关于深化文化体制改革推动社会主义文化大发展大繁荣若干重大问题的决定》，《人民日报》，2011 年 10 月 26 日，第 1 版。

② 中国共产党第十八届中央委员会第三次全体会议：《中共中央关于全面深化改革若干重大问题的决定》，2013 年 11 月 16 日。

③ 约瑟夫·奈：《提升国家软实力是中国的明智战略（大家手笔）》，《人民日报》，2015 年 02 月 16 日，第 15 版。

④ 十八大报告文件起草组：《中国共产党第十八次全国代表大会文件汇编》，人民出版社，2012 年 11 月，第 28 页。

当今世界经济全球化高速发展，文化多元化日益深入，文化软实力的竞争越来越受到各国政府的高度重视，我国也已进入社会主义现代化建设的关键时期，改革步入"深水区"，大力促进文化发展，增强国家文化软实力的要求更加迫切。在从文化冷战转入文化热战的世界文化软实力的竞争进程中，随着十七届六中全会以来党中央的高度重视，我国的文化软实力明显增强，对于全球化时代的文化问题逐步提出自己的主张，也提出了中国自己的文化安全观。在世界各地开办了孔子学院和语言文化学院，也吸引着越来越多的国外留学生到中国学习，中华文化的影响力日益提升。但由于长期以来在以"经济发展为中心"的思想引领下，过分强调 GDP 增长的经济发展模式导致了精神文明建设和文化发展的相对滞后，三十多年来的经济高速增长，已使我国发展为仅次于美国的世界第二大经济实体，但文化软实力的国际竞争力不高，还不如周边的韩国、日本等邻国。由于缺乏对传统文化的创新和改造，优秀的传统文化资源并没有转化为现实的生产力。且以美国为首的西方发达国家为了遏制中国的崛起，对我国进行文化和意识形态的强力渗透，"普世价值观"和"宪政民主"思想甚嚣尘上，与社会主义核心价值观和人民民主展开了激烈的思想角逐，很大程度上颠覆着社会主义核心价值体系，削弱了当代中国社会的理论自信、制度自信和道路自信。对此，必须要在马克思主义理论的正确指引下给予坚决的反击和批判，大力弘扬社会主义核心价值观，坚持人民民主专政，继承中华民族优秀的传统文化并积极地加以创新和改造，借鉴国外先进文化的积极因素，增强中国文化产品的国外市场竞争力，提升国民的整体文化素质，加强中国特色的文化软实力建设，为实现中华民族伟大复兴的"中国梦"提供精神动力和智力支撑。

一、普世价值与核心价值观解析

2012年11月，中共十八大报告明确提出"三个倡导"，即"倡导富强、民主、文明、和谐，倡导自由、平等、公正、法治，倡导爱国、敬业、诚信、友善，积极培育社会主义核心价值观"[①]，这是对社会主义核心价值观的精炼概括。自此，普世价值观与核心价值观之争日趋激烈，众多专家学者通过期刊、杂志、报纸、博客等纷纷公开发表自己的言论，不少人的观点是非模糊。根据评判普世价值的立场不同，主要有两种针锋相对的观点，一种观点认为，普世价值是客观存在的、所有人类都认同的价值观念，核心价值观含有普世价值的因素，且越来越趋于普世价值才是科学的价值观；另一种观点认为，人类的价值观念具有很强的历史性和阶段性，是随着社会和经济的发展而不断变化的，根本不存在对任何国家和民族都普遍适用的普世价值，社会主义核心价值观才是符合我国国情和时代发展的价值观。只有揭露以美国为首的西方推行"普世价值"的政治阴谋，我们才能认清所谓"普世价值"的本质，也才能培育和弘扬社会主义核心价值观，推进中国特色社会主义文化软实力建设。

（一）普世价值与核心价值观界说

1. 普世价值界说

普世价值，本义是指人类普遍适用的价值观念。进入 21 世纪以来，以美国为首的西方政界和学界开始频繁地使用"普世价值"的概念来表征其核心价值观。把西方的自由、民主、平等、人权等价值观提升为人类普遍适用的价值准则。西方学者认为，普世价值是客观存在的，是人类自有历史以来普遍追求的价值认同，不同国家和民族的价值观只有与"普世价值"相一致，才是符合社会发展规律的。对客观普世价值的排斥和否定，是一种落后和不开化的表现。马克思主义唯物史观认为，在没有实现共产主义前，人类没有绝对的普世价值，每个民族和文明在不同的地域和历史时期都有自己的价值观念。价值观念是时代的产物，它的内容是随着社会和经济的发展而不断变化的。

---

① 胡锦涛：《胡锦涛文选》（第 3 卷），人民出版社，2016，第 638 页。

众所周知，价值观是人们对基本价值的立场、取向和态度，是一种主观的观念性的活动。把价值观当成一种客观存在的东西来遵守是一种形而上学的抽象判断，它抹杀了价值观存在的特定社会基础和历史内涵。我们批判以美国为首的西方推行的所谓"普世价值"，即认为人类在阶级社会没有绝对的普世价值，但是我们绝不否定人类所共有的东西，"人的本质不是单个人所固有的抽象物，在其现实性上，它是一切社会关系的总和。"① 处在一定社会关系中的人，为了实现交往和维护自身的利益就必然要求自由、民主、法治的实现，也是自古以来人类普遍追求的一种价值目标。古希腊哲学家亚里士多德在《尼各马可伦理学》一书中指出，"自然的正义不同于约定的正义，前者在任何地方皆有效适用，而后者是在特定区域内约定俗成的。"《老子》一书中对人所追求的价值目标的表述是，"道常无为而无不为。侯王若能守之，万物将自化"②。这种"自然的正义"和"道"的力量正是人类共同价值的体现，而在当代社会则主要体现在自由、民主、公正、法治等价值内容。

我们今天所探讨的"普世价值与核心价值观"中的"普世价值"，显然并非人类的共同价值。进入21世纪以来，西方的政界和学界频繁使用的"普世价值"的概念，以此来表征其核心价值观是对世界普遍适用的价值观，是一种文化霸权主义和强权政治的表现。普世价值不是某一个国家或社会所奉行的某种价值观念和政治制度，西方妄图将其所践行的自由、民主、法治和人权的资本主义价值观作为普世价值推向世界是徒劳的，人类代代推崇和追求的自由、民主、法治等价值观念具有地域性和历史性，是不同的国家和民族根据自身的特殊情况制定符合本国的社会制度而体现出来的，人类共同的追求自在其中，所以以"普世价

---

① 马克思，恩格斯：《马克思恩格斯文集》（第一卷），人民出版社，2009，第1版，第501页。

② 老子：《道德经》，中国华侨出版社，2013，第37章。

值"为名义的西方国家的强势入侵体现了大国霸权主义的实质，是发达资本主义国家企图颠覆渗透发展中国家，统治世界的一种国家战略。

2. 社会主义核心价值观之思

社会主义核心价值观是社会主义核心价值体系的内核和精髓。党的十八大报告提出，倡导富强、民主、文明、和谐，倡导自由、平等、公正、法治，倡导爱国、敬业、诚信、友善，积极培育社会主义核心价值观。这是在国家层面、社会层面和个人层面提出的不同价值追求，有利于调动各方面的积极因素，将人们的思想和行动统一到社会主义现代化建设上来，具有十分重要的意义。

社会主义核心价值观是当代中国文化的内核，是社会主义核心价值体系的凝练。它与倡导民主、自由、平等、人权等价值观念的西方"普世价值"有本质性区别。首先，社会主义核心价值观是历史的，具体的。社会主义核心价值观中的自由、民主、平等、公正等内容，是在社会主义发展的初级阶段上，形成的与社会主义制度和要求相适应的、主导全社会思想和行为的一种社会意识。而"普世价值"观的内容则具有虚假性和目的性，是西方大国企图以价值观来干涉别国内政，进行意识形态渗透的霸权主义的表现。其次，社会主义核心价值观与"普世价值"观的价值主体不同。社会主义核心价值观是在社会主义初级阶段上，集中反映着无产阶级和广大人民群众对社会主义初级阶段的经济、政治、文化和社会生活的总体认识、基本理念和理想追求。后者则属于西方发达资本主义国家的资产阶级的利益和价值诉求。第三，社会主义核心价值观与"普世价值"观宣扬的价值导向不同。社会主义核心价值观以爱国主义、集体主义为社会价值观的导向，坚持"社会本位"。而"普世价值"观是西方资本主义发达国家的资产阶级价值观，其价值导向是"个人本位"，从而容易走向极端个人主义、专制主义和利己主义。

培育和践行社会主义核心价值观是一项复杂的系统工程。首先，要正确处理社会主义核心价值体系及蕴含其中的社会主义核心价值观和文化体制及各种文化产业体系和文化服务体系的关系。前者是后者的灵魂，后者是前者的重要载体。做到强"魂"健"体"，才能不断巩固全党全国各族人民的思想道德阵地。其次，将践行社会主义核心价值观融入社会主义现代化建设的全过程，用社会主义核心价值体系引领社会思潮，用马克思主义中国化的最新理论成果凝聚力量。再次，要使社会主义核心价值观的具体要求，以法律法规和政策措施的形式表现出来。从法律环境、制度环境和社会环境等各个方面给予强大支撑，从而形成践行社会主义核心价值观的强大合力。

（二）普世价值与核心价值观之争实质

1. 霸权主义与反霸权主义之争

普世价值观与核心价值观之争实质就是以美国为首的西方霸权主义与以中国为首的第三世界的反霸权主义之争。关于霸权主义的详细界定为："所谓霸权主义，就是一个国家凭借自己的经济、政治、军事实力，以强权政治和集权政治为手段，把本国统治集团的意志、统治方式和价值观念强加于别国，践踏别国主权和独立，干涉别国内政，侵略别国领土，甚至直接派兵干涉别国合法政权，妄图达到将其纳入本国势力范围的目的，霸权主义有超级大国的霸权主义和地区性霸权主义之分。"① 西方大国提出普世价值的概念，是他们妄图将其资产阶级的统治方式和价值观念强加于别国，是一种文化上的侵略，属文化霸权主义。

世界历史自从产生资产阶级和进入资本主义社会以来，就充满了霸权主义和反霸权主义的斗争。资本主义原始积累时期，资本无限制地追求最大剩余价值的本性催生了殖民霸权主义，西班牙、葡萄牙、英国、荷兰、意大利等老牌资本主义国家迅速向外扩张领土，占领殖民地，形成了殖民霸权主义和殖民地、半殖民地国家反霸权主义的斗争。随着资本主义由自由资本主义向垄断资本主义的发展，由于攫取高额垄断利润

---

① 屈全绳等主编：《邓小平理论教程》，国防大学出版社，1998，第228页。

的驱使,资本主义国家以经济为主要手段使垄断资本在世界范围内扩张,将国内过剩的资本输出国外以谋取高额利润,资本主义国家以经济霸权主义为手段实现对发展中国家的剥削和控制。随着经济全球化的发展和冷战结束,自 20 世纪 80 年代末期美国采取了新霸权主义,以意识形态、思维方式和生活方式、社会价值观念等为主要手段的文化霸权主义是美国新霸权主义的突出表现,企图以隐性的手段和方式达到主宰别国意识形态和控制文化内容及文化生活的方式。为了在世界范围内实现自己的话语霸权和文化侵略,常常采用一种相对主义的普世价值立场,要求发展中国家实现普世价值,从本质上说,是以美国为首的西方国家打着所谓"普世价值"的旗子干涉别国内政,侵犯别国主权。

2. 意识形态之争的哲学分析

普世价值与核心价值观之争,实质上也是意识形态之争。"普世价值"作为西方向社会主义国家推销的思潮,是以抽象的民主、自由、法治、人权等为主要内容的,这些内容貌似是人类普遍适用和追求的价值,而且在资本主义国家内也有一定程度的体现,甚至表面上比社会主义初级阶段的自由和民主看上去做得更好,但实际上它们是资产阶级意识形态的表现,实质上只是资本的民主、自由、法治与人权。与社会主义核心价值观中所倡导的自由、民主、法治有很大的区别。我国在社会主义文化建设中倡导培育社会主义核心价值观,是无产阶级意识形态的集中体现,西方敌对势力受到社会主义意识形态的挑战,自然不甘寂寞,必然会趁机扭转社会主义价值观的方向,这本质上体现的是一种意识形态之争。

对此,要始终坚持马克思主义的指导地位。马克思主义经典作家在分析资本主义国家普世价值背后的阶级特性时,从历史唯物主义的角度,剖析了"自由、平等、人权"等产生的历史根源,马克思认为:"自由这一人权的实际应用就是私有财产这一人权;私有财产这项人权就是任意地、和别人无关地、不受社会束缚地使用和处理自己财产的权利,这种自由首先就宣布了任意使用和处理自己的财产、自己的收入和自己的劳动和经营的人权；平等无非是上述自由的平等，整个社会的存在都只是为了保证它的每个成员的人身、财产和权利不受侵犯。……人权并没有使人摆脱财产，而是使人有占有财产的自由，人权并没有使人放弃追求财富的龌龊行为，而只是使人有经营的自由"。① 马克思站在历史唯物主义的高度犀利地批判了资本主义的"自由、平等和人权"只是维护资产阶级私有财产，进行自由经营和自由剥削的本质。

批判资本主义虚假的自由、民主的普世价值，并不代表我们不追求自由和民主。自由和民主是人类自古以来一贯的追求，在社会发展的一定时代，在一定的地域范围内，对大多数人来说，在一定程度上可以承认人类共同追求的现实性。马克思说过："自由确实是人的本质，因此就连自由的反对者在反对自由的现实的同时也实现着自由。没有一个人反对自由，如果有的话最多也只是反对别人的自由。各种自由向来就是存在的，不过有时表现为特权，有时表现为普遍的权利而已。"② 1947年，黄炎培到延安考察，指出导致历朝历代灭亡的历史周期率，对此毛泽东表示，我们已经找到了新路，我们能跳出这周期率。这条新路，就是民主。中共十八大将"民主、自由、平等、法治"等内容凝练于社会主义核心价值观，就是对人类普遍认同的这一现实性的认可和追求。要在全社会培育和践行社会主义核心价值观，加强宣传教育，不断增强人们的道路自信、理论自信、制度自信，用社会主义核心价值观引领社会风尚，统一思想，凝聚力量，不断形成积极向上的主流思想舆论导向，使西方虚假的普世价值，在社会主义核心价值观形成的正能量的氛围中不堪一击。

---

① 马克思，恩格斯：《马克思恩格斯全集》（第1卷），人民出版社，1956，第438页。

② 马克思，恩格斯：《马克思恩格斯全集》（第1卷），人民出版社，1995，第167页。

3. 文化软实力之争的哲学研究

普世价值和核心价值观之争实质上也是文化软实力之争，西方所谓的普世价值是西方资产阶级文化的价值内核，社会主义核心价值观是社会主义国家文化的价值内核，所以两种价值观的争论实质上是两种文化的争锋。当今世界科学技术迅猛发展，经济全球化的浪潮席卷全球，随之而来的，各种思想文化交流、交锋更加频繁，文化在综合国力竞争中的地位和作用越来越凸显，文化软实力发展越来越受到各国政府的高度重视。同时，经济的全球化发展带来了文化的全球化，这种经济全球化同样是在西方霸权主义的主导下形成的，企图建立以西方文化为主导的世界一体的资本主义文化。具体表现为发达资本主义国家强势文化对发展中国家文化的渗透和侵略，而发展中国家为了维护自己的国家利益和民族利益也不断地在进行自己本土文化的强化和发展。这种文化软实力之争已经成为冷战之后各国利益之争的最突出表现。

当前，中国也面临着西方文化霸权主义的严峻挑战，以美国为首的西方国家把崛起中的中国当成他们的主要竞争对手，对中国进行思想文化领域的渗透和侵略，企图从思想文化领域分裂和颠覆中国。与此同时，中国已进入全面建设小康社会的关键时期，改革步入"深水区"，文化也越来越成为民族凝聚力和创造力的重要源泉，我们要高举马克思主义的理论旗帜，及其在意识形态领域的指导地位，大力加强社会主义核心价值体系建设，培育和践行社会主义核心价值观，明确社会主义和谐文化建设的价值取向和奋斗目标，努力在全社会形成价值共识和文化认同，从而促进社会主义文化的和谐发展、社会的和谐发展，增强国家的文化软实力，提升国际话语权。

二、宪政民主与人民民主之争的哲学解析

近年来，西方的宪政民主思想，在我国知识界和社会上引起了广泛关注，尤其是改革进入"深水区"以来，有关"宪政"的呼声高涨，主

张在中国实行多党执政、三权分立、司法独立等宪政理念，认为社会主义市场经济的改革必然要求在政治体制上实行西方的宪政民主，将市场经济改革中出现的一些负面影响，如政治腐败、道德滑坡等，错误地归结为是政治体制改革没有和经济发展相适应。于是，出现了两种立场鲜明而又对立的阵营，即"挺宪派"和"反宪派"，由此表明，宪政之争已经不单单是个学术问题，而成为社会主义发展道路上和进一步深化改革必须要解决的政治问题。

（一）宪政民主与人民民主界说

1. 宪政民主解析

宪政民主是西方国家主要采取的一种民主形式，主要是以宪法为基础而实行的三权分立、多党轮流执政等政治内容。郑志学教授认为，"'宪政'一词无论从理论概念来说，还是从制度实践来说，都是特指资产阶级宪法的实施。"[①]。基于此，他将"宪政"的内涵主要概况为以下几个方面："第一，三权分立，互相制衡。这是宪政最重要的内容之一。第二，司法独立，违宪审查和宪法法院。第三，多党轮流执政。第四，议会财政。第五，有限责任政府，即小政府大社会。第六，自由市场经济。第七，普世价值，包括自由、民主、法治、人权等所谓现代西方价值观。第八，军队国家化。第九，新闻自由。"[②] 与普世价值所包括的自由、民主、法治、人权等看似人类普遍追求的价值目标，实则是资产阶级利益的维护和霸权主义的扩张相一致的是，宪政民主同样是西方只属于资本主义和资产阶级专政的制度架构。

宪政民主是以资本主义私有制为经济基础，并以法律的形式对政府权力进行约束和控制的政治制度。它的根本目的是维护资本主义私有制，维护资产阶级凭借其资本获得剩余价值的权力。"私有财产神圣不可侵

---

① 郑志学：《认清"宪政"的本质》，《党建》，2013 年 6 月，第 29 页。
② 郑志学：《认清"宪政"的本质》，《党建》，2013 年 6 月，第 29 页。

犯"是 17、18 世纪资产阶级为了维护私有财产和自身利益而提出的，在自由主义革命胜利之后，资产阶级的多党轮流执政和三权分立等政治制度也得以确立。

资本主义国家的宪政民主实行的是多党轮流执政，是由不同政见不同利益集团的人组成不同的政党，分为执政党和在野党，通过竞选在议会中占有多数席位的政党上台执政。表面上看，多党轮流执政似乎是由人民的选票决定自己的执政党，实际上只不过是有钱人的游戏。竞选经费的巨额开支，决定了只有代表大资产阶级、大财团利益的政党才有可能胜选执政。而这些政党上台以后也必然维护资产阶级的利益。恩格斯曾指出："我们在那里却看到两大帮政治投机家，他们轮流执掌政权，以最肮脏的手段用之于最肮脏的目的，而国民却无力对付这两大政客集团，这些人表面上是替国民服务,实际上却是对国民进行统治和掠夺。"[①]革命导师列宁在评价资产阶级的议会选举时也曾经一针见血地说："每隔几年决定一次究竟由统治阶级中的什么样人在议会里镇压人民、压迫人民——这就是资产阶级议会制的真正本质，不仅在议会制的立宪国内是这样，在其中最民主的共和国内也是这样。"[②]

资本主义国家宪政实行立法权、行政权和司法权三权分立，三权分别由立法机关、行政机关和司法机关掌握而又相互制衡。宪政的根本作用也就在维护三者之间权力的平衡。"要防止滥用权力，就必须以权力约束权力。"[③]从根本上讲，三权分立是为了维护资产阶级之间利益的平衡，即实现在野党对执政党权力的牵制。

---

① 马克思，恩格斯：《马克思恩格斯选集》（第 3 卷），人民出版社，1995，第 12 页。

② 列宁：《列宁全集》（第 31 卷），人民出版社，1985，第 43 页。

③ 孟德斯鸠（法），《论法的精神》，张雁琛译：商务印书馆，1961，第 154 页。

2. 人民民主解析

人民民主是中国政治制度的主要内容，"人民民主"概念最先由毛泽东于 1939 年 5 月 4 日在《青年运动的方向》一文中提出。其中的"人民"不是仅仅指无产阶级，也不是仅仅指工人阶级，而是工人阶级和各个革命阶级和爱国人士的联合，其中工人阶级是最坚强的核心，起着领导作用，并通过其先锋队组织——中国共产党来实现对各革命阶级的领导，并始终代表广大人民的根本利益。人民民主专政的本质是人民当家作主。在我国人民民主具有广泛性和真实性。人民民主的广泛性不仅表现在人民享有广泛的民主权利，而且表现在人民主体的广泛性。"人民"的范畴到底有多大？ 1957 年 2 月毛泽东在最高国务会议第十一次（扩大）会议上做的题为《关于正确处理人民内部矛盾的问题》的讲话中有一个经典的论述："……在现阶段，在建设社会主义的时期，一切赞成、拥护和参加社会主义建设事业的阶级、阶层和社会集团，都属于人民的范围"。人民民主的真实性，表现在社会主义国家有以公有制为主体的社会主义经济基础，有以人民大表大会为形式的社会主义政治保障。也表现在随着经济发展和社会的进步，广大人民的利益得到日益充分的实现。 胡锦涛同志在党的十七大报告中旗帜鲜明地强调："人民民主是社会主义的生命。""保障人民享有更多更切实的民主权利。"

人民民主的经济基础是社会主义公有制。经济基础决定上层建筑，社会主义国家广大人民群众在经济上共同享有生产资料，必然决定了在政治上共同享有民主权力。社会主义国家实行公有制经济为主体，多种所有制经济并存的基本经济制度，适应了社会主义初级阶段生产力发展的需要，能够最大限度地维护广大人民群众的根本经济利益和民主权利。

人民民主属国体范畴，它需要通过政体体现出来。我国的政体是人民代表大会制度，由各级人民代表大会统一行使国家权力，是最高的国家权力机关，其他国家机关都由人大产生，对人大负责，受人大监督。"人民代表大会中，没有议会党团，不按照党派分配席位，选举由国家财政保障人民行使选举权和被选举权。"① 每年一次的全国人民代表大会，由各级人大代表代表各地人民的意愿行使民主权力，决定一些关系国家命运和国计民生的大事。

3. 宪政民主与人民民主之争的实质

近年来，学界和社会上出现的这两种鲜明对立的阵营，即"挺宪派"和"反宪派"，其实也就是宪政民主与人民民主之争，二者的争论已经超出了学术范畴，上升到国家性质与根本政治制度的争论。宪政民主与人民民主之争的实质，也就是西方资本主义国家的资产阶级民主与社会主义国家的人民民主之争，也就是西方的三权分立、多党轮流执政等政治制度与我国的人民代表大会之争。因此，宪政民主与人民民主之争实质上是道路之争，在社会主义道路与资本主义道路之争。

改革开放以来，我国取得了经济发展的巨大成就，但由于"以经济发展为中心"的思想占据主导地位，社会发展和文化发展没有得到相应跟进，出现了政治腐败、道德滑坡等政治现象和社会现象。在总结改革发展的重大成果之际，也有必要反观过去，思考政治体制改革和文化发展的重要性。于是"挺宪派"借机发声，提出在中国实行西方的多党轮流执政、三权分立和司法独立等宪政主张，认为社会主义市场经济的改革必然要求在政治体制上实行西方的宪政民主，将市场经济改革中出现的一些负面影响，错误地归结为政治体制改革没有和经济发展相适应。这种观点貌似有一定道路，但只要稍加思考就可以拨开迷雾看清其错误实质。

从马克思历史唯物主义的角度分析，从"宪政"的理论和实践所形成和发展的历史过程来看，宪政民主；集中反映和支撑的是西方资本主义的社会制度和政治制度，是西方资本主义世界的一个核心政治概念，

---

① 杨晓青：《宪政与人民民主制度之比较研究》，2013 年 05 月 22 日，人民网（http://theory.people.com.cn/n/2013/0522/c40531-21566974.html）。

它的背后隐藏的是资产阶级的财产统治，是资本主义私有制的政治表现。恩格斯早已指出："现在的问题是：实质上究竟是谁统治着英国呢？是财产。财产使贵族能左右农业区和小城市的代表选举；财产使商人和厂主能影响大城市及部分小城市的代表选举；财产使二者能通过行贿来加强自己的势力。财产的统治已经由改革法案通过财产资格的规定所确认了。既然财产和通过财产而取得的势力构成资产阶级的本质，既然贵族在选举中利用自己财产的势力，因之他不是以贵族的身份出现而是和资产阶级站在同等的地位，可见实际上整个资产阶级的势力要比贵族的势力强大得多，可见真正进行统治的是资产阶级。"① 所以我们要格外慎重，不能落入其背后隐藏着的"话语陷阱"。

尽管新中国成立以来，在社会主义现代化建设和改革开放过程中，遇到了一些困难，也曾因"摸着石头过河"出现过这样那样的失误。但经过几十年的探索，已经建立了真正符合我国国情的人民代表大会制度，已经有了"坚持党的领导、人民当家作主和依法治国有机统一""发展社会主义民主政治""建设社会主义法治国家"等基本政治概念。虽然在社会主义初级阶段这些政治概念还很不完善，需要随着社会的发展而不断健全，但它们毕竟是对我国民主政治建设经验的科学总结，基本适应了社会主义初级阶段的国情，推动了改革开放以来经济的飞速发展，我们需要有这个制度上的自信，因为这个制度才是真正体现了"人民民主"，不需要用西方虚假的"宪政"来对它进行任何点缀和装饰。邓小平曾鲜明地指出："资本主义社会讲的民主是资产阶级的民主，实际上是垄断资本的民主，无非是多党竞选、三权鼎立、两院制。我们的制度是人民代表大会制度，共产党领导下的人民民主制度，不能搞西方那一套。"②

---

① 恩格斯：《英国状况英国宪法》，《马克思恩格斯全集》（第 1 卷），人民出版社，1956，第 687–688 页。

② 邓小平：《邓小平文选》（第 3 卷），人民出版社，1993，第 240 页。

（二）人民民主是"中国梦"的内在要求

实现中华民族伟大复兴的中国梦，是在社会主义现代化强国建设的新时代，我国的经济、政治、文化、社会、生态文明建设取得一系列重大成就的条件下，党的新一届中央领导集体为我国描绘的发展蓝图。习近平总书记在十二届全国人大一次会议闭幕会上指出："实现全面建成小康社会、建成富强民主文明和谐的社会主义现代化国家的奋斗目标，实现中华民族伟大复兴的中国梦，就是要实现国家富强、民族振兴、人民幸福，既深深体现了今天中国人的理想，也深深反映了我们先人们不懈追求进步的光荣传统。"[①]"中国梦"的提出诠释了中华民族十几亿同胞的共同理想和整体意识，已成为当今新一届领导集体的执政理念，成为中华民族大展宏图、蓬勃发展的动力，也引起了国际社会的广泛关注。

实现中国梦是一项巨大的系统工程，是当代中国人民最伟大的实践。它的实现需要选择好一条正确的道路，这就是在社会主义建设和改革开放的漫长实践中总结和提炼出来的，符合我国国情发展的中国特色社会主义道路。建设社会主义民主政治是中国特色社会主义道路的重要内容和政治基础，也是实现中华民族伟大复兴所做的必要的政治准备，所以，人民民主是实现"中国梦"的内在要求、政治基础和政治保障。

1. 人民民主是"中国梦"的政治保障

党的十九大为我国政治发展道路和政治体制改革描绘了蓝图：要连续、积极、稳妥地推进政治体制改革，发展更加广泛、更加充分、更加健全的人民民主。必须坚持党的领导、人民当家作主和依法治国的有机统一。在带领人民实现中国梦的征程中，党推动民主政治建设的步伐迅速而稳健。有学者将"中国梦"分解为七个具体的梦想，即复兴梦、民

---

① 中共中央文献研究室：《习近平关于实现中华民族伟大复兴的中国梦论述摘编》，中央文献出版社，2013，第4-5页。

主梦、改革梦、强军梦、民生梦、统一梦、和平梦，而民主梦就是要实现民主政治，实现人民民主，这是"中国梦"的政治保障。没有民主就没有自由，没有民主和自由也就没有一个社会的公平、正义，没有公平、正义社会就会失序，没有稳定的社会环境经济建设也就无从谈起，没有经济的强盛又何谈中国梦的实现。

我国非常重视民主政治建设，积极探索民主的多种实现形式。从以科学、民主的手段不断加强立法工作，到让人民享有国家权力，参与国家管理；从小政府大社会，到积极推行权力运行的公开化、尺度化。新一届政府成立以来，中央政府不断分批下放行政权力，赋予地方更多的民主权力，从而提高了行政效率，激发了地方政府和人民的积极性。加快推进社会主义民主政治建设，使之制度化、规范化、法制化，从而使凝聚亿万人心的"中国梦"有更加坚实的政治保障。

2. 人民民主为"中国梦"凝聚力量

加强社会主义民主政治建设，完善人民民主，保障人民依法享有各项权利和自由，势必会激发全体人民以更大的热情，投身于社会主义现代化建设的伟大实践，为中国梦的实现凝聚力量。中国梦实质上就是国家的梦想、民族的梦想、人民的梦想。实现中华民族伟大复兴的中国梦是当代中国人民最伟大的实践，只有依靠广大的人民群众才能完成。习近平指出："中国梦归根到底是人民的梦，必须紧紧依靠人民来实现，必须不断为人民造福"。①

根据马克思主义历史唯物主义的基本原理，"人民群众是历史的创造者，是推动历史发展的根本力量"，任何社会实践都要尊重人民群众的主体地位，发挥人民群众创造历史的力量。"历史活动是群众的活动，

---

① 中共中央文献研究室编：《习近平关于实现中华民族伟大复兴的中国梦论述摘编》，中央文献出版社，2013，第 14 页。

随着历史活动的深入，必将是群众队伍的扩大"①"中国梦"的实现也必须遵循这一客观规律，充分体现和尊重人民群众对历史的推动力。加强人民民主，让人民在民主自由的社会氛围中相互依存、相互交往，共同缔造中国梦的实现，创造美好的家园，通过人民群众的力量推动大国历史文明的延续和不断发展。中国共产党对社会主义民主政治的建设和群众路线的贯彻执行，正是尊重人民历史地位的具体体现。

三、中国文化产品的国外市场竞争力解析

文化是民族的血脉和思想积淀，是揭示人类社会存在和发展的重要依据。文化实力和竞争力是国家富强、民族振兴的重要标志。自美国著名学者约瑟夫·奈（Joseph Nye）提出软实力的论断以来，文化软实力的发展日益受到各国的重视，文化软实力的竞争也成为自冷战以来国与国竞争的主要方式。加快发展文化产业，增强文化整体实力和竞争力是形成文化软实力的重要基础和条件。文化产品是文化产业的主导性因素，文化产业的竞争力主要体现在文化产品的竞争力上。文化产品国际市场竞争力的高低是文化产业发展强弱的重要体现，也是文化软实力竞争的一个重要表征。联合国教科文组织（简称 NUESCO）对文化产品的定义是："文化产品是个人或集体创造性的结果，包括印刷品和文学著作、音乐、视觉艺术、电影和摄影、广播和电视、竞技和运动产品等。可具体分为有形文化产品、无形文化产品和文化服务。"②

（一）中国文化产品的国外市场竞争力的哲学分析

1. 中国文化产品的国外市场竞争力日益提升

文化的发展是一个国家综合国力、软实力发展的前提。近年来，由

---

① 马克思、恩格斯：《神圣家族（节选）》（1844 年 9 月—11 月），《马克思恩格斯文集》（第 1 卷），人民出版社，2009，第 287 页。

② 王立凤，郑一萍：《基于经济学视野的文化产品与文化资源论》，《海南大学学报》（人文社会科学版），2007，第 268 页。

于文化产业在国民经济发展中日益上升的国际地位，文化产品贸易的发展越来越呈现出迅猛的态势。随着经济全球化的发展，传统贸易的利润空间越来越小，文化产品贸易的上升趋势势不可挡。自进入新世纪以来，我国政府也日益重视文化产业和文化产品贸易的发展，做出了扩大文化领域对外开放、大力发展文化产业、深化文化体制改革等一系列举措。通过提升文化软实力促进社会发展和民族的振兴，既符合文明崛起的思路，也是我国传统文化"内圣外王"思想精华的体现。早在 2000 多年前的孔子就曾说过："为政以德，譬如北辰居其所，而众星共之"[1] 的名言。当前，党的十八大报告站在时代发展和战略全局的高度，深刻阐明了加强文化建设的重要性和紧迫性，明确提出了建设社会主义文化强国的大政方针和目标要求，进一步丰富和发展了社会主义文化建设理论，指明了我国文化建设的前进方向。"[2]

从 2000 年党的十五届五中全会通过的《中共中央关于制定国民经济和社会发展第十个五年计划的建议》第一次明确提出要大力发展文化产业，到党的十八大明确提出要将文化产业作为国民经济支柱产业，这 10 余年时间里，我国文化产业取得了长足的发展，已经初具规模，改变了我国贸易结构单一的现状，提升了贸易地位，尤其是近年来我国实行文化"走出去战略"以来，不断扩大文化产品的出口规模和出口种类，提升了文化产品在国际市场上的竞争力，增强了我国的文化软实力。"在'十二五'期间，文化部门管理的文化产业增加值年平均现价增长速度高于 20%，2015 年将比 2010 年至少翻一番，实现倍增。到 2020 年，我国 GDP 约为 111 万亿元。据此推算，到 2020 年，我国文化产业的增加值必须超过 5.5 万亿元，占 GDP 的比重才能达到 5%，才能称为支柱

---

① 孔子及其弟子：《论语·为政篇》，中华书局，2006。
② 本书编写组：《十八大报告学习辅导百问》，党建读物出版社，2012，第 1 版，第 100 页。

性产业。截至 2012 年底，我国文化产业的增加值超过 1.6 万亿元，占国内生产总值的比重接近 3%。"①

2. 中国文化产品的国外市场竞争力发展存在的问题

虽然近年来我国文化产业得到了长足发展，文化产品的国际竞争力明显增强，但就目前情况来看，文化产业相对于国民经济其他行业，仍然相对滞后、规模较小。文化贸易发展与传统贸易发展相比仍然比较薄弱，存在着巨大的贸易逆差，文化产品出口在全国同期货物出口总额中所占的比重很低，导致我国文化产品的国际竞争力虽然有所提升，但仍然很薄弱。问题主要集中在以下几个方面：

第一，中国文化产业基础薄弱问题。我国文化产业自上世纪 70 年代末期到 80 年代中期才刚刚起步，1992 年国务院出台《重大战略决策——加快发展第三产业》，第一次使用了"文化产业"的概念，标志着文化作为一个产业初步形成。随着文化软实力竞争的加剧，从 2000 年党的十五届五中全会通过的《中共中央关于制定国民经济和社会发展第十个五年计划的建议》才第一次明确提出了要大力发展文化产业，至此，我国的文化产业才有了一个较快的发展，但由于起步较晚，基础相对薄弱，我国文化产品占世界文化市场的比重不足 4%。而西方国家的文化产业形成于上世纪二三十年代，到本世纪初已经成为引领国家产业创新和发展的一股重要力量。

第二，中国文化产业管理体制落后问题。我国文化产业长期存在政企不分现象，现在的文化企业大多是由以前的文化事业单位改制而来的，这些事业单位存在人员冗余、管理效率低下、竞争力不强等弊端，改制以来换汤不换药，各文化企业各自为政，条块分割，没有形成统一的国内市场，不能真正适应市场经济的发展，使我国丰富的文化资源没有得

---

① 博思数据研究中心：《2014-2019 年中国文化产业竞争力分析及投资前景研究报告》，2014 年 3 月，www.bosodata.com。

到深入挖掘，严重影响了我国文化产品的国际竞争力。

第三，中国文化企业实力问题。如前所述，改制后的文化企业本身存在很多问题，严重影响了自身竞争力的提升。直接导致对文化产业投入不足，文化产品科技含量不高。"《财富》杂志发布的2009年世界500强企业名单显示，上榜文化企业全部来自国外，仅迪士尼、时代华纳和新闻集团的总营业收入就1178.23亿美元，超过我国所有文化企业的同期收入水平。"[1]

第四，文化产品内容与竞争力问题。文化产品的真正价值往往体现在它所包含的文化内容上，所以文化产品的竞争力主要是其所体现的文化内容的竞争力。目前，由于我国文化产业发展力量比较薄弱，我国丰富的文化资源还远远没有开发，造成文化产品内容单一，缺乏感染力、亲和力和震撼力，竞争力薄弱。要想使文化产品得到国外消费者的认可，就必须结合我国丰富的文化资源，开发出既有我国民族特色，又富含现代时尚元素，能够被其他国家和民族所接受的文化产品。

3. 中国文化产品的国外市场竞争力的影响因素

（1）科技因素解析

科学技术在当今世界的迅猛发展，使它强势地渗入了社会生活的每一个细胞，也成为文化产业迅速发展的重要动力和支撑。不仅创新着文化产业的内容，也拓展着它的传播方式和途径，尤其是现代电子传媒、数字化、网络技术的出现，使得文化产品的传播速度和范围得到了前所未有的提高。目前，我国的文化产业和文化产品国际市场竞争力薄弱，一个很重要的因素就是科学技术的影响。邓小平曾经说过，"科学技术是第一生产力"[2]，而针对文化产业来说，这句话同样适用，甚至更加

---

① 孙海鹄：《我国文化产品出口状况研究》，《经济纵横》，2011年第8期，第73页。

② 邓小平：《中捷改革经验可相互借鉴》，《人民日报》，1988年9月5日，第1版。

有意义。高科技在文化产品中的应用，不仅会带来文化产品形式的创新，而且会使文化产品的经济价值成倍放大。迪士尼乐园将高科技运用于文化娱乐业，收入额成几何级数增长，已经成为世界文化产业的头号"帝国"。

当前，我国文化产业和文化产品的科技含量较低，缺乏高科技的主导型产业。要积极鼓励知识创新和技术创新，用技术手段开发我国丰富的文化资源，使传统的，具有民族特色的文化积淀转化成与高科技相融合的，适应现代社会发展的，具有较高国际竞争力的文化产品。要运用高科技手段提高文化产品的附加值，以满足现代市场的需求。日本一位很著名的企业家曾经说过，现在的时代不仅仅是销售东西，还需要附属文化。用高科技的手段不断增加物质产品的文化内涵，创新文化产品的生产方式和传播方式，已经成为当今世界经济发展的重要组成部分。

（2）文化因素解析

文化因素是影响文化产品国外竞争力的主要因素。文化产品的价值高低最终取决于它的文化内涵。文化产品要想能够体现自身价值，在国际市场上具有竞争力，就必须能够满足人们对文化的需求。社会主义文化是人民大众的文化，是人民共建共享的文化。社会主义的文化产品也必须要把人民利益放在第一位，从而使文化产业有更加广泛的群众基础和力量源泉。同时，文化产品要想做出民族特色，还必须积极挖掘优秀民族文化资源。文化资源是一个民族代代相传的精神财富，也是人类智慧的结晶，每一个民族经过历史的洗礼而沉淀下来的精华，都是对世界发展和人类进步的贡献，都是人类历史长河中的璀璨明珠。而中国有着5000多年的文明史，是一个因四大发明而著称于世的文明古国，春秋战国时期的"百家争鸣"，汉唐文化的博兴，宋明理学的繁盛都是我国丰厚文化资源的表征。我国的文化产业要立足于华夏文明肥沃的土壤之上，吸收传统文化的精华，利用现代化的科技手段拓展文化产品的内涵和外延，将传统的中华文化以现代化的形式走向世界，这不仅是中国文化产品国际市场竞争力的问题，也是中国人民对世界文明的巨大贡献。

（3）企业因素解析

影响我国文化产品国际市场竞争力的一个重要因素就是企业因素。我国的文化企业大多是 80 年代末由以前的文化事业单位改制而来的，这些事业单位存在人员冗余、管理效率低下、竞争力不强等弊端，而且改革以后并没有实行真正的企业化管理，且各自为政，条块分割，没有形成统一的国内市场，不能真正适应市场经济的发展，使得文化产业发展处于被动状态，文化产品竞争力不高。同时我国文化企业的国际市场开拓意识缺乏，营销能力较低，不能形成统一的国际营销运作模式，导致国际市场占有率较低，外资企业仍然是文化产品出口的主体。

我国文化企业的品牌意识淡薄，文化产品的出口缺乏高端品牌，没有以民族文化为基点形成自己的民族特色，致使我国的文化产业长期处于世界文化产业链条的下游。由于文化企业的竞争力薄弱，又没有大胆开放的政策和统一的国际营销运作模式，所以我国大规模的文化跨国公司还处于组建和发展阶段，而在发达国家尤其是美国和日本，大型文化跨国公司的实力已经很强，美国的文化产业集团主要是跨国公司，利用其实力不断向别国进行扩张，强力输出美国的文化，在世界推行文化霸权主义。

（4）政府因素解析

政府因素是影响我国文化产品国际竞争力的又一个重要因素。由于我国文化企业的实力薄弱，以及文化企业改制以前政府对文化事业单位的一贯管理，造成政企不分现象严重，文化企业的发展受到上级主管部门的控制和干预过多，市场主体地位受到严重削弱，缺乏活力和创新力，从而降低了文化产品的国际市场竞争力。同时文化市场的相关政策法规不完善，无法保护文化产业和发展和文化产品的出口。尽管在文化企业改制以后政府给了很多优惠措施，和政策上的支持，但相对于其他产业发展来说力度还很不够，文化产业领域内的法律法规还很不健全，广播电视法、电影法等长期处于缺失状态。

在我国文化产业的发展过程中，政府要理顺关系实行政企分开，给文化企业更多的自主权，着力完善企业的市场主体地位，实行以市场为导向的文化技术创新体系，要以建立现代企业制度为重点，完善企业法人治理结构，推进文化产业发展为我国的支柱性产业。完善文化产业领域的法律法规建设，为文化产业发展和文化产品出口提供有力的法律保障。从目前情况来看，我国的文化体制还不能完全适应经济全球化的发展，深化文化体制改革，解放和发展文化生产力迫在眉睫。

四、新时代中国国民素质提升之思

一个国家的国民素质是文化软实力的重要内容，代表着一个国家的形象。提升国民素质是增强国家文化软实力的重要举措，是国与国之间竞争的一个根本性和实质性的问题。国民素质是一个综合性的概念，一般指一国国民在先天禀赋和社会文化影响的基础上，在后天教育和实践活动中形成的包括身体、心理、社会文化特质等在内的综合素质。有的认为国民素质包括硬件和软件两个方面，身心素质是硬件，文化道德修养是软件。身心素质可以用仪器设备进行测量和分析，可以量化；文化道德修养是通过人的语言和行为表现出来的，也可分出高低。有的认为国民素质可以分为三类八种：三类素质是指自然身体素质，社会心理素质和文化道德素质；八种素质是指身体素质、心里素质、思想素质、政治素质，道德素质，业务素质，审美素质，劳技素质。国民素质具有先天不同性与后天发展性、历史性与现实性、协调性与非协调性、个体性与群体性等特征。国民素质是在社会实践中培育形成的。

（一）何以弘扬中华民族优秀传统文化

中华传统文化历史悠久，是中华民族几千年的历史积淀。从春秋战国时期的"百家争鸣"，到汉唐文化的博兴，再到宋明理学的繁盛都是我国丰厚文化资源的表征。这一文化资源不仅具有历史文献和文明遗产的价值，也是中华民族精神力量的源泉。对于中华民族的传统文化，我们要继承其精髓，抛弃其陈腐，使其既有民族特色又有时代精神。将现代化的科技手段与民族文化的继承和发展相结合，创新产学研相结合的文化发展体系，将民族文化推向世界。

1.继承中华民族传统文化之精髓

中华优秀文化是5000多年的文明史积淀下来的，中华民族的精神基因和智慧结晶，是人类历史长河中的璀璨明珠，为人类社会发展作出了卓越的贡献。几千年来，中华民族深厚的文化传统，滋养着我们的血脉，是中华民族生存和发展的根本力量。在改革开放的今天，在全国人民齐心协力实现"中国梦"的伟大征程上，中华民族的优秀传统文化应该继续为我国的繁荣富强发挥积极作用，在国内提升国民素质，跨出国门，提升我国的文化软实力，彰显大国形象。

党中央高度重视中华民族传统文化的继承发展问题，习近平总书记在联合国教科文组织演讲时曾提到："每一种文明都延续着一个国家和民族的精神血脉，既需要薪火相传、代代守护，更需要与时俱进、勇于创新。中国人民在实现中国梦的进程中，将按照时代的新进步，推动中华文明创造性转化和创新性发展，激活其生命力，把跨越时空、超越国度、富有永恒魅力、具有当代价值的文化精神弘扬起来，让收藏在博物馆里的文物、陈列在广阔大地上的遗产、书写在古籍里的文字都活起来，让中华文明同世界各国人民创造的丰富多彩的文明一道，为人类提供正确的精神指引和强大的精神动力。"[1]在党的十九大报告中，习近平总书记也明确指出，"中国共产党从成立之日起，既是中国先进文化的积极引领者和践行者，又是中华优秀传统文化的忠实传承者和弘扬者。当

---

① 习近平：《联合国教科文组织演讲》，《人民日报》，2014年3月28日，第1版。

代中国共产党人和中国人民应该而且一定能够担负起新的文化使命，在实践创造中进行文化创造，在历史进步中实现文化进步"。① 中华民族传统文化之精髓对于在改革开放过程中，在市场以"资本"和"利润"为主导因素的指引下所产生的浮躁、拜金、市侩、虚伪等异化的人性具有教育和引导作用。如"天行健，君子以自强不息；地势坤，君子以厚德载物"，"道之以德，齐之以礼，有耻且格"，"弟子，入则孝，出则弟，谨而信，泛爱众，而亲仁。行有余力，则以学文。"等都以深厚的文化内涵给当代人以心灵的启迪，不仅可以提升国学功底，还可以陶冶情操，明白做人的道理，提升国民的修养和综合素质。

2. 积极创新改造传统文化，使之走向世界

传统文化博大精深，是几千年来中华民族生存和发展的根基，但随着时代的发展，也有许多与社会和经济发展不相适应的地方。这就要求我们在继承传统文化精髓的同时，积极借鉴现代文明的科学成果和理性思维，吸收国外的优秀文化成果，对传统文化中的陈腐和糟粕加以积极的改造甚至抛弃，使之与时代发展和社会主义现代化建设相适应，并且要借助"中国梦"的强大感召力和精神动力，跨越国门，走向世界。

努力"增强中华文化国际影响力"，是增强我国文化软实力和文化产品国际竞争力的重要途径。《中共中央关于深化文化体制改革推动社会主义文化大发展大繁荣若干重大问题的决定》明确提出如下要求：②一是要开展多渠道多层次对外文化交流，广泛参与世界文明对话，促进文化相互借鉴，增强中华文化在世界上的感召力和影响力，共同维护文化多样性；二是要创新对外宣传方式方法，增强国际话语权，妥善回应

① 本书编写组：《党的十九大报告学习辅导百问》，党建读物出版社、学习出版社，2017，第 35 页。
② 中国共产党第十七届中央委员会：《〈中共中央关于深化文化体制改革推动社会主义文化大发展大繁荣若干重大问题的决定〉辅导读本》，人民出版社，2011，第 29 页。

外部关切，增进国际社会对我国基本国情、价值观念、发展道路、内外政策的了解和认识，展现我国文明、民主、开放、进步的形象；三是要实施文化走出去工程，完善支持文化产品和服务走出去政策措施，支持重点主流媒体在海外设立分支机构，培育一批具有国际竞争力的外向型文化企业和中介机构，完善译制、推介、咨询等方面扶持机制，开拓国际文化市场；四是要加强海外中国文化中心和孔子学院建设，鼓励代表国家水平的各类学术团体、艺术机构在相应国际组织中发挥建设性作用，组织对外翻译优秀学术成果和文化精品；五是构建人文交流机制，把政府交流和民间交流结合起来，发挥非公有制文化企业、文化非营利机构在对外文化交流中的作用，支持海外侨胞积极开展中外人文交流；六是建立面向外国青年的文化交流机制，设立中华文化国际传播贡献奖和国际性文化奖项。

可见，积极创新改造传统文化，使之走向世界是一个系统工程。我们要按照党中央的各项部署，学懂弄通做实习近平新时代中国特色社会主义思想，脚踏实地，既有继承又有改造，既能立足本国保持民族特色，又能借助现代化的传播手段，使传统文化走向世界，使之更好地为世界和平和人类的共同发展贡献力量。

（二）提升国民道德素质之思

国民的道德素质是一个国家国民素质的重要体现。道德素质是人们的道德认识和道德行为水平的综合反映，包含一个人的道德修养和道德情操，体现着一个人的道德水平和道德风貌。道德对人们的社会行为和活动方式起着无形的制约作用，与法律法规不同的是，道德对人的行为是一种事前约束，可以降低法律法规事后惩治的成本，促进社会和谐。国无德不兴，人无德不立。当前我国的改革开放已步入"深水区"，中华民族的伟大复兴的"中国梦"为国家的未来发展描绘了宏伟蓝图，这更需要国民道德素质的提升，需要用道德这一无形的力量，凝聚人心，匡正社会风气，弘扬中华传统美德，加强社会公德、职业道德和家庭美德教育，改善社会软环境，实现社会和谐有序发展。

1. 当代中国人道德素质问题

2011年10月，广东佛山的"小悦悦"事件引起了社会上的一片哗然，18个路人经过却无人施以援手，一个幼小的生命在冷漠中凋零。2014年5月28日，山东招远麦当劳快餐厅命案，餐厅内围观的人有人报警但无人施救，一个年轻的生命被残酷地摧残。社会的道德再一次遭到了灵魂和鲜血的拷问，我们的道德素质在哪里，我们的道德底线在哪里？

改革开放以来，我国的经济飞速发展，取得了令世人瞩目的成就，但在"以经济建设为中心"思想的指引下，我国的精神文明建设没有赶上经济快速发展的步伐，市场这只看不见的手，如果没有政府的宏观引导和社会道德的约束也必然是盲目的。中华民族的伟大复兴不仅要有经济上的复兴，更要有文化上的复兴。"道德是提高人的精神境界、促进人的自我完善、推动人的全面发展的内在动力。历史和现实反复表明，一个社会是否文明进步，一个国家能否长治久安，很大程度上取决于公民思想道德素质。"[①]"党的十八大报告，从建设社会主义文化强国的全局出发，对全面提高公民道德素质作出部署，强调这是社会主义道德建设的基本任务，我们一定要深刻理解把握、认真贯彻落实。"[②]

面对社会上的道德败坏事件，近年来，"道德滑坡"论和"道德体系崩溃"论甚嚣尘上。这些理论未免有失偏颇，虽然在经济快速发展的过程中，我们的道德体系的确存在一定的问题，但应该看到社会的道德主流仍然是好的。如"当代雷锋"郭明义、"最美教师"张丽莉等这些"平民英雄"不乏给我们树立了道德的楷模。汶川地震、鲁甸地震中全国人

---

① 本书编写组：《十八大报告学习辅导百问》，党建读物出版社，2012，第107页。

② 胡锦涛：《胡锦涛文选》（第3卷），人民出版社，2016，第638页。

225

第九章 文化强国建设面临的挑战、存在的问题与哲学之思

民的无私援手给灾区人民莫大的精神鼓舞，一句"我们都是汶川人"，给灾区人民受伤的心灵以极大的鼓励和安慰。中华民族是崇尚礼仪和道德的民族，中华古圣先贤历来崇尚"以德服人"，孔子《论语·学而篇》有名言"有朋自远方来，不亦乐乎？人不知而不愠，不亦君子乎？"2000多年来一直为人们所学习和推崇。我们有着5000多年礼仪道德的根基，社会道德的主流也是积极向上的，在当今改革步入"深水区"的关键时期，我们要将主流变为洪流，涤荡改革开放带来的负面影响，实现中华民族的伟大复兴。

2. 当代中国人道德素质问题的哲学分析

一方面，改革开放初期对道德建设不够重视。自20世纪70年代末国家作出了实施改革开放的伟大决策，我国社会经济得到了迅猛发展，但在"以经济建设为中心"思想的指引下，我国的精神文明建设没有赶上经济快速发展的步伐。改革开放初期对道德建设重视不够。改革开放以后，在传统的道德体系出现裂变之际，没有重视新的道德体系的积极构建，虽然提出了精神文明建设和物质文明建设两手都要抓，两手都要硬，但在以"经济发展为中心"的思想指导和片面追求GDP发展指标的驱动下，精神文明建设并没有得到足够的重视。随着经济的发展和社会主义市场经济的建立，传统的道德体系发声裂变，但与市场经济发展相适应的道德体系的建立需要有一个过程。

另一方面，传统道德规范没有得到很好的继承。文化大革命中"破四旧"运动将旧思想、旧文化、旧风俗、旧习惯作为破除的对象，给传统文化带来了一场浩劫。传统的道德体系受到严重冲击。改革开放以后，"窗户打开了，苍蝇、蚊子也进来了"，[①] 市场经济的深化和传统道德体系的裂变，在一定程度上造成了人们的思想混乱。

3. 培育良好公民道德之思

---

① 邓小平：《邓小平文选》（第3卷），人民出版社，1993，第139页。

国无德不兴，人无德不立。公民良好的道德规范是增强国家软实力、构建和谐社会环境和良好人际关系的基础。当前积极培育良好的公民道德，构筑符合时代发展，又体现我国民族传统的现代化的道德体系刻不容缓。对此，党的十八大报告站在推进社会主义文化强国建设的高度给出了具体部署：① 加强社会公德、职业道德、家庭美德、个人品德教育，弘扬中华传统美德，弘扬时代新风。推进公民道德建设工程，弘扬真善美、贬斥假恶丑，引导人们自觉履行法定义务、社会责任、家庭责任，营造劳动光荣、创造伟大的社会氛围，培育知荣辱、讲正气、作奉献、促和谐的良好风尚。深入开展道德领域突出问题专项教育和治理，加强政务诚信、商务诚信、社会诚信和司法公信建设。加强和改进思想政治工作，注重人文关怀和心理疏导，培育自尊自信、理性平和、积极向上的社会心态。深化群众性精神文明创建活动，广泛开展志愿服务，推动学雷锋活动、学习宣传道德模范常态化。

文化软实力的根基是全社会的崇德向善，"中国梦"实现的依靠力量是广大人民群众，这不仅要求人民群众具有较高的科学文化素质、深厚的文化底蕴，更需要有高尚的道德品质。习近平总书记指出，"夯实国内文化建设根基，一个很重要的工作就是从思想道德抓起，从社会风气抓起，从每一个人抓起。"② 提升国民道德素质，要以中华传统美德为基，实现中华传统美德的创造性转化和创新性发展，使中华优秀传统文化所崇尚的"父慈子孝""己所不欲，勿施于人""老吾老以及人之老，幼吾幼以及人之幼"等基本道德规范，融入到人们的日常生活和工作中，匡正社会风气，构筑良好人际关系和社会主义和谐社会。

社会主义核心价值体系所包含的社会主义荣辱观，社会主义核心价

① 胡锦涛：《胡锦涛文选》（第 3 卷），人民出版社，2016，第 638—639 页。
② 习近平：《建设社会主义文化强国着力提高国家文化软实力》，《理论学习》，2014 年 1 月 1 日，第 1 版。

值观所倡导的爱国、敬业、诚信、友爱，是我国人民在长期实践中培育和形成的具有时代意义的社会主义道德观。它引导人们向往和追求道德风尚的社会生活，建立良好的人际关系，建设充满公平、正义的和谐社会。"人类文明演进的历史告诉我们，社会道德进步从来都不是平坦的、直线的，而是螺旋式上升的，是在战胜各种挑战中不断前行的。种种失德败德现象，是道德前进途中必须跨越的荆棘，是文明发展路上必须经历的磨练。我们既要增强道德建设的紧迫感和责任感，不断推进社会风气的改善，也要以理性、平和的心态来看待，对中华美德的传承光大充满信心和希望。"[1]

4. 当代国民教育发展问题

改革开放以来，我国的教育事业虽然取得了举世瞩目的成就："城乡免费义务教育全面实现，所有适龄儿童"不花钱，有学上"；高等教育进入大众化阶段，毛入学率达 26.9%；国家财政性教育经费大幅增加，2012 年将实现占国内生产总值 4% 的目标……"[2] 为经济和社会发展提供了坚实而有力的支撑。但与此同时，仍存在一系列的问题，素质教育的呼声日益高涨，教育资源分配不公、教育机会不均等等现象还普遍存在，严重影响了教育事业的发展和国民素质的提升，是我们必须要面对和解决的问题。

"一项对全球 21 个国家的调查显示，中国孩子的计算能力排名第一，想象力倒数第一，创造力倒数第五。"[3] 这个事实是值得所有中国人反思的。我们的孩子从小学开始就背着沉重的书包，繁重的作业填满了孩子本应快乐而难忘的童年。他们背负的太多，压抑了本该属于他们

---

[1] 中共中央宣传部理论局：《理论热点面对面 2014》，学习出版社，2014，第 31 页。

[2] 中共中央宣传部理论局：《理论热点面对面 2014》，学习出版社，2014，第 23 页。

[3] 2009 年教育进展国际评估组织对全球二十一个国家进行的调查结果。

的纯真和梦幻的思维，也压抑了我们民族成长的潜能和创新的原动力。以改革创新为核心的时代精神如何展现，社会主义核心价值体系如何践行，素质教育的改革必须要全面实施，这是下一代健康发展的需要，是展现时代精神的需要，也是构建和谐社会，实现中华民族伟大复兴的需要。

教育公平是社会公平的重要体现，中国特色社会主义教育具有义务性和公益性。"党的十八大对大力促进教育公平提出了新的、更高的要求，这是保障和改善民生的重点要求，是我们党坚持以人为本、执政为民的集中体现。"①《中共中央关于全面深化改革若干重大问题的决定》中指出："大力促进教育公平，健全家庭经济困难学生资助体系，构建利用信息化手段扩大优质教育资源覆盖面的有效机制，逐步缩小区域、城乡、校际差距。统筹城乡义务教育资源均衡配置，实行公办学校标准化建设和校长教师交流轮岗，不设重点学校重点班，破解择校难题，标本兼治减轻学生课业负担。加快现代职业教育体系建设，深化产教融合、校企合作，培养高素质劳动者和技能型人才。"② 这是对教育公平问题提出的详细举措。

第二节　文化强国建设存在的问题解析

中华文化"走出去"战略的实施，为打开新中国的外交局面，为改革开放创造和平的国际氛围，为增强中国的软实力和综合国力，提高中国在国际重大事务中的影响力，起到了先锋和排头兵的作用。进入21世纪以来，在市场经济的带动下，我国文化产业化进一步发展，在世界

---

① 本书编写组：《十八大报告学习辅导百问》，党建读物出版社，2012，第121页。

② 中国共产党第十八届中央委员会第三次全体会议：《中共中央关于全面深化改革若干重大问题的决定》，《人民日报》，2013年11月16日，第1-2版。

文化市场占有了一席之地，中国传统优秀文化也越来越被世界所认可。与此同时，中国文化"走出去"的历程也面临着越来越大的挑战：社会主义核心价值体系建设尚需进一步推进；与世界文化大国相比，中国无论是在文化外宣还是文化产业化上，都有着很大的差距；中国经济"走出去"和文化"走出去"严重不相称，甚至因为文化"走出去"程度不够，在世界的某些国家和地区，中国被认为依然落后，或者具有侵略意图。十八大报告强调"中华文化走出去迈出更大步伐"，强调着力开创"中华文化国际影响力不断增强的新局面"，为此就必须准确把握增强中华文化国际影响力存在的问题，并深入分析这些问题存在的根本原因。

一、发现、培养人才与人尽其才的问题

实现中华民族伟大复兴的中国梦，实现国家富强、民族振兴、人民幸福，关键在人才。人才是经济社会发展的第一资源。没有足够的人才，就没有国家繁荣昌盛、社会文明进步、人民富裕幸福，这一点已为人类社会的发展历程所证实。当今世界正处在大发展大变革大调整时期，我国正处在改革发展的关键阶段，加快人才发展是在激烈的国际竞争中赢得主动的重大战略选择。大力提高国民素质，在继续发挥我国人力资源优势的同时，加快形成我国人才竞争比较优势，逐步实现由人力资源大国向人才强国的转变，是实现中国梦的根本保障。党和国家历来高度重视人才工作，人才强国战略已成为我国经济社会发展的基本战略，有利于人才发展的政策体系进一步完善。人才发展取得了显著成就，以高层次人才、高技能人才为重点的各类人才队伍不断壮大。2010 年底，人才资源总量已达 1.2 亿人。高等教育毛入学率提高到 30%，主要劳动人口中受过高等教育的比例已达到 12.5%。同时，我们也清醒地看到，当前我国人才队伍的规模、结构和素质，人才发展的机制体制等，与世界先进国家相比仍存在较大差距，与我国经济社会发展需要相比还存在诸多不适应，与实现中国梦的要求相

比还有一定距离。主要表现为：高层次创新型人才匮乏，人才创新创业能力不强，人才结构和布局不尽合理，人才发展体制机制障碍尚未消除，人才资源开发投入不足，等等。[①]

（一）高层次创新型人才匮乏问题

我国是人力资源大国，但不是人才强国。主要是人才总体质量不够高，尤其是高层次创新型人才匮乏。改革开放三十多年来，我国的发展取得了举世瞩目的辉煌成就。但是，我们走的是传统发展道路，主要依靠廉价的劳动力和高投入、高能耗的低成本制造，能源消耗巨大、生态环境破坏严重。时至今日，资源环境问题已成为制约我国发展的关键问题。作为一个人口众多、资源相对不足、生态先天脆弱的发展中国家，我们为什么会采取这样的粗放型经济增长方式？根源就在于科学技术落后，在于高层次创新型人才匮乏。要实现中华民族伟大复兴的中国梦，我们就不能忘记经济总量占世界1/3却依然屈服于坚船利炮的耻辱，就必须摆脱八亿件衬衫换一架空中客车的尴尬，就必须将"中国制造"升级为"中国创造"，就必须推进经济发展方式和社会发展模式的根本性转变，使科学技术真正成为第一生产力。当前，我国已进入由投资驱动向创新驱动转变的重要时期。习近平总书记强调，实施创新驱动发展战略，是立足全局、面向未来的重大战略，是加快转变经济发展方式、破解经济发展深层次矛盾和问题、增强经济发展内生动力和活力的根本措施。实现创新驱动发展，需要一大批在各领域各行业发挥支撑引领作用的领军人才，以推动产业结构升级、经济社会发展模式转型。如果说创新是引领中国未来发展、实现伟大中国梦的驱动力，那么，高层次创新型人才则是动力充沛的梦想列车。当今世界的竞争中，人才竞争是焦点。当前的人才竞争呈现出以下特点：

---

① 《国家中长期人才发展规划纲要（2010-2020）》，《人民日报》（海外版），2010 年 6 月 7 日，第 2 版。

一是培养和争夺处于人才资源"塔尖"部分的高层次创新型人才；二是培养和争夺属于人才"前沿"阵地的紧缺型人才；三是培养具有良好"涉外"素质的跨国人才和争夺外国优秀人才。因此，积极培养创新人才和创新团队，努力造就一批德才兼备、国际一流的高层次创新型人才，抓紧培养一批瞄准世界科技前沿，能引领和支撑国家重大科技、关键领域实现跨越式发展的高层次中青年领军人才，是实现伟大中国梦的客观要求。

（二）人才创新创业能力问题

创新是一个民族进步的灵魂，是一个国家兴旺发达的不竭动力。一个国家、一个民族，只有不断创新，才能不断进步、长远发展。当今时代是一个充满变革、快速发展的时代，新知识新技术新产业不断涌现，只有加快创新创造步伐，才能赢得主动、把握未来。为此，2006 年 1 月，党和国家号召全党全社会坚持走中国特色自主创新道路，努力建设创新型国家。人才是创新的核心要素。建设创新型国家当然要有一大批具有创造活力的创新创业人才。我国人才的创新创业能力如何？近来，有研究者从世界经济论坛（World Economic Forum）发布的《全球竞争力报告（2011–2012）》（The Global Competitiveness Report）的 117 个评价指标中选取反映或影响人才创新创业的 79 个指标，以此为基础构建评价人才创新创业水平的指标体系。然后，藉此指标体系比较研究具有代表性的 35 个国家和地区的人才创新创业状态与水平。这 35 个国家和地区包括 7 大工业国、5 个金砖国家、23 个人均 GDP 超过 5 千美元的 OECD 国家和人口超过 5 千万的发展中国家及部分地区（中国香港、中国台湾）。这 35 个国家和地区包括公认的 20 多个创新型国家，经济总量（2011 年）占全球的 85%，人口（2011 年）占全球的 68%，所获得的三方专利（2010 年）占全球的 99%。研究表明，中国人才创新的状态与水平在 35 个国家和地区中排第 21 名，处于中等偏下层次，优于西班牙、意大利等中等发达国家和金砖五国中的其他四国；但是，中国人才创业的状态与水平在 35 个国家和地区中排第 25 名，处于下等偏上层次，不仅低于意大利等国，而且低于金砖五国中的南非、印度。这说明，中国人才的创新创业能力总体偏低，而且创业落后于创新。与此形成鲜明对比的是，台湾和香港无论是在创新方面还是在创业方面，都处于 35 个国家和地区的中上等水平。其中，香港的创业水平排名第 5，台湾的创新水平排名第 8，处于全球领先地位。[①]

实际上，在人才创新创业评价指标体系中，中国的"高素质劳动力占比"（本国受过高等教育的劳动力数量在全球总量的占比）排名第 2，仅次于美国；"国外市场规模指数"排名第 1；"国内市场规模指数"排名第 2；"GDP 占世界总量的份额"排名第 2；"风险资本可用性"排名第 12。这表明，中国的创新创业人才丰富，并具有广阔的国内国际市场、较高的经济平台和良好的金融支持。但是，中国人才在创新创业指标体系中有 1/4 的指标处于比较劣势。其中，"创业所需的时间"（办理创业所需的全部手续所需要的时间）排名第 32，"创业所需程序的数量"（创业所需办理的手续、需要经过的程序的数量）排名第 33，表明中国人才在创新创业中得到的管理支撑很弱；"高等教育入学率"排名第 31，"管理学校的质量"排名第 26，"教育体系的质量"排名第 22，"科研机构的质量"排名第 23，表明现行教育体制和科研体制不利于培养创新创业人才；"最新技术的可用性"排名第 32，"生产过程的复杂性"排名第 28，"外国直接投资和技术转让"排名第 28，"企业技术的消化吸收"排名第 27，表明中国人才在自主创新方面存在严重不足，不仅与七大工业国和大部分 OECD 国家有较大差距，而且在金砖国家中也处于劣势。[②] 可见，要建设创新型国家，实现伟大中国梦，

① 桂昭明、桂乐政：《中国人才创新创业的国际比较研究》，《人事天地》，2012 年第 12 期，第 21 页。
② 桂昭明、桂乐政：《中国人才创新创业的国际比较研究》，《人事天地》，2012 年第 12 期，第 21–23 页。

就必须改革现行教育体制、科研体制和行政管理体制，实现教育创新、技术创新、制度创新，不断培养创新创业人才，并为其创新创业提供有力支撑。

（三）人才结构和布局问题

人才结构是一个人才系统内诸构成因素的组合形式和运作方式。具体可分为三个层次：人才社会结构（一个国家、地区、行业、产业的人才结构）、人才组织结构（一个具体的组织内的人才结构）、人才个体结构（人才个体的素质结构）。在这里，我们主要从宏观方面来看人才的结构，主要分析人才社会结构存在的问题。

一是人才的城乡结构、区域结构问题。集中表现为：城市人才多，农村人才少；东部地区人才多，西部地区人才少。实际上，城乡之间、地区之间的人才差距，不仅体现在人才的分布方面，而且体现在人才的自身素质结构方面。从总体上看，农村地区、西部地区不仅人才少，而且人才的质量也相对较低。这就导致农村地区、西部地区的人才效益和经济效益比较落后。可以说，我国经济社会发展过程中面临的城乡差距、地区差距的一个深刻根源就在于人才结构问题。一个人的素质决定了这个人的生活水平，一个地区的人才状况决定了这个地区的发展程度。人才结构不合理，必然导致发展不平衡。不仅阻碍城乡和地区之间的协调发展，而且已经成为中国经济社会发展的一大瓶颈。

二是人才的产业结构、行业结构问题。主要表现为：传统专业人才多，创新型人才少；国有单位人才多，非国有单位人才少；机关事业单位人才多，企业人才少。与发达国家相比，我国一、二、三产业发展不协调，农业发展滞后，第三产业发展缓慢，经济发展方式尚未实现根本性转变。在人才结构方面呈现出传统学科人才多，新兴学科人才少；理论人才多，实用人才少等特点。在三大产业中，第一产业劳动者众多，但整体素质不高，专业人才奇缺；第二产业人才虽然不少，但新兴产业人才匮乏；第三产业人才相对较多，但素质结构和分布结构不尽合理，效益低下。同时，由于经济结构、就业观念等多方面因素的影响，人才大量集中于国有单位，尤其是机关事业单位。机关事业单位的人才又主要集中在教育、卫生等行业。作为我国高新技术重点产业的电子信息、生物工程与现代医药、新材料、光电一体化、环保产业等领域处于适用型、效益型人才严重短缺的困难境地。由于人才缺乏，企业技术创新能力难以提升，这是我国企业竞争力不强的一个重要原因。要提高装备制造业竞争力、发展现代服务业、解决"三农"问题，就必须着力优化人才产业结构、行业结构，尤其要壮大高技能人才和农村实用人才队伍规模并提高其素质。

三是人才的素质结构和能力结构需要提升。我们面临的突出问题是：初中级人才多，高层次人才少；继承型人才多，创新型人才少。人口众多是我国的基本国情，人才有限也是我国的国情。统计表明，我国人才资源仅占人力资源总量的 5.7% 左右，而高层次人才资源仅占人才资源总量的 5.5% 左右。[①] 这就严重制约了我国创新能力的提高，削弱了国家的竞争力。

总之，人才结构不合理，不仅难以实现人才供给与需求匹配，而且造成人才的严重浪费，导致"人不得其事、事不得其人、用不得其长"的现象屡现，人才短缺与人才积压并存，人才总体效应低下。

（四）人才发展体制机制问题

中国梦是国家的梦，是民族的梦，也是每个中国人的梦。每个人都是梦想的主人，每个人都有追梦的权利。国家的梦想、民族的梦想，需要无数个人的奋斗才能实现；个人的梦想，则离不开国家和民族的翼护，也不能脱离时代的步伐。只有当国家梦、民族梦、个人梦同频共振，中国梦才能圆满实现。也就是说，只有充分发挥每个人的才能，让每个人

---

① 本书编写组编：《〈中共中央国务院关于进一步加强人才工作的决定〉学习辅导百问》，党建读物出版社，2004，第 124 页。

都能通过自己的努力成长、成才、成功，才能将国家发展、民族进步、个人成功统一起来，才能将中国梦变成每个中国人的梦。这就需要良好的制度环境。只有符合人才成长规律的体制机制，才能让人们健康成长，才能让人们的创造力得到充分发挥，才能让"人人有条件成才，人人都可以成才"梦想成真。近年来，我国在人才工作体制机制方面进行了有益的探索，取得了明显成效，但人才发展体制机制障碍尚未从根本上消除。

一是人才管理体制问题，职责错位、功能虚化的问题仍然存在。党委、政府人才工作部门的职责界定不明晰，职能重叠、多头管理的格局并未根本改变；市级以下尤其是县（区）级人才工作机构人员不足，缺资金少项目，功能难以有效发挥。

二是人才培养开发动力与效益问题。产学研分离，人才培养与经济社会发展需要结合不够紧密，人才不够用与不适用并存；部分用人单位不愿承担人才培养开发责任，不愿投入培养经费；部分培养机构师资水平不高、科目设置不科学，人才培养实效性不强。

三是人才评价标准问题与社会化评价程度问题。人才评价中过度强调资历、职称、学历，尚未全面建立以能力和业绩为导向的人才评价标准体系；人才评价主体多为组织人事部门和业务主管部门，同行专家评价参与度不够，社会化评价程度不高。

四是人才选拔任用方式与程式化问题。人才选拔任用中论资排辈、平衡照顾等现象层出不穷，优秀人才难以脱颖而出。人才选拔任用不走群众路线，不充分发扬民主，存在"由少数人选人"和"在少数人中选人"的情况，群众的知情权、参与权、监督权未落到实处，人才选拔任用的群众满意度不高。

五是人才流动仍不畅，壁垒森严。由于"身份"、编制以及党政机关、事业单位、企业在退休、医疗等社会保障方面差异较大，人才在党政机关、事业单位、企业之间流动不畅；由于户籍、档案、住房等限制，一些单位难以引进急需人才，一些人才难以流向合适的岗位；由于人才市场体系不完善，中介服务水平不高，人才配置效率较低。

六是激励保障机制问题，难以激发创造活力。以贡献为标准的薪酬分配体系尚未真正建立，绩效改革问题重重难以充分发挥绩效工资的激励导向作用，人才的投入未得到相应的回报；人才激励对人才实现自身价值的需求重视不够，侧重于奖励"成果"而不是"创造成果的人"。

因此，必须创新人才工作体制机制，公开平等竞争择优，唯才是举，不论资排辈，不任人唯亲，为每个人成才提供公平机会，最大限度调动人才的积极性，使每个人才都能梦想成真。正如习近平总书记所言："共同享有人生出彩的机会，共同享有梦想成真的机会，共同享有同祖国和时代一起成长与进步的机会。"[①]

（五）人才资源开发投入问题

实现中国梦需要大量的人才，人才资源开发需要大量的投入。改革开放以来，我国的科学技术之所以发展迅速，一个关键原因就在于科研投入的大幅增长。今天，尽管我国的 GDP 已经跃居世界"第二"，但是我国的创新能力仍然不足，依然不是一个人才强国，其原因之一就是人才资源开发投入不足。人才资源开发投入应当与经济社会发展阶段相适应。从发达国家的经验来看，人均 GDP 达到 4000 美元，就进入了以应用技术开发为主导的创新阶段。2010 年中国人均国内生产总值达到 4400 美元。技术创新当然需要人才，需要加大人才资源开发投入。但是，我们的人才资源开发投入与经济社会发展阶段非常不适应。一个突出表现就是全社会研究与试验发展（R&D）经费投入占 GDP 的比重不高。"十一五"期间我们有三个指标没有完成，研发经费投入占 GDP 比重即是其中之一。2013 年 2 月，国家统计局发布《2012 年国民经济和社

---

① 詹勇：《让更多人共享人生出彩的机会》，《人民日报》，2013 年 3 月 18 日，第 5 版。

会发展统计公报》，《公报》显示，2012 年研究与试验发展（R&D）经费支出 10240 亿元，比上年增长 17.9%，占国内生产总值的 1.97%。从基础研究、应用研究、试验发展经费支出所占比例来看，基础研究投入应该加大。基础研究之所以重要，不仅在于它是一切创新的源头，更在于它能汇聚一批从事一线科研工作的真正的科学家，有助于培养高层次创新型人才。关于研发经费另外一个值得注意的问题是，提供给企业的研发经费相对较少。企业是创新的主体，应在政策、制度等方面支持企业创新，可以加强企业应用层面的研究投入，鼓励企业自主创新和转化成果。此外，研发经费的人才资源开发功能并未得以充分发挥。我们在经费投入对象方面重物不重人，将大量经费用于仪器设备，远远超过对人才的培养投入，而美国则将 70%-80% 的科研投入花在人身上。这表明，人才优先、以人为本，并未得到深刻理解和贯彻。没有人才，再好的仪器设备又有何作用？

可见，我国必须在人才资源开发上加大投入。人才投入是战略性投入、是效益最大的投入。舍不得在人才资源开发上花钱，是目光短浅的表现，必然导致固步自封。坚持人才优先，大幅度增加人才资源开发投入，引导社会以多种方式加大人才投入形成多元化人才投入机制，切实提高投入效益，是实现伟大中国梦的迫切要求。

二、文化产业与产权制度面临的主要困难解析

在建设中国特色社会主义文化强国过程中，面临许多突出问题，尤其是文化产业及其改革存在的问题较为复杂，主要有以下几个方面：

（一）完善文化产业立法问题

中国特色社会主义文化立法包括文化活动和管理的法律法规，包括文化管理一般法、文化管理部门法，以各文化部类管理法规为主题构成的文化法律体系。文化活动与文化管理的法律法规，主要是在宪法中规定的国家关于发展文化事业的根本方针，文化事业发展的方向等等。文

化管理一般法，是指适用于所有文化单位和文化活动的法律法规，如《文化市场管理法》《广告法》《传统文化保护法》《公益事业捐赠法》等。文化管理部门法主要是适用于某一文化门类的法律法规，如《文物保护法》《音像市场管理法》《广播电影电视业管理法》《出版业管理法》《互联网文化业管理法》《新闻业管理法》等。

总的看来，文化强国建设在文化领域已逐步形成一个较为完善的文化产业法律法规体系，基本做到了"有法可依、有章可循"。但我国文化强国建设的法律法规还存在诸多需要完善的地方，没有像《刑法》《民法典》这种统一的法典作为文化强国建设的基本法，对于这方面的规定大多零散分布于各个不同的部门法或行政法规中，相互之间显得相对独立，难以相互补充，相互支持形成一个统一的法律体系。国家及地方性文化法律法规中存在着"二全""四少"的问题。所谓的"二全"主要指：一是文化管理方面的法律法规全。比如，有影视管理、出版印刷、娱乐场所、音像制版、文化馆、图书馆等管理方面的法规规定。二是保护名胜古迹、珍贵文物和其他主要历史文化遗产方面的法规齐全，除国家有《文物保护法》外，各省市、自治区、地市、县市区都有具体的地方文化遗产、名胜古迹保护条例。"四少"主要指：一是公共文化事务和规范文化行为方面的法律法规少。二是宪法中规定的体现公民的文化权利、文化内容的内容少。三是涉外文化产品与文化服务贸易方面法律法规少。四是规范文化市场主体和保障文化消费者权益方面的法律法规少。文化产业发展非常需要的重要法律如《演出法》《电信网络法》等都没有出台。

不仅如此，由于没有统一的法典对有关文化产业的问题进行统一规定，很多不同的法律，法规都可以对同一个问题进行规定。由于不同法律法规的制定者所考虑的侧重点，所维护的利益或立法能力等因素的不同，导致不同的规定对同一个问题的规定会有所不同，甚至不少地方法规和国家法律相矛盾，各规定之间缺少系统性和同一性，不能相互衔接和配合。加之我国文化产业管制部门众多，实行多头管理，在管理职责分工又不够明确，导致各个主管部门对某些问题各自有不同的规定，而对于某些问题又相互推托，相互之间踢皮球，不愿管理，造成无人管理的混乱状况。给执法或司法都带来了一定程度上的混乱或困难。

同时，目前我国的网络出版尚无相应的行政管理部门，对网络发表并没有作出明确规定，许多操作无章可循、无法可依，给行业的发展带来了不利的影响。再从电影政策和立法状况来看，目前电影产品的开发和保护也是中国电影产业链当中的一个薄弱环节。《电影管理条例》及相关法规政策对于电影产品开发过程中涉及的权益分配和保障问题并没有明确的界定。比如，个人 DV 作品的流行、网络电影的兴起，这些电影的新生形态，在《电影管理条例》及相关政策、规章中没有涉及，对它们的管理也基本上是一个空白。

（二）文化产业管理体制解析

文化产业管理体制，规定着文化产品生产、管理、传播等实践活动的特点，体现着文化产业主体从事实践活动的方式，制约着文化产品的生产效率，也制约着文化创造的状况和文化产品的价值取向。因此，文化产业管理体制是社会文化价值的一种体现和反映。

我国文化管理体制改革起步较晚，文化市场条块分割、各自为政的问题仍然突出。首先是行业分割，文化、广电、新闻出版等行业主管部门的管理从宏观调控、市场监管、产业政策、项目审批等方面一直到文化企、事业单位的微观运行，行业壁垒森严，仍然沿袭着计划经济的管理方式。其次是区域分割，文化资源和生产要素流动的区域壁垒很多，不利于资源和要素的合理流动与优化配置，制约着市场微观主体跨地区、跨行业经营，严重影响文化产业的健康发展。同时，文化企业的现代经营管理方式还没有完全建立起来，文化市场还没有建立起规范的准入和退出机制，也没有形成公平的市场竞争关系，参与改革的国有文化机构难以在真正的市场环境中学会生存之道。存在着经营机制不健全，经营目标模糊，经营约束软化等发展障碍。中国文化产业在宏观管理、产业布局、人事财务等方面的管理体制，在投入产出、市场营销、扩大再生产等方面的运行机制，与产业化的要求还相差很远，市场化和产业化程度还是太低，行政干预色彩还是过浓，离现代企业规范化的运作方式还有很大距离。

即使在发达国家，文化生产也不是完全市场化的。我国文化事业和文化产业的界定也比较模糊，推行的文化体制改革方案和扶持文化事业发展政策及管理规定只是粗线条的。我国的文化事业靠政府投入，越是文化名城，越是文化遗产资源多的地方，政府投入越大。

从解放和发展文化生产力的现实需要看，我国文化体制改革还没有完全真正的达到目的。特别是改制的过程中对于原文化事业体制下人员分流和安置问题，尽可能的贯彻"和为贵"传统习惯，大部分地区采取老人老办法，新人新规定，事业性质企业化运作，导致政企不分，官办"大文化"现状仍然根深蒂固存在。

（三）文化产业资源配置机制与市场之间的问题解析

文化产业的运行是以组织系统为载体，以利益和竞争为推动力，通过市场的价格、供求和竞争等手段实现资源配置和结构调整。同时，国家政府通过财政政策、货币政策、产业政策和收入分配政策等重要手段实行宏观管理和调控，从而推动文化产业健康、协调、持续运行。文化产业系统的各个构成要素之间相互联系、相互作用、相互制约推动整个系统的运转。但从当前文化产业的运行机制来看，依然存在诸多的问题，主要表现为：

第一，资源配置机制问题。我国文化产业的传统的资源配置机制与市场化要求相差甚远。文化产业的基础是市场，现代市场经济要求公开、公正和公平的竞争，反对各种形式的地方保护和垄断。而我国传统的文化事业单位是按"条块"（地方和行业一纵一横）分割的方式设立的，尽管已经在不同程度上开始与行政主管部门脱钩，实行"专业归口管理"，但是离真正的市场竞争还有相当的距离。甚至还有一些企业利用与行政机构的传统联系，利用企业特殊的社会公益性质和意识形态功能，垄断资源，操纵市场，谋取暴利。另一些文化企业在做大以后，要做跨行业跨地区的资产重组甚至兼并，却往往遇到阻力。根据世界贸易组织的运行框架，在国际性"传媒汇流"趋势的影响下，一些广电、报刊、出版企业在地方政府的协调下成立了集团公司，实现了"强强联合"和"资产重组"甚至在当地从事了一些跨行业、跨媒体经营。这当然是一种进步。但我们也注意到，"媒体汇流"在西方是一种市场趋势，在中国则主要依靠政府行政手段撮合，如何将结构调整与体制转型结合起来，仍然是个问题。如此，文化产业的发展就与深层次改革问题相遇了：文化产业是一个特殊的产业，既具有一般的行业属性，又具有社会公益性质。其中的核心产业门类如传媒产业，既具有大众传媒的特点，又是党和国家的宣传渠道。如何基于这些特点做出制度性的安排，既按照市场经济的一般规律健康发展、创造收益，又保证先进文化的主导作用，这是一个全新的问题，需要我们以创新的精神大胆开拓。

第二，可持续性发展保障机制问题。表现在以下三点：一是缺乏可持续发展规划。作为文化产业核心的新闻服务、出版发行版权服务、广播电视电影服务、文化艺术服务，旅游、体育事业及相关文化产业没有制定阶段发展规划。由于缺乏统一协调的发展规划，文化产业发展存在各自为阵、自生自灭现象，特色优势不突出，发展速度缓慢。二是保障机制还不健全。主要表现为对民营文化企业的优惠政策落实不到位，文化产业的投入缺乏保障，没有建立相应的助推文化产业发展的激励机制和政策措施，文化产业发展缺乏强劲动力。动漫创意、服务外包、软件开发、网络媒体等新兴文化产业项目刚刚起步，由于缺乏政府扶持政策的牵引动力，发展速度还是较慢。

（四）文化市场微观主体"二元结构"问题

文化市场微观主体的"二元结构"，是指国有文化企业和其他所有制的文化企业普遍缺乏产权联系的分离状态。由于国有经济和非国有经济改革的不同步性，国有文化企业单一，国有投资主体政企不分、政事不分的传统体制还基本上没有得到实质性的触动，尤其是在新闻出版、广播电视等国有垄断性文化行业，对非国有资本存在"市场进入壁垒"的情况下，两者产权关系的分离，就不可避免的形成"两张皮"的"二元结构"的企业体制形态，造成文化市场微观主体"二元结构"的主要原因：一是改革开放以来在文化领域中的"增量改革"，即非国有经济的发展已经取得了重要的进展，而"存量改革"，即国有文化单位的改革严重滞后，在缺乏配套政策解决国有文化单位的沉重历史负担的情况下，非国有文化企业就难以与国有文化企业单位实现有机的融合，发展为混合经济结构。二是在新闻出版、广播电视等国有文化行业，目前仍存在严格的"市场准入壁垒"，致使非国有资本难以进入这些行业，从而使"二元结构"在一些领域不仅依然如故，而且还有所强化。

由此造成的主要问题是与非国有资本携手发展而提高自身竞争力问题。由于文化产业作为新兴产业的良好发展前景，目前，投资领域的一个重要动向，就是一些具有知识背景和专业技能的非国有资本纷纷寻求进入文化产业，已进入文化产业某一领域的非国有资本，则不断地通过增量投资来进行自身的结构调整和规模扩张。与此同时，大量的社会游资和个体投资者也对文化产业的投资情有独钟。这无疑给我国文化产业的发展提供了新的动力，也给国有资本通过股份制改造和利用资本市场的投资融资平台吸纳非国有资本，增强对全社会文化资源开发和文化产业发展的控制力、引导力，从而在文化产业的发展过程中发挥其主导作用提供了前所未有的机遇。然而，"市场进入壁垒"及其微观主体不合理的"二元结构"，限制了国有资本的发展空间，使得国有资本在面临历史性的发展机遇面前作为受限。长此以往，不仅会造成国有资本在文化产业中的萎缩，而且，也势必会影响我国文化产业的健康发展。

三、文化企事业发展面临主要问题解析

改革开放推动了经济的发展，也促进了文化的繁荣。特别是党的十七大召开以后，文化建设进入了良好的发展机遇期。市场经济的发展和文化贸易的全球化，对民族国家的经济、政治、文化和社会发展产生了积极的作用，但也不可避免带来一些消极影响。面对新的文化发展形势和要求，原有的文化体制不断暴露出种种不适应性，在一定程度上影响甚至严重阻碍了文化发展应有的进程。在市场化、全球化背景下，我国文化企事业发展仍然面临着诸多问题。

（一）文化事业机构存在管理问题

几十年来，文化事业机构都是开展和满足公益性文化服务的主体，在丰富和提升民众的精神文化生活方面发挥了主要作用。不过，由于文化事业机构存在资金投入不足以及管理水平不高等问题，长期以来，在许多机构中也普遍存在着实质服务和公益性服务方面的理念模糊、效率不高等问题。以近年发生的故宫博物院展品失窃事件为例，人们看到文化事业机构的管理存在着明显的缺乏绩效考核和管理缺失漏洞。主要表现出如下几方面：一是缺乏明确的专业化服务目标和绩效考核，没有发挥出文化事业的应有效能，没有体现不断提高的服务水平和服务内容。二是部分机构不当开展商业化活动或者将场地用以创收、并将营业收入据为工作人员所有；或者与外部机构合谋寻租。三是存在过分注重硬件化、忽视软件和内容服务的意识，造成硬件过多、维护成本过高（特别是全运会和省运会的体育馆以及部分大型剧院、音乐厅等），而不能满足民众的普惠性文化艺术与健身等方面的内容服务。四是将部分或者全部文物保护单位、古城、景区等交给商家进行商业开发，缺乏文物、景区、事业单位资产的维护与保护。五是地方政府对文化事业投入相对不足，乐于建设仿古的各种建筑而疏于文物保护，对文化事业机构缺乏支持、引导和监督。文化事业机构应当在职能上体现专业化服务、文化艺术的公益性服务功能。主管部门应当提出一套考核标准，各个文化事业

机构如何发挥效能的主要目标应当十分清晰，并且可以纳入具体考核指标（如图书阅读人次的持续增加等）当中。文化事业的各个行业应当制定具体的效率考核，完善管理机制和监管机制，减少盲目性的硬件设施建设、增加文化内容创作、建设、体验和服务，特别是加强对青少年群体的文化艺术、审美和教育引导的服务。

（二）当前文化企业发展问题

当前文化产业发展中还存在一些问题和困难。具体表现在：

第一，市场主体地位问题。转制后，文化企业自主经营能力得到了大幅提升；但与运营规范、委托代理关系清晰的现代企业相比，许多文化企业目前还不是真正意义上的独立市场主体。企业的资源配置、生产指标、经营范围仍然受国家宏观管理政策的严格限制。一些文化企业还未形成自主经营的工作导向和明确的盈利目标，对自身定位、发展战略和核心竞争力的认识仍然模糊不清。目前不少文化企业产权管理尚未到位，其资产财务关系、重要干部任免权、重大事项决定权和内容终审权实质上仍保留在上级主管单位。相当多的文化企业资本规模小、管理水平低、授权不足，无法有效代替原所属机构行使出资人权利。

第二，内部运营机制创新问题。文化企业体制机制创新要走一条从行政管理到企业管理的道路。不少文化企业的内部运行机制构建受之前"双轨"管理体制的限制，往往是局部的、有限的。在战略管理机制、创新机制、人才机制等方面尚显落后。一些单位的工作方式则还保留了计划经济时代的特征，远离市场，落后整个社会大发展。科学的企业管理机制如果不从根本上转变，则可能导致新的行政官僚化。

第三，公司治理结构问题。目前，相当一部分文化企业依然在沿用传统的组织结构，尚未建立法人治理结构。已进行公司法人治理结构建设的企业，由于产权制度改革未得到实质性突破，实践中"模拟"大于"创新"。一方面，上级单位的行政授权和行政权力运作方式往往延伸到公司治理结构的领导权结构中，从而破坏了权责制衡机制。另一方面，文化企业国有股"一股独大"，董事不可能经由股东选拔产生，于是出现董事会"拉郎配"式的组建方式，造成出资人责任的虚化、软化。有的董事会与上级单位国有资产管理委员会或党委会、职代会和工会重构，职能交叉，人员重叠，公司治理结构中的各权益主体无法按照公司章程的规定明确各自责权，企业运营无法得到有效规范。

此外，文化企业的公司治理结构还存在重制衡、轻激励的倾向。除少数上市企业，现有文化企业绝大多数受单一产权结构的局限，短期激励远远大于长期激励。在文化企业所有权与经营权分离的情况下，长短失衡的激励机制容易助长企业内部的短期行为，不利于企业长期健康发展。

第四，文化企业发展问题，资本运作水平有待提高。目前文化企业大多处于以产品生产为主，以内部管理为中心的传统企业经营阶段。单靠这种内生式的发展方式，文化企业很难在短期内扩张到上市融资的规模。文化企业的资本运作水平有待提升。首先，文化企业还未厘清融资顺序。企业要不要上市，何时上市，应由市场选择。若战略不明晰，无法完成上市后的持续性义务，既有悖于上市的初衷，也有负于股民的期望。其次，资本运作还有待落到实处。文化企业集团组建不乏"行政捏合"之作：集团内部还未真正以资本为纽带形成合力，跨部门合作由于领导权问题，实质上还停留在战略合作阶段；跨地区、跨行业的资本运作仍存在一些壁垒。再次，文化企业上市融资大量"圈钱"后，对募集资金的使用还具有盲目性。

第五，产权市场建设问题。目前出版企业的产权仅拥有法律层面上的清晰，在整个经济运行过程中并不清晰。文化企业国有资产的委托体系代理链条过长，责任主体过多，行政性太强；各级委托者之间由于国有产权代表的选拔委派制度、激励约束制度和考核监督制度建设滞后，并非是责权对称、互为约束的关系，这导致了企业产权关系软化、虚设和模糊等现象。在现阶段，文化产业仍然存在产权流动不畅的问题，因国有股权人虚置，无人能对国有股权的出售、转让负责，产权置换过程行政批复环节过多，难以高效进行。文化企业人员安置、社会负担转移、银行债务偿还等巨额转让成本也带来了产权交易资金短缺的问题。非国有资本或行业外资本不能公平进入产权市场。文化企业无法正常退出市场，文化企业之间一些正常的资本运作也因涉及产权问题而被叫停。

第六，文化产业集中度问题，缺乏骨干文化企业和知名品牌问题。由于起步较晚和文化领域条块分割、市场壁垒等原因，我国的文化企业"软小散滥"问题比较突出，规模普遍偏小，产业规模化和集约化程度不高，产业布局不均衡，大规模、高水平、产业链完整的龙头企业少，缺少文化领域的战略投资者和骨干企业。文化企业的自主创新能力不高、核心竞争力不足，知识产权的作用发挥不充分，企业的创意、研发、制作水平较低，内涵深刻、风格独特、形式新颖、技术先进的精品力作和知名的文化品牌较少，参与国际竞争的能力有待进一步提高。

第七，政策、法律、法规体系问题。近年来，国家出台了一系列扶持和促进文化产业发展的政策措施，但从总体上看还不够完善。文化立法比较薄弱，文化产业发展缺乏强有力的法制保障，产业政策还需进一步增强针对性和可操作性。对文化产业的行政管理仍然存在一些体制性、政策性障碍，产业规划不明晰，行业管理不规范，特别是对网络文化等新兴业态的管理仍然依赖传统的管理经验和模式。盗版侵权问题仍比较突出，知识产权保护有待加强。国际版权保护已成为当今文化企业发展的最重要的问题之一。我国依然面临着制定和完善与世界贸易组织规则接轨的法律法规、切实保护知识产权的挑战。如果没有公开有力的法制保障和制约手段，就很难保证文化企业发展的良性循环。欧美发达国家统计资料表明，凡版权保护不力的国家，音乐出版业的收入就低，美国、英国、德国、日本等10个版权保护最严密的国家音乐出版业总收入占全球的90%。为此，我们必须适时地迎接这种挑战。

第八，人力资源储备问题。文化产业是高科技与高文化相结合的产业，也是体现先进生产力发展要求的产业，因此是一个特别需要高素质人才支撑的领域，这些都对我国的文化产业经营管理人才的结构，特别是文化经营管理人才的知识、能力和综合文化素质提出了更高的要求。从总体上看，我国从事文化产业经营和管理的人才，文化企业的创意人才、经营管理人才、技术开发人才、市场营销人才，数量严重不足，层次明显偏低，结构很不合理，尤其是既懂文化又懂得市场运作、熟悉和掌握国际规则、有较强经营管理能力的复合型文化产业高级人才更加短缺，人才培养和激励保障机制有待加强。随着国外文化产业集团抢占我国文化市场，必将引发新的人才争夺战，对人才储备不足的我国文化产业带来更加严峻的挑战。

第九，文化贸易逆差问题。文化企业"走出去"步伐有待进一步加快。近年来，虽然我国文化产品和服务出口数量有所增长，但文化贸易逆差的现象仍未得到根本改变，文化产品和服务出口渠道比较狭窄，出口价格远远低于进口的同类产品，我国文化产品的国际竞争力和传播力还有待于进一步提升。以演艺产品为例，我国引进和派出的文艺演出每场收入比约为10：1，我国全部海外商业演出的年收入不到1亿美元，不及国外一个著名马戏团一年的海外演出收入。

第十，盲目发展的苗头问题。规划、引导和调控有待进一步加强。目前，各地发展文化产业热情高涨，竞相上马大型文化产业项目，文化产业园区基地遍布各地，各种资本也纷纷涌入文化产业。这一方面体现了各界对文化产业发展的良好预期，也是加快文化产业发展的重要前提，对产业发展起到了积极推动作用。但另一方面，盲目发展、资源浪费、同质化竞争的问题已经出现，需要引起重视。如全国有几十个城市已开工或准备建设大型动漫主题公园或文化主题公园；不少风景区都拟上马大型实景演出；有的文化产业项目以文化之名搞房地产开发。这些势头如不及时加以规划、引导和调控，很可能影响到文化产业的科学发展。

（三）当前文化体制改革面临难点解析

当前，推进文化体制改革面临各种困难和制约因素，全面认识和把握文化体制改革面临的难点，是深入推进文化体制改革的基础和前提。

1. 认识误区

现在许多文化单位正处于改制的过程中，有些地方政府对文化事业单位的改革存在误区，不能严格划分经营性文化产业与非经营性文化产业，或者以发展文化产业为名，把所有文化单位统统推向市场，或者大多数文化单位仍然由财政供养，该进入市场的没有进入市场，财政不堪重负，文化单位也丧失了宝贵的发展机遇。经营性文化产业主要依靠市场规律去运作，而非经营性文化产业则需要政府财政力量去发展。甚至有些文化单位提出：为什么非转制不可？一些国有文艺院团认为自己是党委、政府的"文工团"，形成凡事依靠政府的惯性思维，害怕从"事业体制"中走出来。一些文艺工作者对改革的实质认识不足，担心国有文艺院团一旦转制成企业，就会为了经济利益迎合市场，降低艺术品质。

2. 传统体制还没有完全退出历史舞台

管办不分、政企不分、政事不分、政资不分、条块分割的传统文化体制的弊端仍然在一定范围内发挥着作用，影响着文化生产力的发展。国有经营性文化事业单位转企改制缺乏动力，配套政策不完善。目前，文化市场条块分割、区域壁垒和行政干预的问题虽然有所改观，但还没有从根本上得到扭转，与全国统一的产品市场，尤其是要素市场尚未全面接轨，二者之间存在着明显的落差。这也是我国文化市场上缺乏战略投资者，国有文化产业集团难以通过资本市场的投融资平台进行跨地区、跨行业经营，迅速发展壮大的主要原因。

3. "事转企"改革不彻底

一些文化单位在从事业单位向企业转化的过程中，仍然保留了双重性质。一方面政府以企业化为理由，减少了对这些单位的财政资助，推动这些单位向产业化发展；另一方面，政府又因为这些文化单位仍然承担着公益性文化服务的任务而继续给予财政上的资助。这样就出现了相当一批仍然承担着公益性文化职能的单位实际上实行的是双轨制的文化体制，即这些文化单位同时具有公益性与营利性，而往往是公益性淹没在营利性之中。这样，便导致了政府对公益性文化事业的财政投入不能保证用于发展公益性文化事业。

全国文化生产单位的现状是，一部分单位是事业性质企业化管理，名义是国有国营，实际上财政上不再有任何资本投入；一部分本应完全进入市场自主经营、自负盈亏、自我积累、自我发展的生产单位，躺在国家有限拨款的温床迟迟不想下来，捧着"金饭碗"饿肚皮；一部分生产单位大胆进入市场经风雨见世面，尝到了市场经济的甜头。如传媒文化企业集团"事业体制、产业化运营"的二元体制结构缺乏法律依据，在财务管理、对外融资等方面存在着诸多难点，以建立现代企业制度为目标的改革战略与其事业性质的体制特征存在着内在矛盾，如果不加调整，其改革目标存在着落空的可能。

在以往的文化单位转企改制中，一些地方还使用"借壳、留壳、造新壳"等手段，实际上这种"新壳装旧人"的做法，是不彻底的改革，搞的是事业性质的翻牌公司。这样的文化"企业"在性质上仍然是政府办，资金上主要由政府撑，人事任命由政府说了算，无法作为独立主体进入市场竞争，于是守着"金饭碗"，却在"要饭吃"。随着文化体制改革的一步步深入，各方面制度的不断完善，这种"改革"的弊端也日渐凸显。

首先，这样转来的文化"企业"，通过各种形式的"壳"，仍然躺在政府的怀抱里。这样的企业缺乏主动面向市场求发展的动力和压力，难以建立自主经营、自负盈亏的运营机制。其次，"脚踩两只船"，让同一单位内企业身份的员工与事业身份的员工"同工不同酬"，在社会保障、职业发展前景存在种种不平等，难以建立有效的激励机制。第三，由于"事转企"改革不彻底，使事企分开、管办分离难以彻底实现，为政府职能的转变设置了障碍。最后，不彻底的改革为保守观念"开倒车"留了退路，阻挡了改革者的脚步，消磨了转制单位的改革成效，当然也影响了改革的声誉。在转企改制工作中，努力按照建立现代企业制度的要求，完善法人治理结构，使国有经营性文化单位逐步成为真正的企业法人，做到可核查、不可逆，坚决杜绝出现行政事业性质的翻牌公司。

4. 文化建设如何与市场经济有机结合

由于文化产品所具有的"内容意义"和意识形态特性，以及文化艺术生产的不确定性、其成果难以量化评价的模糊性、投资和消费的审美偏好等，使之在与市场经济的结合的过程中，既有利用市场机制发现价格、放大文化的财富效应，以及引入竞争机制提高运营效率的一致性，同时也存在着市场经济的商业价值追求的趋利性与艺术价值和社会价值追求之间的矛盾、由于市场经济本身缺陷所导致的公共文化产品供给不足与人民享有基本文化权益之间的矛盾等。即使是美、英等西方文化产业发达国家，这些问题也还没有得到完全破解。由此可见，文化建设如何与市场经济有机结合，需要我们在有中国特色社会主义理论的指导下，借鉴国际经验和我国经济体制改革的经验，进行不懈的理论研究和实践探索，才能做出符合国情的制度安排。

十七届六中全会以后，文化体制改革进入一个新的阶段，改革的任务更艰巨、更复杂、层次更高。让文化产业成为国民经济支柱性产业，让中国文化走出去影响世界，无不需要文化向其他领域进行跨界"融合"。如果文化不能跟科技融合，那么，创新很难；如果文化不能跟金融融合，那么做强文化产业很难；如果文化不能跟贸易融合，那么"走出去"很难形成规模。我国文化体制机制改革应该重点推动文化企事业在"融合"发展中实现创新。

（四）知识产权保护问题

知识产权保护在文化事业发展和文化产业发展中都具有重要的意义和价值。加大知识产权保护力度是加快文化发展，推进文化发展繁荣的重要条件。当前，在知识产权保护方面，我们还面临诸多困难和问题。

在立法保护方面，虽然我国已经颁布了《著作权法》等大量文化知识产权保护的法律、法规，但在知识产权的立法上仍存在许多缺失。如：判定传统知识、遗传资源和民间文艺的权利对象、权利归属、权利内容的具体范围，以及权利的执行渠道与方式，对知识产权的滥用等问题均未在立法过程中涉及。此外，我国文化产业知识产权保护制度未将文化产业中的服务行业包括在内。如在服务业当中，会发生服务业的品牌问题，这就是涉及商标、商号、商誉的问题，但目前对于服务方式，国内尚未能通过知识产权来进行保护，对于服务内容也不能通过版权来保护。这些知识产权的立法缺失均有待于继续完善。

在司法保护方面，由于目前缺乏法律规定知识产权客体的认定标准和程序，在民事诉讼和刑事诉讼中，法院在审理案件前还需要对文化知识产权客体予以重新确认，经常发生对新出现的知识产权客体无从保护的尴尬局面。这样既浪费诉讼资源，又浪费时间，导致知识产权诉讼效率低下。此外，涉外的知识产权纠纷及如何选择诉讼地和适用法律，对责任人的举证责任、举证范围，诉讼前的财产保全、先予执行等问题均与国情不相适应。这些文化知识产权司法保护上存在的问题，无论是与国际接轨，还是在满足不断出现新型知识产权客体的需要都已显得相对滞后。因此需要加强这些司法方面的建设。

在行政保护方面，目前文化产业中专利、商标、版权、互联网域名权等方面分别由国家知识产权局、文化部、国家工商行政管理总局、新闻出版总署、信息产业部、海关总署、国家知识产权工作组等提供相应的行政保护。但各行政部门犹如铁路警察各管一段，在文化知识产权的行政执法中，缺乏有效的沟通和协调，整体行政执法效率低下，已成为全面、系统推进知识产权保护的主要瓶颈之一。如音像制品经营，新闻出版总署负责音像制品制作、出版和复制管理，文化部负责音像制品批发、零售、出租、放映和进口管理，其中让投资者头痛的是内容审查制度。因此，在知识产权的行政保护上，需要进一步优化行政执法的制度安排。同时还应提高执法人员的综合素质，建立各项执法监督机制，规范执法行为，以提高知识产权行政保护效率。

最后，我国文化制度改革还存在诸多问题。文化制度改革是一项非常复杂、艰巨的系统工程，需要有诸多的配套条件，与经济体制改革、政治体制改革和社会体制改革相互衔接，统筹安排。文化制度改革起步较晚，改革的思想理论和工作准备不足，市场在文化资源和要素配置中的基础性作用也没有完全发挥，传统体制还没有完全退出历史舞台，管办不分、政企不分、政事不分、政资不分，影响着文化生产力的发展。经过几十年的改革，文化制度建设取得了很多成果，同时也面临一系列新情况新问题。

第一，经营性文化单位转企改制缺乏动力。近几年来，我国文化事业和文化产业的快速发展在很大程度上得益于文化市场开放的"体制性松绑"和政策推动的效应。总体来看，我国文化建设与经济建设仍存在着明显的落差。就文化领域而言，民营文化经济的快速发展和国有文化经济的平稳增长存在着明显的落差，说明国有文化单位的体制改革还比较滞后。国有经营性文化事业单位转企改制缺乏动力，配套政策不够完善，改革难度大。

第二，文化市场体系改革和发育相对迟缓。随着文化事业和文化产业的快速发展，文化市场体系改革和发育相对迟缓、对文化建设的制约因素日益凸显。目前，文化市场条块分割、区域壁垒和行政干预的问题虽然有所改观，但还没有从根本上得到扭转，与全国统一的产品市场，尤其是要素市场尚未全面接轨，二者之间存在着明显的落差。这也是我国文化市场上缺乏战略投资者，国有文化产业集团难以通过资本市场的投融资平台进行跨地区、跨行业经营，迅速发展壮大的主要原因。

第三，公益性文化事业与经营性文化产业界定不够清晰。公益性文化事业与经营性文化产业的界定不够清晰，传媒行业的深化改革和体制安排面临困惑。集中表现为传媒文化产业集团"事业体制、产业化运营"的二元体制结构缺乏法律依据，在财务管理、对外融资等方面存在着诸多难点，以建立现代企业制度为目标的改革战略与其事业性质的体制特征存在着内在矛盾，如果不加调整，其改革目标存在着落空的可能。要使文化事业和文化产业实现协调发展，就必须根据文化事业和文化产业的不同特点，提出不同要求，制定不同政策。

第四，国家文化宏观管理和监管体制改革进展缓慢。这方面的改革涉及党政关系、政企关系、政事关系等诸多方面，与政治体制改革密切相关。目前，党政关系仍未理顺，一些地方以党代政，对文化市场微观主体经营活动干预过多的问题仍较普遍；政府职能方面的"缺位"和"越位"并存，管办不分、政企不分、政事不分、职能交叉、行政管理成本过高的问题依然突出。从而不仅导致了市场微观主体的交易成本过高，而且依靠以专项资金为主要手段和行政推进为主要方式的发展模式，在一定程度上强化了政府文化主管部门配置资源的传统体制，存在着管办不分、资助覆盖面窄、监管缺失等弊端，抑制了以市场配置资源为主要发展模式的市场微观主体的内生增长动力，影响我国文化竞争力的提高。

第五，国有经营性文化资产管理、监督和运营体制改革尚未迈出实质性步伐。目前，文化事业单位的国有资产如何管理，已有 2006 年 7 月财政部发布的《事业单位国有资产管理暂行办法》加以规范，而国有经营性文化资产的管理、监督和运营体制如何改革，还存在着不同看法和做法。我国经营性国有文化资产具有巨大的运营和增值潜力，但由于体制安排不尽合理，这种潜力还远远没有发挥出来。

第六，投入保障机制还不够健全。完善的投入保障机制，应该是坚持政府主导，逐步建立健全同财力相匹配、人民群众文化需求相适应的政府投入保障机制。目前对农村基层、革命老区和边疆民族地区文化发展的财政投入还相对较少。财政投入方式单一，财政投入绩效评价机制尚未建立。投入渠道较窄，社会资金投入文化建设的力度还都不大。

四、文化传播制度建设问题解析

从总体上来看，我国文化传播制度的建设取得了很大的成绩。但是，我国文化传播制度建设也存在着诸多制约因素，面临着复杂的问题与挑战。因此，文化传播制度建设的形势复杂，任务繁重，不容乐观。

（一）文化传播霸权主义问题与国际文化传播秩序问题

当前，文化传播霸权主义盛行，文化安全任务繁重。一些国家凭借全球化和文化交往中的文化强势地位，不断传播他们的价值观念、意识形态和政治主张，对其他国家进行全方位的文化渗透。"文化传播霸权"和"媒介帝国主义"气焰嚣张。所以，"文化决非什么心平气和、彬彬有礼、息事宁人的所在；毋宁把文化看成战场，里面有多种力量崭露头角，针锋相对。"[①]"西方文化对殖民主义者来说是一种极好的手段，一种使人疏远本民族的工具，通过使一个民族接受西方和美国的价值观念，他们就能够使之服从其统治。"[②]全球化中的强势文化与弱势文化的"文化争端"与"文化冲突"不断加剧。文化传播过程中的民族文化认同、冲突、交融、成长、扭曲、衰败等问题凸显。文化传播演变成为文化侵略。文化传播直接关系到我国的"文化主权"，进而影响到国家的政治安全和意识形态安全。全球文化传播给各个国家的文化安全带来了隐患，增强了各个国家的文化安全意识。因此，深刻的文化危机，文化霸权的强力介入，西方文化传播的强势，主流文化侵蚀其他文化，文化认同等一系列文化传播问题，形成了威胁国家安全的潜在的不安全因素。但是，经济全球化是世界发展的客观趋势，任何一个民族既无法选择，也无法逃避。面对文化冲突、文化争端、民族文化安全问题，如何应对文化冲突，如何提高文化竞争力，怎样捍卫文化主权的独立性和自主性，是文

---

① 爱德华·萨义德：《文化与帝国主义》，李焜译，生活·三联·新知书店，2003，第43页。

② 斯塔夫里阿诺斯（美）：《全球通史：1500年以后的世界》，吴象婴等译，北京大学出版社，2006，第240页。

化传播面临的重大理论与现实问题。长期以来，文化传播存在的问题主要是对内传播，而忽视了文化的对外传播。但是我国的对外文化传播力量比较弱小，传播体系仍不完善。我国对对外文化传播重视不够，没有做好传播工作，中国文化产业组织化、集约化程度低，规模小，数量虽多，但各自实力较弱，整体处于一种低水平的竞争状态。随着改革开放的深入推进，中国必将成为一个经济巨人，但是，中国要成为世界发展的领导者、引领者，还有很长的路要走，因为目前缺乏文化支撑和文化输出，缺乏文化的力量。我国文化整体实力和国际影响力与我国国际地位还不相称，"西强我弱"的国际文化和舆论格局尚未根本扭转。因此，我国的对外文化传播任重道远。

（二）文化传播体制与文化传播制度建设问题

我国的文化传播制度建设起步晚，建设滞后。就国内而言，我国经过漫长的封建专制主义社会，实现了长期的专制主义文化传播制度，封建专制观念根深蒂固。建国以后，我国又经历了十年"文化大革命"的动乱，文化传播制度成为阶级斗争的工具。从我国文化传播制度建设的情况来看，文化传播体制问题突出，文化传播制度缺失，文化传播制度同经济制度、政治制度的改革，文化传播同经济社会发展和人民日益增长的精神文化需求还不完全适应，束缚文化传播的体制机制问题尚未根本解决。

1. 文化传播的范围广，监督管理难度大。一方面，文化传播每时每刻都在发生，而且，中国是一个多民族的国家，人口众多，每个人都是文化传播的主体，文化传播的监督管理较为困难，无法及时依法查处。另一方面，文化传播管理部门势单力薄，人力、财力不足，职责不清，造成我国当前文化传播环境极不健康。

2. 文化传播制度建设与改革滞后。当前我国文化传播缺乏有效的监督管理机制和相关的配套制度。特别是，缺乏与市场经济体制相适应的文化传播制度。长期计划经济体制以及行政管理的文化传播运作模式导致文化传播制度与文化传播事业发展的现实要求相脱节，造成了文化传播制度僵化，缺乏针对性和时效性，对文化传播的健康发展造成极大的危害，严重的阻碍和制约了文化传播的可持续发展。因此，规范文化传播已经刻不容缓。

3. 文化传播制度与人的冲突。文化传播的首要问题是"向谁传播、怎样传播、在什么范围传播"。一方面，文化传播面临的问题不是把一小部分精英人士作为传播对象，而是将大众作为传播对象。当前我国文化传播的精英化现象明显，广大人民群众在传播中面临着被边缘化的威胁。"在媒体如此发达的今天，六千万国有企业的工人，两亿在城市里游荡的民工，八亿农民，这样一批人没有人在说话，中国老百姓越来越没有声音"；[①] 另一方面，文化传播过程中，过分强调了媒介技术的社会历史作用，把技术视为文化传播变革的唯一因素，而没有突出文化的主体性，忽略了人的主观能动性，没有突出人的价值与尊严，人似乎被文化传播媒介所主宰。

4. 文化传播脱离实际，形式主义严重。当前，文化传播越来越脱离实际，脱离现实生活，形式主义倾向严重。早在 1978 年邓小平就在一次讲话中强调："追求表面文章，不讲实际效果、实际效率、实际速度、实际质量、实际成本的形式主义必须制止。说空话、说大话、说假话的恶习必须杜绝。"[②]1992 年邓小平在南方讲话中进一步指出："现在有一个问题，就是形式主义多。电视一打开，尽是会议。会议多，文章太长，讲话也太长，而且内容重复，新的语言并不很多。重复的话要讲，但要精简。"[③]文化传播的形式主义使文化传播面临着深刻的危机。因此，

---

① 郑根成：《传媒娱乐化的伦理反思》，《湖南师范大学社会科学学报》，2006 年第 3 期，第 49 页

② 邓小平：《邓小平文选》（第 2 卷），人民出版社，1994，第 100 页。

③ 中共中央文献研究室:《十三大以来重要文献选编》（下），人民出版社，1993，第 1863 页。

文化传播如何切中现实，回归生活，也是未来文化传播制度建设与改革不得不思考和面对的问题。

（三）文化传播的性质问题与局部规范问题

首先，文化传播忽视文化传播的性质和方向的问题。当前，受资产阶级自由化思想的影响，文化传播存在着"去政治化"的倾向。文化传播缺乏正确的政治方向，自由化、私有化倾向严重。早在八十年代初，当一些人掀起一股反对四项基本原则、鼓吹资产阶级自由化的思潮时，邓小平就旗帜鲜明地指出："我们的宣传工作还存在严重缺点，主要是没有积极主动、理直气壮而又有说服力地宣传四项基本原则，对一些反对四项基本原则的严重错误思想没有进行有力的斗争。"[1] 文化传播如何坚持正确的政治方向，也是当前文化传播制度建设面临的挑战之一。

其次，文化传播规范失调。当前，一些文化传播没有社会责任，文化传播的社会意识较低。"一方面是消费者本人的拜物主义倾向与文化商品制造的拜物效果形成了一种同构关系，一方面也是因为文化工业制造了一种使用价值已经支付给消费者的幻觉（比如可以借文化产品消遣、娱乐、放松、获取知识等等），而就在这种假象与幻觉中，文化商品的交换逻辑与其追求的'赤裸裸的赢利动机'却被隐藏在深不可测的黑暗中，变得不为人察觉了。"[2] 对此，邓小平也深刻指出："有些混迹于艺术界、出版界、文物界的人简直成了唯利是图的商人。"[3] 在市场经济利益的驱动之下，文化传播走向商业化、庸俗化，为了迎合低级趣味，文化传播中的色情、暴力倾向严重，没有真实反映人民群众的精神需要。文化传播的功利化、世俗化趋向严重。

---

① 邓小平：《邓小平文选》（第2卷），人民出版社，1994，第364页。
② 赵勇：《整合与颠覆：大众文化的辩证法》，北京大学出版社，2005，第46页。
③ 中共中央文献研究室：《十一届三中全会以来重要文献选读》（下），人民出版社，1987，第726页。

再次，网络文化传播缺乏规范。网络是目前传播文化的主要阵地。我国现在网民的数量也越来越多。但是，网络文化传播制度建设与管理滞后。网络文化传播带来的负面效应也越来越突出，快餐文化、消极文化、低级文化，腐朽文化泛滥。因此，能否积极利用和有效管理互联网，能否真正使互联网成为传播社会主义先进文化的新途径，成为文化传播制度面临的新挑战。

（四）民族传统文化传播与保护问题

中华民族具有悠久的历史和灿烂的文化，拥有丰富的传统文化资源。保护和传播好民族传统文化，既是维护文化多样性的需要，也是增强民族认同，实现民族团结的需要。但是，随着全球化进程的推进，民族文化的命运与前途，民族文化遗产的保护与传播都面临着深刻的危机与挑战。具体表现在：民族文化的危机不断加深，民族文化的人为破坏和自然灭绝加快，民族传统文化传承断层与断代，民族文化认同危机也不断加重，民族文化的传播方式和手段落后。一些地方特色的文化，特别是一些少数民族的特色文化面临着消失的危险。中华民族的传统节日，传统音乐歌舞，传统风俗了解的人越来越少，正在被人遗忘。文化传播是有选择的传播。自发的文化传播不会传播与保护民族文化。因此，如何通过有目的、积极的文化传播有效地传播与科学保护民族文化，弘扬传统文化，增强民族文化的生命力，推动民族文化可持续发展是我国文化传播也面临的问题之一。

第三节　文化强国建设问题的哲学之思

一、中国人才培养与校园文化建设问题

目前，我国高校校园文化建设存在诸多问题，其原因也是多种多样，有主观方面的原因，也有客观方面的原因，有社会层面的原因，也有个人方面的原因，具体可概括为以下几方面：

第一，社会环境对校园文化建设的影响。社会环境意义广泛，这里主要指经济环境、文化环境及校园周边环境。经济转轨与文化转型是当今中国经济社会发展的两股重要力量。然而，经济转轨与文化转型并非同步，由于文化对经济具有设计、导向和促进作用，而文化又具有滞后性，因此，形成了经济发展与文化转型之间的矛盾。两者间的矛盾又成为社会发展的难题，其主要原因是社会在关注经济发展的同时，以牺牲某些人文精神为代价，即使承认市场经济带来了一些观念层面的进步，如有利于增强校园文化主体的独立意识、平等意识、竞争意识、公平意识、效率意识，但同时也带来了一些容易引发错误导向的投机意识、享乐意识、唯我意识、金钱意识等。此外，市场经济带来的社会浮躁、庸俗、急功近利的风气，也对高校校园文化构成了强大冲击。

第二，校园周边环境的一些消极因素也给校园文化建设带来了不利影响。现代大学不再是封闭的、孤立的象牙塔，学校周边也成为学生日常活动的场所，而一些地方院校校园周边地区由于疏于管理，出现了享乐的社会文化，从文化心理、文化环境和生活方式上对大学生的价值观导向产生了影响，使校园文化的先进性受到严重冲击。

第三，大众传媒对校园文化建设的影响。在信息技术高速发展的今天，电影、电视、网络、手机、报纸、杂志等大众传媒在大学生的学习生活中占很大比例，尤其是手机和电脑等现代媒体的出现，大大增加了学生使用传媒的时间，由此可见，大众传媒对校园文化建设的发展影响深远。但是，对涉世不深和自控力较差的大学生而言，有些学生对所传播的信息缺乏辨认能力，经常被虚假的信息蒙骗；有些学生沉迷于网络，不仅浪费钱财，还荒废了学业，甚至还会被诱惑，误入歧途，走上违法犯罪的道路。同时，交际、心理等问题也相继出现，全都制约着校园文化的健康发展。

第四，学生自身发展特点对校园文化建设的影响。大学生自身的特点是造成校园文化建设现状与问题的另一原因。年龄特性和个性差异是影响大学校园文化发展的重要因素。刚从中学跨入大学校门的大学生，其世界观、人生观和价值观还未定型，仍具有很大可塑性，一方面，他们思想单纯，热情开朗，思维敏捷，兴趣广泛；另一方面，他们意志脆弱，人格易于扭曲，内心常存冲突，思想易消沉。随着大学生知识面日益扩大和视野不断开阔，他们开始独立思考和看待问题。自我意识的觉醒，使他们成为校园文化建设的主要参与者。但是，大学生由于缺乏经验，对事实判断不准确，有时会导致他们的参与成为谋取个人利益的途径，给校园文化建设带来不利影响。

第五，学校领导的个人意识对校园文化建设的影响。一般来说，学校党政领导是学校教育的组织者和决策者，他们的个人意识、教育观念、价值取向，常常决定一个学校的办学理念和风格。在我国，部分学校领导热衷于政绩工程，习惯作表面文章，不重视校园文化建设。在校园大搞"面子工程"，各种"高楼大厦"拔地而起，各种体育设施高额投入，校园面积进一步扩大，但教风、学风等事关学校生存的工作却越来越差。这些个人意识方面的偏差在很大程度上影响了学校物质文化的投入、制度文化的形成及精神文化的培育，且制约着校园文化建设的健康持续发展。

二、中国文化国际传播问题解析

基于以上考察，可以发现，中国文化的国际传播日益广泛深入，其国际影响力也日益提升。然而，中国文化在国际传播的理念方面尚未完全与国际接轨，在实际的传播过程中也出现了一些问题。对此，可以从"国际环境"和"市场环境"这两个角度来具体说明。

（一）国际环境之思

随着我国综合国力的不断增强，经济的快速发展，世界上不同国家对中国形成了不同的价值判断。上海外国语大学中国国际舆情研究中心统计显示，十九大期间国际主流媒体发表报道9300篇，刷新了十八大创造的 5060 篇的纪录。2017 年国际媒体有关中国的报道量仅次于美国居全球第二位，是美国的 1/2、俄罗斯的 3.2 倍、印度的 3.0 倍、英国的 2.9 倍、德国的 2.2 倍、日本的 1.5 倍。新华社、《人民日报》等中国媒体成为路透社、《纽约时报》等国际主流媒体的重要消息源，在新时代国际舆论场中的地位凸显。

外媒在肯定中国发展成就和治理模式的同时，也发表了一系列负面言论，尤其是西方媒体在政治上抹黑党和国家领导人、抹黑中国道路和政治体制；在经济上认为中国将陷入"中等收入陷阱"；在文化上充满意识形态对抗，企图以"锐实力"说遏制软实力提升；在社会问题上曲解民族宗教政策，放大民生问题与国内矛盾。特朗普政府发布《美国国家安全战略报告》，将中俄看成假想敌，担心中国陷入"修昔底德陷阱"，与美国争夺世界领导权。美国智库布鲁金斯学会从政治、经济两方面表达对中国发展方向的担忧，认为中国和欧洲国家不同，很可能会陷入"中等收入陷阱"。外媒认为，中美竞争白热化，中国会利用经济杠杆来挑战美国霸权地位。这就导致在涉及国家安全的关键性产业上，美国将限制中国在美国的投资。①

上述评估差异主要是因为，不同国家的民众在态度上的反应与该国的政治倾向相关。正如有人比喻中美关系时说道："中美关系有两个轮子，一个是合作与管控分歧，一个竞争博弈。虽然有不稳的时候，但是整体是稳定的。"尤其是在大众传播时代，人们的学习、工作、娱乐越来受到各类传播媒介（如电视、报纸、杂志）的影响，尤其是传统媒体与新媒体的结合使得数字电视、网络媒体以及移动媒体迅速扩张，为公众获得各种信息提供了极大的便利。然而，各类传播媒介对外部世界的报道并非"镜子"式的反应，而是根据自身的价值观和报道方针，来选

---

① 吴瑛：《十九大后国际舆论的新格局与新走势》，《对外传播》，2018 年第 4 期，第 5 页。

择、加工其认为重要的部分提供给受众。也就是说，各种媒介往往有意无意地充当了新闻的"把关人"。这就意味着，民众对社会的认知很大程度上来源于该国大众传播所设置的"拟态环境"。在这种环境下，各国媒体依据其政治倾向对我国的"事实报道"，直接影响着该国民众对我国现状的态度与评价。

与此同时，我们不得不承认的是，国家间存在外交摩擦也是造成文化交流受阻的又一重要因素。对于政治倾向与我国差异较大的国家，我们要取得其民众的好感和信任，仍然任重道远。日本丰田公司曾在汽车杂志上刊登了一则"丰田霸道"的汽车广告，选用了中国元素石狮子，让石狮子向丰田霸道车敬礼，此举就被中国网民抨击为亵渎了中国文化。显然，在国际传播时，传播内容很容易因为文化差异而产生歧义，进而使文化矛盾上升至国家和民族矛盾。尽管中日两国属于相近文化圈，且有一定的地缘关系，但仅仅认为是历史、军事等问题影响了两国之间的文化交流也不全面。如日本所有的国立大学都不接受孔子学院，目前只有9所排名不太靠前的私立学校开设了孔子学院。无独有偶，美国有的州也拒绝开设孔子学院，还有已经开设的孔子学院与总部的合同到期后便不再续签的情况。这些现象值得我们反思，中国文化的国际交流和传播，如何消除由政治原因带来的障碍，需要我们寻求适当的途径加以解决。

（二）市场环境之思

文化产品与服务的跨国贸易，不仅能够增加国家的财政收入、带动其他商品的输出，还能提升我国的国际形象，达到推广、宣传本民族文化的目的。然而，面对激烈的国际市场竞争，文化传播需全面考虑不同国家在宗教信仰、价值观念、传媒体制以及信息接收习惯上的差异。因为国际传播的受众是多样的，受各国经济发展不平衡、大众媒介使用不均衡以及各国民众对国际传播信息在接受行为和心理上存在区别等因素的制约，文化在传播的过程中难免受到阻碍。与此同时，还有语言差异方面的问题。因为不同语言之间的互译是思维方式之间的"求同存异"，如果无法做到深刻地洞悉和了解彼此文化之间的差异与融通之处，就会出现文化传播中的"噪音"。

衡量文化市场的发展水平主要依据两个指标：一个是可量化的GDP产值，一个是不可量化的文化软实力。其中前者并不具有文化主导性的意义，而后者可以在精神的本源性上决定市场发展的大方向及其终极价值。接下来，我们将针对这两个指标具体谈论我国当前文化对外传播过程中存在的问题。

1. 文化市场"供给"与需求量问题

《2015年全国新闻出版业基本情况》显示：2015年，我国出版物进出口经营单位累计出口图书、报纸、期刊1552.63万册（份）、5726.74万美元，与上年相比，数量下降8.10%，金额增长1.36%。累计进口图书、报纸、期刊2811.75万册（份）、30557.53万美元，与上年相比，数量增长10.75%，金额增长7.67%。[①]通过数据对比我们发现，图书出口5221.67万美元，进口14499.25万美元，进口金额是出口金额的2.78倍；期刊出口461.64万美元，进口14323.10万美元，进口金额是出口金额的31.03倍；报纸出口43.43万美元，进口1035.31万美元，进口金额是出口金额的23.84倍。可见，我国在图书出版等行业呈现出较大的贸易逆差，也在一定程度上反映了我国文化产品对外输出的需求量不够。

当前，我国在文化"走出去"上仍偏重于"供给"驱动。国外民众对中国自然资源的文化符号（熊猫、长江等）了解最多，认知度最高，而对中国传统文化的核心——儒道释哲学思想、古典文学艺术的认知度极低。我们在国外举办了艺术表演，但国外民众更多的是"看热闹"，

---

① 《2015年全国新闻出版业基本情》，2016年9月1日，中国经济网，（http://www.ce.cn/culture/gd/201609/01/t20160901_15472221.shtml）。

极少有人能够"看门道"。他们至多也就是带着某种好奇心"随便看看"，而不是"特意看看"。中国文化"走出去"还有很大的开发空间。

2. 文化产品的技术运用与情感表达问题

在当代文化产业的国际竞争中，技术对文化产业的助推效果显著，大到舞台晚会的舞美设计或影视作品的特效使用，小到文化礼品类的精美包装或设计宣传，都离不开技术的创新驱动。然而我国文化产品在高技术运用的背后，依然存在思想肤浅、情感表达弱以及人文内涵缺乏等问题。无论是影片《投名状》《赤壁》，还是动画片《大鱼海棠》，都反映出当下中国影视面临的普遍问题：我们有技术、有资金、有市场，但缺思想的深度、情感的厚度、人文的浓度。真正的艺术永远追求思想的深度、情感的厚度、人文的浓度。故事究竟应该具有什么样的思想、什么样的情感，应是文化传播者在追逐技术革新的过程中深思熟虑的课题。如果一种文化产品在本土的反响都是责骂声一片，如何能够在国际竞争中脱颖而出，又如何产生真正的世界影响力和渗透力。

对于文化产品而言，技术的模仿、借鉴与突破仅仅是第一步，文化内涵和底蕴的传承、创新和传播才是重点。面对国际环境的复杂性，文化产品一方面应该突出地域文化特色，另一方面还需拓展民族文化的现代内涵，才能真正提升我国文化的软实力，并获得海外市场的认可。从我国文化产业的发展走向来看，应该注重挖掘民族内涵，毕竟对于新信息时代的技术而言，只有平衡技术的物质奇迹和人性的精神需求，它才能按照人性化的方式发挥作用，进而在中国与世界的对话中彰显"文化软实力"。

第十章　文化强国建设的可行性实践路径及其哲学思考

党的十九大报告指出，文化自信是一个国家、一个民族发展中更基本、更深沉、更持久的力量。必须坚持马克思主义，牢固树立共产主义远大理想和中国特色社会主义共同理想，培育和践行社会主义核心价值观，不断增强意识形态领域主导权和话语权，推动中华优秀传统文化创造性转化、创新性发展，继承革命文化，发展社会主义先进文化，不忘本来、吸收外来、面向未来，更好构筑中国精神、中国价值、中国力量，为人民提供精神指引。

第一节　文化强国建设的可行性实践路径

一、社会主义文化强国建设总体要求之思

早在党的十七届六中全会中，我国政府就明确强调："建设社会主义文化强国，就是要着力推动社会主义先进文化更加深入人心，推动社会主义精神文明和物质文明全面发展，不断开创全民族文化创造活力持续迸发、社会文化生活更加丰富多彩、人民基本文化权益得到更好保障、人民思想道德素质和科学文化素质全面提高的新局面，建设中华民族共有精神家园，为人类文明进步作出更大贡献。"①党的十九大报告再一次明确指出，"要坚持中国特色社会主义文化发展道路，激发全民族文

---

① 中国共产党第十七届中央委员会第六次全体会议：《中共中央关于深化文化体制改革推动社会主义文化大发展大繁荣若干重大问题的决定》，《人民日报》，2011年10月26日，第01版。

化创新创造活力，建设社会主义文化强国。"①作为建设社会主义文化强国的总体要求，这一要求深刻阐明了我国文化建设的根本性质和发展前景，也为怎样建设社会主义文化强国指明了方向。

可见，扎实推进社会主义文化强国建设是中国特色社会主义事业总体布局的重要组成部分，也是我国全面建成小康社会的必由之路。进入新时代，我国高度重视文化建设，提出了扎实推进社会主义文化强国建设的战略目标，为中国特色社会主义伟大事业提供了重要保障。当前，扎实推进社会主义文化强国建设，必须在对社会主义文化强国本质属性和内在规律认识的基础上，进一步明确怎样扎实推进社会主义文化强国建设这一重要内容，这就需要充分把握扎实推进社会主义文化强国建设的总体要求、基本任务以及奋斗目标。

（一）社会主义先进文化深入人心之思

历史和经验表明，坚持什么样的方向，建设什么样的文化，体现着政党的性质，是文化建设的首要问题。社会主义先进文化是马克思主义政党思想精神上的旗帜。坚持社会主义先进文化前进方向，建设中国特色社会主义先进文化，是中国共产党先进性的集中体现。中国共产党在过去革命、建设和改革过程中，始终围绕党的中心任务提出各项符合社会发展的文化纲领目标和措施，有力地推动了社会主义文化建设以及党和人民事业的不断发展。新的历史起点上，我们必须坚持中国共产党的领导，始终站在时代前列，以更加积极主动的心态把握文化发展的主动权，建设社会主义先进文化。当代中国，社会主义文化是整个社会思想文化的主流和主体，尤其是社会主义先进文化，对整个社会发展都起着至关重要的引领作用。因而，建设社会主义文化强国必须着眼于发展社会主义先进文化，推动社会主义先进文化深入人心。事实上，社会主义

---

① 本书编写组：《党的十九大报告学习辅导百问》，党建读物出版社、学习出版社，2017，第 32 页。

先进文化深深植根于中华民族优秀传统文化和五四运动以来形成的革命文化传统之中，是在汲取中国特色社会主义现代化建设中的先进成分以及人类文明成果而发展起来的，深刻体现着中国共产党本质属性和先进性。大力弘扬社会主义先进文化，是时代和社会赋予我们的神圣使命，是发展中国特色社会主义的应有之义，也是新时期建设社会主义文化强国的必然要求。当前，随着全球化的不断深入，社会思想更加多样，社会价值更加多元，各种低俗文化和不良思潮鱼龙混杂其中，对马克思主义理论、社会主义先进文化提出了严峻挑战。也进一步突显了坚持社会主义先进文化建设，推动社会主义先进文化深入人心的重要性和紧迫性。对此，我们必须牢牢把握以下几点：一是高举中国特色社会主义伟大旗帜，使社会主义核心价值体系更加深入人心。新时期，党和国家在全社会不断加强走中国特色社会主义道路和实现中华民族伟大复兴的理想信念教育，大力倡导爱国守法和敬业诚信教育，构建与社会主义市场经济相适应的道德和行为规范。同时，青年是祖国的未来和民族的希望，国家通过把社会主义核心价值体系教育以及社会主义理想信念教育纳入到大学课程之中，尤其是通过两课教育，使学生不仅能够掌握社会主义核心价值体系的内容，坚定走中国特色社会主义道路和实现民族伟大复兴的理想信念，还能够使学生在日常生活中不断践行社会主义核心价值体系的要求，从而使社会主义核心价值体系内化于心，外显于行。二是使为人民服务和为社会主义服务的观念内化于人民心中。我国是社会主义国家，人民是国家的主人，我们发展社会主义先进文化，建设社会主义文化强国，为的就是国家更加繁荣富强，人民更加幸福安康。

因此，新时期新阶段，推动社会主义先进文化深入人心，就要使为社会主义服务、为人民服务的观念深入人心。为人民服务、为社会主义服务是时代最崇高的精神。正如毛泽东指出的，只有有了为人民服务的精神，才是"一个高尚的人，一个纯粹的人，一个有道德的人，一个脱离了低级趣味的人，一个有益于人民的人"。^①所以，在建设社会主义文化强国中，必须不断倡导为人民服务、为社会主义服务的观念，使其深入人心，转化为实际行动，才能真正做到与时代同进步、与祖国同命运、与人民齐奋进。三是大力弘扬中国优良传统以及一切有利于国家富强、民族振兴和人民幸福的思想精神，使人民切实感受到社会主义的优越性，从而为社会主义文化强国建设献策出力。只有使社会主义先进文化深入人心，不断发展社会主义先进文化，才能保持社会主义文化建设的先进性和生命力，为建设社会主义文化强国提供强大的精神力量。

（二）精神文明和物质文明全面发展之思

党的十九大报告指出，综合分析国际国内形势和我国发展条件，从二〇二〇年到本世纪中叶可以分两个阶段来安排。第一个阶段，从二〇二〇年到二〇三五年，在全面建成小康社会的基础上，再奋斗十五年，基本实现社会主义现代化。到那时，社会文明程度达到新的高度，国家文化软实力显著增强，中华文化影响更加广泛深入，基本建成文化强国。第二个阶段，就是从二〇三五年到本世纪中叶，在基本实现现代化的基础上，再奋斗十五年，把我国建成富强民主文明和谐美丽的社会主义现代化强国，建成文化强国。到那时，我国物质文明、政治文明、精神文明、社会文明、生态文明将全面提升，实现国家治理体系和治理能力现代化，成为综合国力和国际影响力领先的国家，全体人民共同富裕基本实现，我国人民将享有更加幸福安康的生活，中华民族将以更加昂扬的姿态屹立于世界民族之林。^②为了加快实现上述国家战略发展目标，必须推动社会主义精神文明和物质文明全面发展。

社会主义物质文明是社会主义社会人们改造自然的物质成果，集中

---

① 毛泽东：《毛泽东选集》（第 2 卷），人民出版社，1991，第 660 页。
② 本书编写组：《党的十九大报告学习辅导百问》，党建读物出版社、学习出版社，2017，第 22-23 页。

表现为物质生产的进步和物质生活的改善，是巩固社会主义制度的基础，是社会主义经济建设的重要战略。社会主义精神文明是社会精神生产和精神生活发展的成果，是社会主义社会的重要特征，是具有中国特色的社会主义社会不可缺少的一个重要方面。社会主义物质文明与精神文化相互联系，相互促进，统一于中国特色社会主义建设伟大实践中。

　　一方面，社会主义物质文明是社会主义社会存在和发展的起点，是社会主义精神文明的基础，为社会主义精神文明的发展提供物质条件和实践经验，对社会主义精神文化的发展起着决定性作用。因此，只有把社会主义经济建设搞好了，生产力发达了，才会给社会主义精神文明建设提供更充分的物质基础。另一方面，社会主义精神文明对于社会主义物质文明具有能动的反作用，为社会主义物质文明的发展提供精神动力和智力支持，是物质文明建设健康有序发展的思想保证。那种认为只有物质条件好了，精神文明自然而然就会好起来，而物质条件差，精神文明就不可能搞好的观点，是不正确的。因此，当前全面推进社会主义文化大发展大繁荣，扎实推进社会主义文化强国建设，不能只对两个文明中的其一提出要求，而应做到协调推动两个文明在互促互进中发展，即要始终坚持精神文明的发展要适应物质文明的发展要求，物质文明的发展也要满足精神文明发展的需要。新时代，推动社会主义精神文明和物质文明全面发展，集中体现于继续不断发展社会主义生产力的基础上更加注重社会主义文化建设。一方面，物质文明是精神文明的基础，对精神文明建设起着决定性作用，推动社会主义物质文明发展，集中体现于不断发展社会主义生产力。马克思主义认为，物质基础决定上层建筑。没有高度发达的物质文明，社会主义工业、农业、运输业以及服务业等物质生产行业只能停滞不前，人们吃、穿、住、行等物质生活条件都岌岌可危。人们最基本的生产都成了问题，其他方面又从何谈起呢？文化强国也只能是南柯一梦。因此，推动社会主义精神文化和物质文化全面发展，首要的是继续不断发展生产力，确保社会主义物质文明充分发达。

对此，要始终坚持以经济建设为中心，切实贯彻党的十八大精神着力推动社会主义经济更上一个台阶。要尊重劳动，尊重知识，尊重人才，不断提高劳动者素质，鼓励中华儿女在各行各业中为扎实推进社会主义文化强国建设做出更大贡献。要加快科学技术的发展，大力推进科技进步和创新，使"中国制造"变为"中国创造"，从而在国际舞台竞争中更具竞争力和影响力。另一方面，精神文明不是物质文明简单的附属品，推动社会主义精神文明发展，集中体现于更加注重社会主义文化建设。文化是民族的血液，是人民的精神家园。"没有文化的积极引领，没有人民精神世界的极大丰富，没有全民族精神力量的充分发挥，一个国家、一个民族不可能屹立于世界民族之林。"[1] 这是人类社会历史发展的重要启示，也是建设社会主义文化强国必须长期坚持的宝贵经验。要坚持以马克思列宁主义、毛泽东思想和中国特色社会主义理论体系为指导，积极弘扬中华民族优秀传统文化，加强爱国主义、集体主义和社会主义教育，广泛吸收世界文明成果，提高全民族的思想道德素质和科学文化素质。要扎实推进社会主义文化强国建设，不断推进社会主义文化大发展大繁荣。社会主义社会是全面发展、全面进步的社会，推动社会主义精神文明和物质文明全面发展，要更加注重社会主义精神文化和物质文明的协调发展。人类社会发展的历史证明，一个国家一个民族，若物质丰富而精神贫穷，势必会出现诸如"精神沙漠""道德缺钙"等严重的社会问题。相反，若一个国家一个民族只注重精神文明建设而忽视物质文明建设，整个国家、整个民族势必会出现严重的生产问题，文化大革命时期的中国就是典型的例子。同样，作为个人亦是如此，很多一夜巨富的"暴发户"之所以物质的充裕难掩精神的贫穷就是这个道理，而一些沉迷于自我清高而不注重物质基础的乞讨者也正是忽视了这一原理。

---

① 中国共产党第十七届中央委员会第六次全体会议：《中共中央关于深化文化体制改革推动社会主义文化大发展大繁荣若干重大问题的决定》，《人民日报》，2011 年 10 月 26 日，第 01 版。

可见，一个国家、一个民族只有物质和精神都富有，才能成为一个有强大生命力和凝聚力的民族；小到一个家庭、一个个人，只有物质和精神的协调并进，才能活得更加自在幸福。因而，当前建设社会主义文化强国，就要更加注重两手抓，两手都要硬。这种两手抓，两手都要硬也并非是不分主次，不分重点的眉毛胡子一把抓，而是在不同时间阶段、不同地区，乃至不同家庭和个人都要根据具体情况适当调整。

（三）开创文化建设新局面之思

党的十九大报告指出，"实践没有止境，理论创新也没有止境。世界每时每刻都在发生变化，中国也每时每刻都在发生变化，我们必须在理论上跟上时代，不断认识规律，不断推进理论创新、实践创新、制度创新、文化创新以及其他各方面创新。"[1]努力开创生动活泼、积极向上的社会主义文化建设新局面不仅是社会主义文化建设的应有之义，而且对于实现社会主义文化强国建设的战略目标具有重要推动作用。对此，要切实做好以下几点：

一要激发全民族文化创造活力持续迸发，使人民社会文化生活更加丰富多彩。"建设社会主义文化强国，关键是增强全民族文化创造活力"，[2]应不断解放和发展文化生产力，适应新形势新要求，把全民族文化发展和建设摆在突出位置，抓住机遇，进一步激发文化创造活力，迸发文化生命力，提高人民建设社会主义文化的自觉性和积极性，在新的更高起点上开创文化建设新局面，使人民社会文化生活更加丰富多彩。二要努力使人民基本文化权益得到更好保障。社会主义的本质决定了社会主义文化是人民大众的文化，是人民共建共享的文化。因此，"为了谁"、

---

① 本书编写组：《党的十九大报告学习辅导百问》，党建读物出版社、学习出版社，2017，第21页。

② 胡锦涛：《坚定不移沿着中国特色社会主义道路前进为全面建成小康社会而奋斗——在中国共产党第十八次全国代表大会上的报告》，《人民日报》，2012年11月18日，第01版。

"依靠谁"始终是文化建设的根本问题，决定着社会主义文化建设的性质。只有始终站在人民立场、立足人民需求，不断满足人民文化需求，使人民基本文化权益得到更好保障，才能使文化之树常青。必须认真贯彻落实十八大精神，"坚持为人民服务、为社会主义服务的方向"[1]，做到文化发展为了人民、文化发展依靠人民、文化发展成果由人民共享，不断完善制度规范体系，使人民基本文化权益得到更好保障，让人民在良好社会主义文化熏陶下生活得更加幸福。三要不断提高人民思想道德素质和科学文化素质。《中共中央关于社会主义精神文明建设指导方针的决议》把社会主义精神文明建设的内容概括为教育科学文化建设和思想道德建设两个方面，并指出二者是紧密相连的。一方面，思想道德建设解决的是整个中华民族的精神支柱和精神动力问题，是中国特色社会主义文化建设的重要内容和中心环节。加强思想道德建设就要加快建立和完善社会主义思想道德体系，着力培育文明道德风尚，把社会主义先进性要求同广泛性要求相结合，要进一步加强和改进思想政治工作，从而不断提高人民思想道德素质。另一方面，教育科学是中国特色社会主义文化建设的重要内容，对于提高民族素质、提高社会文明程度、促进社会全面进步具有重要作用。教育科学如果得不到应有的发展，精神文明建设上不去，经济建设也会缺乏后劲，因而必须在政策资金上保证教育文化事业发展，鼓励社会各方积极支持科教文卫事业，不断提高人民科学文化素质，确保完成文化建设任务。

（四）共有精神家园与为人类文明作出更大贡献之思

"精神家园是人们精神生活、精神支柱、精神动力以及精神信仰的

---

[1] 胡锦涛：《坚定不移沿着中国特色社会主义道路前进为全面建成小康社会而奋斗——在中国共产党第十八次全国代表大会上的报告》，《人民日报》，2012 年 11 月 18 日，第 01 版。

总和。"①中华民族共有精神家园饱含着以爱国主义为核心的民族精神和以改革创新为核心的时代精神，以及整个中华民族的理想信仰等多方面内容。建设中华民族共有精神家园，为人类文明进步作出更大贡献，充分表达了中华儿女以及整个中华民族昂首面向现代化、面向世界、面向未来的高度的文化自觉和文化自信。中华民族正是秉持着自己的文化基因和精神内核，所以才能历尽艰难困苦而愈挫愈勇，也正是因为中华民族坚忍不拔的精神和意志时时激励着每一个中华儿女，才会使我们对生活和未来充满希望，使我们的希望从未磨灭，使我们反抗压迫反抗外来侵略追求正义和平稳定的旗帜从未伏倒。当前，世界正处在经济一体化的大发展大变革时期，世界范围内各种思想呈现多元化，文化呈现多样化，形成了大交融和大交锋的态势，西方敌对文化势力以及文化霸权主义的侵蚀对我国发展形成了严峻的文化冲突和文化挑战。与此同时，在我国社会内部，"精神虚无""文化沙漠""文化复古"等不良文化现象也有所突出。在这种内外交织的文化环境挑战下，广大人民群众十分期盼拥有一个强大的中华民族共有精神家园，渴望吹响中华民族共有精神家园的号角，使人民获得广泛认同感、归属感、自豪感和使命感，渴望中华民族共有精神家园成为中华儿女的心灵港湾，不断激励、鼓舞、慰藉每一个中国人。在当代，建设中华民族共有精神家园，"就是要以社会主义初级阶段为历史背景，把中华民族共有的思想、精神、价值、观念、理想、目标和追求等凝聚起来，使之成为不可分割的紧密联系的统一的社会意识整体，使之成为人民遵循共同行动规范、追求共同美好生活、承担共同奋斗任务的精神支撑和内在动力。进一步讲，就是以中国特色社会主义理论体系为指导思想，以社会主义核心价值体系为价值尺度，以全国各族人民共同愿望、共同理想、共同诉求为奋斗目标，

---

① 农华山：《铸造共有精神家园》，《广西日报》，2011年11月15日，第010版。

以文化建设为重要载体，通过推动社会主义文化大发展大繁荣，打牢共有精神家园的基础，丰富共有精神家园的内涵，发挥共有精神家园的作用。"①具体而言，建设人民共有精神家园就是要切实做好以下几点：一是推动社会主义核心价值体系与社会主义核心价值观更加深入人心，引导全社会积极践行和遵循共同思想道德基础。二是全面贯彻"二为"方向和"双百"方针，创作更多无愧于历史、无愧于时代、无愧于人民的优秀作品，为人民提供更多的精神食粮；三是坚持去其糟粕，取其精华的原则，积极继承和弘扬优秀传统文化，更加有效地发挥传统优秀文化的时代价值。

二、发展公益性文化事业与保障人民基本文化权益之思

建设社会主义文化强国，必须繁荣发展公益性文化事业，让人民基本文化权益得到更好保障。《中共中央关于深化文化体制改革、推动社会主义文化大发展大繁荣若干重大问题的决定》明确提出："满足人民基本文化需求是社会主义文化建设的基本任务。"必须大力发展公益性文化事业，让群众广泛享有免费或优惠的基本公共文化服务，保障人民基本文化权益。

（一）公益性文化事业

加强公益性文化事业建设，保障人民基本文化权益，是各级党委和政府的一项基本职责，是体现社会主义优越性的重要方面，也是社会文明进步的重要标志。

1. 实现人民基本文化权益是推动科学发展、切实改善民生的必然要求

随着我国经济社会持续快速发展和人民生活水平不断提高，城乡居

---

① 农华山，《铸造共有精神家园》，《广西日报》，2011 年 11 月 15 日，第 010 版。

民文化需求越来越旺盛，文化权益日益成为社会关注的一个焦点。文化权益是人民群众的基本权益，只有当文化权益与经济、政治、社会等权益一起得到有效保障时，对人民权益的保障才是全面的、充分的。保障人民基本文化权益，关系千千万万人民群众的切身利益，不仅体现我们党全心全意为人民服务的根本宗旨，体现促进人的全面发展的社会主义本质要求，而且对于实现文化惠民，提高幸福指数，促进社会和谐，都具有重要的现实意义。

2. 发展公益性文化事业是实现人民基本文化权益的主要途径

现阶段，我们界定的基本文化需求主要包括看电视、听广播、读书看报、进行公共文化鉴赏、参加公共文化活动等。在农村，考虑到过去的传统，为农民免费放映电影也属于这个范畴。这些基本文化权益，需要政府免费或优惠提供，主要途径就是大力发展公益性文化事业。这就要求公益性文化事业必须有别于经营性文化产业，着眼于社会效益，以非营利性为目的，为全社会提供非竞争性、非排他性的公共文化产品和服务。

3. 发展公益性文化事业何以坚持公益性、基本性、均等性、便利性要求

公益性、基本性、均等性、便利性，是中央对公共文化服务体系建设基本特点的高度概括。公益性，就是政府提供的公共文化服务基本上是免费服务，或是低于成本、收费很少的服务；基本性，就是政府提供的是基本文化服务，而不是所有文化服务；均等性，就是不分男女老少，不分富人穷人，不分城市农村，不分东中西部，都平等地享受公共文化服务；便利性，就是要网点化，做到一定空间范围内必须有公共文化活动场所，方便群众就近参与。

（二）发展公益性文化事业

满足人民基本文化需求是社会主义文化建设的基本任务。近年来，各级财政对农村地区、西部地区，特别是老、少、边、穷地区文化建设

的扶持力度不断加大。一个覆盖城乡的公共文化服务网络正在全国形成。伴随覆盖面的扩大，公益性文化事业的服务水平也在技术和体制机制的创新中不断提升。加强公共文化服务是积极发展公益性文化事业的主要途径。必须牢固树立文化民生的理念，以公共财政为支撑，以公益性文化单位为骨干，以全体人民为服务对象，以保障人民群众基本文化权益为主要内容，完善覆盖城乡、结构合理、功能健全、实用高效的公共文化服务体系，确保人民群众共享文化发展成果。

1. 政府对公益性文化事业的投入逐年加大，已取得显著成效

党的十六大以来，文化事业加大投入、加快建设，公益性文化事业的发展越来越得到重视。文化体制改革不但推动了文化产业的繁荣，也提升了公共文化的服务水平。广播电视村村通工程、农村电影放映工程、文化信息资源共享工程、农家书屋工程等一系列文化惠民措施全力推进。"十一五"规划明确提出，加大政府对文化事业的投入，逐步形成覆盖全社会的比较完备的公共文化服务体系。"十一五"时期各级财政对文化投入大幅度增加，2006 年文化方面支出 685 亿元，2010 年达到 1528亿元。据统计，"十一五"时期前 4 年，全国文化事业费总计超过 900亿元，年均增幅 25.28%。仅 2009 年，中央财政对地方各项文化工程投入总量就达 30 多亿元。全国文化信息资源共享工程以 83 万个服务点覆盖 90% 的行政村；乡镇综合文化站建设基本实现乡乡有综合文化站；农村电影放映工程实现数字化，年放映达 800 万场；覆盖 50% 的行政村。[①] 截至 2009 年底，全国各级公共博物馆、纪念馆已有 1444 座向社会免费开放；全国已有 2850 个公共图书馆、3223 个文化馆、38740 个文化站；农家书屋工程自 2007 年实施以来，已建成农家书屋近 40 万家，每个书屋可供借阅的实用图书不少于 1000 册，报刊不少于 30 种，电子

---

① 秦杰等：《向社会主义文化强国阔步前行——〈中共中央关于深化文化体制改革、推动社会主义文化大发展大繁荣若干重大问题的决定〉诞生记》，《人民日报》，2011 年 10 月 27 日，第 1 版。

音像制品不少于 100 种；广播电视村村通工程覆盖全部已通电行政村，2011 年底，已有 70 多万个 20 户以上已通电自然村全面覆盖；在城市，由政府投资建设的综合性文化场所，如大剧院、音乐厅等，如今遍布全国各地。2011 年，落实中央财政补助地方专项资金总额 35.97 亿元，其中，以实施全国美术馆、公共图书馆、文化馆（站）免费开放为依托，安排基层公共文化服务体系保障经费 18.22 亿元。国家美术馆工程、中国工艺美术馆工程、国家图书馆一期改造工程、中央歌剧院剧场工程等进展顺利，国家博物馆改扩建工程完成并投入使用。一批地方重点文化设施建设进展顺利。2011 年，公共数字文化建设稳步推进；文化信息资源共享工程全年资源建设总量达 28.4TB，服务 1.6 亿人次；公共电子阅览室建设试点工作在各地全面铺开；首批 31 个地级市（区）和 47 个项目获得国家公共文化服务体系示范区创建资格。①

国家"十二五"时期文化改革发展规划提出，按照公益性、基本性、均等性、便利性的要求，以公共财政为支撑，以公益性文化单位为骨干，以全体人民为服务对象，以保障人民群众看电视、听广播、读书看报、进行公共文化鉴赏、参与公共文化活动等基本文化权益为主要内容，完善覆盖城乡、结构合理、功能健全、实用高效的公共文化服务体系。必须坚持政府主导，加强文化基础设施建设，完善公共文化服务网络，让群众广泛享有免费或优惠的基本公共文化服务。国家拨付专项资金，在十二五时期，继续深入实施广播电视村村通工程、农村数字电影放映工程、全国文化信息资源共享工程、农家书屋工程、公共文化设施建设工程等重点文化惠民工程。按照《国家"十二五"时期文化改革发展规划纲要》要求，"十二五"时期我国将基本实现广播电视户户通，全国广播电视人口综合覆盖率要达到 99%。为早日顺利实现这一目标，有关

① 谌强：《2011 年中国文化成就掠影：三个"前所未有"展现光明前景》，《光明日报》，2012 年 2 月 3 日，第 1 版。

部门已经决定通过实施直播卫星公共服务工程，推进农村广播电视户户通，实现城乡广播电视公共服务均等化。

2. 建立健全以公共财政为支撑的投入机制

加快构建公共文化服务体系，必须坚持政府主导，逐步建立健全同财力相匹配、同人民群众文化需求相适应的政府投入保障机制。要加大投入力度，把主要公共文化产品和服务项目、公益性文化活动纳入公共财政经常性支出预算，为公共文化服务体系建设提供有力的保障。进一步改进投入方式，采取政府采购、项目补贴、定向资助、贷款贴息、税收减免等政策措施，鼓励各类文化企业参与公共文化服务，不断提高财政资金使用效益，增强公共文化服务的活力。

3. 加强以公益性文化单位为骨干的服务主体建设

公益性文化事业单位是社会主义文化建设的重要力量，要切实履行好公共服务职能，把提供优质高效、普遍均等的公共文化产品和服务作为一项基本任务，鼓励国家投资、资助或拥有版权的文化产品无偿用于公共文化服务。特别是文化馆、博物馆、图书馆、美术馆、科技馆、纪念馆、工人文化宫、青少年宫等公共文化服务设施和爱国主义教育示范基地作为公益性文化事业的重要载体，要加强建设并完善向社会免费开放服务。同时，鼓励其他国有文化单位、教育机构等开展公益性文化活动，使之成为公益性文化事业的重要补充和有机构成。

4. 提高以全体人民为服务对象的公共文化产品和服务供给能力

加快构建公共文化服务体系，必须多生产群众买得起、用得上的文化产品，多提供百姓喜闻乐见的文化服务。提高公共文化产品和服务供给能力要把握好几个关键环节：一是扩大公共文化设施的覆盖范围。加强社区公共文化设施建设，把社区文化中心建设纳入城乡规划和设计，拓展投资渠道，使公共文化服务更好地向城乡基层末梢延伸。二是促进公共文化服务供给的市场化和社会化。引导和鼓励社会力量通过兴办实体、资助项目、赞助活动、提供设施等形式参与公共文化服务，构建贯通城乡的文化产品流通网络，实现由文化系统的"内循环"到市场和社会"大循环"的转变。三是加强公共文化设施的使用和管理。坚持项目建设和运行管理并重，统筹规划和建设基层公共文化服务设施，完善配套措施，保障正常运行，着力创建一批结构合理、发展平衡、网络健全、运行有效、惠及全民的公共文化服务体系示范区，制定公共文化服务指标体系和绩效考核办法。

5.尊重人民主体地位，发挥文化成果的社会效益

"文艺是不可能脱离政治的。任何进步的、革命的文艺工作者都不能不考虑作品的社会影响，不能不考虑人民的利益、国家的利益、党的利益。"[1] 文化，是人类社会的特有产物，文化是对各个阶段经济社会发展成就的总结，是对未来社会发展方向的提炼。我党确立的"百花齐放、百家争鸣"的文化发展方针，就是充分考虑到人民群众文化需求的多样性和文化创造能力的多样性的结果。文化的发展，必须要有广大人民群众的参与。文化的成果，也必须要有广大人民群众来检验和鉴定。文化的成就，同经济建设的成就一样，也必须要由人民群众来共同享受。文化建设成果还与经济建设成果的消耗不一样，文化成果的消耗，参与的人越多，则影响范围越大，创造的新产品也就越多。由人民群众来参与和享受文化建设，能够充分调动人民群众的积极性主动性和创造性。为此，要尊重人民主体地位，发挥文化成果的社会效益，就必须严格遵循十九大报告提出的要求，必须坚持以人民为中心的创作导向，在深入生活、扎根人民中进行无愧于时代的文艺创造。要繁荣文艺创作，坚持思想精深、艺术精湛、制作精良相统一，加强现实题材创作，不断推出讴歌党、讴歌祖国、讴歌人民、讴歌英雄的精品力作[2]。

---

① 邓小平：《目前的形势和任务》（1980年1月16日），《邓小平文选》（第2卷），人民出版社，1994，第256页。

② 本书编写组：《党的十九大报告学习辅导百问》，党建读物出版社、学习出版社，2017，第34页。

我们发展文化产业的前提，要明确文化发展的目标是"全心全意为人民服务"，发展文化既要注重经济效益，也不可以利欲熏心，忽视人民群众的需要。更不能为了追求暴利而忽视人民的需求，甚至扭曲文化发展的价值和方向，向人民传播腐朽消极文化。中国共产党是先进文化的代表，也是社会主义先进文化的引领者，要把人民培养成高素质的"四有"新人，要"牢牢把握中国先进文化的发展趋势和要求，坚持以马克思列宁主义、毛泽东思想、邓小平理论为指导，立足于建设有中国特色社会主义的实践，着眼于世界科学文化发展的前沿，不断发展健康向上、丰富多彩的，具有中国风格、中国特色的社会主义文化，满足人民群众日益增长的精神文化需求，引导广大人民群众从思想上精神上正确武装和不断提高起来。"① 事实上，真正先进积极的文化，是既能满足经济效益，又能满足社会效益的。因为只有那些符合人民文化发展需要，满足人民文化发展需求的文化产业才有群众来支持和促进发展，而人们极大的文化需求和多样化的要求，又促进了文化产业规模的扩大和效益的增长。满足人民基本文化需求是社会主义文化建设的基本任务。"必须坚持政府主导，按照公益性、基本性、均等性、便利性的要求，加强文化基础设施建设，完善公共文化服务网络，让群众广泛享有免费或优惠的基本公共文化服务。"② 具体来说，要构建不断完善的公共文化服务体系，重点推进西部地区和少数民族地区文化传播基础设施的建设；发展现代文化传播体系，要建设优秀传统文化传承和传播体系。重视农民的精神文化生活的农村的精神文明基础设施建设，加快城乡文化一体化均衡化发展。

---

① 江泽民：《在庆祝中国共产党成立八十周年大会上的讲话》（2001年7月1日），《江泽民文选》（第3卷），人民出版社，2006，第276—277页。
② 中国共产党第十七届中央委员会第六次全体会议：《中共中央关于深化文化体制改革推动社会主义文化大发展大繁荣若干重大问题的决定》，《人民日报》，2011年10月26日，第1版。

三、加快发展文化产业使其成为国民经济支柱性产业

文化产业是我国市场经济的重要组成部分，也是推动社会主义文化建设的重要力量。目前的文化产业化发展存在着这样或那样的问题。发展完善文化制度，不仅有利于文化产业化发展，还有利于社会主义经济社会建设，发挥文化产业化促进经济效益和社会效益的相统一，推动文化产业成为国民经济支柱性产业，有利于社会主义文化强国建设的顺利实现。必须按照十九大报告提出的要求，推动文化事业和文化产业发展。满足人民过上美好生活的新期待，必须提供丰富的精神食粮。要深化文化体制改革，完善文化管理体制，加快构建把社会效益放在首位、社会效益和经济效益相统一的体制机制。完善公共文化服务体系，深入实施文化惠民工程，丰富群众性文化活动。加强文物保护利用和文化遗产保护传承。健全现代文化产业体系和市场体系，创新生产经营机制，完善文化经济政策，培育新型文化业态。广泛开展全民健身活动，加快推进体育强国建设，筹办好北京冬奥会、冬残奥会。加强中外人文交流，以我为主、兼收并蓄。推进国际传播能力建设，讲好中国故事，展现真实、立体、全面的中国，提高国家文化软实力①。

（一）促进文化事业和文化产业的全面协调可持续发展

要积极推动文化建设经济效益和社会效益的有机统一。在《中共中央关于深化文化体制改革推动社会主义文化大发展大繁荣若干重大问题的决定》中，提出了关于文化产业化发展的阶段性目标："文化产业成为国民经济支柱性产业，整体实力和国际竞争力显著增强，公有制为主体、多种所有制共同发展的文化产业格局全面形成。"② 文化产业化，

---

① 本书编写组：《党的十九大报告学习辅导百问》，党建读物出版社、学习出版社，2017，第 35 页。

② 中国共产党第十七届中央委员会第六次全体会议：《中共中央关于深化文化体制改革推动社会主义文化大发展大繁荣若干重大问题的决定》，《人民日报》，2011 年 10 月 26 日，第 1 版。

是市场经济在文化建设领域发挥作用的典型，更是文化事业对经济社会发展发挥精神指引和智力支撑作用的重要体现。改革开放以来，借助科学技术的推动，文化生产和传播的方式得以不断优化，我国的文化产业化发展规模和数量日益庞大。文化产业推动文化事业发展的效果也日益凸显出来。2008年，北京、湖南、云南、上海、广东成为全国文化产业增加值占 GDP 比重率先突破 5% 的五个省级单位。[①] 中宣部改革办副主任高书生通过政策协调和基层调研，总结了当前中国文化产业化的良好发展趋势：我国文化资源进入到大调整、大整合时期；行业界限越来越模糊，行业融合趋势越来越明显；文化与旅游业、服务业、制造业等产业的结合越来越明显；文化产业发展已经从自发转向自觉。以贵州和广西的民族文化、云南的茶艺和珠宝文化、湖南的娱乐文化等为例，全国各个地方的文化产业发展差异明显、特色鲜明，都在为地方的经济社会发展贡献力量。

1. 解决有关文化产业市场监管和法律规范的问题

发展完善文化制度有利于进一步解决当前文化产业市场缺乏有效监管和法律规范的问题。在看到文化产业一片生机盎然的同时，我们也应该看到由于文化产业过于追求经济利益所引起的负面效应。当前，我国文化产业化的格局是："文化产业规模不大、结构不合理，束缚文化生产力发展的体制机制问题尚未根本解决。"具体来看，"一是文化产业总量水平不高，对国民经济贡献份额偏少。二是总体投入不足，基础设施建设落后。三是市场化水平低，产业集中度和集约化程度都不高。四是文化经营人才短缺，投融资支持体系严重滞后。五是缺乏专项发展规划，产业配套政策不完善。六是文化贸易逆差依然很大，文化传播力和

---

① 刘忠：《聚焦新兴文化业态》，《群众》，2009 第 12 期，第 80 页。

影响力有待进一步提高。"① 就增长方式来说，仍然采取粗放型的增长模式。盗版、模仿成为常用的工具，以旅游风景区为例，本来在名人故居、自然名胜等地方，是文化传播的重要场所，借助旅游业和服务业来发展文化事业和文化产业是顺理成章的事情。"我国的风景名胜区资源，名义上属于国家所有，但实际上由各地各级政府相关部门分别管理。无论是政府直接经营，还是授权委托企业经营，政府所得与景区旅游经营收入息息相关。这种权益上的地方化和部门化，加深了市场的无序化。一些地方政府片面追逐 GDP 增长速度，急功近利，使门票涨价风愈演愈烈。归根到底，是行政力量对旅游市场正常运行的非理性干扰，从而导致了门票价格与价值的背离。"② 以此类推，在文化传播、文化产业与产权、文化企事业、文化开放、文化调控等方面，都或多或少地存在这样那样的问题，发展完善文化制度无疑有利于化解这些问题。

2. 发展完善文化制度，推进文化产业健康有序发展

文化产业发展的数量并不代表文化发展的水平，健康有序的文化产业发展，必须符合科学发展观全面协调可持续的要求。建立并发展完善文化制度，有助于调节文化产业畸形发展的问题，有助于协调不同地区之间、不同部门之间文化不成比例发展的问题，有助于在文化发展进程中，坚持可持续发展的原则。例如，在我们作为文化传播主渠道的电视节目中，不仅要选择性地传播外国先进文化，而是要积极主动地发掘、宣传和保护传统优秀文化。以免传统文化在洋文化的攻击下失去阵地，抢走消费者。具体来说，我们既要在立法上更加细致，真正将文化产业的发展纳入到市场经济体制中来进行科学管理，更要从文化可持续发展的角度，将文化产业提高到精神创造的角度，为文化产业的发展提供更

---

① 《中国文化产业发展现状》中华人民共和国文化部（http://www. ccnt. gov. cn/preview/special）。

② 杨新元：《假如李白活在今天》，《人民日报》，2012 年 6 月 9 日，第 8 版。

加科学的引导。通过发展和完善以文化传播制度、文化产业与产权制度、文化企事业制度、文化开放制度、文化调控制度等为主要内容的文化制度，遏制目前文化产业发展中的问题，正本清源，抵制金钱逐利性对文化精神纯洁性的污染，是目前文化产业，同时也是文化的发展繁荣最为关键的抓手之一。

（二）不断优化文化产业与产权制度改革的市场环境

文化产业化，就是把部分文化产品按照商品生产的法则进行生产，文化产品以商品形式进入市场，它的生产、流通、交换按照市场规则进行。文化市场是文化产业发育、发展的土壤。文化市场发育的程度和水平，在相当程度上决定着文化产业的发展程度和水平。因此，繁荣大众消费文化，促进文化产业的发展，首先必须着眼于"统一、开放、竞争、有序"的建设目标，着力完善文化要素和产品市场，建立文化产业中介机构，发展现代流通组织和流通方式，培育有利于刺激文化消费的市场环境。

1.完善文化要素市场和产品市场

为促进文化及相关产业做大做强、提高国际竞争力提供有利条件和鼓励措施。文化产业的成长壮大是一项长期的工程，需要从多方面努力。其一，在继续加强文化生产的基础设施建设、加大资金投入力度的同时，引导社会资金的投入，加强文化产业与其他产业的联系以提高产业相关度，从而促进文化产业规模扩大、资金来源多元化。其二，为文化产业培育专业人才和复合型人才提供指导和培训，以促进其管理水平的提高。其三，引导文化产业更深入地理解国际贸易环境及其原则，积极寻求文化和经济外交等有效渠道，为我国文化及相关产业"走出去"创造更有利的国际环境。政府应积极培育文化资金市场、文化版权市场等要素市场，改革财政投入方式，以出让经营收益权吸引社会资本投入文化基础设施建设。充分利用国内外资本市场，拓展文化产业投融资渠道。建立文化产业人才库、人才评价体系，促进人才合理配置和有序流动。重点培育音像制品、演出娱乐、影视剧、艺术品等文化产品市场，培育和规范以网络为载体的新兴文化市场，大力培育和开拓农村文化市场。

2. 建立文化产业中介机构

要尽快剥离国有文化中介机构与主管部门的行政隶属关系，积极创办综合性文化经纪公司、演出经纪公司、艺术品拍卖公司等文化经纪机构和代理机构，同时加快发展文化经纪人队伍，推广签约制、制作人制等现代文化市场组织形式，逐步形成充满活力的文化中介体制。发展文化经纪代理、评估鉴定、信息咨询等中介服务机构。加强执业培训，推行资格认证制度。制定和完善文化中介机构的管理办法，规范中介行为，提高服务质量。制定行业规范，发挥演出行业协会、音像行业协会、娱乐行业协会、网络文化行业协会、艺术品经营行业协会等行业组织在市场协调、行业自律、服务维权等方面的作用。

3. 发展现代流通组织和流通方式

要以建立起较完善的、适应社会主义市场经济体制要求的文化产业发展机制，全国统一的文化市场体系，形成以公有制为基础，多种所有制经济共同发展的局面，使市场机制在文化资源配置和文化经济活动调节中发挥基础性作用，就必须打破垄断，打破进入壁垒，允许文化服务企业实行跨地区、跨行业经营。建立以大城市为中心、中小城市相配套、贯通城乡的文化产品流通网络。同时着力建设辐射全国的区域文化产品物流中心，鼓励跨越区域、管理规范、技术先进、服务优质的现代文化产品物流企业发展。积极发展面向消费者的文化电子商务模式，构建网络文化产品和文化生产要素交易平台，推进文化企业信息化建设，完善文化行业信息资源共享和在线交易信用机制。

4. 培育有利于刺激文化消费的市场环境

首先，要加强对消费者的引导，培养消费者良好的文化品位，不断提高其消费文化产品和服务的水准。其次，要建立有利于文化消费的市场拉动机制。尊重市场规律，让文化产品的价格由市场竞争形成，促进文化产品通过市场选择优胜劣汰。再次，要整顿和规范文化市场秩序，保护知识产权，保护和激发文化原创精神。特别要打击那些宣扬封建迷信、色情、暴力、危害青少年健康成长的文化产品，打击盗版、侵犯知识产权和走私文物的活动。市场作为组织的一种是人与人的合作系统，也是人与物的组合、配置系统，要合作成功、配置有效，必须靠一定的制度作保障。文化市场的制度供给包括自由竞争制度供给、信用制度供给和监管制度供给三方面内容。通过打破垄断和地方保护，打击不正当竞争，可以使市场竞争机制更完善，给企业形成"优胜劣汰"的外在压力，迫使企业加大创新投入，形成独特的竞争优势。信用是市场经济的基础，仅靠良心、道德，不可能有效约束债权人和债务人的经济行为，必须依靠法律力量，把一切信用活动纳入法制的轨道，才能维护和培育良好的信用秩序，为文化市场提供一个稳定的发展空间。完善文化市场管理机制，就要努力把市场繁荣和市场管理更好地结合起来。推进文化产品和服务的市场化进程，形成有利于提高经营质量和经营效益的企业经营机制，形成有利于企业公平竞争、资源优化配置的市场运行机制。

（三）文化产业、产权制度建设与完善保障体系

文化产业与产权制度改革的保障是要不断完善公有制为主体、多种所有制共同发展的文化产业与产权制度改革配套措施。

推进以公有制为主体、多种所有制共同发展的文化产业与产权制度改革不仅需要分别在建立现代企业制度、发展非公有制文化产业，以及培育市场体系上下功夫，同时以公有制为主体、多种所有制共同发展的文化产业与产权制度改革的顺利推进，还离不开相关保障体系的构建。

1. 文化立法与文化产业立法体系

推进公有制为主体、多种所有制共同发展文化产业与产权制度改革离不开良好的法制环境。作为文化产业发展的法律基础和依据的基本

法是文化产业良好发展的必备条件之一。从世界各国文化产业发展的过程和经验来看，基本法无一例外都起到了很重要的指导作用，使各国调控文化产业的手段逐渐完善，文化市场体系更加完备和成熟。如韩国1998年正式提出"文化立国"战略后颁布的《国民政府的新文化政策》、《文化产业推进计划》。日本《振兴文化艺术基本法》和《有关振兴文化艺术的基本方针》。这些法律的出台，不仅明确了该国文化产业发展的基本方向和策略，更重要的规定了管理、调控文化产业发展的基本手段和方法，为该国文化产业的发展起到了巨大的推动作用。为此，要加强文化立法，立足我国国情，借鉴国外有益经验，及时总结文化领域改革发展的成功实践，做好有关法律法规的"立、改、废"工作，通过法定程序将党的文化政策逐步上升为法律法规，通过立法，切实维护以下各方面的利益：

第一，保障公民平等参与和享有文化的权利，保障公民的创作自由，加大知识产权的保护力度，保护艺术生产单位以及创作者、表演者的合法权益；第二，保障和促进文化管理体制改革，巩固改革成果；第三，培育和规范文化市场；第四，保护文物和民族民间文化遗产。

同时要加强知识产权保护，建立健全知识产权保护体系。适应新形势的要求，加大知识产权的保护和宣传力度，落实有关保护措施，形成尊重创新、鼓励创新、保护创新的良好环境，进一步提高文化领域的知识产权保护水平。做好重要文化资源知识产权的挖掘、整理工作，建立国家重点文化知识产权保护目录，逐步构筑覆盖全国的知识产权服务网络，采取多种形式，及时宣传文化领域保护知识产权工作取得的成效，开展"拒绝盗版，从我做起"全民主题教育活动，增强全社会的知识产权意识。依法严厉打击侵犯知识产权的各种行为，加强统筹协调，形成条块结合、上下联动的工作机制。完善知识产权保护等相关政策，制定合理的评价机制及鼓励政策，为文化创意产业的发展提供保障和有利的政策环境。

与此同时，要抑制目前我国文化创意产业形式大于内容等不合理的现象，其关键在于为文化创意企业培育自主创新能力提供各种保障、引导和鼓励政策，而不是直接干预乃至参与其运作和经营。也就是说，政府及相关部门要扮演的是裁判员而不是运动员的角色。这就要建立相应的保护政策和评价机制，为那些确实具有创新潜力或意向的文化企业提供更有利的发展机会以及合理的优惠政策。

2. 注重梳理相关法律法规

针对现阶段我国有关文化产业的法律法规和制度繁多，相互间缺少协调性，部分地方法规甚至和国家法律相违背的情况。在基本法尚未出台，文化产业立法体系尚未建立的情况下，现阶段在加快基本法制定的同时，也要对现有的相关法律法规和制度进行系统的梳理，对相互矛盾、条款不明确、缺乏操作性、违背有关国际规则的法律法规，应采用"立、改、废"的措施，使之系统化和统一化。在梳理过程中，可以将文化法规分为以下六类：第一类，为公共文化事务方面的法律法规，其目的是确定国家在发展公共文化事业方面的责任，并为社会提供参与公共文化事务所需要的条件和环境，包括各种优惠政策和法律保障等。第二类，为了保障和规范文化市场主体（文化企业和个体经营者）的法律法规，看这些法律法规还需不需要进一步补充和修改。第三类，为了维护文化市场秩序方面的法律法规，看这些法律法规是不是适用于我国文化开放条件下的文化市场。第四类，政府对文化经济宏观调控方面的法律法规，看看这些法律法规在文化开放和市场经济条件下，能不能充分行使宏观调控职能。第五类，涉外文化经济方面的法律法规，主要看看这些法律法规齐不齐全，已有的法律法规适不适用。第六类，地方文化自然和物资资源保护及文化设施建设方面的法律法规。梳理上述文化法律法规，主要目的就是检查现有文化法规是不是适用，不适用的要修改补充。同时，按照立法要求，对目前缺乏的文化法律法规列出清单。

3. 加大执法力度与加强对文化市场管理

以公有制为主体、多种所有制共同发展文化产业与产权制度改革的推进，必然对市场的规范性提出更高的要求。为此，需要整合现有文化、广播影视、新闻出版等有关行政执法队伍，组建文化市场综合执法机构，在公安、工商等部门的配合下，实行统一执法，加大执法力度，重点打击走私影片发行放映、音像制品走私、盗版、娱乐场所色情陪侍、非法文化产品经营等违法活动，加大对盗窃、走私文物等犯罪活动的打击力度。同时要开展文化执法人员培训，建设廉洁公正、作风优良、业务精通、素质过硬的执法队伍，提高文化市场监管能力和水平。努力实现文化工作的科学化、制度化、规范化。

（四）完善行政管理保障体制

在社会主义市场经济条件下，政府和市场是推动文化发展的两种主要力量，政府是市场规则的制定者，但不应该是市场竞争的参与者。这几年在文化体制改革中建立起来的国有文化产业集团不仅在行政级别上往往与政府文化行政主管部门同处一个行政级，而且这样的国有文化产业集团又往往隶属于党委宣传部门管理，国有文化产业集团与政府文化行政主管部门之间在一个地方形成两个权力中心，政府文化行政主管部门实际上处于对国有文化产业集团管理无能的状况。而之所以造成这样一个局面，一个重要的原因就是没有从根本上科学地解决"政府从办文化向管文化转变"这一国家文化管理理论的重大命题。因此，在我国当前的文化事业的建设和发展当中，政府和文化事业单位、企业单位的关系过于"暧昧"，阻碍了文化事业的良好发展。因此，我们应当积极面向社会，壮大文化产业发展的力量，充分调动民间参与文化产业发展的热情，努力形成以国有文化企业为主导、多种所有制文化企业共同发展的文化产业新格局，改革政府的宏观管理势在必行。

改进政府宏观管理，加快转变政府职能，就是要从经办文化事业的具体事务中解脱出来，把主要精力放到定政策、做规划、抓监管上来，转到依法行政、社会管理和公共事务上来，真正做到政企分开、政事分开，彻底结束政企不分、管办合一的管理模式。为此需要做到：

第一，政府文化行政管理部门主要定位于管宏观、定政策、做规划、抓监管。理顺政府部门与文化企业、文化团体、文化市场中介机构之间的关系，落实政企分开与政事分开，政府职能由直接投资"办文化"，转变为综合运用经济、法律和必要的行政手段来"管文化"。政府相关部门作为政府购买公共文化服务的代表，同文化企事业单位或其他社会主体建立契约式管理模式。

第二，要在深化改革中，做好结构调整工作，实现资产重组、资源整合，同时进一步划清文化单位的性质，改善政府对文化的投入方式，该由政府给予资金保证的公益性文化单位，要加大投入；而通过市场经营求生存和发展的文化单位，要充分放开，制定并落实文化经济政策，支持其在市场竞争中发展壮大。总之，通过改革建立和完善科学合理、灵活高效的，能够充分调动文化企事业单位的积极性创造性，能够充分发挥文化资产和资源优势的宏观管理体制。

第三，为切实解决文化管理体制不顺、职责不清、管理多头等问题，国家或地方政府有必要成立一个专门机构协调文化建设，也可就具体文化事业或产业的发展项目成立相应的管理和服务机构，以减少发展的成本，促进文化事业和文化产业的健康、快速发展。

第四，结合世界贸易组织的框架原则，特别是有关知识产权保护和服务贸易的基本原则进行改革，使中国的文化市场与文化产业的管理体制符合国际规则或惯例，为文化产业拓展国际空间奠定良好的基础。

最后，完善财税保障体制。第一，加大财政扶持力度。一般说来，文化事业是靠政府来投入，文化产业部分应该向市场要效益，但目前我国的文化产业还很弱小，需要国家在财政上予以支持；另一方面，我国的文化产业机构大多是由事业管理转变为产业经营的单位，转变过程中也离不开财政的支持。为此，在推进以公有制为主体、多种所有制共同发展的文化产业与产权制度改革过程中，要对提供公共文化产品和服务的公益性文化机构和特殊需要保护的文化事业单位，如图书馆、博物馆、文化馆等，国家继续给予经费保证；对准公益性文化事业单位，国家区别情况通过相应的财政补助予以扶持；文化产业单位，国家给予政策扶持和引导。同时，在逐步增加财政对文化投入的基础上，安排一定数量的财政预算资金、文化事业建设费作为加快发展文化产业的引导资金，逐步建立起符合社会主义市场经济规律的文化产业投资机制。第二，落实并完善文化产业有关税费政策。推进以公有制为主体、多种所有制共同发展的文化产业与产权制度的改革，还需要在税收政策上有所举措，可根据对不同种类的文化事业和不同社会效益文化产品以及文化服务，实行不同的税率。差别税率以政府的文化导向为依据，如在文化产业结构上，对政府总是提倡和鼓励的高雅文化实行低税率，对低俗文化实行高税率；在文化产业布局和文化消费对象上，对政府倡导的扶持老少边穷地区、为少年儿童及农民服务的文化，则应给予税率上的优惠。对于营业性歌舞厅、卡拉 OK 厅、音乐茶座、夜总会、保龄球馆等高消费、高利润行业，为调控文化产业结构，引导资金流向，可按差别税率开征高消费娱乐税，用于支持民族文化和高雅文化的发展。

四、实施文化走出去工程

中国文化走出去是以国家利益和人类的共同利益为最高原则的文化发展战略。中国政府在全球化发展趋势下，把握国内发展的机遇期，统筹规划，充分调动国内外一切的资源力量，将我国文化走出去战略与外交政策、教育制度、人才培养等结合起来，推动中华文化走出去。以树立国家良好的国家形象、增强国家的国际影响力与竞争力、获取国际话语权、提升国家文化软实力。日本学者日下公人认为，只有"创造文化、输出文化并使世界文明喜爱它"，"才能轻而易举地得到文化鼻祖的利益，确保资源供应和国家安全"①。当今世界，不仅经济贸易活动空前繁荣，世界范围不同文化的影响也极为强烈。十七届六中全会指出，"没有文化的积极引领，没有人民精神世界的极大丰富，没有全民族精神力量的充分发挥，一个国家、一个民族不可能屹立于世界民族之林。"要"推动中华文化走向世界"，要"培养高度的文化自觉和文化自信，提高全民族文明素质，增强国家文化软实力，弘扬中华文化，努力建设社会主义文化强国。"②这对我国施行"中华文化走出去"战略，创建具有中国特色的文化语境，搭建具有中国话语权的国际交流平台，有着十分重大的影响。

（一）文化走出去有效应对国际文化竞争

我国是以东亚汉文化起源的国家，与我国相同文明产生的日本、韩国相比，我国对文化的传承与保护有所缺失。韩国从 2005 年成功申报江陵道端午节为世界文化遗产之后，又提出了许多反历史的命题，将中国的历史文化巧取豪夺。这种掠夺中国文化的行为严重侵犯了我国文化，使中国文化走出去面临严重的危机。我国应该高度重视文化自信，对中国传统文化进行良好的传承与保护，并且不断地建设中国现代文化，将中国文化传播到世界各地，应对国际文化竞争的同时维护国家的文化安全。在全球化的背景下，资本、人才、技术、经济进行着世界范围的流动，各国的交往更加密切，相互之间的竞争与日俱增。西方文化源源不断地传播到第三世界国家的内部，资本主义国家以其咄咄逼人的文化攻势，使得诸多国家不仅将目光投向本民族的特色文化，而且还重视起民族特色文化。在现代化的过程中，许多发展中国家感到西方文化的渗透

---

① 约瑟夫·奈（美）：《硬权力与软权力》，门洪华译，北京大学出版社，2005，第 153 页。

② 中国共产党第十七届中央委员会第六次全体会议：《中共中央关于深化文化体制改革推动社会主义文化大发展大繁荣若干重大问题的决定》，《人民日报》，2011 年 10 月 26 日，第 1 版。

带给本民族巨大的文化压力，所以，本土文化走出去具有重大意义，它对于激烈的国际文化竞争，对于保护国家文化的安全，具有重要的现实意义。

从国际范围看，文化的竞争越来越激烈。文化的对外传播不仅有助于文化产业的发展和文化竞争力的提高，也是民族文化在借鉴、吸收的过程中吸取养分的过程。就我国文化发展现状而言，构建我国文化的价值自信、制定适合我国国情的文化战略不仅是提升中华文化国际影响力的基础，而且是促使中国在世界发声、提升中国话语权的基本前提。为此，必须积极构建我国文化的价值自信。中国的文化资源异常丰富，幅员辽阔的人文地理景观，丰富多彩的历史文化遗址，数以百万计的文化典籍、艺术珍藏乃至流露在中国人言谈举止间的风土人情和文化内涵无不承载着文化符号的使命感，可以为我国公众文化需求的满足带来无限的空间。文化包含着一个民族的精神底蕴和价值追求。文化的自主创新离不开中国自己的文化传统。中国文化自有其内在性的、不可替代的东西。经过改革开放 40 年来的飞速发展，中国已经由世界舞台的边缘走到中心，中国境内发生的事情必然影响世界，就像世界发生的事情必然影响中国一样。有些国家在不了解中华文化的时候可能会以存有偏见的眼光看待中国文化，因此我国必须从主体上构筑文化自信。当我们寄希望于追求一个好的国际环境的时候，就更加有必要自信地向世界说明中国主流文化的真实情况。

我国必须注重加深中国与国外文化价值观之间的理解进而互动融通。要为中国文化生产"走出去"创造持续健康的国际环境，要让中国文化产业和文化活动具备国际竞争力和广泛的国际影响，通过人文交流和对话来树立具有吸引力的中国文化形象。国内学者们也逐渐认识到：在构成软实力的诸多因素中，文化因素始终处于核心地位。"文化软实力主要是指一个国家或地区基于文化而具有的凝聚力、生命力、创新力和传播力，以及由此而产生的感召力和影响力。"①"在和平、发展、合作成为时代主题的今天，文化软实力将为国家的发展创造有利条件，可以促使不同国家的价值利益趋向一致，为国家的发展提供有力的文化安全保障。"②通过文化软实力的渗透，将我国文化远播到世界各地，有利于增强本民族的凝聚力与自豪感，使世界其他民族认可我国的文化，增强对我国的信赖感，为我国树立良好的国际形象。

文化走出去，可以赢得国际话语权，维护文化多样性。在文化多元化发展的今天，一个国家的文化一旦在国际上处于落后状态，这个国家的综合国力、国际竞争力以及民族凝聚力就是处于落后状态。所以，国家要想扩大自己的国际影响力，赢得国际话语权，摆脱落后状态，提高国际竞争力，树立良好国家形象，就必须将本民族文化推出国门，走向世界。我国作为世界文化大国，必须以积极的态度推动文化走出去，加强国际的交流与对话，提高国际事务参与度，赢得国际话语权，对世界做出独创性贡献，并以此促进国际不同文化、不同社会制度、不同的发展方向的国家取长补短、互惠互利，以友好、和平的态度促进世界文明的发展，这也是中国文化走出去的重大价值所在。

五、加强企业文化建设与塑造良好的企业文化

现代市场经济可以说是大企业来主宰的，大企业拥有雄厚的资本和相当的规模，具有强大的技术优势和资金优势，实行现代化管理方式和拥有多层次的人才队伍，市场信息灵敏，经济效益和经营效果良好，活动范围广，竞争能力强，在国内外市场上占据有利地位。因此，一个行业、一个地区、一个国家都应有自己的骨干大型企业或企业集团，用以

---

① 《软实力也是硬道理———为什么要推进文化创新和深化文化体制改革》，《光明日报》，2008 年 07 月 30 日，第 3 版。

② 刘洪顺：《关于国家文化软实力的几点思考》，《理论学刊》，2008年第 1 期，第 14 页。

形成经济和市场的基本立足点。随着我国市场经济的发展，特别是我国加入世界贸易组织，文化产业要走向世界，没有大型文化企业是不行的。一个大型文化服务企业或文化企业集团能否在市场竞争中发展，关键在实力，而实力则体现为企业在发展中能够不断做大做强。必须尽快组建和培育大型文化企业，实行经营多样化，集生产制作、中介服务于一身，并能涉足多领域的文化生产经营。从我国文化企业的规模来看，小企业占多数，特别是在文化服务领域，其次是中型企业，大型企业为数不多，特别是集团化的大型企业不多。

（一）多渠道投资体制和有效的筹资机制

文化产业的"做大做强"不能仅仅局限在原有文化行政部门经营的国有企业的范围，在文化投资主体多元化的政策引导下，建立多渠道的投资体制和有效的筹资机制，要充分利用财政、税收、信贷和价格等经济杠杆，在资金投向、产业结构和整体布局、文化产品生产和文化市场管理等方面，体现国家对大型文化企业集团的政策导向，同时确立财政投入的重点。

（二）文化企业兼并、联合、重组政策

文化产业集团的组建，不能以行政命令的方式进行。主要是通过政策诱导，促进跨行业、跨系统、跨地区兼并、联合、重组的办法，不但要实现行业内的强手联合，而且要实现行业与行业间的联合，特别是与科技含量高的行业实现企业集团的联合。在企业联合中，要注意打破地区界限，充分利用全社会的文化资源发展文化产业，真正实现"优势组合，优势互补，优势扩张"。

第一，企业兼并政策。企业兼并政策是政府抑制企业间过度竞争，形成大规模企业，提高市场集中度，实现规模经济的重要手段。这一政策的基本目标是保证某些行业的企业既能实现规模经济，又能处于适度竞争状态，它通过政府制定最小经济规模标准，规定某类产业的企业达不到经济规模的要求不得进入该产业。同时，为避免因大中型企业数量过多而发生过度竞争，政府还对大中型企业数量进行直接管制，即使有的企业具备最小经济规模条件，政府也不允许其进入该产业。这样，经济规模政策和直接管制政策相结合，便对企业进入某类产业形成双重进入壁垒，以实现政策目标。当今世界各国政府均成功地运用过这一产业组织政策，如20世纪60年代，日本正处于从贸易保护体制向自由贸易体制过渡时期，企业规模普遍较小，不能有效地利用规模经济，因而其产品经营成本高于当时经济发达国家的水平。而且，大量小规模企业间过度竞争，也影响了技术进步和经营水平的提高，这种状况意味着日本企业无法与强大的国际垄断企业相竞争。日本政府为了从根本上改变这种不利状况，积极推行企业兼并政策，以实现企业经营集团化，建立规模经济流通体制。这对日本优化文化产业组织，发挥规模经济效益，提高企业在国际市场上的竞争力产生了重大影响。

第二，企业联合政策。根据联合的紧密程度，企业联合可分为建立企业间的专业化分工协作关系和组织企业集团两种类型。前者主要是以经营业务为纽带，通常不涉及资产关系的企业联合，后者是以资产和业务两重纽带形成的企业联合。无论哪一种企业联合，都有利于企业竞争从无序引向有序，从分散引向集中，变过度竞争为适度竞争，实现规模经济。这一文化产业组织政策也在于追求规模经济效益。

第三，企业重点扶持和发展政策。选择基础好、实力强、附加值高、市场发育健康、国内外需求广阔、能够带动相关产业和周边产品的电视广播、报刊出版等行业，建设成为支柱型文化产业。政府在政策上给予积极的推动，引导它们在体制和机制的改革方面创新，按照现代产业的要求来调整产品和服务结构，以科技创新、文化创新、经营创新来加快产业的增长，建成辐射国内外的文化产业企业集团。

第二节　文化强国建设实践路径的哲学思考

本章第一节对中国特色社会主义文化强国建设的可行性实践路径进行了研究、慎思、阐述，本节继续对中国特色社会主义文化强国建设可行性实践路径进行哲学研究，着力于历史逻辑、理论逻辑与实践逻辑的统一，政治性与学术性的统一，现实性、理想性与可能性的统一，着力于用马克思主义哲学特别是习近平新时代中国特色社会主义思想发现问题、分析问题、解答问题。

一、塑造良好的国家文化形象之思

党的十九大报告上重申的总体国家安全观，就是统筹发展和安全，增强忧患意识，做到居安思危，这是我们党治国理政的一个重大原则。必须坚持国家利益至上，以人民安全为宗旨，以政治安全为根本，统筹外部安全和内部安全、国土安全和国民安全、传统安全和非传统安全、自身安全和共同安全，完善国家安全制度体系，加强国家安全能力建设，坚决维护国家主权、安全、发展利益。[①]同时，习近平总书记多次强调，要坚持推动构建人类命运共同体。中国人民的梦想同各国人民的梦想息息相通，实现中国梦离不开和平的国际环境和稳定的国际秩序。必须统筹国内国际两个大局，始终不渝走和平发展道路、奉行互利共赢的开放战略，坚持正确义利观，树立共同、综合、合作、可持续的新安全观，谋求开放创新、包容互惠的发展前景，促进和而不同、兼收并蓄的文明交流，构筑尊崇自然、绿色发展的生态体系，始终做世界和平的建设者、全球发展的贡献者、国际秩序的维护者。[②]总体国家安全观的提出，为

---

① 本书编写组：《党的十九大报告学习辅导百问》，党建读物出版社、学习出版社，2017，第 19 页。
② 本书编写组：《党的十九大报告学习辅导百问》，党建读物出版社、学习出版社，2017，第 20 页。

我国维护新世界的国内国际安全环境提供了理论指导，丰富了我国的外交政策，大大提升了我国的外交形象。人类命运共同体的理念源于中国的文化背景，符合国际的发展潮流，对建立和平、稳定的国际秩序具有重大的战略意义。因此，人类命运共同体理念的提出为我国树立了良好国际形象，极大提升了我国的国际影响力。

在世界历史发展的进程中，国家与国家之间的交往离不开文化元素，而国家间交往也是文化发展的重要途径。当今世界，国际交往日益密切，文化作为传播友谊的桥梁和纽带的作用越来越凸显。文化搭台，经济唱戏成为国家与国家间合作共赢的重要模式。不仅如此，对一个国家特别是具有一定影响力的大国而言，文化还担当着外塑形象的重要角色。习近平主席在十九大报告中指出，世界正处于大发展大变革大调整时期，和平与发展仍然是时代主题。世界多极化、经济全球化、社会信息化、文化多样化深入发展，全球治理体系和国际秩序变革加速推进，各国相互联系和依存日益加深，国际力量对比更趋平衡，和平发展大势不可逆转。同时，世界面临的不稳定性不确定性突出，世界经济增长动能不足，贫富分化日益严重，地区热点问题此起彼伏，恐怖主义、网络安全、重大传染性疾病、气候变化等非传统安全威胁持续蔓延，人类面临许多共同挑战。[①] 为此，中国共产党人呼吁各国人民同心协力，构建人类命运共同体，建设持久和平、普遍安全、共同繁荣、开放包容、清洁美丽的世界。

"综合国力竞争的一个显著特点，就是文化的地位和作用更加凸显，经济较量中的文化因素日益突出，越来越多的国家把提高文化软实力作为重要发展战略。……加强国家文化软实力建设，对内增强民族凝聚力和向心力，对外增强国家亲和力和影响力，是全面增强我国综合国力的

---

① 本书编写组：《党的十九大报告学习辅导百问》，党建读物出版社、学习出版社，2017，第 46 页。

必然要求，也是实现我国和平发展的战略之举。"① 这些年，我们在推进经济、政治、文化、社会、生态"五位一体"的现代化建设过程之中，文化建设取得了显著成效，不仅国内的文化建设勃勃生机，而且文化的国际交流与合作日益增多，实施文化"走出去"战略效果显著。

为了传播中国文化和其他先进的思想，自 2004 年 1 月 21 日在韩国首尔成立第一个孔子学院以来，目前全球的孔子学院数量已经超过了 350 多个，分布在至少 110 个国家。孔子学院及其类似国际交往行为的开展，不仅是对外传播先进文化的需要，更是在世界上发挥中国文化实力的需要。据统计，海外华人华侨总数，2007–2008 年间已达 4543 万人，2011 年底约为 5000 万人。② 数千万的华人华侨分布在世界各地，其中以欧美发达国家占多数。这些华人华侨分布在各国的各行各业，有的甚至是该领域的领军人物。他们的存在，为中华文化的传播发挥了重要作用，使得中华文明能在世界上被认识、熟悉和接受。我们要按照党的十九大精神，"开展多渠道多形式多层次对外文化交流，创新对外宣传方式方法，实施文化走出去工程，培育一批具有国际竞争力的外向型文化企业和中介机构，开拓国际文化市场，支持海外同胞积极开展中外人文交流，推动中华文化走向世界，增强中华文化在世界上的感召力和影响力"。③ 总之，要在日益开放的世界中，在对外交往和合作中，既利用各种条件传播和推广中华文化，使之能够成为提升国家形象和国际影响力的重要渠道，也要充分吸收和借鉴其他国家、地区和其他民族的文化的精髓，促进中国特色社会主义文化创新发展，更加充满生机和活

① 胡锦涛：《在全国宣传思想工作会议上的讲话》，《人民日报》，2008 年 1 月 23 日，第 1 版。

② 《约 5000 万：华侨华人总数》，《印尼雅加达国际日报》，2011 年 12 月 9 日，B3 版。

③ 本书编写组：《十八大报告学习辅导百问》，党建读物出版社，2012，第 112 页。

力，更好地服务于国家富强和民族振兴的大业，早日实现中国梦。

综上所述，自我国建国以来外交政策与外交理念都是秉持和平、合作、平等、共赢的思想，不仅符合当今国际关系的法则，同时反映出我国国际关系进步的趋势，对于提升我国文化软实力，增强我国的国际影响力具有重要的意义。

二、完善制度，确保文化安全与意识形态安全之思

党的十九大报告指出，中国共产党从成立之日起，既是中国先进文化的积极引领者和践行者，又是中华优秀传统文化的忠实传承者和弘扬者。当代中国共产党人和中国人民应该而且一定能够担负起新的文化使命，在实践创造中进行文化创造，在历史进步中实现文化进步。为此，必须加强和改进党对文化建设的领导牢牢掌握意识形态工作领导权。意识形态决定文化前进方向和发展道路。必须推进马克思主义中国化时代化大众化，建设具有强大凝聚力和引领力的社会主义意识形态，使全体人民在理想信念、价值理念、道德观念上紧紧团结在一起。只有这样才能确保我国文化安全与意识形态安全。

（一）党对文化舆论的控制和引导之思

1.党管舆论基本原则之思

党作为整个新闻传媒等社会舆论的唯一引导者，首要任务是引导各类传媒坚持党性原则，树立为全心全意为人民服务的根本理念，在党的各类媒体上，唱响主旋律，服务于全党工作的大局。为此，必须严格遵照十九大报告提出的战略要求，要加强理论武装，推动新时代中国特色社会主义思想深入人心。深化马克思主义理论研究和建设，加快构建中国特色哲学社会科学，加强中国特色新型智库建设。高度重视传播手段建设和创新，提高新闻舆论传播力、引导力、影响力、公信力。加强互联网内容建设，建立网络综合治理体系，营造清朗的网络空间。落实意识形态工作责任制，加强阵地建设和管理，注意区分政治原则问题、思

想认识问题、学术观点问题，旗帜鲜明反对和抵制各种错误观点。①

做好正面宣传，用正面积极的思想舆论占领网络、报刊等主流媒体阵地，坚持实事求是和客观公正的原则，用正确舆论引导广大网民、读者、粉丝，形成昂扬向上、团结奋进的舆论氛围。党管媒体的原则不但体现在对党报，对报刊、新闻报道和杂志等等传统媒体的领导上，更要体现在对如网络、博客等能影响社会舆论的所有新兴媒体的管理上。在社会主义社会，无论什么性质的媒体，都必须坚持党的领导，必须坚持"以人为本"，只有这样，才能真正体现党的意志，代表人民的利益。坚持党引导社会舆论的基本原则，实际上也就坚持了在新闻等社会舆论领域坚持"以人为本"和"正面报道为主"的方针，真正实现了党对社会舆论的引导。各级党组织要充分发挥作用，在积极引导社会舆论的同时，牢牢把握舆论管控的力度。具体来说，"以党报党刊、通讯社、电台电视台为主，整合都市类媒体、网络媒体等宣传资源，……加强和改进正面宣传，加强社会主义核心价值体系宣传，加强舆情分析研判，加强社会热点难点问题引导，……加强和改进舆论监督，推动解决党和政府高度重视、群众反映强烈的实际问题，维护人民利益，密切党群关系，促进社会和谐。……真实准确传播新闻信息，自觉抵制错误观点，坚决杜绝虚假新闻。"②

2. 党对社会舆论引导之思

"掌握思想领导是掌握一切领导的第一位。"③"我们干的是社会主义事业，最终目的是实现共产主义。这一点，我希望宣传方面任何时

---

① 本书编写组：《党的十九大报告学习辅导百问》，党建读物出版社、学习出版社，2017，第33页。

② 中国共产党第十七届中央委员会第六次全体会议：《中共中央关于深化文化体制改革推动社会主义文化大发展大繁荣若干重大问题的决定》，《人民日报》，2011年10月26日，第1版。

③ 中共中央宣传部：《毛泽东邓小平江泽民论思想政治工作》，学习出版社，2000，第2页。

候都不要忽略。"① "新闻舆论处在意识形态领域的前沿，对社会精神生活和人们思想意识有着重大影响。" "做好新闻宣传工作，关系党和国家工作全局，关系改革和经济社会发展大局，关系国家长治久安。"② 因此，"必须坚持党性原则，牢牢把握正确舆论导向"③。加强党对社会舆论的引导，"坚持以人为本，是做好新闻宣传工作的根本要求。"④《中共中央关于深化文化体制改革推动社会主义文化大发展大繁荣若干重大问题的决定》也强调指出："舆论导向正确是党和人民之福，舆论导向错误是党和人民之祸。要坚持马克思主义新闻观，牢牢把握正确导向，坚持团结稳定鼓劲、正面宣传为主，壮大主流舆论，提高舆论引导的及时性、权威性和公信力、影响力，发挥宣传党的主张、弘扬社会正气、通达社情民意、引导社会热点、疏导公众情绪、搞好舆论监督的重要作用，保障人民知情权、参与权、表达权、监督权。"⑤ 具体来看，加强党对社会舆论的引导，需坚持党管舆论、坚持"以人为本"、坚持"正面报道为主"等三个方面的基本原则。

坚持党对文化舆论的控制，就必须坚持"正面报道为主"的方针。"我们所说的'正面'，所说的'为主'，就是要着力去宣传报道鼓舞和启迪人们发展社会生产力的东西，鼓舞和启迪人们坚持四项基本原则、坚持改革开放的东西，鼓舞和启迪人们加强社会主义民主和法制建设的东

---

① 邓小平：《一靠理想二靠纪律才能团结起来》（1985 年 3 月 7 日），《邓小平文选》（第 3 卷），人民出版社，1993，第 110 页。

② 胡锦涛：《在人民日报社考察工作时的讲话》，《人民日报》，2008 年 6 月 21 日，第 1 版。

③ 胡锦涛：《在人民日报社考察工作时的讲话》，《人民日报》，2008 年 6 月 21 日，第 1 版。

④ 胡锦涛：《在人民日报社考察工作时的讲话》，《人民日报》，2008 年 6 月 21 日，第 1 版。

⑤ 中国共产党第十七届中央委员会第六次全体会议：《中共中央关于深化文化体制改革推动社会主义文化大发展大繁荣若干重大问题的决定》，《人民日报》，2011 年 10 月 26 日，第 1 版。

西，鼓舞和启迪人们推进社会主义精神文明建设的东西，鼓舞和启迪人们热爱伟大祖国和弘扬民族文化的东西，鼓舞和启迪人们维护国家统一和民族团结的东西，鼓舞和启迪人们为推动世界和平与发展而斗争的东西。总之，一切鼓舞和启迪人们为国家的富强、人民的幸福和社会的进步而奋斗的新闻舆论，都是我们所说的正面，都应当努力加以报道。"①坚持正面报道为主的方针，不是一味唱高调，唱赞歌，报喜不报忧，对阻碍社会发展的现实问题视而不见，在报道正面题材的同时，也要有选择地报道负面题材，并根据负面报道的特征有针对性地进行关怀或打击。在反腐倡廉这一长期活动中，一方面我们要树立典型，通过这些正面的、积极的活动来引导社会舆论，营造廉洁公正的社会气氛，同时，我们也要及时充分报道反腐倡廉的进展，开展各种教育和学习活动，通过对这些社会弊端的揭露、批判和反省，来引导社会舆论，营造全民反腐、惩恶扬善的积极文化氛围。

3."以人为本"发展现代传播体系之思

构建技术先进、传输快捷、覆盖广泛的现代传播体系，既是我国国家文化软实力建设的重要组成部分，也是满足人民基本文化需求的重要载体。当前，我国文化传播力总体还不强，在估计传播格局中仍处于弱势地位，很难适应国际发展大势和国内人民群众的实际需求。对此，党的十七届六中全会明确指出，"提高社会主义先进文化辐射力和影响力，必须加快构建技术先进、传输快捷、覆盖广泛的现代传播体系。"②党的十八大也进一步强调，要"构建和发展现代传播体系，提高传播能

---

① 新华社新闻研究所：《新闻工作文献选编》，新华出版社，1990，第206页。
② 中国共产党第十七届中央委员会第六次全体会议：《中共中央关于深化文化体制改革推动社会主义文化大发展大繁荣若干重大问题的决定》，《人民日报》，2011年10月26日，第01版。

力。"①实现这一目标，要着力从以下几点出发：首先，集中力量发展重要媒体建设。传播能力是国家软实力的重要组成部分，是党执政能力的重要体现，关系着国家利益和国家形象，关系着改革开放和社会主义现代化建设大局。必须高度重视对各类新闻媒体的建设、监督以及正确引导。党报党刊、通讯社、电台电视台和重要出版社等主流媒体是舆论主力军，发挥着不可估量的作用。要集中力量"加强党报党刊、通讯社、电台电视台和重要出版社建设"②，加大扶持力度，并进一步提高权威性和公信力。要坚持以数字化为龙头，以科技创新带动体制机制创新，不断转型升级传统媒体传播方式，切实提高主流媒体的覆盖面和影响力。要更加注重占领网络文化制高点，掌握舆论引导主动权，借助互联网优势平台扩大媒体传播的辐射力和影响力。要加大主流媒体的监控力度，始终确保正确舆论导向。其次，立足全球视野，加强国际传播能力建设。伴随互联网的飞速发展，现代传媒早已突破了时空界限，能在第一时间内在全球各地发布消息。受经济、技术等各方面因素影响，当前国际传媒主要呈现着西方媒体垄断格局，极不利于我国文化、价值观念等方面的传播。因此，打破以西方为主流的现代传媒垄断格局，是一项十分紧迫和重要的战略任务。一是要不断扩大新闻触觉，确保在世界各地都能及时采集到新闻信息，从根本上完善新闻信息采集网络；二是要加强新网传播方式和传播内容建设，有效迎合国外受众心理特点和接受习惯，促进传播的实效性；三是要在巩固传统传播方式基础上，更加注重现代传播方式，借助互联网等新媒体不断扩大海外传播覆盖面。

在新闻工作中坚持以人为本，就是"要坚持把实现好、维护好、发

---

① 胡锦涛：《坚定不移沿着中国特色社会主义道路前进为全面建成小康社会而奋斗——在中国共产党第十八次全国代表大会上的报告》，《人民日报》，2012年11月18日，第01版。

② 中国共产党第十七届中央委员会第六次全体会议：《中共中央关于深化文化体制改革推动社会主义文化大发展大繁荣若干重大问题的决定》，《人民日报》，2011年10月26日，第01版。

展好最广大人民的根本利益作为新闻宣传工作的出发点和落脚点，坚持贴近实际、贴近生活、贴近群众，把体现党的主张和反映人民心声统一起来，把坚持正确导向和通达社情民意统一起来，尊重人民主体地位，发挥人民首创精神，保证人民的知情权、参与权、表达权、监督权。"①"以人为本"是贯彻落实科学发展观的核心，也是党领导的舆论工作的核心。在党引导社会舆论中坚持"以人为本"，就是要摒弃单一化，改变单一压制和灌输的方式，采取多样化的引导。坚持以人为本，更要发挥党在社会舆论传媒中主导地位的优势，揭露社会弊端，关注社会现实问题，引领社会思潮，引导社会舆论，在这一过程中贯彻党的执政思想，引导人民群众形成正确的思想。同时，在社会舆论领域，党还要带头解放思想、与时俱进，甘当组织者，主动采取各种现代化的传媒工具，开展活动，宣传先进事迹，提倡先进文化，把各种传媒作为思想宣传教育的主阵地。

（二）把握文化发展规律与增强领导文化建设本领解析

建设社会主义文化强国，必须走中国特色社会主义文化发展道路。领导干部必须认识到，文化在综合国力的竞争当中地位越来越重要，认识到文化作为社会经济重要支撑的作用越来越重要，认真研究和切实把握文化发展规律，并且遵从这个规律，自觉地提高文化对历史进步、社会前行、人民幸福的时代担当和重要职责。

1. 用马克思主义科学理论指导文化建设之思

增强领导文化建设的本领，要求领导干部牢固树立建设中国特色社会主义文化的前进方向。我们党始终坚持和强调，必须用马克思主义的科学理论来指导文化建设。党的十六大把文化建设的精髓概括为社会主义核心价值体系，并在实践中不断得到新的发展。党的十七届六中全会

---

① 胡锦涛：《在人民日报社考察工作时的讲话》，《人民日报》，2008年6月21日，第1版。

及党的十八大更是指出：社会主义核心价值体系是兴国之魂，决定着中国特色社会主义发展方向。坚持马克思主义的指导地位，坚定中国特色社会主义共同理想，弘扬以爱国主义为核心的民族精神和以改革创新为核心的时代精神，树立和践行社会主义荣辱观是这个核心价值体系中的应有之义。这些内容，决定着文化发展的性质和方向，是文化建设始终沿着正确方向前进的根本思想保证。增强领导文化建设的本领，要求领导干部坚持为人民服务的立场。文化建设要有扎实的出发点和落脚点，就是要解决"为了谁"的问题。毛泽东说："我们的文化是人民的文化。"邓小平讲："人民需要艺术，艺术更需要人民。"这些深刻揭示了中国共产党领导的文化建设和人民群众的关系，宣示了我们党在"为了谁"这个问题上的鲜明立场。在领导文化建设的过程中，根据时代的要求，我们党对文化服务人民这一根本立场，与时俱进地作了多方面的发挥和落实。如从文化建设总的出发点和基本任务上讲，要"满足人民群众日益增长的多层次、多方面、多样化的精神文化需要"；从发挥社会主义制度优越性的角度讲，要"保障人民基本文化权益"；从文化建设的教育功能上讲，要"着眼于人民素质的提高和促进人的全面发展"；从社会发展和全面建设小康社会的历史进程来讲，要"让人民群众共享文化发展成果"；从文化创造的动力源泉上讲，要"充分发挥人民主体作用"；从对文化工作者的要求上讲，要"贴近实际、贴近生活、贴近群众"；从文化事业项目的安排上讲，要"构建覆盖全社会的公共文化服务体系，优先安排涉及群众切身利益的文化建设项目"；从文化建设成果的评价上讲，要"把人民是否满意作为根本标准"。凡此等等，说明我们党领导文化建设，在各个方面无不是以人民为中心，从服务人民的立场和需要出发，由此体现了我们党的根本宗旨。增强领导文化建设的本领，要求领导干部认真研究和切实把握文化发展规律。我们党在领导文化建设的过程中，不断自觉地探索和总结，进而把握、遵循和运用文化发展规律，并及时地把对文化规律的认识转化为党的文化方针和政策。如在对待传统民族文化的问题上，有批判继承，古为今用，推陈出新；在对待外国文化成果的问题上，有大胆吸收，洋为中用和以我为主、为我所用、辩证取舍、择善而从；在如何繁荣文化艺术的问题上，有百花齐放、百家争鸣和弘扬主旋律、提倡多样化；在对待各种文化倾向和现象的问题上，有发展先进文化、支持健康文化、改造落后文化、抵制腐朽文化和抵制庸俗低俗媚俗文化风气；在文化领导方式上，有要一手抓繁荣、一手抓管理，抓方向、抓队伍等。以上反映社会主义文化建设规律的方针政策，说明我们党总是根据时代的要求，自觉地完善领导方式，不断丰富领导文化建设的途径，着力提高领导文化工作的能力。[①]

2. 把握意识形态工作主导权与掌握文化改革发展领导权之思

文化建设的首要问题，是坚持社会主义先进文化前进方向。引导全党全社会坚持马克思主义指导地位，用中国特色社会主义理论体系武装头脑、指导实践、推动工作；坚持发展面向现代化、面向世界、面向未来的，民族的科学的大众的社会主义文化；坚持"二为"方向和"双百"方针，在全社会形成积极向上的精神追求；坚持以人为本，提高全民族文明素质；增强国家软实力，建设社会主义文化强国，是各级党委推进文化改革发展政治责任的重要内容。各级党委和领导干部要提高对意识形态和宣传文化工作的调查分析能力和引领能力，深入研究意识形态和宣传文化工作新情况新特点，透彻分析其发展要求与趋势，准确洞察其矛盾和问题，加强和改进思想政治工作，提高宣传思想工作的吸引力和感染力，提高舆论引导水平，有效解答关注、回应群众关切，不断巩固马克思主义在意识形态领域的指导地位，确保文化改革发展沿着正确道路前进。

---

① 陈晋：《中国共产党是怎样领导文化建设的》，《光明日报》，2012年3月19日，第1版。

（三）从思想组织等方面加强和改进党对文化工作领导解析

提高推进文化改革发展科学化水平和改进党对文化工作的领导，提高推进文化改革发展科学化水平，还需要从思想组织等多方面努力。

1. 自觉贯彻党的思想路线，推进文化建设与时俱进

这是从思想上加强和改进党对文化工作的领导，提高推进文化改革发展科学化水平。按照党的思想路线领导文化工作，就是要坚持解放思想、实事求是、与时俱进，就是要高度重视并自觉认识、遵循、运用文化建设规律，始终按照文化发展规律办事。要善于从党领导文化建设的历史经验中汲取智慧。党领导文化建设的历史经验，是我们党90年来领导文化建设规律的体现。比如，坚持以马克思主义为指导，推进马克思主义中国化时代化大众化；坚持社会主义先进文化前进方向，坚持为人民服务、为社会主义服务，坚持百花齐放、百家争鸣，弘扬主旋律、提倡多样化；坚持以人为本，文化发展为了人民、文化发展依靠人民、文化发展成果由人民共享；坚持把社会效益放在首位，坚持社会效益和经济效益有机统一；坚持改革开放，着力推进文化体制机制创新，以改革促发展、促繁荣等。我们要善于运用这些重要经验和规律性认识指导文化建设实践，使文化建设在科学化轨道上不断迈向新高度。要准确把握我国经济社会发展新要求，准确把握当今时代文化发展新趋势，准确把握各族人民精神文化生活新期待，及时研究新情况、解决新问题、总结新经验，不断深化对中国特色社会主义文化建设规律的认识。特别是要不断深化对中国特色社会主义文化发展方向、文化发展根本目的、文化发展战略目标、文化发展动力、文化发展举措等问题的认识，不断推动文化建设取得新成效，达到新境界。

2. 提高党领导文化建设本领和水平

这是从组织上加强和改进党对文化工作的领导，提高推进文化改革发展科学化水平。要坚持德才兼备、以德为先用人标准，选好配强文化

领域各级领导班子，加强领导班子思想政治建设。要采取切实措施，提高各级领导干部领导文化工作的能力和水平。要结合文化单位特点加强和创新基层党的工作，充分发挥基层党组织在文化建设中战斗堡垒作用。要加强文化领域党员队伍建设，充分发挥共产党员在文化建设中的先锋模范作用。健全领导机制，形成文化建设强大合力。这是从制度上加强和改进党对文化工作的领导，提高推进文化改革发展科学化水平。要充分认识到，推动社会主义文化大发展大繁荣，是全党全社会的共同事业。要建立健全党委统一领导、党政齐抓共管、宣传部门组织协调、有关部门分工负责、社会力量积极参与的工作体制和工作格局。要凝聚各方力量，整合资源、明确分工、密切配合、共同推进，形成文化建设强大合力。

3. 改进领导作风和工作方式方法与发挥人民群众文化创造积极性

来自人民、植根人民、服务人民是我们党永远立于不败之地的根本。人民是推动社会主义文化大发展大繁荣最深厚的力量源泉。发挥人民群众文化创造积极性，是从领导作风和工作方式方法上加强和改进党对文化工作的领导，提高推进文化改革发展科学化水平。在推进文化建设中，要牢固树立马克思主义群众观点，自觉贯彻党的群众路线，不断总结来自群众的生动鲜活的文化创新经验，为广大群众成为社会主义文化建设者提供广阔舞台、搭建丰富平台。要充分发挥人民群众的主体作用，使推动文化大发展大繁荣的过程成为人民群众共同创造的过程。要使文化体制改革的方案和步骤反映群众愿望、满足群众需求，使文化体制改革的成效由全体人民群众共享。要在文化建设的各个领域各个环节多做增进群众感情、拉进群众距离的工作，用群众的理解和支持作支撑，依靠群众的智慧和参与作保障，不断推动社会主义文化大发展大繁荣。

三、建设宏大的文化人才队伍解析

提升文化软实力的关键是人才，要想方设法发现人才、培育人才、重用人才，创造条件让人才脱颖而出。党的十九大报告指出，青年兴则国家兴，青年强则国家强。青年一代有理想、有本领、有担当，国家就有前途，民族就有希望。中国梦是历史的、现实的，也是未来的；是我们这一代的，更是青年一代的。中华民族伟大复兴的中国梦终将在一代代青年的接力奋斗中变为现实。全党要关心和爱护青年，为他们实现人生出彩搭建舞台。广大青年要坚定理想信念，志存高远，脚踏实地，勇做时代的弄潮儿，在实现中国梦的生动实践中放飞青春梦想，在为人民利益的不懈奋斗中书写人生华章！① 人才是文化的创造者与文化的传承者，人才在文化的演进中起着至关重要的作用；人才也是社会发展的财富之源，是真正意义上文化软实力的第一资本；人才是文化软实力建设、发展的中心和关键，因此，提升文化软实力的关键是人才的不断涌现，要培养人才就要完善人才的培养机制，要建立科学的人才培养和评价体系。

（一）完善人才培养机制

只有不断壮大高素质的文化人才队伍，文化的繁荣发展才会有有力的人才保障。党的十八大明确强调，建设社会主义文化强国，要"营造有利于高素质文化人才大量涌现、健康成长的良好环境，造就一批名家大师和民族文化代表人物，表彰有杰出贡献的文化工作者。"② 国以才立，业以才兴。建设社会主义文化强国，人才是第一资源。应更加清醒地认识到文化人才的时代价值和重要地位，抓住战略机遇期，深入实施人才强国战略，在实践中践行尊重人才、尊重知识、尊重创造的原则，着力打造一批德艺双馨、富于创新、结构合理、规模宏大的文化人才队伍。

1.树立科学文化人才观

引导和教育全社会切实认识到文化人才在促进文化创新、推动文化

① 本书编写组：《党的十九大报告学习辅导百问》，党建读物出版社、学习出版社，2017，第 55 页。

② 胡锦涛：《胡锦涛文选》（第三卷），人民出版社，2016，第 640 页。

发展等方面的重要作用，切实树立人才资源是社会主义文化强国建设第一资源的科学人才观，从思想上彻底重视文化人才的培养和开发。同时，树立"德才兼备、锐意创新"的人才观。

2. 人才培养机制与人才评价制度

在意识形态多样的今天要完善人才培养机制就要进行人才的多元化培养。人才是传承文明和提升国家文化软实力的主体，所以要进行多元化的人才培养方式，教学要树立以学生为主体的观念，对学生的个性、兴趣进行全面了解，进行多样化的教学，为学生提供科学的教育培养，让学生全面自由的成长，并按照自己的兴趣在自己喜欢的领域长足的发挥。人才的评价是通过教育活动的运行实现的，我们应建立与教育机制相适应的评价标准，应该对人才宏观上进行考量，建立与教育改革相适应的评估规划系统，以保证人才的评价合理、科学。建设结构科学的、合理的人才队伍体系。"按照政治强、业务精、作风正的要求，重点培养一批用马克思主义武装起来、立足中国、面向世界、学贯中西的思想家和理论家；培养一批理论功底扎实、勇于开拓创新、引领发展的学术带头人队伍；培养一批年富力强、政治和业务素质良好、锐意进取的中青年学术骨干队伍；培养一批潜质突出、勤奋努力、志在学术、勇攀高峰、为人正派的青年后备队伍；培养一批管理能力强、专业水平高的科研管理队伍，构建结构合理的哲学社会科学人才队伍体系，增强可持续发展能力。"①

3. 健全人才任用和管理机制

建设社会主义文化强国，就要积极回应现实需要，科学解决现实困难，从而不断实现新的突破。面对当前社会主义文化强国建设中存在的诸多文化人才保障制度性问题，我们要抓住主要矛盾，力争做好以下几

---

① 张东刚：《以科学发展观为指导建设高校哲学社会科学创新体系》，《中国高等教育》，2013 年 1 月，第 14 页。

点：一是要改革和完善不合理的用人制度，制定出一套适合当前我国文化人才发展规律的用人制度，杜绝任人唯亲、拉帮结派、论资排辈等丑恶现象，支持和鼓励大量年轻有为的文化人才担当重任。二是要改革和完善文化人才选拔机制，更加注重文化人才的具体实践能力和创新能力，切实改变传统应试教育选拔方式，防止一些高分低能者混入文化人才队伍甚至占据文化建设重要部分。三是要建立健全文化人才管理制度，用科学的管理制度来确保文化人才队伍的壮大。相关部门应着力做好各个环节，既要注重健全文化人才服务制度，也要注重健全文化人才激励机制，更要注重健全文化人才评价机制。从而做好文化人才各方面管理制度，切实为文化人才的繁荣壮大创造良好条件。

4. 基层文化人才队伍建设

基层文化人才队伍建设是社会主义文化强国建设的重要基石，担负着繁荣基层文化建设的重任。加快基层文化人才队伍建设，要切实做好以下几点：一是要鼓励和引导优秀人才自愿自觉深入到基层文化建设。人民群众是历史的创造者，只有深入基层，与人民群众生活在一起，才能更好地获取创造题材和灵感。要鼓励广大青年人才自愿自觉深入到基层工作，教育他们树立高尚的人生观、价值观，甘愿为社会主义文化强国建设奉献青春。二是要加大对基层文化人才队伍的建设力度。政府各部门不仅要给予政策支持，而且要加大资金投入，实现政策与经济的双向保障，为基层文化建设打好基础。同时要注重定期教育广大基层文化人才，组织开展定期学习和培训活动，从而不断提升基层文化人才素养。三是要积极搭建创新平台，确保基层文化人才能有所作为。有为才能有位，有位才能更加有为。最大化发挥基层文化人才价值，就要给他们搭建相应的平台，使其能够发挥才能，做出贡献。各地方政府要千方百计寻求发展项目，组织基层文化人才根据地方实际情况兴办地方文化企业、文化活动，切实发掘地方特色，打造地方文化知名品牌，从而实现基层文化人才自身价值的最大化转化。[①]

（二）加强人才资源能力建设

人才能够发明创造文化产品。文化产品的创造有多个领域，各个领域都是以人为依托，都有着大量人才的努力成果，有着人才的智慧结晶，有着各种各样人才的创造与奉献。人才可以传播普及文化产品。人才不仅能够创造有利于社会进步的文化产品，还能够将创造出的文化产品广泛的传播出去，普及到人民生活之中。只有文化产品得到传播普及，进入群众的视野，才能真正实现本身的价值。传播普及工作不是简单的复述过程，而需要大量人才的努力工作。综上所述，人才对于文化的发展有着重要的作用，人才对于我国文化软实力的提升起着关键的作用。

1. 合理开发人才资源

对人才资源进行开发，人才的素质与能力是关键问题。"研究表明，在现代社会中，体能、技能、智能三者存在一个简化的定量规则，即社会相对于它们的支付成本分别为 1∶3∶9，而它们为社会创造的价值则分别为 1∶10∶100。这说明，一个仅具体能的人所创价值仅能维持本人生存，而具有技能和智能的人所创价值分别是只具体能者的 10 倍和 100 倍，而三者的投入产出的效益比分别是 1∶3.3∶11。"[②] 由此可以看出，社会的发展继续智慧的投入，智能型人才是社会利益来源的重中之重。所以，对智慧型人才的培养作为建设人才资源的重心。21 世纪的今天，科学技术是第一生产力，人才创造科技，人才的作用已经受到世界的认同。人才在综合国力的竞争中越加重要，我国打出人才强国的口号显示出人才对于我国发展的重要性。人才的培养以及人才的开发不仅是提升国家国际竞争力的有力保障，也是提升国家文化软实力的关

---

① 冯颜利、林彦虎：《扎实推进社会主义文化强国建设（下）》，《中国矿业大学学报》（社会科学版），2013 年第 1 期，第 15 页。

② 许冬梅、屠春友：《党政干部"四观"教育读本发展观、政绩观、人才观、群众观》，中共中央党校出版社，2004，第 131 页。

键因素。人类智慧的无限性是人类文明进步的源泉所在。当前，不论是在国家内部建设方面，还是在国家交流合作方面，人才的能力都得到广泛的关注。"例如，亚太经合组织 1993 年至 2000 年开展的项目中，有42%属于人才资源能力建设。"[①]

在人类社会的发展历程中，每一次出现社会变革，尤其是以科学技术突破为导火索，进而出现生产力发展的高潮，都是以人的能力的提高为先导，都是对人的知识能力提出更高的要求。从第三次工业革命的爆发后，人们对技术力量的追求更加迫切，对先进生产力代替落后生产力的呼声不断增强，这促使了人才的产生，劳动者能力和素质的提高。在这一过程中，人类对知识的渴求，对知识的运用得到了极大的提升，人才的作用也不断凸显。

2. 人才培养机制与人的学习、创新与实践能力

人才的培养和教育是人才资源的前提，不仅为人才资源的供给做出重大贡献，还是发现人才的基础环节。因此，科学人才观的建立，必须加强人才能力的建设，培养符合社会需要、适应社会发展要求的人才，完善符合各类人才要求的人才培养机制。要加强人才能力建设，就要坚持把人才能力建设作为人才发展的主题，将人才能力建设放在优先发展的地位。这是实现科学人才观的步骤之一，是实现人才强国的要求。

而我们所说的人才的"能力"就是通常意义上的水平。对于性格不同、兴趣不同、层次不同的人的特点，在培养方式上要实行不同的方向。对党政人才要注重理论修养，世界眼光，驾驭全局的能力培养；对于专业技术人才，要注重学术水平，科研能力的提高；对于经营管理人才要注重开拓创新能力的培养。当前中国要树立优质的教育观念，提高全民的素质教育，提高人才的创新能力水平，加强人才资源能力建设，提高

① 许冬梅、屠春友：《党政干部"四观"教育读本发展观、政绩观、人才观、群众观》，中共中央党校出版社，2004，第 132 页。

人才的素质教育。一个国家韧力资源建设的重要任务是培养人的创新能力；国际竞争，从根本上来说，是人才的竞争，是民族创新能力的竞争。加强人才独创性的建设任重道远。加强学习能力是人才培养的基础，实践能力是人才培养的试金石，创新能力是人才培养的核心所在。

（三）优先发展教育事业解析

一个国家人才的多少，人才能力的强弱，决定着这个国家的生命力与活力，决定这个国家社会发展的后劲足不足，决定这个国家文化软实力的强弱、国际竞争力水平的高低。我国人才资源匮乏，与社会经济发展的需要严重失衡，人才能力建设问题突出。当前中国人力资源水平在世界范围内属于较低之列。"中国科学院可持续发展研究课题组根据他们提出的人力资源能力方程，计算出不同国家或地区的人力资源能力系数，确认人力资源能力系数取值在 1 ~ 100 之间，与之对应的人力资源能力水平分别为：小于 5 很弱，5 ~ 10 较弱，10 ~ 15 中等，15 ~ 20 较强，20 ~ 30 很强，大于 30 极强。1999 年中国人力资源能力系数为6.98，而美、日等发达国家大多在 20 甚至 30 以上。仅就创新能力而言，虽然中国 GDP 和国际贸易额在世界排名第 6 位，但我国人才创新能力严重不足。中国在美国申报的发明专利仅为 195 件，而日本是 33233 件，韩国是 3538 件。"[①] 由此可见，中国的人才创新能力程度还很低，人力资源能力建设形势严峻，明显落后于中等发达国家，长此以往，我国社会经济的发展将会出现危机。我国必须把人才能力建设列入人才发展的重中之重，优先发展人才培养机制，重视教育事业的发展，加大对人才资源能力建设的投入，发展我国的人才强国战略，为各类人才的涌现创造条件，为我国文化软实力的提高提供可能。

国家文化软实力的增强不仅能够提升国家在世界范围的影响力，同

---

① 许冬梅、屠春友：《党政干部"四观"教育读本发展观、政绩观、人才观、群众观》，中共中央党校出版社，2004，第 132 页。

时还能通过期刊、书籍、影视媒体等传播本国文化，发挥文化软实力的吸引力，对提升综合国力，促进国际友好合作关系起到巨大的作用。但是，不论是对文化软实力传播还是对文化软实力的建设，都离不开各种各样的人才所起的作用。

为此，党的十九大报告指出，必须优先发展教育事业。建设教育强国是中华民族伟大复兴的基础工程，必须把教育事业放在优先位置，加快教育现代化，办好人民满意的教育。要全面贯彻党的教育方针，落实立德树人根本任务，发展素质教育，推进教育公平，培养德智体美全面发展的社会主义建设者和接班人。推动城乡义务教育一体化发展，高度重视农村义务教育，办好学前教育、特殊教育和网络教育，普及高中阶段教育，努力让每个孩子都能享有公平而有质量的教育。完善职业教育和培训体系，深化产教融合、校企合作。加快一流大学和一流学科建设，实现高等教育内涵式发展。健全学生资助制度，使绝大多数城乡新增劳动力接受高中阶段教育、更多接受高等教育。支持和规范社会力量兴办教育。加强师德师风建设，培养高素质教师队伍，倡导全社会尊师重教。办好继续教育，加快建设学习型社会，大力提高国民素质。①

同时，人民有信仰，国家有力量，民族有希望。必须遵照十九大报告关于加强思想道德建设，要提高人民思想觉悟、道德水准、文明素养，提高全社会文明程度。广泛开展理想信念教育，深化中国特色社会主义和中国梦宣传教育，弘扬民族精神和时代精神，加强爱国主义、集体主义、社会主义教育，引导人们树立正确的历史观、民族观、国家观、文化观。深入实施公民道德建设工程，推进社会公德、职业道德、家庭美德、个人品德建设，激励人们向上向善、孝老爱亲，忠于祖国、忠于人民。加强和改进思想政治工作，深化群众性精神文明创建活动。弘扬科

---

① 本书编写组：《党的十九大报告学习辅导百问》，党建读物出版社、学习出版社，2017，第 36 页。

学精神，普及科学知识，开展移风易俗、弘扬时代新风行动，抵制腐朽落后文化侵蚀。推进诚信建设和志愿服务制度化，强化社会责任意识、规则意识、奉献意识。①

四、深化改革开放，完善文化强国建设体制机制解析

党的十九大报告指出，只有社会主义才能救中国，只有改革开放才能发展中国、发展社会主义、发展马克思主义。必须坚持和完善中国特色社会主义制度，不断推进国家治理体系和治理能力现代化，坚决破除一切不合时宜的思想观念和体制机制弊端，突破利益固化的藩篱，吸收人类文明有益成果，构建系统完备、科学规范、运行有效的制度体系，充分发挥我国社会主义制度优越性。②需要强调的是，受人口多、底子薄、耕地少、人均资源相对不足以及经济社会发展不平衡等基本国情制约，满足人民基本文化需求必将是一项长期任务和系统工程，实现这一目标进一步深化改革开放，不断完善文化强国建设的体制机制。

（一）政府主导解析

建设社会主义文化强国，必须坚持政府主导，即政府切实履行文化建设中的各项职能，把文化建设纳入经济社会发展规划，并在政策决策，财政支撑等方面给予充分保障。因此，面对13多亿人口的大国，若文化建设不以政府为主导，而是全面市场化，势必会出现有些文化产业、文化事业发展兴盛，有些却岌岌可危。这一方面是由市场的趋利性决定的，因为在市场经济中，人们都会主动选择利润较高的行业，而对那些与人民群众切身利益更相关，但利润不高的行业很少有人光顾；另一个重要原因是很多事关民生福祉的文化事业和文化产业需要集中社会大量

① 本书编写组：《党的十九大报告学习辅导百问》，党建读物出版社、学习出版社，2017，第34页。

② 本书编写组：《党的十九大报告学习辅导百问》，党建读物出版社、学习出版社，2017，第17页。

人力和物力才能兴办，而在市场经济中，当面对这种事关民生福祉，但却耗资巨大，回报甚少的文化事业和产业时，很少有企业愿意或有足够实力参与其中。政府掌握着国家财政，有能力承担大型工程的兴建，可通过行使相关权力有效调节社会分配和组织社会保障，从而有效促进社会化服务体系建立。作为社会主义国家，我国政府以对人民负责为基本原则，以为人民服务为宗旨，建设社会主义文化强国，政府要积极主动承担相应责任，应切实关注并最大化满足人民最基本文化需求，从而弥补市场经济的一些缺陷，真正做到文化强国建设的出发点和落脚点均是为了人民。当然了，需要指出的是，政府的主导并不等于政府统揽，建设社会主义文化强国，需要在政府主导的基础上充分发挥市场经济的作用，从而切实促进社会主义文化大发展大繁荣，有效满足人民群众基本文化需求。

为使保障机制的运行机制发挥高效灵活的作用，要进一步加大政府投入的力度，制定出完善的细致规划，具体到建设和发展一批重点的文化设施和文化产业区，培育和壮大一批重点的文化产业。因此要围绕着发展重点，抓紧抓好每一步发展规划项目的落实工作。

文化建设具有两方面的特点，一方面，文化建设与经济建设一样，在投入产出方面成正比例的关系，投入多，产出也多，文化建设的一些内容作为精神产品进入市场能产生出直接的经济效益，可以保证自身的生产；另一方面，文化建设的一些内容不能创造出直接的经济效益，有些甚至是不能产生经济效益，因此文化建设比经济建设更需要资金的投入、更需要政策的扶持，必须通过建立长效的物质投入保障机制，确保社会主义文化强国建设事业的顺利进行。各级财政部门要把加大文化建设方面的资金投入作为一项经常性的工作常抓不懈，在文化建设经费开支的增长幅度方面，不能低于其他经常性财政支出的增长幅度要求。在文化建设文化资源开发方面，通过对文化资源优化配置，加大开发力度，充分有效地利用文化资源。在开发建设文化设施方面，同样要优化投入机制，避免重复性建设产生的不必要的浪费，这不仅要加大财政投入的使用效益，整合已有的资金发挥有效的作用，同时也要加大对文化资产的监管力度，以免文化资产、文化资源遭到不必要的流失。而对于地方基层文化建设工作也要加大政府的投入力度，要让人民群众充分享受到文化改革带来的红利。同时，以政府为主导，要切实注重对政府的监控力度，防止政府手中权力的滥用和腐败现象的滋生。如此，才能有效推动政府在建设社会主义文化强国中的作用。

（二）文化基础设施建设解析

文化设施是构建公共文化服务体系的基础，是发挥公共文化服务作用的阵地，对建设社会主义文化强国发挥着重要作用。当前，我国文化基础设施建设严重滞后，尤其在广大农村文化基础设施建设更加薄弱，严重阻碍着社会主义文化强国实效性和整体进程。这其中的关键一方面在于政府重视程度不够、政策可行性不高；另一方面则在于对文化基础设施投入资金不足、供给严重不足。各级政府应正视这一现实，首先要加强重视程度，切实提高政策的可行性，本着"以人为本"理念，加大文化建设宣传和学习力度，并制定出科学有效的政策加以贯彻实施。其次，要加大资金投入力度，扩大文化基础建设工程。各级政府要合理配置资源，在坚持自力更生基础上进一步筹集社会募捐，吸纳实力企业参与到当地基础文化建设开发投资当中，努力打造地方品牌文化，从而在互利共赢中切实提高文化基础设施建设。再次，加快文化人才的培养和挖掘力度。文化基础设施建设不仅需要各项客观条件的支持，更需要相关文化人才参与到规划、兴建、维修当中，要建立文化基础设施建设的长效机制，离不开高素质的文化人才参与其中。各级政府要主动培养、挖掘和吸纳更多的文化人才参与到基础文化设施建设当中，为建设社会主义文化强国积极献策献力。最后，建立健全监督机制，确保文化基础设施建设的实效性和长效性。文化基础设施建设是一个浩大的工程，涉及方方面面，其中任何一个环节缺乏制度约束和有效监控都极易引发工程建设质量问题以及腐败等行为产生。要杜绝工程质量问题以及腐败等现象，仅靠内部教育和宣传作用甚微，必须在建立健全相关制度的基础上加大外部监控力度，这样才能从根本确保文化基础设施建设的实效性和长效性。

（三）公共文化服务体系解析

加强公共文化服务是实现人民基本文化权益的主要途径。近年来我国公共文化服务体现建设取得了显著成效，目前，我国共有3020个博物馆、2850个图书馆、3223个文化馆，38736个文化站，广播电视村村通工程已覆盖全部行政村和20户以上通电自然村，全国文化信息资源共享工程已覆盖75%的行政村，农家书屋已覆盖全国一半行政村，农村电影放映工程年放映量达800万场，全国绝大部共文化服务体系建设与经济社会发展水平和人民群众日益增长的精神文化需求还不相适应，整个公共文化服务体系建设还存在农村城乡覆盖不平等、结构不合理、功能不健全、实用性有待提高等问题。对此，必须牢固树立文化民生的理念，以公共财政为支撑，以公益性文化单位为骨干，始终坚持以人民为出发点和落脚点，"完善覆盖城乡、结构合理、功能健全、实用高效的公共文化服务体系"，[①] 确保人民群众共享文化发展成果。首先，加大公共文化服务投入力度。构建公共文化服务体系，离不开资金投入。必须坚持在政府主导的基础上，逐步建立健全同财政相匹配，同人民群众文化需求相适应的政府投入保障机制。要加大政策支持力度，有针对性地向公共文化项目提供政策保障甚至是财政支持，拓宽投入渠道，吸纳更多企业参与到公共文化建设中来。其次，提高公共文化服务供给能力和覆盖面。加快构建公共文化服务体系，不仅要数量上有充足的供给量，最大化确保人民对基本公共文化需求能得到满足，而且要更加注重

---

① 中国共产党第十七届中央委员会第六次全体会议：《中共中央关于深化文化体制改革推动社会主义文化大发展大繁荣若干重大问题的决定》，《人民日报》，2011年10月26日，第01版。

服务质量和覆盖面。各公共文化服务单位应充分发挥骨干带头作用，切实面向基层、面向群众，最大化确保公共文化服务的覆盖范围。同时，要多生产人民群众能够买得起、用得起的文化产品，多提供老百姓喜闻乐见的文化服务。最后，建立健全公共文化设施使用和管理长效机制。要始终坚持项目建设和运行管理并重的原则，确保已建文化设施后续运行和管理畅通。要进一步完善配套措施，保障公共文化设施正常运行，"着力创建一批结构合理、发展平衡、网络健全、运行有效、惠及全民的公共文化服务体系示范区，制定公共文化服务指标体系和绩效考核办法"，① 确保公共文化服务体现建设的实效性和长效性。

（四）城乡文化一体化发展问题解析

统筹城乡文化协调发展，确保人民群众享有均等化的基本公共文化服务，是发展公益性文化的基本要求。而当前我国城乡文化却呈现着严重失衡状态，农村文化发展严重滞后，这也促使当前加快城乡文化一体化发展显得更加重要和紧迫。这不仅是深入贯彻落实科学发展观的根本要求，也是有效满足广大农民群众日益增长的精神文化需求的有效途径，更是挖掘农村特色文化资源、有效实现城乡之间优势互补以及全面建成小康社会的客观需要，对"增加农村文化服务总量，缩小城乡文化发展差距，对推动社会主义新农村建设、形成城乡经济社会发展一体化新格局具有重要意义。"② 首先，加快农村经济发展，切实提高农民收入水平。加快城乡文化一体化发展，首要问题是解决农村收入问题，农民收入高了，自然会将消费重点从满足基本生存转向更加注重文化服务消费。因此，实现城乡一体化发展的前提是切实增加农民的收入水平，让农民的

---

① 王三运：《大力发展公益性文化事业保障人民基本文化权益》，《求是》，2011 年 24 期，第 17 页。

② 中国共产党第十七届中央委员会第六次全体会议：《中共中央关于深化文化体制改革推动社会主义文化大发展大繁荣若干重大问题的决定》，《人民日报》，2011 年 10 月 26 日，第 01 版。

"钱袋子"鼓起来，才能促进农村文化服务的消费。其次，实施文化惠农工程，加强农村公共文化服务设施网络建设。文化惠农工程是构建公共文化服务体系、推动城乡基本公共文化服务均等化的重要途径，对此，各相关部门要按照公益性、基本性、均等性、便利性的要求，确保文化产品和服务供给力，并加大投入力度和覆盖范围，着力健全农村和中西部地区公共文化服务网络，最大化确保农村、区域文化一体化发展。再次，建立以城带乡联动机制，科学配置城乡文化资源。要鼓励城市反哺农村，带动农村快速发展。对此，一是要树立城乡文化和谐发展的理念，正确引导城乡居民科学认识不同文化间的丰富性和共通性；二是要鼓励城乡文化积极互动，实现双向优势互补的打好格局；三是要建立健全对农村文化的援助机制，"积极引导机关、团体、城市居民开展各种形式的城乡结对共建活动，不断促进城市图书馆、博物馆、体育馆、影剧院等强势文化资源向农村流动"。[①]最后，加强基层文化人才队伍建设。"基层文化人才队伍是文化改革发展的基础力量。"[②] 要高度重视基层文化人才队伍建设，一是要"制定实施基础文化人才队伍建设制度，完善机构编制、学习培训、待遇保障等方面的政策措施，吸引优秀文化人才服务基层"[③]；二是要切实注重文化单位内部机制改革，确保制度能够最大化体现公平公正，坚决杜绝任人唯亲、论资排辈等不良现象的出现；三是要挖掘和培养民间优秀文化人才，重点要对民间非物质文化传承人给予特别关照；四是要壮大文化人才队伍，鼓励专业文化人才和青年大

---

① 江林：《加快城乡文化一体化发展，推进社会主义新农村建设》，《思想政治工作研究》，2011 年第 12 期，第 22 页。

② 中国共产党第十七届中央委员会第六次全体会议：《中共中央关于深化文化体制改革推动社会主义文化大发展大繁荣若干重大问题的决定》，《人民日报》，2011 年 10 月 26 日，第 01 版。

③ 中国共产党第十七届中央委员会第六次全体会议：《中共中央关于深化文化体制改革推动社会主义文化大发展大繁荣若干重大问题的决定》，《人民日报》，2011 年 10 月 26 日，第 01 版。

学生积极投身于基层文化建设队伍，树立终身服务基层文化理念。

五、激活中华民族优秀传统文化解析

（一）优秀传统文化与文化软实力根基

文化是民族的灵魂和血脉，是一个民族区别于其他民族最重要的标志之一。中华民族传统文化是我们民族的精神根基和智慧源泉，经过长期的积淀和发展，已经深深地融入了民族的血脉之中，成为中华文明的基本特性和中华民族的精神支柱。全面认识祖国的传统文化，继承和弘扬民族优秀文化传统，是保持民族特色，体现时代进步性的重要途径。

1. 正确看待中国优秀传统文化

"传统文化"是由"传统"和"文化"组合而成的概念，其中"传统"含有继承的意思，而对于文化来说，继承并不意味着全盘保留，而是推陈出新、有所取舍的过程；"文化"是代表一定民族特点的，反映民族的精神追求、心理特点、生活和思维方式、价值取向的总和。"传统文化"就是历代思想家反复锤炼出的、能够反映整个社会并对社会产生巨大影响的、具有比较稳定的结构和普遍共识的意识、心理和价值追求的总和。

中国传统文化具有极为丰富的内涵：从内容方面讲，中国传统文化是以儒家文化为主，道家、佛家文化为重要成分，并包含诸子百家、民间文化等在内的庞杂的文化形态；从主要取向上讲，中国传统文化既重视人伦道德等精神要求，又重视入世实用的现实要求。中国传统文化是在数千年的历史长河中，由包括少数民族在内的整个中华民族所共同创造的反映本民族特征的思想道德、文学艺术、民族心理、民族性格、价值取向等精神文明的总称。

然而，传统文化并不全是优秀的东西，我们应该本着"取其精华、去其糟粕"的态度，弘扬其积极部分，改造或剔除消极部分。

从内部因素来看，传统文化与文化软实力具有对接性。文化软实力是一个民族长远发展、兴旺发达的不竭动力，是现代社会国家和民族发展不可或缺的精神力量，为提升民族的凝聚力和创造力提供智力支持和思想保证，也是衡量一个国家综合实力的重要标志。实现中华民族伟大复兴的中国梦离不开优秀传统文化的传承和弘扬，离不开传统文化的回归于创新。中国传统文化中饱含着丰富的文化软实力思想，这些思想是我们建构文化软实力所必需的精神养料，不仅如此，这些思想还使传统文化与现代文化建设之间的对接成为可能，民族的才是世界的，因此轻视民族传统文化甚至贬低民族传统文化都是眼光短浅、自断根脉的行为。

从外部因素来看，传统文化是文化软实力的外部符号。在经济全球化浪潮中，文化软实力在国家综合国力中占据越来越重要的地位。"一个民族，一个国家如果没有了自己的文化，这个国家的人民就找不到根了，这就是文化的重要性。"①民族的传统文化积淀着该民族最深层的精神追求，是民族的历史记忆和精神家园。文化在很大程度上激发着一个民族的创造力，文化每进步一次，民族就向自由迈近了一步。

随着全球化进程的推进，很多全球性问题日益凸显，国家安全问题日益涌现，综合国力的竞争必然涉及文化安全问题。保护文化安全，在一定程度上就意味着该国的文化领域应该尽可能少的受到外来文化的侵扰和干涉，保持意识形态领域的主导型和独立性。文化软实力作为一种不同于传统的经济、军事、政治等硬权力的国家力量，而被众多国家和民族视为一种新的国家权力资源而加以充分应用和重视。

（二）发掘优秀传统文化软实力价值解析

当下，优秀传统文化仍然具有重要的软实力价值，这些价值主要表现在以下几个方面：

---

① 杨保军：《从西夏的消亡看文化的重要性》，西北民族研究，2004，第191页。

1. 优秀传统文化与个人文化素质和道德修养解析

优秀传统文化非常注重对个人内在品格的培育和道德修养的提升，世俗的功利不是个体自身内在品格和道德修养的提升的主要目的，其主要目的在于改变现实的世界，"为天地立心、为生民立命、为往圣继绝学、为万世开太平"集中体现了这一点。在我们的传统文化中，有一种厚德利生、内范外化的传统，优秀传统文化对于个人人生观和价值观具有重要的影响，这集中体现在"修身齐家治国平天下"之中，其中"修身"是对个体的内在规范，"齐家、治国、平天下"则是外化的各种表现。如今，我们国家正处在社会转型期，优秀传统文化中内范外化的因素对于提高个人文化素质和道德修养，进而对于增强文化软实力具有重要的意义。对于群体来说，优秀传统文化有利于促进群体间的团结与协作。"家国一体"是传统文化的主要特征，传统文化非常重视群体间的合作，也是一种集体行动的规范，它为社会群体成员提供了一种共同的认知框架，这种认知框架使群体成员形成共识，这就在一定程度上维护了社会秩序。如今，面对社会的巨大变迁，在乡村秩序重建和城市社区文化重塑方面，传统文化仍然具有重要的意义。

2. 优秀传统文化与文化认同和民族认同解析

"中华民族作为一个自觉的民族实体，是近百年来中国和西方列强对抗中出现的，但作为一个自在的民族实体则是几千年的历史过程所形成的。"[1] 中华民族在数千年的共同生活和文化沁润中，形成了共同的文字语言、共同的生活方式和思维方式、共同的心理素质和价值追求等，数十个民族长期共存、相互交融形成的"多元一体"的民族格局，使中华民族成为具有高度文化认同的民族。如今，已身处全球化时代的中国，面对地方主义、民族主义等的挑战，通过民族文化认同来促进民族团结、

---

[1] 费孝通：《中华民族的多元一体格局》，《人民日报》，1990年5月18日，第3版。

提高民族凝聚力对于提升我国文化软实力，已具有相当重要的意义。全球化进程中，我们面临着种种挑战，面对这些挑战，我们必须有相应的回应。在我们的优秀传统文化中，有很多因素可以引起世界的共鸣，如"天人合一""多元共生""和而不同"等等，在西方文化传统面临"西方中心主义"局限的今天，优秀传统文化则发挥了其应有的作用。

（三）激活中华民族优秀传统文化问题解析

继承和发扬中华文化的优秀传统，必须深刻深入挖掘中华传统文化的现实价值，赋予新的时代内涵，体现新的时代精神，使优秀传统文化得以传承、优秀民族文化得以焕发新的生机与活力。同时，要以开放、包容的心态积极借鉴一切有利于中华文化发扬传承的人类优秀文明成果，助推中华文化的发展。毛泽东曾指出："继承中国过去的思想和接受外来思想，并不意味着无条件的照搬，而必须根据具体条件加以采用，使之适合中国的实际。我们的态度是批判的接受我们自己的历史遗产和外国的思想。我们既反对盲目接受任何思想也反对盲目抵制任何思想。我们中国人必须用我们自己的头脑进行思考，并决定什么东西能在我们自己的土壤里生长起来。"[①]

1. 挖掘中国优秀传统文化资源

中华文明源远流长五千年，因此我国具有非常丰富深厚的传统文化资源，对于这些宝贵的文化价值遗产，我们应该进行深入的挖掘、开发和利用，以提升我国文化软实力。英国哲学家伯特兰·罗素曾经说中国传统文化有三个显著特征，是世界所有其他民族都没有的：一是使用表意符号来书写，而非拼音文字；二是在受教育的阶层中，儒家学说取代了宗教；三是执掌政事的是通过科举选拔出来的文人学士而非世袭贵族。[②]我们从其中可以看出，中国文化精神博大，对文化的传承甚为必要。

---

① 毛泽东：《毛泽东文集》（第1卷）：人民出版社，1993，第192页。
② 伯特兰·罗素（英）：《中国问题》，学林出版社，1996，第39页。

论文化强国建设（下）

　　文化软实力的建设必须重视对优秀传统文化的继承和吸收，软实力的提出者约瑟夫·奈在接受记者采访时曾说："中国的传统文化，特别是儒家文化，在世界上一直具有相当的影响。中国文化在很多方面都具有吸引力。例如中国人对人与自然关系的理解、中国的书法、绘画、中国功夫，甚至中国的饮食和传统服饰等，在美国都很受欢迎。"① 在新的时代背景下，建设文化软实力应该本着"输入学观、价值重估、整理国故、再造文明"的原则和思路，对传统文化进行全面深刻的认识，在此基础上取其精华、去其糟粕。

　　优秀的民族传统文化不仅铸就了我们民族辉煌的历史成就，就是在今天，它依然充满了智慧的光芒。在新时期，无论是民族振兴、国家兴旺，还是展示崭新的国家形象、展示崭新的文化理念，都离不开对传统文化资源的挖掘和利用。

　　2. 发扬中国传统文化的当代价值

　　要激活中华民族优秀传统文化，就必须正确认识中国传统文化的当代价值，只有认清其价值，传统文化在文化软实力建设过程中的重要地位才能得到应有的重视。

　　第一，对西方发达国家具有文化交流的作用。由于文化生长的根基不同，中西方文化在其长期的形成和发展中，形成了各自特色与魅力。从文化交流的角度看，中国传统文化曾经在西方社会发展进程中发挥了重要的作用，而在资本主义现代化的进程中，西方文化对中国也产生了深远的影响。在历史上，我国的四大发明，即火药、罗盘、造纸术、印刷术自从传到西方资本主义国家，就对其文明进程产生了重要的影响。如今，我们采取很多途径在西方国家宣传自己的优秀传统文化，如在世界各地建立孔子学院、承办与其他国家的文化交流节、向其他国家派送

---

　　① 新华网 2006 年 1 月 6 日（http://news.xinhuanet.com/world/2006-01/06/content_4016926.htm）。

留学生等，以期达到文化交流的目的。第二，对儒家文化圈的国家和地区具有道德教化的作用。中国优秀传统文化在儒家文化圈的国家和地区所起的作用主要表现在：首先，对东亚的经济发展具有积极的意义。儒家文化已经存在两千多年，而东亚的经济起飞是近几十年的事情，我们不能将东亚的经济发展的原因全部归结为儒家学说的作用，但其无疑是促进东亚经济发展的重要因素之一。暂且以新加坡为例，新加坡自1965年分离马来西亚独立以来，经过几十年的努力发展，取得了显著的经济成就，但与此同时，民众的道德水平却出现了明显的滑坡趋势，拜金主义、享乐主义思潮盛行，因此，在20世纪80年代初，新加坡大力提倡儒家文化，将儒家文化作为国家意识形态贯穿于学校教育、社会道德和国家行为中，使社会风气大有改观。第三，对中国特色社会主义文化建设起推动作用。传统文化是我们中华民族屹立于世界之林的根基，是我们中华民族团结奋进的不竭动力源泉，因此中国传统文化的当代价值主要的是对当下而言的。在社会主义文化建设中，我们必须以固有的传统文化为基础，并结合新的世情、国情、民情，对之进行变革与创新。只有全面认识、深刻理解民族传统文化，继承和弘扬民族优秀文化传统，取其精华，去其糟粕，才能在保持民族性的基础上体现时代性，使中华文化走向全世界。

3. 少数民族文化重要作用解析

第一，少数民族文化是国家文化软实力的重要组成部分。我们国家是由56个民族组成的大家庭，在长期的文明进程和生产实践活动中，各族人民相互交流、相互促进、相互依存，共同创造了灿烂的中华文化，也创造了少数民族独具特色的、绚丽多彩的民族文化。著名学者费孝通说，"中华民族是由许许多多分散孤立存在的民族单位，经过接触、混杂、联结和融合，同时也有分裂和消亡，形成一个你来我去、我中有你、你中有我，而又各具个性的多元统一体"，"中华民族文化就是中华各民族文化在历史长河中经过无数次的碰撞、交流、融合而形成的多元一体文化"。① 在整个历史中，各民族相互学习，各民族文化之间兼容并蓄、优势互补，成为促进中华文明源远流长、经久不衰的主要因素。

第二，少数民族文化是文化多样性的重要体现。文化的多样性不仅是人类进步的象征，而且是文化的生命力之所在，国家文化软实力的提升不是用一种文化取代另一种文化，而应当是各种文化的齐头并进。少数民族文化是在特定的时间和历史条件下形成的，其形式主要包括生活习俗、宗教信仰、语言文字、饮食服饰、文学艺术、道德伦理等，民族文化一般都具有浓郁的地域特色，如蒙古草原上的马背文化、新疆的古西域文化、彝族地区的毕摩文化、大理的洱海文化，甘孜和昌都地区的康巴文化等等，共同构成了壮观的中华民族文化大观园。

在少数民族文化中，还分布着丰富多彩的、具有显著特色的宗教文化，如维吾尔族、回族的伊斯兰教文化，藏族的藏传佛教文化，彝族的毕摩原始宗教文化，等等，此外还有一些原始的自然图腾和崇拜。宗教活动和宗教信仰是少数民族精神文化生活的重要组成部分，也构成了民族独具特色的魅力。

第三，保护和传承少数民族文化是国家文化软实力建设的应有之意。多元一体是中华民族文化的根本特征，少数民族文化是少数民族集体智慧的结晶，也是人类宝贵的精神文化财富，更是中华民族宝贵的文化遗产，它在一定程度上起到了维护少数民族社会稳定、促进少数民族地区经济发展、促进各民族大团结的重要作用，因此，我们在进行国家文化软实力建设的过程中，必须在尊重少数民族文化的基础上重视对少数民族文化的继承和保护。少数民族文化的继承和保护，不仅关乎少数民族文化的繁荣和地区经济政治文化的稳定，也关乎多元文化的形成和中华文化活力的保持。继承和保护少数民族文化，就是继承和保护民族的凝

---

① 费孝通：《中华民族的多元一体格局》，《人民日报》，1990年5月18日，第3版。

聚力，就是维护民族团结和国家稳定。因此，在建设国家文化软实力的进程中，继承和保护少数民族文化不可或缺，这也是我们党和国家义不容辞的责任。总之，要注重以弘扬中华传统文化为出发点，增强文化自觉和文化自信，助推中国梦的实现。

4.优秀传统文化传承体系解析

"优秀传统文化凝聚着中华民族自强不息的精神追求和历久弥新的精神财富，是发展社会主义先进文化的深厚基础，是建设中华民族共有精神家园的重要支撑。"① 建设优秀传统文化不仅是有效保护中华民族赖以生存发展文化根基所需，也是顺应时代发展潮流促进新的文化创造所需。首先，要寻根历史，加强对优秀传统文化价值的挖掘。中华文化博大精深，一脉相承，是先辈们在长期社会实践中逐渐形成的，并随着中华民族的发展而不断更新，具有强大的生命力和传承力。我们要自觉发扬中华优秀文化，坚持取其精华、去其糟粕的原则，全面认识和挖掘优秀传统文化价值，并赋予时代意义，使之更好地发挥价值。其次，加强文化遗产保护力度。中华民族五千多年的历史传承和积累了极其丰富的文化遗产，这些"活着的历史"刻录着中华民族在历史长河中形成的价值观念，讲述着五千多年华夏民族的风采，沉淀着中华儿女无穷的智慧，是民族悠久历史的稀世物证。在具体保护过程中，一是要提高文物保护水平，以更加有效的方式保护好文物；二是要加强对非物质文化遗产保护和传承；三是要加强对中华古籍的保护与出版；四是要拓展文化遗产传承利用途径，确保文化遗产在传承中更有效发挥其价值。最后，坚持走出去与引进来并重。全球一体化是当今世界发展大势，在这一大背景下，任何一种文化不可能与世隔绝，那种自以为是闭关锁国的做法只能断送自己民族文化。因此，面对全球化大势，在各种文化相互激荡

① 本书编写组：《党的十七届六中全会〈决定〉学习辅导百问》，党建读物出版社，2011，第 110 页。

和碰撞中，只有不断提高文化开放水平，积极主动推动中华文化走向世界，并以包容开放和博采众长的姿态在吸纳世界各国优秀文化基础上不断丰富和创新中华优秀传统文化，才能从根本上促进中华文化的大发展和大繁荣。

文化自觉和文化自信是关涉民族自强自信的重要方面，是实现中国梦必须关注的一个重要内容。我们要以弘扬中华传统文化为出发点，增强文化自觉和文化自信，助推中国梦的实现。文化自觉主要是指一个民族、一个政党、一个国家对文化在历史进程中地位和作用的深刻认识，对文化发展规律的正确把握，对发展文化历史责任的主动担当；而文化自信是一个国家、一个民族、一个政党对自身文化价值的充分肯定，对自身文化生命力的坚定信念。① 从本质上说，文化自觉和文化自信是对文化进步的强烈向往和不懈追求。中华文化在五千年的漫漫历史长河中逐渐积淀和形成，贯穿这个历史过程的就是中华儿女对自身文化繁荣发展的强烈向往和追求。今天我们追求的中国梦与中华文化的历史延续和精神弘扬本质上是一致的。我们追求的梦想也包含了对中华文化繁荣发展的强烈期盼和追求。当然，文化作为一种精神力量，也是支撑中国梦实现的重要手段和方式。历史和现实表明，一个民族的觉醒，首先是文化上的觉醒；一个政党的力量，很大程度上取决于文化自觉的程度。可以说，是否具有高度的文化自觉和自信，不仅关系到文化自身的繁荣兴旺，而且决定着一个民族、一个政党的前途命运。② 为此，我们一方面必须从中华传统文化发展历程出发，梳理和提炼中华传统文化中与文化自觉和文化自信密切相关的内容和要素，通过一定的传播和表达方式，促进中华民族文化自觉和文化自信心的增强，从而为中华梦的实现提供

---

① 本书编写组：《党的十七届六中全会〈决定〉学习辅导百问》，党建读物出版社，2011，第 35 页。

② 本书编写组：《党的十七届六中全会〈决定〉学习辅导百问》，党建读物出版社，2011，第 35 页。

源源不断的动力支持，增强中华文化的吸引力和感召力。另一方面，我们要立足当前国际国内的现实背景，以理性的态度来看待传统文化中的积极成分和消极因素，通过反思、比较、展望，正确看待自己的文化，充分认识中华文化的独特优势和发展前景，进一步坚定我们的文化信念和文化追求，正确看待中华优秀传统文化，深入挖掘和提炼有益思想价值，大力繁荣发展具有中国特色、中国气派、中国风格的优秀文化，助推中国梦的实现。

参考文献

一、中文类

1. 《马克思恩格斯全集》（第 1 卷），人民出版社，1995 年版。

2. 《马克思恩格斯全集》（第 2 卷），人民出版社,1957 年版。

3. 《马克思恩格斯全集》（第 42 卷），人民出版社，1979 年版。

4. 《马克思恩格斯全集》(第 30 卷），人民出版社，1995 年版。

5. 《马克思恩格斯文集》（第 1–10 卷），人民出版社，2009 年版。

6. 《马克思恩格斯选集》（第 1–4 卷），人民出版社，2012 年版。

7. 列宁：《列宁全集》（第 36 卷），人民出版社，1985 年版。

8. 列宁：《列宁全集》（第 39 卷），人民出版社，1986 年版。

9. 列宁：《列宁全集》（第 4 卷），人民出版社，1984 年版。

10. 10.列宁：《列宁全集》（第 41 卷），人民出版社，1986 年版。

11. 列宁：《列宁全集》（第 42 卷），人民出版社，1987 年版。

12. 列宁：《列宁全集》（第 43 卷），人民出版社，1987 年版。

13. 列宁：《列宁全集》（第 31 卷），人民出版社，1985 年版。

14. 列宁：《列宁选集》（第 1–4 卷），人民出版社，2012 年版。

15. 毛泽东：《毛泽东文集》（第 1–8 卷），人民出版社,1993–1999 年版。

16. 毛泽东：《毛泽东选集》（第 1–4 卷），人民出版社，1991 年版。

17. 邓小平：《邓小平文选》（第 2 卷），人民出版社 1994 年版。

18. 邓小平：《邓小平文选》（第 3 卷），人民出版社，1993 年版。

19. 《邓小平年谱（1975~1997）》（上）中央文献出版社，2004 年版。

20. 江泽民：《江泽民文选》（第 1–3 卷），人民出版社，2006 年版。

21. 胡锦涛：《胡锦涛文选》（第 1–3 卷），人民出版社，2016 年版。

22. 《习近平谈治国理政》第一卷，北京外文出版社，201 年版。

23. 《习近平谈治国理政》第二卷，外文出版社，2017 年版。

24. 《习近平谈治国理政》第三卷，外文出版社，2020 年版。

25. 《习近平的七年知青岁月》，中共中央党校出版社，2017 年版。

26. 《习近平关于全面从严治党论述摘编》，中央文献出版社，2016 年版。

27. 《习近平关于全面建成小康社会论述摘编》，中央文献出版社，2016 年版。

28. 《习近平关于全面深化改革论述摘编》，中央文献出版社，2014 年版。

29. 《习近平关于全面依法治国论述摘编》，中央文献出版社，2015 年版。

30. 《习近平关于社会主义经济建设论述摘编》，中央文献出版社，2017 年版。

31. 《习近平关于社会主义社会建设论述摘编》，中央文献出版社，2017 年版。

32. 《习近平关于社会主义生态文明建设论述摘编》，中央文献出版社，2017 年版。

33. 《习近平关于社会主义文化建设论述摘编》，中央文献出版社，2017 年版。

34. 《习近平关于社会主义政治建设论述摘编》，中央文献出版社，2017 年版。

35. 《习近平关于总体国家安全观论述摘编》，中央文献出版社，2018 年版。

36. 习近平：《决胜全面建成小康社会 夺取新时代中国特色社会主义伟大胜利》，人民出版社，2017 年版。

37. 习近平：《在第十二届全国人民代表大会第一次会议上的讲话》，人民出版社，2013年版。

38. 习近平：《在纪念红军长征胜利八十周年大会上的讲话》，人民出版社，2016年版。

39. 习近平：《在哲学社会科学工作座谈会上的讲话》，人民出版社，2016年版。

40. 习近平：《在中国文联十大、中国作协九大开幕式上的讲话》，人民出版社，2016年版。

41. 《习近平新时代中国特色社会主义思想三十讲》，学习出版社，2018年版。

42. 《习近平新时代中国特色社会主义思想学习纲要》，学习出版社、人民出版社，2019年版。

43. 《中共中央关于坚持和完善中国特色社会主义制度、推进国家治理体系和治理能力现代化若干重大问题的决议》辅导读本，人民出版社，2019年版。

44. 《中共中央关于全面深化改革若干重大问题的决定》，人民出版社，2014年年版。

45. 《中国共产党第十八次全国代表大会文件汇编》，人民出版社，2012年版。

46. 《党的十九大报告学习辅导百问》，党建读物出版社，学习出版社，2017年版。

47. 《党的十九届四中全会＜决议＞学习辅导百问》，学习出版社、党建读物出版社，2019年版。

48. 《党的十九届五中全会＜建议＞学习辅导百问》，学习出版社、党建读物出版社，2020年版。

49. 《党的十七届六中全会＜决定＞学习辅导百问》，党建读物出版社，2011年版。

50.《改革开放三十年重要文献选编》（上下），中央文献出版社，2008 年版。

51.《关于建国以来党的若干历史问题的决议》，人民出版社，1981 年版。

52.《建党以来重要文献选编(1921–1949)》(1–26),中央文献出版社，2011 年版。

53.《建国以来重要文献选编》（1949–1965）（1–20），中央文献出版社 1992–1998。年版

54.《十八大以来重要文献选编》（上），中央文献出版社，2014 年版。

55.《十八大以来重要文献选编》（中），中央文献出版社，2016 年版。

56.《十七大以来重要文献选编》（上中），中央文献出版社 2009、2011 年版。

57.《十三大以来重要文献选编》（下），人民出版社 1993 年版。

58.《十四大以来重要文献选编》（上），人民出版社，1996 年版。

59.《十一届三中全会以来重要文献选读》（下），人民出版社 1987 年版。

60. 中共中央宣传部：《毛泽东邓小平江泽民论思想政治工作》，学习出版社，2000 年版。

61. 中央宣传部、中央文献研究室组织选编：《论文化建设——重要论述摘编》学习出版社、中央文献出版社，2012 年版。

62.（德）费希特：《对德意志民族的演讲》，梁志学等译，商务印书馆，2010 年版。

63.（法）孟德斯鸠：《论法的精神》，张雁琛译，商务印书馆，1961 年版。

64.（美）C.弗雷德·伯格斯滕等：《再平衡：新大国时代，中美

自由贸易何去何从》，机械工业出版社，2015年版。

65.（美）埃德温·赖肖尔：《近代日本新观》，卞崇道译，上海：三联书店，1992年版。

66.（美）布热津斯基：《大失控与大混乱》，潘嘉玢、刘瑞祥译，中国社会科学出版社，1995年版。

67. 美）丹尼斯·朗：《权力论》，陆震纶等译，中国社会科学出版社，2001年版。

68.（美）德鲁克：《大变革时代的管理》，上海译文出版社，1999年版。

69.（美）汉斯·摩根索：《国际纵横策论》，卢明华等译，上海译文出版社，1995年版。

70.（美）亨廷顿：《文明的冲突与世界秩序的重建》，新华出版社，2010年版。

71.（美）利昂·P.巴拉达特：《意识形态起源和影响》（第10版），张慧芝、张露璐译，世界图书出版公司，2010年版。

72.（美）鲁思·本尼迪克特：《菊与刀——日本文化的类型》，吕万和等译，商务印书馆，1990年版。

73.（美）罗伯特·基欧汉、约瑟夫·奈：《权力与相互依赖》（第4版），门洪华译，北京大学出版社，2012年版。

74.（美）罗斯金：《政治科学》，林震等译，中国人民大学出版社，2009年版。

75.（美）马尔厄斯·詹森，《日本及其世界：二百年的转变》，柳立言译，香港：商务印书馆（香港）有限公司，1987年版。

76.（美）彭慕兰、史蒂文·托皮克：《贸易打造的世界：1400年至今的社会、文化与世界经济》，黄中宪、吴莉苇译，上海人民出版社，2018年版。

77.（美）塞缪尔·亨廷顿，《变化社会的政治秩序》，李盛平等译，中国社会科学出版社，1999年版。

78．（美）塞缪尔·亨廷顿：《文明的冲突与世界秩序的重建》，周琪等译，新华出版社，1998年版。

79．（美）斯塔夫里阿诺斯：《全球通史：1500年以后的世界》，吴象婴等译，北京大学出版社2006年版。

80．（美）约翰·奈斯比特：《亚洲大趋势》，外文出版社，1996年版。

81．（美）约瑟夫·奈：《软力量：世界政坛成功之道》，吴晓辉、钱程译，东方出版社，2005年版。

82．（美）约瑟夫·奈：《软力量世界政坛成功之道》，吴晓辉、钱程译，东方出版社，2005年版。

83．（美）约瑟夫·奈：《硬权力与软权力》，门洪华译，北京大学出版社，2005年版。

84．（美）约瑟夫·奈：《权力大未来》，王吉美译，中信出版社，2012年版。

85．（日）高桥龟吉：《战后日本经济跃进的根本原因》，宋绍英等译，辽宁人民出版社，1984年版。

86．（日）户川猪佐武：《战后日本纪实》，刘春兰译，天津人民出版社，1984年版。

87．（日）森岛通夫：《透视日本：兴与衰的怪圈》，中国财政经济出版社，2000年版。

88．（台）殷海光：《中国文化的展望》，上海三联出版社，2002年版。

89．（新加坡）阿努拉·古纳锡克拉等：《全球化背景下的文化权利》，张毓强等译，中国传媒大学出版社，2006年版。

90．（英）阿雷恩·鲍尔德温等：《文化研究导论》，陶东风等译，高等教育出版社，2004年版。

91．（英）安东尼·D.史密斯：《全球化时代的民族与民族主义》，龚维斌、良警宇译，中央编译出版社，2002年版。

92.（英）伯特兰·罗素：《中国问题》，学林出版社，1996 年版。

93.（英）大卫·麦克里兰：《意识形态》，孔兆政等译，吉林人民出版社，2005 年版。

94.（英）福凯斯：《东欧共产主义的兴衰》，张金鉴译，中央编译出版社，1998 年版。

95.《深化文化体制改革推动社会主义文化大发展大繁荣十讲》，中共中央党校出版社，2011 年版。

96. 爱德华·萨义德：《文化与帝国主义》李馄译，生活·三联·新知书店，2003 年版。

97. 曹泽林：《国家文化安全论》，军事科学出版社，2006 年版。

98. 陈胜云：《中国特色社会主义文化实践论》，上海三联书店，2009 年版。

99. 陈先达：《马克思主义基础理论若干重大问题研究》，经济科学出版社，2009 年版。

100. 陈晓明等：《意识形态建设理论的新发展》，社会科学文献出版社，2008 年版。

101. 程同顺：《新时代大国治理》，湖北教育出版社，2018 年版。

102. 崔欣、孙瑞祥：《大众文化与传播研究》，天津人民出版社，2005 年版。

103. 戴茂堂，赵曼，李家莲：《中国文化发展报告》（2017），2017 年版。

104. 戴木才：《中国治国理政之道：坚持依法治国与以德治国相结合》，江西教育出版社，2017 年版。

105. 丹尼尔·贝尔：《资本主义文化矛盾》，江苏人民出版社，2007 年版。

106. 邓纯东：《中国特色社会主义理论最新成果》，中共中央党校出版社，2012 年版。

107. 丁茂战：《我国政府社会事业治理制度改革研究》，中国经济出版社，2006。

108. 冯天瑜：《中国特色社会主义文化建设研究》，武汉大学出版社，2008 年版。

109. 冯天瑜：《中华文化辞典》，武汉大学出版社，2001 年版。

110. 冯颜利、廖小明著：《问题·旨趣·路径：社会主义核心价值观新探究》，人民出版社，2014 年版。

111. 冯颜利等著：《金融危机以来国外马克思主义研究的新进展与启示》，中国社会科学出版社，2015 年版。

112. 冯颜利等著：《科学发展观与构建社会主义和谐社会基础理论研究——当代中国马克思主义哲学的出场学研究》，人民出版社，2012 年版。

113. 冯颜利等著：《实现中国梦的精神支柱——中国特色社会主义文化建设》，红旗出版社，2014 年版。

114. 冯颜利等著：《中国特色社会主义文化建设——打造高尚精神世界的文化发展之路》，中共中央党校出版社，2013 年版。

115. 冯颜利著：《全球化与苏南可持续发展新文化模式研究》，中国文联出版社 2003 年版。

116. 戈尔巴乔夫：《戈尔巴乔夫言论选集》，人民出版社，1987 年版。

117. 管仲：《管子·牧民》，中华书局，2016 年版。

118. 韩庆祥：《强国时代》，红旗出版社，2018 年版。

119. 郝铁川：《依法治国与以德治国》，上海人民出版社，2016 年版。

120. 贺麟：《文化与人生》，商务印书馆，1988 年版。

121. 胡惠林：《中国国家文化安全论》，上海人民出版社，2005 年版。

122. 胡月星：《中国密码：新时代引领发展的关键词》，人民出版社，2018 年版。

123. 黄楠森等：《有中国特色社会主义文化研究》，山东人民出版社，

1999 年版。

124. 黄仁伟：《中国崛起的时间和空间》，上海社会科学出版社，2002 年版。

125. 江必新：《全面推进依法治国战略研究》，人民法院出版社、商务印书馆，2017 年版。

126. 靳辉明：《中国特色社会主义理论体系研究》，海南出版社，1998 年版。

127. 孔子：《论语·学而篇》，中华书局，2006 年版。

128. 孔子及其弟子：《论语·为政篇》，中华书局，2006 年版。

129. 老子：《道德经》，中国华侨出版社，2013 年版。

130. 冷溶：《科学发展观与构建社会主义和谐社会》，社会科学文献出版社，2007。

131. 李建国：《中国模式之争》，中国社会科学出版社，2013 年版。

132. 李金齐:《全球化时代的文化安全研究》,中国社会科学出版社，2008 年版。

133. 李慎明：《居安思危——苏共亡党二十年的思考》，社会科学文献出版社，2011 年版。

134. 李秀林等：《辩证唯物主义和历史唯物主义原理》，中国人民大学出版社，2005 年版。

135. 李智：《文化外交：一种传播学的解读》，北京大学出版社，2005 年版。

136. 林世选：《国民素质论》，中央编译出版社，2009 年版。

137. 陆忠伟：《非传统安全论》，时事出版社，2003 年版。

138. 罗素：《罗素文集》，改革出版社，1996 年版。

139. 吕发成、马洪滨：《理性的思考》，社会科学文献出版社，2000 年版。

140. 梅荣政：《中国特色社会主义基本问题研究》，武汉：武汉大学出版社，2007。

141. 梅孜：《美国国家安全战略报告汇编》，时事出版社，1996，第 276 页。

142. 潘一禾：《文化安全》，浙江大学出版社，2007 年版。

143. 任仲文：《学习贯彻十七届六中全会精神推动社会主义文化大发展大繁荣学习参考》，人民日报出版社，2011 年版。

144. 阮航：《中国文化发展报告》（2017），2017 年 5 月。

145. 邵春保：《新时代全面从严治党新布局》，中国方正出版社，2018 年版。

146. 邵景均：《反腐败永远在路上》，中共党史出版社，2018 年版。

147. 沈壮海：《软文化 真实力——为什么要提高国家文化软实力》，人民出版社，2008 年版。

148. 沈壮海：《先进文化论》，高等教育出版社，2003 年版。

149. 石本惠：《党的先进性建设与执政党的意识形态建构》，上海人民出版社，2010 年版。

150. 唐代兴：《文化软实力战略研究》，人民出版社，2008 年版。

151. 唐晋、谈火生、袁贺：《文化产业发展战略》，人民日报出版社，2009 年版。

152. 唐任伍、赵莉：《文化产业：21 世纪的潜能产业》，贵州人民出版社，2004 年版。

153. 田改伟：《挑战与应对：邓小平意识形态安全思想研究》，中国社会科学出版社，2008 年版。

154. 童世骏：《国家软实力论》，重庆出版社，2008 年版。

155. 涂成林、史啸虎：《国家软实力与文化安全研究》，中央编译出版社，2011 年版。

156. 王敏：《江泽民社会主义文化建设理论与实践研究》，山东人民出版社，2005 年版。

157. 王少安、周玉清：《社会主义和谐文化建设论》，人民出版社，2010 年版。

158. 王文章：《中国先进文化论》，文化艺术出版社，2004 年版。

159. 王晓德：《美国文化与外交》，世界知识出版社，2000 年版。

160. 王永贵：《经济全球化与中国特色社会主义》，哈尔滨：黑龙江人民出版社，2003 年版。

161. 王佐书：《中国文化战略与安全研究》，人民出版社，2007 年版。

162. 韦定广等：《历史与理论：社会主义执政党文化建设问题研究》，上海人民出版社，2011 年版。

163. 吴琦等：《意识形态与国家安全》，华中师范大学出版社，2011 年版。

164. 吴友富：《中国国家形象的塑造和传播》，复旦大学出版社，2009 年版。

165. 徐耀耀、曾光辉：《论依法治国与以德治国》，中共中央党校出版社，2015 年版。

166. 许冬梅、屠春友：《党政干部"四观"教育读本：发展观、政绩观、人才观、群众观》，中共中央党校出版社，2004 年版。

167. 许明、马驰：《马克思主义与当代文化发展》，上海社会科学院出版社，2008 年版。

168. 鄢本凤：《社会主义和谐文化建设研究》，人民出版社，2010 年版。

169. 闫纪建等：《社会主义和谐文化建设论纲》，河南大学出版社，2009 年版。

170. 叶启绩等：《当代中国社会主义意识形态与文化和谐发展研究》，人民出版社，2010 年版。

171. 艺衡：《文化主权与国家文化软实力》，社会科学文献出版社，2009 年版。

172. 尹继元：《世纪之战：逆全球化背景下的贸易战》，中国纺织出版社，2018 年版。

173. 余淼杰：《余淼杰谈中美贸易: 全球经贸新格局下的大国博弈》，北京大学出版社，2018 年版。

174. 俞可平等：《马克思主义与科学发展观》，重庆出版社，2006 年版。

175. 俞思念：《社会主义文化建设的历史理论与实践》，中国社会科学出版社，2008 年版。

176. 俞吾金：《意识形态》，人民出版社，2009 年版。

177. 张岱年：《文化与价值》，新华出版社，2004 年版。

178. 张岱年：《文化与哲学》，教育科学出版社，1988 年版。

179. 张国祚：《中国文化软实力研究报告（2010）》，社会科学文献出版社，2011 年版。

180. 张骥：《文化与当代国际政治》，人民出版社，2003 年版。

181. 张骥等：《中国文化安全与意识形态战略》，人民出版社，2010 年版。

182. 张文显：《全面依法治国：迈向国家治理新境界》，党建读物出版社，2017 年版。

183. 张西立、赵子平：《文化建设与和谐社会》，浙江人民出版社，2007 年版。

184. 张勇:《现代化与中华民族凝聚力》,贵州社会科学,1998 年版。

185. 张占斌、张青：《新时代怎样做到精准扶贫》，石家庄：河北人民出版社，2018 年版。

186. 赵勇：《整合与颠覆：大众文化的辩证法》，北京大学出版社，2005 年版。

187. 中共中央宣传部：《中国特色社会主义学习读本》，学习出版社，2013 年版。

188. 中国社会科学院马克思主义研究院、中国特色社会主义发展史课题组：《伟大的复兴：新时代中国特色社会主义总任务》，人民日报出版社，2017 年版。

189. 朱继东：《新时代党的意识形态思想研究》，人民出版社，2018 年版。

190. 朱威烈：《国际文化战略研究》，上海外语教育出版社，2002 年版。

191. 庄晓东：《文化传播：历史、理论与现实》，人民出版社，2003 年版。

192.《深入学习习近平同志中国梦重要论述》，人民出版社，2013 年版。

二、报纸类

193. 习近平同德国汉学家、孔子学院教师代表和学习汉语的学生代表座谈》，《人民日报》，2014 年 3 月 30 日。

194. 习近平：《把培育和弘扬社会主义核心价值观作为凝魂聚气强基固本的基础工程》，《人民日报》，2014 年 02 月 26 日。

195. 习近平：《坚持依法治国和以德治国相结合 推进国家治理体系和治理能力现代化》，《人民日报》，2016 年 12 月 11 日。

196. 习近平：《在第十二届全国人民代表大会第一次会议上的讲话》，《人民日报》，2013 年 03 月 18 日。近平：《在庆祝中国共产党成立 95 周年大会上的讲话》，人民日报，2016 年 07 月 02 日。

197. 习近平：《在文艺工作座谈会上的讲话》，《人民日报》，2014 年 10 月 16 日。

198. 习近平：《在哲学社会科学工作座谈会上的讲话》，《人民日报》，2016 年 05 月 19 日。

199. 习近平：《扎实推动经济社会持续健康发展 以优异成绩迎接党的十九大胜利召开》，《人民日报》，2017 年 4 月 22 日。

200.《国家中长期人才发展规划纲要（2010–2020）》，《人民日报》（海外版），2010 年 6 月 7 日，第 2 版。

201. 李长春：《关于〈中共中央关于深化文化体制改革推动社会主义文化大发展大繁荣若干重大问题的决定〉的说明》，《人民日报》，2011 年 10 月 27 日。

202.《从制度上更好发挥市场在资源配置中的基础性作用》，《人民日报》，2007 年 11 月 9 日。

203.《软实力也是硬道理———为什么要推进文化创新和深化文化体制改革》，《光明日报》2008 年 07 月 30 日。

204.《上海国际文化服务贸易平台——贸易成就文化"丝绸之路"》，《人民日报》，2011 年 6 月 24 日。

205.《中韩端午节申遗之争韩国江陵最终胜出》，北京晚报，2005 年 11 月 25 日。

206. 包心鉴：《社会主义核心价值观的凝练与建构》，《光明日报》，2012 年 1 月 14 日。

207. 陈德铭：《提高文化开放水平》，载《经济日报》，2011 年 11 月 15 日。

208. 陈晋：《如何建设文化强国》，载《学习月刊》，2012 年第 2 期。

209. 陈晋：《中国共产党是怎样领导文化建设的》，《光明日报》，2012 年 3 月 19 日。

210. 谌强：《2011 年中国文化成就掠影：三个"前所未有"展现光明前景》，《光明日报》，2012 年 2 月 3 日。

211. 费孝通：《中华民族的多元一体格局》，《人民日报》，1990 年 5 月 18 日。

212. 国防大学中国特色社会主义理论体系研究中心：《社会主义

先进文化是马克思主义政党思想精神上的旗帜》，《人民日报》，2011年11月15日。

213. 韩震：《中国软实力的增强需要凝练社会核心价值观》，《光明日报》，2011年2月14日。

214. 胡振民：《推动中华文化走向世界》，《人民日报》，2007年9月27日。

215. 蒋哲：《评论：没有核心价值观，文化就真的很"软"》，《长江日报》，2014年3月13日。

216. 刘仁文：《为什么外国人对中国有重刑的印象》，《法制日报》，2008年9月21日。

217. 孙家正：《文化部长谈我国对外文化交流：文化外交彰显魅力》，《人民日报》，2005年12月19日。

218. 王渊：《深刻把握中国特色社会主义道路的科学内涵》，《人民日报》，2009年5月6日。

219. 吴潜涛：《深刻理解社会主义核心价值观的内涵和意义》，《人民日报》，2013年5月22日。

220. 徐伏虎：《吃西餐感受中西饮食文化差异》，《大庆晚报》，2008年7月18日。

221. 中共中央党校中国特色社会主义理论体系研究中心：《中国特色社会主义道路是唯一正确的道路》，人民日报，2011年10月10日。

222. 周冰：《大力发展文化产业》，光明日报，2005年6月7日。

223. 周文彰：《文化强国重在文化强民》，人民日报，2012年01月04日。

三、期刊类

224. 云杉：《文化自觉 文化自信 文化自强——对繁荣发展中国特

色社会主义文化的思考（上中下）》，载《红旗文稿》，2010 年第 15、16、17 期。

225. （德）鲁道夫·马雷施：《世界的去西方化早就如火如荼》，德国《欧亚杂志》，2009 年 3 月。

226. （德）马尔特·菲舍尔：《还会发生什么？》，德国《经济周刊》，2009 年 7 月 13 日。

227. （加拿大）利奥·巴尼奇：《十足现代的马克思》，美国《外交政策》，双月刊 2009 年 5/6 月。

228. 1989。年 （美）约瑟夫·奈：《"软权力"再思索》，《国外社会科学》，2006 年第 4 期。

229. 《科学社会主义》记者：《构建中国特色社会主义核心价值观——访李忠杰教授》，《科学社会主义》，2005 年第 2 期。

230. 蔡常青：《中国特色社会主义"四个自信"并列提出的重大价值》，载《红旗文稿》，2016（18）。

231. 蔡利民：《从全球文化融合看中华文化的主体自觉》，载《求是》，2009 年第 3 期。

232. 陈培爱，岳淼：《广告跨文化传播与文化安全》，载《现代传播》（中国传媒大学学报），2006 年第 4 期，第 8 页。

233. 陈奇佳：《文化输出和国家形象的塑造》，《江苏行政学院学报》，2009 年第 2 期。

234. 陈始发：《以理论自信和理论自觉提升国家软实力与世界话语权》，载《江西社会科学》，2012 年第 7 期。

235. 单冬，佘可源：《全面深化改革必须增强政治定力》，《红旗文稿》，2014 年第 4 期.

236. 邓清柯：《世界进入文化软实力时代》，载《湖南社会科学》，2009 年第 5 期。

237. 邓显超：《发达国家文化软实力的提升及启示》，《理论探索》，

2009 年第 2 期。

238. 冯惠玲，胡百精：《北京奥运会与文化中国国家形象构建》，《中国人民大学学报》，2008（4）。

239. 冯惠玲、胡百精：《北京奥运会与文化中国国家形象构建》，《中国人民大学学报》，2008 年第 4 期。

240. 冯鹏志：《从"三个自信"到"四个自信"——论习近平总书记对中国特色社会主义的文化建构》，《政策》，2016 年 9 月。

241. 冯颜利、林彦虎：《扎实推进社会主义文化强国建设（下）》，载《中国矿业大学学报》（社会科学版），2013 年第 1 期。

242. 冯颜利、任映红、张小平著：《中国特色社会主义文化制度建设研究》，经济科学出版社，2013。

243. 冯颜利：《中华文化如何"走出去"——文化影响力建设的问题、原因与建议》，载《人民论坛·学术前沿》，2013 年第 8 期。

244. 冯永利：《中国外交的理念与中国文化软实力的提高》，载《中共济南市委党校学报》，2012 年第 6 期。

245. 韩震：《"民主、公正、和谐"体现了社会主义的核心价值追求——兼论社会主义核心价值观的凝练及其原则》，载《红旗文稿》，2012 年第 6 期。

246. 贺全胜：《中国特色社会主义理论体系述略》《观察与思考》，2014 年第 4 期。

247. 洪晓楠：《文化强国之路：科学文化与人文文化的协同发展》，载《文化学刊》，2012 年第 1 期。

248. 侯惠勤、辛向阳：《国际金融危机中马克思主义的复兴》，载《红旗文稿》，2010（12）。

249. 湖北大学高等人文研究院；《文化建设蓝皮书：中国文化发展报告（2017）》，2017 年。

250. 蒋乾麟：《谱写中国特色社会主义文化大发展大繁荣的时代

篇章》，马克思主义研究，2012（1）．

251. 解学芳：《文化产业制度：一个全新的学术研究领域——关于文化产业制度研究的理论述评》，《中共四川省委省级机关党校学报》，2007 年第 3 期。

252. 靳辉明、李崇富：《马克思主义若干重大问题研究》，社会科学文献出版社，2011。

253. 李鉴修：《文化软实力与党的对外宣传工作研究》，载《中央党校思想政治教育专业博士论文》，2011 年 4 月。

254. 李君如：《中国梦的意义、内涵及辩证逻辑》，载《毛泽东邓小平理论研究》，2013 年第 7 期。

255. 李祥熙：《韩国儒学与现代社会接轨的成功实践及对我们的启示》，载《广州社会主义学院学报》，2009（1）。

256. 李燕：《文化全球化文化冲突与和谐发展》，载《山东师范大学学报》，2006 年第 6 期。

257. 联合国教育、科学及文化组织：《保护非物质文化遗产公约》，2003 年 10 月 17 日。

258. 梁志刚：《季羡林谈文化》，载《今日中国论坛》，2008 年第 Z1 期。

259. 刘洪顺：《关于国家文化软实力的几点思考》，载《理论学刊》，2008 年第 1 期。

260. 刘加吉：《论新世纪中国崛起与文化安全的关系》，载《山东师范大学学报》（人文社会科学版），2010 年第 2 期。

261. 刘建军：《中国特色社会主义的旗帜、道路、理论体系》，载《活力》，2010 年第 4 期。

262. 刘杰：《经济全球化进程中的文化主权问题》，载《世界经济研究》，2000 年第 1 期。

263. 刘克利、栾永玉：《中国文化体制改革与建设研究》，中国人民大学出版社，2009。

264. 刘乃京：《文化外交——国家意志的柔性传播》，载《新视野》，2002 年第 3 期，第 66 页。

265. 刘先春，董沁泽：《论发展有中国特色、中国风格、中国气派社会主义文化的实践意义》，载《北京社会科学》，2012 年第 3 期。

266. 刘轶：《他山之石：美英法韩等国的文化政策》，载《社会观察》，2004 年第 4 期。

267. 刘志明：《金融危机后社会主义在世界的吸引力剧增》，载《红旗文稿》，2012 年第 12 期。

268. 刘忠：《聚焦新兴文化业态》，载《群众》，2009 第 12 期。

269. 陆卫明，曹芳：《论中国特色社会主义核心价值观的提炼》，载《云南社会科学》，2012 年第 4 期。

270. 缪其浩、陈超，《文化产业的破壁》，载《中外文化交流》，2003 年第 2 期。

271. 邱有阳：《关于我国文化安全问题的辩证思考》，《文化研究》，2006 年第 7 期。

272. 任平：《文化的资本逻辑与资本的文化逻辑：资本创新场景的辩证批判》，载《江海学刊》，2013 年第 1 期。

273. 孙海鹄：《我国文化产品出口状况研究》，载《经济纵横》，2011 年第 8 期。

274. 孙红霞、李爱华；《文化外交的独特价值》，载《山东师范大学学报》，2007 年第 1 期。

275. 汤一介先生在复旦大学的演讲：《寻求文化中的"普世价值"》，2009 年 4 月 13 日。

276. 万希平：《增强文化自觉，提高文化自信，建设文化强国》，载《求知》，2011 年第 11 期。

277. 万希平：《增强文化自觉提高文化自信建设文化强国》，载《求知》，2011（11）。

278. 王德峰：《简论中国文化精神及其在当代复兴的可能性》，载《哲学研究》，2005 年第 5 期。

279. 王沪宁：《作为国家实力的文化：软权力》，载《复旦学报（社会科学版）》，1993 年第 3 期。

280. 徐长银：《美国文化管理的特点》，载《红旗文稿》，2011 年第 22 期。

281. 叶小青：《和平发展视阈中的中国文化软实力建构》，载《长白学刊》，2009（3）。

282. 俞祖华，赵慧峰：《三份宣言：文化保守主义思潮的典型文本》，载《东岳论丛》，2009 年第 1 期。

283. 张国祚：《软实力研究中的若干重大问题》中国社会科学报 2010 年 3 月 9 日。

284. 张杰：《做大、做强文化产业是繁荣文化事业的"推进器"》，载《理论前沿》，2013 年第 11 期。

285. 张瑞堂：《经济全球化的文化思考及文化选择》，载《社会主义研究》，2003 年第 1 期。

286. 张蔚萍：《如何正确认识当今国际环境和国际政治斗争带来的影响》，载《理论研究》，2001 年第 16 期。

287. 赵立科，陈秀丽：《社会主义核心价值观凝练的基本路径》，载《改革与开放》，2012 年第 11 期。

288. 郑根成：《传媒娱乐化的伦理反思》，载《湖南师范大学社会科学学报》，2006 年第 3 期。

289. 郑志学：《认清"宪政"的本质》，《党建》，2013 年 6 月。

290. 朱可辛：《中国特色社会主义制度的文化支撑》，载《科学社会主义》，2011 年第 5 期。

291. 朱利群：《日本智库对中国崛起的研究》，《日本问题研究》，

2010 年第 2 期。

292. 朱学勤：《2004：传统文化思潮激起波澜》，《南方周末》，2004 年 12 月 30 日。

293. 朱永浩、高健：《韩国文化产业及"韩流"市场营销的经济效应分析》，载《东北亚学刊》，2013 年第 2 期。

294. 左亚文，石海燕：《再论社会主义核心价值观的凝练和深化（上）——核心价值体系与核心价值观》，载《理论探讨》，2013 年第 3 期。

四、网络文章类

295. 国家统计局:《文化及相关产业分类（2018）》，2018 年 5 月 9 日，国家统计局（http://www.stats.gov.cn/tjsj/tjbz/201805/t20180509_1598314.html）。

296. 《2014–2019 年中国文化产业竞争力分析及投资前景研究报告》，博思数据研究中心：www.bosodata.com，2014 年 3 月。

297. 陈虹：《专家：中华文化"走出去"要接地气》，2012 年 5 月 19 日，中国日报网（http://www.chinadaily.com.cn/dfpd/2012–05/19/content_15337812.htm）。

298. 联合国大会：《关于各国内政不容干涉及其独立与主权之保护宣言》，1965 年 12 月 21 日，联合国公约与宣言检索系统（https://www.un.org/chinese/documents/decl–con/chrondec.htm）。

299. 联合国教育、科学及文化组织：《世界文化多样性宣言》，2001 年 11 月 2 日，百度百科（https://baike.baidu.com/item/%E4%B8%96%E7%95%8C%E6%96%87%E5%8C%96%E5%A4%9A%E6%A0%B7%E6%80%A7%E5%AE%A3%E8%A8%80）。

300. 吕娜：《美国著名学者约瑟夫·奈：中国软实力正不断上升》，

2006 年 6 月 4 日，中国网（http://www.china.com.cn/international/txt/2006–06/04/content_6229082.htm）。

301. 王岳川:《文化输出: 重返世界的中国话语》，2012 年 8 月 12 日，新浪博客 (http://blog.sina.com.cn/wangyuechuan2008.)

五、外文类

302. Arthur R. Kroeber, *China's Economy: What Everyone Needs to Know*, Oxford University Press, 2016.

303. Artur Stein, *Why Nations Cooperate: Circumstance Choice in International Relations*, Cornell University Press,1990.

304. Hans Heinz Holz, *The Downfall and Future of Socialism*, M. E. P Publications, 1992.

305. Helen Milner, *Interests, Institutions, and Information: Domestic Politics and International Relations*, N.Y., Printice Hall Press, 1997.

306. John Bryan Starr, *Understanding China: A Guide to China's Economy, History, and Political Culture*, Hill and Wang, 2010.

307. John T. Ishiyama, *Communist Successor Parties in Post-communist Politics*, Nova Science Publishers, Incorporated, 1999.

308. Ken Booth & Steve Smith, *International Relations Today*, Peen State Press, 1995.

309. Michael Pillsbury, *The Hundred-Year Marathon: China's Secret Strategy to Replace America as the Global Superpower*, St. Martin's Griffin, 2016.

310. Nora Stettner & Bert Oram, *Changes in China: The Role of Co-operatives in the New Socialism*, Manchester, Holyoake Books, 1987.

311. Paul G. Lewis, *Political Parties in Post-Communist Eastern*

Europe, Routldge, 2001.

312. Silviu Brucan, *World Socialism at the Crossroads: An Insider's View*, New York, Praeger,1987.

313. Tom Lewellen, *AMERICA .vs. CHINA: China has an economic plan! America should too*, Globalspan Enterprises, 2018.

314. Tom Miller, *China's Asian Dream: Empire Building along the New Silk Road*, Zed Books, 2017.

315. Trond Gillberg, Coalition Strategies of Marxist Parties, Duke University Press, 1989.

316. Willie Thompson, *The Communist Movement since 1945*, Blackwell Publishers, 1998.

317. Henry M. Paulson, Dealing with China: An Insider Unmasks the New Economic Superpower, Twelve, 2016.

318. Jeffrey N. Wasserstrom, China in the 21st Century: What Everyone Needs to Know, Oxford University Press, 2013.

319. Graham Allison, Destined for War: Can America and China Escape Thucydides's Trap? Houghton Mifflin Harcourt, 2017.

320. James Bradley, *The China Mirage: The Hidden History of American Disaster in Asia*, Back Bay Books, 2016.

321. Zak Dychtwald, *Young China: How the Restless Generation Will Change Their Country and the World*, St. Martin's Press, 2018.

322. Howard W. French, *China's Second Continent: How a Million Migrants Are Building a New Empire in Africa*, Vintage, 2015.

323. Jonathan D. Spence, *The Search for Modern China*, W. W. Norton & Company, 2012.

324. Howkins, *The Creative Economic: How people make money from ideas*, London: Allen Lane, 2001,

325. Jean Baudrillard, *Selected Writings*, California: Stanford University Press， 1998.

326. Theodor Adorno and Max Horkheimer, *The culture industry: Enlightenment as mass deception*, London: Edward Arnold, 1977.

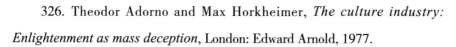

参考文献

后记

　　本书是国家社科基金重点项目《**科学发展与社会和谐双重视阈中的中国特色社会主义文化强国建设研究**》（项目编号：**12AZD001**）结项后的修改成果，先后参加该项目研究的主要成员有**唐庆、赵瑞林、冯露、姚元军、廖小明、林彦虎、徐茂华、吴明永、曾咏辉、穆美琼、吴兴德、李怀征、杜利娜、张天勇、张丹、张荣军、王玉鹏、孟献丽、龙钰、任政、张朋光、严政、张文娟等**，反复讨论确定提纲、形成初稿后，我修改了多次、两年多时间，结项后我又根据结项专家建议修改了三次近一年时间，感谢项目评审专家和成果结项评审专家的支持与建议，由于研究、写作、修改九年多，有些内容不好修改，书中存在的问题都由本人负责。

　　本书研究、阐述、修改，着力从哲学上较系统述论中国特色社会主义文化强国建设的相关重大问题，力戒泛泛而谈，一方面，从哲学上反思了促进文化产业和文化事业发展与繁荣的相关重大问题，丰富人民群众的精神文化生活，增强民族凝聚力和向心力，增强文化强国建设的文化自觉、自信、自强，提升人民群众的思想境界和道德水平。另一方面，从哲学上思考提升国家文化软实力和国际形象的相关重大问题，维护国家文化安全，遏制西方意识形态渗透，保护并传播中华文化，思考如何讲好中国故事，让中华文化走向世界，提高其影响力、吸引力和话语权，进而促进多元文化交流，为建设社会主义现代化强国提供精神文化支持。具体说来，第一，从哲学上厘清了文化自觉、自信、自强与文化强国建设之间内在的逻辑关系，回答了探索文化强国建设何以可能，以及如何建设的深层哲学理论问题。第二，研究了文化建设的发展规律，增强文化强国建设的理论和实践上自觉、自信、自强的哲学问题。第三，有利于进一步增强文化自信，为学懂弄通做实习近平新时代中国特色社会主义思想提供学术资源。

　　感谢中国社会科学院中国文化研究中心对本书出版的全力支持，感谢出版社编辑的辛勤修改、编辑。

冯颜利

2020 年 8 月 28 日